Anne Wilson Schaef:
Mein Weg zur Heilung

Ganzheitliche Lebenshilfe in der Praxis

Aus dem Amerikanischen von
Olga Rinne

W0057959

Deutscher
Taschenbuch
Verlag

Von Anne Wilson Schaef
sind im Deutschen Taschenbuch Verlag erschienen:
Im Zeitalter der Sucht (35022)
Die Flucht vor der Nähe (35054)
Suchtsystem Arbeitsplatz (zusammen mit Diane Fassel; 35080)

Kontaktadresse für Workshops
und Trainingsgruppen in Deutschland:
C. Gunderson
Internationale Seminar-Vermittlung
Hochstr. 9
38102 Braunschweig

Ungekürzte Ausgabe
August 1995
Deutscher Taschenbuch Verlag GmbH & Co. KG, München
© 1993 Hoffmann und Campe Verlag, Hamburg
ISBN 3-455-08529-6
Umschlaggestaltung: Boris Sokolow
Satz: Utesch Satztechnik, Hamburg
Druck und Bindung: C. H. Beck'sche Buchdruckerei, Nördlingen
Printed in Germany · ISBN 3-423-35095-4

Inhalt

Ich widme dieses Buch allen meinen früheren Klientinnen und Klienten (manche nannte ich sogar Patienten). Ich machte meine Sache damals so gut wie ich konnte, und ich wünschte, ich hätte mehr gewußt. Unglücklicherweise war ich eine »gute« Psychotherapeutin.

Ich widme es der Klientin, die »gelegentlich« und »bei gesellschaftlichen Anlässen« Kokain nahm, und mit der ich vereinbarte, an ihren seit langem bestehenden familiären und psychischen Problemen zu arbeiten und ihren Kokaingebrauch zu ignorieren.

Ich widme es dem Mann, der zu mir kam, wenn er das Gefühl hatte, verrückt zu sein, und der Lithium in hohen Dosen einnahm. Ich arbeitete mit ihm daran, vom Lithium wegzukommen, was ihm half, seine Situation besser zu bewältigen. Leider erkannte ich erst später, als er wegen einer anderen Krise in seinem Leben wieder zu mir kam, und nachdem ich wirklich fundierte Kenntnisse über Sucht entwickelt und mein eigenes Genesungsprogramm begonnen hatte, daß seine Probleme der Sucht und dem Suchtprozeß entstammten. Wir setzten uns mit seiner Drogenabhängigkeit, Alkoholabhängigkeit, Nikotinsucht, Koffeinsucht, Zuckerabhängigkeit, Beziehungssucht und Geldabhängigkeit auseinander – in dieser Reihenfolge –, und nun geht es ihm gut. Wieviele andere durch das Raster fielen, weiß ich nicht.

Ich widme dieses Buch jenen Klienten und Workshop-Teilnehmern, bei denen ich Techniken, Interpretationen, Kontrolle und Manipulation benutzte. Dieses »Handwerkszeug« wurde mir in meiner Ausbildung vermittelt, und ein Teil in mir glaubte, es würde helfen. Bis vor kurzem war mir nie bewußt, wie »berauschend« diese Dinge für mich, die »Therapeutin«, waren.

Ich widme dieses Buch allen meinen Klientinnen und Klienten, für die ich Ziele hatte, bei denen ich wußte, was gut für sie war, und was sie heilen würde. Ich war arrogant und nicht wirklich bei mir.

Ich widme dieses Buch all jenen Patienten in den entlegensten Stationen psychiatrischer Kliniken, wo »man« sagte, da wäre nichts zu machen und ich akzeptierte, was »man« sagte. Insbesondere möchte ich Albertina erwähnen (die inzwischen sicherlich längst gestorben ist), an sie zu denken, half mir, die Struktur dieses Buches zu entwickeln.

Ich handelte aus einer Reihe von Annahmen heraus, die mir in meiner Ausbildung vermittelt wurden, und von denen ich jetzt weiß, daß sie das Problem oft verschlimmerten und die Anpassung der Leute an eine suchtbestimmte, sexistische, rassistische, selbstzerstörerische Gesellschaft erleichterten, und das tut mir leid.

Für Sie, meine früheren Klientinnen und Klienten, und für mich selbst möchte ich meine Fehler wiedergutmachen. Dieses Buch ist meine Wiedergutmachung und daher ein wichtiger Teil meiner Genesung als Psychotherapeutin.

Vorwort

Dieses Buch ist mein Versuch, eine Psychologie zu beschreiben, die über die Psychologie, wie wir sie kennen, hinausgeht. Es ist mein Versuch, eine Theorie und Praxis des Heilens zu artikulieren, die in ein holographisches Wissenschaftsparadigma* integriert ist.

Wir hören dieser Tage viel über ein »neues Wissenschaftsparadigma« (= ein neues wissenschaftliches Weltbild, A. d. L.), eine »neue Weltordnung« und über »New Age«, ein »neues Zeitalter«. Wir versuchten, unser altes und unser neues Wissen anzuwenden, um dadurch zu artikulieren, was mit diesem »Experiment Mensch« nicht stimmt, und bemühten uns, uns selbst und unseren Planeten in Ordnung zu bringen.

Während die Physik und viele der klassischen Wissenschaften sich kontinuierlich über das postmoderne Wissenschaftsparadigma hinausentwickelten, blieben die Psychologie, die Sozialwissenschaften und die helfenden Berufe in einem mechanistischen, dualistischen, reduktionistischen, auf Ursache und Wirkung beruhenden Wissenschaftsmodell stecken.

Die Bereiche des »New Age« und des Heilens hatten das Potential, uns in eine Psychologie hineinzuführen, die über die uns bekannte hinausgeht, und ein Verständnis des Menschen als integralen Bestandteil eines holographischen Universums anzubahnen. Beide versagten darin, diesen Sprung zu vollziehen. Beide versuchten, den *Inhalt* unseres Denkens zu verändern, während sie gleichzeitig *Prozesse* und *Techniken* verwendeten, die fest im alten Wissenschaftsmodell verwurzelt sind – einem Wissenschaftsmodell, das durch sein eingeschränktes Verständnis des Universums unfähig ist, mit vollentwickelten und integrierten Menschen mitzuschwingen. Neue Formen von Spiritualität

---

* *Anm. d. L.:* Zur Erläuterung des Begriffspaares »holographisches Wissenschaftsparadigma« zwei Zitate aus Anne Wilson Schaefs Buch *Im Zeitalter der Sucht* (Hamburg 1989): »Der Begriff Paradigmenwechsel (Paradigma = Modell, Muster) gründet sich auf einen ständigen Informationszuwachs, der gekoppelt ist mit einer zusätzlichen, gründlichen Verarbeitung neuer Informationen. Das hat zur Folge, daß wir unserer gegenwärtigen Situation entrissen werden und gezwungenermaßen einen anderen Weg gehen.« (S. 192). Ein »holographisches Konzept« bedeutet: »Das Individuum entspricht dem System, und das System entspricht dem Individuum. (…) Ein Teil ist wie das Ganze, das Ganze ist wie ein Teil, in ihrer grundsätzlichen Struktur sind sie gleich. Veränderungen im Individuum bedingen Veränderungen im System…« (S. 193)

und neue Psychologien breiteten sich ebenso schnell aus wie die Probleme, die sie zu lösen versuchten; gleichzeitig trugen sie oft auf subtile Weise zur Aufrechterhaltung der Probleme bei und verschlimmerten sie sogar. Die Bereiche Psychotherapie, Medizin, beratende Psychologie, Sozialarbeit, geistliche Arbeit und sogar die Pädagogik traten alle mit der Absicht an, die conditio humana zu verbessern und den Menschen wirklich zu helfen.

Unglücklicherweise ist ihre Fähigkeit zu helfen durch eben das Wissenschaftskonzept begrenzt, auf dem sie aufbauen. Viele Wissenschaftler haben inzwischen davor gewarnt, daß dieses mechanistische, reduktionistische Wissenschaftsmodell dabei ist, in einen Zustand der Entropie überzugehen. Es kippt allmählich um und beginnt, sich selbst zu verschlingen. Für die Psychologie und die Psychotherapie, wie wir sie kennen, ist die Zeit gekommen, eine drastische Wandlung zu vollziehen.

Menschen in helfenden Berufen waren sich der Grenzen der klinischen Psychologie und Psychotherapie durchaus bewußt, aber diese Ansätze waren das beste, was wir hatten, und das beste, was uns einfallen konnte, unter den Voraussetzungen des Paradigmas, mit dem wir arbeiteten. Die meisten unter uns bemühten sich, in unseren Berufen und in der Art, wie wir arbeiten, grundlegende Veränderungen vorzunehmen. Und wir versuchten immer, Dinge zu verändern, während wir gleichzeitig an Modellen festhielten, die einer wirklichen Veränderung einfach nicht gewachsen waren. Wir brachten nicht viel Mut auf. Wir waren bereit, unsere Interpretationen zu verändern, wie bei der Arbeit nach Jung, und wir waren nicht bereit, mit dem Interpretieren aufzuhören. Wir waren bereit, unsere Techniken zu verändern, und wir waren nicht bereit, den Gebrauch von Techniken aufzugeben. Wir waren bereit, Spiritualität zu akzeptieren, aber wir fühlen uns doch wohler mit einer Spiritualität, die, wie die des New Age, manipuliert und kontrolliert ist.

Wenn wir wirklich nach Hilfe verlangen und helfen wollen, wird nichts geringeres notwendig sein als ein radikaler Paradigmenwechsel in unserer Art zu denken und zu arbeiten. Ich habe mehr als zwanzig Jahre lang mit Individuen, Paaren, Gruppen, Organisationen und ganzen Gesellschaftssystemen gearbeitet. In diesem Zeitraum entwickelte ich allmählich eine Philosophie und Arbeitsweise, die in bezug auf das holographische Paradigma (»Holomovement«) einen ganz eigenen Stellenwert hat und mit diesem übereinstimmt, und die, wie ich glaube, größere Möglichkeiten der Heilung bietet als alle anderen gegenwärtig existierenden Ansätze. Dieses Buch ist mein erster Versuch zu vermitteln, wie ich arbeite, warum ich in dieser Weise arbeite, und wie überraschend wirkungsvoll dieser Ansatz des lebendigen Prozesses ist.*

Ich gebe mich nicht der Illusion hin, zu glauben, daß meine Art zu arbeiten irgendeinen Endpunkt darstellt, in bezug auf das, was wir lernen müssen, und wie wir uns als Menschen verhalten müssen. Das ist sie zweifellos nicht! Ich glaube jedoch, daß diese Arbeit ein wesentlicher und notwendiger Schritt innerhalb einer größeren Bewegung ist: nämlich ein suchtgeprägtes, aufreibendes, krankes und entropisches Paradigma in ein holographisches, heilsames und für das Überleben des einzelnen und des gesamten Planeten notwendiges Paradigma überzuleiten.

Um dieses neue Modell zu entwickeln, mußte ich mich mit meinen eigenen Dämonen und mit den Dämonen meiner Ausbildung als klinische Psychologin konfrontieren. Ich mußte meinen eigenen Ängsten gegenübertreten, meiner eigenen Selbstzufriedenheit, meiner Befriedigung über das, was sich »gut verkaufte« oder wirkungsvoll zu sein schien. Ich mußte meinen Beruf, den ich liebte, in Frage stellen, und die Überzeugungen und Regeln dieses Berufs, ebenso wie meine Aufnahme in die New-Age-Bewegung (ich fühlte, daß ein großer Teil der New-Age-Arbeit auch nur die alte Wolf-im-Schafspelz-Verkleidung war, getragen von Leuten, die wirklich aufrichtig waren und es gut meinten). Ich mußte den Bereich des Heilens in Frage stellen, wo ich glaubte, meine Heimat gefunden zu haben, nur um festzustellen, daß zwar die Inhalte verändert waren, aber nicht die Art, in der gearbeitet wurde. Und ich mußte einer endlosen Zahl von Menschen entgegentreten, die mir sagten, daß wir dieselbe Arbeit machten, während wir in Wahrheit zwar dieselben Worte gebrauchten, uns in unserem Tun aber radikal unterschieden. Und was vermutlich am wichtigsten ist: Ich mußte mich meiner eigenen Einsamkeit stellen, meiner Angst, nicht zu genügen, und meinen Zweifeln, ob die Arbeit, die ich tue, tatsächlich einen Paradigmenwechsel widerspiegelt und der Fachwelt vorgestellt werden muß, der Fachwelt und vor allem den Menschen, die immer noch Hilfe bei jenen suchen, die nicht helfen können, weil sie aus einem Paradigma heraus agieren, das einfach keine sinnvolle Handlungsgrundlage bieten kann.

---

* *Anm. d. L.: Living Process* wird in diesem Buch mit »Lebensprozeß« übersetzt. Es bedeutet jedoch auch immer »lebendiger Prozeß« (im Gegensatz zur »tödlichen Krankheit«, dem Suchtprozeß).

Ich hoffe, daß diese Arbeit uns ermöglichen wird, Psychologien und sogar jene psychotherapeutischen Ansätze allmählich hinter uns zu lassen, die tatsächlich einiges an Gutem geleistet haben, uns aber in einer Weltsicht gefangen hielten, die für alles Lebendige destruktiv ist, und die letztlich nicht heilsam sein kann.

Einführung

Es war mühevoll, dieses Buch zu schreiben, und ich habe länger dafür gebraucht als für jedes meiner anderen Bücher. Aber ich wußte, daß der Kampf Teil des »Reifungsprozesses« war und daß er seine Zeit brauchte. Außerdem fühlte ich intuitiv, daß dies ein sehr wichtiges Buch für mich sein würde, und ich hatte beim Schreiben etwas Angst.

Ich wußte immer, daß das Schreiben von Büchern – zumindest in der Art, wie ich Bücher schreibe – selbstenthüllend ist, und mir war klar, daß das bei diesem Buch besonders der Fall sein würde. In einer Suchtgesellschaft kann öffentliche Selbstenthüllung gefährlich sein, besonders wenn man die heiligsten Kühe auf dem Weidegrund der Illusion angreift.

Auf einer anderen Ebene war mir bewußt, daß dieses Buch die erste schriftliche Dokumentation dessen, was ich tue, darstellen würde. Bislang war die einzige Art zu erfahren, wie ich mit Menschen arbeite, zu einem der Workshops zu kommen, die ich abhalte, oder bei mir ein Training zu machen und durch Erfahrung über meine Arbeit zu lernen. Da die Arbeit, die ich tue, partizipatorisch (teilhabend) ist, und da die Theorie sich aus dem, was ich tue, entwickelt hat und weiterentwickelt, läßt sie sich nicht leicht in schriftliche Form fassen – oder zumindest befürchtete ich das.

Außerdem waren die meisten meiner bisherigen Texte deskriptiver Art: Sie beschrieben das Geschehen, das ich an Individuen, an Gruppen, Familien, Organisationen, an der Gesellschaft, und, mehr und mehr, an unserem gesamten Planeten beobachte. Ich machte Andeutungen über die Art meiner Arbeit und versuchte nie wirklich, sie in irgendeinem weiteren Rahmen zu vermitteln. Mittlerweile gibt es ein internationales Netzwerk von fast fünfhundert Leuten, die ein Jahr lang oder länger bei mir im Training waren. Viele davon sind Fachleute aller Richtungen, die sich jetzt der Lebensprozeß-Arbeit zugewandt haben. Darüber hinaus gibt es mehrere tausend Menschen, die an Intensiv-Workshops teilnahmen und von dieser sich kontinuierlich weiterentwickelnden Arbeit beeinflußt wurden. Dennoch mußten die meisten Leute, die in irgendeiner Weise an dem, was ich tatsächlich mit Menschen tue, Anteil nehmen oder Interesse haben, sich mit Mutmaßungen, Projektionen, Phantasien, Urteilen oder offenen Fragen begnügen. Ich könnte also sagen, daß ich mit diesem Buch meine Arbeit »offenlege«, und es versteht sich von selbst, daß damit ein nicht geringes Maß an Furcht verbunden ist.

Es war mir sehr wichtig, für dieses Buch eine Form zu finden, die mit den Inhalten, die ich zu vermitteln versuche, übereinstimmt. Ich wollte nicht neuen Wein in alte Schläuche füllen. Über ein neues Paradigma zu schreiben, erfordert wirklich, im Schreiben ein neues Paradigma zu realisieren. Das bedeutete, ich mußte warten, bis »Teilerkenntnisse« sich an der richtigen Stelle einordneten, so daß der Text widerspiegeln konnte, wo ich in diesem Stadium stehe, in meinem Prozeß als Person, als genesender Mensch und als genesende Psychotherapeutin. (Ich stelle die Berufsbezeichnung in Frage, während ich dies niederschreibe, *und* ich bin zugleich eine genesende Psychotherapeutin!)

Meine Arbeit war nicht theorie-orientiert. Die psychologische Ausbildung, die ich genoß, unterstützte »Fachleute« darin, Theorien zu übernehmen oder zu entwickeln, und von dieser Basis aus zu operieren. Dieser Ansatz führt zu einer Tendenz, Theorie zu etwas Statischem und Heiligem zu machen. Das bietet Sicherheit und erzeugt Rigidität. Fachleute, die in dieser Weise agieren, werden »theorie-gebunden«.

Meine Arbeit gibt meiner Theorie Gestalt. Indem ich das tat, was wirksam ist, indem ich mich von den Menschen, mit denen ich arbeitete, leiten ließ und nicht versuchte, sie in meine Theorie oder meine vorgefaßten Meinungen einzupassen, konnte ich sie und mich selbst hören und sehen und mußte mein Tun permanent neu einschätzen und bereit sein, unentwegt Veränderungen und Modifikationen vorzunehmen. Ich vermute, dieser Prozeß wird sich mein Leben lang fortsetzen.[1]

Dieser Prozeß permanenter Modifikation war oft ein Kampf. Es wäre einfacher gewesen, mein Tun durch die Berufung auf irgendeine Theorie zu rechtfertigen als zu vermitteln, was ich aus meiner Intuition heraus tun mußte, indem ich auf meinen eigenen Prozeß vertraute, um dann später (manchmal Jahre später) zu entdecken, wie eine Theorie sich zu entwickeln begann. Es ist aber mein Tun, das ich mit Ihnen teilen will, und ich möchte es in einer Weise vermitteln, die mir sinnvoll erscheint. Daher muß ich mit Ihnen diesen Prozeß teilen, wie ich dazu kam, dieses Buch zu schreiben.

Ich hatte ursprünglich vor, ein Buch über die Behandlung des Suchtprozesses zu schreiben. Meiner Meinung nach *muß* jeder Veränderungs- oder Entwicklungsprozeß die Auseinandersetzung mit dem Suchtprozeß beinhalten. Wenn ich in der Welt umherreise und sehe, wie man mit Sucht umgeht (beziehungsweise nicht umgeht), wird mir klar, daß die Arbeit, die wir im Lebensprozeß-Netzwerk tun, nicht nur einzigartig ist, sondern sehr wohl revolutionär sein kann. Daher schien die Zeit gekommen, zu vermitteln, was wir darüber wissen.

Dann veränderte ich den Titel und nannte das Buch »Konfrontation mit dem Suchtprozeß und seine Heilung«. Ich stellte fest, daß wir mehr über »Heilung« als über »Behandlung« sprachen, und daß noch vieles über den zugrunde liegenden Suchtprozeß und seine Funktionsweisen gesagt werden mußte. Ich ging von folgenden Grundprinzipien aus: (1) Wir brauchen eine einheitliche Theorie über den Prozeß der Heilung von Abhängigkeiten. (2) Meine Kollegen und ich wissen eine Menge über die Arbeit mit dieser Konstellation von Krankheiten, und (3) hat bisher niemand eine umfassende generelle Studie über die Heilung des Suchtprozesses und seine Zusammenhänge mit dem, was wir über die helfenden Berufe wissen, verfaßt. Ich bin nach wie vor der Meinung, daß ein solches Buch notwendig ist, und ich habe ausgeführt, wie ich diese Ideen umsetzen möchte.

Als ich genauer zu betrachten begann, was mit Leuten in Behandlungszentren, psychiatrischen Einrichtungen, Kliniken und privaten psychotherapeutischen Praxen tatsächlich gemacht wird, von einer Perspektive aus, die sich unermeßlich verändert hatte, aufgrund meiner eigenen aktiven Genesung von der Beziehungssucht, meiner Versuche, im Prozeß zu leben – indem ich meine eigene Tiefenprozeß-Arbeit machte und den Tiefenprozeß anderer begleitete –, da wußte ich, daß ich dieses Buch aus einem erheblich weiteren Blickwinkel heraus schreiben mußte.

Ich sah auch, daß es mir nicht möglich war, mein Tun zu schildern, ohne etwas über den theoretischen Rahmen, der sich aus der Arbeit, wie ich sie jetzt mache, herausentwickelt hat, zu vermitteln. Meine Entwicklung als Feministin half mir verstehen, wie gefährlich es ist, wenn ein theoretisches System mit der Realität verwechselt wird. Erstens reagiere ich argwöhnisch und beunruhigt auf Arbeitsformen, die nicht fähig sind, ihre Voraussetzungen klar zu formulieren. Frauen, Farbige, amerikanische Ureinwohner und andere Minoritäten mußten viel leiden, weil man die unausgesprochenen Voraussetzungen der dominanten Kultur lange für »die Realität« hielt – wodurch die Realität der Betroffenen negiert wurde.[2] Zweitens gibt es theoretische Systeme, die nicht in die Praxis umgesetzt werden können. Im Abstrakten sind sie faszinierend, aber ihre Verfechter haben wirklich nicht die mindeste Ahnung, wie die Theorie *gelebt* werden könnte. Drittens treffe ich auf mehr und mehr Leute, die ihre Theorie oder ihre Formulierungen verändern, um mehr Übereinstimmung mit dem Feld der Genesung und der »Neuen Wissenschaft« zu erreichen, während sie weiterhin alte Techniken, Ansätze und Verhaltensmuster benutzen. Sie haben ihre

Inhalte modifiziert – und nicht ihren Prozeß. Daher meinte ich, daß der Versuch wichtig sei, zu artikulieren, was für mich an diesem Punkt wahr ist, was ich tue und warum ich es tue (so weit ich das weiß). Dann entschied ich mich für den Titel »Jenseits von Therapie und Wissenschaft«, weil ich in diesem Stadium meines Nachdenkens über diese Probleme wußte, daß meine Arbeit weit über den größten Teil der Psychotherapie, wie sie praktiziert wird (und wie ich sie zu praktizieren gelernt hatte), hinausging, und auch weit über die wissenschaftliche Weltauffassung hinausreichte, innerhalb derer ich erzogen wurde. Das, was man mich gelehrt hatte, war, wie ich feststellte, hoffnungslos tief in einer Weltauffassung verwurzelt, die nicht nur keine hilfreichen, sondern tatsächlich schädliche Verfahrensweisen und Techniken produziert – viel schädlicher, als wir uns das früher vorgestellt haben.

Ich begann, Psychotherapie als die Praxis des Suchtprozesses zu sehen, war eifrig darauf aus, Psychotherapie als die systematisierte Praxis der Co-Abhängigkeit zu »benennen« (was ich nach wie vor für gültig halte), und das Buch darauf auszurichten, was auf einer sehr tiefen Ebene an der Psychotherapie und ihren philosophischen und theoretischen Voraussetzungen nicht stimmt. Ich wollte darüber schreiben, was an der Psychotherapie *falsch* ist, was Therapeuten *falsch* machen. Und warum das System auf einer wichtigen Metaebene wirklich nicht funktioniert. Ich war in einem Richtig-Falsch-Dualismus befangen, und ich weiß, wenn ich in irgendeinem Dualismus stecke, bin ich mitten in meinem Sucht-Krankheitsprozeß. Also hörte ich auf und wartete *meinen* Prozeß ab. Während dieser Wartezeit begann ich die vielen bei mir einlaufenden Briefe von Leuten zu sammeln, die meine Bücher lasen und darauf reagierten, von Leuten, die alle Arten psychotherapeutischer, medizinischer oder psychiatrischer Heilmethoden ausprobiert hatten, und die sich nicht wirklich besser und mit ihrem Leben in Übereinstimmung fühlten, bis sie sich mit ihrem Suchtprozeß konfrontierten. Oft empfanden sie große Erleichterung, wenn sie ihre Sucht beim Namen nannten (Schritt Eins im Zwölf-Schritte-Programm der Anonymen Alkoholiker) und den Weg der Genesung einschlugen. Ich bewahrte diese Briefe auf und las sie immer wieder, weil sie so starke Ähnlichkeiten mit dem Leben und der Heilung der Menschen zeigten, mit denen ich das Leben im Prozeß teilte.

Schließlich wurde mir klar, mit welchem Element ich mich konfrontieren mußte: Ich war (zumindest in der Vergangenheit) eine jener Therapeutinnen, die aus einem reduktionistisch-mechanistischen, postmodernen[3] wissenschaftlichen Weltbild heraus agiert hatten. Ich war »Wissenschaftlerin«, gut ausgebildet in der wissenschaftlichen Methodik, und obwohl ich mich in vieler Hinsicht gewandelt und entwickelt hatte, stellte ich fest, daß ich mit eben der Methodik, die ich jetzt als destruktiv betrachte, immer noch bis ins Mark durchtränkt bin. Obwohl ich mich kontinuierlich von Ideologien und Praktiken wegbewegte, die ich im Lauf der Zeit nicht nur als unethisch, sondern sogar als schädlich erkannte, entdecke ich in mir immer noch versteckte Vorurteile und daraus resultierende Praktiken, die ich persönlich bei niemandem mehr tolerieren kann.

Ich begann zu erkennen, daß ich mich selbst an den meisten oder vielen der nicht-hinterfragten Voraussetzungen, Techniken und Überzeugungen beteiligt hatte, die ich jetzt stets angriff und die mich mit so spannungsvollen Gefühlen erfüllt. Ich trage mit an der Verantwortung dafür, was die Psychotherapie war oder was aus ihr geworden ist. Das einzugestehen fiel mir besonders schwer, da ich immer etwas von einer Rebellin und einer Suchenden hatte und mich von der traditionellen Machthierarchie der Psychologie und Psychiatrie nie völlig akzeptiert fühlte (was ich auch nicht wollte). Ich war *von* dieser Welt, aber nicht *in* dieser Welt. Warum mußte ich den Fehler eingestehen, Teil davon zu sein, wenn ich doch nicht die Vergünstigungen des »Darinseins« genoß? Weil ich um meiner eigenen Nüchternheit willen so ehrlich wie möglich sein und mich mit dem Suchtprozeß in mir konfrontieren muß, wo immer ich ihn finde, und ich sah diesen Suchtprozeß deutlich in der Art, wie ich gelernt hatte, Psychotherapie zu praktizieren.

Ich begann zu sehen, wie die Arbeit, in der ich ausgebildet war, sich nicht nur mit der Suchtgesellschaft in Übereinstimmung befand, sondern ihren Fortbestand sichern half und ihre Probleme verschlimmerte, und daß die Psychotherapie, wie wir sie kennenlernten, immer in das Problem verstrickt war. Ich konnte erkennen, daß die helfenden Berufe in derselben Beziehung zur Suchtgesellschaft stehen wie der »Möglich-Macher« zum Suchtkranken. Wir nehmen den Druck weg und erhalten die Dinge gerade genug in Funktion, um zu verhindern, daß die Gesellschaft »abstürzt«, während wir sie gleichzeitig weiterhin »aufmöbeln« und ihr gestatten, in ihrer Sucht zu verharren. Da die Arbeit der Therapeuten so sehr in das Suchtmodell integriert ist, stellt die Art, wie wir unsere Arbeit tun, für die Suchtgesellschaft keine Bedrohung dar. Tatsächlich unterstützen wir dieses suchtgeprägte dysfunktionale System.

Aus diesem Bewußtsein wuchs meine Überzeugung, daß dieses Buch in allererster Linie für meine früheren Klientinnen und Klienten geschrieben und ihnen gewidmet sein muß, als Teil des Wiedergutmachungsprozesses innerhalb meiner Genesungsarbeit, die sich auf meine Vergangenheit als Psychotherapeutin bezieht. Ich muß Wiedergutmachung leisten für den Versuch, aus einem Überzeugungssystem heraus zu handeln, das mir beigebracht wurde und das sich sogar damals schon für mich nicht richtig anfühlte, und auch für die Dinge, die ich *nicht* wußte. Echte Genesung erfordert, daß wir Verantwortung für alles übernehmen, was wir taten, während wir unsere Krankheit praktizierten, sogar wenn wir ahnungslos, unwissend oder im Zustand der Verleugnung waren. Ich bin mir darüber im klaren, daß ich diesen Wiedergutmachungsprozeß weiter fortsetzen muß, in dem Maß, in dem ich mehr Bewußtsein über die Art erlange, wie ich den Suchtprozeß in meiner Arbeit immer noch weitertrage, und dennoch ist das Niederschreiben dieses Buches ein wichtiger Teil des Heilungsprozesses.

Lassen Sie mich noch einige Worte über den Wiedergutmachungsprozeß sagen, wie ich es aus dem Zwölf-Schritte-Programm nach dem Modell der Anonymen Alkoholiker gelernt habe.[4] Vergebung, Wiedergutmachung von Fehlern und das Aneignen unserer eigenen Verhaltensweisen sind keine neuen Vorstellungen. Jene unter uns, die sich in der Genesung von irgendeiner aus einer Vielfalt von Abhängigkeiten befinden, haben gelernt, daß wir – um eine gewisse Klarheit in unserem Leben zu erreichen und aufrechtzuerhalten – uns zu eigen machen müssen, was wir anderen wissentlich oder unwissentlich antaten, als wir aus unserer Krankheit heraus agierten, und daß wir Wiedergutmachung leisten müssen, solange wir dadurch niemandem Schaden zufügen. Bevor wir Wiedergutmachung leisten, ist es notwendig, die Kleinarbeit der vorausgehenden sieben Schritte des Zwölf-Schritte-Programms zu tun. Dann müssen wir eine Liste all jener Personen aufstellen, die wir geschädigt oder denen wir Unrecht getan haben, uns selbst eingeschlossen, und diese Fehler wiedergutmachen.

Der Wiedergutmachungsprozeß ist nach meiner Auffassung ein Prozeß, in dem wir das Recht auf unser eigenes Leben einfordern, unsere Abwehrhaltung aufgeben und tun, was wir tun müssen, um *innerlich* in Ordnung zu kommen. Wiedergutmachung leisten ist ein persönlicher Akt. Wir leisten Wiedergutmachung um unserer selbst willen. Wiedergutmachung ist nicht dazu da, anderen ein besseres Gefühl zu geben, ihre Einstellung uns gegenüber zu verändern oder Vergebung zu erlangen. Wir leisten Wiedergutmachung, weil wir es tun *müssen*. Wir leisten Wiedergutmachung, weil wir wissen, daß unsere Genesung, unser Persönlichkeitswachstum, unsere Entwicklung nicht vorankommen können, solange wir nicht die Verantwortung für jene unserer Handlungen übernehmen, auf die wir nicht stolz sind und durch die wir anderen Schaden zufügten. Wir müssen uns dazu bekennen, daß wir in einer Weise gehandelt haben, die unseren Überzeugungen, Moralvorstellungen und unserer Spiritualität zuwiderlief.

Also ist dieses Buch als solches eine Wiedergutmachungsleistung für meine blinden Flecken und meine Anhängerschaft an ein System, das für mich oder für andere nicht gut war. Ich war mir damals des Systems, aus dem heraus ich agierte, nicht bewußt. Aber obwohl – nach meinem besten Wissen – alles, was ich tat, von den edelsten Motiven bestimmt war, muß ich dennoch die Verantwortung übernehmen und bekennen, daß, wie ich inzwischen weiß, das psychotherapeutische Modell, in dem ich ausgebildet wurde, nicht hilfreich und oft destruktiv war.

Ich möchte klarstellen, daß ich als Therapeutin nichts Grauenvolles getan habe. Tatsächlich wurde ich als »gute« Therapeutin angesehen. Ich war engagiert, fürsorglich, interessiert, einsatzfreudig, neugierig, nahm meine Arbeit ernst und verfügte über Integrität. Ich wußte lediglich nicht, daß die Voraussetzungen, die meiner Arbeit zugrunde lagen und aus denen heraus ich handelte, für mich und meine Klienten letztlich destruktiv waren, und auf subtile Weise eine Weltauffassung unterstützten, die sich destruktiv auf den gesamten Planeten auswirkt. Wenn wir Menschen als Dinge oder »Objekte« betrachten, sind wir für sie destruktiv.[5] Da ich mich also in meinem Genesungsprozeß in bezug auf meine Arbeit bei der Wiedergutmachung befinde, beginne ich dieses Buch mit der Wiedergutmachung meiner Fehler an mir selbst und an meinen Klienten. Das Buch selbst ist meine Wiedergutmachung.

Wenn ich meine eigene Entwicklung betrachte, kann ich außerdem einige der Fallstricke erkennen, denen ich auswich, und andere, über die ich stolperte, ohne überhaupt zu erkennen, daß ich fiel. Michael Lerner sagte: »Therapeuten tun oft nichts anderes, als den Leuten zu helfen, sich den sozialen Rollen, die sie, die Therapeuten, als festgelegt und unausweichlich betrachten, besser anzupassen.«[6] Aufgrund meiner aktiven Rolle in der Bürgerrechtsbewegung und meines entschiedenen Engagements für den Feminismus glaubte ich, über genügend Bewußtsein zu verfügen, um Menschen nicht zur Anpassung an eine kranke Gesellschaft zu bringen. Jetzt glaube ich, daß meine Arroganz in dieser Bewußtheit meine Wahrnehmung verdunkelte, so daß ich die subtilen Formen, in denen ich mich immer noch auf das System einließ, nicht erkennen konnte.

Da ich Teil des Problems war und immer noch bin, wurde mir deutlich bewußt, daß es in diesem Buch nicht darum gehen kann, was »die anderen« falsch machen. Es muß darum gehen, was *ich* nicht mehr tun kann, was ich jetzt tue, und welches theoretische Wissen ich entwickelt habe. Ich will die Probleme nicht verschlimmern, die wir auf dem Feld der Psychotherapie haben – in uns selbst, untereinander als Psychotherapeuten oder mit den Menschen, mit denen wir arbeiten.[7]

Diese Verhaltensmuster sind unter Psychotherapeuten jeglicher Couleur allgemein verbreitet, und ich nahm zeitweilig auch daran teil. Ich weiß, daß es ein Teil meiner Krankheit war, mich so zu verhalten. Immer wenn ich dualistisch denke, urteile, Fronten errichte und Partei ergreife, handle ich aus dem Suchtprozeß heraus.

Für meine Gesundheit und Nüchternheit ist es die richtige Wahl, aus meinen Erfahrungen heraus zu sprechen, zu sagen, was ich weiß und was für mich wahr ist – und das zu tun, werde ich in diesem Buch versuchen.

Die Struktur dieses Buches ging für mich aus diesen Auseinandersetzungen hervor. Es ist mir klar, daß seine Struktur meine Theorie und mein Überzeugungssystem widerspiegeln muß, und meine Theorie und mein Überzeugungssystem müssen die Struktur des Buches bestimmen.

Im ersten Teil schildere ich meinen persönlichen und beruflichen Weg als Therapeutin und den Weg, der mich über die »Therapeutin« hinausführte und zu einer »genesenden Psychotherapeutin« werden ließ (was letztlich bedeutet, von der beruflichen Rolle einer Psychotherapeutin zu genesen und das Feld völlig zu verlassen). Dies ist kein rein individueller Weg; er findet seine Spiegelung und seine Parallelen in der Entwicklung des psychotherapeutischen Berufsfeldes. Ich wurde in der klassischen freudianischen psychodynamischen Psychotherapie ausgebildet, ging zu den kognitiven Verhaltenstherapien über, wandte mich dann der humanistischen und systemischen Psychologie und schließlich der interpersonalen Psychologie zu, wobei ich ständig meine Wahl und meine Entscheidungen traf. Die Bürgerrechtsbewegung und der Feminismus eröffneten mir neue und wichtige Dimensionen, was dazu führte, daß ich in meiner Arbeit mit Menschen einen neuen Ansatz entwickelte. Durch die Arbeit mit Abhängigkeiten – meine eigenen eingeschlossen – kam ein zentrales Element hinzu, das eine grundlegende Wandlung in Wahrnehmungsweisen und Theorie auslöste. Bei der Schilderung meines eigenen Berufsweges beleuchte ich bedeutsame Auseinandersetzungen, Erfahrungen, Konfrontationen,

Ängste, Erkenntnisse, Freuden, Einsichten und Wendepunkte, die ich später wieder aufgreife, um zu zeigen, wie sie zu der Arbeit beigetragen haben, an der ich jetzt beteiligt bin.

Im zweiten Teil erläutere ich die Arbeit, die ich jetzt tue, die Lebensprozeß-Arbeit. Ich beschreibe die Tiefenprozeß-Arbeit und zeige die Wirksamkeit des Ansatzes, den ich gelernt habe, bei Abhängigkeiten, und, über Abhängigkeiten hinaus, für ein vollständig gelebtes Leben. Die Interdependenz und die Wechselbeziehung zwischen der Lebensprozeß-Arbeit und der Arbeit mit Abhängigkeiten wird ausführlich diskutiert. Ich setze diese Arbeit zu wichtigen Punkten in meiner Berufsentwicklung in Beziehung und zeige, wie der *Prozeß* meiner Freuden und Ängste, meiner Verwirrung, meiner Zuversicht und meines Schmerzes in die Arbeit, die ich tue, einfloß und weiterhin in ihr in Erscheinung tritt.

Der dritte Teil wird sich mit den theoretischen und philosophischen Themen und Lehren befassen, die aus meiner eigenen persönlichen und beruflichen Entwicklung und aus der Arbeit, die ich tue, hervorgegangen sind.

Um meine Arbeit zu tun, mußte ich die Voraussetzungen, die meiner Ausbildung zugrunde lagen, und die Weltauffassung, auf der meine Erziehung beruhte, erkennen und untersuchen. Ich habe nicht bewußt versucht, den »Anfängergeist« im Sinn des Zen-Buddhismus zu entwickeln, aber ich fand mich oft in diesem Zustand vor. Ich glaube, wenn ich von dieser Konzeption des »leeren Gefäßes« (mich bewußt leer machen, so daß mehr einströmen kann) gewußt und versucht hätte, diesen Zustand zu entwickeln, hätte ich diese Offenheit wahrscheinlich nicht erreicht. Ich versuchte, die Weltauffassung, von der ich herkam, mit dem, was ich wußte, was ich lernte und erfuhr, zu versöhnen. Ich erkannte, wie wichtig es ist, unseren Erfahrungen und unserer Realität »Namen zu geben«, sie zu benennen.

Währenddessen begann ich, das zu hinterfragen, was ich als Gewalt betrachte, die in den helfenden Berufen im Namen der Wissenschaft und des Heilens ausgeübt wird. Ich begann nachzuforschen, ob Psychologen und Menschen in helfenden Berufen offen dafür sind, sich die Frage zu stellen: »Trägt die unausgesprochene Weltauffassung, die den Voraussetzungen zugrunde liegt, aus denen heraus ich meinen Beruf praktiziere, vielleicht ungewollt zu den Problemen bei, für deren Lösung ich mich einsetze?« Wenn wir nicht offen dafür sind, uns mit dieser Frage auseinanderzusetzen und unsere Voraussetzungen zu artikulieren, sind wir in der Tat ein Teil des Problems.

Ich durchlebte eine Phase, in der ich bewußt wahrnahm, daß es einige Dinge gibt (wie »Techniken« und Interpretation), die ich nicht mehr tun kann, wenn ich meine innere Integrität wahren will.[8] Ich mühte mich mit dem Problem ab, wie ich ich selbst und in Übereinstimmung mit meinen Überzeugungen und meinem Wissen sein kann, während ich klar bekenne, was ich lerne.

Ich wurde auf philosophische und theoretische Positionen[9] aufmerksam, die unterstützen, was ich schon auf »organische« Weise entdeckt hatte, indem ich tat, was mein Leben und meine Arbeit verlangten – Theorien, hervorgegangen aus den schmerzhaften und erfreulichen Wandlungen, die ich vollzogen hatte, um zu meiner inneren Integrität zu gelangen.

Im dritten Teil zeige ich die zuvor erwähnten roten Fäden meiner eigenen Entwicklung auf, verknüpfe diese Fäden mit der Arbeit, die ich jetzt tue, und verwebe beides mit einigen theoretischen und philosophischen Überlegungen.

Dieser Teil beinhaltet folgendes:

1. Eine Auseinandersetzung mit der Wissenschaftsphilosophie und der Bewegung, die über das reduktionistische, mechanistische, empirische »moderne« Weltbild hinausführt. Ich werde mich mit der von David Griffin so bezeichneten »konstruktiven, revisionären postmodernen«[10] wissenschaftlichen Forschung befassen, mit dem Bereich, der als »neues Paradigma« erforscht wird, und mit David Bohms Vorstellung des Universums als eines Hologramms oder »Holomovements«.[11]

2. Eine Auseinandersetzung mit der Praxis der Psychotherapie, wie wir sie kennenlernten – ihre Voraussetzungen, Leistungen und Grenzen.

3. Die Bedeutung sozialer Bewegungen und Veränderungen in der Arbeit mit Menschen.

4. Die Bedeutung des Wissens über Sucht und Genesung von der Sucht und die Wechselbeziehung zwischen Sucht und dem vorherrschenden wissenschaftlichen Weltbild. Ich befasse mich auch mit der Beziehung zwischen Heilung und neu hervortretenden wissenschaftlichen Modellen und der Beziehung dieser Modelle oder Philosophien zur Genesung als Interaktionsprozeß.

5. Die Rolle des Spirituellen in allen oben genannten Fragen. Der Unterschied zwischen Religion im eigentlichen Sinn und ihrer Unterstützung des gegenwärtigen begrenzten Weltbildes wird ausgeführt, ebenso wie andere Implikationen für Spiritualität.

6. Die mögliche Bedeutung aller dieser philosophischen und theoretischen Fragen, wenn man sie als gesamten Prozeß und Teil des Prozesses der Gesamtheit betrachtet.

Im Anschluß daran möchte ich einige meiner Anliegen und Visionen zum Ausdruck bringen und meine Gedanken über die zukünftigen Auswirkungen der Ideen, die hier vorgetragen werden. Meine Arbeit war ein Prozeß. Ich bin damit durch viele Ebenen der Wahrheit gegangen und werde zweifellos noch viele weitere durchschreiten. Meine Suche bestand nicht darin, mir irgendeine entkörperlichte Theorie auszudenken und mich selbst, meine Arbeit und andere Menschen dann in diese Theorie hineinzupressen. Zu meiner Arbeit gehört, dem Prozeß zu folgen, wo immer er hinführt, und *dann* zu entdecken, daß es Ideen, Theorien, Konstrukte und Philosophien gibt, die mit meiner Erfahrung übereinstimmen. Ich habe diese Theorie »am eigenen Leib erfahren«, im Kontakt mit meinen Gefühlen und meiner Intuition und im Vertrauen auf beides. Ich war ganz und gar partizipatorisch in meiner Arbeit und in ihrer Bewertung. Ich habe meine Tiefenprozeß-Arbeit gemacht, ich habe mich mit meinen Abhängigkeiten konfrontiert, und ich bin in aktiver Genesung. Ich habe versucht, im Prozeß zu leben, oft »der Nase nach« und »in blindem Vertrauen«.

Um nicht mißverstanden zu werden, möchte ich betonen, daß ich die Bedeutung der logischen und rationalen Denkfunktionen der linken Hirnhälfte durchaus anerkenne. Das Problem mit diesen Denkfunktionen liegt meiner Auffassung nach darin, welchen Stellenwert sie im Prozeß einnehmen. Wenn wir unserem logischen, rationalen Geist die Führung einräumen und unsere Gefühle, unsere Gedanken und Wahrnehmungen, unser Verhalten und sogar unsere Spiritualität dazu bringen wollen, dieser Rationalität zu folgen, geraten wir fast immer in Schwierigkeiten. Wenn wir so vorgehen, sind wir fast immer fest in das gegenwärtige mechanistische, empirische Paradigma eingeschlossen. Ich habe festgestellt, daß man diese Art des Denkens am besten *nach* dem Erlebnis oder dem Prozeß des In-Erfahrung-Bringens anwendet, denn dieser ist in einen Lebensprozeß integriert.

Wenn wir zuerst entscheiden, wohin wir gehen sollten, werden wir nie dort ankommen.

Erster Teil

Aufstieg und Abdankung einer Psychotherapeutin

Während ich mit der Arbeit an diesem Teil beginne, stelle ich fest, daß ich etwas nervös und unsicher bin. Ich räume meinen Schreibtisch auf und suche nach Ablenkungen. Ich bleibe mit diesen Gefühlen in Kontakt und spüre Ungewißheit und Angst. Ich bin mir auch der Tatsache bewußt, daß diese Gefühle auftreten, wenn ich mich nach außen darstelle. Werde ich zu verletztlich sein, wenn ich mich in dieser Weise exponiere? Werden meine Feinde und Kritiker Stoff für ihre Attacken finden (was sie ohnehin tun werden, unabhängig davon, was ich sage oder tue)? Darauf habe ich keinen Einfluß, und dennoch ruft es Angst und Vorsicht in mir hervor. Mir ist bewußt, daß die Attacken, die gegen mich geritten wurden, glücklicherweise oder unglücklicherweise wenig oder nichts mit mir oder mit dem, was ich sage, zu tun hatten. Wird es als überheblich erscheinen, wenn ich meine Entwicklung schildere, und die in diesem Prozeß auftretenden Leitlinien? Vielleicht – aber ich weiß keinen anderen Weg, den *Prozeß* meiner jetzigen Arbeit und wie ich zu ihr gekommen bin zu vermitteln. Wenn wir nur einen Endpunkt oder ein fortgeschrittenes Entwicklungsstadium dessen sehen, was jemand tut, vergessen wir im allgemeinen, daß es ein Prozeß war, dorthin zu kommen, und daß der Weg das Ziel ist. Der Prozeß ist das vollkommene Ausfüllen unseres Anteils am Universum – ist Botschaft.

Ich hoffe also, daß dieses Kapitel im Geist des bekannten Zen-Ausspruches gelesen wird: »Wenn ein Weiser auf den Mond zeigt, schaut der Narr auf den zeigenden Finger.« Das, worauf ich in diesem Teil zeige, ist nicht meine besondere Persönlichkeit, sondern ein Prozeß, der viele Menschen, viele Ideen und viele Wege einschließt. Konzentrieren Sie sich also nicht übermäßig auf den zeigenden Finger.

Die Grundlagen für neue Ideen

Im Alter von etwa zehn Jahren hatte ich eine sehr klare Vorstellung von der Arbeit, die ich einmal tun würde. Ich erinnere mich, daß ich »wußte«, und ich erinnere mich auch, daß ich keine Möglichkeit hatte, zu artikulieren, was ich da entdeckt hatte. Soweit ich mich entsinnen kann, löste die Tatsache, daß ich mein Wissen nicht in Worte fassen konnte, keine Ängste in mir aus. Wenn ich von meinem heutigen Verständnis aus auf diese Erfahrung zurückblicke, würde ich sagen, daß sie ein Beispiel für »Vertrauen in den Prozeß« war. Ich brauchte kein Wort für mein Wissen als Schulkind in der fünften Klasse; also verwahrte ich das Wissen an einem sicheren Ort und blieb mit der Aufgabe beschäftigt, die meine gesamte Aufmerksamkeit in Anspruch nahm: eine Zehnjährige zu sein.

Ich war immer neugierig und lernbegierig, genau wie meine Mutter und mein Vater, und obwohl ich sehr kleine Schulen besuchte (ländliche Schulen mit zwei oder drei Klassenzimmern), glaube ich, daß mir eine gute, breit angelegte Grundbildung vermittelt wurde. Weder mein Vater noch meine Mutter hatten einen Hochschulabschluß. Wir waren einfache Leute aus Arkansas, und in unserem »hinterwäldlerischen« Milieu gab es keine Sprache für die Dinge, die einmal meine Arbeit ausmachen würden. (Vielleicht existiert diese Sprache auch heute noch nicht.) Äußerlich bereitete ich mich auf gar nichts vor, aber innerlich spürte ich meinen Prozeß – was immer das war – sehr deutlich. Mein Vater war ein »natürliches« Elektronikgenie; durch seine Arbeit für die Regierung bekam er die Möglichkeit, sich beruflich weiterzubilden und im Bereich der Elektronik in die Forschung zu gehen. Mein Vater brachte mir die Grundlagen der mechanistischen Wissenschaft bei – eine bestimmte Art des Denkens. Er lehrte mich, das Problem klar zu formulieren, es auf seine grundlegenden Bestandteile zu reduzieren und damit zu arbeiten, bis eine Lösung gefunden war. Ich wuchs mit dem Glauben auf, daß mein Vater alles reparieren und in Ordnung bringen konnte (wozu er auf der mechanischen Ebene tatsächlich fähig war). Meine Mutter war eine Dichterin, Mystikerin, Malerin und eine geübte Reiterin. Sie lehrte mich, meiner Intuition zu vertrauen, Tiere und die Erde zu respektieren und mit mir selbst und der Erde zu leben.

Das Wissen meines Vaters war gut dafür, mit der Mechanik und der Technologie zu leben und ihren Stellenwert in unserem Dasein zu erkennen. Das Wissen meiner Mutter eignete sich für das Lebendige und gab mir die notwendigen Grundlagen, ein Lebensprozeß-System zu erkennen. Ich bin dankbar dafür, daß ich beide Systeme und ihre Methoden so genau kennenlernte.

In meinen jungen Jahren gab es keine wirklich eindeutige Verbindung zwischen dem Einfluß meiner Mutter oder dem meines Vaters und der Arbeit, von der ich wußte, daß ich sie einmal tun würde; der Erziehungsansatz meiner Eltern war immer, meine Interessen und meine Neugier zu unterstützen und sich nicht in meinen Weg einzumischen. Meine Mutter war in gewisser Weise eine natürliche »Psychologin«. Wenn Leute in verletzender oder störender Weise in das Leben unserer Familie eingriffen, sagte sie immer: »Versuch' zu erkennen, was hinter ihrem Verhalten steht. Schau, ob du verstehen kannst, warum sie das tun, was sie tun.« Das war, glaube ich, ein früher Beitrag zu meiner Neugier darauf, was »in Menschen vorgeht«. Ich sehe jetzt, daß ich früh lernte, andere zu interpretieren – eine Methode, deren Effizienz ich mittlerweile in Frage stelle.

Irgendwann zwischen der fünften Klasse und der High-School schnappte ich das Wort »Psychiater« auf. Ich wollte Psychiaterin werden. Meine High-School-Jahre verbrachte ich damit, die notwendigen Kurse zu belegen, um Zugang zu einem guten vormedizinischen Ausbildungsprogramm zu erhalten und ein Stipendium zu bekommen, denn ich wußte, ich würde arbeiten und mich um Stipendien bemühen müssen, um ein College-Studium zu absolvieren. Ich verfolgte die unterschiedlichsten Interessen, individueller oder sozialer Art, zeichnete mich im Sport aus und stürzte mich in jede verfügbare Aktivität. Ich lernte in meinen »Aktivitäten« genauso viel wie im Unterricht, oder mehr, und dieses Zusammenwirken von formellem und informellem Lernen zog sich als roter Faden durch mein gesamtes weiteres Leben.

Im Herbst 1952 trat ich an der Washington-Universität in St. Louis ins Vorstudium für Medizin ein. Ich war auf dem Weg, Psychiaterin zu werden. Da ich zur Medical-School ging, arbeitete ich in den Sommerferien im Krankenhaus meines Heimatorts. Es war ein kleines katholisches Gemeindekrankenhaus, und man unterstützte mich dort sehr. Im ersten Jahr arbeitete ich als Krankenschwester für »besondere Behandlungsprogramme« und bekam meine »eigenen« Patienten zugeteilt. Sie standen unter meiner alleinigen Obhut, ich übernahm ihre gesamte Pflege, und in meiner Freizeit konnte ich Bücher über ihre speziellen Krankheiten lesen und mit den Krankenschwestern und Ärzten über das Gelernte diskutieren. Ich war bei Operationen und Arbeitsbesprechungen anwesend und wurde im allgemeinen in die organisatorischen Abläufe des Krankenhauses einbezogen.

Im zweiten Jahr arbeitete ich auf der Polio-Isolierstation. Das war vor der allgemeinen Verbreitung des Salk-Impfstoffs, und wir hatten drei Leute in eisernen Lungen und mehrere andere, weniger schwere Fälle. In meiner jugendlichen, arroganten Unverletzlichkeitshaltung betrachtete ich mich als immun und meldete mich freiwillig für die Arbeit auf der Isolierstation. Wieder lernte ich sehr viel.

In meinem letzten Sommer im Krankenhaus wurde ich aufgefordert, im medizinischen Labor mitzuarbeiten. Nach einigen Wochen hatte ich jede zweite Nacht und jedes zweite Wochenende Bereitschaftsdienst. Ich war zwanzig Jahre alt und traf Entscheidungen über Leben und Tod. Die erste dieser Entscheidungen stand im Zusammenhang mit einer Bluttransfusion für die Ehefrau eines meiner Lieblingslehrer an der High-School. In einer Kleinstadt existiert so etwas wie berufsmäßige Distanz nicht; bei allem, was getan werden mußte, sprang einfach jeder mit ein. Ich lernte, Verabredungen abzusagen, weil ich ins Krankenhaus gerufen wurde. Ich erfuhr, wie es ist, nach einem langen Arbeitstag, an dem ich Blutproben untersucht, Kulturen angelegt, am Mikroskop Urinproben angeschaut hatte, kurz vor Feierabend für Notfälle zurückgerufen zu werden und bis zum Morgengrauen weiterzuarbeiten. Ich lerne die freudige Erregung intensiver Arbeit mit dem medizinischen Team kennen und den Schrecken der Autofahrten zum Krankenhaus um zwei Uhr nachts, wenn ich schlaftrunken war. Ich erfuhr, was es bedeutete, in der medizinischen Welt zu arbeiten, und ich sah auch das Verführerische der Medizin und das Egozentrische der Medizin; sie konnte ein ungemein anspruchsvoller Liebhaber sein. Außerdem begann ich, mich in Gesellschaft von Ärzten unwohl zu fühlen, und fragte mich, ob ich wirklich Ärztin werden wollte.

Während meines gesamten College-Studiums hatte ich hauptsächlich zu Leuten in der vormedizinischen Ausbildung Kontakt, zu Musikstudenten und Leuten, die in christlichen Jugendorganisationen der Uni aktiv waren. Ich arbeitete fleißig in meinen Seminaren, mit Chemie und Zoologie als Hauptfächern *und* einem Hauptstudium in Psychologie, hatte einen festen Freund und war mit Aktivitäten außerhalb des Studiums beschäftigt. Ich hatte Gelegenheit, in vielen nationalen und internationalen Studentenkomitees mitzuwirken, was meinen kleinstädtischen Horizont erweiterte und mich in meiner tiefen familiär geprägten Überzeugung bestärkte, daß wir alle Weltbürger sind. Ich reiste, sang, erforschte meine Beziehung zu meiner Spiritualität, spielte und arbeitete hart in meinem Studium. Gegen Mitte der fünfziger Jahre ging ich in die Bürgerrechtsarbeit und kämpfte entschlossen für die Dinge, an die ich glaubte. Ich liebte die Universität und das, was ich tat. Das Studium war eine gute Zeit.

Mein Lieblingsseminar im vormedizinischen Studium war vergleichende Anatomie und Embryologie; ein hervorragender deutscher Professor der »alten Schule«, Dr. Viktor Hamberger, lehrte dieses Fach. Viele Jahre später wurde mir bewußt, warum ich dieses Seminar so sehr mochte. Es war unter allen wissenschaftlichen Seminaren, an denen ich teilnahm, das einzige Prozeß-Seminar. In jedem anderen wissenschaftlichen Kurs wurden tote oder statische Phänomene oder Gesetze studiert. Im Embryologie-Kurs arbeiteten wir zwar mit statischen, seriellen Querschnitten, studierten dabei aber wirklich den *Prozeß* der Entwicklung eines Hühnerembryos und somit den *Prozeß* der Evolution und der Entwicklung. Ich liebte diese Arbeit.

Als es Zeit wurde, Bewerbungen an die medizinischen Fakultäten der großen Universitäten abzuschicken, stellte ich fest, daß ich die Formulare nicht ausfüllen konnte. Wie eine anklagende Erinnerung an eine unerledigte Aufgabe lagen sie monatelang auf meinem Schreibtisch. Ich war mit diesem inneren Wissen über meine Arbeit immer noch in Kontakt, und ich wurde zunehmend unsicher, ob das Medizinstudium das richtige Mittel für mein Ziel sei. Gerade als die Fristen abliefen und ich unter Druck geriet, wurde ich ins Büro der Dekanin gerufen. Ich war nie ins Büro des Dekanats beordert worden und starr vor Schrecken. Was hatte ich getan? Was hatte ich getan, wovon die Dekanin *wußte*? War es die Vaseline auf den Toilettensitzen des Wohnheims? Waren es die (natürlich strikt verbotenen) nächtlichen Ausflüge in die Küche, die durch das Eßzimmer führten? Ich beschloß, mich gelassen zu geben und sie zuerst ihre Karten aufdecken zu lassen.

Glücklicherweise hatte sie mich rufen lassen, um mir mitzuteilen, daß man mich für ein Danforth-Stipendium, das den Spitznamen »Danny Grad Program« trug, vorgeschlagen hatte.

Nach unserem Gespräch war ich völlig sicher, daß dieses Stipendium (das ein Jahr der individuellen Weiterentwicklung ermöglichte) das richtige für mich sei; ich warf alle meine Bewerbungsunterlagen für das Hauptstudium in Medizin weg. Später erfuhr ich, daß es für dieses Stipendium mehr als sechshundert Bewerberinnen und Bewerber gegeben hatte; etwa sechzig davon kamen in ein Auswahlgespräch, achtzehn wurden akzeptiert. Ich war eine der Erwählten. Obwohl ich nicht die Sprache dafür hatte, war das Vertrauen, daß dies das richtige für mich war, ein klares Beispiel für Vertrauen in den Prozeß.

Ich wurde nach Maryland geschickt (ich begrüßte die Chance, einen anderen Landesteil kennenzulernen; mein College war in St. Louis und mein Elternhaus in Oregon). Das Stipendium bot mir Zeit und Raum, ein Jahr für mich zu haben, die Gegend zu erkunden, mit dem Dekan zu arbeiten und Studenten zu beraten, für den Dekan die Friedenstifterin auf dem Campus zu spielen, Liebesbeziehungen zu erproben und mir darüber klarzuwerden, was ich als nächstes tun sollte. Ich lernte, meinem Prozeß als junge Erwachsene zu vertrauen.

Unter den vielen wichtigen Dingen, die ich in diesem Jahr lernte, scheint mir das, was ich über das Gebet erfuhr, als besonders bedeutsam. Da das Danforth-Stipendium mit Spiritualität in Verbindung gebracht wurde und da ich im nationalen Leitungsgremium der »United Student Christian Fellowship« und des »National Student YMCA-YWCA« gesessen hatte, sahen einige lokale Kirchen in Baltimore in mir potentielles neues »Material«. Aus irgendeinem unerfindlichen Grund wurde ich eingeladen, Gebetsversammlungen zu leiten. Ich verfügte zwar über eine Menge intellektuellen Wissens, hatte beim Beten in der Kirche aber tatsächlich meistens nur die Augen geschlossen und es über mich ergehen lassen. Ich kam zu dem Schluß, daß ich zuerst einmal besser herausfinden sollte, was es mit dem Beten auf sich hat, bevor ich vor anderen Menschen darüber sprechen wollte. Also verschrieb ich mich der Aufgabe, »das Gebet zu üben«, und nahm mir dafür jeden Morgen eine Stunde Zeit, um zu erfahren, was es für mich bedeutete. Wichtige Probleme und Konzeptionen durch aktive Teilnahme in Erfahrung zu bringen, war immer ein zentrales Element meiner Art zu lernen. Ich glaube, bei diesen »Gebetsübungen« verstand ich zum ersten Mal bewußt die Unterschiede zwischen partizipatorischen (oder offenen) Lernsystemen, erfahrungsorientierten Lernsystemen (wobei der Lernende in einer vorstrukturierten Situation Erfahrungen macht) und wissenschaftlichen Lernsystemen (oder abstraktem Lernen). Das »Danforth-Jahr« war genau das, was ich brauchte. Ich hatte Zeit für mich, Zeit, neue Bereiche zu erkunden, geographisch, zwischenmenschlich und in mir selbst. Da ich vom Leistungsdruck der akademischen Welt befreit war, belegte ich Kurse über Dichtung und Kunst, für die ich mir in meinem strikt naturwissenschaftlich geprägten vormedizinischen Lernprogramm keine Zeit genommen hatte. Ich verfolgte meine musikalischen und schauspielerischen Interessen, indem ich als Solistin in einem Kirchenchor sang und in mehreren Musicals in der Gemeinde auf dem Campus mitspielte. Außerdem lag das von Harry Stack Sullivan geleitete Zentrum für interpersonelle Psychotherapie an der nächsten Straßenecke; also war ich Vorlesungen und Seminaren ausgesetzt, die über die Konzentration auf das Individuelle in der klassischen Psychotherapie hinausstrebten. In Verbindung mit der Tatsache, daß einer der Männer, mit denen ich ausging, dreimal in der Woche nackt Therapie nach Wilhelm Reich (Orgon-Therapie) machte, gab mir das genug Stoff zum Nachdenken.

Zwei weitere Aspekte dieses Jahres waren wichtig für mich: das Geld, das man uns gab, um es für andere auszugeben, und das Vertrauen, das man in uns setzte. Wir bekamen jeden Monat fünfundzwanzig Dollar, die wir in jeder uns geeignet erscheinenden Weise für andere Menschen verwenden sollten (in den fünfziger Jahren war das eine Menge Geld; selbst jetzt, 1989, frage ich mich, wieviele Stiftungen solche Gepflogenheiten haben). An dem College, zu dem man mich geschickt hatte, gab es viele Studentinnen und Studenten aus ländlichen Gemeinden, die als erste Generation ihrer Familien eine Hochschulausbildung absolvierten. Ich kaufte mir von meinem eigenen Geld eine Jahreskarte für den Besuch von Sinfoniekonzerten und verwandte mein »Stiftungsgeld« auf den Erwerb einer zweiten Jahreskarte; jedesmal, wenn ich ins Konzert ging, nahm ich eine neue Person mit. Dasselbe machte ich in diesem Jahr mit Theaterbesuchen und Kunstausstellungen. Auch das war wieder ein partizipatorischer Ansatz des Gebens und Teilens, den ich immer noch praktiziere.

Die Danforth-Stiftung gab uns allen den Auftrag, dem Campus zu dienen und uns als Persönlichkeiten weiterzuentwickeln, und vertraute darauf, daß wir das auch taten. In welcher Weise wir das taten, lag ganz und gar bei uns selbst. Unsere Entwicklung, unser Lernen und Wahrnehmen stand in einem größeren Zusammenhang, es war *selbstbestimmt*, es war ein *Prozeß*, der nicht von jemandem vorstrukturiert oder bestimmt werden konnte, der nicht in der Situation war, und es war von *Respekt* geprägt. Das sind Schlüsselelemente der Arbeit, die ich heute tue.

Während dieses Jahres *entdeckte* ich meine Entscheidung bezüglich eines Medizinstudiums. Indem ich nicht bewußt versuchte, eine Entscheidung zu treffen, ließ ich mir genügend Spielraum, sie zu entdecken. Lange Zeit habe ich immer wieder betont: »Unsere wichtigsten Entscheidungen treffen wir nicht, wir entdecken sie. Die unwichtigen Entscheidungen können wir bewußt treffen, aber wir müssen warten, um die großen, wichtigen zu entdecken.« Während dieses Jahres entdeckte ich, daß ich einfach nicht zur Medical-School gehen konnte. Ich wußte nicht warum; ich wußte nur, daß ich es nicht konnte, und ich vertraute auf dieses Wissen. Mittlerweile glaube ich, wenn ich zur Medical-School gegangen wäre, hätte ich noch länger dazu gebraucht zu verlernen, was ich verlernen mußte, um meine jetzige Arbeit zu tun, und ich bezweifle, daß es überhaupt möglich gewesen wäre.

Nach dem Danforth-Jahr zog ich Sozialarbeit und Psychologie in Erwägung und entschied mich schließlich für das Graduiertenstudium in Psychologie. Ich wurde an der Washington-Universität in St. Louis in das von der APA (American Psychological Association) anerkannte

Ausbildungsprogramm für klinische Psychologie aufgenommen und stürzte mich in die Arbeit. Ich hätte weder mein Grundstudium noch mein Graduiertenstudium absolvieren können, wenn sie nicht durch Stipendien finanziert worden wären. Das erwähne ich, weil mir so klar bewußt ist, wie wichtig es für mich war, meinem Weg zu folgen und meine Ausbildung zu vollenden – zu einem Zeitpunkt, an dem starker kultureller Druck auf Frauen ausgeübt wurde, das Streben nach einer eigenen Berufstätigkeit aufzugeben. Ich nahm den Druck wahr und reagierte darauf und versuchte doch immer, meinen Weg zu gehen.

Ich liebte das Graduiertenstudium, und ich liebte die Psychologie. Mein Berater im Graduiertenstudium war der Professor für experimentelle Psychologie; er machte sich Sorgen, daß ich meine Talente an die klinische Psychologie verschwendete, weil ich eine so gute »Wissenschaftlerin« war. (Die experimentellen Psychologen wurden als die »echten«, »wahren« Psychologen betrachtet, während die klinischen Psychologen als »Randzonen«- oder »Spielwiesen«-Psychologen galten, obwohl ihre Zahl weitaus größer war als die der experimentellen Psychologen.) Da ich meinen Berater so sehr liebte und respektierte, fiel es mir sehr schwer, seinem Rat nicht zu folgen.

Er und mein früherer Embryologie-Professor, Dr. Hamberger, richteten sogar ein gemeinsames Forschungsprojekt zwischen den Abteilungen Zoologie und Psychologie (meine beiden Lieblingsfächer) ein, und ich hatte in jedem Institut ein Labor. Ich operierte an den Gehirnen von Hühnerembryos und nahm an verschiedenen Stellen Läsionen vor; dann überwachte ich das Ausbrüten der Eier und studierte verschiedene Konditionierungsmuster an einer Skinner-Box, die wir gebaut und programmiert hatten. Der vermutlich aufregendste Teil dieses Studienprojekts war der Augenblick, in dem die Hühner im Souterrain des Psychologiegebäudes aus ihren Käfigen entfleuchten, und die Sekretärinnen versuchten, sie einzufangen.

Da das erste Jahr des Graduiertenstudiums den grundlegenden »wissenschaftlichen« Aspekten der Psychologie gewidmet war, ging mir alles glatt und leicht von der Hand. Ich durchlief das allgemeine Abschlußexamen mit hohen Auszeichnungen, und man riet mir, den Magisterabschluß zu überspringen und so schnell wie möglich zu promovieren. In jenem Sommer bekam ich einen Job in einem psychiatrischen Krankenhaus, dem Arkansas State Mental Hospital in Little Rock, und fand mich in einer wahren Schlangengrube von Rassismus, Aberglauben, »Einsperr«-Mentalität und Intrigen wieder. Die Atmosphäre dort ähnelte in enervierender Weise den Bedingungen am Delaware State Mental Hospital außerhalb von Wilmington, wo ich im Sommer zuvor gearbeitet hatte. Da ich in Delaware als »Freizeit-Therapeutin« geführt wurde, besuchte ich dort 1957 zum ersten Mal mit »Patienten« Versammlungen der Anonymen Alkoholiker. Die »Patienten« brachten mir auch bei, Pool zu spielen (obwohl ich am Billardtisch eine absolute Null war) und führten mich in verschiedene Kartenspiele ein. Meine Lieblingsbeschäftigung in diesem Sommer in Delaware bestand darin, mit den alten Frauen aus den »Bewahr«-Stationen spazierenzugehen und mit ihnen unter Bäumen zu sitzen. Mir kamen sie nicht »verrückt« vor. Viele von ihnen waren Immigrantinnen, die wenig oder gar nicht Englisch sprachen und die sich den Bedingungen des Krankenhauses gut angepaßt hatten. Albertina, der dieses Buch gewidmet ist, war eine dieser alten Frauen.

In Little Rock erwartete man von mir, beim Aufbau der (vor diesem Sommer) praktisch nicht existierenden psychologischen Abteilung zu helfen und Patienten zu testen. Es war eine der erhellendsten Erfahrungen dieses Sommers, die kulturellen Vorurteile kennenzulernen, die Intelligenztests und psychologischen Tests innewohnen. Ich stellte fest, daß wir nur durch das, was wir »Grenzwerte testen« nannten, bei armen Weißen und Schwarzen aus dem Süden der USA zu annähernd gültigen Resultaten kamen. Außerdem lernte ich in den Arbeitsbesprechungen des psychiatrischen Mitarbeiterstabes einige unglaublich »wertvolle« diagnostische Kriterien kennen: Ich erfuhr, daß lange Fingernägel ein wichtiges »diagnostisches Merkmal« für Schizophrenie darstellen (wenn Leute lange Fingernägel haben, sind sie wahrscheinlich schizophren), daß oraler Sex in jeder Form abnorm ist, und daß Leute, die solche Formen von Sex praktizieren, auf Dauer in eine Klinik eingewiesen werden sollten. Weiterhin herrschte seinerzeit unter Psychiatern die Überzeugung vor, daß es ein diagnostisches Kriterium für Schizophrenie sei, wenn jemand sich scheiden ließ und später dieselbe Person noch einmal heiratete. Ich glaube, es ist gut begreifbar, wie ungemein wertvoll diese frühen Ausbildungserfahrungen für meine spätere Arbeit waren.

Ich ging zu mehreren Bürgerrechtsversammlungen, während ich in Little Rock war, und stritt mich mit vielen meiner Kollegen über Fragen des Gleichheitsprinzips. Ich erinnere mich, daß ich einmal bei einer Kollegin eingeladen war, deren Mann in dem meinem Arbeitsplatz gegenüberliegenden Krankenhaus der Medical School Assistenzarzt war. Er arbeitete auf der Station für Gynäkologie und Geburtshilfe und hatte vorwiegend mit farbigen Patientinnen zu tun. Während des Abendessens klagte er über die »Zeitverschwendung«, auf die Geburt der farbigen Babys warten zu müssen, und erzählte, daß er bei jeder Entbindung einfach die Zange benutzte, um »die Sache schneller hinter sich zu bringen«. Ich war entsetzt und äußerte mein Entsetzen auch. Es kam zu einer erhitzten Südstaaten-Debatte. Ich muß wohl nicht eigens betonen, daß ich in diesem Haus nie wieder zum Abendessen eingeladen wurde. Ich wandte mich an ein Fakultätsmitglied der Medical School und brachte das Problem zur Sprache. Ich fragte mich, wie viele Kinder Geburtsfehler, Lernbehinderungen und Antriebsstörungen hatten, weil dieser spezielle Assistenzarzt »seine Zeit nicht verschwenden wollte«. Für mich war klar, daß ich meine politischen Überzeugungen, meine persönliche Ethik und meine Glaubensvorstellungen nicht von meiner Arbeit trennen konnte. Das galt auch für diesen Assistenzarzt, aber seine Auffassungen waren einfach besser in das vorherrschende gesellschaftliche Überzeugungssystem integriert, und sie wurden zu diesem Zeitpunkt und innerhalb dieses Weltbildes als »normal« betrachtet. Ich sah an vielen Beispielen, daß die »wissenschaftliche« Weltauffassung, wie sie damals praktiziert wurde, sehr viel stärkere politische Dimensionen hatte, als mir vermittelt worden war.

Nach diesem Sommer entschloß ich mich, meine Doktorarbeit ein Jahr lang zu unterbrechen, um am Union Theological Seminary in New York zu studieren. Die Begründung, die ich angab, lautete, daß »eine gebildete Person sich über ihren theologischen Standpunkt klarwerden sollte«. Tief in meinem Innern glaube ich, daß der Aufenthalt am theologischen Seminar einfach etwas war, das ich tun mußte. Ich hatte kein Geld; also bewarb ich mich um ein Stipendium. Solange ich nicht an einem speziellen Ausbildungsprogramm teilnahm, konnte ich jedoch kein Stipendium bekommen; daher brachte man mich im MRE-Programm (Magister für Religiöse Erziehung – zu jener Zeit das Übliche für Frauen) unter, und gestattete mir dann, die Seminare zu belegen, die mich interessierten. Ich bekam in der Abteilung für Psychiatrie und Religion eine Assistentinnenstelle, half Doktoranden, ihre abschließenden Forschungsprojekte zu strukturieren und zu analysieren und arbeitete an einigen Lieblingsprojekten des Direktors mit. Außerdem leistete ich praktische Arbeit in einer Studentenorganisation des Campus in New Jersey und hatte einen Teilzeitjob in der Bibliothek.

Der Bibliotheksjob machte mir eine Todesangst; Bibliotheken waren für mich einfach erdrückend. Zu jenem Zeitpunkt brachte ich gerade in Erfahrung, daß ich als Kind eine Leseschwäche gehabt hatte und im wesentlichen über das Hören lernte. Ich hatte ein nahezu totales akustisches Erinnerungsvermögen, aber das Lesen war mühevoll für mich. Im Umgang mit dem gedruckten Wort arbeiteten meine Augen gegen mich. Allerdings ist ein nahezu totales akustisches Gedächtnis für eine Therapeutin und/oder Beraterin eine wundervolle Gabe, und ich war immer sehr dankbar dafür. Die Arbeit in der Bibliothek half mir, im Umgang mit Büchern mehr Unbefangenheit zu entwickeln. Ich hatte mein visuelles Lernproblem längst überwunden, und mein Selbstbild als Mensch mit mangelnder visueller Lernfähigkeit veränderte sich in diesem Jahr.

Ich nahm die Gelegenheit wahr, von den »Großen« der Theologie – Tillich, Buber, den Niebuhrs, Bob Brown, Siever, Milenberg – zu lernen. Ich heimste die Früchte der Erkenntnis ein von den großen theologischen Denkern, die mich umgaben, und fand es wundervoll. Da diese Arbeit nichts zu meiner Promotion beitrug, empfand ich keinen Leistungsdruck und lernte aus schierer Freude am Lernen. In diesem Jahr standen mir viele Türen offen. Ich entdeckte, daß ich als reguläre Studentin des Union im Rahmen einer Austauschvereinbarung auch an der Colombia-Universität und am Teacher's College Kurse belegen konnte, was ich mir sonst nie hätte leisten können. Dann erfuhr ich, daß die Oberseminare »ihren eigenen« Doktoranden vorbehalten waren; ich brauchte also Sondergenehmigungen der entsprechenden Fakultäten, um an den Seminaren, die mich interessierten, teilnehmen zu können. Alle, die ich fragte, sagten ja, und so hatte ich Gelegenheit, bei einigen der größten Geister jener Zeit zu studieren.

Neben Arbeit und Studium erkundete ich New York. »The Cloisters«, das Museum of Modern Art und das Frick-Museum erhielten mir meine geistige Gesundheit. Mir wurde bewußt, wie sehr ich die Natur liebte, und daß die inmitten der Natur verbrachte Zeit mir immer als eine Art Kreiselkompaß zur Wahrung meines seelischen Wohlbefindens gedient hatte. Dieses Jahr half mir zu verstehen, daß ich die Natur in meinem Leben brauchte, und daß ich immer wieder längere Zeit in der Natur verbringen mußte, um mit meinen Wurzeln, oder, wie Paul Tillich sagen würde, mit meinem »Wesensgrund« in Beziehung zu bleiben.

Dennoch liebte ich auch New York. Wann immer ich konnte, besuchte ich Theater und Museen, Konzerte und Filme. Ich glaube nicht, daß ich am Union Seminary viel über *meine* Spiritualität lernte; ich lernte Theologie (und das ist ein großer Unterschied). Über meine Spiritualität lernte ich durch meine New-York-Ausflüge sehr viel mehr.

Eine weitere Hilfe zur Wahrung der geistigen Gesundheit war eine

Kollegin aus der Little-Rock-Zeit, die in diesem Jahr am Teacher's College in beratender Psychologie promovierte. Wir trafen uns regelmäßig jede Woche zu einem geradezu rituellen Lunch, bei dem wir uns über die vielfältigen Verrücktheiten unserer jeweiligen Institutionen unterhielten. Wir sind bis heute Freundinnen geblieben. Ich fand heraus, wie wichtig es ist, außerhalb des institutionellen Systems, in das ich eingebunden bin, Leute zu haben, mit denen ich »Realitätsprüfungen« vornehmen kann. Nach diesem Jahr im theologischen Seminar kam ich zu dem Schluß, daß ich ins Graduiertenstudium zurückkehren und die Ausbildung in meinem Fachbereich, der klinischen Psychologie, abschließen mußte. Ich hatte im Rahmen eines Seminars über Alkoholismus gearbeitet und gewann, wie viele andere Fachwissenschaftler, aus dieser theoretischen Auseinandersetzung den falschen Eindruck, daß ich etwas über Alkoholismus und Sucht wüßte. Als ich das Graduiertenstudium wieder aufnahm, war ich frisch verheiratet, erwartete ein Baby und war fest entschlossen, die Abschlußarbeiten, die für meine Promotion notwendig waren, hinter mich zu bringen. Ich bekam ein NIMH (National Institute of Mental Health)-Stipendium für Gerontologie, verbunden mit der Verpflichtung, in diesem Bereich Forschungsarbeit zu leisten, und das war mir recht. In der Hauptsache erfüllte ich die klinischen Anforderungen und hatte einen Riesenspaß dabei.

Der Prozeß der Entbindung war vermutlich der wichtigste Lernprozeß in diesem Jahr. Ich konnte meinen Geburtshelfer nicht ausstehen. Auf die Idee, den Arzt zu wechseln, kam ich allerdings nicht. Als ich schwanger wurde und den Gynäkologen aufsuchte, dachte ich, daß ich für die nächsten neun Monate mit ihm »verheiratet« sei. Wahrscheinlich mochte er mich auch nicht besonders.

Glücklicherweise war da ein Assistenzarzt, ein Philippino, der mit einer meiner Kommilitoninnen aus dem Graduiertenstudium verwandt war und der sich im Kreißsaal die meiste Zeit um mich kümmerte. Der Geburtshelfer kam erst ganz zum Schluß, um mein Baby in Empfang zu nehmen (natürlich bekam er das volle Honorar). Während dieser Entbindung lernte ich viel über den Prozeß *und* über Machtlosigkeit. Ich lernte auch viel über Mythen, Ketzerei und Volksglauben und -kunst. Meine Wehen begannen früh am Morgen, und ich fühlte keinen Schmerz. Ich spürte nur, daß in regelmäßigen Abständen »Wellen« durch meinen Körper hindurchgingen. Als diese Wellen in einem Abstand von etwa zweieinhalb Minuten kamen, sagte ich Bescheid und ließ den Arzt rufen; da ich immer noch keinen Schmerz spürte, glaubte ich, ich hätte keine »Wehen«. Das Krankenhauspersonal bestätigte aber, daß der Muttermund geweitet und der Geburtsprozeß im Gang sei. Es tat immer noch nicht weh, aber ich spürte einen allumfassenden, Zeit und Raum übersteigenden Grad von Konzentration und Intensität. Dann schlug der Schmerz zu. Ich habe eine sehr hohe Schmerzschwelle – ich hatte schon viele Verletzungen und Unfälle erlebt –, aber so etwas wie diesen Schmerz hatte ich noch nie gefühlt. Wenn es das war, was die Leute »Wehenschmerzen« nannten, konnte ich mir nicht vorstellen, sie um die dreißig Stunden lang auszuhalten. Niemand machte sich die Mühe, mir zu sagen, daß ich von den Wehen in die eigentliche Geburt übergegangen war und daß ich nach zehn oder elf dieser Kontraktionen mein Baby haben würde; sie hofften, daß der Arzt rechtzeitig im Kreißsaal erscheinen würde, bevor ich niederkam. In diesem Augenblick erinnerte ich mich plötzlich daran, daß meine Großmutter im Kindbett gestorben war und meine Mutter eine Geburt fast nicht überlebt hätte (daß die Umstände in beiden Fällen ganz andere gewesen waren, erschien zu diesem Zeitpunkt völlig irrelevant).

Zwischen den Preßwehen kreuzte ich einfach meine Beine und kündigte mit großer Ruhe an, daß ich entschlossen sei, dieses Kind nicht zu bekommen. Das schien niemanden sonderlich zu beeindrucken, aber mir war es todernst. Ich lag da mit diesem enormen, rumorenden Bauch und fing an, mir zu überlegen – logisch und rational –, wie ich den Fötus in einem Zeitraum von neun Monaten wieder in meinen Körper aufnehmen könnte. Ich war bereit, ihn mit mir herumzutragen und soviel Zeit aufzuwenden, wie sich als notwendig erweisen würde. Eine gewisse Ruhe breitete sich in mir aus, als ich glaubte, eine Lösung für mein gegenwärtiges Dilemma »ausgetüftelt« zu haben. Plötzlich kam eine neue Kontraktion, und die warf mein gesamtes Wissen und Weltbild um. »Ausgetüftelte« theoretische Lösungen waren eine großartige Sache; sie konnten sehr logisch und rational sein – nur ergaben sie nicht immer Sinn. Außerdem hatte ich diesen Prozeß nicht unter Kontrolle. Es war nicht nur *mein* Prozeß. Ich hatte eine Tochter, die ihren Prozeß lebte; wir konnten wechselseitig an unseren jeweiligen Prozessen teilnehmen, aber wenn eine von uns den Prozeß der anderen zu dominieren versuchte, wären die Folgen destruktiv – unter Umständen sogar tödlich. Meine beiden Kinder haben mir immer geholfen, diese Lektion wieder und wieder zu lernen.

Ich habe inzwischen mit meiner Tochter über diese Erfahrung gesprochen und ihr gesagt, daß es nicht etwa *sie* war, die ich nicht haben wollte; ich hatte einfach Angst vor der Geburt. Wie oft mußte ich stets von neuem lernen, daß wir unsere Gefühle, wenn wir sie nicht wahrnehmen und beachten, häufig in destruktiver Weise auf andere projizieren!

Als mein erstes Kind eine Woche alt war, bekam ich einen Anruf von dem Professor, in dessen Kurs ich die einzige Abschlußprüfung verpaßt hatte, weil ich zur Entbindung im Krankenhaus war. Er sagte etwas wie: »Wollen Sie für den Rest Ihres Lebens faulenzen? Wann werden Sie endlich hier erscheinen und dieses Examen machen?« Ich nahm die Herausforderung sofort an und sagte ihm, daß ich am nächsten Morgen zur Stelle sein würde. Ich bewunderte diesen Professor sehr. Er war ein wirklicher Gelehrter, und seine Vorlesung über Freud hatte mich begeistert. Später erzählte er mir, daß er mit meinem Berater über mich gesprochen habe; beide hatten die Befürchtung, ich könnte meiner Mutterschaft wegen die Psychologie aufgeben. Beide hofften, ich würde das nicht tun. Ich war dem Professor dankbar, daß er mir genau den richtigen Köder hinwarf – und ich biß an.

Für diesen Sommer war ich in einer heilpädagogischen Kinderklinik mit einem ausgezeichneten Mitarbeiterstab zum Praktikum angemeldet. Das bedeutete, ich mußte meine Tochter der Obhut einer Frau aus unserer Kirchengemeinde und ihrer Familie überlassen. Das war der schwerste Entschluß, den ich je traf. Ich weinte tagelang und war mir doch darüber im klaren, daß meine Tochter jeden Tag die volle Aufmerksamkeit einer Mutter, einer Großmutter und zweier Söhne hatte. Wenn ich sie abholte, war sie immer gebadet und gefüttert, man hatte sie im Kinderwagen ausgefahren oder im Haus mit ihr gespielt. Vermutlich bekam sie mehr, als ich ihr hätte geben können. Dennoch hatte ich in meiner Selbstbezogenheit das Gefühl, daß eigentlich alles von mir kommen sollte. Ich wußte, daß ich – da ich meine Arbeit hatte – vermutlich eher fähig war, wirklich bei ihr zu sein, wenn ich mit ihr zusammen war, aber in den sechziger Jahren gab es für die Berufstätigkeit von Müttern wenig oder gar keine Unterstützung. Ich war die einzige Frau aus meiner Danforth-Gruppe, die wirklich ihren eigenen Berufsweg verfolgte und gleichzeitig versuchte, Ehefrau und Mutter zu sein. Für mich war diese Zeit schwierig, leidvoll und von Freuden erfüllt.

Mit meinem Mann hatte ich vereinbart: Wenn wir gemeinsam nach St. Louis zurückgingen, so daß ich mein zweites Jahr in der klinischen Arbeit abschließen konnte, würde ich anschließend mit ihm nach New York gehen, so daß er seine Ausbildung für das geistliche Amt beenden konnte. Ich war bereit für meine Assistenzzeit in klinischer Psychologie und bewarb mich bei vier Instituten in New York. Drei davon akzeptierten meine Bewerbung; an der vierten wollte man mich gern als Asisstentin haben, aber man legte mir trotzdem nahe, zu Hause bei meiner Tochter zu bleiben und die Stelle später anzutreten. (Ich hasse diese Art von Sexismus immer noch. Niemand riet meinem Mann, ein Jahr lang auszusetzen.) Ich entschloß mich, die Stelle einer Assistentin bei David Wechsler am Bellevue-Hospital anzunehmen, denn mein Mann studierte noch, und durch diese Stelle hatte ich ein Einkommen und konnte gleichzeitig eine Voraussetzung für meine Promotion erfüllen.

Eintritt in die Fachwelt

Ich werde nie vergessen, von welch schrecklicher Angst ich erfüllt war, als ich das Bellevue-Hospital zum ersten Mal betrat, besonders bevor ich meinen eigenen Schlüssel bekam. An meinem ersten Morgen dort traf ich mit den anderen Assistentinnen und Assistenten im Büro der psychologischen Abteilung zusammen. Sie kamen alle von den »großen« New Yorker Universitäten. Ich war sechsundzwanzig Jahre alt und fühlte mich wie eine Dreijährige. Plötzlich erschallte Wechslers laute Stimme: »Wo ist die Kleine aus dem Mittelwesten? Ich habe bisher noch nie jemanden ohne Vorgespräch angenommen. Auf dem Papier machte sie einen guten Eindruck, und ich kann ihr nur raten, auch gut zu *sein*!« Das gab für meine Zeit im Bellevue den Ton an. Zu meinen soliden Grundlagen aus dem medizinischen Vorstudium gehörten Physikkenntnisse und eine gute Basis in Naturwissenschaften und Mathematik; so etwas brauchte Dr. Wechsler für sein Forschungsvorhaben in diesem Jahr. Ich kann mich nicht entsinnen, daß bei der Arbeit, die wir taten, irgend etwas Bedeutsames herauskam, mit Ausnahme der Tatsache, daß ich Wechsler ziemlich gut kennenlernte.

Ich wurde auf der Station für Jugendliche eingesetzt. Eine junge Frau aus Hunter und ich waren die einzigen weiblichen Mitglieder der Assistentengruppe. Zu jener Zeit erwartete man von Frauen in der klinischen Psychologie, daß sie mit Kindern oder Jugendlichen arbeiteten, also wurden wir immer den entsprechenden Stationen zugewiesen. Die Tätigkeit auf diesen Stationen ermöglichte mir allerdings, mit zwei hervorragenden Psychiatern zusammenzuarbeiten.

Leute, die mit Kindern und Jugendlichen arbeiten, verhalten sich, wie ich bemerkte, anders als Leute, die ausschließlich mit Erwachsenen zu tun haben, und im allgemeinen legen jene, die mit Erwachsenen arbeiten, die Regeln und die ethischen Grundsätze fest. Es gibt in Umgebungen und Situationen, in denen mit Kindern und Jugendlichen gearbeitet wird, weitaus weniger »Objektivität« und mehr In-Beziehung-Treten. Diese Beobachtung bestärkte mich in der Erkenntnis, daß es einige eher verborgene Modelle für die Arbeit mit Menschen gibt, die mit den dominierenden Modellen der Psychologie nicht zusammengehen.

Die Leute, die im Bellevue tätig waren, nahmen die Kinder oft mit nach Haus, ließen sie an ihrem Familienleben teilnehmen, machten Ausflüge mit ihnen, umarmten sie, legten beim Gehen die Arme um ihre Schultern und entwickelten mit ihnen das, was man heute als »nicht-objektive, unethische« duale Beziehung betrachten würde. Oft schlossen Mitarbeiterinnen und Mitarbeiter »Freundschaften« mit den Kindern, die Jahre überdauerten, weil sie zum Ersatz für Familienbindungen wurden. Diese Ausbildungserfahrungen waren so etwas wie eine Einführung in die Auseinandersetzung mit der Frage, was eine »therapeutische« Beziehung eigentlich beinhaltet.

Auch hier, am Bellevue, liebte ich meine Arbeit, und ich hatte das Glück, viele Gelegenheiten zur Befriedigung meiner unersättlichen Neugier zu finden. Irgendwie hatte ich bei meiner Bewerbung die Tatsache übersehen, daß Bellevue ein diagnostisches Zentrum war. Langzeitbehandlungen wurden hier nicht durchgeführt. Im Bellevue wurden Diagnosen gestellt, und dann überwies man die Patienten an die umliegenden staatlichen Kliniken zur Langzeitbehandlung, aber ich wollte als Therapeutin arbeiten (das stellte ich mir jedenfalls vor). Wie konnte ich das tun, wenn niemand lange genug dablieb, um von mir therapiert zu werden?

Ich sprach mit meinem Supervisor und mit Dr. Wechsler, und sie sagten, man könne es arrangieren, daß einige Patienten länger blieben und bei mir in »Behandlung« kämen, vorausgesetzt die Patienten stimmten zu und ich wäre fähig, die übrige Arbeit zu leisten, die von mir erwartet wurde. Im Rückblick weiß ich ehrlich gesagt nicht, ob das für die Patienten so großartig war. Es gab ihnen allerdings die Möglichkeit, in der Nähe ihrer Familien zu bleiben; also stimmten sie zu. Ich hatte meine »Klienten«. Man gab mir einen therapeutischen Supervisor aus der psychologischen Abteilung, der die psychodynamische Auffassung Freuds vertrat. Ich kam zu dem Schluß, daß ich zu jedem Einzelfall gern unterschiedliche Meinungen hören wollte, und ich bekam die Erlaubnis, alles zu tun, was ich bewerkstelligen konnte. Also arrangierte ich außerdem, daß ein Psychiater mit Adlerianischer Orientierung und ein Jungianer mir bei meinen Fällen zusätzlich Supervision gaben.

Abgesehen von den sexuellen Annäherungsversuchen meines psychologischen Supervisors, gegen die ich mich zur Wehr setzte, erwies sich das als eine gute Erfahrung für mich. Da es drei unterschiedliche Perspektiven gab, war keiner der Supervisoren gezwungen, das letzte Wort darüber zu sprechen, wie man den Fall einschätzen und wie man vorgehen sollte. Mir blieben durch diese unterschiedlichen Meinungen über jeden Einzelfall viele Möglichkeiten offen, zu erwägen, was mir am sinnvollsten erschien. Ich glaube, dieses Arrangement rettete mich vor psychologischem und systembezogenem Dogmatismus und konzentrierte die Aufmerksamkeit beim Treffen von Entscheidungen auf mich und meine Klientin oder meinen Klienten – ein Prozeß, der, davon bin ich überzeugt, für meine Entwicklung von höchster Bedeutung war.

Da das Bellevue ein diagnostisches Zentrum war, führten wir sehr viele Tests durch. Die übliche Testbatterie bestand aus einem Intelligenztest (natürlich fast immer ein Wechsler-Test, aber manchmal mit Kindern auch ein Stanfort-Binet, und wir arbeiteten zu diesem Zeitpunkt gerade am WPPSI), einen Rorschach-Test, Figuren-Zeichnen und einem Bender-Gestalt-Test; manchmal wurden auch andere Testformen verwendet, so daß wir über ein großes Spektrum verfügten, auf das wir zurückgreifen konnten, wenn es angezeigt erschien. Wir hatten einen Mitarbeiter, der einfach genial im Auswerten der Tests war, bei dem der Proband aufgefordert wurde, eine Person zu zeichnen. Dieser Mann sah sich eine Zeichnung an und gab uns in einigen Minuten alle Informationen, für die wir eine ganze Testbatterie gebraucht hatten. Seine Aussagen waren zutreffend und zuverlässig. Ich lernte, daß ein Test, trotz Standardisierung und standardisierten Prozeduren, nur so gut war wie die Person, die damit arbeitete. Da alle Wechsler-Tests am Bellevue entwickelt wurden, herrschte dort in bezug auf ihre Anwendung eine gewisse »Lockerheit«. Später stellte ich fest, daß man in anderen psychiatrischen Kliniken und Krankenhäusern sehr viel rigider mit diesen Tests umging, als Wechsler selbst es je tat.

Eine meiner wichtigsten Lektionen im Bellevue war, daß ich mir nicht den Luxus erlauben konnte, mit einer Testbatterie lange herumzutrödeln. Es wurde eine Menge Tests durchgeführt, und von uns wurde erwartet, daß wir Ergebnisse produzierten. Da die neuen Assistenzärzte in der Psychiatrie sehr viel Unterstützung brauchten, lernte ich, bis zu sechs vollständige Testbatterien pro Tag »durchzuziehen«, sie sofort auszuwerten und die Ergebnisse vorliegen zu haben, wenn ich mit dem Testen fertig war. Zu diesem Zeitpunkt war das eine tolle Leistung, und gleichzeitig half es mir, psychologische Testverfahren in der richtigen Proportion zu sehen. Ich betrachtete sie nie als etwas, das einer Krönungszeremonie oder einem ähnlich grandiosen Akt nahekam. Bevor ich die Arbeit mit psychologischen Tests völlig aufgab, waren sie einfach ein Werkzeug unter vielen anderen, um Informationen zu erhalten. Ich bin sehr dankbar für diese Sichtweise; schließlich zeigen psychologische Testverfahren und die Schlüsse, die man aus ihnen zieht, nur einen sehr kleinen Ausschnitt aus dem Verhaltensspektrum von Menschen.

Als ich bereit war, das Bellevue zu verlassen, bekam ich auf Empfehlung einen gutbezahlten »ruhigen Posten« an einem Behandlungszentrum für Kinder, das Internatscharakter hatte. Ich sollte bis zum Ende meiner Assistenzzeit zwei Abende in der Woche für ein paar Stunden im Zentrum erscheinen und anschließend mit voller Stundenzahl weiterarbeiten. Schon ziemlich zu Anfang meiner Tätigkeit dort entdeckte ich in den Unterlagen einige verdächtige Informationen, und nachdem ich mit einigen der Jungen gesprochen hatte, fand ich heraus, daß sie vom stellvertretenden Direktor der Einrichtung sexuell mißbraucht wurden. Als ich den Mann wegen meiner Entdeckungen zur Rede stellte, sagte er mir, daß mein Wort gegen seines stehe, und daß meine Dienste nicht länger benötigt würden. Ich schrieb Briefe an alle Vorstandsmitglieder der Einrichtung und verließ diese dann mit dem Gefühl, die Kinder im Stich zu lassen; ich wußte nicht, was ich sonst tun sollte. Das war meine erste Einführung in den Arbeitsalltag einer psychologischen »Fachkraft«.

Auf das kurze Intermezzo im Kinderbehandlungszentrum folgten drei Jahre Tätigkeit als Schulpsychologin in Westchester County im Staat New York. Als festangestellte Schulpsychologin arbeitete ich tagsüber in Westchester, besuchte zwei Abende in der Woche Seminare am Teacher's College der Columbia-Universität und versuchte, Zeit für meine Tochter zu finden. Im letzten Jahr seines Studiums arbeitete mein Mann an den Wochenenden. Er war in seiner Zeitplanung flexibler als ich, also kümmerte er sich an den Wochentagen mehr um das Kind; er brachte unsere Tochter zur Kindertagesstätte und holte sie wieder ab. Mir fehlte meine Tochter sehr, und die Zeit, die ich mit ihr verbringen konnte, war mir kostbar.

Anfangs schien es so, als gäbe mir meine Tätigkeit als Schulpsychologin nicht viel Gelegenheit, das zu tun, was ich eigentlich tun wollte.

Ich war als einzige Psychologin drei Tage in der Woche für eine High-School mit zweitausenddreihundert Schülern zuständig und einen Tag in der Woche für eine Grundschule mit mehreren hundert Kindern; an einem weiteren Tag saß ich im zentralen Büro und schrieb Berichte oder führte Gespräche mit Eltern. Es gehörte zu meinen Aufgaben, alle Testverfahren für die besonderen Klassen der High-School durchzuführen. Die gesetzlichen Vorschriften verlangten, daß die Tests in regelmäßigen Abständen wiederholt werden mußten. Dank meiner am Bellevue gewonnenen Erfahrung in effizientem Testen und Berichteschreiben kostete mich das wenig Zeit. Dann fing ich an, mich nach anderen Beschäftigungen umzusehen.

Als ich meine Tätigkeit aufnahm, machten freiwillige Beratungsanfragen, die durch die Organe der Schule weitergeleitet wurden, etwa zehn Prozent meiner Tätigkeit aus. Drei Jahre später, als ich aufhörte, beruhten neunzig Prozent meiner Arbeit auf solchen Beratungswünschen. Es gelang mir, die notwendigen Routinetätigkeiten in zehn Prozent meiner Zeit zu erledigen und in der übrigen Zeit wirklich mit Jugendlichen und Fakultätsmitgliedern zu arbeiten. Mit manchen der Jugendlichen arbeitete ich, mit Unterbrechungen, zwei oder drei Jahre lang. Ich lernte viel durch sie.

Einer meiner wichtigsten »Lehrer« war ein sehr intelligenter, sensibler junger Mann mit hoher künstlerischer und schriftstellerischer Begabung. Als ich auf ihn aufmerksam wurde, wiederholte er *alle* Kurse des zweiten High-School-Jahres. Ich bat ihn zu mir, zu einem Gespräch, und erlebte ihn als einen bezaubernden und intuitiven jungen Mann; er war wundervoll, so wie er war, er paßte lediglich nicht in das System hinein – so wie es war. Als ich mit seinen Eltern sprach, entdeckte ich, daß sie beide künstlerisch geprägte Persönlichkeiten waren, und stellte fest, daß er ihnen sehr ähnelte. Er kam mir vor wie ein Mensch, dessen Nerven offenlagen und nicht durch Haut oder Fleisch geschützt waren. Er verströmte seine Kreativität in wundervollen Bildern und Gedichten, an denen er mich teilhaben ließ.

Er, seine Eltern und ich einigten uns darauf, daß ich versuchen würde, eine Schule zu finden, die ihn aufnehmen und fördern würde, so wie er war, und daß er dann dorthin gehen sollte. Ich suchte in ganz Amerika nach einer solchen Schule, konnte aber keinen Platz für ihn finden. Meine Enttäuschung aufgrund dieser Entdeckung war nur zweitrangig, verglichen mit seiner und der seiner Eltern. Mitten in seinem Wiederholungsjahr, in dem er noch einmal in denselben Kursen saß, entschloß er sich, die Schule aufzugeben und zum Militär zu gehen. Ich konnte mir nicht vorstellen, was er in der Armee wollte, aber mir fiel auch nichts anderes ein. Da es seine eigene Entscheidung war, stimmten seine Eltern und ich traurig zu und bestärkten ihn in seinem Entschluß. Von Zeit zu Zeit hörte ich von ihm.

Eines Nachts träumte ich von ihm. Am nächsten Tag riefen seine Eltern bei mir an und fragten, ob ich etwas von ihm gehört hätte. Das war nicht der Fall. Ihnen hatte man seine Armee-Kiste und einige andere persönliche Dinge zugeschickt. Einige Tage später kam ich aus meinem Büro, und da war er, der junge Mann, inmitten der Schülerinnen und Schüler, die in Gruppen herumlungerten, um ihn zu sehen und gesehen zu werden (sehr zum Mißfallen der Verwaltung, die dieses Herumstehen und Schnattern als »Unordnung« betrachtete). Ich brach in Tränen aus und rannte zu ihm hinüber, um ihn zu umarmen. Die Armee hatte ihn hinausgeworfen. Er hatte Nietzsche gelesen und seine Reaktionen auf die Lektüre in einem Essay zu Papier gebracht. Sein Sergeant hatte den Aufsatz gefunden und ihn weitergereicht, bis zum kommandierenden Offizier der Einheit. Im Lauf von zwei Tagen wurde er dem Armee-Psychiater, dem Kaplan und ich weiß nicht, wem sonst noch, vorgeführt, und dann war er aus der Armee entlassen. Sie hatten Angst, daß er ein subversives Element sei. Er war immer noch ein bißchen benommen. Ich war es auch. Wenn es auf der Welt je einen harmlosen Menschen gab, dann war er es. Gab es in dieser Gesellschaft keinen Platz für diesen Jungen? Und was sagte das über diese Gesellschaft, wenn in ihr für solche Menschen kein Platz war? Die Arbeit mit Individuen mußte in einem weiteren Rahmen als dem *nur* individuellen gesehen werden. Damit Heilung geschehen kann, müssen wir eine Gesellschaft haben, die für Menschen wie diesen Jungen Raum bietet.

Ein weiterer meiner großen Lehrer während dieser drei Jahre war ein Junge, von dem ich zu Anfang meiner Tätigkeit gehört, den ich aber nie kennengelernt hatte. Er galt als der intelligenteste Schüler, den die Schule je gehabt hatte. Seine Unterlagen zeigten, daß er bei jedem Intelligenztest weit über die üblichen Werte hinausgeschossen war. Er kam aus einer reichen, intelligenten, dysfunktionalen Familie. Seine Eltern, die gebildet und kultiviert waren, verließen seltsamerweise nie ihr Haus. Im Herbst meines zweiten Jahres als Schulpsychologin ließ er sich einen Termin bei mir geben. Ich fühlte mich geschmeichelt und war gespannt, wem ich da begegnen würde.

Als er den Raum betrat, waren seine ersten Worte: »Wo ist die Psychologin?« Ich antwortete ihm, daß er ihr gegenüberstehe, und er sagte: »Sie können es nicht sein. Sie sind zu jung. Ich habe jemanden mit grauem Haar in einem dunklen Kostüm erwartet.« Als er vor mir saß, sah ich einen jungen Mann, der sehr litt, der vorsichtig, verängstigt, mißtrauisch und auf der Hut war. Ich sah ihm direkt in die Augen und sagte: »Andrew, ich bin nicht so intelligent wie Sie. Ich kenne nur wenige Leute, die es sind, und ich werde auf der intellektuellen Ebene nicht mit Ihnen konkurrieren. Aber vielleicht *weiß* ich mehr als Sie, und ich kann zuhören. Sollen wir einen Versuch wagen?« Er zitterte am ganzen Körper (was ich heute als Anzeichen eines beginnenden Tiefenprozesses erkennen würde), seine Augen füllten sich mit Tränen, und er seufzte tief auf. Zwei Jahre lang sah ich ihn zwei- bis dreimal in der Woche, und er war mir ein wundervoller Lehrmeister. Er machte seinen Abschluß mit Auszeichnung und ging an eine Elite-Universität im Osten, um Psychologe zu werden. Er war ein großes Geschenk für mich. Ich glaube, in der Arbeit mit ihm wußte ich eigentlich nie wirklich, was ich tat. Zu diesem Zeitpunkt in meiner Entwicklung war ich wirklich nur in psychodynamisch orientierten Psychotherapien und in Verhaltenspsychologie ausgebildet. Ich bin sicher, daß ich zu verschiedenen Zeiten beides an ihm ausprobierte (wenig, wenn überhaupt verhaltenstherapeutische Arbeit, wie ich mit Erleichterung sagen kann). Ich bin sicher, daß ich einige Analyse-Versuche machte und mich – wie ich nur ungern zugebe – in der »Kunst« des Interpretierens übte. Da ich nicht wirklich wußte, was ich tun sollte, hörte ich – das muß ich zu meinen Gunsten sagen – meistens einfach nur zu, und ich brachte ihm viel Aufmerksamkeit entgegen. Ich wußte, daß der Kontakt und die Beziehung für uns beide gut waren und daß wir beide etwas lernten (ich vermutlich mehr als er).

Da waren sehr viele Dinge, die ich nicht wußte. Wenn ich zurückblicke, ist mir klar, daß er aus einer dysfunktionalen Familie kam, und ich habe den Verdacht, daß es in dieser Familie Abhängigkeit von chemischen Substanzen gab. Was seine Eltern anging, erinnere ich mich vage an den Gebrauch verschreibungspflichtiger Drogen, und vermutlich war auch Alkohol im Spiel. Tatsächlich würde ich jetzt vermuten, daß Andrew stark gefährdet war, Alkoholiker zu werden. Damals wußte ich nichts über Abhängigkeiten – oder nur in einer sehr oberflächlichen Weise –, und dasselbe galt für meinen gesamten Berufsstand.

Wenn ich auf meine Zeit am Bellevue zurückblicke, wird mir bewußt, daß sehr viele Fälle, die dort bei den Visiten präsentiert wurden, Fälle von Sucht waren: Sexsucht, Alkoholsucht, Eßsucht – alle Formen von Sucht. Sucht wurde nie erwähnt, es sei denn gelegentlich im Hinblick auf Alkohol, und dann beschäftigten wir uns mit den damit verbundenen organischen Schädigungen. Soweit ich auf einigen Kongressen, an denen ich kürzlich teilnahm, beobachten konnte, wird das in vielen Krankenhäusern und medizinischen Zentren immer noch so gehandhabt. Sucht wird immer noch nicht verstanden.

Damals hatten wir außerdem keine Ahnung, was es wirklich bedeutete, aus einer suchtgeprägten Familie zu kommen. Oh, natürlich, wir nahmen die familiäre Anamnese auf, oder die Sozialarbeiter taten das – Arbeitsteilung, Sie verstehen? –, aber wir benutzten sie nur für die Diagnose (während ich das niederschreibe, frage ich mich, ob das überhaupt zutrifft); eigentlich nutzten wir diese Informationen gar nicht. Ein großer Teil der Informationen, die wir sammelten, wurde vorwiegend zur geistigen Masturbation verwendet. Ich glaube, wir wußten nicht, was wir damit anfangen sollten, weil wir aus einem (immer noch vorherrschenden) Modell heraus arbeiteten, das im wesentlichen besagte, daß ein Problem, sobald wir es *verstanden* hätten (oder im günstigsten Fall den Klienten dazu gebracht hätten, es zu verstehen), gelöst sei.

Außerdem arbeitete ich hier mit einem Jugendlichen, dessen Gehirn permanent wach und aktiv war und der natürlicherweise immer in seinem hervorragenden Kopf blieb; wir befaßten uns nicht ein einziges Mal wirklich mit seinen *Gefühlen*. Wir redeten und redeten und redeten. Er hatte nie Gelegenheit gehabt, über sein logisches, rationales Denken hinaus und mit seinem Prozeß und Tiefenprozeß in Berührung zu kommen, die in seinem Inneren rumorten. Ich konnte mit seinen Prozessen, seinen Abhängigkeiten und den Abhängigkeiten seiner Familie nicht umgehen. Ich tat mein Bestes, und heute wünschte ich, ich hätte mehr gewußt.

Der eine Tag pro Woche, den ich als Schulpsychologin in der Grundschule verbrachte, unterschied sich sehr von meinen drei Tagen in der High-School. Ich hatte mit einigen Disziplin- und Verhaltensproblemen zu tun, und der größte Teil meiner Arbeit konzentrierte sich auf Lernbehinderungen. In meinem Graduiertenstudium und in der Abteilung für ambulante Behandlung am Bellevue hatte ich einige Erfahrungen mit diesen Störungen gesammelt, aber auch hier hatte ich wieder das Gefühl, daß meine Neugier größer war als meine Kompetenz. Man erwartete von mir, diese Kinder zu testen, die Tests zu analysieren und mir ein Rezept zur Beseitigung der Störung einfallen zu lassen – das alte medizinische Modell. Ich muß allerdings sagen, daß die Lehrer und der Rektor, wenn es um Erziehung ging, mehr an der Arbeit mit dem *Prozeß* des Kindes interessiert waren als an einem »Rezept« oder einer »Patentlösung«. Bei einem Jungen, den ich testete, war die Konstellation von familiärer Vorgeschichte, Testergebnissen und Streuung bei den Tests eigenartig und faszinierend. Irgend etwas war mit ihm (diagnostisch gesehen), aber ich hatte keine Ahnung, was es sein könnte. Ich schlug den Eltern vor, das Columbia Presbyterian Neuropsychatric Institute in New York City zu konsultieren (einer meiner Professoren von der Columbia-Universität forschte dort) und abzuwarten, was die Experten zu dem Fall zu sagen hatten. Ich handelte immer noch aus dem medizinischen Modell heraus, das davon ausging, wenn wir nur eine präzise Diagnose bekämen, hätten wir auch das »Rezept« und wüßten, was zu tun sei.

Sorgfältig schrieb ich meinen Bericht und schickte ihn an die neue Abteilung für Kinder-Neurologie. Nach wenigen Tagen bekam ich einen Anruf vom *Direktor* der Abteilung. (Ich kann Ihnen versichern, daß mir der Schreck in die Glieder fuhr.) »Wer sind Sie? Was ist Ihr beruflicher Hintergrund? Wo wurden Sie ausgebildet?« Er schleuderte mir diese Fragen entgegen wie man Handgranaten über eine Mauer wirft. Flatternd vor Nervosität beantwortete ich jede Frage so ruhig ich eben konnte. »Wissen Sie, womit Sie es da zu tun haben?«, fragte er. »Nein, ich weiß es nicht. Deshalb habe ich mich ja an Sie gewandt.« – »Dieser Junge hat ein Strauss-Syndrom«, sagte er. »Sie haben es so präzise beschrieben, daß ich ihn nicht einmal zu untersuchen brauche.« Schweigen. »Was ist ein Strauss-Syndrom?«, fragte ich mit piepsiger Stimme.

Auf diese telefonische Interaktion folgte eine Einladung, ans Institut zu kommen und ihn persönlich kennenzulernen. Ich fühlte mich so geschmeichelt. Ich, das Mädchen aus Watts in Oklahoma (hundert Einwohner), wurde zu einem persönlichen Gespräch mit dem Leiter der Abteilung für Kinder-Neurologie am Columbia Presbyterian Medical Center in New York City gebeten!

Donnerwetter! Die Schulbehörde gab mir sogar frei, damit ich diese Verabredung wahrnehmen konnte (ein eindeutiges Zeichen für Prestige). Dr. Gold lud mich ein, an seinem Ausbildungsprogramm für Neurologen und Kinderärzte teilzunehmen, und fragte mich, ob ich privat einige Arbeiten für ihn übernehmen würde. Mann, war ich ein As! Ich ließ mich von der Macht der Diagnostik und des medizinischen Modells vollkommen verführen. Ich liebte das Knobeln und Tüfteln, die Hypothesen, die Raffinesse, das Herumprobieren (mit Medikamenten und so fort), die Macht des Wissens, die Macht, die darin lag, *vielleicht* eine Lösung zu haben. Ich schluckte den Köder; Delacatto-Techniken, Strauss-Syndrome, früher infantiler Autismus – was es auch war, ich stürzte mich hinein.

Für eine gewisse Zeit arbeitete ich viel auf dem Gebiet der Lernbehinderungen, und als meine Arbeit sich mehr zu einer gemeinschaftsorientierten Auffassung hin entwickelte, verlagerte ich meinen Schwerpunkt darauf, mit dem Prozeß des Kindes zu arbeiten und anderen Fachkräften bei der Arbeit mit dem Prozeß des Kindes zu helfen. Es kann immer noch Spaß machen, Diagnosen zu stellen, wenn ich dabei nicht vergesse, daß es sich dabei im Grunde um etwas ähnliches handelt wie die »Wissenschaftsspiele«, die ich als Kind zu Haus am Eßtisch spielte.

Wichtig war allerdings, daß ich während dieser Jahre lernte, interdisziplinär zu arbeiten. Durch meinen medizinischen Hintergrund und meine langjährigen Arbeitserfahrungen in Krankenhäusern nahm und nehme ich die psychischen Komponenten sehr genau wahr, mit denen man sich befassen muß, bevor irgend etwas anderes getan werden kann. Es ist schwierig, auf der emotionalen und spirituellen Ebene zu heilen, wenn der Körper tot ist. Ich habe festgestellt, daß viele Menschen ihre Lernbehinderungen – oder zumindest ihre Reaktionen auf ihre Lernbehinderungen – in ihr erwachsenes Leben hineintragen, und es ist hilfreich, die Restbestände dieser Störungen aufzuspüren. Obwohl viele Lernbehinderungen sich mit dem Erwachsenwerden verlieren, kann es manchmal sinnvoll sein, wenn eine erwachsene Person die Hilfe eines Spezialisten für visuelle Wahrnehmung in Anspruch nimmt. Außerdem war ich sehr dankbar für meine theologische Ausbildung. Ich kenne nur sehr wenige Menschen, die nicht irgendein religiöses Problem aufzuarbeiten haben, selbst wenn Religion nichts »Wissenschaftliches« hat und somit für die »Wissenschaft« Psychologie nicht als angemessener Gegenstand erscheint.

Alles in allem waren meine drei Jahre als Schulpsychologin gute Jahre. Ich mochte die Arbeit, ich glaube, ich machte sie gut (so gut ich es zu diesem Zeitpunkt konnte), und man war mit mir zufrieden – bis kurz vor dem Ende meiner Tätigkeit dort. Ich hatte mich entschlossen, meine schulpsychologische Arbeit zum Ende des Jahres aufzugeben, um meine Doktorarbeit abzuschließen, und hatte meine Kündigung bereits eingereicht, als einer der Lehrer mich fragte, ob ich einer Schülerin der Abschlußklasse, der Tochter eines Fakultätsmitglieds, einen Beratungstermin geben würde. Natürlich sagte ich ja. Das Problem lag darin, daß ihr Freund ein »Schwarzer« war (das war in den frühen sechziger Jahren). Es war einer der Star-Sportler der Schule, sehr unbeschwert und beliebt. Er lebte in einer städtischen Siedlung für sozial schwache Familien und wuchs ohne Vater auf; seine Mutter arbeitete hart, und er war vermutlich auf ein Sportstipendium angewiesen, um aufs College gehen zu können. Das Mädchen und er waren ein »süßes Paar«, und sie schienen einander wirklich gutzutun. Die Mutter des jungen Mannes mochte das Mädchen, aber sie hatte Angst vor Schwierigkeiten, die das Wohlergehen ihres Sohnes und seine Aussichten auf einen Collegeplatz gefährden könnten. Die Eltern der jungen Frau waren anfangs sehr beunruhigt. Sie mochten den jungen Mann; sie mochten nur nicht, daß er schwarz war. Im Beratungsgespräch mit mir wurde ihnen klar, daß ein rigides und kontrollierendes Verhalten ihrerseits die schlechteste aller Lösungen wäre.

Die Eltern beschlossen, sich zurückzuhalten und abzuwarten, was geschehen würde, wenn die beiden jungen Leute getrennte Wege zum Studium einschlugen, aber für den Direktor der Schule war diese Lösung nicht genug. Er rief den jungen Mann zu sich und sagte ihm, wenn er auch nur den kleinsten Versuch unternehme, seine Freundin je wiederzusehen, werde er, der Direktor, persönlich dafür sorgen, daß kein College ihn für ein Stipendium in Erwägung ziehen würde. Tränenüberströmt landeten die beiden Jugendlichen in meinem Büro. Der junge Mann war bis ins Mark erschüttert und tief verängstigt. Ich war empört.

Ich marschierte sofort zum Direktor und las ihm die Leviten. (Ich erinnere mich nicht an die Worte, die ich sagte, aber ich erinnere mich an das Gefühl, das ich dabei hatte.) In den letzten Monaten meiner Tätigkeit dort sollte sich zeigen, daß dieser Vorfall ein Stich ins Wespennest war – und zwar von der schlimmsten Sorte. Bis zu diesem Zeitpunkt waren alle Beurteilungen meiner Arbeit hervorragend gewesen, aber plötzlich erhielten meine Supervisoren Order, mir unbefriedigende Leistungen zu bescheinigen. Das Problem war, daß ich, wenn die Beurteilungen entsprechend gut ausfielen, nach drei Jahren Anspruch auf eine feste Anstellung hatte. Obwohl ich meine Kündigung bereits eingereicht hatte, wollten sie kein Risiko eingehen. Der Rektor der Grundschule weigerte sich, mich runterzustufen und brachte die Angelegenheit vor den Schulvorstand. Der Leiter der Personalabteilung der High-School wurde von der Aufgabe, meine Abschlußbeurteilung vorzunehmen, »entbunden« (er weigerte sich, in der Sache zu kooperieren), und sie wurde einem stellvertretenden Direktor übertragen, der eine ziemlich wacklige Position einnahm. Er kam zu mir mit Tränen in den Augen und bat mich um Erlaubnis, mich herunterstufen zu dürfen; er mußte an der Schule bleiben, und ich wollte ohnehin gehen. Ich sagte ihm, er solle tun, was er tun müsse; er müsse damit leben. Ich ging zur Schulverwaltung; meine Sekretärinnen waren außer sich und drohten mit der Kündigung, die anderen Psychologen machten sich rar, meine Sozialarbeiter-»Freunde« nahmen eine philosophische Haltung ein, Kinder und Jugendliche, Eltern und Lehrer, mit denen ich gearbeitet hatte, waren empört. Ich ging und widmete mich meiner Doktorarbeit.

Ich erwähne diesen Vorfall, weil er für ein charakteristisches Muster in meinem Leben steht. Ich war nie bereit, mich an Dingen zu beteiligen, die ich für *falsch* hielt. Dazu kann ich auch stehen. Ich habe immer Position bezogen, wenn ich es für notwendig hielt, sogar wenn diese Positionen unpopulär waren und es Angst machte, sie zu vertreten. In gewisser Weise ist auch dieses Buch ein Beispiel dafür. Und gleichzeitig frage ich mich jetzt, ob die Art, wie ich das tue, nicht mehr Schlamm aufwühlt als unbedingt notwendig ist. Ist meine *Rechtschaffenheit* Teil meines Suchtmusters? Worin besteht der Sucht-Krankheitsprozeß: im Erzeugen eines Dualismus oder in meiner Bereitschaft, mich an einem Dualismus zu beteiligen? Ich weiß es nicht. Ich schaue mir das weiterhin an. Ich weiß aber, daß Martin Luther, der sagte »Hier stehe ich, ich kann nicht anders«, einer meiner Helden ist, und ich weiß auch, daß ich in den sechziger und siebziger Jahren ein Lieblingsposter hatte (es ist immer noch mein Lieblingsposter), auf dem – sinngemäß – folgendes zu lesen war: »Alles was die Kräfte des Bösen zum Gedeihen benötigen, sind genügend gute Menschen, die nicht handeln.« Ich habe in mir immer ein inneres, moralisches Gesetz, eine innere Ethik, ein inneres »Licht« gespürt, das ich nicht verleugnen oder verraten konnte und das zu meinem Wesenskern gehört. Ich kann immer noch nicht blind die »Regeln« einhalten, wenn ich glaube, daß sie falsch sind, und meine Kinder können es auch nicht. Ich bin überzeugt, daß der Schmerz, den der Konflikt mit der Außenwelt auslöst, nur zweitrangig ist im Vergleich mit dem Schmerz, den ich in meinem tiefsten Inneren erleiden würde, wenn ich mich nicht so verhielte. Ich schreibe über dieses Problem, weil ich immer noch damit kämpfe, und auch weil ich weiß, daß Heilung nicht in Isolation möglich ist. Wenn eine Arbeitsform nicht davon ausgeht, daß Heilung in Familien, Gruppen, Organisationen, Gemeinschaften, Gesellschaften, in der Welt und im Universum stattfinden muß, kann sie meiner Meinung nach nicht adäquat sein. Die wissenschaftliche Weltauffassung, innerhalb derer wir alle erzogen wurden, nimmt den Organismus aus dem Gesamtkontext heraus, versucht, ihn in einen Zustand der Erstarrung zu versetzen (tötet ihn oft) und studiert ihn dann. Dieser Reduktionismus entspricht nicht der Art, wie der Prozeß der Welt vor sich geht – aber ich greife vor.

Ich ließ den Osten und die Schulpsychologie hinter mir und ging nach St. Louis zurück, um die letzten Kurse abzuschließen, die ich für meine Promotion in klinischer Psychologie benötigte. Meine Tochter war vier Jahre alt, und mein Mann war ordinierter Pfarrer. Ich schrieb mich für die Kurse ein, die ich brauchte, und nahm einen Halbtagsjob als beratende Psychologin am Jugendzentrum des St. Louis State Hospital an; auch hier war wieder meine Arbeit die Hauptquelle meiner Lernerfahrungen. Am St. Louis State Hospital hatte ich das Glück, unter dem besten Institutsleiter zu arbeiten, den ich je erlebte. Er ließ mir im wesentlichen freie Hand und verhielt sich in einer Weise, die mir vermittelte: »Sie sind eine kompetente Fachkraft – nehmen Sie die Sache in Angriff.« Er sollte später mein zweiter Ehemann werden.

Diese Jahre waren sehr bedeutsam für mich. Die Jugendlichen zu testen und mit ihnen zu arbeiten, an internen Konferenzen teilzunehmen und so fort war nicht annähernd genug, um mich in meinem Halbtagsjob beschäftigt zu halten. (Dr. Schaef zeigte mir später eine Tabelle, auf der die Produktivität des Mitarbeiterstabes erfaßt war, und obwohl ich nur mit halber Stundenzahl arbeitete, tat ich doppelt soviel wie die Leute, die volle Stellen hatten. Er legte über alles Tabellen an – später führte er sogar eine Tabelle über unser Sexualleben). Ich begann, mein Tätigkeitsspektrum zu erweitern, in Richtung Gemeinschaftsarbeit für die Jugendlichen und Weiterbildung für die Mitarbeiterinnen und Mitarbeiter im Aufsichts- und Pflegebereich. Ich stellte fest, daß die Angestellten, die von elf Uhr nachts bis sieben Uhr morgens Dienst taten, nie eine interne Ausbildung genossen hatten, und in einem Behandlungszentrum für Jugendliche sind gerade die Nachtstunden oft sehr schwierig. Zu diesem Zeitpunkt waren die meisten Pflegekräfte der Nachtschicht Farbige mit geringer Vorbildung, die schlecht bezahlt wurden. Ich bat die Krankenhausleitung, ihnen für die Teilnahme an einer Weiterbildungsmaßnahme etwas Geld zu zahlen. Das wurde verweigert. Ich fragte die Leute, ob sie bereit seien, zweimal in der Woche eine Stunde früher zu kommen, um sich ausbilden zu lassen, ohne Bezahlung, und alle stimmten zu. Viel konnten wir nicht tun, und doch war es großartig. Wir fingen mit den praktischen Grundlagen an: Tabellen lesen, medizinische Grundbegriffe verstehen und so fort. Dann gingen wir dazu über, wie man psychologische und psychiatrische Berichte liest, Behandlungspläne in die Praxis umsetzt, während der Schicht gemachte Beobachtungen mitteilt; wir sprachen auch über informelle Betreuung für bestimmte Jugendliche, mit denen sie Probleme hatten, über schwierige und besonders interessante Fälle. Viele in der Gruppe legten einen außerordentlichen Lerneifer an den Tag, und im Jugendzentrum schienen die Dinge besser zu laufen.

Dann wurde ich während der internen Konferenzen auf etwas aufmerksam, das mich immer mit Unbehagen erfüllt hatte und das ich ganz plötzlich nicht mehr hören konnte. (Ist es nicht merkwürdig, daß wir uns manchmal jahrelang etwas anhören, ohne daß es uns stört, und dann plötzlich aufhorchen und es nicht mehr ertragen können?) Was ich plötzlich nicht mehr ertragen konnte, war der Satz: »Dieses Kind ist nicht behandelbar.« Für mich war klar, daß wir nicht wußten, was wir tun sollten oder daß unsere Techniken nicht funktionierten. Was gesagt wurde, war jedoch: »Dieses Kind ist nicht behandelbar.« Ich forderte meine Fachkollegen auf, die Unehrlichkeit wahrzunehmen, die wir im Umgang mit uns selbst, miteinander *und* mit den Jugendlichen bewiesen, und doch einfach zu sagen: »Wir wissen nicht, was wir mit diesem Kind machen sollen.« Als Teil meiner Kampagne und des Prozesses des Bewußtmachens fügte ich jedesmal, wenn jemand sagte: »Dieses Kind ist nicht behandelbar«, den Satz hinzu: »Wir wissen nicht, was wir mit diesem Kind machen sollen.« Es war mir völlig klar, daß vieles an unseren psychiatrischen und psychologischen Behandlungsmethoden »über den Daumen gepeilt« war und daß wir wirklich nicht wußten, was wir tun sollten. Wieviel einfacher wäre es für uns alle gewesen, wenn wir das nur hätten zugeben können. Außerdem beobachtete ich etwas, das mir im Lauf der Zeit immer deutlicher wurde: Ich sah, daß die Psychologie und die Psychiatrie unter dem Deckmantel der wissenschaftlichen Objektivität im Grunde von einer emotionalen, von vorgefertigten Urteilen geprägten Basis aus operierten, die dem Klienten oft die Schuld zuwies oder ihn mißachtete.

Wieder lernte ich sehr viel von den Jugendlichen und den Leuten im Pflege- und Aufsichtsbereich. Sie scheinen fast immer besser informiert zu sein als die »Fachleute«. Vielleicht kann man das mit der alten Zen-Geschichte über den Professor vergleichen, der zum Zen-Meister ging, um Weisheit zu erlangen: Der alte Meister bat einen Schüler, Tee und zwei Tassen zu bringen. Er stellte eine Tasse vor den Professor und begann, Tee einzugießen. Die Tasse füllte sich, und der Meister goß und goß immer weiter. Als der ganze Tisch von einer Teelache bedeckt war, konnte der Professor nicht mehr an sich halten und sagte: »Hören Sie auf! Sehen Sie nicht, daß die Tasse voll ist?« Der alte Zen-Meister lächelte und sagte: »Sehen Sie? So ist es auch bei Ihnen. Nur wenn wir uns leer machen, ist genug Raum da, daß mehr einfließen kann.« Ich bin sehr dankbar für die Freiheit, in der ich mich in diesem Job erproben konnte.

Während dieser Zeit gab es für mich ein weiteres bedeutsames Erprobungsfeld: den neuen Bereich des Human Potential Movement und der humanistischen Psychologie. Dr. Schaef war selbst ein Suchender. Er war immer offen für neue Ideen und neue Ansätze und ermutigte seinen Mitarbeiterstab, es auch zu sein. Dank seiner Unterstützung hatten wir in unserer Abteilung eine große Psychodrama-Sektion und eine hervorragende Ausstattung für Psychodrama. Er ermutigte mich, an Kongressen, Workshops und Trainingsseminaren teilzunehmen und zu forschen. Während dieser Jahre hatte ich Gelegenheit, von Maslow, Satir, Rogers, Perls, Moreno, Haley und vielen der »Großen« zu lernen. Er unterstützte meine Neigung, »direkt an die Quelle« zu gehen, und ich tauchte in eine neue Welt ein. Ich nahm auch an Encounter-Gruppen, Gruppen zur Persönlichkeitsentwicklung, Human-Potential-Gruppen, Sensitivity-Gruppen und Körperarbeitsgruppen teil. Auf den Tagungen der American Psychological Association und der Humanistic Psychology Association hörte ich Leute aus den Zwischenbereichen der Psychotherapie, wahre Grenzgänger, ihre Arbeit in großer Detailtreue schildern. Ich hörte von Nackt-Marathon-Gruppen, die sich auf »After-Beschau« spezialisierten (um den Leuten über ihre Hemmungen hinwegzuhelfen), ich hörte über implosive und explosive Therapie, ich hörte über aversive Konditionierung, und vieles davon erschien mir, wie ich zugeben muß, ziemlich verrückt. Dr. Schaef war während dieser Zeit einige Jahre lang Programmdirektor einer Abteilung der American Psychological Association, und ich war als seine Assistentin für »das Gespräch in der Psychotherapie« verantwortlich. Durch diese Arbeit lernte ich nicht nur einige der »Großen« dieser Zeit kennen; ich hatte auch Gelegenheit, auf den Tagungen der American Psychological Association einige meiner eigenen Ideen vorzustellen. Nebenbei entdeckte ich auch, daß mein Berater im Graduiertenstudium recht gehabt hatte: Es erschien durchaus so, als seien viele der »großen Tiere« nur auf der APA-Tagung, um mit den Graduierten-Studentinnen, von denen sie angehimmelt wurden, zu schlafen; währenddessen gingen ihre Ehefrauen diskret einkaufen oder faulenzten am Swimmingpool, tauchten bei den Banketten aber immer am Arm ihres Gatten auf. Ich nahm 1970 zum letzten Mal an einer APA-Tagung teil, und ich habe diese Tagungen seither nicht vermißt.

Diese Jahre am St. Louis State Hospital waren Jahre der Bewußtseinserweiterung und der Neuentdeckungen. Ich befaßte mich mit der Arbeit der National Training Laboratories (NTL), mit dem Gruppenprozeß (wobei ich auf meine Arbeit beim YMCA-YWCA zurückgreifen konnte; ich war die Gruppenprozeß- und Gruppenleitungs-Ausbilderin und wurde vom Y-Sekretär angeleitet, der seinerseits ein NTL-Training hatte), mit Sensitivity-Training, Konflikt-Management und Management-Beratung. Für mich war das vertrautes Terrain, und ich wurde bald als eine der leitenden Trainerinnen in das NTL-Netzwerk aufgenommen.

Eine meiner wichtigsten Erfahrungen in den NTL war die Arbeit mit einem Trainer namens Saul Siegel. Er war ein Mensch, der nicht mit Maschen, Tricks und Techniken arbeitete. Er hatte den Mut und die Sicherheit, den Gruppenprozeß seinen Lauf nehmen zu lassen. Bis zu diesem Punkt bestand meine Erfahrung mit Gruppendynamik aus einer Serie »empirischer Übungen«, Arbeitsformen, die uns das, was wir zu lernen hatten, auf »empirischem« Wege vermitteln sollten, das heißt durch Erfahrung und nicht rein intellektuell. Ich war von dieser neuen Art des Lernens begeistert, als ich das erste Mal damit in Berührung kam, und ging mit den Techniken und Kniffen der NTL und des Human Potential Movement wie ein alter Hase um, weil ich die Grundprinzipien dieser Fertigkeiten schon 1950 im College aufgeschnappt hatte, aber Saul brachte mir etwas wirklich Neues bei. Er lehrte mich zu warten, zu beobachten, zuzuhören und vor allem zu vertrauen – dem Gruppenprozeß zu vertrauen und abzuwarten, welche Richtung er nehmen würde. Es sollte sich erweisen, daß diese Lernerfahrung für meine Arbeit von grundlegender Bedeutung war. Inzwischen habe ich gelernt, daß die dynamischen Abläufe, die ich zu beobachten, zu benennen und herauszuarbeiten lernte (zum Beispiel Machtkämpfe, Koalitionen und vorher definierte Gruppenrollen), Prozesse sind, die wir in einem Suchtsystem finden. Solche Prozesse vollziehen sich in Gruppen, die nach dem Suchtmuster operieren, und finden sich gewöhnlich nicht in den Prozeß-Gruppen, mit denen ich jetzt arbeite. Es besteht ein großer Unterschied zwischen Gruppenprozessen und Prozeß-Gruppen.

Die NTL spielten in meinem Leben für einige weitere Jahre eine wichtige Rolle. Als leitende Trainerin wurde ich eingeladen, in ihrem Auftrag in verschiedenen Landesteilen Workshops und Seminare abzuhalten. Das waren immer anregende Erfahrungen, und ich lernte immer etwas dabei. Saul wollte, daß ich bei den Workshops der NTL für das höhere Management als Trainerin arbeitete. Ich war an Unternehmensentwicklung und Management sehr interessiert, aber obwohl er sich mit allen Kräften für mich einsetzte, kam die Leitung der NTL zu dem Schluß, daß leitende Manager nie eine Frau als Trainerin akzeptieren würden. Es dauerte noch viele Jahre, bis man Frauen aufforderte, Workshops für das höhere Management zu leiten.

Bürgerrechtsbewegung, Feminismus, Gemeinschaft und indianische Medizinfrauen

Etwa um diese Zeit war ich wieder in der Bürgerrechtsbewegung aktiv geworden, und auch sie war eine sehr wichtige Kraft in meinem Leben. Meine Arbeit innerhalb der Bürgerrechtsbewegung war ein langer, leidvoller Prozeß, und der schwierigste Teil davon war die Konfrontation mit mir selbst. Ich war eine weiße Liberale. Ich hatte mich immer auf die Seite der Unterprivilegierten gestellt und das vertreten, was »richtig« war. Das brachte mich immer wieder in Schwierigkeiten. Aber meine farbigen Freunde erteilten mir eine Lektion. Ich erkenne jetzt, daß vielen meiner Aktivitäten für die »Gerechtigkeit« der Wunsch zugrunde lag, von ihnen gesagt zu bekommen, daß ich anders sei. Ich wollte hören, daß ich mich von »den anderen« unterschied. Nun, zwei meiner Kollegen waren nicht bereit, mir das zu bestätigen. Sie sagten einfach immer wieder: »Du hast es noch nicht begriffen.« Ich war wütend, weinte, argumentierte, ich versuchte, es richtig zu machen, ich drohte, ich wandte mich ab, und sie sagten immer noch: »Du hast es noch nicht begriffen.« Ich wußte nicht einmal, was das »Es« war, das ich noch nicht begriffen hatte. Ich suchte ständig im Außen nach der Antwort, aber da war sie nicht. Schließlich schaute ich nach innen, und was ich innen sah, war ganz und gar weiß. Ich war jeder Zoll eine Weiße. Ich war eine Rassistin. Ich denke wie eine Weiße, ich nehme die Dinge wahr wie eine Weiße, ich habe die Privilegien der Weißen. Ich kann für die Unterprivilegierten kämpfen, ich kann mich auf die Seite der Farbigen stellen, ich kann im Kampf um die Bürgerrechte sogar mein Leben aufs Spiel setzen – aber solange ich nicht bereit bin, nach innen zu schauen und mich mit dem Abgrund meines eigenen Rassismus zu konfrontieren, wird sich nichts wirklich ändern. Ich habe den Rassismus vielleicht nicht *verursacht,* aber ich bin Rassistin aufgrund der schlichten Tatsache, daß ich als Weiße geboren bin.

Selbst jetzt, während ich diese Worte niederschreibe, sehe ich, wie wichtig diese Erkenntnis für mich ist und wie dankbar ich diesen beiden Freunden bin, die mich nicht so einfach vom Haken ließen. Ich sehe meine Rolle ähnlich, wenn mir heute mit großer Heftigkeit vorgeworfen wird, »dem Opfer die Schuld zuzuweisen«, weil ich sage, daß Frauen, die in Gewaltbeziehungen leben, an einer Krankheit leiden und nicht einfach nur nach außen schauen und die Gesellschaft verantwortlich machen können.

Natürlich ist die Gesellschaft ungerecht; natürlich trägt sie zu diesen Verhältnissen bei und braucht sie sogar, aber Stärke und Heilung stellen sich erst ein, wenn wir nach innen schauen und uns unsere Realität aneignen, einschließlich der Formen, in denen wir dieses destruktive System in uns selbst ausagieren. Wir Frauen werden tatsächlich zu Opfern gemacht, und nur wir können diese Erfahrungen in unser Leben integrieren und sie transzendieren. Ich weiß nicht, ob meine Bürgerrechtsarbeit für farbige Bürgerinnen und Bürger irgendeinen Nutzen brachte (ich kann es nur hoffen), aber für mich war sie sicherlich gut. Das Wissen, daß wir das System *sind*, selbst wenn wir das System ablehnen, durchdringt immer noch mein Selbstbild und prägt die Art, in der ich arbeite. Die Arbeit in der Bürgerrechtsbewegung ist einer der roten Fäden in meinem Leben, die mir halfen, eine partizipatorische Arbeitsform und, was noch wichtiger ist, eine partizipatorische Form der wissenschaftlichen Weltauffassung zu entwickeln.[1] Diese Erfahrungen zeigten mir: Solange ich nicht bereit bin, aufzuspüren, in welcher Weise ich unbewußt aus diesem System heraus handle, werde ich mir selbst und anderen dieses System weiterhin aufbürden.

Während dieser Jahre hielten die NTL Workshops und Beratungssitzungen über Rassismus ab. Ich war an mehreren Veranstaltungen beteiligt und bemerkte, daß im NTL-Netzwerk kaum Farbige als Anleiter ausgebildet wurden, was ich für ein Verbrechen hielt. Wenn die NTL oder irgendeine andere Organisation über Rassismus arbeiten wollten, sollten sie dafür sorgen, daß ihre Trainerinnen und Trainer zu gleichen Teilen aus der farbigen wie aus der weißen Bevölkerung kamen. Mit der Unterstützung der im Mittelwesten angesiedelten und der übergeordneten Verbände der NTL organisierten drei von uns (Bob Schaef, Nick Calorelli und ich) in St. Louis ein Ausbildungsprogramm für farbige Trainerinnen und Trainer. Wir erboten uns, eine Gruppe farbiger Fachleute auszubilden und in das NTL-Netzwerk zu integrieren. Ich erinnere mich nicht daran, wie lange dieses Ausbildungsprogramm lief oder wie oft wir zusammenkamen; ich weiß nur, daß mir diese Tätigkeit Spaß machte.

Für mich ergaben sich aus dieser Arbeit zwei sehr wichtige Bewußtseinserfahrungen. Hier geschah es zum ersten Mal, daß man mich eine

»Hexe« nannte, im positiven Sinn des Wortes, und es gefiel mir. Die Leute in der Ausbildungsgruppe waren erstaunt, wieviel ich wahrnahm; es beeindruckte sie und machte sie nervös. Ich habe diese Rückmeldung mein Leben lang bekommen; jetzt ist mir klar, daß das, was ich sehe, für jeden erkennbar ist, und daß mir nur das Talent mitgegeben wurde, präsent zu sein. Wenn nicht zu viele andere Dinge in unserem Inneren rumoren und wenn unser Geist nicht zu sehr damit beschäftigt ist, das, was wir wahrnehmen, durch unsere Theorien zu filtern oder Theorien und Interpretationen zu formulieren, können wir einfach präsent sein. Dann nehmen wir sehr viel wahr.

Zweitens entdeckte ich ein Muster und einen Prozeß in mir, die mir nicht neu waren, die ich aber während einer der Trainingssitzungen in Worte fassen konnte. An einem bestimmten Punkt hatte ich den Eindruck, daß einer der anderen leitenden Trainer die Herrschaft übernahm und die Gruppe kontrollierte. Ich betrachtete das als einen Ruf zu den Waffen und nahm die Herausforderung an. Die Mitglieder der Ausbildungsgruppe beobachteten den Kampf, der sich zwischen uns entspann. Ich ließ mich nicht oft auf Kämpfe ein, aber wenn ich es tat, war ich siegessicher. Als wir den Streit beigelegt hatten, wandte ich mich an die Gruppe und sagte: »Jetzt sind Sie dran. Stehen Sie für sich selbst ein!« Mir wurde klar, daß ich die Macht nicht für mich wollte; ich war nur nicht bereit, irgendeiner anderen Person die Machtausübung über andere zu gestatten. Ich kann sehen, wie dieses Thema mein Leben lang in regelmäßigen Abständen wieder auftauchte, und ich kann erkennen, wie es in die Arbeit, die ich tue, einfloß. Ich bin zu der Überzeugung gekommen, daß jedes System, das aus der Illusion der Herrschaft heraus operiert, ein Suchtsystem ist, und Suchtsysteme sind zerstörerisch für das Leben. Ich bin fest davon überzeugt, daß Unterdrückung, Kontrolle über andere und das Manipulieren anderer unrecht sind, und ein großer Teil meines Lebens war dem Kampf für das Recht jedes einzelnen gewidmet, seine oder ihre eigene Bestimmung zu finden.

Während des Zeitraums, in dem ich mich im Human Potential Movement und in den NTL engagierte, gab ich meinen Job am St. Louis State Hospital auf und übernahm die Stelle der Leiterin eines Behandlungszentrums für Jugendliche in Alton, Illinois, das dem Illinois Department of Mental Health unterstand. Einer meiner früheren Professoren für klinische Psychologie war der stellvertretende Direktor dieser Gesundheitsbehörde des Staates Illinois; er wollte, daß ich beim Aufbau eines Behandlungsprogramms für Jugendliche in der Region

Alton mitarbeitete. Ich war nicht allzusehr darauf erpicht, von dort, wo ich war, fortzugehen: also stellte ich eine Reihe von Bedingungen, unter denen ich einwilligen würde (mit dem Gehalt einer promovierten Fachkraft eingestellt zu werden, obwohl ich meinen Doktor nicht gemacht hatte; meine Arbeitszeit selbst einteilen zu können; eine eigene Sekretärin zu haben, so daß ich Berichte diktieren konnte; die Kosten für Kongresse und Weiterbildungsveranstaltungen erstattet zu bekommen und so fort). Zu meiner großen Überraschung akzeptierte er diese Forderungen. Ich lernte, wie gefährlich es ist, das, was ich will, zu verlangen. Auf der bundesstaatlichen Ebene gab es keine Probleme, aber auf der lokalen Ebene waren alle, sogar der leitende Direktor des Krankenhauses, verärgert darüber, daß ich verlangt und bekommen hatte, was ich wollte. (Manche dieser Konfliktstellen in meinem Leben sind mir sehr viel verständlicher, seit ich etwas über Sucht und über erwachsene Kinder von Alkoholikern weiß. Für aktive Süchtige und erwachsene Kinder von Süchtigen scheine ich eine Art Auslöserfunktion zu haben.)

Irgendwann während dieses Zeitraums kam ich zu dem Entschluß, auf das Promovieren in klinischer Psychologie zu verzichten. Mehrere Faktoren waren an dieser Entscheidung beteiligt: Als gesellschaftlich prägende Einflüsse waren da der Vietnamkrieg und die Frauenbewegung. Was mein persönliches Leben anging, hatte ich eine sechsjährige Tochter und war mit meinem Sohn schwanger, ich arbeitete mit voller Stundenzahl, hatte eine Affäre mit meinem früheren Chef und nebenbei leitete und absolvierte ich Workshops. Über irgendein belangloses Forschungsthema eine Dissertation zu schreiben schien nicht der Mühe wert zu sein, und meine gesamte Umgebung riet mir von dem Versuch ab, etwas »Wesentliches« als Dissertationsthema zu wählen. »Bring es einfach hinter dich«, sagte man mir. Das Leben war zu wichtig und zu wertvoll, um es für etwas, das man nur »hinter sich bringen« mußte, zu verschwenden. Wenn ich zurückblicke, erkenne ich, daß ich mir drei außengeleitete, völlig bedeutungslose Ausreden konstruierte, warum ich zu diesem Zeitpunkt nicht promovieren wollte. Erstens: Ich hatte mehr klinische Erfahrung als alle anderen Angehörigen des Mitarbeiterstabes. Zweitens: Ich hatte bereits einen Ruf oder jedenfalls einen höheren Bekanntheitsgrad als die anderen. Und drittens: Ich verdiente genausoviel wie die anderen oder sogar mehr. Ich weiß nicht einmal mehr, ob irgendeine dieser Ausreden auf Tatsachen beruhte; mir lieferten sie jedenfalls die Rechtfertigung, die ich brauchte, um auf die Promotion zu verzichten. Das wirkliche Problem für mich lag aber darin, daß ich spürte, ich würde meine Seele verlieren, wenn ich innerhalb dieses Systems auch nur noch einen Schritt weiterginge. Ich wußte nicht, warum; ich wußte nur, daß es so war. Ich sagte mir, daß ich es durch Kompetenz und nicht durch einen Titel »schaffen« wollte, und ich wußte schon, daß an der Psychologie, einem Feld, das ich liebte und in dem ich mich auszeichnete, etwas von Grund auf verkehrt war.

Außerdem gab es in jenen Jahren viele Psychologinnen und Psychologen, die man ABDs nannte (*all but dissertations* – alles außer der Dissertation) und die gute Jobs und gutgehende private Praxen hatten. Wir hatten alle Ausbildungsvoraussetzungen erfüllt; wir hatten lediglich die abschließende Dissertation nicht geschrieben. Und was hatte die Promotion schließlich mit dem Praktizieren von Psychotherapie zu tun? Ich tat die Arbeit, die ich liebte, und kam jeden Tag mit neuen Ideen in Berührung. Die Sonne stand am Himmel, ich stand mit den Füßen fest auf dem Boden, die Welt war in Ordnung. Was wollte ich mehr? Die späten sechziger und frühen siebziger Jahre waren für mich die Zeit, in der ich zu mir selbst und zu meinem eigenen Weg fand. Es passierte viel in der Welt, und es passierte viel in mir. Eine Dissertation zu schreiben erschien mir wie eine nutzlose Übung in sinnentleerten Ritualen.

Natürlich war ich in der Arbeit, die ich damals tat, so wie ich ausgebildet war, ganz auf Techniken und Übungen eingeschworen. Sagen Sie mir einfach, was sie erreichen wollen, und ich werde im Handumdrehen eine Technik oder eine Übung entwickeln, mit deren Hilfe wir ans Ziel kommen. Mein Geist blühte auf, wenn ich empirische Lernsituationen ausknobelte und »entwickelte«. Ich »wußte«, wie man Menschen dazu brachte, mehr Nähe zuzulassen. (Gehen Sie einfach umher, und schauen Sie einander in die Augen. Berühren Sie das Gesicht der anderen Person, wenn Sie sehen, daß etwas geschieht oder daß nichts geschieht.) Ich konnte Menschen helfen, an unterdrückte oder verdrängte Gefühle heranzukommen. (Sprechen Sie einfach zu dem Stuhl dort; versuchen Sie, den Kreis zu durchbrechen.) Ich konnte Gefühle manipulieren. (Ich sehe Wut. Hier, nehmen Sie den Bataka [einen gepolsterten Schlagstock, der von manchen Therapeuten benutzt wird], schlagen Sie damit auf die Kissen.) Ich analysierte, ich interpretierte, ich manipulierte, ich drehte die Leute durch die Mangel – und sie liebten mich dafür. Ich wußte, was mit ihnen los war, ich wußte, was sie brauchten, ich konnte die Situationen schaffen, die dafür sorgten, daß sie bekamen, was sie brauchten. Ich war fürsorglich, liebevoll und wichtig. Ich war kompetent, gut ausgebildet und von zentraler Bedeutung.

Was für berauschende Zeiten das waren! Ich hatte die Therapeut-Halb-gott-Struktur der klassischen Analyse und des medizinischen Modells zurückgewiesen und mich für das Halbgott-Modell des Human Poten-tial Movement und des empirischen Lernens entschieden. Die Leute *brauchten* mich. Ich war so wachsam und so scharfsinnig beim Wahr-nehmen subtiler Erkenntnisprozesse (so viel scharfsinniger als die Klienten selbst, könnte ich noch hinzufügen), daß mir überall, wo ich hinkam, Erfolg beschieden war und die Leute mit mir arbeiten wollten. Ich hatte gut gelernt, und ich war gut in dem, was ich gelernt hatte. Den Leuten ging es besser, weil *ich* so gut, so liebevoll, so kompetent war. Was für ein Trip! Ich sehe jetzt, daß dies alles die typischen Merkmale der Beziehungssüchtigen sind.

Um diese Zeit tauchte ich im persönlichen wie im beruflichen Be-reich in eine der wichtigsten Phasen meines Lebens ein. Ich wurde in der Frauenbewegung aktiv. Ich wurde Feministin. Der Kampf um die Bürgerrechte für Minderheiten hatte mich auf das keimende Bewußt-sein für die Rechte der Frauen gut vorbereitet.

Durch meine Erfahrungen mit den NTL wurde ich sehr früh auf Frauenprobleme aufmerksam. Man hatte mich aufgefordert, als leiten-de Trainerin an einem Workshop mit dem Schwerpunkt Community-Arbeit teilzunehmen, dessen Mitarbeiterstab zum ersten Mal in der Geschichte der NTL nach dem Integrationsmodell zusammengesetzt war: männliche und weibliche, farbige und weiße Fachkräfte. Die ande-re Frau im Mitarbeiterstab, Coleen (Cokey) Keibert, war wundervoll, und sie war die Art Frau, mit der ich immer aneinandergeriet. Sie war sehr kompetent, und außerdem war sie besonders attraktiv. Da ich lei-tende Mitarbeiterin war, bekam ich ein eigenes Zimmer. Die anderen Mitarbeiter, die nicht der Leitung angehörten, mußten die Räume mit-einander teilen, aber da sie die einzige Frau unter ihnen war, hatte sie ein Zimmer für sich und mußte die Differenz zahlen. Nach dem ersten Tag der Workshop-Planung hatten wir beide bemerkt, daß viele Sätze der männlichen Mitarbeiter mit den Worten eingeleitet wurden: »Ich weiß, Cokey und Anne werden damit nicht einverstanden sein, aber …«. Uns war beiden klar, daß wir gegeneinander aufgehetzt werden sollten; also lud ich sie ein, in mein Zimmer einzuziehen, und von diesem Zeitpunkt an waren wir Freundinnen und sind es geblieben. Für mich gab es bei diesem Workshop zwei zentrale Ereignisse. Zunächst warfen die farbigen Teilnehmer die Tagesordnung um und hielten eine Versammlung ab. Wir Weißen wußten nicht, was wir miteinander an-fangen sollten, aber die Versammlung schien beschäftigt zu sein. Niemand hatte Einwände, als die weißen NTL-Mitarbeiter sich der Versammlung anschlossen. Zwei Tage später beriefen die farbigen Teilnehmerinnen eine Frauenversammlung ein, und wir, Cokey und ich, bekamen den Unmut des restlichen Mitarbeiterstabes zu spüren, als wir uns den Frauen anschlossen. Ich war heilfroh, daß ich eine andere Frau an meiner Seite hatte, die mich unterstützte, und ich habe seither immer darauf bestanden, insbesondere, wenn ich meinen Kopf in den Rachen des Löwen stecke.

Die Frauenversammlung war wundervoll. Die farbigen Frauen waren wütend auf einige der weißen Frauen, die sich manchen farbigen Männern gegenüber verführerisch verhalten hatten, und mit diesem Problem beginnend beharkten wir uns den ganzen Tag; dann gingen wir dazu über, einander wirklich kennenzulernen und uns mit anderen wichtigen Problemen zu befassen. Unter den männlichen NTL-Mitarbeitern grassierte ein rabiater Sexismus, und Cokey und ich brauchten die Unterstützung der anderen Frauen, um damit fertig zu werden. Die Versammlung der männlichen Farbigen wurde als legitim betrachtet. Die Frauenversammlung nicht.

Nach dieser Erfahrung kamen Cokey und ich zu dem Entschluß, gemeinsam einige Frauen-Workshops zu veranstalten, und ich tauchte bis über die Ohren in Frauenprobleme ein. Fast alles, was ich in den nächsten fünfzehn oder zwanzig Jahren tat, drehte sich um Frauenfragen. Damals bestanden die »Workshops« (wie ich jetzt beschämt eingestehe) in erster Linie aus einer Reihe von Übungen und Techniken, durch die wir etwas auslösen wollten (was immer wir *glaubten,* ans Licht bringen zu müssen). Wir arbeiteten mit Collagen, Aktions-Soziogrammen, Körperübungen – mit all den »Tricks und Techniken«, die wir im Lauf der Zeit gelernt hatten. Das hatte nichts mit Therapie zu tun. Es waren Workshops, und es ging darum, uns einander mitzuteilen und unsere Geschichten auszutauschen.

Der erste Workshop, den wir gemeinsam abhielten, wurde von den NTL getragen. Wir wurden aufgefordert, einen Wochenend-Workshop für die Ehefrauen von Praktikanten zu veranstalten (die Männer absolvierten eine einjährige Ausbildung bei den NTL, und man wollte auch etwas für ihre Frauen tun). Man sagte uns, wir sollten das Selbstwertgefühl der Frauen fördern und ihnen mehr Selbstvertrauen geben (was wir uns damals paradoxerweise durchaus zutrauten). Offenbar waren wir erfolgreich, denn ohne unser Wissen riefen viele der Frauen anschließend bei den NTL an und verlangten mehr Frauen-Workshops. Cokey und mir wurde vorgeworfen, die Frauen dazu angestiftet zu haben. (Keine von uns wurde je wieder aufgefordert, einen Frauen-Workshop oder irgendeinen anderen Workshop für die NTL zu veranstalten. Das verletzte uns sehr, denn wir hatten im Rahmen der NTL mit der gesamten Arbeit an Frauenfragen begonnen, und die NTL waren sehr wichtig für uns.) Während ich dies niederschreibe, wird mir bewußt, wie sehr ich in meinem beruflichen Leben gelitten habe, wenn das, was ich für gerecht und sinnvoll hielt, nicht mit der Parteilinie übereinstimmte.

Was den Vorwurf anging, die Frauen zur Forderung nach weiteren Workshops angestiftet zu haben, könnte nichts der Wahrheit ferner liegen. Bei diesem ersten Workshop brauchten wir unsere gesamte Energie zum puren Überleben. In dieser Gruppe trat soviel Schmerz und Wut zutage, daß wir völlig überwältigt waren. Ich kann mich nicht erinnern, an diesem Wochenende auch nur eine einzige Mahlzeit zu mir genommen zu haben. Nach jeder Gruppensitzung wankten wir zu unserer Hütte, einander gegenseitig stützend, warfen uns auf die Betten und blieben kraftlos liegen, bis die nächste Sitzung begann. Nichts in meiner Ausbildung hatte mich darauf vorbereitet, mit dem Schmerz und der rasenden Wut umzugehen, die aus diesen Frauen hervorbrach. In meinem Buch *Weibliche Wirklichkeit* sagte ich, daß die Theorien, die mir in meinem Studium vermittelt wurden, »im günstigsten Fall nutzlos und im schlimmsten Fall schädlich« waren, was die Arbeit mit diesen Frauen betraf, und davon bin ich auch jetzt noch überzeugt.[2] Diese Frauen waren bis in die Tiefen ihrer Seelen verletzt und voller Wut – und ich war es auch. Die Objektivität flog zum Fenster raus. Ich wußte genau, worüber sie sprachen. Ich hatte das auch gelebt. Ich war wütend über die Dinge, die mir passiert waren, nur weil ich eine Frau war. Erinnerungen überfluteten mich, als wäre ein Damm gebrochen. Mir wurde bewußt, daß ich an mir selbst arbeiten mußte, um die Arbeit, die mich hier erwartete, tun zu können, und daß ich etwas begonnen hatte, von dem es kein Zurück gab. Meine Arbeit und mein Sein standen schließlich in Wechselwirkung miteinander. Ich wurde mit voller Wucht in meine Wutphase hineingestoßen. An diesem Punkt traf ich eine der wichtigsten Entscheidungen meines Lebens. Ich spürte, wenn ich nicht in meine Wut hineinginge und mich mit ihr konfrontierte, würde ich meine Seele verlieren. Es war ähnlich wie die Entscheidung, meiner Nüchternheit Priorität vor allem anderen einzuräumen. Ich hielt inne und gestand mir ein, daß ich den Punkt erreicht hatte, an dem ich mich mit meiner Wut befassen mußte, selbst wenn das bedeutete, daß ich alles in meinem Leben verlor – meine Kinder, meinen Mann, mein Haus, alle meine beruflichen Verbindungen, was auch immer –, ich mußte es trotzdem tun.

Das war eine schreckenerregende Phase für mich. Meine einzige wirkliche Stütze war Cokey, mit der ich bei Workshops zusammenarbeitete, und sie lebte tausend Meilen weit entfernt. Wir führten lange Telefongespräche. Ich stellte fest, daß meine überwältigenden Ängste aus mehreren Quellen kamen. In meiner Grandiosität glaubte ich, daß meine Wut die Zerstörungskraft einer Atombombe hätte und daß nur Ödland ohne jedes Leben zurückbleiben würde, wenn ich sie herausließe und niemand mehr da wäre, mit dem ich zusammensein könnte. Im Prozeß der Auseinandersetzung mit meiner eigenen Wut entdeckte ich, daß diese Phantasie unter Frauen sehr verbreitet war.

Außerdem mußte ich mich auch mit den Reaktionen anderer auf meine Wut auseinandersetzen. Sie schienen mehr Angst davor zu haben als ich selbst, und oft war ein bestrafender Gegenschlag Teil dieser Reaktionen.

Ich versuchte es mit Therapie, aber die meisten Therapeuten wollten, daß ich über die Wut *redete*, statt sie zu erfahren und zu durchleben. Ich ging zu Human Potential Workshops, die der Auseinandersetzung mit den eigenen Gefühlen gewidmet waren, und fand heraus, daß wir uns mit den Gefühlen auseinandersetzen sollten, die durch die von den Workshopleitern verwendeten Techniken ausgelöst wurden, und daß es nur einen sehr engen Ausdrucksspielraum für die erlaubte Intensität und den Inhalt von Gefühlen gab, insbesondere wenn diese Gefühle sich auf Sexismus bezogen.

Obwohl meine Familie sich verständnisvoll verhielt, wollte ich diesen Lebensraum nicht nutzen, um meine Wut herauszulassen. Der einzige Bereich, wo es akzeptabel erschien, waren die Workshops, die ich gemeinsam mit meiner Freundin leitete. Sie hatte dieselben Schwierigkeiten; also begannen wir das zu entwickeln, worin ich heute das partizipatorische Modell der Arbeit mit Gruppen erkenne. Zu Beginn eines Workshops kündigen wir an, daß die Gruppe von uns keine »Leitung« im üblichen Sinn erwarten könne. Wir hatten nicht »alles im Griff«, wir waren nicht rational, logisch und objektiv, wie das derzeit vorherrschende Psychotherapiemodell es für »Therapeutinnen« diktierte. Wir erklärten, daß wir in vieler Hinsicht an denselben Problemen arbeiteten wie die Gruppenteilnehmerinnen auch und daß wir Probleme, die für uns auftauchten, an Ort und Stelle bearbeiten würden. Aus der Notwendigkeit heraus schufen wir unwissentlich ein egalitäres, partizipatorisches Modell. Wir setzten uns nicht hin und beschlossen: »Wir werden jetzt ein egalitäres, partizipatorisches Modell kreieren.« Wir taten es, weil wir ganz einfach keine andere Wahl hatten. Da wir mit diesen Dingen mehr Erfahrung hatten als manche der Teilnehmerinnen, vermittelten wir, was wir an Informationen und an Wissen über Frauenfragen gesammelt hatten, und teilten auch unsere eigenen Erfahrungen und unsere Empörung mit. Wir benutzten immer noch »Übungen« und »Techniken« in der Art, wie wir sie in den NTL und in Encounter-Gruppen gelernt hatten, aber ein großer Teil der Zeit ging einfach in das »Miteinander-Teilen«. Wenn intensiver Schmerz oder heftige Wut hochkamen (was ich jetzt als Tiefenprozesse erkennen würde), wußten wir nicht, was wir machen sollten; also setzten wir uns einfach zu der Frau, versuchten ihr Halt zu geben und sie zu schützen, und ließen den Dingen ihren Lauf. Wenn ich zurückblicke, bin ich sicher, daß damals wenige Teilnehmerinnen einen Tiefenprozeß wirklich zu Ende führten – wenn das überhaupt je geschah –, und gleichzeitig taten wir das Beste, was wir zu diesem Zeitpunkt tun konnten. Viele hatten das Gefühl, daß es die beste verfügbare Möglichkeit war. Es ist mir peinlich, einzugestehen, daß wir auch Dinge taten wie Leute am Boden festhalten, zurückdrängen (um, wie wir glaubten, das Widerstand-Leisten einzuüben), einen Kreis bilden, aus dem jemand ausbrechen mußte, und eine Reihe anderer Übungen und »Techniken«, die damals im Schwange waren und die ich heute nie anwenden würde. Aber hauptsächlich teilten wir uns einander mit und stellten unsere Gemeinsamkeiten fest.

Während dieses Zeitraums nahm ich mir fest vor, herauszufinden, was mit Frauen (mich selbst natürlich eingeschlossen) los war. Ich beschloß, so viele Jahre wie nötig aufzuwenden, um zu erkunden, was Frauen dachten und – vor allem – fühlten. Ich wurde häufig eingeladen, vor Gruppen zu sprechen und Beratungsarbeit zu machen, und ich hatte viele Gelegenheiten, Situationen zu erleben, in denen nur Frauen anwesend waren. Schon zu einem sehr frühen Zeitpunkt entdeckte ich, daß Frauen in aller Regel nicht ehrlich waren, wenn auch nur ein einziger Mann anwesend war. Dann schützten die Frauen sich.

Irgendwann während dieses Zeitraums traf ich zwei wichtige Entscheidungen, die von außen betrachtet widersprüchlich erschienen, sich aber paradoxerweise gegenseitig stützten. Meine Amtszeit als klinische Direktorin des Jugendzentrums am Alton State Mental Hospital war abgelaufen, und ich wurde in das regionale Büro in East St. Louis versetzt, um in der Region VII (die sehr groß war) als Psychologin Community-Arbeit zu leisten. Das hieß, daß ich mich die meiste Zeit

in der finsteren Provinz herumtrieb und versuchte »gemeinschaftsorientierte, psychiatrische Hilfsquellen« zu entwickeln. In der Praxis
konnte das alles mögliche bedeuten: In einer Kleinstadt mit alten
Männern an einer Werkbank sitzen und schwatzen, mit den örtlichen
Geistlichen zusammenarbeiten, im Frauenclub einen Vortrag über psychische Störungen halten, die Lehrer der örtlichen Schulen anleiten,
effektiver mit Lernstörungen bei Kindern umzugehen – denn die
meisten Bezirke hatten keine eigenen psychologischen oder psychiatrischen Einrichtungen. Wir sprachen über Vorbeuge- und Nachsorge-
maßnahmen für Menschen, die stationär in psychiatrischen Kliniken
behandelt worden waren. Wir sprachen darüber, wie die Gemeinden
selbst mit ihren psychiatrischen Problemen umgehen könnten, da keine »Experten« in der Nähe waren. Wir sprachen darüber, wie Gemeinschaften als Gemeinschaften funktionierten.

Mir wurde bald klar, daß in diesen kleinen, ländlichen Gemeinden
mehr Weisheit existierte, als von außen ersichtlich war. Wenn wir einen
Jugendlichen hatten, der in psychiatrischer Behandlung gewesen war
und nach Haus entlassen werden konnte, suchte ich in der Regel seinen
Wohnort auf. Wir wußten, daß er im Handumdrehen wieder bei uns
landen würde, wenn er »draußen« keine Unterstützung fände. Es war
meine Aufgabe, herauszufinden, was wir in der Gemeinschaft »mobilisieren« konnten. Oft wandte ich mich als erstes an die alten Männer,
die vor dem Krämerladen saßen und ihren Schwatz hielten. In den
Kleinstädten, in denen man mich schon kannte, wurde ich immer herzlich aufgenommen. Dort, wo ich als Fremde hinkam, dauerte es seine
Zeit. Ich sagte immer völlig offen, wer ich war und was ich tat. Dann
begann ich das Gespräch mit einem Satz wie: »Sie kennen doch den
Thompson-Jungen, der ein bißchen komisch wurde und ins Krankenhaus kam?« – »Jawoll.« – »Er ist jetzt bald soweit, daß er nach Haus
kann.« (Ich hatte im Krankenhaus mit mühevoller Arbeit die Philosophie verbreitet, Jugendliche nicht so lange in der Psychiatrie zu behalten, bis sie sich an das Krankenhaussystem anpaßten. Wo immer es
vertretbar war, sah ich die Einweisung in die Psychiatrie für Jugendliche nur als kurzfristige Notfallmaßnahme.) »Wir würden uns für ihn
wünschen, daß er es hier in der Gemeinde schafft. Was meinen Sie
dazu?« (Hier verletzte man die Schweigepflicht nicht, denn es wußte
ohnehin jeder Bescheid.) Meistens entstand zunächst eine Pause, und
dann sagte jemand zum Beispiel: »Wissen Sie, der Thompson-Junge ist
ein bißchen wie der Harrison-Junge. Der Harrison-Junge ist jetzt
dreißig, aber er war von klein auf irgendwie komisch, und er ist nie ins

Krankenhaus gekommen. Wir haben einfach alle ein Auge auf ihn und sehen zu, daß er nicht in Schwierigkeiten kommt. Hier in der Stadt wissen immer alle, wo er ist, und alle kümmern sich um ihn. Vielleicht funktioniert das mit dem Thompson-Jungen auch.« »Ja, vielleicht geht das.«

Um diese Zeit wurde mir klar, wie wenig die Theoriegebäude, mit denen ich in meiner Ausbildung in Berührung gekommen war, mit dem Leben auf dem Land zu tun hatten. Hier draußen gab es keine hochgelehrten Therapeuten, und hätte es sie gegeben, hätten sie sich notgedrungen unethisch verhalten müssen, so wie ethisches Verhalten im Rahmen der Psychotherapie definiert wurde. Das traditionelle Modell, das vom Psychotherapeuten Distanz verlangt und jeden sozialen oder andersgearteten Kontakt mit Klienten verbietet, mochte für einen Analytiker in New York City praktizierbar sein, aber nicht hier draußen in der tiefsten Provinz. Hier benutzten die Leute die Hilfsmittel, die sie zur Verfügung hatten, und diese Hilfsmittel waren vertrauenerweckender und wirkungsvoller, wenn sie völlig in die Gemeinschaft integriert waren. Darin lag die Bedeutung von »Gemeinschaft«. Es gab keine Geheimnisse oder Masken. Jeder wußte über jeden anderen Bescheid. Ich erkannte, daß das berufsethische Modell der Arbeit mit Menschen, das gegenwärtig im Schwange ist, sich hier einfach nicht anwenden ließ. Objektivität war ein Schwindel, und jene unter uns, die mit Leuten in diesen Gemeinden arbeiteten, konnten sich nicht durch die »Distanzregel« schützen. Wir mußten mit unseren Gefühlen umgehen, wir mußten mit wechselseitiger Anziehung umgehen, wir mußten uns mit unseren Unehrlichkeiten konfrontieren – es wußten ohnehin alle davon.

Ich stellte fest, daß ich es bei meinen Frauen-Workshops und meiner Community-Arbeit mit einem völlig anderen Modell der Arbeit mit Menschen zu tun hatte. Damals fehlte mir die Sprache dafür, aber jetzt ist mir klar, daß es das war, was ich heute als »partizipatorisches« Modell bezeichnen würde. Die Menschen, die das höchste Vertrauen genossen, waren nicht die Autoritäten, die vorgeblich »alles im Griff« hatten (die bodenständigen Menschen dort draußen wußten, daß das ein Witz war). Sie waren bereit, Informationen aufzunehmen, wenn sie von jemandem kamen, dem sie trauten, aber sie waren nicht bereit, sich von irgendeiner »Autorität« kontrollieren oder manipulieren zu lassen. Dazu waren die Frauen in meinen Workshops ebensowenig bereit. Was das anging, war ihr Maß bereits voll.

Mein alter, realistischer, erdverbundener Familienhintergrund kam mir zustatten. Ich fühlte mich in dieser Art des Verhaltens ganz zu Haus. Dieses Modell der Arbeit mit Menschen war mir nicht neu. Ich hatte es oft bei Fachkräften gesehen, die mit Jugendlichen und Kindern arbeiteten. Ich kannte es aus meiner religiösen Erziehung. Jesus arbeitete immer unter jenen, die er am besten kannte und die zu ihm kamen. Er weigerte sich nicht, Menschen zu heilen, weil sie enge Freunde oder Mitglieder einer vertrauten Familie waren. Er arbeitete mit seiner »Gemeinschaft«, und Fremde wurden Teil seiner Gemeinschaft, wenn er mit ihnen arbeitete.

Dann war da die indianische Medizinfrau, die ein in vieler Hinsicht wichtiger Teil meines Erfahrungshintergrunds war. Indianische Medizinfrauen dienten immer ihrem Dorf und ihrem Stamm, arbeiteten mit ihren Leuten und heilten sie. Sie waren erfolgreiche Heilerinnen, weil sie bekannt waren und weil man ihnen vertraute, oder vielleicht sollte ich sagen, daß ihr Heilwissen wirksam war *und* daß man sie kannte und ihnen vertraute. Dieses Paradigma ist nicht von Ursache-Wirkung-Denken, Kontrolle, Manipulation, Objektivität und Unbeteiligtsein beherrscht. Diese Heilerinnen arbeiteten aus einer Weltauffassung heraus, die sich von der mechanischen, »modernen«, »objektiven« Wissenschaft, die ich gelernt hatte, grundlegend unterschied, und mir erschien ihre tradierte Weltauffassung besser und integrativer.

Und schließlich waren da noch die Feministinnen. Ich lernte so viel und genas so sehr innerhalb meiner feministischen Gemeinschaft, und da ich in diesen frühen Jahren die einzige feministische Therapeutin am Ort war, kamen viele meiner Freundinnen, Kolleginnen und Bekannten zu mir, um mit mir zu arbeiten. Mein Mann und ich waren tatsächlich für kurze Zeit Klienten eines Psychiaters, der zu unserem sozialen Kreis gehörte und ein guter Bekannter war. Wechselseitige Beziehungen oder Beziehungen, an denen drei oder vier Personen beteiligt waren, wurden zur Norm, und sie funktionierten. Wissenschaftlich-distanzierte Therapeuten-Patienten-Beziehungen zu etablieren, in denen Isolation und Kontrolle herrschte, ergab keinen Sinn. Die bereits existierenden Beziehungen stellten kein ethisches oder berufliches Problem dar.

Die Arbeit für den Staat Illinois erwies sich als ziemlich stressig. Als ich mich aufgrund meines Engagements für die humanistische Psychologie innerlich vom medizinischen Modell auf das Modell des Persönlichkeitswachstums umstellte, fiel es mir zunehmend schwerer, im Krankenhaus zu arbeiten; also wandte ich mich der Community-Arbeit zu. Ein kleiner Wandel in meiner Einstellung hatte sich als große Veränderung für das Krankenhaus erwiesen, und die Arbeit dort war für beide Seiten mit Streß verbunden.

Das Arbeitsmodell des Krankenhauses war ein modifiziertes psychodynamisch-medizinisches Modell à la Empirismus und Reduktionismus. Unser Handeln war von zwei zentralen Überzeugungen bestimmt. Die eine besagte, daß die Leute die Krankheit unbewußt gewählt hatten und durch ihre Abwehrmechanismen, die gewöhnlich ich-synton (bequem für sie) waren, der Genesung widerstanden. Also mußten wir ihren Widerstand gegen das Gesundwerden bekämpfen (das ist natürlich sehr simpel, aber, wie ich meine, zutreffend ausgedrückt). Bei einigen lohnte sich der »Kampf« einfach nicht; also bekamen sie Medikamente, wurden auf »Bewahr«-Stationen verlegt oder »gepflegt«. Die andere Überzeugung bezog sich auf das medizinische Modell: Seine Wirksamkeit galt als sicher, wenn man es aus einer ziemlich simplen Ursache-Wirkung-Mentalität heraus praktizierte. Wenn wir nur *genau* herausfinden konnten, was jemandem fehlte, wenn wir zu einer präzisen Diagnose kamen, dann konnten wir auch die angemessenen »Heilmittel« verschreiben, und der Patient würde genesen. Daher wurde auf präzise Diagnosen großer Wert gelegt (das ist meiner Ansicht nach in vielen Zirkeln bis heute der Fall) – und dann kam die große Verunsicherung, was man tun sollte. Nach der wunderschönen Diagnose rutschten wir in ein massives Verleugnungssystem hinein, denn niemand wußte wirklich, was bei diesen Leuten wirkte, aber es gab auch niemand sein Unwissen zu, und die Schuld wurde immer dem Patienten zugewiesen; es lag an seinem oder ihrem Widerstand, den Abwehrmechanismen oder dem Teil der Persönlichkeit, der »krank sein wollte«. Ich glaube auch, daß die meisten »Fachleute« tief in ihrem Inneren davon überzeugt waren, daß Menschen, die in ihrer Kindheit »Schädigungen« davongetragen hatten, nie wirklich geheilt werden konnten und daß man im besten Fall auf ein Minimum an Anpassung hoffen durfte.

Paradigmenwechsel

Als ich im Rahmen der humanistischen Psychologie arbeitete und von ihr lernte, wechselte ich allmählich zu einem Modell des »Persönlichkeitswachstums« über. Dieses Modell war sehr einfach: Es besagte, daß Wachstum und Veränderung die normale Verfassung des menschlichen

Organismus seien. Immer wenn diese Wachstums- und Veränderungs-prozesse gehemmt, beeinträchtigt oder unterbrochen würden, zeige der Organismus Symptome. Also lag unsere psychotherapeutische Aufgabe nicht darin, gegen einen Organismus anzukämpfen, der nicht *wirklich* gesund werden wollte, oder diesen Organismus durch »Tricks« zum Wachstum und zur Heilung zu bringen. Unsere Rolle als Psychotherapeuten war es, mit dem zu kooperieren, was der Organismus wollte – nämlich zu seinem normalen Zustand kommen –, ihm zu helfen, mit den Dingen fertig zu werden, die sein Wachstum und seine Entwicklung blockierten, und seinen Prozeß zu unterstützen. Statt Feinde zu sein, waren wir Partner, und was der Organismus tat, um wieder auf seinen eigenen Kurs zu kommen, war seine Sache und nicht die unsere. Manche Organismen machten sehr seltsame Sachen in ihrem Versuch, wieder auf Kurs zu kommen, aber seltsam erschienen die Dinge nur dann, wenn *wir* das Geschehen intellektuell und aus unserer Perspektive zu »verstehen« versuchten. Wir brauchten das alles nicht wirklich zu verstehen. Das Verstehenwollen war unser Problem und stand in unmittelbarem Zusammenhang mit unseren Kontrollbedürfnissen.

Ich erinnere mich, daß dieser Wandel in meinem Denken und Sein sich sehr plötzlich im Lauf eines Wochenendes ereignete, und als ich am Montagmorgen zur Arbeit ging, sah ich die Patienten mit anderen Augen. Ich begann, aus diesem neuen Bewußtsein heraus zu handeln – ohne daß die Veränderung nach außen hin offensichtlich war –, und meine Patienten erholten sich schneller. Eine einfache Veränderung der Einstellung und der Wahrnehmungsweise in *mir* schien magische Wirkung zu haben. Ich war so aufgeregt und begeistert, daß ich in meine Bekehrungshaltung verfiel: »Die Antwort liegt in uns. Wir müssen uns selbst und unsere Maximen und Einstellungen betrachten. Nehmen wir diese Veränderungen in uns selbst vor und beginnen wir auf dieser Grundlage ein Forschungsprojekt auf einer der ›Bewahr‹-Stationen! Ich mache mit! Ich bringe es in Gang!« (Ich hatte keine Ahnung, wie ich diese Veränderungen *erreichen* sollte. Ich hatte sie in mir selbst vollzogen – beziehungsweise mein Prozeß hatte das getan –, aber wie man sie willentlich herbeiführen sollte, wußte ich nicht.) Ich glaube, es ist leicht zu erkennen, warum meine Tätigkeit im Krankenhaus für beide Seiten, für mich und meine Kolleginnen und Kollegen, zu einer Belastung wurde. Ich war nicht mehr einfach ein Rädchen in einer Maschinerie, die daran gewöhnt war, in ihren eingefahrenen Bahnen zu laufen. Beide Seiten konnten kaum erwarten, »Anne in der Community-Arbeit einzusetzen«.

Inzwischen habe ich gelernt: Wenn ich versuche, meinen eigenen Prozeß anzuhalten, zu blockieren oder zu ignorieren, werde ich gewöhnlich krank, oder ich bekomme einen ordentlichen Schlag verpaßt – oder beides. Diesmal bekam ich durch eine Krankheit meinen Hieb. Ich saß in einer internen Konferenz und dachte an meinen rosa-chartreusegrün-schwarz-gemusterten Strumpfhaltergürtel (damals trugen wir so etwas, und eine Art, diese endlosen Konferenzen zu überstehen war, dazusitzen und mir zu sagen: »Ich trage einen rosa-chartreuse-grün-schwarz-gemusterten Strumpfhaltergürtel, und niemand weiß es.«). Plötzlich fühlte ich einen stechenden Schmerz im Unterbauch. Normalerweise war ich ein erstaunlich gesunder Mensch, aber das hier tat wirklich weh. Ich ging dann am nächsten Tag zum Arzt, und seiner Meinung nach hatte ich einen Riß im Dickdarm. Ich war entsetzt. Wie konnte mein Körper mir das antun! Ich hatte Streß im Beruf, hatte gerade eine streßbeladene Ehe hinter mir gelassen, mußte zwei kleine Kinder versorgen, lebte mit einem Mann in »wilder Ehe« in einem anständigen Wohnviertel in St. Louis, ging durch meine Wutphase und engagierte mich immer noch in der Bürgerrechtsbewegung. Warum mußte mein Körper gerade jetzt Schwierigkeiten machen?

Ich ging nach Haus und dachte darüber nach. Ich hatte einen Riß im Dickdarm, und durch diesen Riß sickerte die Scheiße in meinen gesamten Organismus. Ich war dabei, mich selbst zu bescheißen. (Ist Interpretation nicht etwas Tolles? In diesem Entwicklungsstadium *brauchte* ich diese Interpretation. Jetzt weiß ich, daß es einfach genug ist, auf meinen Körper zu hören und mir von ihm sagen zu lassen, was ich tun muß, und daß Interpretation zwar interessant, aber eigentlich bedeutungslos ist.) Am nächsten Tag reichte ich meine Kündigung ein.

Meine Frauen-Workshops liefen seit einiger Zeit sehr gut. Sie waren immer voll, und ich wurde immer häufiger aufgefordert, weitere Workshops abzuhalten. Außerdem meldeten sich viele Frauen bei mir zur Einzeltherapie an. Viele dieser Frauen hatten schon jahrelange Therapien hinter sich, und in den Workshops erzählten sie, was sie in ihren Therapiesituationen erlebten und daß sie nicht mehr weiter wußten. Es gab keine »feministischen« Therapeutinnen. Ich versuchte zumindest, eine Theorie darüber zu entwickeln, was mit Frauen vor sich ging, und ich arbeitete an meinen eigenen Problemen. Das erschien ihnen besser.

Manche dieser Frauen hatten mit Therapeuten gearbeitet, die ihnen anfangs geholfen hatten, die ihnen, ihrem Gefühl nach, sogar das Leben gerettet hatten. Aber dann, als sie begannen, sich mit der Frage auseinanderzusetzen, was es bedeutet, in dieser Gesellschaft eine Frau zu sein, waren sie bei ihren Therapeuten gegen eine Wand aus Stahlbeton angerannt. Damals spürte ich intuitiv, daß die Probleme, mit denen diese Frauen in der Therapie kämpften, sich nicht nur inhaltlich auf das Frau-Sein in dieser Gesellschaft bezogen, sondern auch auf die Form, in der die Therapie verlief, darauf, wie der Therapieprozeß den Fortbestand des herrschenden Systems sicherte, selbst wenn das Gegenüber eine Therapeutin war, eine Frau, die sich speziell Frauenproblemen widmete. Jetzt sehe ich, was diese Problematik angeht, sehr viel klarer, und ich werde später genauer darauf eingehen.

In einem meiner Workshops sagte eine Frau etwas besonders Aufschlußreiches über dieses Problem. Sie erklärte, daß sie ihren Analytiker liebe und respektiere, daß er ihr »das Leben gerettet« habe, als sie in einer schweren Depression steckte (vermutlich half sie sich selbst), daß sie sich aber seit fünf (!) Jahren mit ihrer Therapie unwohl fühle, diese jedoch nicht abgebrochen habe, um den Analytiker nicht zu verletzen. (Es ist wichtig, daß wir uns um unsere Therapeuten kümmern.) Sie wolle auch gern daran glauben, daß er *entwicklungsfähig* sei. Sie sagte, irgendwie habe sie das Gefühl, daß die Form, in der die Therapie verlief, Teil des Problems sei, mit dem sie kämpfe. Sie lag auf der Couch, ohne ihren Analytiker anzusehen, und sprach über ihre Probleme, während er hinter ihr saß und sich distanziert und »objektiv« verhielt. Sie sagte, das alles sei eine Metapher für ihre Rolle in der Gesellschaft, für das, was sie immer hätte tun müssen, und sie sei nicht mehr bereit, weiterhin dabei mitzumachen. Da war etwas dran. Statt ihre Wahrnehmung gelten zu lassen und sie in der Verarbeitung ihrer Reaktion zu unterstützen, konzentrierte der Analytiker sich nur auf die Reaktion selbst und auf das, was er Übertragungsphänomene nannte (Gefühle, die aus alten Beziehungen stammten und die auf ihn projiziert wurden). Sie kam nicht weiter. Er weigerte sich, zu sehen, daß seine Ausbildung im Rahmen eines kranken, sexistischen Systems stattgefunden hatte, das auf dem Glauben aufbaute, die Arbeit an der »Übertragung« sei von zentraler Bedeutung. Sie bat mich, sie in Einzeltherapie zu nehmen, und nach nur zwei oder drei Sitzungen kamen wir beide zu der Überzeugung, daß sie keine Therapie mehr brauchte. Frauen wie diese strömten nur so in mein Leben hinein.

So begann ich mit Furcht und Zittern, privat als Psychotherapeutin zu praktizieren. Ich teilte mir Arbeitsräume mit einer Freundin, und bald hatte ich eine volle Praxis. Damals gab es in Missouri keine Zulassungsgesetze; ich war ausreichend versichert, und so fing ich an.

Zuerst hatte ich furchtbare Schwierigkeiten, Honorare zu verlangen, und stand unter einem unglaublichen Erfolgsdruck, weil die Leute mich direkt bezahlten. Ich weiß nicht, ob das auch für andere gilt, aber auf mich traf es jedenfalls zu. Mir wurde klar, wieviel freier ich mich gefühlt hatte, als ich für Institutionen arbeitete. Das Gehalt, das ich vom Krankenhaus bezog, erlaubte mir, keinen Leistungsdruck zu empfinden. Als ich auf mich selbst gestellt war, trat die durch meine Ausbildung antrainierte Einstellung, daß ich wissen sollte, was zu tun war, daß ich die Antworten parat haben und kluge, einsichtsvolle Anstöße geben sollte, ganz und gar in den Vordergrund. Obwohl ich echtes Interesse für meine Klientinnen aufbrachte, war ich auch von der Illusion beherrscht, daß meine fürsorgliche Aufmerksamkeit irgendwie bewirken würde, daß sie genasen. Das ging vermutlich auf die Grundmaxime meiner christlichen Erziehung zurück, daß es nur der Liebe bedarf und daß Liebe alles heilt. (In der Rückschau sehe ich, daß es da offenbar eine kleine Verwechslung zwischen meiner Liebe und der Liebe Gottes gab.) All das würde ich jetzt natürlich als von Beziehungssucht und Co-Abhängigkeit eingefärbt betrachten.

Jetzt komme ich auf die beiden großen Entscheidungen zurück, die ich während dieser Zeit traf. Erstens entschloß ich mich, nichts zu tun, das mich nicht innerlich berührte. Ich würde kein Vortragsangebot annehmen, keinen Workshop abhalten, mit keiner Klientin und keinem Klienten arbeiten, wenn ich nicht interessiert und innerlich beteiligt war. Wenn ich keine wichtige Verbindung mit einer Klientin oder einem Klienten spürte, verwies ich sie oder ihn an andere Therapeuten. (Die »Objektivität« verlor ihren Einfluß auf mich.) Außerdem wollte ich nichts für mein Ego aus Prestigegründen oder ausschließlich für Geld tun – soweit ich fähig war, meine Motive bewußt wahrzunehmen und sie mir klar vor Augen zu führen. Wenn ich mir über etwas im unklaren war, wartete ich mit meiner Entscheidung oder lehnte das Arbeitsangebot ab. Ich arbeite immer noch aus dieser inneren Einstellung heraus, und sie hat mir gute Dienste geleistet. Für mich hat das etwas mit dem »richtigen Leben« und mit Integrität zu tun. Damals erfüllte es mich natürlich mit großer Angst. Ich glaubte, meine Kinder und ich würden verhungern, und dennoch war es eine jener Entscheidungen, bei denen es um mein »Seelenheil« zu gehen schien. Aufgrund dieser Entscheidung dränge ich mich nirgends auf, gehe nur dorthin, wohin ich eingeladen werde, lasse mich nicht weiterempfehlen und habe nur Leute in meiner Kartei, die ausdrücklich darum gebeten haben, über meine Veranstaltungen informiert zu werden. Auch meine Bücher verkauften sich in erster Linie durch Mundpropaganda. Das war ein wichtiger Entschluß für mich. Wenn ich die Dinge tat, die mich innerlich berührten, machte ich sie natürlich gut, hatte immer reichlich zu tun und verdiente immer das Geld, das ich brauchte. Ich sehe das jetzt ähnlich wie die »Anziehung-statt-Werbung«-Philosophie des Zwölf-Schritte-Programms der Anonymen Alkoholiker.

Die andere Entscheidung war ähnlich schwierig. Inzwischen hatte ich Bob Schaef geheiratet, und wir arbeiteten beide ganztags. Einer meiner Wutausbrüche entzündete sich an diesem Problem. Ein College-Student wohnte bei uns, und eines Tages stand ich nach getaner Arbeit am Küchenausguß und schälte Karotten. Ich war müde, aber die Kinder hatten Hunger, und das Abendessen mußte gemacht werden. Ich schaute aus dem Fenster und sah, daß Bob und der College-Student im Garten spielten und sich entspannten. Wir hatten alle den ganzen Tag lang gearbeitet, und ich arbeitete immer noch. Ich ließ die Karotten und das Schälmesser in den Ausguß fallen, ging auf die Veranda hinaus und setzte mich auf die Schaukel (konnte dies der Beginn der Heilung von meinem Fürsorgesyndrom und meiner Beziehungssucht sein?). Einer nach dem anderen kam zu mir und fragte, wann das Abendessen fertig sei. »Wenn ihr helft, es herzurichten«, fauchte ich. Der Kommentar meines Mannes war: »Wenn du soviel Geld verdienst wie ich, übernehme ich fünfzig Prozent der Hausarbeit.« (Er hatte seinen Doktor in Psychologie, war Leiter der psychologischen Abteilung des staatlichen Krankenhauses und lehrte an der Universität.) Ich steckte das weg und merkte es mir, für zukünftigen Gebrauch. Wie dem auch sei, zurück zu meiner Entscheidung: Einmal war ich von der »Königlichen Kommission Ihrer Majestät zur Untersuchung des Status der Frau in Kanada« (ich liebte diesen Titel) zu einem Vortrag eingeladen. Ich sprach über Feminismus, Frauenrechte, die Botschaft und die Praxis und merkte plötzlich, daß ich die Botschaft, die ich verkündete, nicht praktizierte.

Ich hatte die Freiheit, keinen Job annehmen zu müssen, den ich nicht wollte, weil Bob es für seine Pflicht hielt, die Familie finanziell zu versorgen. Ich konnte über das, was er sich selbst auferlegte, nicht bestimmen, aber ich mußte auch nicht dazu beitragen. Als ich aus Kanada zurückkam, kündigte ich also an, daß ich von nun an gleichberechtigt sein würde. Ich würde die Hälfte der Kosten für unseren Haushalt übernehmen, selbst wenn ich dafür eine Arbeit tun mußte, die ich nicht mochte. Ich weiß, daß nicht jede Frau die Möglichkeit hat, sich so zu entscheiden, und für mich war die Entscheidung an diesem Punkt meiner Entwicklung sehr wichtig. Ich war mit Kleidern aus dem Stoff von Futtersäcken aufgewachsen; jetzt trug ich meinen Teil zur finanziellen

Versorgung der Familie bei, und ich tat es durch meine eigene berufliche Kompetenz. Ich mußte nie eine Arbeit tun, die ich verabscheute (wofür ich sehr dankbar bin), und ich war bereit, die Arbeit zu tun, die für meinen Gleichheitsstatus notwendig war. Ich habe mein Leben lang jede Arbeit getan, die getan werden mußte, ich teile Arbeit nicht in »Wert«-Kategorien ein und urteile nicht über ihr »Niveau«. Jetzt, da ich darüber nachdenke, scheint es mir wirklich so, daß ich an die Würde der Arbeit – jeder Arbeit – glaube. In der Entlohnung liegt die Ungerechtigkeit. Wie dem auch sei – ich habe nie eine Arbeit nur um des Verdienstes willen getan. Ich habe immer nur meine Arbeit gemacht. Das genügte mir.

Nur nebenbei muß ich unbedingt noch anfügen, daß ich mir zu dem Zeitpunkt, an dem ich mehr Geld verdiente als Bob, wirklich auf die Zunge beißen mußte, um ihm nicht zu sagen, er solle sich in die Küche scheren. Leider können wir immer nur verlieren, wenn wir auf dieses Suchtsystem reagieren. Wenn ich mich darauf einlasse, verliere ich. Wenn ich es bekämpfe, verliere ich. Wenn das System gewinnt, verliere ich. Wenn ich die Strategien des Systems übernehme und versuche, es mit seinen eigenen Waffen zu schlagen, verliere ich auch. Alles, was ich tun kann, ist, meinen eigenen Prozeß zu leben.

Nachdem meine psychotherapeutische Praxis angelaufen war, sprach ich weiterhin vor Frauengruppen, hielt Workshops ab, arbeitete als Beraterin für Organisationen und Unternehmen und konzentrierte mich auf Frauenfragen. Meine Wutphase dauerte etwa zwei Jahre, und während dieser Zeit verlor ich tatsächlich einige Dinge, die mir damals sehr wichtig waren. Meine Familie hielt zu mir, aber ich verlor einige Freunde, und ich büßte einige berufliche Kontakte ein. Als ich den Punkt erreichte, an dem ich entschlossen war, mir kein sexistisches Verhalten mehr bieten zu lassen (es ist ein Wunder, daß ich damals noch glaubte, Teil dieser professionellen Kultur bleiben zu können), machte ich eine traurige und schmerzliche Erfahrung mit den NTL. Man hatte mich aufgefordert, als leitende Mitarbeiterin bei einem Workshop über Persönlichkeitswachstum mitzuwirken. Ich war als einzige Frau für den Mitarbeiterstab ausgewählt worden, und mein Mann war Mitarbeiter ohne Leitungsfunktion. Die Möglichkeiten, die sich boten, reizten mich. (Heute wüßte ich es besser; ich würde mich nie in die Situation bringen, ohne die Unterstützung einer anderen Frau in einer Leitungsaufgabe mit meinem Mann in einer untergeordneten Funktion zusammenzuarbeiten, aber das sage ich jetzt, nach Jahren der Genesung von meinen Suchtmustern. Meine Krankheit der

Beziehungssucht drückte sich oft in der Form des »Damit-werde-ich-schon-fertig« aus.)

Der erste Planungstag für den Workshop verlief nicht gut. Einer der anderen leitenden Mitarbeiter ließ mich den ganzen Tag lang bei den Arbeitsbesprechungen nicht ein einziges Mal ausreden. Ich war völlig entgeistert. (Heute würde ich diesen Mann als ein Geschenk betrachten; ich würde schauen, was er in mir auslöst, meine Prozeßarbeit zu diesem Thema machen, und die Dinge dann mit ihm durchsprechen, wenn das für mich notwendig wäre oder wenn es mir der Zeit und der Mühe wert schiene.) An diesem Punkt war ich noch in meiner Wutphase. Beim Abendessen sorgte ich dafür, daß ich ihm gegenübersaß, und erklärte ihm mit der äußeren Gelassenheit einer Löwin, die zum Zuschlagen bereit ist, den Krieg. Ich sagte ihm, daß er mich während der Arbeitsbesprechung bei jedem Satz unterbrochen habe und daß dies zum letzten Mal geschehen sei. Ich sei nicht bereit, das hinzunehmen. Mit schweigender Wut fixierten wir uns über den Tisch hinweg, und der Rest des Mitarbeiterstabes verfiel in katatonische Starre. Erstaunlicherweise war der Workshop ein Erfolg, aber unter den Mitarbeitern herrschte das totale Chaos. Manche glaubten, sie müßten Partei ergreifen (ein deutliches Anzeichen für eine Suchtsituation), manche waren von Angst gebeutelt, andere verschwanden einfach. Einer der Berater des Mitarbeiterstabes, der mich wirklich mochte, lud mich zu einem Spaziergang ein und sagte: »Anne, kannst du nicht einfach versuchen, mich zu verführen? Ich meine, wir müssen gar nichts machen, aber ich weiß sonst einfach nicht, wie ich zu dir in Beziehung treten soll.« Ich sagte ihm, daß er wohl einige neue Formen lernen müsse, sich auf Frauen zu beziehen, und blieb bei meinem Kurs. Mein »Mentor« bei den NTL kam »auf einen Sprung vorbei« und teilte mir liebevoll mit, daß er die Situation verstehe und daß ich tun müsse, was ich nicht lassen könne. Wir bekamen sogar Besuch vom übergeordneten Verband der NTL – nichts änderte sich. Wie es oft in solchen Situationen geht, wurde das Problem dadurch gelöst, daß man die Frau eliminierte. Ich wurde von den NTL nie wieder zu einer Mitarbeit aufgefordert, und das war sehr, sehr schmerzlich für mich. Ich liebte die Arbeit mit den NTL. Ich liebte die Leute. Ich hatte etwas sehr Wichtiges verloren, und gleichzeitig fühlte ich, daß meine Seele noch intakt war.

Während dieser Zeit bekam mein Mann den Auftrag, in einer Stadt außerhalb von St. Louis eine psychiatrische Privatklinik aufzubauen. Die Gegend war ziemlich dicht bevölkert, aber es gab eigentlich keine Stellen, an die Menschen mit psychischen Problemen sich wenden konnten. Zwei ortsansässige Psychiater wollten also eine Einrichtung schaffen, in der sie Leute, die Langzeitbehandlung brauchten, unterbringen konnten. Mir erschien die ganze Angelegenheit etwas »windig« (wie bei einem Interessenkonflikt), aber schließlich war es Bob, der den Auftrag bekam, und nicht ich. Sie machten ihm ein Angebot, das er nicht ablehnen konnte; also verließ er das St. Louis State Hospital und begann mit den grundlegenden organisatorischen Arbeiten für den Aufbau der Einrichtung. Zu diesem Zeitpunkt gab es nur einen einzigen weiteren Mitarbeiter, einen Sozialarbeiter, der auch als Teilhaber an der Klinik beteiligt war. Offenbar sollte das Unternehmen wie eine große, glückliche Familie funktionieren.

Bob, der ein versierter Organisator war, gewann hervorragende Fachleute als Mitarbeiter. Sie hatten fast alle einen Doktortitel. Er fragte mich, ob ich bereit sei, eine halbe Stelle in der Abteilung für Kinder und Jugendliche zu übernehmen, wegen der vielen beruflichen Kontakte, über die ich durch meine Arbeit für staatliche Einrichtungen in Missouri und Illinois verfügte. Dies ist ein gutes Beispiel für Situationen, in denen meine Beziehungssucht entschieden aktiver war als mein gesunder Verstand. Ich wußte, daß mir die Konstellation nicht gefiel, und in meinem früheren Berufsumfeld hatte ich ziemlich negative Dinge über diese beiden Psychiater gehört, insbesondere über einen der beiden. Und ich wollte eine gute Ehefrau sein (ich wußte, daß dieser Job für Bob wichtig war; es war das erste Mal, daß er sich aus dem »System« herausgewagt hatte). Ich wußte, daß ich die Arbeit bewältigen und einige Kontakte einbringen konnte, ich würde nur Teilzeitarbeit machen, mein Mann brauchte mich, die Klienten brauchten mich, und ich würde schon damit fertig werden (die Kampfparole der Beziehungssüchtigen!) – also nahm ich die Stelle an.

Wieder war es so, daß ich mit der Arbeit gut zurechtkam. Ich hatte einige Erwachsene in Therapie, und ich führte diagnostische Tests durch. Unglücklicherweise erfuhr ich immer mehr über die Besitzer, je länger ich dort arbeitete. Ich sehnte mich danach, daß Bob fähig wäre, einfach seine Arbeit zu tun, statt sich in endlosen »Problemen« zu verzetteln. Dieses Vorgehen war mir völlig fremd und widersprach meiner Disposition. In der Klinik war es üblich, daß wir uns alle einmal im Monat zu einer Sitzung versammelten und anschließend auf Einladung eines der Eigentümer groß essen gingen, in einem der hervorragenden italienischen Restaurants der Stadt, das »Freunden« gehörte. Ich haßte diese Soireen und nahm dennoch daran teil.

Bei einer der Vorstandssitzungen diskutierten wir über einen Vertrag mit einer Behörde, die in einer nahegelegenen Stadt für einen fast ausschließlich von Farbigen bewohnten Bezirk zuständig war. Die von der Behörde angebotenen Bedingungen waren gut, und die Versammlung beschloß, den Vertrag abzuschließen. Da die Dinge in meinem Zuständigkeitsbereich lagen, wurde ich nach meiner Einschätzung gefragt. Ich fühlte mich für die Arbeit geeignet, meinte aber, daß wir, wenn wir in Zukunft mit einer größeren Zahl von Farbigen arbeiten würden, eine farbige Fachkraft einstellen sollten, denn sie – oder er – würde die Sache zweifellos besser machen. (Ich hatte mich damals bereits mit meinem Rassismus konfrontiert und mir war klar, daß ich zwar einfühlsam und solidarisch sein, aber nie wirklich wissen konnte, was es bedeutete, als Farbige oder Farbiger in dieser Gesellschaft zu leben.) Ich hatte einen schwarzen Kollegen, von dem ich wußte, daß er interessiert wäre. Die Eigentümer antworteten, die Einstellung eines schwarzen Mitarbeiters stehe »außerhalb jeder Diskussion«. Wir könnten gelegentlich farbige Jugendliche in der Klinik testen (obwohl man hoffte, ich würde den größten Teil dieser Arbeit in den Räumlichkeiten der überweisenden Behörde tun), aber es käme nicht in Frage, daß ein Schwarzer in der Klinik regelmäßig ein- und ausgehe, denn damit würde man die vorwiegend weiße Bevölkerung der Nachbarschaft vor den Kopf stoßen. Leider fing mein Mann meinen Blick auf, als mir vor Verblüffung der Mund offen stehenblieb, und signalisierte mir, still zu sein. Auf der Fahrt zum Restaurant bat er mich eindringlich, die Sache auf sich beruhen zu lassen und den Mund zu halten. Im Prinzip stimme er mit mir überein, aber er wisse, daß ich nicht sehr diplomatisch sei. Das war ich tatsächlich nie.

Nach einigen Monaten kamen einige der Patientinnen der Klinik zu mir in Therapie, denn damals war ich die einzige Frau im Mitarbeiterstab, und Bob verstand, daß es für diese Frauen wichtig war, von einer Therapeutin betreut zu werden. Die meisten dieser Fauen waren vorher von Psychiatern eingewiesen worden, und viele wurden mit Psychopharmaka behandelt. Als ich ihre Krankenberichte las, entdeckte ich allmählich, daß viele (zu viele) während ihres Aufenthalts in der Psychiatrie einmal oder mehrmals eine Serie von Elektroschockbehandlungen erhalten hatten – unabhängig von ihrer Diagnose. Ich konnte nicht fassen, was ich da las (und wollte es nicht glauben). Kurz nach dieser Entdeckung fand eine unserer monatlichen Sitzungen statt. Beim anschließenden Essen fragten einige Mitarbeiter mich nach meinen »Studien« über Frauen, Frauen in Therapie und feministische Therapie, denn ich bereitete eine Veröffentlichung für die APA (American

Psychological Association) vor. Wegen meines entschiedenen Engagements für dieses Thema bekam ich von meinen Kollegen einiges an »liebevoller Neckerei« ab.

Dann entspann sich eine Diskussion über einige der interessanten Fakten, die ich zusammentrug, und plötzlich drehte einer der Psychiater durch. Er stand auf, hämmerte mit einem Löffel auf den Tisch ein und brüllte, alle Frauen seien Schlampen, genau wie seine Ex-Frau, die ihn nach der Scheidung finanziell fast ruiniert habe; Frauen verdienten, was immer ihnen zugefügt würde. Ich wußte, daß er getrunken hatte, aber ich erinnerte mich auch an die Krankenblätter all der Frauen, die mit Elektroschocks »behandelt« worden waren. In diesem Augenblick hatte ich einen dieser ungewöhnlichen Geistesblitze: Ich erinnerte mich an mein Psychodrama-Training und an die Gefühle, die in mir ausgelöst wurden, wenn jemand auf einem Stuhl stand und auf mich herabschaute. Der Psychiater war von kleiner Statur, ich hatte Schuhe mit sehr hohen Absätzen an – also stand ich auf und zitierte, auf ihn herunterblickend, mit ruhiger Stimme aus den Statistiken, die ich gelesen hatte. Jetzt drehte er vollends durch. Er warf mich auf der Stelle hinaus und verbot mir das Betreten der Klinik, nicht einmal, um die Behandlung meiner Klienten abzuschließen. Ich schaute tapfer und zuversichtlich drein, aber mir wurde schlecht, und ich fühlte mich zittrig. Einen Augenblick lang herrschte Totenstille, und dann stand Bob Schaef auf, und sagte, er kündige ebenfalls, und seine Frau *würde* die Klinik betreten, um die Dinge mit ihren Klienten zu regeln. Als nächstes standen alle Mitarbeiter auf, einer nach dem anderen, und sprachen ihre Kündigung aus, mit Ausnahme des Sozialarbeiters, der Miteigentümer der Klinik war. Ich war so stolz auf Bob wie nie zuvor in meinem Leben. Er war keine Kämpfernatur, aber in diesem Augenblick bewies er Zivilcourage.

Während ich noch mit mir kämpfte, ob ich die Unannehmlichkeiten einer Anzeige wegen ethischer Verfehlungen gegen diesen Psychiater auf mich nehmen sollte, hörte ich, daß er eine Art »Nervenzusammenbruch« gehabt hatte und für längere Zeit nicht praktizieren würde. Ich hatte genug mit meinen eigenen Problemen zu tun und ging der Sache nicht weiter nach. Wir hatten zwei Kinder, wir hatten gerade den Kaufvertrag für ein neues Haus unterzeichnet, und unser Einkommen hatte sich plötzlich um zwei Drittel verringert. Uns stand, wie es schien, eine ungewöhnliche Möglichkeit offen. Wir konnten wählen, wo wir leben und was wir tun wollten.

Ich hatte immer noch meine private Praxis. Die Institutionen, die mit der Privatklinik zusammengearbeitet hatten, waren durch mich zu dieser Verbindung gekommen und wollten meine Mitarbeit. In meinem Vertrag gab es keine Klausel, die mir untersagte, meine Klienten mitzunehmen, also dachte ich, wir würden es schon schaffen. Wir fuhren zur APA-Tagung, Bob arbeitslos, ich gefeuert, und verbrachten dort eine wundervolle Zeit. Wieder hatte ich meiner Intuition nicht vertraut, war nicht meinem eigenen Prozeß gefolgt und mußte die überaus unerfreulichen Konsequenzen tragen. Es war mir peinlich, zu sagen, daß ich gefeuert worden war, aber in feministischen Zirkeln war das zu jener Zeit nicht ungewöhnlich. Ich war das System allmählich wirklich leid.

Bob war zwölf Jahre älter als ich, er hatte sein Leben lang gearbeitet und nie ein Urlaubssemester genommen. Ich schlug vor, daß ich die Familie ernähren würde, daß wir versuchen sollten, alle alten Schulden zu bezahlen, und daß wir das Jahr darauf verwenden sollten, uns darüber klarzuwerden, was wir weiter tun wollten. Er konnte in verschiedenen Landesteilen umherreisen und sich nach neuen Möglichkeiten umsehen. Wir ließen Berufskollegen im ganzen Land, mit denen wir in Kontakt standen, von unserer Suche wissen, und Bob stellte eine seiner berühmten Tabellen auf. Wir bezogen alle denkbaren Variablen ein, von den klimatischen Bedingungen und Wohnmöglichkeiten über Schulen bis zu beruflichen Kontakten. Er hatte das Bedürfnis, irgendwo hinzugehen, wo er ein passendes berufliches Umfeld fand, und ich hatte das Gefühl, meine Arbeit überall tun zu können, also war ich damit einverstanden.

Ich war traurig bei dem Gedanken, meinen Freundeskreis und meine Praxis in St. Louis aufzugeben, aber ich war immer der Meinung, daß man Lebensentscheidungen nicht nach dem Zufallsprinzip treffen sollte. Wir hatten nicht wirklich die aktive Wahl getroffen, dort zu sein, wo wir waren. Es hatte uns einfach dorthin verschlagen. Ich habe durchaus Vertrauen in den Prozeß, und ich weiß, daß »dem Prozeß vertrauen« auch heißt, aktive Entscheidungen über unser Leben zu treffen. Wir mußten die Möglichkeiten ausloten und auf das vertrauen, was richtig für uns war. Das Glück kam uns zu Hilfe; wir konnten ohne Schwierigkeiten von dem Vertrag über unser neues Haus zurücktreten und verloren nicht einmal die Kaution. Also waren wir frei, zu gehen. Nach langen Überlegungen entschlossen wir uns, nach Colorado zu ziehen. Wenn wir uns in Colorado niedergelassen hatten, wollte ich mein Ferienjahr nehmen. Dazu kam es nie.

Kurz nach unserem Umzug nach Colorado erhielt ich einen Anruf von einer meiner früheren Klientinnen, deren Mann Selbstmord begangen hatte. Heute ist mir klar, daß er ein Sexsüchtiger war (damals wußte ich allerdings nichts über diese Dinge), und sie steckte in bezug auf ihn zweifellos in einer Beziehungssucht. Ein Teil ihrer gemeinsamen Krankheit war – auf seiner Seite –, daß er sexuell eindeutige Fotos von ihr machte. In sadistischer Weise hatte er seinen Sterbeprozeß für sie sorgfältig auf ein Tonband aufgezeichnet, und die besagten Fotos hatte er versteckt. Sie war durch seinen Selbstmord völlig vernichtet und brauchte Hilfe. In der Arbeit mit Frauen hatte ich die ganz und gar unübliche Praxis entwickelt, die Klientinnen im Warteraum miteinander bekanntzumachen und sie sogar dazu anzuregen, sich kennenzulernen und ein unterstützendes Netzwerk aufzubauen. Diese spezielle Klientin hatte an Gruppen-Workshops teilgenommen, also fragte ich sie, ob ich das Netzwerk (die Gemeinschaft) aktivieren solle. Sie stieß einen Seufzer der Erleichterung aus, und ich griff zum Telefon. In weniger als zwei Stunden war eine Gruppe von Frauen bei ihr, und sie bekam die kontinuierliche Unterstützung von Frauen, bis die gesamte Wohnung durchsucht und aufgeräumt und alles Belastende beseitigt war. Die Gemeinschaft, die ich zurückgelassen hatte, war auf meine Initiative hin entstanden, aber sie brauchte mich nicht, um zu funktionieren. Ich war erleichtert, ersetzbar zu sein. Als ich über den Anruf nachdachte, wurde mir klar, daß ich seit geraumer Zeit den Boden für eine gemeinschaftsorientierte Arbeit bereitet hatte.

Nach ein paar Monaten in Colorado wurde deutlich, daß es in unserer Ehe kriselte, und ich sagte mir, daß ich besser wieder zu meiner Arbeit zurückkehren sollte, um mich und meine Familie versorgen zu können. Ich liebte es, dort oben in den Bergen zu Haus zu bleiben, Zeit für meine Kinder zu haben und zu tun, was ich wollte und wann ich es wollte. Es war das erste Mal seit meiner Kindheit, daß ich nicht arbeitete, und ich fand es wundervoll. Ich hatte in Colorado keine Zulassung als Therapeutin, also traf ich mich mit dem Leiter der Colorado Psychological Association, um herauszufinden, welche Möglichkeiten mir offenstanden. Ich muß sagen, daß ich nicht allzusehr darauf erpicht war, wieder in einer Institution zu arbeiten, wenn ich es vermeiden konnte.

Der Präsident der Colorado Psychological Association erklärte mir sehr liebenswürdig, ich hätte eine bessere Ausbildung und mehr Erfahrung als die meisten Psychologinnen und Psychologen, die in Colorado praktizierten, und mein Ruf sei exzellent, aber ohne Promotion gäbe es für mich in diesem Bundesstaat keine Möglichkeit, als Psychologin tätig zu werden. Ich konnte es nicht fassen. In Missouri konnte ich die Zulassung aufgrund meiner langjährigen Berufspraxis auf »halboffiziellem« Wege bekommen, aber das war in Colorado nicht möglich. Wir diskutierten sogar darüber, nach Missouri zurückzuziehen, meine Zulassung zu »organisieren« und meine Lizenz dann in Colorado übertragen zu lassen. Aber auch das war nicht möglich. Es gab keinen Weg für mich, den Beruf auszuüben, in dem ich zu diesem Zeitpunkt seit fünfzehn Jahren arbeitete und in dem ich mit Sicherheit gut war. Allerdings konnte ich, wie der Präsident sagte, unter Bobs Lizenz und Supervision arbeiten, wenn Bob bereit sei, die Verantwortung zu übernehmen und wenn ich auf die Berufsbezeichnung »Psychologin« verzichtete. Ich war fünfzehn Jahre lang »Psychologin« gewesen, hatte alle Promotionsvoraussetzungen erfüllt, außer der Dissertation, und konnte beim besten Willen nicht begreifen, wie eine Dissertation mich zu einer besseren Psychotherapeutin machen sollte – aber ich konnte nicht mehr Psychologin sein.

An diesem Punkt meiner Entwicklung definierte ich mich ohnehin als feministische Therapeutin, also erschien es mir nicht so wichtig, ob ich mich nun Psychologin nennen durfte oder nicht. Bob stimmte zu, mir aus versicherungstechnischen Gründen Rückendeckung zu geben; also begann ich, Klientinnen anzunehmen, wurde Mitarbeiterin des Evergreen Institute (Denvers Version von Esalen) und hielt gemeinsam mit Bob Gruppen ab. Bald hatte ich eine volle Praxis.

Schwierige Jahre

Anfangs, als ich in Colorado ankam, bemühte ich mich darum, die Art von wechselseitiger kollegialer Unterstützung im Berufsumfeld zu etablieren, die ich in Missouri und New York gehabt hatte. Das war mir an diesem Ort nie möglich. Es kann durchaus etwas mit dem Punkt, an dem ich in meinem Leben bin, zu tun haben, aber statt kollegialer Unterstützung fand ich hier Rivalität, üble Nachrede, Verleumdung und Angriffe. Im Lauf der letzten achtzehn Jahre habe ich gelernt, in Colorado keine berufliche Solidarität zu erwarten (und habe auch keine bekommen). Diese Wendung der Ereignisse war ein Schock und eine Quelle fortgesetzten Leidens für mich. Es stimmt mich traurig, daß ich mich anderswo nach Unterstützung und Anregung umsehen mußte. Von Zeit zu Zeit wage ich mich vor und versuche, innerhalb des beruflichen Umfelds neue Bereiche der Kooperation und des wechselseitigen Beistands zu finden, aber ich wurde wegen meiner abweichenden theoretischen Positionen so oft angegriffen, daß ich inzwischen übervorsichtig bin.

Beim Nachdenken über diese schmerzliche Zurückweisung durch die berufliche Gemeinschaft in Colorado und meine Unfähigkeit, Leute zu finden, mit denen ich beruflich in Beziehung treten könnte, wurden mir auf mehreren Ebenen Dinge klar. Zunächst sind da der Schmerz und die Traurigkeit. In Missouri setzte sich unser Freundeskreis aus Kolleginnen und Kollegen zusammen, und unser soziales Leben spielte sich fast ausschließlich im beruflichen Umfeld ab. Wir verbrachten Stunden damit, uns über neue Ansätze, Techniken und Theorien zu unterhalten. Ich konnte diese Art von Beziehungen in Colorado nicht finden, und diese Erfahrung war isolierend und schmerzhaft. Nicht nur, daß ich keine Unterstützung fand – häufig wurde ich in bösartiger Weise angegriffen, und mir war oft nicht klar, wo die wirklichen Gründe lagen, die hinter diesen Attacken standen. Ich habe immer viel Schmerz über diese Zurückweisung empfunden. Aber während ich dieses Buch schrieb, fragte ich mich, ob ich die Bewußtheit und den Mut entwickelt hätte, das Feld der Psychotherapie, in dem ich ausgebildet wurde, hinter mir zu lassen und darüber hinauszugehen, wenn die berufliche Gemeinschaft in Colorado mich an ihr Herz gedrückt hätte. Wenn ich nicht gezwungen gewesen wäre, ein anderes unterstützendes Umfeld zu finden (die radikalen Feministinnen) – hätte ich dann das Bedürfnis und die Kraft gehabt, mich gegen alles zu stellen, was mir in meiner Ausbildung als Psychotherapeutin vermittelt wurde? Ich weiß es nicht. Darüber später mehr.

Ich erwartete, in Colorado dieselbe Art von feministischer Unterstützung zu finden, die ich in Missouri genossen hatte. Feministische Therapie war für mich zu einer Lebensform geworden, und ich lechzte danach, wieder Netzwerke aufzubauen. Vielleicht lernte ich einige Leute einfach nicht kennen, aber ich machte die Erfahrung, daß feministische Therapie, wenn ich sie erwähnte, für die meisten Leute in Colorado eine völlig neue Vorstellung war. Folglich wurde ich oft gebeten, über dieses Thema zu sprechen, und bekam Anrufe und Anfragen von Frauen aus der feministischen Gemeinschaft. Die berufliche Gemeinschaft zeigte dagegen erstaunliche Zurückhaltung. Auf der Basisebene wurde ich als »Anlaufperson« für die feministische, die lesbische und die homosexuelle Szene bekannt, und meine Praxis bewegte sich in diese Richtung. Ich hielt auch weiterhin überall in den USA und in

Kanada Vorträge, leitete Workshops und hielt mich auf dem laufenden, was neue Entwicklungen in verschiedenen Landesteilen anging. Manche Gemeinde- und Universitätspfarrer luden mich ein, Beratungsaufgaben zu übernehmen, aber im Vergleich zu meiner Arbeit in Missouri fühlte ich mich auf der beruflichen Ebene einsam.

Im Rahmen meiner Mitarbeit am Evergreen Institute konnte ich Encounter-Gruppen und Workshops zum Persönlichkeitswachstum abhalten; so blieb ich mit dem Human Potential Movement und der humanistischen Psychologie in Verbindung, aber generell fing ich an, mich mit dem, was ich jetzt als »technikorientierte Ansätze« bezeichnen würde, zu langweilen.

Aufgrund der Ideen und Theorien, die ich in meinen Diskussionsveranstaltungen und Workshops entwickelte, bekam ich viele Anfragen von Leuten, die sich von mir ausbilden lassen und bei mir lernen wollten. Diese Anfragen waren schmeichelhaft, verwirrend und frustrierend. Es war schön, daß Leute von mir lernen wollten, aber ich konnte mir nicht vorstellen, was sie lernen wollten. Ich hatte keine Ahnung, wie ich es anstellen sollte, diese Bedürfnisse zu befriedigen.

An irgendeinem Punkt in diesem Prozeß ging meine Ehe zu Ende. Als ich meinen Mann heiratete, wußte ich, daß er viele Affären gehabt hatte und daß ich seine vierte Frau war. Er lag immer im Kampf mit sich selbst, und tief in sich drin war er ein wundervoller Mensch. Später sagte er mir, er habe gewußt, ich würde nie zulassen, daß er mich zerstörte, wie es seiner Meinung nach bei seinen anderen Ehefrauen geschehen war. Ich wußte das auch. Mit ihm steckte ich jedoch tief in meiner Beziehungssucht, und ich glaube jetzt, daß ich durch meine Ausbildung zur Beziehungssucht erzogen wurde. Ich glaubte, »Dranbleiben« sei Liebe, und ich glaubte, als gute Therapeutin müsse ich immer für Klientinnen und Klienten da sein. In der Rückschau scheint mir, daß ich glaubte, wenn meine Klientinnen und Klienten (und mein Mann) nur eine Person hätten, die immer verfügbar war, auf die sie zählen konnten und die sie liebte, würden sie genesen. Zweifellos hatte meine Ausbildung mir das vermittelt, und ich war gewissenhaft und liebevoll. (Inzwischen habe ich erkannt, wie arrogant und egozentrisch dieser Ansatz ist. Menschen können sich nur selbst heilen.) Außerdem bemerkte ich nicht, daß ich eine den helfenden Berufen innewohnende Suchtkrankheit praktizierte. Glücklicherweise (oder unglücklicherweise) war ich eine »gute Therapeutin«. Jetzt glaube ich, daß eine »gute Therapeutin« sein im traditionellen Sinn bedeutet, eine Krankheit zu praktizieren.

Obwohl Bob und ich gerade übereinkamen, uns zu trennen, beschlossen wir, gemeinsam zur APA-Tagung nach Hawaii zu fahren und unsere Kinder mitzunehmen, denn wir hatten die Reise bereits bezahlt. Das war nicht meine erste Reise in einem von Psychologen gecharterten Flugzeug, aber es war sicherlich meine letzte. Ich hatte nie in meinem Leben ein peinlicheres Erlebnis. Diese hochgeschätzten Heiler und Helfer stritten sich, brüllten herum, betranken sich, schlugen aufeinander ein und benahmen sich überhaupt so unmöglich, daß ich mich schämte, Mitglied der Gruppe zu sein. Auf der Tagung gab es jedoch keinen Beitrag über Alkoholismus oder andere Formen von Abhängigkeit. Die Vortragenden schwelgten in »wissenschaftlichen Forschungsprojekten«, »Persönlichkeitswachstum« und neuartigen »Techniken«. Auf dem Rückflug von Hawaii schloß Bob sich denjenigen an, die sich bis zur Besinnungslosigkeit betranken. Wir mußten einen Polizisten rufen, der ihn in Schach hielt, so daß wir den Flughafen verlassen konnten, und die Kinder und ich verbrachten die Nacht bei einer Freundin. In dieser Nacht zerschlug Bob die Haustür, meinen Schreibtisch und mein Auto mit einer Axt. Sein Psychiater sagte, er habe einen Anfall infantiler Wut gehabt, wie ein Baby, dem die Flasche weggenommen worden ist – soviel zu psychodynamischen Interpretationen alkoholbedingter Wutausbrüche. Niemand schien zu bemerken, daß er betrunken war. Niemanden schien es zu interessieren, daß er eine fortschreitende, tödliche Krankheit hatte, die ins chronische Stadium getreten war. Einige Wochen später begann ich, einige Mosaiksteine zusammenzusetzen, und da ich in meiner Ausbildung Alkoholismus als »organisches« (medizinisches) Problem kennengelernt hatte, bemerkte ich, daß Bob erhebliche Schwierigkeiten mit seinem Erinnerungsvermögen zu haben schien. Wenn er nicht vorzeitig senil wurde (was unwahrscheinlich erschien), konnte es sein, daß er Alkoholiker war. Ich bat ihn, mich zu einem Termin bei seinem Psychiater mitzunehmen, worin er gleich einwilligte, und trug meine Theorie vor, daß Bob möglicherweise Alkoholiker sei (die typische Intervention einer Beziehungssüchtigen, aber zumindest war es eine Intervention). Sein Psychiater wandte sich ihm zu und sagte: »Bob, trinkst du zuviel?« (Dracula, magst du Blut?) Und natürlich sagte Bob: »Nein, ich glaube nicht.« (Wenn er nachts mit dem Auto nach Haus fuhr, hatte er gewöhnlich einen Kaffeebecher in der Hand. In meinem naiven Verleugnungszustand dachte ich, es sei Kaffee. Es war Wodka.) Dann machte sein Psychiater einen klassischen Vorschlag: »Also, Bob, laß die Sauferei vier Wochen oder zwei Monate lang, und wenn du das kannst, wissen wir, daß du kein Alkoholiker bist.« Damit war der Fall erledigt. Ich glaube, die Möglichkeit bestand, daß Bob sich einer Behandlung unterzogen hätte, und vielleicht hätte unsere Familie sogar eine Chance gehabt, wenn Bobs Alkoholismus an diesem Punkt klar benannt worden wäre. Wir werden es nie wissen. Die Erfahrung der Genesung blieb ihm versagt.

Hier spricht nicht die »heilige« Anne, die mit dem Finger auf andere zeigt. Ich bin traurig darüber, daß es so ablief. Ich weiß, daß ich zu eben dieser Zeit viele Leute in Therapie hatte, die unter den verschiedensten Formen von Suchterkrankungen litten, und auch ich wußte nicht genug, um sie zu benennen. Ich arbeitete weiterhin in meiner privaten Praxis und setzte meine Forschungsarbeit über Frauen fort. Mit der Hälfte unseres früheren Einkommens mußte ich dieselben Kosten tragen, abgesehen von einer Person weniger bei Tisch und einem Auto weniger. Ich hatte gesehen, wie wütend, verbittert und bösartig Bobs vorherige Ehefrau geworden war, als er seinen Unterhalt für die Kinder nicht bezahlte, und ich wollte mir das nicht antun. Ich konnte es auch allein schaffen. Außerdem war ich in jedem Fall in einer Verlierersituation. Zumindest hatte ich soviel Selbstachtung, daß ich nicht den Wunsch empfand, ihn zu schikanieren, zumal ich wußte, daß es ohnehin zu nichts führen würde.

Ich blieb dort oben in den Bergen wohnen und ernährte meine Familie. Eine ehemalige Nonne, die »Abstand« brauchte, zog zu mir und half bei der Kinderbetreuung, und wir lebten in den Bergen, bis die Brücke weggespült wurde und die Straße weggeschwemmt wurde und wir meilenweit laufen mußten, um den nächsten Ort zu erreichen.

Wie es sich für eine gute Beziehungssüchtige gehört, meldete ich mich von Zeit zu Zeit bei Bob, um zu hören, ob es ihm gutginge – das heißt, um herauszufinden, ob er »wieder in Ordnung« wäre, so daß wir unsere Beziehung fortsetzen konnten.

An einem Wochenende hatten Bob und ich beschlossen, etwas Zeit miteinander zu verbringen, um zu sehen, ob es »gut ginge«. Wir waren entspannt und kamen einander wirklich nahe. Wir empfanden beide den Wunsch, häufiger zusammenzusein, aber er hatte versprochen, mit dem Sohn seiner neuen Freundin angeln zu gehen. Da auf unserem Grundstück ein Teich war, in dem Bob Fische ausgesetzt hatte, und da wir so gut miteinander auskamen, fragte er, ob er die beiden nicht einfach herbringen dürfe, und später würde er sie nach Haus fahren und dann zurückkommen. Als gute Beziehungssüchtige sagte ich natürlich ja. Ich konnte damit umgehen. Ich ging sogar zum Teich hinunter, aß etwas mit ihnen und bot ihnen an, ins Haus zu kommen, falls sie die Toilette benutzen wollten. Später kam Bob herauf und fragte, ob ich sie nicht im Jeep bis zur Straße fahren könne; sie waren müde und hätten sonst laufen müssen, weil die Brücke zusammengebrochen war. Natürlich sagte ich: »Aber klar«. Als ich mit dem Jeep am Teich ankam, bemerkte ich, daß Bobs Freundin einen kleinen Jadeanhänger an einer Kette um den Hals trug. Nun würde das für die meisten Leute sicherlich nicht viel bedeuten, aber für mich bedeutete es spontane Wut. Bob und ich hatten uns gemeinsam mit Jade beschäftigt und viel über ihre spirituelle und symbolische Bedeutung im Fernen Osten erfahren. Zu Anfang unserer Beziehung hatten wir einige Stücke gekauft, die wir zu einem günstigen Preis erwerben konnten, und wir hielten immer Ausschau nach kleinen Jadekunstwerken, um sie einander zu besonderen Anlässen zu schenken. Im romantischen Sinn war Jade das Symbol unserer Beziehung. Zweifellos war dieser Jadeanhänger ein Geschenk von Bob, und offensichtlich wollte sie, daß ich ihn sah. Ich kochte vor Wut.

Die Situation spitzte sich weiter zu, denn da ich einen einfachen CJ5-Jeep hatte, verfrachteten wir die Kinder nach hinten, und weil ich am Steuer saß, kuschelten Bob und seine Freundin sich auf dem Beifahrersitz zusammen. Und wie sie kuschelten! Wie jede gute Beziehungssüchtige, die sich nach Kräften überfordert hat, erreichte ich meine Grenzen. Als sie dabei waren, aus dem Auto auszusteigen, streckte ich ruhig meinen Arm aus, schnappte den Jadeanhänger, riß das Kettchen ab und warf das Schmuckstück in die Büsche. Dann fuhr ich ein Stück vor, wendete den Jeep und gab Gas. Sie standen mitten auf der Straße und brüllten hinter mir her, daß ich völlig verrückt sei. Ich bin froh, daß sie beiseite sprangen, als ich mit Vollgas losbrauste. Ich erzähle diese Geschichte nicht, um damit anzugeben. Ich erzähle sie, um zu demonstrieren, wie verrückt ich in meiner Krankheit geworden war, und um zu zeigen, daß ein beziehungssüchtiger Mensch genauso von Sinnen sein kann wie ein Alkoholiker. Es ist dieselbe Krankheit.

Als ich zum Haus zurückkam, fühlte ich mich verrückt und beschämt. Wie dumm ich war! Wie ich mich zum Narren gemacht hatte! Ich fiel in meinem Schlafzimmer auf die Knie und schluchzte und stöhnte. Meine Freundin kam herein und setzte sich zu mir, und ich ging durch den ersten Tiefenprozeß, den ich als solchen erkenne. Ich ging einfach in den Schmerz und die Schamgefühle hinein, die sich dann zu Ärger und Wut wandelten, und auch diese Gefühle ließ ich zu. In diesem Augenblick wurde ich von meinem Tiefenprozeß geleitet;

nicht ich hatte die Führung. Ich schrie meinen Schmerz und meine Frustration heraus, und mein Körper krümmte sich und zuckte unter der Intensität der Empfindungen. Plötzlich fing ich an zu lachen. Ich rollte auf dem Boden hin und her und lachte in einer Weise, die manche Leute als hysterisch bezeichnen würden. Ich konnte nicht aufhören. Darauf folgte eine große Ruhe, und ich fühlte mich wundervoll. Meine letzte Wahrnehmung (die mich so zum Lachen brachte) war die Erkenntnis, daß ich ihnen den Abend verdorben hatte. Bob war nicht bei mir, aber ich konnte sicher sein, daß sie über mich *redeten*. Das erschien mir in diesem Augenblick sehr komisch. Der Inhalt des Tiefenprozesses war nicht wirklich so wichtig. Aber ihn auf einer so tiefen Ebene zu erfahren und ihm zu vertrauen, war von unermeßlicher Bedeutung. Die wichtigste Lektion, die ich auf intellektuellem Wege nicht in einer Million Jahren »ausgetüftelt« hätte und die für die Tiefenprozeß-Arbeit typisch ist, war, daß die Tür, die in den Tiefenprozeß hineinführte, nichts oder wenig mit dem zu tun hatte, worum es in dem Tiefenprozeß ging. Ich begann mit dem Schmerz, der Wut und der Scham über diesen Nachmittag, aber in meinem Tiefenprozeß ging es in Wahrheit um meine Angst, verrückt zu sein. Nachdem ich diesen Tiefenprozeß durchlaufen hatte, spürte ich irgendwo, daß ich in die Verrücktheit hinein und wieder herausgekommen war und daß ich mir darum keine Sorgen mehr zu machen brauchte, was ich seitdem auch nicht mehr tat.

Neue Richtungen

Ich erwähnte zuvor, daß ich Anfragen von Leuten bekam, die sich bei mir ausbilden lassen und von mir lernen wollten. Also bot ich ein Seminar an, das ich im Souterrain unseres Hauses in Boulder abhielt, und vermittelte, was ich über Weibliche Realität, das Reaktive Weibliche System, das System des Weißen Mannes, das Entstehende Weibliche System und feministische Therapie wußte. Ich verlangte eine geringe Teilnahmegebühr, und dieses Geld ging auf ein Sonderkonto, um eventuell für eine Art Institut für feministische Therapie oder eine andere Alternative zur traditionellen Therapie, wie wir sie kannten, verwendet zu werden.

Diese Entscheidung stürzte mich in eine der spannungsvollsten und traumatischsten Phasen meines Lebens. An dem Seminar nahmen Therapeutinnen, Beraterinnen, Klientinnen, Studentinnen, Feministinnen,

»Heteros«, Lesbierinnen und interessierte Laien teil (manche gehörten mehreren dieser Kategorien an). Daß es solche Seminare gab, wurde durch Mundpropaganda verbreitet (meine alte Erfahrung aus der psychologischen Community-Arbeit), und so kamen etwa fünfzig Frauen zu den Veranstaltungen in meinem Souterrain, um die Ideen zu hören, die ich zusammengetragen hatte, und um ihre eigenen Ideen beizusteuern. Jede Woche kamen neue Leute dazu. Genau wie vorher in Illinois bildeten die Feministinnen in Denver/Boulder zu diesem Zeitpunkt nur eine kleine Gemeinschaft; einige wenige Leute übernahmen eine Vielzahl von Rollen, und was wir taten, löste eine Menge Aufregung und Spannung aus. Ich war immer eine »Basis-Person«, und mir gefiel diese bunte Mischung aus Leuten, die in helfenden Berufen arbeiteten, solchen, die diese Hilfen in Anspruch nahmen, interessierten Laien und engagierten Feministinnen.

Eine für den Teilnehmerkreis dieses Seminars repräsentative Auswahl an Leuten stellte sich zur Verfügung, Ideen für den Aufbau eines feministischen Instituts als Alternative zur traditionellen Therapie zu entwickeln. Aufgrund der Erfahrungen vieler Teilnehmerinnen der Gruppe war klar, daß die Ausrichtung und die Techniken der traditionellen Therapie die Bedürfnisse dieser Frauen nicht erfüllten und oft sogar schädlich gewesen waren. Manche Therapeutinnen und Therapeuten (in erster Linie die Frauen) entwickelten eine sensiblere Wahrnehmung für Frauenfragen, aber in ihrer Arbeitsweise waren sie nach wie vor in dieselbe Philosophie und Wissenschaft und in den Prozeß der traditionellen Therapie eingebettet, und die Gruppe der »Planerinnen« war sich darüber im klaren, daß eine Veränderung der Inhalte oder sogar des Bewußtseins nicht ausreichte.

Wir trafen uns in dieser Gruppe über einen langen Zeitraum; es gab einige unbedeutende Probleme und Machtkämpfe, aber im Grunde schufen wir eine liebevolle und solidarische Gemeinschaft von Menschen mit unterschiedlichen Hintergrunderfahrungen und Interessen, die sehr wichtige Überzeugungen in bezug auf Feminismus und den Wert und die Rechte von Frauen miteinander teilten.

Durch Zufall erfuhr ich von einem meiner Freunde, einem Arzt, daß für innovative Projekte im akademischen Weiterbildungsbereich Fördermittel vergeben würden. Er hatte selbst vor, einen Antrag zu stellen, für ein alternatives medizinisches Ausbildungsprojekt, eine Kombination von traditioneller indischer und moderner westlicher Medizin. Ich fragte ihn, ob es ihm etwas ausmache, wenn wir ebenfalls ein Projekt anmeldeten, und er sagte nein, und war so großzügig, die Bewerbungsunterlagen an mich weiterzureichen. Bis zum letzten Termin für die Anmeldung von Projekten war weniger als zwei Wochen Zeit.

Mehrere aus unserer Gruppe kamen zu einem Brainstorming zusammen, und zwei (eine davon war ich) erboten sich, den Antrag zu formulieren. Das Schreiben machte mir eine Höllenangst; also vereinbarten wir eine Kooperation: Wir entwickelten gemeinsam Ideen, meine Kollegin schrieb sie auf, brachte das Geschriebene wieder zu mir, zwecks theoretischer und inhaltlicher Klärung, und dann wurde die letzte Version formuliert. Zu unserer großen Überraschung kamen wir in die engere Wahl und wurden aufgefordert, ein endgültiges Exposé einzureichen. Dann fingen die Schwierigkeiten an. Plötzlich wollten alle bei der Sache mitmachen, und alle wollten das Sagen haben. »Interessierte« quollen aus allen Ritzen hervor. In unserem »feministischen Geist der Offenheit« wollten wir alle Interessierten einbeziehen, und das Chaos brach aus. Ich glaube, wir waren in einem typisch feministischen Dualismus befangen. Wir wollten keine hierarchischen Strukturen, und wir neigten dazu, wenig oder keine Leitungsfunktionen zu etablieren. Ich war eine der führenden Gestalten, aber nicht »die Leiterin«, und ich wollte auch nicht »die Leiterin« sein. Das »Institut« war nur eine unter vielen Angelegenheiten, mit denen ich mich beschäftigte. Abgesehen davon, daß ich meine Kinder aufzog und meine persönlichen Beziehungen hatte, entwickelte ich meine eigene Art, mit Menschen zu arbeiten, die sich von allem unterschied, was mir in meiner Ausbildung je vermittelt worden war. Der Ansatz war in meine eigene Persönlichkeit, meine feministischen Überzeugungen, meine Glaubensvorstellungen und meine Erfahrungen mit Community-Arbeit integriert; er bezog alle Facetten meines Lebens ein, und ich ließ meine Ausbildung in psychodynamischer, behavioristischer und humanistischer Psychologie hinter mir. Ich hatte nicht geplant, einen neuen psychotherapeutischen Ansatz zu entwickeln oder die Psychotherapie hinter mir zu lassen. Ich war dabei, jeden Standort zu verlassen, an dem ich mich bis dahin je befunden hatte.

Außerdem wollte ich mein Buch *Weibliche Wirklichkeit* schreiben, und ich war eingeladen, bei einem indianischen Medizinmann namens Rolling Thunder zu lernen. Er sagte zu mir: »Sie benutzen sehr viel indianisches Medizinwissen in Ihrer Arbeit. Sie wissen mehr, als Sie verwenden, und ich kann Ihnen noch mehr beibringen. Kommen Sie zu mir, wenn Sie bereit sind.« Seine Worte berührten etwas tief in meinem Inneren, und ich spürte intuitiv, daß er recht hatte. Ich war unter amerikanischen Ureinwohnern aufgewachsen, und meine Mutter war in einen Cherokee-Clan adoptiert worden. Hier wartete etwas auf mich. Was suchte ich also inmitten dieser zänkischen Frauen, die um die Macht rangelten?

Gerade als ich von der Sache fast genug hatte, rief die Direktorin der Behörde, die die Fördermittel vergab, bei mir an und sagte, sie habe auf einem Flug eine Zwischenlandung in Denver und ob ich bereit sei, sie am Flughafen zu treffen. Bis heute bin ich dankbar, daß ich eine promovierte Psychologin, die im Planungskomitee für unser Institut saß, als Zeugin zu diesem Gespräch mitnahm. Die Direktorin sagte, ihre Behörde sei an unserem Projekt interessiert, würde es aber nur unter der Bedingung fördern, daß ich die Leitung des Instituts übernähme. Man habe das Gefühl, daß meine Führung für das Projekt notwendig sei. Meine Beziehungssucht, mein Ego und meine Schuldgefühle sprangen direkt darauf an. Die Frauen hatten so hart für dieses Projekt gearbeitet – da konnte ich es doch nicht einfach den Bach runtergehen lassen! (Ein klassisches Beispiel für die krankhafte Grandiosität der Beziehungssucht oder jeder anderen Suchtkrankheit: Ich konnte das sinkende Schiff retten, und wie *dankbar* würden mir alle dafür sein!) Ich sagte mir, daß ich meine eigenen Pläne später wieder aufnehmen und genug Zeit investieren könne, das Institut auf die Beine zu stellen; dann würde ich es einer anderen Person oder Gruppe übergeben. Ich erklärte, ich sei bereit, die Leitung zu übernehmen (hier agierte die Krankheit). Allerdings sagte ich ausdrücklich, daß ich nur in eine halbe Stelle einwilligen würde, denn ich wollte meine private Praxis, meine Workshops und meine Vortragsreisen fortsetzen. Alle waren einverstanden, wir erhielten die Fördermittel, und wir stürzten uns in den Prozeß, das »Women's Institute of Alternative Psychotherapy« (WIAP) aufzubauen, das ein unabhängiges, staatlich anerkanntes, alternatives Graduiertenprogramm in klinischer Psychologie werden sollte.

Das Institut ging von zwei grundlegenden Thesen aus: Erstens, daß es kein adäquates Therapiemodell für Frauen gäbe – da alle existierenden Modelle von Männern geschaffen worden waren, und zweitens, daß in der traditionellen psychotherapeutischen Ausbildung die wirklich heilsamen Qualitäten einer Person systematisch »wegtrainiert« würden, mit der logischen Konsequenz, daß Studierenden mit wachsender Dauer oder Komplexität der Ausbildung immer mehr wesentliche Qualitäten verlorengingen. Anfangs dämmerte mir nur vage, daß ein »Fraueninstitut für alternative Psychotherapie« ein Widerspruch in sich ist, ähnlich wie die Begriffe »feministische Therapie« oder »militärische Intelligenz«. Ich begann auch zu spüren, daß wir uns in Wahrheit über die Konzeption der Psychotherapie als solche hinausbewegten.

Wir stießen auf Widerstand, aber nicht von den Seiten, von denen wir ihn erwartet hatten. Die Kontrollinstitutionen, andere Erziehungsinstitutionen, Regierungsbehörden und sogar die Männer verhielten sich entweder unterstützend oder ignorierten uns. Der Widerstand (und zwar lautstarker, gewalttätiger und bösartiger Widerstand) kam von Frauen, von Psychologinnen und radikal-marxistischen Feministinnen. Aber ich greife meiner Geschichte wieder vor.

Ich möchte den Erfahrungsprozeß in der Arbeit für das WIAP hier aus drei Hauptgründen schildern: Erstens nehmen dieser Erfahrungsprozeß und die Fragestellungen, die in seinem Verlauf aufgeworfen wurden, in bezug auf die Arbeit, die ich entwickelte, eine Schlüsselstellung ein. Zweitens glaube ich, daß die Probleme, mit denen wir kämpften, und das entstehende Chaos charakteristisch sind für die Schwierigkeiten, die andere Frauenorganisationen – oder alle Organisationen, die ein neues Paradigma zu etablieren versuchen – aus der Bahn werfen. Und drittens möchte ich die Dämonen austreiben, indem ich meine Erfahrungen und meinen Beitrag zu diesen Schwierigkeiten öffentlich darlege.

Bei der nächsten Versammlung wurden mir Machthunger und Unehrlichkeit in bezug auf die Fördermittel vorgeworfen. Ich traute meinen Ohren nicht. Glücklicherweise hatte ich eine Zeugin für meine Verhandlungen mit der Vertreterin der Behörde. Dann wurde ich angeklagt, ein zu hohes Gehalt zu beanspruchen. Wieder war ich schockiert. Die Behörde hatte für die Gehälter von Projektleiterinnen und -leitern Richtlinien festgelegt, die sich am Einkommen und an den Verdienstmöglichkeiten der entsprechenden Personen orientierten, um kompetente Leute zur Leitung von Projekten zu motivieren. Wenn ich das ursprüngliche Gehaltsangebot der Behörde angenommen hätte, wäre nicht genug Geld übriggeblieben, um unsere Pläne zu realisieren, also gab ich mich mit dem Gehalt für eine Viertelstelle zufrieden, tat aber die Arbeit, die einer Dreiviertel- oder einer vollen Stelle entsprochen hätte (das hatte nichts mit Suchtverhalten zu tun). Unsere Versammlungen wurden zu gräßlichen Schlammschlachten der Verleumdung und der Feindseligkeit. Schließlich zogen einige der gewalttätigsten Gruppenmitglieder sich aus dem Projekt zurück (um es von außen anzugreifen, wie sich später herausstellte), und die übriggebliebenen versuchten, die Scherben wieder aufzusammeln. Ich glaube, wir bauten aus den Trümmern eine liebevolle, fürsorgliche, solidarische, engverbundene Gemeinschaft auf. Wir waren arg lädiert und angeschlagen, aber wir hielten durch. (In der Rückschau bin ich nicht sicher, ob das gut oder schlecht war). Wir nahmen unsere Aufgaben in Angriff. Wir setzten einen Vorstand ein und brachten einen Lehrkörper von promovierten Psychologinnen zusammen. Hetero- und lesbische Frauen, aus dem ganzen Land und aus den verschiedensten ethnischen Gruppen. Wir begannen, die notwendigen Schritte für unser Anerkennungsverfahren zu unternehmen, und wir legten den Keim für ein alternatives Graduiertenprogramm in Psychologie. Wir konzipierten und entwickelten ein alternatives, externes akademisches Prüfungssystem, das zu jener Zeit innovativen Charakter hatte und von vielen Erziehungswissenschaftlern gepriesen wurde. Im zweiten Jahr, als wir die Aufnahmebedingungen und -prozeduren festgelegt hatten, begannen wir, Bewerbungen anzunehmen – und es gab viele. Gelegentlich tauchte auch ein Mann bei uns auf, aber im wesentlichen hatten wir eine ganz und gar weibliche Institution etabliert.

Um unseren Modellversuch in weiteren Kreisen bekanntzumachen und um einem, wie wir glaubten, bestehenden Bedürfnis entgegenzukommen, entschlossen wir uns, den ersten internationalen feministischen Therapie-Kongreß auszurichten. Wir waren eine sehr kleine Organisation. Wir hatten eine Teilzeit-Direktorin (mich selbst), eine ganztätig angestellte Verwaltungssekretärin und eine weitere hauptamtliche Mitarbeiterin. Wir mieteten im Haus einer Freundin ein Souterrain-Büro und arbeiteten später über ein Büro im Boulderado-Hotel. Unser Geld ging in Projekte, Telefonkosten, Dienstreisen und Gehälter, und wir hatten keinerlei überflüssige Aufwendungen. Unsere ersten Projektgelder beliefen sich auf fünfzigtausend Dollar. Wir hatten Fördermittel für zwei Jahre und keine weiteren Einkommensquellen. Dies war Arbeit aus Engagement und Liebe zur Sache, und wir taten sie auf eigene Initiative. Ich werde diesen Kongreß mein Leben lang nicht vergessen, und ich bin bis heute nicht sicher, ob ich mich schon davon erholt habe. Da wir den Organisationsaufwand eines Kongresses mit unserer begrenzten Mitarbeiterinnenzahl und Arbeitszeit nicht leisten konnten, trafen wir ein Arrangement mit dem Kongreß-Planungsbüro der Universität von Colorado. Wir hatten eine große Gruppe von Freiwilligen, die für den Kongreß arbeiteten, und die Arbeitszeit dieser Leute wurde nicht bezahlt, sondern gegen die Teilnahmegebühr für den Kongreß aufgerechnet. Wir versuchten, die Kosten für die Teilnahme so niedrig wie möglich zu halten, indem wir auf dem Campus eine Kantine mit preiswerten Mahlzeiten einrichteten und

Unterkunftsmöglichkeiten für die Besucherinnen arrangierten, die sich Hotels, Motels oder die Unterbringung in den Studentenheimen der Universität nicht leisten konnten. Wir alle nahmen Kongreßteilnehmerinnen in unseren Wohnungen auf.

Wir luden eine Reihe von bekannten Referentinnen ein und boten eine große Auswahl von Workshops an. Der Kongreß war als Experiment angelegt; es gab keine einheitliche, festgelegte Linie. Wir alle in der WIAP-Gemeinschaft waren aufgeregt und voller Vorfreude, weil wir etwas ganz Neues begannen und weil der Zustrom von Interessierten sehr viel größer war, als wir uns in unseren wildesten Phantasien ausgemalt hatten.

Kurz vor Kongreßbeginn trat ein Ereignis ein, das unser Leben auf Jahre hinaus prägen sollte. Eine Frau, die keine von uns vorher je gesehen hatte (und wir glaubten, die meisten Frauen innerhalb der »feministischen« Gemeinschaft zu kennen), betrat eines Tages unser Büro, stellte sich als Mitarbeiterin einer lokalen feministischen Zeitschrift vor und sagte, sie wolle eine Frau aus unserem Mitarbeiterstab sprechen. Später erfuhr ich, daß die Unbekannte ihr Anliegen etwa so vorbrachte: »Wir sind beide Lesbierinnen und können einander vertrauen. Ich habe da eine phantastische Referentin aus dem Osten, eine Frau, die im Bereich der feministischen Therapie eine führende Rolle spielt. Sie ist wirklich gut, und sie ist bereit, zu kommen. Ihr behauptet, dies sei ein nationaler oder internationaler Kongreß, aber ihr habt überhaupt keine Referentinnen aus dem Osten der USA.« Unter solchen Auspizien wurde es für unsere Mitarbeiterin zu einer Frage der persönlichen Integrität und der Solidarität unter lesbischen Frauen, die neue Sprecherin ins Programm aufzunehmen (das zu diesem Zeitpunkt schon beim Drucker lag, das aber, um der Wahrheit die Ehre zu geben, noch geändert werden konnte). Ich spürte die Spannung. Es traf zu, daß wir keine Referentin aus dem Osten hatten, und diese »wichtige, feministische Therapeutin« (von der keine von uns je gehört hatte) war bereit, ohne Bezahlung zu kommen (wir bezahlten auch den anderen Referentinnen keine Honorare). Ich machte keine Schwierigkeiten. Ich wollte unsere Mitarbeiterin nicht einfach übergehen. Nachdem ich mich mit einigen der anderen Planerinnen beraten hatte, sagte ich okay. Dann kam die zweite Runde.

Unsere neue »Freundin« tauchte wieder auf und sagte, ihre Referentin aus dem Osten bitte darum, den Termin für ihren Vortrag zu verlegen. Bis zu diesem Zeitpunkt hatten wir drei Hauptreferentinnen auf der Tagesordnung, eine am Freitagabend, eine am Samstagabend und eine am Sonntagvormittag. Ich war in den NTL als Kongreßplanerin ausgebildet worden, und meiner Meinung nach war unser Arrangement recht gut. Für uns hatten die drei Hauptreferentinnen den gleichen Stellenwert. Keine war wichtiger als die andere, und kein Vortragstermin war wichtiger als der andere. Da ich die Direktorin der Trägerorganisation war, und da wir alle glaubten, ich könne durch meine Einführung zu Kongreßbeginn eine positive, energiegeladene Atmosphäre schaffen, sollte ich am Freitagabend die Eröffnungsrede halten, die Teilnehmerinnen begrüßen und dann über das Material meines noch nicht veröffentlichten Buches *Weibliche Wirklichkeit* referieren. Im Anschluß an meinen Vortrag sollte eine Frauengruppe aus Arizona ihre sehr gute Multimedia-Show präsentieren. Wir hatten für den Vortrag der »neuen Referentin« den Samstagmorgen vorgesehen, den einzig sinnvollen Termin.

Die »Journalistin« sagte uns, ihre »Freundin« sei kein Morgenmensch, und sie würde sehr gern den Platz mit mir tauschen. Mir war dabei unbehaglich zumute, aber ich wollte »nett« sein (meine Krankheit und kein Vertrauen in meine Intuition), und vor allem wollte ich nicht unvernünftig, selbstbezogen oder herrschsüchtig wirken (meine Krankheit); also sagte ich: »Aber sicher, kein Problem!« Das Thema, das die neue Referentin angegeben hatte, lautete in etwa »Der Entwicklungsweg der feministischen Therapie«. Der Titel klang gut.

Als der Kongreßbeginn näherrückte, freuten wir alle im WIAP uns wie kleine Kinder. Wir hatten ein wundervolles Programm geplant (dachten wir) und damit einen phantastischen Erfolg erzielt: Aus allen Landesteilen der USA, aus Kanada und sogar aus einem anderen fremden Land waren Leute gekommen. Für die meisten Programmbestandteile hatten wir Audio- und Videoaufzeichnungen organisiert, die Presse berichtete über den Kongreß, und wir hatten eine Fotografin bei der Hand. Wir konnten uns zurücklehnen und abwarten, daß unser enormer Arbeits- und Planungsaufwand Früchte trug.

Eine Welle von Energie durchflutete uns am Abend der Eröffnung. Ich war so stolz, daß ich vor Aufregung zitterte. Zuerst traten einige Frauen aus dem Vorstand und dem Mitgliederkreis unseres Instituts aufs Podium und begrüßten die Teilnehmerinnen, und dann stand ich auf, fügte meine Willkommensgrüße hinzu, und kündigte mit Wärme und mit einem starken Gefühl der Schwesterlichkeit unsere erste Referentin an. Sie trat ans Mikrofon und gab den Titel ihres Vortrags bekannt: »Der Entwicklungsweg der feministischen Therapie im Kapitalismus«. Ich war wie vor den Kopf geschlagen. Keine von uns hatte je damit gerechnet, daß eine andere Feministin uns belügen könnte. Ich fühlte mich, als hätte man mir die Eingeweide herausgerissen.

Dann brach die »Referentin aus dem Osten« in eine Tirade gegen das WIAP aus: daß wir Frauen ausbeuteten, daß wir durch den Kongreß Geld aus Frauen herausschlügen (unser Etat war auf die Teilnehmerinnenzahl hin geplant, die wir erwartet hatten, und wir achteten auf eine gerechte Verteilung der Kosten. Da mehr Leute kamen als wir erwartet hatten, verdienten wir tatsächlich etwas Geld, das wir den Projektmitteln für das WIAP hinzufügten. Plötzlich war es *falsch*, daß eine Frauenorganisation Geld verdiente); daß keine Minoritäten oder armen Frauen vertreten seien (wir waren von unseren Regeln abgewichen, um Angehörige von Minoritäten einzuladen; wir hatten ein ausgefeiltes Austauschsystem und keine Frau wurde abgewiesen, weil sie kein Geld hatte), und schließlich, daß wir generell zum Kotzen seien.

Nachdem ich mich von dem anfänglichen Schock erholt hatte, war ich wütend, überwältigt und paralysiert. Wie um alles in der Welt konnte ich mich zu diesen Anwürfen äußern und nicht in die Rolle des Bösewichts geraten? In der Gewalt und der Unehrlichkeit der Anklagen klang schon etwas Bekanntes an, aber ich war wirklich noch ziemlich unbeleckt.

Mir kam sofort unsere Mitarbeiterin in den Sinn, die das alles arrangiert hatte. Mein erster Gedanke war: »Wo ist sie? Die bring' ich um!« (Und ich bin sicher, daß ich es in diesem Augenblick ernst meinte – Gewalt bringt immer neue Gewalt hervor). Das waren alte SDS (Students for a Democratic Society)-Taktiken, aber innerhalb der Frauenbewegung hatte ich wirklich nie etwas ähnliches erlebt. Keine von uns kannte das. Heute würde ich diese Vorgänge als abhängiges Verhalten einordnen und wissen, daß die Konfusion und die Unehrlichkeit Teil des Suchtsystems sind und daß jeder Versuch, dieser Art von Verhalten Sinn zu entnehmen, das Problem nur verschlimmert.

Mit Mordgelüsten im Herzen machte ich mich auf die Suche nach unserer Mitarbeiterin und fand sie in Tränen vor. Sie sah mich an und jammerte: »Das habe ich nicht gewußt. Das habe ich nicht gewußt.« Mir wurde klar, daß auch sie benutzt worden war. Als die für den Vortrag angesetzte Zeit abgelaufen war, geiferte unsere »neue Referentin« weiter und weiter. Als ich intervenierte und ihr sagte, daß ihre Redezeit vorüber sei, wurden einige ihrer »Kolleginnen« laut und schrien Anschuldigungen und Drohungen heraus. Ein Vorwurf, der mir besonders in Erinnerung geblieben ist, lautete, daß ich mit den Kongreßgeldern Ferien auf Hawaii zu machen gedächte. Tatsächlich hatte ich vor, nach dem Kongreß auf Hawaii Urlaub zu machen und an meinem lange vernachlässigten ersten Buch *Weibliche Wirklichkeit* zu arbeiten. Ich hatte jeden Pfennig für diesen Urlaub selbst zusammengekratzt.

Hier gab es ein großes Auditorium von Frauen, die gekommen waren, um am ersten internationalen feministischen Therapiekongreß teilzunehmen, und nun verwandelte sich die allererste Veranstaltung in einen wütenden Tumult. Die teuren Multimedia-Techniker standen in den Kulissen und warteten darauf, mit ihrer Präsentation zu beginnen (wir hatten sie über die Universität engagiert und mußten sie stundenweise bezahlen), und die erste Sprecherin weigerte sich, das Mikrofon abzugeben. Ich wollte »nett« sein, aber in dieser Situation gab es dazu keine Möglichkeit mehr. Ich entriß der Sprecherin gewaltsam das Mikrofon und fragte die Anwesenden, was sie in bezug auf den weiteren Verlauf der Veranstaltung wollten. Die überwältigende Mehrheit sprach sich für die Fortsetzung des Programms, so wie es geplant war, aus. Wir versuchten, den Rest des Kongresses vor dem Flächenbrand zu retten, und offenbar fanden die meisten Teilnehmerinnen, daß es ein guter Kongreß war. Danach waren wir alle krank, Vorstand, Geschäftsführung und Mitglieder des WIAP. Wir fühlten uns, als hätte man uns vergiftet. Die gesamte folgende Erfahrung, das Institut auf die Beine zu stellen, erwies sich als Wiederholung dieses Kongreßerlebnisses. (Während ich das niederschreibe, empfinde ich immer noch Übelkeit und Angst.) Eine landesweit bekannte Feministin sagte sich, das WIAP sei eine gute Machtbasis für sie, und beschloß, mich aus meiner Position zu verdrängen und die Leitung zu übernehmen. Sie führte uns fast in den Bankrott, indem sie ihre gesamten Ferngespräche über unsere Telefonnummer abrechnen ließ. Glücklicherweise nahm die Telefongesellschaft sich dieses Problems an.

Die zugelassenen Psychologinnen machten viel Lärm um die Tatsache, daß ich keinen Doktortitel und keine Zulassung hatte. Ich war die geschäftsführende Leiterin des WIAP – alle Frauen in unserem Lehrkörper waren promoviert und zugelassen. Die Angriffe waren bösartig und verleumderisch. Über mich wurde eine Liste mit falschen Anschuldigungen, die als Tatsachen ausgegeben wurden, in Umlauf gesetzt. Bis heute muß ich mich gelegentlich damit herumschlagen. Ich wurde wiederholt bei der Zulassungsbehörde des Staates Colorado angezeigt und jedesmal entlastet. Ich erreichte einen Punkt, an dem ich entschlossen war, gegen die Behörde und jene, die amtliche Ermittlungen in meinem Fall verlangten, gerichtlich vorzugehen. Die Behörde kam zu dem Schluß, daß es sich um Schikanen handelte, und weigerte sich, weitere »Ermittlungen« anzustellen.

Eine Frau, die sich mit okkulten Dingen befaßte und ein Medium war, sagte mir, eine Bande faschistischer Hexen aus derselben Seelengruppe wie Hitler sei hinter mir her, und zu diesem Zeitpunkt erschien mir das durchaus nicht abwegig.

Ich erfuhr, was es bedeutet, »fertiggemacht« zu werden.[3] Meine Ideologie wurde nie angegriffen; mein Charakter wurde attackiert. Nicht nur, daß ich persönlich abgelehnt, isoliert und geächtet wurde – alle, die in engerer Verbindung mit mir standen, wurden derselben Behandlung unterzogen. Das ist Denunziation und Intrigantentum. Ich bekam allmählich das Gefühl, die beste Art, für Menschen, die ich liebte, zu sorgen, sei, ihnen fernzubleiben, um sie so wenigstens vor dem Fallout zu schützen. Ich fühlte mich verseucht, glaubte aber dennoch nicht, mich schuldig gemacht zu haben. Ich war offen dafür, mich mit allem, was ich falsch machte, zu konfrontieren, aber den Anschuldigungen haftete etwas Verrücktes an.

Es geschah mehrfach, wenn ich an großen Universitäten zu Vorträgen eingeladen war, daß man dem Trägerverein die Nachricht zuspielte, mein Verhalten sei unethisch[4], ich sei nicht zugelassen (was zutraf, aber warum sollte ich als Referentin eine Zulassung brauchen?), und ich maßte mir zu Unrecht den Doktortitel an (was nicht stimmte; zu diesem Zeitpunkt berief ich mich vielmehr oft auf die Tatsache, daß ich nicht promoviert war, um meiner Aussage, daß die Psychotherapieausbildung uns in der Regel die heilsamsten Qualitäten »abtrainierte«, mehr Gewicht zu verleihen). Inzwischen habe ich meine Promotion abgeschlossen, aber ich habe mich entschieden, auf die Zulassung und auf das Praktizieren von Psychotherapie zu verzichten. Als ich einmal eingeladen war, an der Universität von Wisconsin in Madison zu sprechen, erhielt die Campus-Pfarrei einen Anruf von einer Frau, die drohte, die Veranstaltung zu stören und einen Skandal zu verursachen, falls ich meinen Vortrag nicht absagte. Die Frau, die mich eingeladen hatte, geriet in Panik, aber glücklicherweise kannte ein anderer Mitarbeiter diese Taktiken aus den sechziger Jahren vom SDS. Er rief den Rechtsberater der Universität an und der erklärte ihm, juristisch sei der Tatbestand des erzwungenen Vertragsbruchs erfüllt, wenn er oder ich aufgrund dieses Vorfalls den Vortrag absagten, und die Anruferin, eine zugelassene Psychologin, könne dafür gerichtlich belangt werden. Bei der Veranstaltung plazierte er Leute mit verborgenen Kameras und Tonbandgeräten im Saal. Es ist nicht leicht, unter solchen Umständen frei und locker zu sprechen, aber ich muß sagen, daß es durchaus eine gewisse kreative Spannung erzeugte.[5]

Ich fühle mich immer noch von diesem Spuk verfolgt. Erst vor einigen Monaten sagte eine meiner Widersacherinnen der Direktorin einer Behörde in Boulder, sie täte besser daran, den Kontakt mit mir zu meiden, da mein berufliches Verhalten unethisch sei. Ich fragte die Direktorin, was sie von dieser Information halte, und sie sagte mir, sie traue der Zuträgerin nicht und gehe davon aus, daß es sich um üble Nachrede handle.

Die wenigen Jahre am WIAP erschienen mir wie ein Jahrhundert. Es gibt darüber noch viele, ebenso gräßliche Geschichten zu erzählen, aber wozu sollte das gut sein? Ich bin überzeugt, daß eine der Frauen, die wir in unsere Reihen aufnahmen, eine CIA-Agentin war (wir fanden später heraus, daß sie an der Zerstörung mehrerer »feministischer«Unternehmungen beteiligt war). Ich hätte nie geglaubt, daß wir wichtig genug waren, um so viel Aufmerksamkeit zu erhalten – aber wir bekamen sie.

Heute sehe ich es so, daß wir in der WIAP wirklich versuchten, ein neues Paradigma vorzustellen. Wir nannten es das Aktive Weibliche System. Unser Fehler war, daß wir versuchten, im Rahmen des alten Therapie-Paradigmas weiterzuarbeiten und von der klinischen Psychologie aufgenommen und anerkannt zu werden, obwohl das, was wir tatsächlich taten, der Übergang zu einem völlig neuen Konzept war, einem Konzept, das mit der mechanistischen Wissenschaft oder Therapie nichts mehr gemein hatte.

Schließlich trafen wir uns mit den Vertreterinnen der Behörde, die uns finanzierte, und diskutierten all die Vorgänge. Sie sagten uns, sie schätzten unsere Arbeit, glaubten aber, daß einige der Frauen, die wir in Bewegung gebracht hatten, wirklich verrückt seien; sie hatten Angst, diese Leute würden bis nach Washington gehen und einen Aufruhr verursachen, der für andere von der Behörde finanzierte Projekte bedrohlich sei. Ich war derselben Meinung. Die Institution unterstützte einige sehr interessante Modellversuche, und wir waren alle erschöpft. Wir brachen unsere Zelte ab und gingen nach Haus.

Ich habe jahrelang versucht zu begreifen, worum es in diesem grauenvollen Prozeß überhaupt ging. Zweifellos waren meine Beziehungssucht und mein »Nettsein«-Wollen dafür verantwortlich, daß ich es nicht gleich zu Anfang ablehnte, die Leitung zu übernehmen. Wie sich herausstellte, war das einer der schlimmsten Schläge, die ich je einstecken mußte, weil ich meinem Prozeß nicht vertraute und nicht das tat, was zu jener Zeit mein eigentliches Bedürfnis war.

Ich erkenne, daß meine Beziehungssucht, genau wie jede andere

Sucht, progressiv verläuft und in letzter Konsequenz tödlich ist, und damals beeinträchtigte sie jeden Aspekt meines Lebens. Aufgrund meines eigenen Suchtprozesses war ich nicht fähig, die charakteristischen Merkmale des Suchtprozesses in unseren Angreiferinnen oder in mir selbst wahrzunehmen, und folglich auch nicht in der Lage, mich aus dem entstehenden Wahnsinn herauszuhalten.

Ich habe mich nie in meinem Leben so elend und zerschlagen gefühlt. Meistens hatte ich Angst, aus der Stadt nach Haus zu kommen, weil ich nie wußte, welche neue Katastrophe mich erwartete. Mein Magen war ein einziger Knoten, und bei jedem Klingeln des Telefons fuhr ich zusammen. Ich konnte zusehen, wie meine physische und geistige Gesundheit zerrüttet wurden, und dennoch fühlte ich mich in der Situation gefangen. Das war mein absoluter Tiefpunkt.

Ich habe versucht, aus den Erfahrungen mit dem WIAP und dem Sperrfeuer von Seiten der »feministischen Psychologinnen« so viel wie möglich zu lernen. Sogar damals, als ich durch diese Erfahrungen hindurchging, stellte ich mir immer wieder diese drei Fragen: Was lerne ich daraus? Worauf bereitet mich das vor? Wie trage ich zu diesem Chaos bei? Tief in meinem Inneren habe ich immer geglaubt, daß wir die Vorgänge in unserem Leben aktiv mitgestalten; ich möchte das nicht im Sinn einer Schuldzuweisung verstanden wissen, sondern in dem Sinn, daß die Entscheidungen, die wir treffen, im Großen wie im Kleinen, unser Sein beeinflussen. Zusätzlich wirken unsere Gesellschaft und unsere Umwelt auf uns ein, und wir haben keine Macht über das Universum. Ich habe feststellen können, daß die meisten Theorien über das menschliche Verhalten zwischen den Extremen hin und her springen, daß wir entweder keinen Einfluß auf unser Leben haben und bloße Opfer sind, oder »unsere eigene Realität erschaffen«. Ich weiß, daß mir manchmal üble Dinge widerfahren und daß ich gleichzeitig kein »Opfer« bin (obwohl ich in den WIAP-Jahren manchmal in diese Rolle verfiel), und ich weiß auch, daß ich »meine eigene Realität« nicht ganz allein erschaffe. Ich sehe beide Positionen als Bestandteil der Denkweise des Suchtsystems. Ich weiß auch, daß ich während jener Jahre tief in meiner Krankheit der Beziehungssucht steckte. Ich kümmerte mich um andere (das Therapeuten-Syndrom), ich wollte »alles in Ordnung bringen«, und oft fühlte ich mich unsicher und auf schwankendem Boden. Paradoxerweise war ich mit einem wachsenden inneren Wissen und einem wachsenden Vertrauen in meinen Prozeß und meine Wahrnehmungen in Kontakt. Ich hatte das Gefühl, »Neuland« zu betreten, und auf eine perverse Art warfen die permanenten

Attacken, die ich zu erdulden hatte, mich auf mich selbst zurück. Ich mußte mich selbst erforschen und mir selbst vertrauen, und gleichzeitig versuchen, für Einflüsse von außen offen zu sein. Bis zu diesem Zeitpunkt hatte ich mit Frauen, die sich »Feministinnen« nannten, ausschließlich positive Erfahrungen gemacht. Immer wenn ich einer Feministin begegnete, hatte ich Offenheit und die Bereitschaft zu freundschaftlichem Kontakt in mir gespürt. Hier traf ich nun auf eine Gruppe von Frauen, die bösartig waren, und, soweit ich es beurteilen konnte, Frauen oder »Weibliches« nicht einmal mochten. Ich mußte die Dinge neu strukturieren und neu überdenken.

Auch in zwei anderen Bereichen begann ich, über »feministische Therapie« neu nachzudenken. In meiner Vorstellung war feministische Therapie mit zuhören, unterstützen und akzeptieren verbunden, mit dem Würdigen und Annehmen von Gefühlen, welcher Art sie auch waren und wann immer sie auch auftauchten. Es war zweifellos nicht meine Aufgabe, Frauen zu sagen, wie sie ihre Weiblichkeit leben oder welche Art Frauen sie sein sollten. Mir darüber klarzuwerden, was für mich gut war, machte mir genug zu schaffen; ich konnte mir kaum anmaßen zu wissen, was für andere gut war. Wenn eine Frau zu mir kam, die wenig von sich selbst hielt und sich »wie ein Stück Dreck« fühlte, forderte ich sie auf, bei diesem Gefühl zu bleiben und zu beobachten, wohin es sie führte. Ich entdeckte, daß die Dinge, die bei Frauen in Therapiesitzungen hochkamen, individuell sehr unterschiedlich waren, und da ich keine Theorie hatte, auf die ich mich stützen konnte, blieb ich einfach bei dem, was sich jeweils zeigte. (Das hat sich für die Entwicklung der Arbeit, die ich jetzt tue, als fundamental wichtig erwiesen.)

In meiner Praxis hatte ich mit »Aussteigerinnen« aus anderen, traditionelleren Therapieformen zu tun gehabt. Jetzt kamen »Aussteigerinnen« aus der feministischen Therapie zu mir. Ich entdeckte nun, daß auch viele »feministische« Therapeutinnen feste Verhaltensmaßregeln für Frauen hatten. Wenn eine Frau zum Beispiel zu einer »feministischen« Therapeutin ging und sagte »Ich fühle mich wie ein Stück Dreck«, sagte die »feministische« Therapeutin – direkt oder indirekt – »Du bist kein Stück Dreck. Du bist ein wundervolles, schönes, starkes menschliches Wesen.« Frauen, die durch solche therapeutischen Sitzungen gegangen waren, berichteten mir, daß sie mit dem Gefühl aus der Stunde herausgingen: »Wieder daneben! Es ist wohl besser, wenn ich mitspiele.«

Ich erkannte allmählich, daß die Feministinnen als Gruppe zwar den

Inhalt, nicht aber den Prozeß der Therapie verändert hatten. Sie hatten dieselbe Neigung, Frauen zu sagen, was sie sein sollten, und sie in diese Soll-Normen hineinzuführen wie die Vertreter der alten Therapiemodelle. Der Therapieprozeß der »neuen Therapien« basierte auf denselben Modellen und denselben mechanistisch-empirischen Voraussetzungen.

Mir wurde klar, daß manche der Probleme, die wir mit dem WIAP hatten, darauf beruhten, daß wir – mehr als uns bewußt war – mit dem, was wir taten, wirklich mit der akzeptierten Tradition brachen. Wir sprachen nicht nur darüber, den Inhalt der Therapie zu verändern; wir wollten die wissenschaftlichen und theoretischen Vorstellungen über Therapie verändern. Wir wollten das, was Therapie ausmachte, verändern. Wir sprachen eigentlich über ein neues System. Wir bewegten uns über die Therapie hinaus. Einer unserer Leitsätze bei der Gründung des WIAP lautete: »Wir glauben, daß die traditionelle Graduiertenausbildung den Menschen die meisten Qualitäten, die ihnen die Eignung zum Heilen geben, ›aberzieht‹.«

Bei genauer Betrachtung wurde mir deutlich, daß es einer unserer schwerwiegenden Fehler bei der WIAP-Arbeit war, unsere Grundvoraussetzungen und unsere Philosophie nicht sorgfältig zu artikulieren. Es war schwierig für uns, das zu tun, weil wir nicht genau wußten, worin sie bestanden. Ein großer Teil unserer Philosophie entstand aus dem Material für *Weibliche Wirklichkeit*, das viele von uns auslebten, während das Buch geschrieben wurde. Wenn ich zurückblicke, sehe ich, daß fast alle Leute, mit denen wir im Innen- oder im Außenbereich in Schwierigkeiten gerieten, die Entwicklung dieser Philosophie nicht durchlebt hatten. Erst viel später erkannten wir, wie »radikal« das, was wir entwickelten, war, und wie sehr nicht nur das, was wir dachten, sondern auch die Art, wie wir uns verhielten, von einem Modell bestimmt war, das nichts mit dem System des Weißen Mannes und nichts mit dem Suchtsystem und nichts mit dem vorherrschenden wissenschaftlichen Modell gemein hatte. Niemand sprach damals über das »neue Paradigma« oder über »postmoderne« Ideen, zumindest nicht in unseren Kreisen. Bei uns standen nicht die Ideen am Anfang, sondern die Praxis und der Versuch, mit dem, was an aktueller Problematik hochkam, in einer Weise umzugehen, die mit unserem Sein, unseren Wertvorstellungen und unserer inneren Integrität in Übereinstimmung stand – und alles Schritt für Schritt.

Rückblickend sehe ich, daß meine »Isolation« von der beruflichen Gemeinschaft und der »Psychologie« vermutlich eine wesentliche Voraussetzung dafür war, daß ich meinen eigenen Weg entwickelte. Ich hatte an der Entstehung so vieler »Außenseiter«-Zugänge zur Therapie teilgenommen, die inzwischen etablierte Formen waren, daß die Entwicklung eines neuen Ansatzes aus meinem Feminismus, meinem Bürgerrechtsengagement und meiner Community-Erfahrung mir nicht als große Neuerung erschien. Tatsächlich hatte ich darüber nie nachgedacht oder es bewußt geplant. Ich erprobte, was Wirkung zeigte, und das, was ich tat, schien zu wirken. Den Menschen, die mit mir arbeiteten, ging es besser, und den Frauen gelang es tatsächlich, alte Verletzungen durchzuarbeiten und zu überwinden. Das Material, das hochkam, war manchmal neu und schockierend für mich, oft war es spannungsvoll, doch nie unerträglich. Selbst wenn die Prozesse mit Wut erfüllt waren und geschrien und getobt wurde, war mir bewußt, daß die Frauen taten, was sie tun mußten, und ich begleitete sie in ihrem Prozeß. Manchmal empfand ich große Dankbarkeit meiner Mutter gegenüber, die ein nettes, gesundes »irisches Temperament« hatte. Als ich Kind war, kratzten wir unser Essen oft von den Küchenwänden ab, und das meine ich liebevoll. Wenn meine Mutter wütend wurde, warf sie etwas gegen die Wand. Während meiner Kindheit wurde immer wieder neues Eßgeschirr angeschafft. Das gute an der Wut meiner Mutter war, daß sie sich selten gegen eine Person richtete; nach der »Explosion« war alles vorüber. Bei meiner Mutter gab es keine unterschwellige, feststitzende Wut, die sich in Pedanterie und Nörgelei äußerte. Folglich hielt ich Wut nicht für etwas Gefährliches.

Für einen gewissen Zeitraum während dieser Phase schickten Leute Frauen zu mir, um »Wut-Therapie« zu machen oder »den Umgang mit Aggressionen zu lernen« (ihre Begriffe, nicht meine), und ich arbeitete viel mit Wut. Anfangs hatte ich das Gefühl, die Situation »unter Kontrolle« halten zu müssen; ich glaubte, ich müsse die Aggressionen mit der einen oder anderen Technik »herausbringen«. Ich »wußte«, daß es gut war, die Wut herauszulassen, und ich »wußte«, was die Leute brauchten. Allmählich rückte ich von all diesen Vorstellungen ab und erkannte, daß sie nicht nur nicht hilfreich, sondern Teil des Problems waren und daß sie das Problem nährten und weitertrugen. Eine Zeitlang glaubte ich, daß es »hilfreich« sei, wenn Leute Requisiten für ihre Wutarbeit mitbrachten. Ich hatte eine Garage in einen »Aggressions-Raum« verwandelt. Boden und Wände waren gepolstert, die Fenster geschützt. Die einzigen Regeln waren, daß die Klientinnen sich nicht selbst verletzten oder den Raum zerstören durften und daß sie das entstandene Chaos nicht selbst beseitigen mußten. Frauen hatten genug geputzt und aufgeräumt, für sich selbst und für andere. Meine Klientinnen waren recht kreativ, was ihre »Requisiten« anging. (Manchmal mußte ich mir auf die Zunge beißen, aber schließlich war es ihr Zeug und ihre Wut, nicht meine.) Eine Frau, deren Vater ein »großer« Analytiker von der Ostküste war, brachte Porträtsfotos ihrer Eltern mit, ein Service Eßgeschirr, das die Eltern ihr zur Hochzeit geschenkt hatten und das sie haßte, und ein Kunstwerk von der Art, die ihren Eltern gefiel und die sie nicht ausstehen konnte. Sie stellte die Fotos und das Kunstwerk auf und warf mit dem Geschirr danach, wobei sie das, was sie auf dem Herzen hatte, in einer sehr deftigen Sprache herausschrie. Eine andere Klientin, eine Nonne, die an mehreren katholischen Schulen (die sie auch selbst besucht hatte) Rektorin gewesen war, kam mit mehreren hölzernen Schultischen und einem Beil angereist. (Tatsächlich bot sie einen ziemlich aufregenden Anblick mit ihrem Auto, aus dem die Beine der Pulte herausragten.) Ihr Prozeß war nicht laut oder explosiv. Mit großer Ruhe und Konzentration zerhackte sie die Schultische, einen nach dem anderen, in kleine Stückchen, während sie die ganze Zeit vor sich hin murmelte. Als nur noch zwei Tische übrig waren, sagte sie, sie sei fertig. Ich fragte: »Was ist mit diesen beiden Tischen?«, und sie sagte: »Ich lasse sie hier. Vielleicht kann jemand sie gebrauchen.«

Ich finde es wichtig, an dieser Stelle zu sagen, daß ich von Therpeuten umgeben war, die Urschrei-Therapie machten, deren Klienten aussahen wie die Uhren in einem Salvador-Dalí-Gemälde, wenn sie im Wartezimmer hockten – von Leuten, die Knie an Knie saßen und eine andere, über ihren Knien liegende Person so lange kitzelten und piekten, bis »der Widerstand zusammenbrach« (und das alles unter der Obhut von zugelassenen Psychologen oder Psychiatern). Was ich tat, erschien im Vergleich damit recht zahm. Es war eine Zeit des Experimentierens und der »neuen Techniken«, und meiner Arbeit lag auch eine gesellschaftspolitische Motivation und ein hohes Maß an liebevoller Zuwendung zugrunde. Ich fand es nicht schwer, meine Klientinnen aufrichtig zu »lieben«, und das ist immer noch so. Ich glaube wirklich, es ist eines meiner Talente, klar und einfach lieben zu können. Das ist nichts, was ich zu tun versuche, oder wovon ich glaube, daß es richtig ist. Es ist einfach so. Jetzt glaube ich, daß diese Liebe aus meinem tiefen Bewußtsein der Einheit und meinem Gefühl des Einsseins mit dem Universum hervorgeht.

An einem bestimmten Punkt kam ich durch das, was die Teilnehmerinnen meiner Workshops in Colorado und anderen Landesteilen herausbrachten, zu dem Schluß, daß Frauen, die sich in der Welt durchschlagen mußten, sichere Orte brauchten, um Heilung zu finden, und daß ein Wochenend-Workshop nicht einmal die Spitze des Eisbergs berühren konnte. Ich entschloß mich, einen vierwöchigen Workshop für Frauen zu veranstalten. Ich hielt drei dieser Workshops ab, in drei aufeinanderfolgenden Sommern in Colorado. Das waren für alle Beteiligten starke Erfahrungen. Ich zog eine Gestalt-Therapeutin als Co-Beraterin hinzu, eine Frau, die ich schätzte und der ich vertraute. Außerdem lud ich verschiedene Leute aus anderen Bereichen ein, die dieser Gruppe neue Ideen und Erfahrungen vermitteln konnten. Wir hatten eine Frau, die Körperarbeit machte, und mehrere andere Frauen und Männer, die Aikido vorstellten, über parapsychologische Phänomene, Frauenfragen, »Die Reise der Heldin«[6] und andere Themen berichteten. Wir hatten mindestens eine Gastreferentin pro Woche, manchmal auch mehrere Frauen, die Vorträge hielten. Den Rest der Zeit nutzten wir, um einander unsere Geschichten zu erzählen, uns selbst zu erforschen, Tiefenprozeß-Arbeit zu machen und in der Natur zu sein. Das waren wichtige Workshops für mich und für diejenigen, die daran teilnahmen.

Ich erkannte zunehmend, wie sehr sich die Arbeit, die ich machte, von allem unterschied, was mir in meiner Ausbildung vermittelt worden war. Mein Weg wich immer weiter von der Philosophie und der Form der Psychotherapie, wie ich sie kennengelernt hatte, ab. Immer häufiger wurde mir zugesagt, daß ich der Art von Arbeit, die ich tat, einen Namen geben müsse. Nach einer Weile begann ich meine Arbeit »Prozeß-Therapie« zu nennen. Dann entdeckte ich, daß es eine Menge Leute gab, die behaupteten, »Prozeß-Therapie« oder »Prozeß-Arbeit« zu machen oder »mit dem Prozeß zu arbeiten«. Gleichzeitig versuchte ich zu beschreiben, was ich tat, und dann sagten die Leute mir: »Der Soundso macht dieselbe Arbeit wie Sie.« Eifrig begann ich, an Workshops teilzunehmen, die von anderen Leuten geleitet wurden, um zu sehen, was sie machten, und ob sie dasselbe machten wie ich. Ich stellte fest, daß wir durchaus nicht dasselbe machten. Ich beschloß, das, was ich tat, »Lebensprozeß(Living process)-Therapie« zu nennen (den Begriff »Therapie« ließ ich bald fallen), um mein Tun von Arbeitsformen abzugrenzen, die viele Elemente beinhalteten, mit denen ich mich nicht wohlfühlte, wie Interpretation, Atemübungen und andere Techniken.

Nachdem ich in drei aufeinanderfolgenden Jahren diese vierwöchigen Sommer-Workshops abgehalten hatte, beschloß ich, es mit anderen Arten von Intensiv-Workshops zu versuchen. Gegen Ende des letzten Sommer-Workshops erlebte ich wieder eine jener »Schaltstellen«, von denen aus mein Leben eine neue Richtung nahm, die aber eine folgerichtige Bewegung auslöste, von meinem früheren Standort aus hin zu dem, was mein zukünftiger Weg sein sollte.

Der gemeinsam verbrachte Monat neigte sich dem Ende zu und die Teilnehmerinnen und Mitarbeiterinnen entschlossen sich, auszugehen und den Abschluß bei einem besonderen Essen zu feiern, bevor alle ihrer eigenen Wege gingen. Ich kann mich nicht erinnern, daß ich mich krank oder überlastet fühlte, bevor wir aufbrachen. Ich hatte sogar Lust, zu feiern. Als es soweit war, daß die Hauptgerichte auf den Tisch kamen, fühlte ich mich sehr seltsam – ich war fast in einem Ausnahmezustand –, und ich bemerkte, daß ich mein Essen an die anderen verteilte (warum ich das tat, weiß ich nicht, es geschah einfach so). Plötzlich sackte ich über dem Tisch zusammen und war bewußtlos. Ich betone ausdrücklich, daß das, was ich hier berichte, meine *Erfahrung* ist. Ich weiß, daß sie real war; ich stelle sie nicht in Frage, und verstehe sie nicht völlig. (Aber schließlich gibt es eine Menge Dinge, die ich nicht völlig verstehe.)

Ich hatte das Gefühl, durch verschiedene Bewußtseinsebenen zu fallen. Dann »erwachte« ich an einem Ort, der mir wie ein Dorf in den Anden erschien, das gerade für eine Feierlichkeit geschmückt wurde. Die Atmosphäre erinnerte mich an die Eröffnungsszene des Musicals »Brigadoon«. Es wurden Vorbereitungen für irgendein großes Fest getroffen. Augenscheinlich war ich nicht wie Superman urplötzlich in der Szenerie aufgetaucht. Ich war schon da und war bereits »Teil davon«. Ich war mir dessen lediglich nicht bewußt gewesen. Dann ging mir der Gedanke durch den Kopf (oder wodurch auch immer): »Ich sollte mich mal umschauen, wen ich hier kenne.« Genau in diesem Augenblick hörte ich eine Stimme rufen: »Anne, was ist mit dir?« Es war eine der Frauen, die neben mir saßen, aber ich hörte die Worte wie aus großer Entfernung. Ich fühlte meine ganze Seele aufseufzen und sagte mir wehmütig: »Ich sollte zurückkehren. Ich bin noch nicht fertig.«

Die Leute, die um mich waren, dachten, ich sei tot. Als ich wieder zu mir kam, überprüfte ein Restaurantbesucher, der in Erster Hilfe ausgebildet war, meinen Orientierungssinn (ich war benebelt) und meine vitalen Funktionen. Er sagte, mein Herzschlag sei »wirklich sehr langsam«, aber stark. Ich wurde auf dem schnellsten Wege ins Krankenhaus gebracht und in die Notaufnahme eingeliefert. Dort wußten sie nicht, was sie mit mir machen sollten. Sie fragten mich, ob ich Drogen nähme. Zigaretten, Drogen oder Alkohol waren aber nie meine Sache. Sogar Aspirin nehme ich höchstens einmal pro Jahr.

Unmittelbar nach dieser Erfahrung konsultierte ich mehrere Leute, unter anderem meinen Arzt, eine Freundin, die über mediale Begabung verfügt, einen indianischen Medizinmann, einen Chiropraktiker, der in China Akupunktur gelernt hatte, und eine spanische Heilerin. Ihre Antworten waren alle Variationen desselben Grundthemas. Offenbar hatte mein Vagusnerv versagt, mein Herz hatte aufgehört zu schlagen, und ich war durch eine Todesnähe-Erfahrung und ein Austritt-aus-dem-Körper-Erlebnis gegangen. Ich hatte noch nie etwas über dieses Phänomen gelesen, also konnte ich nur von meinem eigenen Erlebten ausgehen.

Für mich war klar, daß ich anderswo gewesen war. Ich war furchtbar neugierig. Wo war ich gewesen? Was bedeutete das? Ich hatte Angst, daß die »Neugier« in einem Teil meines Wesens so stark werden könnte, daß sie mein Wachbewußtsein überwältigte; ich würde »dorthin« gehen und nicht mehr zurückkommen. Eine Zeitlang machte ich wieder und wieder die Erfahrung, »meinen Körper zu verlassen«. Oft war das Essengehen im Restaurant der Auslöser. Sogar meine Kinder bemerkten es. Wir saßen zusammen, und plötzlich sagten sie: » Schau, Mama ist wieder weggetreten.« Meine innere Erfahrung war die, aufrechtstehend langsam hinwegzugleiten, wie durch einen langen Tunnel. Aufzustehen und umherzugehen, möglichst in hellem Sonnenschein, schien am meisten zu helfen. Diese Erfahrungen waren nie angsteinflößend. Es war meine Unfähigkeit, sie »unter Kontrolle zu bekommen«, die mir Angst machte. Ich begann, auf meine Herzfrequenz zu achten und meinen Herzschlag durch Biofeedback zu regulieren, und nach einigen Monaten traten diese »Episoden« nicht mehr auf.

Eine wichtige Konsequenz war mit dieser Erfahrung verbunden: Während der ersten Episode, als ich »anderswo« war, leistete ich irgendwo tief in meinem Inneren vor mir selbst den Schwur »Wenn du dich entschließt, zurückzugehen, mußt du vollkommen ehrlich sein, und du kannst von nun an nichts mehr einfach gut sein lassen«. Selbst jetzt, während ich dies niederschreibe, spüre ich, daß ich nicht die richtigen Worte dafür finde, und dennoch wußte ich in diesem Augenblick, daß ich die Tiefen des Lebens durch meinen eigenen Prozeß ausloten mußte, indem ich so aufrichtig war, wie ich es nur sein konnte, und mich der Führung meines eigenen Wesens überließ. Ich mußte sehen, was ich sah, wissen, was ich wußte, und das an andere weitervermitteln.

In der Auseinandersetzung mit der Sucht

Ich hatte mich selbst immer als eine ehrliche Person betrachtet und wußte dennoch, daß das Subtile der Unehrlichkeit in mir in dem Ungleichgewicht lag, nicht für mich selbst zu sorgen und mich statt dessen um andere zu kümmern. Ich fing zu Haus an. Ich hörte auf, für die Erwachsenen in meinem Haushalt zu sorgen (nicht, mich für sie zu interessieren). Zu diesem Zeitpunkt lebte ich in einem Haushalt von Frauen und Kindern. Ich kann jetzt sehen, daß meine Beziehungssucht nicht nur mich umbrachte, sie war auch für die Menschen, die mich umgaben, alles andere als gut. Inzwischen habe ich gelernt, daß es nicht immer ein Akt der Güte ist, wenn ich mich um andere kümmere. Tatsächlich ist es das in der Regel nicht. Oft nähre ich nur mein Ego, indem ich mich unersetzlich mache.

Es gehört zur Blindheit und Verwirrung der Suchterkrankung, daß ich *dachte*, ich sei ein lieber, netter, fürsorglicher Mensch und ein gutes Familienmitglied, wenn ich die Verantwortung für andere übernahm, wenn ich das Geld verdiente, wenn ich versuchte, andere zufriedenzustellen, weil ein Familienmitglied eine Verpflichtung nicht einhielt, oder wenn ich einfach versuchte, alles zusammenzuhalten und dafür zu sorgen, daß »alles gut lief«. Mir wurde auch klar, daß meine Ausbildung mir vermittelt hatte, ich sei für andere verantwortlich. Nachdem mein Herz »versagt« hatte, unternahm ich eine bewußte Anstrengung, für mich selbst zu sorgen und in allen Dingen so ehrlich wie möglich zu sein.

Etwa fünf Monate später »entdeckten« wir, daß eine unserer Mitbewohnerinnen Alkoholikerin war. Ich glaube, es gab zwei Gründe dafür, daß diese Entdeckung soviel Zeit brauchte. Einmal lag es daran, daß wir kein »Trinkerhaushalt« waren. Wir tranken selten. Es war kein zentraler Punkt in unserem Leben und man interessierte sich wenig dafür. (Später erfuhr ich jedoch, daß nicht selten »Feten« gefeiert wurden, wenn ich für ein paar Tage auf Reisen war.) Zum zweiten waren einige von uns »Fachkräfte«, und wir glaubten, wir wüßten etwas über Alkoholismus – keine von uns war je betrunken (unsere Freundin war die meiste Zeit in einem »trockenen Rausch«), also fiel es uns gar nicht auf, daß wir eine Alkoholikerin in unserer Mitte hatten. Es war nicht so, daß wir Verdacht schöpften und uns dann selbst beschwichtigten – wir kamen überhaupt nicht auf den Gedanken. Obwohl es inzwischen eine erhöhte Sensibilität für Drogen- und Alkoholprobleme gibt, beobachte ich dieses Verhalten unter Fachleuten, die ein »intellektuelles« Wissen über Suchterkrankungen haben, immer noch. Oft wird die Sucht in ihren vielen Formen einfach nicht gesehen.

Meine Intervention bei unserem Familienmitglied war ein denkwürdiges Erlebnis. Ich weiß inzwischen, daß Interventionen geplant werden müssen, daß sie keine Konfrontationen sind, daß wir uns mit den von der Sucht Betroffenen zusammensetzen müssen, und daß Interventionen Momente sind, in denen wir unser liebevolles Interesse an der Person ausdrücken, ihr vermitteln, wie die Krankheit unser Leben beeinträchtigt, und klarstellen, wo wir die Grenzen ziehen, mit Konsequenzen, die einzuhalten wir bereit sind. Damit hatte diese Intervention nicht viel zu tun. Eines Tages wollte unsere Freundin gerade das Bad betreten, als ich herauskam; ich sah ihr direkt in die Augen und sagte ihr (in der Vorstellung, daß ich im Vorteil sei): »Ich glaube, du bist Alkoholikerin.« Sie gab mir den Blick ebenso direkt zurück und antwortete: »Ich glaube, du hast recht.«

Ich hatte nicht die mindeste Ahnung, was ich als nächstes tun sollte. Jeder weiß doch, daß Alkoholiker ihre Sucht immer verleugnen, wenn man sie damit konfrontiert! Ich war verblüfft. Zwar hatte ich die Toilette gerade verlassen, aber letztlich war ich diejenige, die mit heruntergelassenen Hosen dastand.

Schnell rief ich Freunde in Minnesota an (das ich damals für die Weltzentrale der Genesung von Suchtkranken und Mißbrauchsopfern hielt), und sie sagten: »Behandlung!« – »Ah ja, Behandlung! Wo gibt es die beste?« – »Hazelden« – »Gut, dann nach Hazelden.«

Unsere Freundin war nicht versichert, und als Haushalt kamen wir gerade so durch. Ich zog als Alleinerziehende zwei Kinder auf. Aber in bezug auf Geld hatte ich immer die Philosophie: Mach dir klar, was wichtig ist und was du tun *mußt*, und finde dann einen Weg, es zu tun. Ich war immer davon überzeugt, daß das Praktische dem Wichtigen dienen sollte. Also brachten wir das Geld zusammen, und sie ging nach Hazelden (später beglich sie alle Schulden, die sie bei mir hatte). Interessanterweise hatte ich bei ihr auf dasselbe Merkmal reagiert wie bei meinem früheren Mann: den Gedächtnisverlust, einen organischen Aspekt des Alkoholismus. In wahrhaft »klinischer« Manier fing ich an, alles über Alkoholismus zu lesen, was ich in die Hände bekam. Zu diesem Zeitpunkt war die Suchtproblematik noch nicht wirklich bis ins allgemeine Bewußtsein vorgedrungen, und das meiste von dem, was ich las, war ziemlich nutzlos. Natürlich fing ich nicht mit dem Big Book der Anonymen Alkoholiker an, denn das war »für Alkoholiker« und ich gehörte schließlich nicht dazu. Außerdem hatte ich eine klinische Ausbildung durchlaufen. Ich wollte Alkoholismus *verstehen*, damit ich helfen (und mich darüberstellen) konnte. Ich war bereit, das Problem zu studieren und sogar Theorien darüber zu entwickeln. Ich war lediglich nicht bereit, mich darauf *einzulassen*.

Zu den ersten Dingen, die ich aus meiner Lektüre lernte, gehörte die Erfahrung, daß »die Familie der Genesung der oder des Alkoholabhängigen gewöhnlich Widerstand entgegengesetzt und versucht, die Behandlung zu sabotieren«. Nun, das würde ich selbstverständlich nicht tun! Ich war entschlossen, *kooperativ* zu sein. Ich war zu gebildet, tolerant, bewußt, gerecht und aufgeklärt – oder sollten wir gleich »perfekt« sagen? –, um Widerstand zu leisten. Ich hatte mich zur Kooperation entschlossen, und nicht nur ich würde kooperieren – jede Person in meinem Haushalt würde kooperieren. Wir würden uns nicht so verhalten wie »die anderen« in den Büchern, die ich las. Wir hatten keine verborgenen Eigeninteressen, was die Krankheit unseres »Familienmitglieds« anging. Wir wollten nur ihr Bestes und würden sie in jeder erdenklichen Weise unterstützen. Natürlich hatte keine von uns anderen irgendeine Krankheit. Wir wollten nur das Richtige tun.

Bei meinen Kontakten mit den Hazelden-Leuten bekam ich zu hören, daß ich genauso krank sei wie unsere Freundin. »Also gut, ich akzeptiere das.« (Ich glaubte es nicht wirklich. Schließlich arbeitete ich doch, war tüchtig, hielt die Familie zusammen und entwickelte sogar einen sehr innovativen neuen therapeutischen Ansatz!) Mir wurde gesagt, daß ich eine Krankheit hätte und Behandlung brauchte. »Behandlung sagen Sie? Okay.« (Ist denn so etwas zu glauben? Nach allem, was ich getan habe, schießen sie sich auf mich ein!) »Sie müssen alle zur Behandlung kommen.« – »Alle?« – »Ja, alle, die mit einer alkoholabhängigen Person in enger Verbindung stehen, sind von der Krankheit mitbetroffen.«

Also trommelte ich den ganzen Haushalt zusammen, meine Kinder, den Freund meiner Tochter, meinen Ex-Mann (ich war sicher, daß er unbedingt mitkommen mußte), meine Sekretärin, ihre Kinder (die zweifellos auch etwas abgekriegt hatten). Mehrere meiner Klientinnen fragten, ob sie auch mitkommen könnten (natürlich waren sie auch »infiziert«), und ich sagte: »Klar.« So kam eine ziemlich ansehnliche Truppe zusammen. Tatsächlich waren wir so viele, daß kein Behandlungszentrum bereit war, uns aufzunehmen. Wir engagierten unsere eigene Familienberaterin von einem Behandlungszentrum (sie fragte, ob ihre Tochter sich der Gruppe anschließen dürfe, da sie noch nie durch eine Behandlung gegangen sei – »Aber natürlich!«), und stürzten uns mit großem Eifer in unsere Behandlung (wie es von uns erwartet wurde). Wir lernten einige wichtige Dinge, aber in diesem Entwicklungstadium der Behandlung für Familienmitglieder erfuhren wir mehr über Alkoholismus als über unsere jeweiligen eigenen Krankheiten. Aber wir waren kooperativ!

Natürlich lag in Hazelden und in unserer eigenen Behandlungserfahrung der Schwerpunkt auf dem Zwölf-Schritte-Programm. Um ehrlich zu sein – ich hatte meine Zweifel, was Zwölf-Schritte-Programme anging. Ich wußte genau, was Zwölf-Schritte-Programme waren, und bei seltenen Gelegenheiten empfahl ich sie (tolerant wie ich war) sogar meinen Klienten. Natürlich waren Zwölf-Schritte-Programme etwas für Leute, die es allein nicht schafften und die ihr Leben nicht im Griff hatten, und zu diesen gehörte ich selbstverständlich nicht. Ich kam bestens zurecht.

Unter rationalen, »wissenschaftlichen« Gesichtspunkten betrachtet erschienen mir Zwölf-Schritte-Programme als eine subtile Form der Sucht: Die Süchtigen wurden emotional und psychisch davon abhängig. Natürlich war diese Form der Abhängigkeit immer noch besser als eine Alkohol- oder Drogensucht, also bestärkte ich die Leute darin, es mit diesen Programmen zu versuchen.

Außerdem schien mir, daß Zwölf-Schritte-Programme eine Tendenz enthielten, das Leben von Menschen zu beherrschen. Die Leute machten diese Programme zu ihrer Kirche, ihrem sozialen Umfeld, ihrer Therapiegruppe und so fort. Ich sah, wie sie das Leben von Menschen bestimmten. Ich war bereit, zu kooperieren, aber ich war nicht bereit, mein Leben von jemandem oder etwas bestimmen zu lassen. Ich war kooperationswillig, aber nicht willens, mich in irgendeine Abhängigkeit hineinzubegeben, nicht einmal von einem Zwölf-Schritte-Programm.

Nachdem unsere Freundin durch die Behandlung gegangen war und eine Ewigkeit in einem Rehabilitationszentrum verbracht hatte, kam sie nach Haus. Ich kann mich aus der Zeit, als sie im Rehabilitationszentrum war und als ich einmal ein paar Tage allein mit den Kindern verbrachte, an eine Szene erinnern: Ich bemerkte, daß wir alle auf Zehenspitzen im Haus umhergingen und flüsternd miteinander sprachen. Ich hatte das Gefühl, als schaute ich ständig über die Schulter nach hinten und wartete auf etwas. Plötzlich wurde mir klar, daß ich über die Schulter schaute, um zu sehen, woher der nächste »Schlag« kommen würde. Wenn man in einer Suchtfamilie lebt, sind Chaos, Verwirrung und psychische Gewalt der Normalzustand. Sie sind die Norm. Mir wurde bewußt, daß wir alle das Nicht-Vorhandensein dieser Dinge erlebten, und wir wußten nicht, was wir tun sollten. Es war die Abwesenheit des gewohnten Chaos, auf die wir reagierten.

Als unsere Freundin nach Haus kam, war es schlimmer denn je. Wir hatten all das Geld ausgegeben und uns all die Mühe gemacht, und dennoch waren die Probleme nicht »beseitigt«. Welch eine Enttäuschung! Und wie furchtbar ärgerlich! Wenn sie ihren Alkohol nicht hatte, um ihre Stimmungen zu dämpfen, ließ sie ihren Gefühlen einfach freien Lauf.

Nach einer Weile gewöhnte ich mir an, ihr in spannungsgeladenen Situationen zu sagen: »Warum gehst du nicht zu einem Meeting?« (Es kam mir nie in den Sinn, daß *ich* zu einem Meeting gehen könnte, obwohl man mir Al-Anon empfohlen hatte. Den Nutzen solcher Versammlungen hatte ich jedoch eingesehen.)

Unsere Freundin ging zu den Meetings, und wenn sie zurückkam, ging es ihr besser. Ich konnte mir nicht erklären, warum es ihr besser ging. Als wissenschaftlich und intellektuell neugierige, aufgeschlossene Person beschloß ich, aus reinem Forschungsinteresse an Versammlungen teilzunehmen, um herauszufinden, warum sie so wirkungsvoll waren. Ich starb fast an Rauchvergiftung, aber ich war überzeugt, daß es da etwas gab, das zu verstehen sich lohnte.

Ich erkannte allmählich, daß ich mich mit Alkoholabhängigkeit überhaupt nicht identifizieren konnte, aber daß ich mit Sicherheit wußte, was Beziehungssucht war. Ich begann, Beziehungssucht als Modell für mein Suchtverständnis zu betrachten. Ich konnte sehen, daß Suchtbeziehungen in der Gesellschaft die Norm waren, und daß jede und jeder zu irgendeinem Zeitpunkt vermutlich in mindestens einer Suchtbeziehung gelebt hatte. Hier war ein Vehikel für mich, mit dessen Hilfe ich anfangen konnte, meine eigenen Abhängigkeiten zu verstehen.

Während dieses Zeitraums war ich kontinuierlich damit beschäftigt, über Suchtphänomene weiterzulernen. Ich sprach über das, was ich lernte, und begann, überall, wo ich hinkam, Informationen zu sammeln. Sobald offen darüber gesprochen wurde, tauchten Alkoholiker und andere Süchtige aus allen möglichen Ecken auf.

Nachdem ich mich einer Behandlung unterzogen hatte, setzte ich mich hin und ging sorgfältig meinen Klientenstamm durch, indem ich die Symptome und die psychischen Strukturen der einzelnen noch einmal genau überprüfte. Ich förderte fünf Alkoholabhängige und Drogensüchtige zutage, die bei mir in pychologisch orientierter psychothe-rapeutischer Langzeitbehandlung gewesen waren. (Zu diesem Zeit-punkt wußte ich nicht einmal, wie man erwachsene Kinder von Alko-holikern, Co-Abhängige und subtilere Formen von Sucht erkennt). Ich glaube, es war vor fünfzehn Jahren nicht ungewöhnlich, daß Psycho-therapeuten nicht genug wußten, um auf Suchtphänomene aufmerk-sam zu werden, und daran hat sich bis heute nicht viel geändert.

Aus dem Alten raus, ins Neue hinein

In der Zwischenzeit setzte ich meine Lebensprozeß-Arbeit fort. All-mählich fühlte ich mich wohler mit der Tiefenprozeß-Arbeit, die Leute in meinen Workshops und unterstützenden Gruppen machten. Ich kaufte mehr Kissen und verwandte während der Intensiv-Workshops weniger Zeit auf »Vorträge«. Nach und nach ließ ich die »Übungen« und die »Input-Sitzungen« bei den Intensiv-Workshops fallen und stellte fest, daß es mir leichter fiel zu erkennen, wann ein Tiefenprozeß sich ankündigte, und die Leute einfach zu ermutigen, bei ihrem Prozeß zu bleiben.

Ich begann zu sehen, daß ich oft nicht wußte, in welche Richtung der Tiefenprozeß einer Person verlief, und mehr noch, daß ich häufig nicht einmal wußte, was in ihr oder ihm vor sich ging. Außerdem wurde mir klar, daß ich das auch gar nicht wissen mußte. Wieder kam mir das Bild einer Hebamme, die bei einer Geburt anwesend ist, in den Sinn: Wenn ich einfach nicht im Weg war und bei den Leuten blieb, ganz präsent und offen für ihren Prozeß, taten sie schon, was sie tun mußten. Wirk-lich, alles, was ich zu tun hatte, war, darauf zu achten, daß sie nicht sich selbst oder andere verletzten. Anfangs, als ich mit der Tiefenprozeß-Arbeit begann, hatte ich den Leuten viel intensiver Verstärkung gege-ben, in dem Glauben, ich sei aktiver und notwendiger Teil des Prozes-ses. Als ich mehr über Tiefenprozesse sprach und meine Erfahrung und mein Lernen vermittelte, konnte ich sehen, daß der wichtigste Faktor für mein Verstehen der Tiefenprozeß-Arbeit war, an meinen eigenen Tiefenprozessen zu arbeiten. Ich sah auch, daß viele Leute spontan Tie-fenprozesse erlebten und glaubten, sie würden verrückt. Ich begann zu erkennen, daß Tiefenprozeß-Arbeit für den menschlichen Organismus ein normaler Zustand ist, und daß sie ein Weg ist, alte Wunden zu heilen und unabgeschlossene Lebensprozesse zu vollenden, ein Weg, der dem menschlichen Organismus (zumindest seiner Form in der mechanistisch-wissenschaftlichen westlichen Welt) innewohnt. Ich sah, daß die meisten von uns nicht prozeßhaft erzogen, sondern in einer repressiven, kontrollierenden Gesellschaft aufgewachsen waren, die uns nicht half, mit Ereignissen unmittelbar umzugehen und sie zu verarbeiten, wenn sie präsent waren, und daß wir außerdem wahrscheinlich nicht über genügend Einsicht, Stärke und Unterstützung verfügten, um mit den Dingen unmittelbar umzugehen, wenn sie geschahen. Also hatten wir alle unbeendete, unterdrückte, weggedrängte Prozesse in uns, die in unserem Innern rumorten und darauf warteten, hochzukommen und verarbeitet zu werden. Befinden wir uns an einem Ort, der uns ein Minimum an Sicherheit vermittelt, lassen wir etwas von unserer Illusion der Kontrolle los – schon brechen sie hervor. Gewöhnlich haben wir dann Angst, »den Verstand zu verlieren«.

Außerdem war ich mir während dieser Zeit meiner durch die Bürgerrechtsarbeit und den Feminismus gewonnenen Einsichten bewußt, die verlangten, daß ich mit Menschen in einer Form arbeitete, die sie nicht in die dominante Kultur hineinzwang und die ihre persönlichen, ethnischen, kulturellen, sexuellen und geschlechtsbedingten Eigenarten respektierte. Ich merkte, daß diese Überzeugung mehr verlangte als Rhetorik. Mein Handeln, das, was ich tat oder nicht tat, mußte mit dem, was ich sagte, übereinstimmen. Ich wurde mir einer wachsenden Stimmigkeit in mir selbst und einem verzehrenden Bedürfnis nach dieser Stimmigkeit bewußt.

Obwohl ich von meiner privaten Praxis lebte, glaubte ich daran, daß Menschen die Therapie, die sie brauchten, nicht vorenthalten werden dürfe, weil sie nicht bezahlen konnten. Ich hatte viele Klientinnen und Klienten, die überhaupt nicht zahlten. Manchmal boten Klienten mir einen Tauschhandel an. Ich kam aus einer Tauschhandelkultur im ländlichen Amerika und wußte, wie wichtig es für Menschen ist, eine Gabe zu erwidern, wenn sie dazu in der Lage sind. In meiner Kindheit hatte ich von vielen Ärzten gehört, die ein Huhn oder einen Beutel voll Äpfel als Gegengabe für ihre Hilfe akzeptierten.

Während dieser Jahre hatte ich viele um ihr materielles Überleben kämpfende Künstlerinnen in Therpaie, und ich bekam als Gegengabe für Therpaiestunden mehr Kunstwerke, als ich in meinem Haus unterbringen konnte. Ich bestand immer darauf, daß sie den Tauschwert ihrer Arbeit selbst bestimmten, genau wie ich es mit meiner Arbeit tat. Häufig verlangte ich nicht die gängigen Psychotherapeuten-Honorare, weil ich sie für mich als unethisch betrachtete. Ich verlangte Honorare in einer Höhe, mit der ich mich wohlfühlte, und orientierte mich darin nicht nach außen. Für manche Klientinnen entwickelte ich ein Art »Garantievertrag«. Viele Frauen, die zu mir kamen, waren gerade geschieden, hatten nie einen eigenen Beruf erlernt oder ihre Berufstätigkeit jahrelang unterbrochen, weil sie kleine Kinder aufzogen und den Haushalt besorgten, und die meisten hatten wenig Selbstvertrauen. Unabhängig von ihrer finanziellen Lage hatten viele vermutlich sogar das Gefühl, sie seien es gar nicht *wert*, Geld in sich selbst, in eine eigene Therapie zu investieren. Mit diesen Frauen schloß ich einen Handel ab. »Sie müssen etwas für sich tun. Arbeiten Sie mit mir, und wenn Sie soweit sind, mehr Selbstvertrauen haben und einen Job finden, der Ihren Qualitäten enspricht, dann bezahlen Sie mich.« Von einigen dieser Frauen bekomme ich heute noch Schecks.

Meine Arbeit in den verschiedenen Basisbewegungen hatte mich davon überzeugt, daß wir auf sehr subtile Weise in dieses System hineinerzogen werden, und daß es sehr schwierig ist, unsere blinden Flecken aufzuspüren. Mir war klar, daß meine Wahrnehmungen und Interpretationen einfach von dem, was ich war, von meinem Hintergrund und meiner Ausbildung gefärbt sein mußten. Selbst bei feministischen Therapeutinnen sah ich, daß sie ihren Klientinnen ihre Sichtweisen aufdrängten. Ich wußte, daß ich das nicht tun wollte, soweit ich dazu fähig war, aber wenn ich zurückblicke, wird mir deutlich, daß ich sehr viel mehr mit Analysen und Interpretationen arbeitete, als ich es heute bedenkenlos tun würde. Wir waren allerdings alle (Klientinnen, Gruppen, Teilnehmerinnen von Workshops) von einem Gefühl durchdrungen, an etwas Neuem, Wichtigem beteiligt zu sein, an etwas, das wir auf irgendeine Weise gemeinsam gestalteten. Therapie bestand oft nur aus einem Herumspielen mit individueller psychischer Dynamik, und was wir taten, lag jenseits davon. Es stand in einer vagen Weise in Beziehung zur Heilung der Gesellschaft und der Erde.

Viele von uns arbeiteten gleichzeitig im Innen- und im Außenbereich, und irgendwie waren wir in diesem Prozeß alle gleichzeitig Leiterinnen und Teilnehmerinnen. Es war auch in Ordnung, wenn jemand nicht so empfand. Die Leute hatten wirklich einen immensen Freiheitsspielraum, das zu tun, was sie tun mußten, und das nahm sehr viele unterschiedliche Formen an.

Als ich aufhörte, mich gegen die Erkenntnis meiner eigenen Beziehungssucht zu wehren, als ich meine Verleugnung durchbrach und zugab, eine Beziehungssüchtige (und Co-Abhängige) zu sein, begann ich zu sehen, daß die Art meiner Ausbildung als Psychotherapeutin als solche eine Ausbildung zur Beziehungssüchtigen (oder Co-Abhängigen) war. Mir wurde in meiner Ausbildung vermittelt, daß ich für meine Klienten verantwortlich sei, daß ich fähig sein sollte, ihnen Diagnosen zu stellen und herauszufinden, was ihnen fehlte und was sie brauchten, daß ich wissen sollte, was ihnen Heilung bringen würde und daß ich das dazu Notwendige tun sollte, daß, wenn etwas passierte (wie ein Selbstmord), es in gewisser Weise meine Schuld sei, und so weiter und so fort. Allmählich wurde mir bewußt, wie respektlos alle diese Vorstellungen waren und wie sehr sie die Menschen entmündigten. Ich begann auch zu sehen, warum Psychotherapeuten »ausbrannten« und so oft erschöpft waren. Wir praktizierten in unserer Arbeit die Krankheit der Co-Abhängigkeit; in der Art und Weise, wie unsere Arbeit strukturiert war, lag die Krankheit der Co-Abhängigkeit. Ich mußte meine Genesung nicht nur auf der persönlichen Ebene vollziehen, sondern auch auf der beruflichen Ebene.

Zu diesem Zeitpunkt wurde mir allmählich klar, daß die Gesellschaft wie ein Süchtiger funktioniert und daß wir alle in irgendeiner Form süchtig waren. Ich sah, daß das, was ich das System des Weißen Mannes und das Reaktive Weibliche System genannt hatte, nicht zwei verschiedene Systeme, sondern dasselbe System waren, und daß sie sich wechselseitig brauchten und unterstützten. Außerdem war das, was ich das System des Weißen Mannes genannt hatte, in Wahrheit das Suchtsystem, und was ich das Reaktive Weibliche System genannt hatte, war das ermöglichende Element oder die Beziehungssüchtige (Co-Abhängige). Die helfenden Berufe sind für die Suchtgesellschaft, was die ermöglichende oder beziehungssüchtige Person für den Alkoholiker ist; die helfenden Berufe (so wie sie strukturiert sind) ermöglichen eine suchtkranke Gesellschaft. Und wie jeder gute »Möglich-Macher«/Beziehungssüchtige meinen wir es wirklich gut, aber wir sichern dennoch den Fortbestand der Suchtkrankheit der Gesellschaft und erhalten ihre Funktionen gerade soweit aufrecht, daß sie nicht völlig »absackt«, genauso wie es der Co-Abhängige mit dem Alkoholiker macht. Um in den helfenden Berufen die Arbeit tun zu können, die wir tun wollen, müssen wir uns alles, was wir tun, genau anschauen und uns darüber klarwerden, warum wir es tun, und welche Theorien und Grundannahmen hinter unserem Handeln stehen.

Im Zusammenhang mit all dieser Arbeit begann ich ein Wissen zu erwerben, das meine gesamte Wahrnehmung veränderte. Ich fing an zu begreifen, daß es nicht möglich war, Suchterkrankungen intellektuell

zu verstehen, und daß der Versuch, das zu tun, Bestandteil meines Ver-
leugnungssystems war. Denken und intellektuelles Begreifen reichten
einfach nicht aus. Ich sah, daß die Leute, die sich mit Sucht am besten
auskannten, selbst genesende Süchtige waren, und wenn ich diese
Krankheit wirklich verstehen wollte, mußte ich für mich ein Genesungsprogramm erarbeiten. Abstrakte Erkenntnis und guter Wille waren nicht genug. Genesung verlangte Teilnahme. Ich mußte das Programm durcharbeiten und an meiner eigenen Genesung partizipieren,
um diese Krankheit in die Knie zu zwingen.[7] Schließlich machte ich
Ernst mit meiner eigenen Genesung. Ich fing an, mit dem Zwölf-
Schritte-Programm der Anonymen Alkoholiker an meiner Beziehungssucht zu arbeiten.

Das Folgende zu vermitteln ist schwierig für mich. Als ich anfing,
gleichzeitig mehr und mehr im Prozeß zu leben, meine eigene Tiefenprozeß-Arbeit zu machen, wann immer es für mich notwendig war,
und an meiner eigenen Genesung zu arbeiten, vollzog sich in mir allmählich ein Systemwechsel oder Paradigmenwechsel. Das war nichts,
was ich mir bewußt vorgenommen hatte. Dieser Systemwechsel war
ein Nebenprodukt meines geduldigen, schrittweisen Arbeitens an mir
selbst. Ich begann, meine Welt völlig anders zu sehen und mich in ihr
völlig anders zu erfahren. Im Lauf der Zeit entwickelte ich eine geradezu unheimliche Fähigkeit, den Suchtprozeß zu benennen, wann immer ich ihn sah, und gleichzeitig das Teilnehmen daran zu vermeiden.
Ich war in der Lage, bei meinem eigenen Prozeß, meiner eigenen
Nüchternheit, meiner eigenen Spiritualität zu bleiben und mich die
meiste Zeit heiter und gelassen zu fühlen. Auf meinen Reisen durch
die USA und Europa, wenn ich Vorträge hielt und Workshops leitete,
konnte ich die Leute, die in der Genesung waren, sofort aufspüren, und
ich wußte, daß sie in ihrer Mitte, ihrem Solarplexus, sehr gut verstanden, worum es mir ging. Es schien eine wachsende Zahl von Menschen
zu geben, die ihr Bewußtsein verändert hatten und die Welt mit anderen Augen sahen. Ich machte die Erfahrung, daß dies gewöhnlich
Menschen waren, die sich in aktiver Genesung von Suchterkrankungen befanden.

Ich erlebte meine Genesungsarbeit als hervorragende Ergänzung zu
meinem Leben im Prozeß und meiner Tiefenprozeß-Arbeit und erkannte allmählich, auf welcher Weise sie miteinander in Wechselbeziehung standen. Sie standen nicht nur in Wechselbeziehung – sie waren
wechselseitig notwendige Prozesse für eine vollständige Genesung.

Ich fand einen neuen Zugang zur Spiritualität. Religion und Spiritualität hatte ich seit langem getrennt, in dem Wissen, daß sie nicht dasselbe waren. Ich wußte, daß das Zwölf-Schritte-Programm eine spirituelle Basis hat, und ich stieß mich nicht mehr an der sexistischen Sprache des Programms oder der vorgeschlagenen Gebete. Ich wußte, daß meine »Spiritualität« mir immer sehr wichtig gewesen war, und ich hatte die Verbindung zu ihr nie verloren. Dann bewegte ich mich auf eine andere Ebene. Wenn ich im Prozeß lebe, ist alles, was ich tue, spirituell. Es gibt keine andere, davon getrennte »Spiritualität« in mir. Ich bin Spiritualität. Spiritualität und der Prozeß sind dasselbe. Ich begann zu erkennen, daß mein Prozeß Gott ist, daß Gott mehr ist als mein Prozeß, und daß ich, wenn ich meinen Prozeß lebe, eins bin mit dem, was wir Gott nennen.

Ich fing an, mich in meinem Beruf auf die Genesung (das Zwölf-Schritte-Programm) *und* die Prozeßarbeit zu konzentrieren. Während ich das tat, sah ich in der Art, wie ich arbeitete, und in der Art, wie ich mein Leben lebte, sich eine grundlegende Wandlung vollziehen. Diese beiden Elemente meines Lebens wuchsen zunehmend zusammen, bis es zwischen meinem Leben und meiner Arbeit keine wirkliche Trennung mehr gab. Alles, was ich tat, floß ungehindert mit dem Strom, wie der Prozeß meines Lebens, und alles war spirituell oder der Lebensprozeß. Im Strom meines Lebens und meiner Arbeit wurden das »Warum« und das intellektuelle »Wissen« immer unwichtiger. Während dieser Jahre wurde ich nach Deutschland eingeladen, um Vorträge zu halten und einige Workshops zu leiten. Obwohl ich davon ausgehe, daß die Prozeß-Arbeit jedes Menschen einzigartig ist, war es doch eine erstaunliche Entdeckung, wie sehr die Tiefenprozeß-Arbeit, die bei den deutschen Teilnehmerinnen und Teilnehmern hochkam, dem ähnelte, was ich bei Menschen in den USA beobachtet hatte. Die Unterschiede in Sprache und Kultur spielten keine Rolle. Wenn ein sicherer Ort gegeben war, der das Hervortreten von Tiefenprozessen ermöglichte, sahen diese Prozesse ähnlich aus und hörten sich ähnlich an. Die Inhalte der Tiefenprozeß-Arbeit unterschieden sich oft, aber der *Prozeß* des Tiefenprozesses war derselbe.

Ich fing an, Informationen über Suchterkrankungen und Leben im Prozeß in meine gesamte Arbeit einfließen zu lassen. Allmählich wurde ich immer unzufriedener damit, eine private Praxis zu führen. Das Reisen schien in meiner Arbeit immer mehr Raum einzunehmen, und schließlich sagte ich mir, daß es Zeit für mich sei, das Therapeutin-Sein aufzugeben.

Der Abschied vom Therapeutin-Sein zog sich über zwei Jahre hin, und es war kein leichter Abschied. Ich hatte meine berufliche Identität als Psychotherapeutin vor langer Zeit festgelegt, und obwohl ein immer größerer Teil meines Einkommens aus Vortragsreisen und Workshops kam, hatte ich meinem innersten Gefühl nach mich und meine Familie immer durch die therapeutische Praxis ernährt. Mir war, als ob ich mich in einen Abgrund stürzte. Dennoch war mir zunehmend bewußt, daß ich meinem Prozeß vertraute und meinen Prozeß aus meinem klaren und nüchternen Selbst heraus lebte, und ich wußte, daß dies die Richtung war, in die ich gehen mußte. Ich liebte meine Klientinnen und Klienten, ich liebte die Arbeit mit ihnen, und gleichzeitig fand ich Einzelsitzungen zunehmend langweilig. Da ich mich selbst immer weniger in den Mittelpunkt stellte und sah, wieviel mehr wir in Gruppen voneinander lernen konnten, traf ich die Wahl, individuelle Therapie und jede therapeutische Arbeit überhaupt völlig aufzugeben. Diesen Entschluß habe ich nie bereut. Außerdem hatten sich während dieses Zeitraums so viele Leute gemeldet, die sich bei mir ausbilden lassen wollten, daß ich ein Rundschreiben aufsetzte und darin ankündigte, eine einjährige »Trainingsgruppe« einzurichten. Ich nahm in diese erste Trainingsgruppe nur Leute auf, die im Gesundheitsbereich arbeiteten.

Ein neues Paradigma bildet sich heraus

Während dieses ersten »Trainingsjahres« stellte ich fest, daß die Teilnehmerinnen und Teilnehmer eigentlich zu mir kamen, um ihre eigene, individuelle Arbeit zu machen, daß ich ihnen nicht wirklich beibrachte, irgend etwas Bestimmtes zu tun, und daß sie im Grunde lernten, ihr Leben zu leben. Also beschloß ich, die Gruppe für Leute zu öffnen, die sich mit ihrem Suchtprozeß konfrontieren, ihre Tiefenprozeß-Arbeit machen und Leben im Prozeß lernen wollten. Heute sehe ich diese Arbeit manchmal als eine Alternative zur Suchtbehandlung oder Suchttherapie an, die sich auf ein sehr anders geartetes, wissenschaftliches Modell gründet; außerdem ist sie weitaus weniger kostspielig als die etablierten Formen der Behandlung von Sucht. Da die Gruppe als ganze sich nur dreimal im Jahr trifft, stehe ich außerdem nicht im Mittelpunkt der Aufmerksamkeit, und die Leute, die bei mir lernen, müssen ihr Leben in ihrem normalen Alltagsumfeld leben, in örtlichen Zwölf-Schritte-Gruppen arbeiten und sich ihrem Lernprozeß stellen. Das Aufregende daran ist, daß diese Art, mit Menschen zusammenzusein, sich sehr stimmig anfühlt, und die Leute, die daran teilnehmen, entwickeln nach einer kurzen Zeitspanne wirklich erstaunlich viel Lebendigkeit. Die Leben-im-Prozeß-Arbeit ist sehr viel wirkungsvoller als jede Therapie, die ich je kennengelernt habe.

Als Vorbedingungen für die Aufnahme ins Trainingsjahr verlangen wir, daß die Bewerberin oder der Bewerber lebendig ist und daß sie oder er zuvor an einem Workshop teilgenommen hat; so kennen wir den betreffenden Menschen, und er oder sie weiß aus eigener Erfahrung, worum es in dieser Arbeit wirklich geht. Ich sagte bereits, daß ein Workshop Leuten ein halbes Jahr oder ein Jahr Psychotherapie erspart. Heute ist so etwas wie Psychotherapie an sich für mich nicht mehr glaubwürdig. Ich glaube allerdings immer noch daran, daß die Workshops eine enorme Wirkung haben und daß sie eine gute Entscheidungsgrundlage dafür bieten, ob ein Trainingsjahr das richtige ist.

Seit den frühen siebziger Jahren habe ich in meiner Art der Tiefenprozeß-Begleitung viele Veränderungen vorgenommen. Wir haben in unserer Entwicklung ein Stadium erreicht, in dem es keinerlei Bedarf für Übungen, Techniken oder Tricks gibt. Wenn wir uns treffen, uns zusammensetzen und unsere Geschichten austauschen, werden die Tiefenprozesse, die seit langem in den Leuten brodeln, allmählich freigesetzt. Wir bleiben einfach bei diesen Leuten und diesen Tiefenprozessen. Wir alle – Mitglieder der Trainingsgruppe, der Teilnehmergruppe oder der Leitung – arbeiten an unseren eigenen Prozessen, wenn sie hochkommen, und wir alle tauschen uns offen aus über den Kampf mit unseren Abhängigkeiten und unserem Genesungsprozeß. Es gibt keine festgelegten Leitlinien und keine Vorgaben, wie man es »richtig« macht. Wir nehmen uns nicht vor, freundlich und liebevoll zu sein, und wir haben festgestellt, daß eine Atmosphäre der Offenheit und der Sicherheit entsteht, wenn Leute so ehrlich sind, wie sie sein können. Wir erzeugen diese Atmosphäre nicht, indem wir den Leuten sagen, daß wir ehrlich sind oder daß sie sich in der Situation sicher fühlen können, sondern indem wir uns selbst in aller Offenheit darstellen und mitteilen. Wenn eine Person sich nicht sicher fühlt, ist das auch in Ordnung. Was kann sie oder er daraus lernen? Bei allem, was gerade in der Gruppensituation aktuell wird, ist immer die Frage: Was kann ich daraus lernen? Ich sehe die Tiefenprozeß-Begleitung ähnlich wie die Tätigkeit einer Hebamme. Wir sind präsent, es ist nicht unsere Show, und wir ermutigen die Leute, mit sich selbst in Kontakt zu bleiben und selbst zu entdecken, was sie brauchen. Menschen, die Tiefenprozeß-Begleitung beobachtet und erfahren haben, sagen, sie hätten noch nie soviel Respekt für die Teilnehmer erlebt. In den siebziger Jahren hatte ich die Arbeit, die ich tat, Lebensprozeß-Therapie genannt, und einige der Leute, die bei mir gelernt hatten, nannten sich nun Lebensprozeß-Therapeuten. Es gab eine wachsende Zahl von Leuten, die aus meiner Schule kamen, und Lebensprozeß-Therapie entwickelte sich allmählich zu einer eigenen und eigenständigen Disziplin, die jedoch noch nicht allgemein bekannt geworden war. Als mir deutlich wurde, daß ich die Modelle, auf denen Psychotherapie in allen ihren Formen beruht (mechanistische, reduktionistische Wissenschaftsmodelle), nicht mehr akzeptieren konnte, fühlte ich mich nicht mehr wohl damit, mich selbst als irgendeine Art von Therpeutin zu bezeichnen. Diese Berufsbezeichnung aufzugeben war keine leichte Entscheidung. Ich hatte meine private Praxis als Psychotherapeutin geschlossen, aber mich dazu zu bekennen, daß die Arbeit, die ich tat, mit der mir vertrauten Form von Psychotherapie nicht mehr das mindeste zu tun hatte, erschütterte mich in meinen Grundfesten. Dies war keine Entscheidung, die ich bewußt traf und dann hinter mir hatte. Es war vielmehr ein Prozeß allmählichen Erkennens, daß diese Entscheidung sich in mir vollzogen hatte. Ich brauchte fast ein halbes Jahr, um zu diesem Wissen zu gelangen, nach meiner ersten inneren Wahrnehmung, daß ich mich mit dieser Frage auseinandersetzen mußte. Glücklicherweise hatte ich in diesem Stadium der Arbeit mit mir selbst gelernt, dem Prozeß zu vertrauen und nicht zu versuchen, das Resultat zu beeinflussen (was oft leichter gesagt als getan ist), und ich fühlte, daß mein Leben mehr und mehr von meinem inneren Prozeß geleitet wurde, wenn ich so weise war, auf ihn zu hören.

Zu diesem Zeitpunkt war mir in meiner inneren Wahrnehmung klar bewußt, daß »Therapie« auf einer Weltauffassung und einer wissenschaftlichen Philosophie beruhte, die es unmöglich machten, mit ihr das zu leisten, wofür sie eigentlich da war. Mir war auch klar, daß es der einfachere Weg wäre, mir dessen einfach bewußt zu sein und mein Wissen für mich zu behalten. Öffentlich anzukündigen, daß ich mich nicht mehr Therapeutin nannte und daß ich die Arbeit, die ich weitervermittelte, nicht mehr als Therapie betrachtete, war kein leichter Entschluß. Dennoch kam ich zu der Überzeugung, daß ich um meiner eigenen Integrität und Nüchternheit willen so handeln mußte.

Manche der Leute, die bei mir im Trainingsjahr waren, betrachteten die Arbeit als berufliche Weiterbildung, mit dem Ziel, eine neue Technik zu lernen. Darin lag eine meiner Haupteinnahmequellen. Wie würde es sich auf mein Einkommen auswirken, wenn ich keine »Therapie-ausbildung« mehr anbot? Ich hatte keine präzisen Kategorien oder Begriffe zur Hand, um das, was ich tat, zu beschreiben (sollte ich es vielleicht Lebensprozeß-Begleitung nennen?) Wo war einzuordnen, was ich machte? War es Therapie, Beratung, Erziehung, Religion, Psychologie, Medizin, Psychiatrie? Nein! Würde mein Entschluß in einer Welt, die so sehr an Kategorien gebunden ist, dazu führen, daß meine Arbeit in Vergessenheit geriet? Vielleicht. Und was war mit Berufshaftpflicht- und anderen Versicherungen? War ich bereit, auf diese Sicherheiten zu verzichten? Ja! Ich haßte es, mit Versicherungsgesellschaften zu tun zu haben, und wenn sich die Kosten für meine Arbeit in einem vernünftigen Rahmen hielten und ich mich darauf einstellte, eine große Palette von Finanzierungsplänen zu entwickeln, konnte ich mich mit meiner Entscheidung wohlfühlen. Ich sah allmählich, daß meine Entscheidung vielleicht noch andere »Sonnenseiten« hatte, über die Wahrung meiner eigenen Integrität und Nüchternheit hinaus.

Und wenn die Leute, die bei mir im Training waren, sich weigerten, diesen Wandel mitzuvollziehen? Ein echtes Problem! Ich konnte zwar versuchen, das von ihnen zu verlangen, wußte aber sehr wohl, daß ich das, was andere mit meiner Entscheidung machten, nicht beeinflussen konnte. Nachdem ich eine Zeitlang mit dieser Entscheidung gelebt hatte, entschloß ich mich, dem Netzwerk von Leuten, die durch meine Schule gegangen waren, in einem Rundbrief meinen Prozeß und meine Entscheidung zu vermitteln, und klar zu sagen, daß es sich bei dem, was wir taten, nicht um Therapie handelte. Ich stellte meinen Prozeß und meine Entscheidung dar und ließ den Dingen ihren Lauf, indem ich die Menschen in meinem Netzwerk bat, diese Frage für sich selbst zu klären und zu tun, was ihnen richtig erschien. Manche vollzogen den Wandel mit. Andere taten es nicht. Ihre Entscheidungen haben mit dem, was meinem Gefühl nach für mich richtig war, nichts zu tun, und vice versa.

Welch eine Erleichterung, zu beschließen, daß es sich bei dem, was ich tat, nicht um »Therapie« handelte; wie befreiend der Entscheidungsprozeß war! Ich fühlte mich so, als sei eine große Last von mir genommen, wie immer, wenn ich meinen Prozeß vertraue und mit ihm in Übereinstimmung bin.

Ich stellte fest, daß die Regeln und Richtlinien eines Systems, das ich nun als verrückt und suchterzeugend betrachtete, nicht mehr galten, da ich keine »Therapie« mehr machte. Genau wie die indianischen Medizinfrauen und Medizinmänner, die ich kannte, arbeitete ich aus einem anderen Weltbild heraus. Um ehrlich zu sein: Das Paradigma, das meiner Arbeit zugrunde lag, hatte mehr Gemeinsamkeiten mit der indianischen Medizin als mit der psychologischen Gesellschaft Amerikas. Eine weitere befreiende Erkenntnis! Allmählich kamen meine Arbeit, meine Überzeugungen und meine Philosophie immer mehr zur Deckung. Einer der besten Prozeß-Begleiter, den wir in unserem Netzwerk hatten, war ein Mann mit einer Lesestörung, der nie ein College besucht hatte, ein Künstler und Zimmermann. Im Verlauf der Weiterentwicklung dieser Arbeit sahen wir immer deutlicher, daß sich manchmal die Ausbildung in den helfenden Berufen und die Fähigkeit, ein guter Lebensprozeß-Begleiter zu sein, regelrecht widersprachen.

Um diese Arbeit zu entwickeln, mußte ich kontinuierlich offen dafür sein, meine Grundannahmen, meine Wahrheiten, das, was meine Ausbildung mir als »richtig« und »notwendig« vermittelt hatte, die ethischen Vorstellungen und die Überzeugungen, die ich gelernt hatte, in Frage zu stellen. Ich betete um innere Klarheit, bat um Rückmeldungen, versuchte, mich an meiner inneren Integrität zu orientieren, arbeitete an meinem Genesungsprogramm, machte meine Tiefenprozeß-Arbeit und vertraute meinem Prozeß.

Als die Arbeit, die ich tat, immer eigenständiger wurde, ereignete sich in meinem Beisein das Heilungsgeschehen, das ich nie für möglich gehalten hätte, und ich war kein notwendiger Faktor bei diesen Heilungen. Ich konnte helfen, die geeignete Situation zu schaffen, und konnte die Heilung unterstützen, und gleichzeitig war das, was mit Menschen, die zu Workshops und Trainingssitzungen kamen, geschah, Heilung in einer Art und Weise, die ich mir nicht einmal zu erträumen gewagt hätte. Mir wurde allmählich immer deutlicher, daß dem menschlichen Organismus tatsächlich ein Prozeß innewohnt, der sich auf alles, was im Lauf eines Lebens geschehen ist, heilend auswirken kann. Auf einer tiefen Ebene geht es nicht darum, *was* jedem einzelnen von uns geschah. Es geht darum, uns das Geschehene zu eigen zu machen, und unseren inneren Prozeß den Heilungsweg nehmen zu lassen, den er selbst vorschreibt. Ich sah Heilungsgeschehen, die durch intellektuelles Wissen und Begreifen nie hätten zustande kommen können. Ich war entsetzt über die im Geist und im Körper gespeicherten Erinnerungen an Inzest und frühen sexuellen Mißbrauch, die bei Menschen hochkamen, wenn sie ihre Tiefenprozeß-Arbeit machten. Mir wurde klar, daß meine Ausbildung, die mich gelehrt hatte, hinsichtlich der Heilungschancen bei Menschen mit bestimmten Problemkomplexen eher skeptisch zu sein, außerordentlich begrenzt und »auf dem Holzweg« war. Erstens war es verrückt, in dieser Hinsicht überhaupt Erwartungen zu hegen, und zweitens schien die Heilung, die möglich war, sehr viel mehr mit der Bereitschaft und der Fähigkeit des einzelnen zusammenzuhängen, die eigene innere Arbeit zu machen, als mit der Diagnose – und wieder war ein »göttergleiches« Attribut der traditionellen Therapie, die Voraussage, verschwunden. Ich konnte an mir selbst beobachten, daß ich immer weniger wußte und immer mehr Weisheit entwickelte.

Ich sah, wie Menschen in ihrer Tiefenprozeß-Arbeit (die von uns nie manipuliert, kontrolliert oder eingeleitet wurde) Erinnerungen an frühen sexuellen Mißbrauch, Mißhandlungen und/oder sadistische sexuelle Rituale zutage förderten, diese Erfahrungen durcharbeiteten, und dann dazu übergingen, ihr Leben in einer Weise zu leben, die ich nie für möglich gehalten hätte. All das geschah gewöhnlich während eines Trainingsjahres, in dem sie dreimal mit ihrer Trainingsgruppe und mir zusammenkamen, etwa einmal im Monat zu regionalen Gruppentreffen gingen, gelegentlich an Workshops teilnahmen, Zwölf-Schritte-Meetings ihrer eigenen Wahl besuchten und zu Hause ihre eigene Arbeit machten, wobei sie ein anderes Mitglied der Trainingsgruppe, ein Familienmitglied, eine Freundin oder einen Freund baten, sie zu begleiten.

Was ich an dieser Arbeit so spannend finde, ist, daß sie einem wirklichen Paradigmenwechsel entspricht und daß sie Wirkung zeigt. Sie öffnet Türen zu einem Heilungsgeschehen, das ich nie für möglich gehalten hätte, und sie ist für die begleitenden Personen so einfach und angenehm. Ich habe in dieser Arbeit nie die Gefühle des Ausgebranntseins und der Erschöpfung gespürt, die ich als »Psychotherapeutin« hatte. Ich muß nicht wissen, was in der anderen Person vorgeht, ich muß keine fertigen Antworten parat haben, ich muß die Dinge nicht unter Kontrolle haben (oder mir einbilden, sie unter Kontrolle zu haben). Ich muß nur präsent sein und Anteil nehmen, indem ich vermittele, was in mir selbst vorgeht.

Wie bereits geschildert, war mein Genesungsprozeß von der Beziehungssucht in seiner Wechselwirkung mit meiner beruflichen Arbeit und unter dem Aspekt, wie ich meine Arbeit später betrachtete, von zentraler Bedeutung. In meinem Genesungsprozeß wurde mir bewußt, daß Sucht sehr viel mehr ist als eine spezifische Abhängigkeit von bestimmten Substanzen oder Prozessen (s. dazu *Im Zeitalter der Sucht*).[8] Ich sah, daß Abhängigkeiten in die Gesellschaft integriert sind, daß die

Gesellschaft selbst wie ein aktiver Süchtiger funktioniert, daß wir alle diesen Suchtprozeß erlernt haben, weil er die gesellschaftliche Norm ist, in unseren Familien und Institutionen und in der Gesellschaft als Gesamtheit. Dieser Suchtprozeß basiert auf Illusion und fordert uns ab, uns unserer eigenen Realität zu enteignen, um uns in ein illusionäres Paradigma, eine illusionäre Weltsicht einzuordnen. Mir wurde auch deutlich, daß keine und keiner von uns diesem Suchtprozeß entkommt, weil er die Grundlage unserer Gesellschaft bildet (es ist nur die unserer Krankheit innewohnende Arroganz, die uns zu dem Glauben bringt, wir könnten ihm entgehen), und daß wir alle uns diesem Suchtprozeß und der Form, die er in jeder und jedem von uns annimmt, stellen müssen. Wir müssen uns mit den spezifischen Abhängigkeiten *und* dem zugrundeliegenden Suchtprozeß konfrontieren. Ich erkannte, daß wir, wenn wir uns nicht in aktiver Genesung befinden (ein partizipatorisches Modell), selbst das Problem sind. Ich entwickelte sehr großen Respekt vor der Weisheit der Anonymen Alkoholiker, die diese Krankheit als »raffiniert, verwirrend, machtvoll und (...) geduldig« bezeichnen. Diese Krankheit ist voller Tücken, und diejenigen, die glauben, sie besiegt zu haben oder nicht von ihr beeinflußt oder befallen zu sein, befinden sich vermutlich im Zustand der Verleugnung. (Das sind starke Worte, aber für mich haben sie sich als wahr erwiesen.) Mein eigener individueller Genesungsprozeß wurde immer wichtiger für mich und nahm in meinem Leben eine zentrale Stellung ein.

Als ich für mein Buch *Im Zeitalter der Sucht* auf einer Werbereise war, hatte ich ein Erlebnis, das sich später als sehr wichtig für mich und die Entwicklung meines Prozesses herausstellte. Man hatte mich eingeladen, an einer einstündigen Radio-Talkshow teilzunehmen, in der das Buch diskutiert werden sollte. Als ich im Studio eintraf, teilte der Gastgeber der Sendung mir mit, daß ein Psychiater anwesend sei, der Leiter der Abteilung für die Behandlung von Drogenabhängigkeiten in einem großen Bostoner Krankenhaus, der darauf bestanden habe, an der Diskussionsrunde teilzunehmen. Ich fühlte mich geschmeichelt. Lassen Sie mich an dieser Stelle rasch etwas darüber einflechten, was für eine Art von Mensch ich damals war. Als ich den Film »Easy Rider« sah und die Schlußszene kam, in der die Männer im Laster einen der Motorradfahrer erschossen hatten und ihr Fahrzeug wendeten, glaubte ich, sie kämen reuig zurück, um zu helfen. (Naivität und Leichtgläubigkeit sind typische Merkmale der Beziehungssüchtigen.) Also, ich war begeistert, daß der Psychiater an der Talkshow mit mir teilnehmen wollte. Ich ging davon aus, er habe bei der Lektüre von *Im Zeitalter der*

Sucht den großen Durchbruch gehabt und wolle das nun öffentlich zum Ausdruck bringen.

Er haßte das Buch jedoch, und er schien auch mich zu hassen. Diese Begegnung war eine meiner ersten bewußten Erfahrungen mit einem Menschentypus, den ich jetzt als den »fundamentalistischen Wissenschaftler« bezeichne. Nichts und niemand kann so gewalttätig, dogmatisch oder unkontrolliert emotional sein wie ein fundamentalistischer Wissenschaftler.

Ich hatte schon viele Jahre zuvor bemerkt, daß die wissenschaftliche Methode nichts anderes war als ein religiöses Überzeugungssystem. Wie ich in *Weibliche Wirklichkeit* schrieb, waren die Reaktionen auf diese Äußerung so heftig, daß ich fünfundzwanzig Jahre darüber schwieg.

Wie alle anderen religiösen Fanatiker sind auch fundamentalistische Wissenschaftler fest davon überzeugt, daß man nur durch ihre Vorgehensweisen und ihr Glaubenssystem Zugang zur Wahrheit erlangen kann. Jeder Mensch, der je in irgendeiner Form mit fundamentalistischen Fanatikern Kontakt hatte, kennt das Syndrom, ganz gleich, ob es sich um christliche, muslimische, wissenschaftliche oder politische Fanatiker handelt. Unabhängig von den Inhalten ist der Prozeß durch Engstirnigkeit, Gewalt, Vorbehalte, Selbstgerechtigkeit und Überheblichkeit gekennzeichnet.

Nichtsahnend und naiv ging ich in dieser Situation offen und gesprächsbereit auf den Mann zu. Als erstes sagte er, er halte das Buch für gefährlich. In faßte das als Kompliment auf und dankte ihm. Er nannte das Buch unwissenschaftlich, und wieder nahm ich das als Kompliment und dankte ihm – falls er damit ausdrücken wolle, daß mein Ansatz nicht auf einem mechanistisch-wissenschaftlichen Paradigma beruhe.

Ich halte meine Arbeit für sehr wissenschaftlich – wenn Wissenschaft Unvoreingenommenheit, Forschergeist und die Art von Erkenntnis bedeutet, die wir in Stammeskulturen, in der Thermodynamik und in den »Neuen Wissenschaften« finden. Ich glaube, daß wir eine Wissenschaft haben können, die, wie Morris Berman es ausdrückte, partizipatorisch ist und auf der grundlegenden Einheit des Universums basiert.[9] Diese Art der Wissenschaft ist nicht reduktionistisch, sie ist expansiv. Zurück zu meinem Erlebnis: Ich versuchte, irgendeine Basis, irgendeine Gemeinsamkeit mit diesem Mann zu finden. Anfangs hatten wir uns beide positiv über das Zwölf-Schritte-Programm der Anonymen Alkoholiker geäußert. Ich dachte, vielleicht könnten wir hier zu einer Annäherung gelangen und die Sendung doch noch mit etwas Leben erfüllen, also kam ich auf dieses Thema zurück: »Nun, zumindest stimmen wir darin überein, daß das Zwölf-Schritte-Programm der Anonymen Alkoholiker für den Umgang mit der Sucht das beste Instrument ist.« – »Das habe ich nicht gesagt«, fuhr er mich an. »Was haben Sie gesagt?« – »Ich habe gesagt, daß es ein gutes Programm für Leute ist, die sich nichts besseres leisten können.« Ich muß wohl nicht eigens betonen, daß ich an diesem Punkt jede Hoffnung auf ein Gespräch mit ihm aufgab. In diesem Stadium der Entwicklung meiner Ideen hatte ich ein riesiges Bedürfnis nach Unterstützung und Anerkennung durch Kollegen aus meinem Berufsfeld. Ich hatte mich vorher schon oft in dieser Position vorgefunden. Als ich in der Bürgerrechtsbewegung aktiv war, wollte ich, daß bigotte Rassisten zuhörten und Toleranz entwickelten. Als ich das Material für *Weibliche Wirklichkeit* zusammentrug, wollte ich vom System des Weißen Mannes angehört und akzeptiert werden. Und hier tat ich schon wieder dasselbe. Ich hatte soviel gelernt, indem ich anderen Süchtigen zuhörte und an meiner eigenen Genesung arbeitete. Ich wollte, daß jene, die völlig in das, was ich das Suchtsystem nannte, eingebettet waren, mich anhörten und würdigten, was ich zu sagen hatte. Ich wollte nicht nur, daß sie mich anhörten und würdigten, sie sollten mir auch zustimmen. Während jeder dieser Phasen, in denen ich ein System verstehen lernte, das mit dem herrschenden System nicht übereinstimmte, und jedesmal, wenn ich dem dominanten System meine Lernprozesse vermitteln wollte, flüsterte eine leise Stimme in mir: »Worauf bereitet diese Erfahrung mich vor?« Und jedesmal konnte ich mir einfach nicht vorstellen, daß eine Situation widerwärtiger oder schwieriger sein könnte als die, in der ich gerade steckte.

Nun, ich glaube, diesmal habe ich es geschafft. Ich habe nie eine heiligere Kuh angegriffen als die auf dem Denken Newtons und Descartes' basierende Wissenschaft. Alle sozialen, politischen, religiösen, heilerischen, wissenschaftlichen und ökonomischen Strukturen bauen auf diesem begrenzten wissenschaftlichen Überzeugungssystem auf.

Ich hatte mit dem Gedanken gespielt, daß ich eigentlich tiefer in die »Wissenschaft« eindringen müßte, auf der die Psychotherapie basierte, um das, was ich zu ergründen begann, vollständig zu verstehen. Dieser fanatische Psychiater war so etwas wie ein Geschenk; er überzeugte mich davon, daß ich doch auf dem richtigen Weg war.

Während ich mit Alkoholikern arbeitete und mich aktiv um meine eigene Genesung bemühte, wuchs in mir mehr und mehr die Überzeugung, daß traditionelle Psychologie, Psychiatrie, Beratung, Seelsorge und Religion bei der Behandlung von Abhängigkeiten wirklich keine Hilfe waren und das Problem oft verschlimmerten (es werden zum Beispiel Medikamente verabreicht, um Alkoholismus zu behandeln, und so wird eine neue Abhängigkeit von chemischen Substanzen erzeugt). Außerdem wurde mir allmählich klar, daß eben dieselben Disziplinen auch für die traditionellen »psychischen Störungen«, wie man sie im Diagnostic Manual III[10] beschrieben findet, nicht von großem Nutzen waren. Tatsächlich spielte ich mit dem Gedanken, daß viele der Kategorien, die man im DSM III findet, viel besser unter den Rubriken Abhängigkeit und Co-Abhängigkeit aufgehoben wären, und daß es nicht nur billiger und einfacher, sondern auch wirkungsvoller wäre, diese Probleme mit den Mitteln des Zwölf-Schritte-Programms und der Tiefenprozeß-Arbeit anzugehen.

Vielleicht lag der Grund, daß die helfenden Berufe Abhängigkeiten systematisch ignoriert hatten und/oder in der Behandlung von Sucht so erfolglos waren, letztlich darin, daß sie aus einem Modell heraus handelten, das Abhängigkeiten auf subtile Weise selbst unterstützte und auf Sucht basierte. Inzwischen bin ich davon überzeugt, daß es sich so verhält. Nach und nach bekam ich immer mehr »Fan-Post« von Leuten, die meine Bücher gelesen oder meine Vorträge besucht hatten. Als ich mich mit meinem Plan, über meine Ideen zu schreiben, sehr unsicher fühlte, sammelte ich diese Briefe (es waren hunderte), und nahm mir vor, der Veröffentlichung dieser Schreiben, die meine Beobachtungen bestätigten, ein ganzes Kapitel dieses Buches zu widmen. Als ich aufhörte, den ausgebildeten Experten zuzuhören und statt dessen den »Laien«-Experten lauschte, die sich mit ihren aktuellen Problemen auseinandersetzten, entdeckte ich, daß auch ich eine teilnehmende Expertin sein konnte. Inzwischen fühle ich mich sicherer mit dem, was ich über diese Ideen zu sagen habe, und doch möchte ich einige der Briefe zitieren, um zu zeigen, was an Information auf mich zukam und mein Denken beeinflußte, denn ich glaube, daß die Menschen selbst die besten Experten für ihre eigene Belange sind.

In den Briefen fand ich Bestätigung für viele der Ideen, die ich entwickelte. Manche sprachen das Bedürfnis an, Psychotherapie und die Art, wie sie praktiziert wurde, einer genauen Überprüfung zu unterziehen. C. D. aus Maine schrieb zum Beispiel:

»Gestern, bei einem Brunch, traf ich eine Suchtberaterin, und ich war fast schockiert über einige der Dinge, die sie äußerte. Ich weiß, daß Sie recht haben – ich weiß es mit meinem ganzen Herzen! Was sie sagte, klang so größenwahnsinnig, in dem Sinn, daß die Therapeutin diejenige sei, die entscheidet, wann und unter welchen Bedingungen ein Patient ›in die Tiefenschichten vordringt‹. Ich sagte ihr, das, was sie schildere, höre sich sehr nach Kontrolle und Manipulation an, und außerdem sehr arrogant. Sie sprach auch immer wieder darüber, daß sie ihren kranken Patienten helfe, gesund zu werden, und daß diese Patienten, wenn es ihnen besser ging, nicht mehr soviel ›Lenkung‹ brauchten. Mir lief es kalt über den Rücken. Ich konnte wirklich fühlen, wie verächtlich ihre Einstellung zu ihren Klienten war. Ich danke Gott, daß ich nie in einer psychiatrischen oder beratenden Einrichtung zu arbeiten brauche.«

Manche Briefe waren amüsant und eigenwillig und regten zum Nachdenken an, wie dieser Brief aus Kalifornien:

»betrifft: Im Zeitalter der Sucht
    Hallo Anne,
    Ja, was ist denn das! Ein Buch über Gesellschaft/Psychologie ohne dicke, fette (macho-mäßige, heuchlerische, autoritäre) Ausrutscher! Der Berg ist wieder ein Berg. Hurra!
    Na, Sie wissen ja, diese mit Vergewaltigung aufgezogenen Schuldgefühlsüchtigen wollen immer Spielchen machen, die mehr Schuld erzeugen, und diese Schuld dann anderen anlasten/auf ›den anderen‹ projizieren, um ein bißchen Sicherheit, ein bißchen Macht und Kontrolle aufrechtzuerhalten, so daß sie sich nie mit ihrem wirklichen inneren Selbst konfrontieren müssen. Das kennen wir schon.
    Was Ihre Idee angeht, daß Schizophrenie nur ein Punkt auf dem Kontinuum des programmierten Denkens unserer Gesellschaft ist: Stimmt! Ich sehe in der persönlichen Geschichte der Verrückten, die ich kenne, immer einen Punkt, an dem Autorität und autoritäres Denken – Herrschaft, Herrschaft, Herrschaft – ihnen zu gewaltsam eingetrichtert wurden, und sie nahmen es sehr ernst, versuchten, Höchstleistungen darin zu erreichen (wie der Herr, so's Gescherr), und trieben die Sache bis zu ihrer logischen Konsequenz – der Verrücktheit. Viele haben irgendeine der in unserer Gesellschaft allgemein akzeptierten Phantasien, wie etwa die Vorstellung, daß es einen Heiligen Geist gibt, auf die Spitze getrieben und sich so dem Verfolgungswahn, der Paranoia, den ›Stimmen‹ ausgeliefert. Außerdem nehmen enorm viele ›Schizoide‹ für sich in Anspruch, vom ›Herrn‹ geleitet zu werden, und

das ist der Inbegriff der Internalisierung des hierarchischen Patriarchats.

Ich habe eine sehr niedrige Schwelle zum Unbewußten, also sind ›Geisteskrankheiten‹ für mich nur allzu verständlich. Ich würde es wirklich vorziehen, nichts zu wissen, vergessen zu können. Haben Sie je, wenn Sie in einem Schwimmbecken auf Tauchstation waren, nach oben und an den Rand geschaut? Die Leute sehen wie Schauspieler auf einer Bühne aus. Von tief unten her gesehen ist es kaum zu fassen, daß die meisten in einer Traumwelt leben, daß sie sich um ihr wahres inneres Selbst überhaupt nicht kümmern, daß Realitätsverleugnung in mindestens einem Bereich die Norm ist, insbesondere bei jenen, die angeblich ›etwas darstellen‹. Es gibt nichts Komischeres (es sei denn, Sie haben Glück oder einen verrückten Humor) als ein radikaler, fundamentalistischer Christ zu sein, der selbst verrückt ist. Die Gesellschaft akzeptiert den Christen, weil seine hierarchische Ideologie einfach nur eine ›mystifizierte‹ – verhüllte – Spiegelversion des Patriarchats ist, mit seiner Heldenverehrung, seinem ›Folge-deinem-Führer‹-Rollenmodell.

Wissen Sie, der ganze Hokuspokus, den die Psychotherapeuten im Kopf haben, hindert sie daran, irgendeines dieser Probleme zu erkennen. Das größte Problem, auf das ich meistens stoße, wenn ich versuche, darüber zu diskutieren, was Schizophrenie ist, liegt im Widerstand der ›Seelenklempner‹, ihre Rolle als Autoritäten aufzugeben, denn das würde ja bedeuten, anzuerkennen, daß niemand je einem anderen Menschen hilft; du mußt dir selbst helfen, dich deinem ureigensten Schmerz, deiner Schuld und deiner Liebe stellen – gleichzeitig. Da sitzt man dann und singt den ›Wahre-Liebe-Blues‹.

Genug!

Übrigens, für Ihr nächstes Buch: 1) ›Fahr auf dich selbst so ab, wie du möchtest, daß andere auf dich abfahren!‹ 2) ›Um der eisernen Faust des autoritären Denkens zu entgehen, mußt du ehrlich sein – dir selbst gegenüber.‹ 3) ›Nimm's leicht, Dummkopf!‹ (Dann kommt auch die ›Erleuchtung‹). 4) ›Laß dich auf deine Gefühle ein – das ist das Spirituelle.‹ 5) ›Liebe überwindet das Denkgewürge.‹ 6) ›Lerne zu vergessen.‹ Inzwischen sind Sie vermutlich eingeschlafen.
Danke,
B. K.«

Manche Briefe waren anrührend und herzzerreißend, wie der von M. D. aus Iowa, die am 16. Juni 1987 schrieb:

»Dies ist ein Brief, den ich einfach schreiben muß. Ich will das Risiko auf mich nehmen: mich darzustellen, Ihnen zu danken und uns zu unserem Genesungsprozeß zu gratulieren. Und mich mitzuteilen. Ich spüre, daß ich mich davor schützen möchte, irgendwelche authentischen Gefühle zu enthüllen, denn sie entsprechen noch dem Muster der Co-Abhängigkeit und dem erwachsenen Kind aus einer suchtkranken Familie. Ich schäme mich, und ich arbeite immer noch daran. Ich bin Ihnen dankbar für Ihre Bücher. Sie helfen mir, Klarheit zu finden. Ich spüre auch Neid und eine Spur von Groll. Ich schreibe auch, über dieselben Themen. Und ich habe versucht, den beiliegenden Artikel zu veröffentlichen.

Ich mag es an mir nicht, daß ich die Ego-Spritze, die äußere Bestätigung, die ich mir von der Veröffentlichung verspreche, immer noch brauche. Und dennoch glaube ich, daß ich mich weiterentwickelt habe. Denn ich bin dankbar, daß endlich jemand gehört wird, der von diesen Dingen weiß!

Ich empfinde auch Traurigkeit und Reue, Wut und Verletztheit. Die Lektüre Ihrer Bücher beschwört viele schmerzliche Erinnerungen herauf.

Meine Reise begann über die Psychotherapie, in Denver. Ich arbeitete mit einer der damals führenden Psychologinnen, einer Frau, die Sie kennen. Und erst jetzt, mehr als zehn Jahre später, fange ich an, meine Wut über ihre Ignoranz – damals,1976 – und über das Fragmentierungs- und Kategorisierungsbedürfnis der Gesellschaft durchzuarbeiten. Ich wußte seinerzeit, daß ich mit der Sucht und mit Beeinträchtigungen aller Art kämpfte. Außerdem war ich mir meiner Realität als Frau, die in einer männlich dominierten Gesellschaft nach Autonomie strebt, und des psychiatrischen Genozids, der mich in meiner Krankheit festhielt, schmerzlich bewußt. Meine Psychotherapeutin wurde zu meiner Göttin, gleich nach Dilaudid, Barbituraten und Alkohol.

Während ich schrie: ›Organisches Gehirnsydrom, Borderline-Störung, akute schizophrene Reaktion – das bin ich nicht!‹, griff ich nach der einzigen Lösung, die wirkungsvoll war und die ich kannte: Sucht. Wieder und wieder wurde ich durch ungerechtfertigte Klinikeinweisungen geschädigt und mit den Begriffen des DSM III zum Opfer gestempelt. Aber das setzte weder den Selbstmordversuchen noch den Einweisungen, noch der Egozentrik, noch dem Drogenkonsum ein Ende.

Schließlich verließ ich Denver im August 1980 und kehrte in meine Heimatstadt Sioux City zurück, heruntergekommen auf zweiundsechzig Pfund Körpergewicht und 10000 mg pro Tag. Als ich etwas über ein Jahr drogenfrei war, machte ich einen Besuch in Denver, nur um festzustellen, daß ich innerhalb des psychiatrischen Berufsfeldes Gegenstand einer großen Kontroverse gewesen war. Das half mir auch nicht, meine bereits extreme Position ›letaler Einzigartigkeit‹ zu überwinden.

Als ich in Denver war und dann später, während meiner Genesung, versuchte ich den ›Experten‹ zu vermitteln, was einige von uns in den frühen siebziger Jahren ansatzweise erkannt hatten – das, worüber Sie in Ihrem Buch schreiben. Niemand wollte es hören – und schon gar nicht von einer echten Irren.

Für einige Zeit schwenkte ich vom Pfad der Nüchternheit ab. Das tat weh. Ich verharrte in Selbstmitleid und in der Verurteilung meiner selbst und anderer. Dennoch führte mein Weg zur Nüchternheit und schließlich, in letzter Zeit, zur Genesung.«

Manche Briefe, wie zum Beispiel der folgende, berichten über das Versagen der Therapie und der traditionellen Modelle:

»Ich habe mein Leben lang mit der Depression gekämpft; ich bin einundfünfzig Jahre alt und war, mit Unterbrechungen, mehr als zwölf Jahre lang in Therapie. Seit ich mit dem Zwölf-Schritte-Programm arbeite, ist mein Leben immer positiver geworden. Meine depressiven Schübe, die früher monatelang anhielten, dauern jetzt höchstens noch drei oder vier Stunden, und gewöhnlich hebt sich meine Stimmung spätestens am nächsten Tag. Als ich sie zum ersten Mal sagen hörte, daß Depression ein ›Geschenk‹ sei, war ich verblüfft und gespannt, und jetzt lerne ich, die Depression nicht zu bekämpfen, sondern sie anzunehmen und ihr Dasein zu erkunden.

Ich datiere den Beginn meiner Genesung auf mein erstes Nar-Anon-Treffen im April 1987. Mir ist bewußt, daß ich mich in einem sehr frühen Stadium der Genesung befinde; ich gehe gerade vom intellektuellen zum emotionalen Verständnis des Programms über.
C.H.«

Die nächsten drei Briefe klagen das System der Gesundheitsfürsorge im psychologisch-psychiatrischen Bereich an und schildern, was mit Therapeuten und Klienten gleichermaßen in diesem System geschieht:

»Ich fühle mich ähnlich wie zu der Zeit, als ich zum ersten Mal mit dem Zwölf-Schritte-Programm begann (vor fast neun Jahren). Damals hatte ich Hoffnung und glaubte an das Programm. Ich war mit Begeiste-rung bei der Sache und zwar ziemlich erfolgreich in meiner Arbeit an mir selbst. Vor etwa fünf Jahren ging ich in Therapie. Wenn ich zurück-blicke, habe ich das Gefühl, daß ich im Abrutschen begriffen war. Die Therapie war meine Krücke. Ich bekam wertvolle Informationen, wäh-rend ich in Therapie war, und ich fand in ihr einen Ort, an dem ich den Druck und die Spannungen loswerden konnte, die ich hatte, weil ich aus meiner Krankheit heraus handelte, aber ich fühlte mich nicht klar, und ich wußte, daß etwas fehlte. Während meiner Therapiejahre ging ich auch hin und wieder zu Meetings, rief meine Schwester an, ›irgend-wie, manchmal, vielleicht‹, ›arbeitete‹ meine Schritte durch und konnte mein Leben bis zu einem gewissen Grad bewältigen. Genesung erlebte ich jedoch nicht.

Ich nehme keine vorwurfsvolle Haltung ein, was meine Therapie angeht. Ich habe vielmehr das Gefühl, daß ich damit fertig bin und daß dieser Teil meines Lebens der Vergangenheit angehört. Im Rückblick ist mir klar, daß ich wahrscheinlich einen Rückfall hatte. Ich glaube auch und kann auch akzeptieren, daß ich damals an der Stelle war, an der ich sein mußte. Außerdem weiß ich, daß ich aus meinen Fehlern lerne, und aus dieser Zeit habe ich zweifellos etwas gelernt.

Heute fühle ich mich anders. Heute sehe ich den Unterschied in meinem Programm, im Vergleich zu früher. Ich kann die Versprechen lesen und sehen, wie manche davon für mich wahr werden. Ich vertraue der höheren Macht in mir und dem Programm. Und ich arbeite die Schritte durch, immer für einen Tag, jeden Tag wieder. Heute vermit-tele ich mein Programm; vorher vermittelte ich Informationen, die ich über das Programm hatte. Ich fühle mich klar. Ich weiß, daß kein Problem so groß ist, daß ich es nicht bewältigen könnte – wahrschein-lich, weil ich gar nicht den Versuch mache, meine Probleme allein zu bewältigen. Ich mache meine Kleinarbeit und überlasse es der höheren Macht in mir, welche Resultate sich zeigen. Und es funktioniert! Und ich mag das!!!
R. R.«

»Ich habe Ihr Buch *Im Zeitalter der Sucht* gerade zum dritten Mal gelesen und es mehreren Freunden in meiner Al-Anon-Gruppe emp-fohlen. Ich glaube, es ist das hilfreichste und erhellendste Werk, das mir je begegnet ist (ich bin eine ehemalige Englischlehrerin und lese sehr viel).

Ich bin neunundvierzig Jahre alt, seit achtundzwanzig Jahren verheiratet, Mutter dreier erwachsener Söhne und selbst erwachsenes Kind eines alkoholabhängigen Vaters. Die beiden Geschwister meiner Mutter waren Alkoholiker, ebenso wie ihre beiden Großväter. In der Familie meiner Mutter, aus der meine Rollenmodelle kamen, gab es jede Menge extrem kontrollierender, tüchtiger, kritischer, loyaler Frauen. Ich fügte mich als Einzelkind in einer alkoholabhängigen Familie auch in dieses Muster ein und war das ›perfekte‹ Kind.

Mein Mann ist Arzt; er ist das jüngste von drei Kindern aus einer fundamentalistisch-religiösen Familie, in der Alkohol tabu war. Sein älterer Bruder war vom fünfzehnten Lebensjahr an ein eindeutiger Workaholic. Phobien, Depressionen und obsessiv-zwanghafte Verhaltensweisen gibt es in der weitläufigen Familie meines Mannes im Überfluß. Alle Familienmitglieder in meiner Generation und der Generation unserer Kinder haben studiert; es gab weder auf meiner Seite noch auf der Seite meines Mannes Selbstmorde oder psychiatrische Einweisungen – bis auf Rick. Rick ist unser zweiter Sohn, jetzt dreiundzwanzig Jahre alt. Zigaretten mit acht Jahren (raucht immer noch), heimlich Haschisch und Alkohol im Haus eines Freundes mit zehn Jahren, möglicherweise ein LSD-Trip mit zehn; tägliches Hasch-Rauchen mit vierzehn (zunehmend schlechtere Noten in der Schule), mit fünfzehn bis sechzehn zweimal in der Woche LSD und regelmäßiger Alkoholkonsum. In diesem Jahr gab er die Schule auf.

Im Alter von sechzehn Jahren lebte er mit seiner Freundin zusammen, deren Bruder Kokain-Dealer war. Rick war damals zweifellos schon Alkoholiker, trank große Mengen, und trank, ihren Aussagen nach, allein. Mit siebzehn injizierte er sich zum ersten Mal MDA und hatte einen psychotischen Zusammenbruch. Einweisung in die Pschiatrie, Haldol – die erste vieler solcher Runden. In einem Drogenbehandlungszentrum für Jugendliche hielt er es ganze zehn Tage lang aus.

In den sechs folgenden Jahren konnte er fünf weitere Aufenthalte in psychiatrischen Kliniken und drei in Drogenbehandlungszentren für sich verbuchen. Mit neunzehn blieb er ein Jahr lang trocken und hatte in diesem Jahr auch keine psychotische Krise (die Psychopharmaka hatte er abgesetzt); er holte den High-School-Abschluß nach, absolvierte sein erstes Semester am College und war unter denjenigen, die wegen besonderer Leistungen vom Dekan empfangen wurden (!). Im nächsten Semester nahm er wieder Drogen, schluckte Mengen von Acid und wurde wieder psychotisch. Er war bei drei verschiedenen Psychiatern in Behandlung und bekam die klassischen Etikettierungen nach dem DSM III: manisch-drepressiv, schizophren, schizo-affektiv.

Im Juni desselben Jahres entschloß er sich freiwillig, an einem dreimonatigen Diagnose-Programm teilzunehmen, ging aber nach fünf Wochen, weil der leitende Psychiater sich weigerte, sein Haldol abzusetzen. Jetzt ist er wieder in Madison, hat eine eigene Wohnung, ist zur Zeit bei den Anonymen Alkoholikern und bleibt nüchtern. Er hat vorher viele Anläufe zum Nüchternbleiben genommen – durch A.A.-Mitgliedschaft, einen Sponsor, Narcotics-Anonymous-Versammlungen –, aber mit ständigen Rückfällen. Einige seiner schlimmsten Acid-Orgien fielen in die Zeit, in der er als ambulanter Psychiatriepatient mit Prolixin in hohen Dosen behandelt wurde.

Ich habe verzweifelt an dem ›Wie-konnte-das-passieren?‹ festgehalten und versucht mich zu erinnern, trotz des permanenten Drängens meiner Familie und des Psychiaters, doch lieber zu vergessen – das sei ›besser für mich‹. Was Sie in Ihrem Buch über Vergeßlichkeit in Suchtsystemen sagen, zeigte mir, daß es für diejenigen, die mich in dieser Weise bedrängten, besser gewesen wäre, wenn ich vergessen hätte. Ich wäre dann verängstigt und verwirrt geblieben, von Psychiatern abhängig, um mein Leben zu bewältigen – ein Muster, nach dem ich viele Jahre lang gelebt habe, ohne daß sich etwas verändert hätte.

Das Suchtverhalten meines Sohnes begann viele Jahre vor seiner ersten psychotischen Episode. Und mein co-abhängiges, kontrollierendes Verhalten begann viele Jahre vor seiner Geburt. Er wuchs in einer gewissenhaften, überverantwortlichen Arztfamilie der höheren Mittelschicht auf, einer Familie, die außerdem Zwang und Kontrolle ausübte, die unaufrichtig und voller ›verrücktmachender‹ Doppelbotschaften war. Sein älterer und sein jüngerer Bruder sind geistig ›normale‹ Hochleistungsmenschen, Workaholics. Unser ältester Sohn ist außerdem Raucher, Mitglied der Elite-Akademikervereinigung Phi Beta Kappa, sammelt zwanghaft weiteres Wissen an, hat seit dem Alter von elf Jahren einen Händewaschzwang, wurde in der Vergangenheit wegen hypo-manisch-depressiver Zustände mit Lithium behandelt, hat einen Aufenthalt in einer Phobien-Klinik hinter sich, benutzt während der dunklen Wisconsin-Winter eine Speziallampe – Lichttherapie gegen Depressionen – und injizierte sich im Alter von achtzehn bis zweiundzwanzig jedes Wochenende Kokain. Er gewöhnte sich das Kokain vor Jahren erfolgreich ab, schlägt sich aber offensichtlich mit einem halben Dutzend anderer Abhängigkeiten herum.

Bei Rick hat kein Psychiater je die Familiengeschichte aufgenommen, obwohl ich mich oftmals erboten habe, die notwendigen Informationen zu liefern. Als ich Ihr Buch las, begann ich zu verstehen, daß es

bei den traditionellen psychiatrischen Erklärungen und Verhaltenseti-
kettierungen gewöhnlich im Interesse des Psychiaters und im Interesse
der Familie und im Interesse der Gesellschaft liegt, auf keinen Fall die
Sucht und die Suchtsysteme aufzudecken, die das ›verrückte‹ Verhalten
nähren. Psychiater wissen, daß sie das verrückte Verhalten von Alkoholikern nicht kontrollieren können. Ein Stück verrücktes Denken
schizophren zu nennen, gibt dem Psychiater die Illusion, daß er eine
Krankheit vor sich hat, die er in den Griff bekommen kann – trotz der
wirklich bodenlosen Mißerfolge in der Behandlung. Ich glaube, daß die
Familie es eher vorzieht, eines ihrer Mitglieder als schizophren zu eti-
kettieren, bevor sie das gesamte Familiensystem als zwanghaft, unaufrichtig und lieblos entlarven müßte. Und genau wie die Suchtfamilie
reagiert auch unsere Gesellschaft höchst erleichtert, wenn sie es nur
mit einem ziemlich kraftlosen und verwirrten Individuum zu tun hat,
dem sie ihre Urteile, ihre Fürsorge und ihre Überwachung angedeihen
lassen kann.

Diese Einsichten verdanke ich Ihrem Buch plus zwei Jahren harter
Al-Anon-Arbeit, vor allem aber einer neuen spirituellen Entwicklung,
die mir zeigt, daß es für mich in Ordnung ist, meinen Anteil an der
Suchtfamilie, in der Rick aufwuchs, zuzugeben – einer spirituellen Entwicklung, in der das offene Eingeständnis meiner Verhaltensweisen
Teil der Veränderung meines Verhaltens ist. Wenn ich jetzt etwas über
mein früheres co-abhängiges Verhalten sage, fühlt sich das nicht mehr
an wie ein Bleigewicht, das mich in meinen Schuldgefühlen festhält; es
fühlt sich an, als ob ich eine Tür durchschreite, oder wie ein Weg, diese
Verhaltensweisen abzulegen.

Offensichtlich liegt die Schizophrenie-Diagnose im Interesse des
Psychiaters; er löst ein Rätsel und bekommt einen Patienten, den er
durch Medikamente kontrollieren kann. Und sie liegt auch im Interesse
der alkoholabhängigen Eltern; sie können ihrer Sucht weiterhin frönen, ohne sich ihr konfrontieren zu müssen. Tatsächlich garantiert die
bei einer Schizophreniediagnose ausbrechende Hysterie, daß etwas so
Normales wie Trunksucht, emotionale Unzugänglichkeit oder extre-
mes Kontrollbedürfnis jahrelang unbemerkt bleiben kann.

Die Infragestellung der gegenwärtigen traditionellen psychiatrischen Etikettierungen wird aller Wahrscheinlichkeit nach nicht von
Experten ausgehen, die aus eben diesen Etikettierungen hohe finanzielle Vorteile und Karrierevorteile beziehen. Aber die Frage, um die es
wirklich geht, ist immer dieselbe: Geht es dem Patienten besser? Und
wenn nein, warum nicht?

Noch einmal: Danke für Ihr Buch. Es hat mir den Mut gegeben, meinen Erinnerungen, meinen tiefsten Gefühlen und meinen Instinkten zu vertrauen, trotz der fast permanenten Abwehr von seiten meiner Familie und der Experten. Ihr Buch hat mich in dem Glauben bestärkt, daß es mehr als einen ›wahren‹ Weg gibt, die Wirklichkeit zu betrachten, und daß wir die Wahrheit vielleicht an ihrer Kraft erkennen, uns zu befreien.«

Der nächste Brief ist von einem Mann, der mit seinem »Genesungsnamen« Chumly genannt werden möchte:

»Ich habe gerade Ihr Buch *Co-Abhängigkeit* zu Ende gelesen. Ich war erstaunt und doch hellwach und aufgebracht. Ich bin jetzt bereit, grundlegende Veränderungen in meinem Leben vorzunehmen. Um es gleich zu sagen: Ich bin wegen Drogen- und Alkoholabhängigkeit in Behandlung. Ich gehe zu A.A.-Versammlungen und hin und wieder auch zu Narcotics-Anonymous-Treffen. Die A.A.-Versammlungen sind mir lieber, weil ich mich dort wohler fühle, und außerdem, weil offenbar immer mehr Leute, die sich zu Doppelabhängigkeiten bekennen, zu diesen Versammlungen kommen. Ich habe mich auch an ein Drogen- und Alkohol-Behandlungszentrum gewandt; Herr C. ist mein Berater, und er stand mir bei der Bewältigung meiner Co-Abhängigkeitsprobleme sehr hilfreich zur Seite. Soviel zu meinem Hintergrund. Und hier beginnt mein Co-Abhängigkeitsalptraum. Am ersten Januar 1990 machte ich einen Selbstmordversuch. Ausgelöst wurde er durch eine Beziehung, in der ich steckte; ich nahm mir bei der Arbeit frei, um mich um ihre Kinder zu kümmern, sie aufs College zu schicken und mich überhaupt unentbehrlich zu machen. Außerdem ging ich gerade durch meine Scheidung; eigentlich war ich froh, die Ehe zu beenden, aber ich war aufgebracht, weil meine Frau mit einem anderen Mann ausgegangen war. Ich war an diesem Silvesterabend allein; in meiner Beziehung zu diesem Mädchen gab es enorme Schwierigkeiten, und ich war wütend und fühlte mich einsam. Eigentlich hätte ich, wie früher, den Silvesterabend mit meiner Tochter verbringen sollen, aber die Beziehung zwischen ihr und mir war seit sechs Monaten praktisch gleich Null. Da saß ich nun, hätte zustimmen sollen, an diesem Abend mit meiner Tochter zusammenzusein, und beschloß, mich umzubringen. Ich hatte das Gefühl, überhaupt nichts wert zu sein, weil ich keine physische oder wirkliche Beziehung zu einer Frau hatte. In einem Wort: Für mich war es eine Katastrophe. Am nächsten Tag setzte ich mich mit den Anonymen Alkoholikern in Verbindung. Ich ging zu einem Treffen, und sie sagten mir, ich hätte einen Rückfall. Ich wandte mich an Herrn C. Dann machte ich so etwas wie einen Einführungskurs oder ein Seminar über Co-Abhängigkeit mit, und Herr C. und ich kamen gemeinsam zu dem Schluß, daß eine Co-Abhängigkeits-Rehabilitation vielleicht helfen würde. Das hing natürlich von der Einwilligung der Kranken-Versicherungsgesellschaft ab. Sind Sie noch da? An diesem Punkt endete mein Alptraum, und Ihr Buch öffnete mir die Augen.

Als nächstes setzt die Versicherungsgesellschaft Herrn C. und mich davon in Kenntnis, daß ich zur Diagnose ins M.-Behandlungszentrum gehen muß. Ich habe ein Gespräch von zehn Minuten mit einem Herrn D., nachdem ich etwa eine Stunde im Wartezimmer verbracht habe. Er fragt mich, wie ich mich fühle. Ich sage ihm, daß ich aufgeregt und depressiv bin, und erzähle ihm, was am ersten Januar passierte. Seit meinem Selbstmordversuch sind etwa zehn Tage vergangen. Herr D. ruft den beratenden Psychiater des M.-Zentrums, einen ausländischen Arzt, den ich kaum verstehen kann. Dieser Arzt sagt, daß ich in die Psychiatrie eingewiesen werden muß. Ich war in Panik. Ich glaubte nicht, daß ich psychiatrische Behandlung brauchte. Ich verlangte, daß sie Herrn C. anriefen, und Herr C. erklärte ihnen, daß ich nur zur Diagnose da sei, wegen meiner Depression. Ich beruhigte mich, entschuldigte mich bei Herrn D. und dem Psychiater für mein Verhalten, und ließ mich für drei Tage zur Beobachtung einweisen. Ich betonte, daß ich ein Co-Abhängigkeitsproblem hätte und daß ich dafür eine Rehabilitation wollte, nach Möglichkeit in … (dem Bundesstaat seiner Wahl). Zwölf Tage später bin ich immer noch in der Psychiatrie – warum? Als ich auf die Station kam, hörte ein Dr. W. sich fünf Minuten lang meine Geschichte an und sagte: ›Ich möchte, daß Sie diese Medikamente gegen Ihre Depression nehmen.‹ Ich weigerte mich. Ich sagte ihm, daß ich nur zur Beobachtung hier sei. Ich hatte ein Drogenproblem. Ich hatte versucht, mich mit verschreibungspflichtigen Medikamenten umzubringen. Und ich hatte ein Co-Abhängigkeitsproblem und wollte in … (dem Bundesstaat seiner Wahl) ein Co-Abhängigkeits-Reha-Programm mitmachen. Der Arzt sagte, er könne nichts für mich tun, solange ich in die medikamentöse Behandlung nicht einwilligte. Während der nächsten drei Tage setzte er mich permanent unter Druck, die Medikamente zu nehmen. Die Versicherung sagte, wenn ich die Medikamente nicht nähe, könne man nichts für mich tun. Man drohte mir mit der Einweisung in eine psychiatrische Klinik in …, wenn ich die medikamentöse Behandlung weiterhin verweigerte. Die

Versicherungsgesellschaft lehnte jede Reha-Maßnahme für mich ab. Schließlich, nachdem Herr C. einen Berater vom M.-Zentrum geschickt hatte und ein Schiedsmann gekommen war, um meinen Fall anzuhören, wurde ich zum ... (medizinischen Zentrum) überwiesen. Während dieser gesamten Prozedur hatte ich das Gefühl, mein Vertrauen zu A. A., N. A. und den medizinischen Berufen verloren zu haben, und ich sagte Dr. C., wenn ich herauskäme, wäre ich nach einer Woche entweder sturzbetrunken oder tot, so wie ich mich fühlte. Man brachte mich dann mit der Ambulanz vom Krankenhaus zu der Reha-Einrichtung. Ich fragte die Therapeutin, die man mir zuwies, unverblümt nach ihren Qualifikationen. Sie sagte, sie habe einige Kurse über Co-Abhängigkeit gemacht, aber eigentlich sei das nicht ihr Feld. Ich entschloß mich, mit ihr an meiner Drogen- und Alkoholproblematik zu arbeiten. Ich sprach mit ... (einer anderen Beraterin), meiner Retterin. Sie war für die Behandlung von Co-Abhängigkeit qualifiziert und gab offen zu, daß es in der Einrichtung kein Programm dafür gab, aber sie wollte versuchen, mir zu helfen. Sie war eine Psychologin, glaube ich, und leitete auch die Station, auf der ich lag. Sie gab mir Bücher zu lesen, und wir verbrachten etwa eine halbe Stunde am Tag im Gespräch, wenn es zeitlich möglich war. Ich hatte zwei Sitzungen mit meiner Drogen- und Alkohol-Therapeutin, aber wir kamen einfach nicht miteinander klar. Ich glaube, das lag an meiner Frustration, und ich hatte sie auch eingeschüchtert, indem ich sie nach ihren Qualifikationen fragte.

Nach einem Monat beschließt die Versicherungsgesellschaft, daß ich geheilt bin: ›Entlassen Sie ihn!‹ Meine Beraterin erklärt, daß ich gerade von der Wachstation für Suizidgefährdete käme, noch nicht soweit sei und zwei weitere Wochen brauchte. Sie sagte, sie habe erfahren, daß eine Verlängerung genehmigt würde, wenn ich sie brauchte. Die Versicherungsgesellschaft deutet an, daß ich vielleicht in eine psychiatrische Klinik eingewiesen werden müsse – schon wieder! Die Entlassungsformalitäten werden eingeleitet; ich kämpfe. Ich bin voller Angst und Verwirrung. Meine Beraterin und eine freundliche Ärztin schaffen es, eine Woche Verlängerung für mich durchzusetzen. Mittlerweile bin ich soweit, daß ich nur noch zumachen kann. Ich baue Schutzwälle auf, um mich auf die Entlassung vorzubereiten.

Man wollte mich wieder zum M.-Beratungszentrum und zu Dr. D. zurückschicken. Ich weigerte mich. Meiner Meinung nach verstand er nichts von meinen Problemen, und mein Vertrauen in ihn war zerstört. Ich kam nach Haus und verkroch mich die meiste Zeit.

Schließlich traf ich eine Verabredung mit Herrn C. Er nannte mir eine C.A.-Veranstaltung, zu der ich gehen sollte, und ich ging hin. Danach las ich Earnie Larsens *Stage II Recovery* (Genesung Stufe II), ein Buch, das mein Berater mir gab, und ich verstand endlich, was er meinte. Co-Abhängigkeit war das fehlende Stück im Puzzle, was meine Sucht und meine Genesung anging. Danke, Earnie, und Dank auch Ihnen, Anne.

Ich bin immer noch wütend über das, was mir passierte. Ich habe Verbindung mit meinem Rechtsanwalt aufgenommen. Durch Ihr Buch kam ich dahin, daß meine Wut verrauchte. Mir wurde klar, daß im Bereich der Krankenversicherungen und der psychiatrischen Einrichtungen die pure Ignoranz herrscht.

Ich hoffe, ich konnte mich klar genug ausdrücken. Falls Sie irgendwelche Fragen an mich haben, schreiben Sie mir bitte oder rufen Sie mich an! Ich habe am ...-College Psychologie studiert und meine Zwischenprüfung in Pädagogik gemacht. Insgesamt war ich vier Jahre lang im Studium und hatte sehr gute Beurteilungen. Meine Drogenabhängigkeit setzte meiner Ausbildung vor etwa fünf Jahren ein Ende. Ich denke daran, mein Studium wieder aufzunehmen, und wenn es mir gelingt, mich in eine bessere Verfassung zu bringen, kann ich anderen in meiner Lage vielleicht helfen. Ich nehme an, da ich ein Co-Abhängigkeits-Typ bin, könnten die helfenden Berufe ein gutes Feld für mich sein. Ich sehe auch, daß die Gefahren, die Sie in Ihrem Buch aufzeigen, real sind. Ich möchte diese Art von Therapie für mich selbst und für andere machen. Zur Zeit bin ich Fabrikarbeiter. Neunzehn Jahre schon. Ich habe nicht mehr geglaubt, daß aus mir noch einmal etwas besseres werden könnte. Jetzt habe ich ein kleines bißchen Hoffnung.

Ich danke Ihnen, daß Sie sich die Zeit genommen haben, dies zu lesen. Wenn Sie nicht wären, und einige andere interessierte Menschen im Co-Abhängigkeits-Bereich, wie Herr C. und meine Beraterin, gäbe es sicherlich eine Menge Opfer dieser Sucht, Verlorene und Tote. Mit Ihrem Buch habe ich das Gefühl, endlich mit einem Programm begonnen zu haben.«

Manche Briefe spiegeln die Probleme von Therapeutinnen und Therapeuten, die selbst den Weg der Genesung eingeschlagen haben:

»Ich danke Ihnen für Ihre zukunftsweisenden Arbeiten über Co-Abhängigkeit. Es sind spannende, bahnbrechende Arbeiten. Ich halte Ihre Neudefinition des psychologisch-psychiatrischen Feldes und der Suchtprozesse für einen Schritt von ausschlaggebender Bedeutung. Ich habe mit dem, was ich jetzt meine primäre Co-Abhängigkeit nenne, jahrelang gekämpft, unter anderen psychologisch-psychotherapeutischen Bezeichnungen, und auch ›Fortschritte‹ gemacht, aber das eigentliche Problem der Co-Abhängigkeit habe ich bis vor kurzem völlig übersehen. Ich bin aus meinen eigenen Erfahrungen heraus davon überzeugt, daß die meisten von uns in diesen Berufsfeldern nichtgeheilte Co-Abhängige sind, die über den Sucht-Co-Abhängigkeitsprozeß ein allenfalls rudimentäres Wissen haben.

Meine eigene Wahrnehmung, daß ich mich unwohl damit fühlte, andere zu ›therapieren‹, solange ich meinen eigenen Weg nicht besser im Griff hatte, brachte mich dazu, bei der Neuropsychologie zu bleiben.

Ich habe das tiefe Bedürfnis, mit einer Gruppe anderer Fachleute zusammenzuarbeiten, die auch ihre primäre Co-Abhängigkeit erkennen und sich auf den Weg der Genesung begeben wollen. Ich bin dankbar für Ihre Arbeiten; das, was Sie über die Gesellschaft, die Frauenbewegung, seelische Gesundheit, individuelles Persönlichkeitswachstum und Spiritualität sagen, trifft meiner Meinung nach den Kern vieler der Übel, mit denen wir, die menschlichen Bewohner dieses Planeten, uns konfrontieren müssen, wenn wir überleben wollen. Das kann nur geschehen, wenn wir, statt inhumaner zu werden, uns zu voller Menschlichkeit entwickeln.

A. A.«

Es folgen die Briefe von zwei Leuten, die innerhalb eines sinnvollen und anwendbaren Paradigmas den Weg der Genesung und der Heilung eingeschlagen haben, und die sich die Zeit genommen haben, mir ihre Lernprozesse zu vermitteln:

»Als ich auf meine Freundschaften in der Vergangenheit zurückblickte, erinnerte ich mich, daß meine Rolle in Freundschaften immer die der guten Zuhörerin war; für eine Freundin oder einen Freund in Not war ich immer da. Offenbar war ich immer verfügbar, denn ich war nicht mit Cliquen unterwegs. Ich war viel allein. Das passierte, als ich zwölf war und meine Familie aus meinem Geburtsort wegzog. Es fiel mir schwer, mich auf die neue Situation umzustellen, oder ich war schüchtern oder zurückhaltend und suchte nicht von mir aus Freunde; ich nahm die, die Interesse an mir zeigten. Die meisten Kinder oder Jugendlichen, mit denen ich zusammen war, kamen zu mir, wenn sie Probleme hatten, und liefen davon, um mit anderen zu spielen, wenn ihnen nicht nach Weinen oder Umsorgtwerden zumute war. Dieselbe merkwürdige Fähigkeit leitete mich bei der Wahl meiner Ehemänner. Ich weiß, daß ich mir meine Ehemänner aussuchte, um meine Krankheit zu nähren und mein Vorratslager gefüllt zu halten. Mir wurde immer erst hinterher klar, daß ich gar nicht Soundsos beste Freundin war, wie ich mir eingeredet hatte. Ich fühlte mich oft benutzt und im Stich gelassen. Bis heute ist es das größte Schreckgespenst für mich, daß man mich vergißt. Wenn ich sehe, wie verzwickt das alles ist, bin ich total erstaunt. Nun ja, ich habe mich verändert, aber es ist auch viel beim alten geblieben. Heute halte ich nach Mitteln und Wegen Ausschau, mich von intimen Freundschaften fernzuhalten. Mir gefiel die Macht, die damit verbunden ist, Zuhörerin zu sein, habe ich festgestellt. Ich sehe die Parallelen zu diesen Dingen in der Beziehung zu meinen Klientinnen und Klienten. Ich will dieses Spiel nicht mehr mitmachen. Ich will mich überhaupt nicht mehr auf Spiele einlassen.

Also ändert sich meine Arbeit, mein Geschäft. Ich kann Leuten nicht mehr geben, was sie wollen, indem ich ihre Erwartungen errate und denke, die Tatsache, daß sie etwas wünschen, bedeutet, daß ich es heranschaffen muß. Heute stelle ich meine Motive in Frage. Ich weiß, wie raffiniert meine Krankheit ist. Ich war mir im Zusammenhang mit meiner Arbeit einer großen Erschöpfung bewußt, jede Menge Anfragen und keine Zeit für neue Klienten. Ich fühlte mich frustriert und wußte nicht warum. Eines Tages sah ich mir zufällig eine Liste mit den Namen meiner Klientinnen und Klienten an, und mir wurde klar, wie wenige unter ihnen tatsächlich in einem Genesungsprogramm waren. Offenbar arbeitete ich mit vielen noch nach der alten Schablone und fühlte mich ausgelaugt. Ich weiß, daß ich es mir nicht leisten kann, die Antwortmaschine für meine Klienten zu sein; das würde ja voraussetzen, daß ich die Antworten für sie habe, und ich weiß, daß dem nicht so ist. Was mache ich also? Mir wird klar, ich will nicht, daß die Leute aus der Erfahrung mit mir mit dem Gefühl fortgehen, daß ich das, was sie wollten, nicht hatte. So viele Menschen sind nicht nur bereit, mir diese Art von Macht zu übertragen, sie bitten mich darum, ihnen zu sagen, was sie tun sollen. Ich wünschte, ich wäre auf diese Angebote nie eingegangen, und manchmal tue ich es doch. Zeit zur Wiedergutmachung. Nun ja, bei einigen habe ich versucht, die Dinge klarzustellen, und ich frage mich, ob sie überhaupt wissen, wovon ich rede. Ich staune darüber, wie die Leute es fertigbringen, zu hören, was sie hören wollen; oft kommt es nicht einmal darauf an, was ich sage. Also dämmert mir die Bedeutung des Präsentseins, und ich bete darum. Früher hielt ich Gruppen ab, um Leuten etwas über den Prozeß zu vermitteln und ihnen zu zeigen, wie das aussieht, so daß sie es imitieren konnten, nehme ich an. Oft erzeugte ich bei meinen Klientinnen und Klienten das Gefühl, daß ich Erwartungen an sie hatte, und der Gedanke, daß dem tatsächlich so war, ist mir verhaßt. Ich habe viel Zeit darauf verwandt zu vermitteln, was ich über meine eigene Genesung weiß und was ich in der Arbeit mit Ihnen gelernt habe, und damit fühlte ich mich gut. Und dennoch war die alte, gute Zuhörerin und Anleiterin auch noch da. Ich mache es nicht zu meinem Anliegen, über den Prozeß zu lehren. Und ich fühle mich nackt und verletzlich. Ich weiß nicht, was als nächstes geschieht.

Anonym«

»Es war ein unglaublicher Glücksfall, daß ich Ihr Buch über Co-Abhängigkeit kaufte; nach der Lektüre merkte ich, daß Ihre Arbeit Dinge beim Namen nennt, die für mich vorher nur eine Ansammlung trüber Stimmungen waren. Vage Depressionen sind wie Geistererscheinungen; man kann sie einfach nicht festnageln. Dann kaufte ich Ihr Buch *Im Zeitalter der Sucht*, und ich sah unsere Welt mit völlig neuen Augen. Ihre Arbeit erinnert mich an bestimmte Puzzles für Kinder, die auf den ersten Blick gar nichts besonderes an sich haben, aber dann entdeckt man Affen in den Bäumen oder kleine Katzen in den Frühstücksflokken, und plötzlich ändert sich das ganze Bild. Ich suche mit großem Eifer nach Ihrem Buch *Weibliche Wirklichkeit*, aber aus irgendeinem Grund ist es schwer zu bekommen.

Ich bin das erwachsene Kind eines Alkoholikers und komme aus einer Familie, die in vieler Hinsicht dysfunktional war. (Mein Bruder war außerdem körperlich behindert.) Als Folge einer so chaotischen Kindheit wurde ich zu einer Person, deren Bedürfnis nach Kontrolle überwältigend war, und ich wußte nie, was mir fehlte, nur, daß ich ständig von tiefer Traurigkeit erfüllt war, über alles. Ich fand keine Hilfe bei den vier Psychologen, an die ich mich in dem Glauben wandte, meine Probleme seien auf meine schwierige Ehe zurückzuführen, oder auf die Tatsache, daß ich einen Sohn zur Welt brachte, der die tödliche Krankheit meines Bruders erbte. Aber alle diese Dinge waren nur die Oberfläche; sie verbargen den wirklichen Suchtteufel – die Sucht, genau wie Ihr Buch es beschreibt, sich zu sorgen, depressiv zu sein, die Dinge kontrollieren zu wollen.

Es war wieder ein Glücksfall, daß ich Al-Anon für erwachsene Kinder von Alkoholikern fand, und ich arbeite sehr zielstrebig an meiner Genesung. Ich bin Schriftstellerin, und ich war von meinen ständigen Sorgen so blockiert, daß ich nur ›leichte Sachen‹ für Zeitschriften schreiben konnte. Seit ich mich vor sieben Monaten Al-Anon ange-schlossen habe, fühlte ich mich zum ersten Mal in meinem Leben bes-ser, und als Folge davon verbesserte sich meine Arbeit. Ich habe jetzt einen literarischen Agenten und einen Vertrag für mein erstes Buch. C. O., eine New Yorker Schriftstellerin«

Vielleicht meint mancher Leser, ich hätte andere hier zu ausführlich zitiert. Ich glaube das nicht. Die Weisheit der Arbeit, die ich tue, ent-springt aus dem Zuhören – dem wirklichen Zuhören –, dem Lauschen auf das, was andere sagen oder nicht sagen, dem Zusammensetzen dieser Informationen in einer Weise, die für mich Sinn ergibt. Dieser Prozeß verlangt selbstverständlich, daß ich sorgfältig auf die Rückmel-dungen höre, die ich bekomme, und umdenke und umlerne, wenn es notwendig ist. Die Arbeit, die dieses Buch vorstellt, ist nicht das Resul-tat steriler Laborexperimente oder abstrakten Theoretisierens. Meine gesamte Arbeit kommt von der Basis, von den Lippen und aus den Seelen derer, die die Erfahrungen machen. Natürlich schließt das auch meine Erfahrungen ein – das Nachdenken darüber, das Leben damit und die Reaktionen anderer darauf. Ich bin Teil der Erfahrungen und andere sind Teil meiner Erfahrungen. Während ich die Schichten mei-ner Abhängigkeiten und meines Suchtprozesses allmählich abtrage, wird mir dieser Zusammenhang immer deutlicher bewußt.

Partizipation, Heilen, Genesung und Lebensprozeß – alles fügt sich zusammen

Allmählich wußte ich von innen heraus, was es bedeutete, aus meinem eigenen Prozeß (meiner Spiritualität) heraus zu leben und meine Nüchternheit (meine Spiritualität, meinen Prozeß) an die erste Stelle zu setzen. Im persönlichen wie im beruflichen Bereich fragte ich mich immer häufiger: Gefährdet dies meine Nüchternheit (meine Spiritua-lität, meinen Prozeß)? Wenn dem so ist, kann ich es nicht tun. Als ich anfing, mehr und mehr aus meiner Nüchternheit heraus zu leben und meinen Prozeß (meine Spiritualität) wirklich zu respektieren, wurde ich mir der Gewohnheiten und Verhaltensweisen, die mich in die Suchtkrankheit oder in meinen Suchtprozeß zurückwarfen, immer deutlicher bewußt. Meine Nüchternheit an erste Stelle zu setzen be-deutete, das wurde mir allmählich klar, alles aufzugeben, was diese

Nüchternheit bedrohte. Das klingt hart, und in Zwölf-Schritte-Kreisen hören wir oft, daß wir bereit sein müssen, wirklich alles aufzugeben – Ehepartner, Kinder, Wohnung, Arbeit, Geld, Prestige –, wenn es unsere Nüchternheit gefährdet. Wir müssen bereit sein, aufs Ganze zu gehen.

Langsam erwarb ich ein neues Wissen darüber, was es bedeutete, meine Nüchternheit an erste Stelle zu setzen. Ich mußte oft dem Gefühl nach und in blindem Vertrauen handeln. Ich mußte bereit sein, alles loszulassen, was mich hinderte, auf diese Weise zu leben.

Ich entdeckte, daß *Bereitwilligkeit* der Schlüssel war. Wenn ich *bereit* war, etwas aufzugeben, mußte ich es häufig gar nicht wirklich tun, weil die Bereitwilligkeit mir half, mich an einen Ort zu bewegen, an dem meine Nüchternheit nicht gefährdet war. Aber dann mußte ich sehr vorsichtig sein mit meinem hübschen kleinen Sucht-Denkprozeß, der ungefähr so ging: »Ich muß bereit sein, alles aufzugeben, was meine Nüchternheit gefährdet. Aber wenn ich bereit bin, etwas loszulassen, dann gefährdet es meine Nüchternheit nicht – also kann ich ruhig daran festhalten.« Logisches – und krankes – Denken. Ich wurde damit vertraut, wie tückisch, verwirrend, machtvoll und geduldig die Krankheit ist, und wie raffiniert. Wenn ich wirklich bereit war, meine Nüchternheit an erste Stelle zu setzen, mußte ich wahrhaft willens sein, alles aufzugeben, was sie gefährdete, und ich konnte es nicht vortäuschen oder einen Kuhhandel damit machen. Ich sah die Parallelen zwischen diesem »Aufgeben« und der Loslösung aus dem Verhaftetsein oder dem Nicht-Anhaften, von dem in so vielen spirituellen Lehren des Ostens die Rede ist. Ich sah jedoch auch einen großen Unterschied zwischen dem Nüchternheit-Voranstellen und dem »Nicht-Anhaften«: Das erste war ein Prozeß und das letztere wurde oft als Kontrollmechanismus eingesetzt.

Während ich eifrig an meiner Genesung von der Beziehungssucht arbeitete, begann ich die Zusammenhänge zwischen meiner Krankheit und dem Beruf, den ich gewählt hatte, zu erkennen. Ich glaube nicht, wie manche Autoren es darstellen, daß meine Krankheit einfach der Beweggrund für meine Berufswahl war. Ich glaube, daß diese Dinge etwas komplexer sind. Meine Beziehungssucht (Co-Abhängigkeit) trug dazu bei, daß ich mich um Menschen kümmern wollte, daß ich »helfen«, unentbehrlich sein, gefallen wollte, daß ich bereit war, »für meine Patienten zu sorgen« – zu meinem eigenen Schaden –, daß ich durch »Fürsorge« auf subtile Weise Macht ausübte und daß ich mich auf den Gebrauch von Techniken, Interpretationen und Übungen einließ, um Menschen dahinzubringen, wo sie meiner Meinung nach hinkommen sollten.

Meine Ausbildung verstärkte alle die obengenannten Einstellungen und Verhaltensweisen und fügte noch den »Mythos der Objektivität« hinzu, als Legitimation für Machtausübung und Kontrollbedürfnis, und sie vermittelte mir eine Reihe von ethischen Vorstellungen, die auf dem Mythos von Objektivität und Beherrschung basierten. Ich sah, daß diese ethischen Vorstellungen darauf abzielten, eben die Probleme, die sie selbst in Gang gesetzt hatten, unter Kontrolle zu bringen. Als ich erkannte, daß viele (wenn nicht alle) der therapeutischen Praktiken, die meine Ausbildung mir vermittelt hatte, dazu da waren, die Klientin oder den Klienten an ein Suchtsystem anzupassen, verstand ich auch allmählich, daß ich meine eigene Nüchternheit gefährdete, wenn ich sie gebrauchte.

Etwa in diesem Stadium meiner eigenen Arbeit zeigte die in Trennung lebende Ehefrau eines Teilnehmers meiner Trainingsgruppe mich bei der Ethik-Kommission der Psychologischen Gesellschaft an, mit dem Vorwurf, daß ich eine sexuelle Beziehung mit ihrem Mann eingegangen sei. Das war eine schreckliche Erfahrung für mich, die sich gleichzeitig wieder als ein sehr wichtiger Schritt in meinem Lernprozeß erwies (wenn der Schüler bereit ist, ist der Meister da).

Ich wurde behandelt, als sei ich schuldig, bis meine Unschuld erwiesen war. Da die Anschuldigung falsch war, glaubte ich anfangs, es genügte, wenn ich das sagte, um entlastet zu sein – aber so einfach war es nicht. Man schickte mir eine lange Liste mit Fragen, die ich beantworten sollte, und die in dem Ton »Wann hörten Sie auf, Ihre Frau zu verprügeln?« abgefaßt waren. Ich bekam Angst. Ich bat einen Rechtsanwalt, der bei mir im Training gewesen war, um Hilfe, und beschloß, für mich und meine Überzeugungen einzustehen. Mein Anwalt war entsetzt über den Verlauf der Dinge. Nicht nur, daß ich als schuldig betrachtet wurde, bis meine Unschuld erwiesen war, nicht nur, daß ich mit verdeckten Karten spielen mußte, um zu überleben – man sagte mir auch, da ich unter Anklage stehe, dürfe ich meine Mitgliedschaft in der APA (einer Berufsorganisation, der man freiwillig beitritt) nicht aufkündigen. Mein Anwalt stellte die Rechtmäßigkeit dieses Vorgehens in Frage, aber bei einem Prozeß, der mehr von einer Hexenjagd hatte als von einem Rechtsstreit, schien Legalität irrelevant.

Ich verwandte ein Jahr meines Lebens und zehntausend Dollar darauf, mich gegen einen ungerechtfertigten Vorwurf zu verteidigen. Mein Anwalt wies darauf hin, daß niemand den Mann befragt habe, ob wir eine sexuelle Beziehung gehabt hätten. Als dieser darauf angesprochen wurde, unterzeichnete er eine eidesstattliche Erklärung, daß es eine solche Beziehung nie gegeben habe. Ich muß zugunsten der Ethik-Kommission der APA sagen, daß sie zu dem Urteil »nicht schuldig« kam.

Damit waren die Probleme für mich jedoch nicht beendet. Während ich mich gegen die falsche Anschuldigung verteidigte, mußte ich mich notwendigerweise mit den ethischen Richtlinien der American Psychological Association befassen. Ich war entsetzt über das, was ich da vorfand. Die gesamte Ethik dieser Gruppe ging vom Mythos der Objektivität aus.

Der Glaube an den Mythos der Objektivität und das Festhalten daran als an einer zentralen Wertvorstellung führte zu einer wissenschaftlichen Weltauffassung, die uns sagt, daß gültige Informationen nur durch »objektive« Betrachtung zustandekommen können. Unsere Gesellschaft ist durch diese Sichtweise so völlig geprägt, daß wir es zum System gemacht haben, uns von unseren Gefühlen und unseren inneren Informationsquellen abzuspalten. Die wirksamsten Mittel, diese Abspaltung zu erreichen, sind Abhängigkeiten. Wir haben ein Gesellschaftssystem entwickelt, das nur abstrakten Informationen Wert beimißt. Wir haben ein Gesellschaftssystem entwickelt, das Abhängigkeiten nicht nur unterstützt, sondern sogar verlangt. Wenn wir uns unserer Gefühle bewußt und mit unseren inneren Informationssystemen in Kontakt wären, könnten wir nicht so leben, wie wir leben. Die Genesung von Abhängigkeiten läßt uns unsere Gefühle, unser inneres Wissen und unsere Intuition stärker wahrnehmen. Ich sah, daß den ethischen Richtlinien der APA die Vorstellung zu Grunde lag, Therapeuten und Klienten seien wie Maschinen zu behandeln, die man manipulieren, kontrollieren und »reparieren« kann. Allmählich erkannte ich den Zusammenhang zwischen der Berufsethik, die uns als Fachleuten vermittelt wurde, und den sexuellen Übergriffen von Therapeuten. Die therapeutische Beziehung kann nicht wie ein wissenschaftliches Experiment behandelt werden. Und dennoch wurde sie immer wie ein solches verstanden. Unter diesen Vorgaben beruht die Berufsethik auf der Illusion der Kontrolle (Selbstkontrolle und äußere Kontrolle), auf Drohungen und auf Angst vor Strafe. Ich habe gesehen, daß jedes System, das auf der Illusion der Kontrolle basiert, per definitionem ein Suchtsystem ist. Kein Wunder, daß ich mich in der APA so wohlfühlte, als ich in meiner Krankheit war. Es war das Vertraute.

Ich begann zu erkennen, daß die Berufsethik Psychotherapeuten bei dieser intimen Beziehung nicht wirklich hilft, denn es steht keine echte Philosophie des spontanen Akzeptierens und Durcharbeitens von aktuell auftretenden Gefühlen dahinter. Das Therapiemodell beruht auf der Überzeugung, daß die Person, die über das höchstentwickelte Fachwissen verfügt und alles im Griff hat, am besten helfen kann. Innerhalb dieses Modells ist es ein Verbrechen, nicht alles im Griff zu haben. (Man sollte die Dinge durch das Ausüben von Kontrolle bewältigen.) Es ist ein Modell, das auf der Illusion des Perfektionismus basiert, und diese ist wiederum Bestandteil des Suchtsystems. Innerhalb eines nicht-partizipatorischen, objektiven Modells ist es unmöglich, Gefühle aufkommen zu lassen und daran zu arbeiten, ohne schlecht und inkompetent zu sein.

Wenn ich also meine Mitgliedschaft in der APA aufrechterhielte, ließe ich mein Leben von einer Gruppe von Männern und Frauen steuern, mit denen ich ganz und gar nicht einer Meinung war, deren Berufsethik für meine Begriffe unethisch war, und deren Philosophie und Theorie ich allmählich als destruktiv betrachtete, destruktiv nicht nur für Individuen, sondern für den gesamten Planeten. Ich sah, daß die Psychologie und die psychologische Fachgemeinde nicht ohne Grund so gut in die Suchtgesellschaft integriert waren, und daß ich nicht ohne Grund schon vor Jahren aufgehört hatte, an Kongressen teilzunehmen und im Psychologenverband aktiv zu sein. Ich trat aus der APA aus.

Eine weitere wichtige Lernerfahrung ergab sich für mich aus diesem Prozeß. Ich hatte bereits mehrere Jahre vor den »Ermittlungen« gegen mich bemerkt, daß ich mit der APA immer weniger gemein hatte und daß es vermutlich besser wäre, aus dem Berufsverband auszutreten – und ich tat es nicht. Während ich meine Genesungsarbeit machte und mehr und mehr meinen Prozeß lebte, entdeckte ich, daß meine Intuition mir in der Regel die richtigen Hinweise gibt und daß ich auf sie hören muß. Wenn ich nicht auf meine Intuition höre, gerate ich gewöhnlich in Schwierigkeiten. Das gilt ganz besonders, wenn ich intuitiv weiß, was ich tun sollte, obwohl ich den Grund nicht erkennen kann. Wenn ich die Stimme meiner Intuition beim ersten Mal ignoriere, bekomme ich meistens eine zweite Chance, und die Höhe des Lehrgelds, das ich zu zahlen habe, ist gewöhnlich direkt proportional zum Ausmaß meiner Sturheit, meiner Illusion der Kontrolle und meiner Verleugnung. Diesmal war das Lehrgeld sehr hoch, und die Lernerfahrungen waren zahlreich und wichtig. Als ich in meiner eigenen Genesung voranschritt, machte ich außerdem die Erfahrung, daß ich jedesmal, wenn ich in Unehrlichkeit, Kontrollbedürfnis, Manipulation, Dualismus, Verteidigungshaltung, vorgefaßte Urteile, »Objektivität«, Selbstbezogenheit, Perfektionismus oder irgendeine andere Art von Suchtverhalten abrutschte, nicht nur anderen Menschen gegenüber respektlos war, sondern meine eigene Nüchternheit gefährdete.

Ich begann zu erkennen, daß »Zielsetzungen« eine Form von Kontrolle waren. Wenn ich dachte, ich wüßte, was ein Mensch braucht oder was in ihm oder ihr vorgeht, war das respektlos und eine Form von Kontrolle. Mir wurde allmählich klar, daß meine subtilen Arten des »Interpretierens« respektlos waren, und daß ich damit die Arbeit tat, die der Klient oder die Klientin tun mußte – was also an sich schon eine Form der Respektlosigkeit gegenüber den Leuten, die zu mir kamen, war. Ich wurde wachsam für die unendlich vielen, subtilen kleinen Formen, in denen ich »Vorschläge« und »Interpretationen« einwarf: »Dazu fällt mir ein ...«, »Ich frage mich, ob ...«, und so fort. Wieder ein Mangel an Achtung! Ich gestand mir ein, daß ich durch meine Ausbildung bis auf die Knochen von diesen Verhaltensweisen durchsetzt war. Mir war nun klar, daß diese Verhaltensweisen nicht nur meine eigene Nüchternheit bedrohten – sie bedeuteten einen groben Mangel an Achtung vor anderen und vor den Teilnehmerinnen und Teilnehmern unserer Trainingsgruppe und unserer Workshops.

Leider war ich sehr gut in diesen subtilen »Einwürfen«. Es liegt in meiner Natur, sehr intuitiv und sehr präsent zu sein. Dadurch habe ich die Fähigkeit, Nuancen, Blockierungen, Körpersprache und sogar intuitive Gedanken und Gefühle spontan wahrzunehmen. Die Leute bezahlten mich sehr gut dafür, genau das zu tun. Eben das waren die Fähigkeiten, die mich zu einer guten Psychotherapeutin machten. Die Leute wollten, daß ich ihre Arbeit für sie tat, mich um sie kümmerte, ihnen ihren »Kick« gab. Jeder Süchtige will den schnellen Kick, ob es ein Drogen-Kick ist oder ein psychologischer Kick. Allmählich wurde mir klar, daß ich in meiner Ausbildung in erster Linie gelernt hatte, den Klienten ihren Kick zu geben. Ich sah die Abgründe der Menschenverachtung.

Ich warf einen genaueren Blick auf die unzähligen Theorien in der Psychologie, die Erklärungen der »Ursachen« von Dingen, die geschehen, die häufigen und oft spannenden Interpretationen, die wir als geistige Übungen entwickelt haben. Ich sah diese Interpretationen und intellektuellen Einsichten ähnlich wie den Versuch, durch Masturbation ein Kind zu zeugen. Masturbieren kann Spaß machen, aufregend, sogar echt und authentisch sein, aber ein Baby kann man dadurch nicht machen. Ebensowenig kann man durch intellektuelle Masturbation Heilung und Genesung einleiten. In Wirklichkeit schienen diese Verhaltensweisen von seiten des Therapeuten die Abhängigkeit und die

Verleugnung innerhalb des Suchtsystems zu nähren; sie waren eine heimtückische Methode, Menschen in Abhängigkeit zu halten und sie somit nicht aus dem Suchtsystem zu entlassen.

Ich konnte sehen, wie weit ich mich von meinem ursprünglichen beruflichen Hintergrund entfernt hatte und wie unbehaglich ich mich mit Psychotherapeuten fühlte, die von einem Wissenschaftsmodell herkamen, das ich mittlerweile für obsolet hielt. Eins war mir klar: Obwohl die Einsichten, die Bewußtwerdung und die positiven Erfahrungen, die mit der Psychotherapie einhergehen, etwas Erleichterung bringen, ist es auf einer tieferen Ebene so, daß die Psychologie und die Psychotherapie die Probleme, die sie eigentlich lösen sollten, nur verschlimmern.

Allmählich erkannte ich, daß ich in der Arbeit, die ich tat, an etwas wirklich Großem teilnahm. Die Leute, mit denen zusammen ich Genesung und Leben im Prozeß praktizierte, zeigten Zeichen von Gesundung, die ich in allen meinen Erfahrungen mit all den Experten nie zuvor gesehen hatte. Die Leute, mit denen ich zusammenkam, begannen in einer für mich beeindruckenden Weise, sich ihr Leben anzueignen und Verantwortung für ihr Leben zu übernehmen. Viele bearbeiteten und überwanden tief im Unbewußten vergrabene, belastende Erfahrungen, wie frühen Inzest und rituelle sexuelle Erlebnisse, die mich wirklich verblüfften. Ich hatte das Gefühl, als hinge ich an einem Schnellzug und als gäbe es für die Entwicklung dieser Arbeit kein Halten mehr.

In unserer Tiefenprozeß-Begleitung und in der Struktur und im Prozeß der Workshops wurden wir uns zunehmend der subtilen Formen von Manipulation und Kontrolle in den Dingen, die wir taten, bewußt, und wir lösten uns unwillkürlich mehr und mehr von Verhaltensweisen, die wir nun als kontrollierend betrachteten, die Menschen in ihrem rationalen, logischen Denkmodus (der linken Hirnhemisphäre) festhielten und zum Suchtprozeß beitrugen. Wir konnten uns an den subtilen Verhaltensweisen des Suchtsystems nicht mehr beteiligen.

Während dieses Zeitraums wurde ich mir auch eines wachsenden Unbehagens über die Ausbreitung von Techniken und Übungen im Bereich der Genesungsarbeit bewußt. Anfangs, als ich mit meiner eigenen Genesung begann und mich im Feld der Genesung engagierte, war ich davon beeindruckt, daß die meisten »Berater« in diesem Gebiet selbst Genesende waren; ihre »Referenzen« bestanden in erster Linie darin, daß sie sich die Krankheit in sich selbst zu eigen gemacht hatten und in der Genesung davon begriffen waren. Das war ein neues Modell für die helfenden Berufe. Das war ein teilhabendes Modell. Es gefiel mir. Ich war davon fasziniert, und ich spürte, daß in diesem Modell etwas sehr Bedeutendes lag. Die Leute, die in diesem Feld arbeiteten, versuchten nicht, ein neues Modell zu entwickeln. Sie versuchten zu genesen und ihre »Erfahrung, Kraft und Hoffnung« mit anderen zu teilen. Sie waren nicht »objektiv«. Sie waren partizipatorisch. Für mich ergab das mehr Sinn als alles, was ich im Studium, in der Assistenzzeit oder in meiner psychotherapeutischen Ausbildung gelernt hatte. Ich spürte, daß dies innerhalb der helfenden Berufe etwas Revolutionäres war. Ich ahnte die Entwicklung einer völlig neuen Bewegung voraus, die auf die helfenden Berufe einen Einfluß ausüben könnte, der dringend gebraucht wurde. Dann sah ich, wie die helfenden Berufe – insbesondere die Psychologie und die Medizin – nicht nur versuchten, aufs Trittbrett aufzuspringen (denn plötzlich gab es das große Geld und eine Menge Prestige in der Suchtbehandlung – Politiker, Präsidentengattinnen, Filmstars und populäre Profisportler bekannten sich als Süchtige), sondern wie sie auch noch aus einem Suchtparadigma heraus agierten, indem sie versuchten, das Feld zu manipulieren und zu kontrollieren. Sie strebten danach, diese »außer Kontrolle geratene« Bewegung in ihrem Zuständigkeitsbereich zu halten, durch Manöver wie Zeugnisse, Zulassungsprozeduren und die Einführung von Weiterbildungsmaßnahmen für Leute, die als »partizipatorische Experten« im Feld gearbeitet hatten (eine klassische Strategie in den helfenden Berufen). Ich sah, wie die Krankheit versuchte, die Krankheit zu beherrschen, und eben die Art, wie dies geschah, *war* die Krankheit.

In Behandlungszentren wurde mit Medikamenten gearbeitet, mit Techniken und Interpretationen, daß sich die Balken bogen. Sie leisteten dem Zwölf-Schritte-Programm der Anonymen Alkoholiker Lippendienste, aber immer weniger Leute aus dem Mitarbeiterstamm befolgten tatsächlich selbst ein Zwölf-Schritte-Programm oder befanden sich wirklich in der Genesung.

Immer mehr privat praktizierende Psychotherapeuten wurden im Handumdrehen »Experten« für Co-Abhängigkeit und Sucht. Ich sah, wie ein Feld, von dem ich gehofft und geglaubt hatte, es könne ein dringend notwendiges neues Paradigma und einen neuen (partizipatorischen) Heilungsansatz hervorbringen, von dem ausufernden Ego des alten Paradigmas verschlungen wurde.

Die partizipatorischen »Experten« (jene, die selbst in Genesung begriffen waren), fingen an, sich nach außen zu orientieren und bei den etablierten Berufen nach Legitimation Ausschau zu halten. Die etablierten Fachleute operierten weiterhin aus einem wissenschaftlichen Paradigma heraus, das von Kontrolle, Manipulation, vorgefertigten Lösungen, Patentrezepten und Unehrlichkeit (nach innen und nach außen) geprägt war. Sie gestatteten sich nicht, sich unter den Einfluß eines Paradigmas zu begeben, dem das Potential innewohnte, die Heilung, die sie erreichen wollten, in einer adäquateren Weise zu fördern als das alte Paradigma, auf dessen Basis sie selbst handelten. Ich beobachtete ständig, welche Verführungskraft das alte Paradigma in mir selbst und in anderen hatte.

Wenn jemand in einem Tiefenprozeß war und ich mich versucht fühlte, die Person zu berühren oder zu umarmen (was manche sicherlich gern gehabt hätten und was ihren Tiefenprozeß höchstwahrscheinlich unterbrochen und »unter Kontrolle gebracht« hätte), sah ich das immer deutlicher als ein Zeichen, daß in mir etwas ausgelöst worden war. Ich wollte mich in den Prozeß der Person »einmischen«, um meinem eigenen Prozeß oder meinen eigenen Gefühlen auszuweichen. Wenn ich versucht war, eine Interpretation zu geben, lag das manchmal daran, daß ich die Bewunderung und die Abhängigkeit des Klienten genoß. Meine Fähigkeit, scharfsinnig zu interpretieren, verlieh mir eine besondere Stellung. Ich war unentbehrlich. Das Unentbehrlich-Sein förderte meinen Krankheitsprozeß. Wenn ich den Mund hielt, kam die andere Person zu ihren eigenen Einsichten, und oft war ein besonderer »Dreh« dabei, der nur aus dem Inneren der Person selbst kommen konnte. Ich sah, daß Interpretationen für den Interpretierenden oft rational und logisch sind, aber mit dem, was in der Person vorgeht, die interpretiert wird, vielleicht nicht das mindeste zu tun haben.

Mir wurde auch allmählich klar, daß ich keinen Popularitätswettbewerb gewann, indem ich auf Interpretationen verzichtete, keine Übungen machte und keine Patentlösungen anbot. An einem bestimmten Punkt, als ich in Europa Workshops abhielt, rutschte ich in den Morast der Verzweiflung ab. Seither nenne ich das bei mir das »Unvollkommenheitssyndrom«.

Viele der Menschen, die in Europa mit mir arbeiten, haben zuvor mit einigen anderen amerikanischen Psychotherapeuten gearbeitet. Insbesondere gab es da eine, die meine unmittelbare Vorgängerin war. Fast alle, die zu jener Zeit an meinem Workshop teilnahmen, arbeiteten mit dieser Therapeutin oder hatten mit ihr gearbeitet.

Ein Teil in mir war neidisch auf die »Anbetung«, die diesem Menschen entgegengebracht wurde, auf den Eifer, mit dem ihre Techniken aufgenommen wurden, auf das anhänglich-nachahmende Verhalten der Leute, auf die Art, wie man sie als Majestät behandelte und von vorn und hinten bediente, und ich war eifersüchtig. Ich war nicht bereit, das zu tun, was diese Therapeutin tat, oder in derselben Weise zu arbeiten, aber manchmal dachte ich mir, daß ein solches Umschmeichelt-Werden doch etwas Nettes wäre.

Während ich mit meinen eigenen Gefühlen kämpfte, weinte ich – nicht um mich, sondern um die Arbeit, die ich tat. Ich glaube felsenfest daran, daß diese Arbeit wichtig ist und daß sie vielleicht sogar den nächsten Schritt in der Evolution der Arbeit mit dem Menschen darstellt, und ich fühlte mich (und fühle mich immer noch oft) zu unzulänglich, um diejenige zu sein, die sie lehrt. In meiner eigenen Tiefenprozeß-Arbeit an diesem Tag hörte ich mich sagen: »Ich bin nicht gut genug. Wenn diese Arbeit getan werden muß – warum wurde nicht jemand dafür ausgesucht, der klüger, netter, sprachgewandter, gebildeter ist als ich und nicht aus armen Verhältnissen kommt? Es wäre besser, wenn die Person, die diesen neuen Weg lehrt, ein Mann wäre, ein Arzt, der aus einer einflußreichen Familie kommt, sich in den richtigen Kreisen bewegt (was immer das sein mag), von der Ostküste stammt, und überhaupt ein ganz anderer Mensch ist, als ich es bin.« Ich verfiel wirklich in das »Weh-mir«-Lamento (nicht um meinetwillen, sondern um dieser Arbeit willen). Ich vernahm den Sirenengesang meiner Beziehungssucht: »Es ist in Ordnung, den Leuten ihren ›Kick‹ zu geben, es ist in Ordnung, wenn die Leute von dir abhängig werden, es ist in Ordnung, wenn du von deinen Klienten abhängig wirst und dich ihrer Fürsorge überläßt.« Ich wußte, daß ich eine Menge Techniken parat hatte, die ich nur aus dem Ärmel zu schütteln brauchte; die Leute, die durch meine Schule gingen, würden sie frohen Herzens übernehmen, sie ihrerseits ihren Klienten aufdrängen, und meine Techniken und mir selbst »Unsterblichkeit« sichern. Alle wären glücklich und zufrieden. Ich könnte diese »Techniken« vermitteln, ohne vollkommen präsent zu sein, und müßte nicht, zusammen mit allen anderen, meine eigene Arbeit machen. Die deutschen Teilnehmer in meiner Trainingsgruppe fielen fast in Ohnmacht, als sie mich zum ersten Mal meine Tiefenprozeß-Arbeit machen sahen. Sie waren daran gewöhnt, »Professoren« als Autoritäten zu sehen. Manche der deutschen Trainingsteilnehmerinnen und -teilnehmer wollten nur etwas über Tiefenprozeß-Begleitung und Leben im Prozeß lernen.

Sie wollten sich nicht mit ihren Abhängigkeiten und ihrem Suchtprozeß konfrontieren. Sie hätten mich mehr gemocht, wenn ich mich nur auf die Prozeß-Arbeit konzentriert und den »Suchtkram« beiseite gelassen hätte. Sie »liebten« mich nicht, wenn ich sie mit ihren Abhängigkeiten konfrontierte.

Ich hatte das Gefühl, diese wichtige Arbeit zu verderben. Ich war die »unvollkommene Vermittlerin«. Ich war einfach nicht die richtige »Persönlichkeit« oder verfügte nicht über die richtigen Fertigkeiten, um dieser Arbeit den angemessenen Rahmen zu geben. Ich war deprimiert.

Ich ging mit einer Freundin spazieren und versuchte, meine Hoffnungslosigkeit in Worte zu fassen. Sie sagte: »Du hast recht. Ich weiß wirklich nicht, warum die Leute dir nicht die Türen einrennen. Schließlich gibst du ihnen ja nur Gelegenheit, ihr gesamtes Leben zu ändern. Du bietest ihnen keine Technik an, die sie mit nach Hause nehmen können. Du ermutigst sie nicht, ja erlaubst ihnen nicht einmal, von dir abhängig zu werden. Du gibst ihnen Gelegenheit, sich mit ihren Abhängigkeiten zu konfrontieren und ihr eigenes Leben zu leben. Ich weiß nicht, warum sie nicht in Scharen angelaufen kommen. Schließlich sagst du ja nur: Verändert euer ganzes Leben.« Ich mußte lachen. Obwohl ich das »flotte Leben«, das die Gurus führten, manchmal mit Neid betrachtete, wollte ich kein Guru sein. Ich hatte Gurus beobachtet und war zu dem Schluß gekommen, daß die »Guruitis« eine tödliche Krankheit ist. Selbst meine »Nemesis« in Deutschland war ausgebrannt und erschöpft von all dem Umsorgen und Umsorgtwerden. Ich wollte damit nichts zu tun haben. Auch wenn das Gras auf der anderen Seite des Zauns sehr viel grüner aussah, wollte ich nicht über diesen Zaun klettern.

Obwohl ich immer noch bezweifelte, ob die »höheren Mächte« eine weise Wahl getroffen hatten, indem sie mich mit dieser Arbeit betrauten (mittlerweile lebte ich wirklich meinen Prozeß und war bereit, ihm mein Leben und meinen Willen von einem Augenblick auf den anderen völlig zu überlassen), blieb ich bei meiner Verzweiflung und gelangte an einen Ort, an dem ich einfach zur Ruhe kommen, diese Arbeit tun und mich dabei von meinem Prozeß leiten lassen konnte. Ich mußte diese Arbeit nicht organisieren oder vorantreiben, und gleichzeitig mußte ich bereit sein, durch die Türen zu gehen, die mir offenstanden. Das alte biblische Wort »...bittet, so wird euch gegeben, suchet, so werdet ihr finden, klopfet an, so wird euch aufgetan« schien mir gut auf Leben im Prozeß zu passen. Ich denke, unsere Abhängigkeiten verdunkeln unsere Wahrnehmung so sehr, daß wir die Tür nicht finden, ja, nicht einmal wissen, daß es da eine Tür gibt, durch die wir gehen können. Je mehr ich Genesung erfuhr, desto mehr wurde mir bewußt, daß ich keine Löcher in Stahlbetonwände stemmen mußte; ich fand die Türen und war fähig anzuklopfen. Weder mußte ich die Arbeit vorantreiben noch mußte ich sie zurückhalten. Ich mußte nur meine Arbeit tun, meinem Prozeß vertrauen, dem Prozeß vertrauen. Ich konnte mich wirklich auf das Prinzip »Anziehung, keine Werbung« verlassen, wie ich es in meiner Arbeit immer getan hatte.

Ich akzeptierte allmählich, daß ich tatsächlich genau die richtige Person war, diesen Weg zu vermitteln. Für einen anderen Weg wäre ich nicht die richtige Vermittlerin. Mein bäuerlicher familiärer Hintergrund, meine Erdverbundenheit, meine Weiblichkeit, mein Wissen um und meine Achtung vor Körperprozessen, mein Engagement in der Bürgerrechtsbewegung und in der feministischen Bewegung, meine Auseinandersetzung mit meinen Abhängigkeiten und meine Genesung – all das hatte mich geformt und prägte die Art, wie ich die Dinge sah. Diese Arbeit war meine Arbeit; sie hatte sich aus meinem Prozeß heraus entwickelt.

In meinem Buch *Im Zeitalter der Sucht* verglich ich das Universum mit einem Puzzle und sagte, daß jede und jeder von uns Teil dieses Puzzles ist. Keine andere Person hat dieselben Gene, dieselben Chromosomen oder dieselben Erfahrungen. Keine andere Person kann deinen oder meinen Platz in diesem Puzzle einnehmen. Wir leben in einer Zeit, in der so viele Menschen durch ihre Abhängigkeiten von sich selbst abgeschnitten sind. Wenn wir nicht mit uns selbst in Kontakt sind, wenn wir verzweifelt versuchen ein Leben zu leben, das wir selbst oder das andere nach äußeren Kriterien für uns geplant haben, dann haben wir keine Chance, unseren Platz in dem Puzzle einzunehmen. Das heißt, daß es im Universum, in dem Hologramm, das das Universum ist, im Holomovement, viele Löcher gibt. Wenn wir – jede und jeder einzelne – von unseren Süchten genesen, unsere Tiefenprozeß-Arbeit machen und wieder lernen, unseren Prozeß zu leben, kann das Universum wieder ganz werden. Niemand außer dir selbst kann wissen, was dein Prozeß ist. Jede einzelne Person kann das nur für sich selbst herausfinden.

Seit mehr als fünfundzwanzig Jahren bin ich daran beteiligt, die Lebensprozeß-Arbeit zu entwickeln und sie mit dem Zwölf-Schritte-Programm und der Genesung zu kombinieren. Tausende von Menschen nahmen an meinen Lebensprozeß-Workshops teil, in den USA, in Kanada, Deutschland, Österreich, Schweden, Australien und Neuseeland. Seit zehn Jahren leite ich Trainingsgruppen in den USA und in Europa, und in diesem Jahr wurde ich aufgefordert, in Neuseeland eine über ein Jahr gehende Trainingsgruppe einzurichten. Bisher habe ich nie darüber geschrieben, was ich tatsächlich tue. Warum ich das nie getan habe, ist mir nicht völlig klar. Ich weiß nur, daß ich jetzt bereit bin, diese Ideen und diese Arbeit zu präsentieren, sie jenen vorzustellen, die bereit sind, etwas darüber zu hören. In den letzten Jahren habe ich den größten Teil meiner Zeit mit Menschen verbracht, die ernsthaft an ihrer Genesung von Abhängigkeiten arbeiten, die versuchen, ehrlich zu sein, und die sich bemühen, ihre Tiefenprozeß-Arbeit zu machen und im Prozeß zu leben. Mir wurde immer stärker bewußt, daß ich mich mit Menschen, die nicht bereit sind, ihre eigene Arbeit zu tun, unbehaglich fühle. Tatsächlich finde ich es dumm, Leuten zu vertrauen, die ihre Arbeit nicht machen.

Das Netzwerk von Menschen, die diese Arbeit tun, erstreckt sich über die ganze Welt, und diese Menschen sind meine Familie, meine Freunde, meine Kollegen und mein Rückhalt. Außerdem ergab es sich so, daß ich immer mehr Zeit mit Menschen aus den verschiedensten Stammeskulturen dieser Welt verbrachte, mit amerikanischen Indianern, Hawaiianern, Maoris, australischen Aborigines. Ich fühlte mich zu der Literatur von Schwarzen, Maoris, amerikanischen Indianern, Hawaiianern und anderen ethnischen Gruppen hingezogen und auch zur Frauenliteratur – so sehr sogar, daß ich den »offiziellen« amerikanischen Literaturbetrieb der Gegenwart weitgehend ignorierte. Die Literatur der Frauen und der ethnischen Minderheiten steht dem, was ich über Leben im Prozeß gelernt habe, so nahe, daß ich daraus Bestätigung und Befriedigung ziehe. Ich habe den Kampf und die Konfrontation mit dem dominanten System satt. Ich möchte in einer Weise leben, die für mich und die Menschen meiner Umgebung gesund und heilsam ist. Kürzlich hatte ich ein Erlebnis, das mich stark motivierte, dieses Buch fertigzustellen und diese wichtige Arbeit weiterzuführen. Ich war als Gast zu einem Kongreß der psychiatrischen, wissenschaftlichen und intellektuellen »Elite« eingeladen, bei dem über Sucht diskutiert werden sollte. Ich war hocherfreut über diese Einladung und besonders gespannt auf den Dialog mit einem der Wissenschaftler, dessen Arbeit in der Physik für meine Begriffe eine Parallele zu meiner Arbeit in den helfenden Berufen darstellt.

Als der Termin des Kongresses näherrückte, wurde mir zunehmend unbehaglich zumute, angesichts der Teilnehmerliste, der Disziplinen der Teilnehmer (Psychiater von der Ostküste bildeten die Mehrheit), des Tons, in dem die Informationsblätter abgefaßt waren, und der Tatsache, daß sich von den mehr als zwanzig Leuten, die zu einer Diskussion über Sucht zusammenkamen, nur zwei (beides Frauen) zu eigenen Abhängigkeiten bekannten, und daß nur drei oder vier konkrete Erfahrungen in der Arbeit mit Sucht hatten. Obwohl meine Intuition mir sagte »Geh nicht hin!« ging ich trotzdem (Eitelkeit? Sturheit? Verleugnung?). Es war eine Katastrophe! Da war eine Gruppe von Fachleuten versammelt, die sich nicht mit ihrem eigenen Suchtprozeß konfrontierten oder ihre eigene Tiefenprozeß-Arbeit machten. Mir wurde klar, daß ich seit vielen, vielen Jahren nicht mehr in einer solchen Situation gewesen war. Es waren »gute« Leute, die »gute« Sachen machen wollten, aber aus einem System heraus operierten, das ich nun als gewalttätig und destruktiv erkannte. Ich hatte das Gefühl, in eine Situation hineingeraten zu sein, in der alle »das Richtige« sagten oder taten, und diese Verleugnung überzog wie dünner Lack eine subtile Gewalt, die mir eine Todesangst einflößte. Ich hatte mit solchen Leuten zu tun gehabt, als ich in der Bürgerrechtsbewegung und in der Frauenbewegung aktiv war, und ich hatte Angst vor ihnen. Damals hatte ich zumindest den Rückhalt durch den »gerechten Anspruch« der Bewegung, als deren Vertreterin ich auftrat. Jetzt hatte ich nur meine eigene Stimme, die einer genesenden Süchtigen, und forderte noch dazu ihre Religion der wissenschaftlichen Weltauffassung heraus. Ich sah in aller Deutlichkeit, wie gewalttätig Interpretation und Projektion ist. Ich sah, wie gewalttätig und vorurteilsbehaftet Professionalismus ist. Ich bekam einen winzigen Eindruck davon, wie es sein muß, amerikanische Indianerin, australischer Ureinwohner oder Hawaiianerin zu sein und sich gegen diese suchtgeprägte wissenschaftliche Weltauffassung zu stellen.

Ich bin dankbar für diese Erfahrung, weil sie mir so eindringlich vermittelte, was viele Menschen, die Hilfe suchen, erleben. Ich kann die furchtbare Angst, die mich dort in manchen Augenblicken erfüllte, immer noch spüren, und ich bin froh, daß ich fortging.

Einige Wochen später war ich als Ehrengast zu einer Tagung der American Indian Science and Engineering Society (AISES) eingeladen. Ein stärkerer Kontrast zum gerade beschriebenen Erlebnis ist kaum vorstellbar! Mehr als zweitausenfünfhundert Menschen nahmen an der AISES-Tagung teil, die mitten im Stadtgebiet von Buffalo im Staat New York stattfand, und dennoch war die Atmosphäre von Wärme und Menschlichkeit erfüllt. Auf dieser Tagung gab es weder Drogen noch Alkohol. Alle stimmten darin überein, daß in indianischen Familien und Gemeinschaften durch Alkohol und Drogen soviel Zerstörung angerichtet worden war, daß auf der Tagung kein Bedarf dafür bestand. Können Sie sich eine Tagung von dieser Größenordnung vorstellen, bei der niemand in Bars herumsitzt?

Bei jeder Veranstaltung, die im Rahmen dieser Tagung lief, wurden wir in der einen oder anderen Weise daran erinnert, daß 1) alles, was wir tun, in der Achtung vor und im Dienst an unserer Großen Mutter, der Erde, geschehen sollte, daß 2) die Ehre des oder der einzelnen die Ehre aller ist, und daß wir 3) alle Schwestern und Brüder sind, eins mit allen Menschen, allen Lebewesen und der gesamten Schöpfung.

Ich spürte, daß mir eine Heilerfahrung geschenkt worden war. Die beiden Tagungserlebnisse zeigten einen krassen Gegensatz der Systeme. Das System der »wissenschaftlichen« Tagung enthüllte die nackte Gewalt des Suchtsystems in Aktion. Unter den Wissenschaftlern dort herrschte die Überzeugung, daß ihre (fast) deckungsgleichen theoretischen Übereinkünfte Realität – die einzige Realität – seien. Im Unterschied dazu würdigten die Mitglieder der »Indianischen Gesellschaft für Wissenschaft und Ingenieurwesen« die Einzigartigkeit jedes Individuums und die Verbundenheit aller.

Mit *Weibliche Wirklichkeit* habe ich begonnen, der Kreis hat sich geschlossen, und es steht sehr viel auf dem Spiel. Werden die helfenden Berufe weiterhin aus einer suchtbestimmten Weltauffassung heraus operieren, die eine Suchtgesellschaft und die mögliche Zerstörung unseres Planeten begünstigt?

Wir haben die Chance, uns auf eine Philosophie und Weltauffassung hinzubewegen, die das Heilwerden wirklich fördert und voranbringt. Ich glaube, ich habe einige wichtige Schritte dazu getan, diese Möglichkeit zu eröffnen. Ich bin jetzt bereit, diesen Ansatz zur Diskussion zu stellen.

Unter äußeren Panzern
Ist das innere Wesen begraben,
Und die letzte Schicht: Unterwerfung
Unter das Diktat der physischen Schönheit
Wie die Kultur sie verlangt.

Versuch, die Panzer zu sprengen:
Du erntest Hohn und Spott
Kritik und persönliche Angriffe.

Kindern erlaubt man zu Zeiten
Ihr inneres Wesen zu zeigen,
Doch nicht lange: Bald wirkt die Dressur
Der Familie, der Pädagogen.
Sie passen sich an.
Sie käuen die Parteilinie wieder.

Meßlatte für Reife
Ist der Grad der Konformität;
Die produktiven Jahre – wie man sie nennt –
Spiegeln, was andere diktieren.
Erfolg ist das Pragmatische:
Geld, den Rivalen ausstechen,
Aufsteigen auf der Leiter
Der Skrupellosigkeit.

In Krisen und Krankheit
Schreit die verkümmerte Seele
Nach Erkanntwerden
Nach Verbundenheit
Nach Mitbewohnern.

Zuweilen wird sie frei –
Für einen flüchtigen Augenblick –
Denn die Krise, die Krankheit endet,
Und die Seele vergräbt sich,
Geht in den Winterschlaf,
Bis die nächste Krise sie weckt.

So behauptet sich Kultur
Und diktiert uns –
Ihren mehr oder minder
Widerstrebenden Marionetten –,
Was sie von uns verlangt.

Goldie D. Ivener

Zweiter Teil

**Einführung in die Lebensprozeß-
und Tiefenprozeß-Arbeit**

Im ersten Teil versuchte ich, meine eigene Entwicklung innerhalb der Arbeit, die ich tue, zu schildern und zu vermitteln, warum ich mich mit dem Feld der Psychotherapie nicht mehr identifizieren kann, warum ich mich als »genesende Psychotherapeutin« bezeichne und warum ich eine Arbeitsweise entwickelt habe, die eine Alternative zu den jetzt existierenden Formen darstellt, oder, wie ich es sehe, jenseits der Psychotherapie liegt.

Im zweiten Teil möchte ich zeigen, wie ich arbeite und was ich aus dieser Art zu arbeiten gelernt habe. Obwohl meine Perspektive bei der Gestaltung dieses Teils sich daraus herleitet, was ich tue und wie ich mich in den Workshops und Trainingsgruppen, die ich veranstalte, tatsächlich verhalte, ist es wichtig, im Auge zu behalten, daß es hier immer um drei miteinander verflochtene Konzeptionen und Prozesse geht. Diese Prozesse sind: 1) Leben im Prozeß (oder das Lebensprozeß-System), 2) Auseinandersetzung mit dem Suchtprozeß und seine Heilung und 3) Tiefenprozeß-Arbeit und Tiefenprozeß-Begleitung.

Das Lebensprozeß-System

Ich betrachte das Lebensprozeß-System als Paradigma oder Weltauffassung an sich und für sich. Ich halte es nicht für ein neues System. Es ist vielmehr ein System, das wir immer kannten und das wir zu unterdrücken und aufzugeben versuchten, um uns dem Suchtsystem, das auf einer sehr schlichten mechanistischen und reduktionistischen Wissenschaft beruht, besser anpassen zu können. Zur Wiederentdeckung des Lebensprozeß-Systems kommt es nicht durch bewußte Anstrengung. Es stellt sich auf natürliche Weise ein, wenn wir uns mit unseren Süchten und unserem Suchtprozeß konfrontieren und davon genesen, und unsere Tiefenprozeß-Arbeit tun. Ich werde in diesem Buch nicht ausführlich auf das Lebensprozeß-System eingehen, weil das ein viel umfassenderes Thema ist. Im Rahmen dieses Buches geht es vor allem um die helfenden Berufe und insbesondere um den Weg, der über die Psychotherapie hinausführt. Ich plane ein weiteres umfangreiches Buch, »Leben im Prozeß«, das ein breiteres Spektrum von Fragen wie Elternschaft, Spiritualität, Leben und Gesundheit von der Lebensprozeß-Perspektive aus angeht. Vorerst hoffe ich, meinen Leserinnen und Lesern zeigen zu können, daß Tiefenprozeß-Arbeit und Genesung von der Sucht mehr sind als bloße Techniken, und daß sie aus dem Blickwinkel eines viel umfassenderen Systems oder paradigmatischen Weltbildes heraus gesehen werden müssen.

Konfrontation mit dem Suchtprozeß und seine Heilung

Ich bin zu der Überzeugung gekommen, daß wir in einer Suchtgesellschaft leben und daß alle, die in dieser Kultur mit ihrem speziellen dominanten Weltbild aufgewachsen sind, den Suchtprozeß verinnerlicht haben. Der Suchtprozeß ist etwas Erlerntes und kann folglich auch wieder verlernt werden. Er ist viel umfassender als die spezifische Abhängigkeit von chemischen Substanzen. Genetische und physiologische Faktoren spielen vielleicht eine Rolle, was die *Wahl* der Sucht angeht, nicht aber, was den Suchtprozeß betrifft (denn dieser wird in der Gesellschaft erlernt). Der Suchtprozeß ist eine Krankheit des Körpers, der Seele und des Geistes. Diesen Prozeß eine Krankheit zu nennen bedeutet nicht, daß Medizin und/oder Psychiatrie die besten Behandlungsformen wären. Meiner Erfahrung nach haben sowohl die Medizin als auch die Psychiatrie bei der Behandlung von Abhängigkeiten erbärmlich versagt, soweit sogar, daß man sie in dieser Hinsicht beinahe als nutzlos bezeichnen kann.

Die Medizin kann einige der körperlichen Auswirkungen des Suchtprozesses abschwächen helfen, und ich frage mich ernstlich, ob die Medizin den Suchtprozeß nicht sogar begünstigt. Zum Beispiel zeigt die Medizin oft heroisches Engagement, wenn es darum geht, Menschen vor den destruktiven Konsequenzen ihrer Sucht (Rauchen, Trinken, exzessives Arbeiten oder Essen) zu retten, während sie sich gleichzeitig standhaft weigert, den Suchtprozeß als die eigentliche Ursache der Krankheit zu berücksichtigen. Wenn wir solche Verhaltensweisen in einer Familie beobachten, nennen wir sie »Ermöglichen« und betrachten sie als zerstörerisch in bezug auf eine mögliche Genesung des Süchtigen. Tatsächlich kann man einen großen Teil der Medizin (wie sie zur Zeit praktiziert wird) als systematische Ermöglichung von Abhängigkeiten betrachten, und zwar in dem Sinne, daß sie Süchtigen den weiteren Konsum ihrer Droge erlaubt, bis der Verfall soweit fortgeschritten ist, daß auf physische Genesung keine Hoffnung mehr besteht. Dadurch, daß die Medizin und die anderen helfenden Berufe über den Suchtprozeß nicht informiert sind und ihn nicht als Hauptursache von Krankheit und dysfunktionalem Verhalten behandeln, sind sie zu den systemimmanenten Begünstigungsfaktoren einer Suchtgesellschaft geworden – sie entschärfen die Situation gerade soweit, daß die Gesellschaft mit ihrem Suchtprozeß herumspielen und ihm in Ruhe frönen kann. Das Feld der Psychotherapie hat sich in dieser Hinsicht besonders schuldig gemacht.

Eine Krankheit hat einen Beginn und eine Progression, und falls es nicht zu irgendeiner Art von Intervention oder Veränderung kommt, endet sie tödlich. Wenn wir ein Phänomen als Krankheit bezeichnen, folgt daraus nicht notwendigerweise, daß im medizinischen Modell, wie wir es kennen, die beste oder angemessene Lösung liegt. Wenn wir es mit einer Krankheit des Körpers, der Seele und des Geistes zu tun haben, wie es bei Abhängigkeiten der Fall ist, bedarf es neuer Ansätze und Methoden, die weit über alles hinausgehen, was es bisher in der Psychologie und der Medizin an Entwicklungen gibt.

Wenn eine Krankheit in die Gesellschaft integriert ist und erlernt wird, ist es äußerst schwierig, diesen Krankheitsprozeß aus der Realität der Gesellschaft herauszulösen, denn beide scheinen ein und dasselbe zu sein. Dies ist eine der Hauptaufgaben im frühen Genesungsstadium. Wir hören oft, daß Genesende sagen: »Ich habe eine Krankheit; ich bin nicht meine Krankheit.« Menschen müssen lernen, sich von diesem Krankheitsprozeß abzugrenzen, während sie gleichzeitig eingestehen, krank zu sein.

Genesung ist unter anderem deshalb so schwierig, weil die Sucht Teil der Gesellschaft ist, in der wir leben. Diese Gesellschaft *verlangt* Sucht als Merkmal der Zugehörigkeit, und alles um uns herum lädt uns ein, in den Suchtprozeß zurückzufallen, wenn wir versuchen, von ihm zu genesen.

Meiner Erfahrung nach sind das Zwölf-Schritte-Programm der Anonymen Alkoholiker und die aus einem Bedarf entstandenen Varianten dieses Programms die besten Werkzeuge, die uns im Umgang mit Abhängigkeiten zur Verfügung stehen.

Ich halte das Zwölf-Schritte-Programm nicht für perfekt. Es gibt darin Probleme mit der Sprache, mit der Gottesvorstellung, mit Sexismus und einer Reihe weiterer kritischer Punkte, aber wenn man sich über diese Probleme hinwegsetzen und sich tatsächlich auf das Programm konzentrieren kann, erweist es sich im Umgang mit dem

Suchtprozeß als wirksam. Ich entdeckte bei meiner Genesung, daß mein Mäkeln und Herumkritteln an bestimmten Punkten des Programms zum Teil in Wirklichkeit Ausdruck meiner Krankheit war. Solange ich mich darauf konzentrieren konnte, das Programm an »objektiven« (in Wahrheit emotionalen) Kriterien zu messen und zu analysieren, was damit nicht in Ordnung war, brauchte ich mich nicht selbst wahrzunehmen. Diese Technik, die ich nun als Teil des Suchtprozesses betrachte, lernte ich gründlich in meinem Graduiertenstudium. Ich lernte, mir die Dinge herauszupicken, die ich gebrauchen konnte, und den Rest beiseitezulassen.

Der Hauptgrund dafür, daß das Zwölf-Schritte-Programm seine Grenzen hat, liegt aus meiner Sicht darin, daß es nicht wirklich für den Umgang mit spontan auftretenden Gefühlen und Tiefenprozessen geeignet ist. Ich finde natürlich auch, daß die meisten Therapien und medizinisch-psychiatrischen Ansätze für den Umgang mit Gefühlen und Tiefenprozessen unmittelbar bei ihrem Auftreten ebensowenig geeignet sind.

Wenn wir anfangen, uns aus unseren Abhängigkeiten zu lösen, ist die zunächst auffälligste Folge, daß wir zu *fühlen* beginnen; alle Arten von Gefühlen und alte, unterdrückte, verborgene Tiefenprozesse stellen sich ein. Tatsächlich ist es eine der Hauptfunktionen der Sucht, uns vom Kontakt mit unseren Gefühlen, Wahrnehmungen und Tiefenprozessen fernzuhalten.

Der Tiefenprozeß

Da wir, wie ich an einer anderen Stelle schon erwähnte, nicht in einer prozeßhaften Umwelt aufgewachsen sind und nicht prozeß-gemäß erzogen wurden, haben wir natürlich alle unbeendete Tiefenprozesse in uns, die in unserem Inneren rumoren. Außerdem glaube ich, daß uns im Säuglings- und Kindesalter Dinge widerfahren, die unbeendet bleiben, weil wir einfach nicht die Kraft, die Reife, die Erkenntnis- oder Integrationsfähigkeit haben, mit diesen ungelösten Prozessen fertigzuwerden. Dennoch tragen wir alle einen uns innewohnenden Prozeß in uns, der uns hilft, diese alten Probleme durchzuarbeiten und zu lösen. So lange sie in unserem Inneren rumoren, müssen wir Energie aufwenden, um sie im Zaum zu halten. Es ist einer der »Liebesbeweise« unseres inneren Seins (Prozesses), daß es diese alten Konflikte am Leben und für uns parat hält, bis wir uns (innerlich und äußerlich) an einem sicheren Ort befinden und bereit sind, sie durchzuarbeiten. Zu dieser Durcharbeitung wird unser innerer Prozeß uns jedoch drängen. Meiner Auffassung nach werden nicht nur psychische, sondern auch körperliche und geistige Störungen häufig dadurch hervorgerufen, daß wir diese gärenden Prozesse niederhalten und vermeiden. Wir erlebten bei Leuten, die ihre Tiefenprozeß-Arbeit machten, phänomenale »Heilungen«.

Es ist eine der Hauptfunktionen der Sucht, diese Tiefenprozesse in Schach zu halten, so daß uns die Möglichkeit der Heilung versagt bleibt. Für mich liegt einer der erstaunlichsten und geheimnisvollsten Aspekte des menschlichen Organismus darin, daß er diesen inneren Mechanismus in permanenter Alarmbereitschaft hält, und nur darauf wartet, ein Heilgeschehen einzuleiten, sobald wir unsere Versuche, die Dinge zu beherrschen, aufgeben. Der Tiefenprozeß ist keine Katharsis, keine Erlösung, kein einfaches Gefühle-Herauslassen. Es ist viel mehr als das und schließt das alles ein. Viele der technik-orientierten Therapien konzentrieren sich auf die Katharsis oder den Durchbruch von Gefühlen; das bringt zwar etwas Erleichterung, aber letztlich werden diese Prozesse dadurch nicht beendet.

Ich werde in diesem Teil noch ausführlicher auf den Tiefenprozeß und die Tiefenprozeß-Arbeit eingehen. An dieser Stelle sei nur gesagt, daß die Arbeit, die ich hier beschreibe, sich – soweit ich unterrichtet bin – von jeder anderen gegenwärtig praktizierten Form unterscheidet.

Das folgende Diagramm hat sich als nützlich erwiesen, den Prozeß der Genesung und des Paradigmenwechsels zu veranschaulichen.

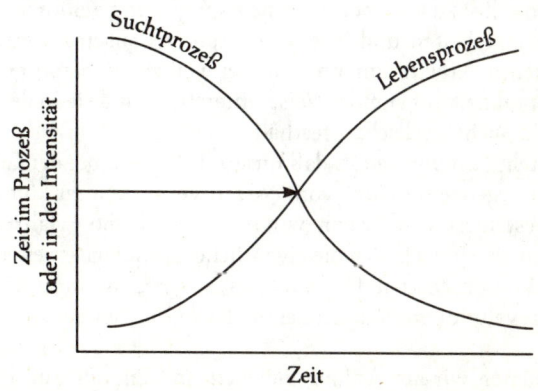

Bevor wir mit unserer Genesung beginnen, verwenden wir den größten Teil unserer Zeit und unserer Energie auf unsere Sucht. Tatsächlich leben wir oft so nicht-partizipatorisch und sind von unserem Leben so abgespalten, daß wir an den uns innewohnenden Lebensprozeß keine Erinnerung haben oder ihn nicht kennen. Das trifft auf viele Menschen in unserer Gesellschaft zu. Es ist kein Wunder, daß wir uns so verhalten, wie wir uns verhalten, denn wir haben unsere Abhängigkeiten benutzt, um uns völlig von unserer inneren Führung und von der Erkenntnis, daß wir mit allen Dingen eins sind, abzuschneiden. Wenn wir in die Genesung eintreten und anfangen, mehr im Prozeß zu leben, werden wir uns dieser Einheit wieder bewußt.

Dieses Verhaftetsein im Suchtprozeß ist einer der Gründe dafür, daß alle, die auf irgendeiner Ebene mit Menschen arbeiten, gründliche Kenntnisse über Sucht und Erfahrung mit der Genesung haben sollten. Für mich bedeutet das, daß alle, die es sich zur Aufgabe machen, andere zu begleiten und zu beraten, selbst aktiv in einem Genesungsprogramm sein und eine gute, starke Genesung haben müssen. Ich bin zu der Erkenntnis gekommen, daß dies für jene unter uns, die in helfenden Berufen tätig sind, besonders wichtig ist, weil uns unsere Ausbildung als solche in die Co-Abhängigkeit und die Beziehungssucht hineinführt, nicht nur im Verhältnis zu unseren eigenen Klientinnen und Klienten, sondern auch im Verhältnis zur gesamten Gesellschaft. Auch hier entspricht es meiner Erfahrung, daß das Zwölf-Schritte-Programm der Anonymen Alkoholiker und die aus ihm folgenden Programme die besten Werkzeuge sind, um Genesung zu erreichen (und warum sollten wir nicht das Beste für uns beanspruchen?).

Wenn Leute aufrichtig daran interessiert sind, geheilt zu werden und zu sich selbst zu kommen, sind sie zwangsläufig gefordert, sich mit ihren Abhängigkeiten und ihrem Suchtprozeß auseinanderzusetzen. Sonst wird ihre Arbeit immer nur die zeitweilige »Reparatur« bleiben, die ihre Krankheit auf subtile Weise unterstützt und sie in der Anpassung an die Suchtgesellschaft festhält.

Es versteht sich von selbst, daß unsere Fähigkeit, bei der Genesung helfen und irgendeine Form von Wissen vermitteln zu können, wesentlich gesteigert wird, wenn wir selbst durch die Erfahrung hindurchgegangen sind. Dies ist die eigentliche Grundlage eines partizipatorischen Wissenschaftsmodells, und es ist ein Genesungsmodell, das uns diese revolutionäre Möglichkeit in den helfenden Berufen eröffnet hat.

Also müssen wir am Anfang viel Zeit und Energie auf die aktive

Arbeit an unserer eigenen Genesung verwenden. Das frühe Genesungsstadium kann man bei den meisten Leuten auf zwei bis fünf Jahre ansetzen. (Wir sind in aller Regel ziemlich fest im Suchtsystem verwurzelt.) Die meisten von uns werden zwei bis fünf Jahre brauchen, bis sie das Lebensprozeß-System tatsächlich an sich selbst erfahren.

Für mich ist das eines der erstaunlichsten Wunder der Genesung. So viele Menschen sind bereit, sich auf den Weg der Genesung zu begeben, obwohl sie absolut keine konkrete Vorstellung haben, wie es ihnen damit ergehen wird. (Ich neige zu dem Glauben, daß wir uns irgendwo in den tiefsten Tiefen unseres Gehirns daran erinnern, wie es ist, unser Leben im Prozeß zu leben und völlig in den Prozeß des Universums einzuschwingen (mit Gott eins zu werden?)).

Wenn unser Suchtprozeß zum ersten Mal von einem Lebensprozeß durchbrochen wird, erschreckt uns das fast zu Tode. Wir erleben ganz plötzlich einen Augenblick der Klarheit, der inneren Ruhe und des Einsseins mit dem Universum – und es erfüllt uns mit Angst und Schrecken. Wir halten inne und fragen uns: »Was war denn das?« Es geht durch unser Bewußtsein wie ein Meteor, und wir denken: »Um Himmels willen – was war das nur?« Wenn wir in unserer Genesung fortschreiten, werden diese Sekunden zu Minuten, Stunden, Tagen, sogar Monaten und Jahren – vermutlich immer mit kurzen Rückfällen in den Suchtprozeß. Darum zeigt das Diagramm (S. 167), daß der Suchtprozeß sich der unteren Achse nähert, sie aber nicht kreuzt. Meiner Erfahrung nach verschwindet der Suchtprozeß niemals völlig; er liegt immer auf der Lauer – tückisch, verwirrend, machtvoll und geduldig.

Unsere Genesung macht uns den Lebensprozeß und unsere Tiefenprozeß-Arbeit stärker verfügbar. Unsere Tiefenprozesse stellen sich immer häufiger ein und fordern uns, sie durchzuarbeiten. Wenn wir aktiv in der Genesung sind und unsere Tiefenprozeß-Arbeit machen, vollziehen wir allmählich den Übergang in ein Lebensprozeß-System. Diesen Übergang können wir nicht planen oder bewußt hervorrufen – wenn wir das versuchen, bleiben wir tatsächlich in den Kontrollmechanismen des Suchtsystems stecken. Dieser System- oder Paradigmenwechsel ist nicht steuer- oder kontrollierbar. Er ist ein Nebenprodukt unserer Arbeit an uns selbst.

Diese beiden Prozesse – die Konfrontation mit dem Suchtprozeß und seine Heilung und das Lernen, im Prozeß zu leben – ereignen sich zwangsläufig und ereignen sich notwendigerweise gleichzeitig. Diane Fassel sagte in einem ihrer Vorträge über die Transformation von Organisationen: »Es gibt keine Transformation (keinen Lebensprozeß) ohne Genesung.« Viele Disziplinen und Techniken (Psychologie, Religion, Medizin, New-Age-Bewegungen, Unternehmensberatung, sogar östliche Weisheitslehren) haben versucht, Transformation zu erreichen, ohne sich mit Abhängigkeiten zu konfrontieren – ihren eigenen und den in der Gesellschaft verankerten Abhängigkeiten. Darum scheiterten so viele dieser Wege oder konnten nur die vorübergehenden Teil-»Lösungen« anbieten, die letztlich den Fortbestand des Suchtsystems sichern.

Umgekehrt kann es keine Genesung geben, solange nicht die Bereitschaft da ist, einen vollständigen Paradigmenwechsel zu vollziehen (keine Genesung ohne Transformation). Diese Forderung hat das Spirituelle immer an uns gestellt, aber da das Spirituelle in Form von institutionalisierten Religionen in ein Suchtsystem integriert wurde, braucht es nichts Geringeres als die Bereitschaft, uns vollständig zu wandeln und dahin zu gehen, wohin unser Prozeß uns führt (das heißt ein Leben im Glauben zu leben), um eine authentische Veränderung zu erzielen. Glücklicherweise wird unser Prozeß uns nie drängen oder zwingen, an einem Ort zu sein, für den wir nicht wirklich bereit sind, auch wenn es sich manchmal nicht so anfühlt. Ich habe diese Geduld von seiten unseres inneren Prozesses (Gottes?) immer vorgefunden.

Ich bin dazu gekommen, meinen inneren Prozeß als Gott zu betrachten, oder das, was ich früher »Gott« nannte, und mit dem ich eins bin. Gott ist mehr als mein innerer Prozeß. Ich bin dazu gekommen, Gott als meinen Prozeß und den Prozeß des Universums zu verstehen, und wenn ich wirklich aus meinem inneren Prozeß heraus lebe, bin ich eins mit Gott. Wenn ich noch in meinen Suchtprozeß verwickelt bin und aus ihm heraus agiere, kann ich meinen Prozeß nicht leben. Es ist nutzlos, eine »Patentlösung« oder eine rasche Transformation ohne Konfrontation mit meinem Suchtprozeß anzustreben. Es ist nutzlos, Genesung anzustreben, wenn ich nicht bereit bin, mein Leben zu ändern. Es gibt keine Genesung ohne Transformation, und es gibt keine Transformation ohne Genesung. Die beiden Prozesse gehen zwangsläufig Hand in Hand und sind paradoxerweise ein und dasselbe.

In unseren Workshops und Trainingsgruppen richten wir unsere Aufmerksamkeit simultan auf beide Prozesse, so wie sie sich präsentieren. Wir versuchen nicht, sie hervorzurufen oder zu steuern. Wir gehen mit dem um, was hervortritt. Nachdem ich diese Hintergrundinformation gegeben habe, werde ich im folgenden beschreiben, wie wir bei Workshops und in Trainingsgruppen arbeiten und wie wir uns für die Tiefenprozeß-Arbeit öffnen.

Die Umsetzung der Lebensprozeß-Arbeit

Der Hauptteil der Arbeit, die ich tue, findet in vier- oder neuntägigen Workshops und in den ein Jahr umfassenden Trainingsgruppen statt. Gelegentlich halte ich Vorträge oder eintägige Workshops über diese Arbeit; diese Veranstaltungen haben zwangsläufig nur Einführungscharakter. Sie sind nicht Leben im Prozeß. Da meine berufliche Sozialisation in die Blütezeit des Human Potential Movement fiel, ging ich gewohnheitsmäßig davon aus, daß kurze, strukturierte Erfahrungen (empirisches Lernen) und/oder Demonstrationen Vorträgen oder Einführungen überlegen seien. Von diesem Glauben bin ich völlig abgekommen. Mittlerweile bin ich davon überzeugt, daß es nicht angemessen ist, Tiefenprozeß-Arbeit bei Demonstrationsveranstaltungen oder in eintägigen Workshops zu zeigen. Sie ist so machtvoll und intensiv, daß sie bei anderen Menschen fast immer eigene Arbeit auslöst.

Es liegt außerdem im Wesen der Lebensprozeß-Philosophie, daß diese Arbeit nicht gesteuert, hervorgerufen oder manipuliert werden kann und sollte, und daher wäre es ein Widerspruch zu der Arbeit selbst, eine Situation zu schaffen, in der ich einen Tiefenprozeß auslöste oder von anderen erwarten würde, in einen Tiefenprozeß hineinzugehen.

Um wirklich etwas über Tiefenprozeß-Arbeit zu lernen oder sie zu erfahren, muß man bei einem Workshop anwesend sein. Und die Anwesenheit dort zeigt, wie ich meine, zumindest eine gewisse Bereitschaft, Leben im Prozeß zu versuchen und damit, sich dem Suchtprozeß zu stellen und für die Tiefenprozeß-Arbeit offen zu sein, wenn sie ansteht. Ich glaube, daß die Erfahrung eines Workshops lange vor dem Eintreffen am Ort der Veranstaltung beginnt und nach der Abreise noch lange anhält. Also lassen Sie mich einige Worte darüber sagen, wie man zu einem Workshop kommt.

Die Leute erfahren von unseren Workshops, indem sie sich in unsere Adressenkartei aufnehmen lassen. Ich habe nie Reklame gemacht und nie um Teilnehmer geworben. Lange bevor ich den Merksatz der Anonymen Alkoholiker kannte, glaubte ich daran, daß Anziehungskraft für eine solche Arbeit wichtiger ist als äußerer Erfolg oder eine öffentliche Reputation. Ich gehe nur dahin, wohin man mich einlädt, und ich dränge mich nicht auf. Leute, die darum gebeten haben, in unsere Adressenkartei aufgenommen zu werden, erhalten jedes Jahr eine Broschüre mit meinem internationalen Terminplan. Dieser Broschüre liegt ein Anmeldungsformular bei. Außerdem kann man sich direkt an mein Büro wenden, um Informationen zu erhalten. Wenn ein Workshop ausgebucht ist, richten wir eine Warteliste ein. Etwa einen Monat vor Beginn des Workshops erhalten die Teilnehmerinnen und Teilnehmer einen Brief mit Informationen über den Veranstaltungsort, das Klima, Sachen, die man mitbringen sollte und so fort und über Anreisemöglichkeiten (so daß Mitfahrgelegenheiten organisiert werden können). Außerdem liegt dem Brief eine Liste der Teilnehmerinnen und Teilnehmer, der Mitglieder der Trainingsgruppe und des Mitarbeiterstabes bei.

Früher lösten diese Briefe eine Menge Prä-Workshop-Prozesse aus, und das ist vermutlich immer noch so. Eine Zeitlang veranstaltete ich zum Beispiel Frauen-Wildnis-Workshops in den Boundary Waters in Minnesota, und wenn die Briefe ankamen, in denen stand, daß Zelte, Schlafsäcke, Taschenlampen und auch Toilettenpapierrollen mitzubringen seien, da es keine Waschräume und Toiletten gäbe, fing der »Intensiv-Prozeß« bei manchen Frauen unmittelbar beim Lesen dieser Informationen an. (Später erfuhr ich, daß einige meiner Widersacher das Gerücht in Umlauf setzten, ich hielte Nackt-Workshops ab, weil die Frauen nackt im See badeten und auf den Felsen in der Sonne lagen; das machen Leute in Amerika und auch in Europa nun mal, wenn sie in der Wildnis sind. Ich selbst fühle mich zu Haus oder anderswo jedenfalls am wohlsten damit, nackt zu baden. Bei den Workshops lösten diese Erfahrungen eine Menge Arbeiten über Körperlichkeit und Sexualität aus, die für die damit konfrontierten Frauen sehr wichtig waren.) Wir versuchen nicht, spezifische Reaktionen hervorzurufen, und die Umfelder, in denen Workshops stattfinden, sind immer Teil des Prozesses. Es geht nicht darum, das »perfekte« Umfeld zu finden, um damit Dinge auszulösen, die ans Licht kommen »müssen«. Beim Leben im Prozeß geht es darum, die Dinge anzugehen, die sich spontan einstellen, im Verhältnis zum Umfeld, zur Gruppe oder wozu auch immer, da das Teil des Prozesses ist.

Als wir bei den National Training Laboratories in Encounter, Gruppenprozeß und individueller Therapie ausgebildet wurden, glaubten wir, wir könnten eine Gruppe dahin manipulieren und steuern, daß ihre Mitglieder fühlten, was wir sie fühlen lassen wollten und was sie unserer Meinung nach fühlen sollten. Was für eine Überheblichkeit!

Was ich mit Sicherheit weiß, ist, daß ich gern in der Natur bin und gern in schönen und für meine Begriffe heilsamen natürlichen Umgebungen arbeite. In der Natur fällt es mir leichter, mit meinem Prozeß in Kontakt zu sein, und ich bleibe gesünder, wenn mein Arbeitsplatz in der Natur ist. Das gilt nicht für alle Menschen (manche Leute haben, zu Anfang zumindest, eine Todesangst vor der Natur); auf mich trifft es jedoch zu, also ist das der Platz, wo ich arbeite. Diese Arbeit wird sich mehr und mehr in einem wunderschönen, hundertundzehn Jahre alten Kurhotel in Boulder in Montana abspielen, in dessen Umgebung es natürliche heiße Quellen gibt. Die Thermalbäder und die Umgebung sind sehr heilsam, und das Hotel liegt geschützt in einem schönen, von hohen Bergen gesäumten Tal. Die amerikanischen Indianer nannten diesen Platz das Friedenstal; hier versammelten sich Angehörige der verschiedensten Stämme, um Heilung zu finden, und Feindseligkeiten oder traditionelle Fehden waren an diesem Ort tabu. Der Beginn eines Workshops ist sehr entspannt. Gewöhnlich liegen Anmeldebögen aus, und die Leute werden aufgefordert, sich ein Zimmer zu suchen und es sich gemütlich zu machen. Das erste Gruppentreffen findet meistens am Abend des ersten Tages gegen 19.30 Uhr statt. Natürlich hat der Workshop bereits vor diesem ersten Treffen begonnen.

Die Zusammensetzung der Gruppe

Ich beschränke die Teilnehmer/innenzahl bei Workshops in der Regel auf fünfundzwanzig Leute. Zu dieser Gruppe können frühere Mitglieder meiner Trainingsgruppen gehören und Leute, die vorher schon an Workshops teilgenommen haben. Es sind immer Neulinge dabei, »Prozeß-Jungfrauen«, wie wir sie augenzwinkernd nennen. Neben mir sind zehn bis zwanzig Mitglieder der laufenden Trainingsgruppe anwesend, die sich in verschiedenen Stadien der Genesung befinden, und darüber hinaus eine weitere Person, die seit geraumer Zeit an ihrer Genesung und am Leben im Prozeß gearbeitet hat und oft Workshops und Gruppen leitet. Im Verhältnis zur Teilnehmer/innenzahl gibt es immer einen hohen Anteil an Mitgliedern der Trainingsgruppe. Das ist aus mehreren Gründen wichtig. Wenn Leute Tiefenprozeß-Arbeit machen, ist es sehr gut, wenn wir eine Person haben, die sich dazusetzt und begleitet. Da alle Teilnehmerinnen und Teilnehmer ihre eigene Arbeit und Tiefenprozeß-Arbeit machen, wenn sie sich einstellt, ist es sinnvoll, viele Begleitpersonen zur Verfügung zu haben, obwohl jede und jeder der Anwesenden einen Prozeß begleiten kann.

Im Lauf der Zeit wurde mir auch klar, daß dieser Prozeß bei Workshops und im Training unter anderem deshalb so gut funktioniert, weil wir ein ganzes Spektrum von Leuten haben, die sich auf unterschiedlichen Ebenen und in verschiedenen Stadien ihrer Genesung und ihrer Fähigkeit, im Prozeß zu leben, befinden. Ich glaube (oder weiß vielmehr aus Erfahrung), daß es Leuten viel schwerer fiele, sich mit der Tiefenprozeß-Arbeit sicher zu fühlen, wenn sie diese Arbeit nicht überall in ihrer unmittelbaren Umgebung miterlebten. Manchmal machen einige Mitglieder der Trainingsgruppe ihre Tiefenprozeß-Arbeit noch bevor der Workshop überhaupt begonnen hat, wenn sie fühlen, daß etwas in ihnen »hochkocht«. Wir haben einige Leute für unsere Arbeit verloren, die sich plötzlich von Tiefenprozessen umgeben sahen, bevor sie auch nur annähernd fühlten und verstanden, worum es überhaupt ging, und auch bevor sie die Erfahrung hatten, daß Leute ihre Tiefenprozeß-Arbeit tatsächlich durchleben und daß es ihnen hinterher offenbar etwas bringt.

Ich muß gestehen, daß ich mich manchmal fragte »Oh Gott, was werden die Neulinge denken?«, wenn zum Beispiel jemand aus der Trainingsgruppe bei der ersten Sitzung blutrünstige sadistische Sektenerfahrungen durcharbeitete, aber das ist dann nur mein »Eindruck-Schinden«, das in mir hochkommt. Ich befasse mich mit meinen Gefühlen, gebe sie ab und lasse los – im Vertrauen auf den Prozeß. Ich möchte von vornherein klarstellen, daß alle Begleitpersonen und ich selbst gleich zu Beginn des Workshops, beim »Einchecken«, vor der Gruppe offen äußern, welche Gefühle uns bewegen, welche Art von Suchtverhalten wir an uns wahrnehmen oder welche Erfahrungen wir machen.

Wir praktizieren das, was wir predigen, so gut wir können, da wir davon ausgehen und darauf vertrauen, daß wir alle diesen Weg gemeinsam gehen. Im Lauf der Jahre habe ich eine Veränderung in mir und in der Art meiner Mitteilungen bemerkt. Bevor ich meine Genesung als Psychotherapeutin wirklich ernsthaft in Angriff nahm, äußerte ich immer eine »Erkenntnis«, von der ich meinte, daß andere sie hören müßten, die brillant war oder einen guten Eindruck hinterließ. Ich bin mittlerweile etwas weniger arrogant und dominierend (Fortschritt, nicht Perfektion), und jetzt teile ich eher mit, was ich gegenwärtig wahrnehme oder woran ich nach meinen besten Kräften arbeite. Der Versuch, »weise« zu erscheinen, ist eine berufsspezifische Verformung bei Therapeuten. Je länger ich diese Arbeit tue, desto mehr wird mir klar, daß das, was ich wirklich zu bieten habe, meine eigenen Kämpfe mit dem Suchtprozeß sind, meine Tiefenprozeß-Arbeit und mein Leben im Prozeß. Das Loslassen der Illusion vom Machtgefälle zwischen der »Leitung« und den »anderen« ist etwas, das ich seit Jahren praktiziere, und in einem partizipatorischen System ist das von ausschlaggebender Bedeutung. Es ist das, was die Bürgerrechtsbewegung, der Feminismus und das neue Paradigma wirklich für mich bedeuten. Unterdrückung entsteht immer dann, wenn wir ein Machtgefälle etablieren. Durch vollständige Offenheit und Partizipation von seiten der Begleitpersonen löst die Illusion vom Machtgefälle sich auf.

Eine weitere Person, die oft mitarbeitet, möchte ich noch erwähnen. Bei den meisten Workshops und Gruppen ist eine Person mit Massageausbildung dabei, die mindestens ein Trainingsjahr hinter sich hat, und die Massagen zu vernünftigen Preisen anbietet. Ich weiß, daß diese Masseurinnen und Masseure alle gut sind, weil ich mir von ihnen eine Massage geben lasse, bevor ich zustimme, daß sie mit anderen arbeiten. Wenn sie mir eine gute Massage geben, gehe ich davon aus, daß sie auch bei anderen gut sind (und irgendeinen Vorteil muß es schließlich auch haben, diejenige zu sein, die diese Veranstaltungen organisiert). Ich genieße es, während eines Workshops eine Massage zu bekommen, und es ist, wie bei allen anderen Dingen bei einem Workshop, die freie Entscheidung jeder und jedes einzelnen, davon Gebrauch zu machen.

Die erste Sitzung

Bei der ersten Sitzung heiße ich die Leute willkommen (ich bin fast immer wirklich froh, einen Workshop zu beginnen. Ich lerne gern neue Leute kennen und freue mich auf eine Atmosphäre, in der wir unsere Arbeit tun können. Wenn ich müde bin, mich nicht gut fühle oder eigentlich keine Lust habe, zu diesem Zeitpunkt anzufangen, spreche ich das immer offen aus und sage, was in mir vorgeht). Anfangs klären wir gewöhnlich einige praktische Fragen. Wir stellen fest, ob alle untergebracht sind, fragen nach, ob jemand etwas besonderes braucht, weisen noch einmal auf bestimmte Regeln hin, die den Veranstaltungsort betreffen, geben der Masseurin Gelegenheit, einige Worte zu sagen, und lassen dann eine Liste herumgehen, in der die Leute sich für Massagen eintragen können. Die Masseurin beschreibt ihre Arbeitsweise und fordert die Leute auf, ihr bestimmte Probleme oder Bedürfnisse mitzuteilen: ob sie einen bestimmten Zeitpunkt (am Anfang, in der Mitte oder gegen Ende des Workshops) oder eine bestimmte Tageszeit bevorzugen, ob sie lieber während der Sitzungen oder in den Pausen behandelt werden wollen. Sie erklärt, daß es möglich ist, neue Absprachen mit ihr zu treffen, wenn sich die Bedürfnisse im Verlauf des Workshops ändern, und ermutigt die Teilnehmerinnen und Teilnehmer, mit ihrem eigenen Prozeß in Kontakt zu treten, darauf zu achten, was sie brauchen, und dann darum zu bitten – alles Schlüsselelemente des Lebens im Prozeß. Jede andere Person in der Gruppe kann bei dieser Gelegenheit aktuelle Wünsche, Bedürfnisse und Vorschläge äußern. Dabei kann es sich um Dinge wie das Organisieren von Kleingruppen handeln, die gemeinsam kochen und essen, um Ausflüge in der Freizeit, um Zimmertausch und so fort. Die Mitglieder der Trainingsgruppe, die Leute, die bereits an anderen Workshops teilgenommen haben und die anderen Begleitpersonen sind gewöhnlich recht selbstbewußt im Äußern ihrer Vorschläge und Bedürfnisse. Hier besteht wieder die Möglichkeit, Abläufe zu gestalten und umzugestalten.

Im Anschluß daran gebe ich meistens einen allgemeinen Überblick über die Zeitplanung. Ich muß jetzt lachen, wenn ich daran denke, wie rigide und reglementierend ich mich verhielt, als ich anfing, Workshops abzuhalten. Natürlich entsprach das damals alles den Regeln, die wir in unserer Ausbildung gelernt hatten, und wir dachten, es sei »professionell« und zur »Strukturierung« der Gruppe notwendig, rigide Vorgaben zu machen. Diese Art, die Dinge anzugehen, war aber sehr aufreibend und trug dazu bei, daß Leiterinnen und Leiter von Gruppen sich sehr bald ausgebrannt fühlten. Es läuft mir kalt über den Rücken, wenn ich jetzt daran denke, wie kräftezehrend diese Illusion der Kontrolle war.

Ich sage der Gruppe, daß wir unseren Zeitplan flexibel handhaben und daß er gewöhnlich so aussehen wird: Um neun Uhr morgens haben wir Zeit für die Zusammenkünfte von Zwölf-Schritte-Gruppen. Es ist die Sache derer, die diese Gruppen wünschen und brauchen, die Zusammenkünfte nach ihren Vorstellungen zu organisieren. In der Regel gibt es Ankündigungen für Gruppentreffen der Anonymen Alkoholiker, der Anonymen Eßsüchtigen und von Al-Anon. In letzter Zeit haben wir zunehmend Anfragen für Gruppen der Anonymen Sex- und Liebessüchtigen, Beziehungssüchtigen, Selbstmißbraucher, Workaholics, Schuldenmacher und Inzestüberlebenden. Es ist von Workshop zu Workshop verschieden, welche Zwölf-Schritte-Gruppen am stärksten frequentiert werden; das hängt von den Wünschen und Bedürfnissen in der Gruppe ab. Die Zwölf-Schritte-Gruppen bei Workshops sind in aller Regel offene Gruppen, und ich schlage Leuten, die mit dem Programm nicht vertraut sind oder seine vielfältigen Varianten nicht kennen, vor, die Gruppen auszuprobieren. Ich betone, daß die Zwölf-Schritte-Gruppen ein Angebot sind, und daß jede Person frei entscheiden kann, was sie tun oder lassen will.

Die gesamte Gruppe kommt gewöhnlich gegen 10.00 Uhr zusammen, wenn die Zwölf-Schritte-Treffen beendet sind, und die Sitzung dauert bis 12.30 oder 13.00 Uhr. Dann machen wir eine Mittagspause von zweieinhalb bis drei Stunden und kommen von 15.30 oder 16.00 Uhr bis 18.00 oder 19.00 Uhr wieder zusammen. Dann machen wir meistens für den Abend Schluß. Je nach den Bedürfnissen in der Gruppe kommt es aber auch vor, daß wir nachmittags eine kürzere Sitzung abhalten und dann noch eine kurze Abendsitzung anschließen.

Meistens weise ich darauf hin, daß dies kein Marathon ist, und daß es in meiner Sicht keine kausale Beziehung zwischen den in der Gruppe verbrachten Stunden und den Lernerfahrungen gibt. Tatsächlich finden vielleicht einige der wichtigsten Lernerfahrungen der Teilnehmerinnen und Teilnehmer außerhalb der Gruppensitzungen statt. Wenn wir im Prozeß leben lernen, bietet uns einfach alles Gelegenheit, etwas über uns selbst zu erfahren und unserem Prozeß vertrauen zu lernen. Zum Beispiel kann es sehr wichtig sein, zu lernen, wie man mit einem schnarchenden Zimmergenossen umgeht, mit einer verdreckten Küche oder den Gefühlen, die sich einstellen, während man darauf wartet, endlich das Bad benutzen zu können.

Ich hebe besonders hervor, daß eine der wichtigsten Fertigkeiten für das Im-Prozeß-Leben-Lernen darin liegt, zu *merken* – zu merken, wann ich müde bin, wann ich hungrig bin, wann ich zur Toilette gehen muß, zu merken, daß ich Zeit für mich brauche, zu merken, wie ich mir meine Sucht-»Kicks« hole. Ich ermutige die Leute bei Workshops, das Merken zu üben.

Als letztes erwähne ich bei den langen Workshops, daß wir gewöhnlich einen Abend oder zwei Abende, einen ganzen Nachmittag und Abend oder sogar einen ganzen Tag freinehmen. Ich schlage einen ganzen Tag zur freien Verfügung vor, und wir schauen, ob das allen annehmbar erscheint, wobei immer die Möglichkeit besteht, neue Absprachen zu treffen, wenn der Workshop in Schwung kommt.

Um die Atmosphäre dieser Anfangsphase etwas farbiger darzustellen, muß ich hier noch etwas anfügen. Die geschilderten Abläufe sind nie trocken und routiniert. Ich habe meistens viel Energie und Witz. Außerdem komme ich aus einer Familie, in der das gegenseitige Nekken und »Aufziehen« etwas Liebevolles und ein Ausdruck von Liebe war, also ziehe ich die Leute auf. Manche haben Schwierigkeiten mit diesem Aufziehen, aber ich weiß, daß es liebevoll ist und daß es zu mir gehört. Jedenfalls lachen wir alle sehr viel, besonders über unsere Krankheit und unsere »Charakterfehler«, wie die Anonymen Alkoholiker sie nennen. Es herrscht eine Atmosphäre der Offenheit, in der es leichtfällt, über sich selbst und andere zu lachen. Bei Workshops gibt es eine Menge spontanen Humor und Gelächter. Das gehört zu den Dingen, die ich an Workshops und Trainingsgruppensitzungen wirklich liebe. Wir erfahren gemeinsam, wie es ist, über uns selbst zu lachen und miteinander zu lachen. Schließlich ist tierischer Ernst ein sicheres Zeichen für Probleme.

Auf diese kurze Einführung und die Klärung der pragmatischen Fragen folgt das »Einchecken«. Ich fordere alle auf, ihre Namen und ihre Wohnorte zu nennen, und zu erzählen, warum sie gekommen sind, welche Hoffnungen und Wünsche sie mit dem Workshop verbinden, und alles andere zu sagen, was ihnen zu diesem Zeitpunkt wichtig erscheint. Manche erzählen sehr viel, manche sehr wenig, und andere wieder entscheiden sich vielleicht, zu diesem Zeitpunkt überhaupt nichts zu sagen. Es bleibt jedem selbst überlassen. Manchmal werden den Leuten aus der Gruppe heraus weitere Fragen gestellt, zur Klärung oder zur Information; es ist aber niemand gezwungen, diese Fragen zu beantworten oder mehr zu sagen. Allen wird geraten, mit sich selbst in Kontakt zu bleiben und zu schauen, was sie aus ihren Gefühlen und Reaktionen lernen können. Diese Workshops sind die ehrlichsten, vorurteilfreisten und am wenigsten reglementierenden Gruppen, die ich je erlebt habe. Wir stellen nicht die Regel auf, daß man ehrlich und tolerant zu sein und sich nicht-reglementierend zu verhalten habe. Ich glaube, diese Atmosphäre stellt sich von selbst ein, weil wir alle unsere eigene Arbeit machen, mit vollem Einsatz und so aufrichtig, wie wir können. Beim »Einchecken« hat jede und jeder die Möglichkeit, sich in die Gruppe einzuführen. Das heißt, daß wir alle – Teilnehmerinnen und Teilnehmer, Mitglieder der Trainingsgruppe und Begleitpersonen – mitteilen, wer wir sind, wo wir in unserem Leben stehen, welche Tiefenprozesse wir in letzter Zeit hatten, welche Probleme wir mit unserem Suchtprozeß und unserer Genesung haben und wie es sich für uns anfühlt, hier zu sein. Das wird nicht als Technik gehandhabt. Wir tun es alle aus Achtung vor unserem Prozeß. Wenn ich müde bin, sage ich das. Wenn ich mich ärgere, hier zu sein, sage ich das. Wenn sich in meinem Leben etwas abspielt, das mich berührt, sage ich das. Wenn ich einen Einfall oder eine neue Einsicht über meinen Suchtprozeß habe, sage ich das. Dieses Maß an Offenheit findet sich in der Regel bei allen Anwesenden – alle geben sich in den Prozeß hinein so gut sie können.

Beim »Einchecken« am ersten Abend streifen wir meistens nur die Spitze des Eisbergs. Wir bleiben nur solange zusammen, bis sich in der

Gruppe Müdigkeit zeigt. Die erste Sitzung dauert gewöhnlich zwei bis zweieinhalb Stunden; sie kann auch kürzer oder länger sein – das hängt von der Gruppe ab. Bevor wir die Sitzung beenden, ermutige ich die Leute noch einmal, mit sich selbst und ihren Bedürfnissen Kontakt aufzunehmen. Manche kommen völlig erschöpft an, weil sie versucht haben, vor dem Workshop ihr gesamtes Leben zu organisieren und in Ordnung zu bringen.

Wenn ich es nicht schon vorher getan habe, sage ich an dieser Stelle meistens etwas über die Umgebung. Oft treffen wir uns an Orten in Höhenlagen, an die viele der Anwesenden nicht gewöhnt sind, also gebe ich einige Informationen über Höhenkrankheit – wie sie sich anfühlt, worauf man achten muß – und schlage Vorbeugungsmaßnahmen wie viel Ruhe, leichtes Körpertraining und größere Flüssigkeitsaufnahme vor. Manchmal muß ich eine kleine Einführung in die lokale Fauna geben und erklären, wie man sich Elchen oder Klapperschlangen gegenüber verhält, mit Moskitos fertig wird, und so fort. Wir schließen die Sitzung mit der Klärung der Frage ab, welche Zwölf-Schritte-Gruppen sich wo am Morgen treffen, und dann verschwinde ich und gehe zu Bett. Gewöhnlich achte ich darauf, bei Workshops sehr gut für mich selbst zu sorgen. Das bedeutet, daß ich versuche, soviel Zeit wie möglich für mich zu haben, auszuruhen und Körpertraining zu machen. Das stärkt meine Fähigkeit in der Gruppe – und mir selbst gegenüber –, sehr präsent zu sein.

Der Raum, in dem die Gruppensitzungen stattfinden, ist meistens sehr groß und in aller Regel ein einziges Chaos. Überall liegen Matratzen und Kissen herum. Ich ziehe es vor, in einem Segeltuchstuhl zu sitzen, und die anderen bringen alle Arten von Klappstühlen und Camping-Stühlen mit. Es geht vor allem darum, daß wir Raum für die Gruppe haben, und daß genügend Plätze und weiche Lager für Leute da sind, die ihre Tiefenprozeß-Arbeit machen, während die Gruppe weitergeht. Manchmal entsteht daraus eine Atmosphäre wie in einem Zirkus mit mehreren Arenen, und doch scheint alles gut zu funktionieren. Ich habe längst gelernt, daß es keine perfekte Art gibt, eine Gruppe zu organisieren. Es ist wie im Leben. Wir müssen einfach offen sein für alles, was sich einstellt, und damit umgehen. Ich habe entdeckt, daß diese Herangehensweise anfangs für viele Leute angsteinflößend ist – besonders für Leute, die nicht wissen, wie man diese Art von Arbeit macht. Dieser Weg gibt allerdings uns allen Gelegenheit, uns mit unseren Kontrollillusionen auseinanderzusetzen, und er ist zweifellos hervorragend geeignet, Probleme mit der Kontrolle zu mobilisieren.

Auch hier wieder ist dieses Mobilisieren nicht »gewollt«, sondern resultiert aus dem Geschehen selbst.

Ich erwähne das hier besonders, weil es in meiner Sicht ein gutes Beispiel für das Paradigma ist, auf dessen Grundlage ich arbeite – alternativ zum traditionellen mechanistischen wissenschaftlichen Paradigma, nach dem »Therapie« gewöhnlich strukturiert ist. Therapie hat sich am Modell des wissenschaftlichen Experiments orientiert, das einen soweit wie möglich vom Leben entfernt, so daß man so viele »Variablen« wie möglich kontrollieren und die Situation so »eindeutig« wie möglich halten kann. Aus einem Lebensprozeß-Paradigma heraus arbeiten bedeutet, daß wir es mit dem Leben zu tun haben. Wir gehen mit dem Prozeß des Lebens um, wie er sich hier und jetzt ereignet. Wie im Leben selbst müssen wir für die Dinge offen sein, die sich einstellen – worum es sich auch immer handeln mag –, und uns mit der Frage befassen, was sie für uns bedeuten. Sicherheit entsteht aus dem Reagieren und Sich-Auseinandersetzen. Die Kontrollillusion kann uns keine Sicherheit geben.

Input

Nachdem wir uns beim »Einchecken« alle in der Gruppe vorgestellt haben, gebe ich einige Erklärungen, als Input gewissermaßen. Obwohl wir es nicht bewußt so anlegten, ist mir jetzt klar, wie wichtig es ist, daß die ersten wirklichen Informationen (abgesehen von der Klärung der praktischen Fragen), die in die Gruppe hineingegeben werden, von der Gruppe selbst kommen (das Einchecken). Durch diese Art zu handeln, und nicht durch bloße Worte, haben wir alle ausgedrückt, daß unsere Lernerfahrungen aus uns selbst und aus dem Miteinander kommen. Ursprünglich fing ich mit kurzen »Eincheck«-Phasen an, um einen Überblick zu bekommen, mit wen ich es zu tun hatte, weil ich glaubte, daß dieses »Einchecken« den Leuten helfen würde, sich auf die Situation einzustellen, und vor allem, weil ich diese Einführungsphasen mag und mich wirklich dafür interessiere, was die Leute zu sagen haben. Ich lerne sehr viel dabei.

Viele Leute kommen jedoch in dem Glauben, daß ich irgendeine Art von Guru sei und erwarten, daß ich »Patentlösungen« für sie inszeniere. Diese Erwartungen bringen sie aus ihren vorangehenden Erfahrungen mit. Ich bin nicht der Mittelpunkt der Workshops. Die Gruppe ist nicht das Zentrum der Lernerfahrungen. Alles ist wichtig, jede und jeder ist wichtig. Wir haben die Fähigkeit entwickelt, dieser Überzeugung Gestalt zu geben.

Ich beginne die »Input«-Sitzung gewöhnlich mit den Informationen, die ich zu Anfang dieses Kapitels wiedergab, und spreche über 1) das Lebensprozeß-System, 2) die Konfrontation mit unserem Suchtprozeß und 3) die Tiefenprozeß-Arbeit. Ich muß hier noch einmal darauf hinweisen, daß die Leute, die neu dabei sind, zu dem Zeitpunkt, an dem ich bei einem Workshop »Input« gebe, durch die lange Phase des »Eincheckens« bereits alle drei Prozesse erfahren haben. Wir sagen oft: »Ein Workshop ist ein sicherer Ort für *Sie*, aber *kein* sicherer Ort für Ihre Krankheit.«

Während des Eincheckens werden viele Dinge vermittelt, die für den Verlauf des Workshops den Ton angeben. Ein Mann aus der Trainingsgruppe schrieb zum Beispiel über das Einchecken beim Treffen seiner regionalen Gruppe:

»Ich wurde bei unserem letzten Regionaltreffen von zwei früheren Mitgliedern der Trainingsgruppe und dann von fast allen anderen provoziert. Diese beiden beteiligten sich an der Gruppe, und ich bin dankbar, daß mehr Leute da waren, denn in unserer ›Kerngruppe‹ sind wir nur vier (fünf, wenn John dabei ist). Während des Eincheckens verfiel ich in meine Krankheit. Ich glaubte meine Gefühle auszudrücken, aber es waren nur dieselben alten zyklischen Denkweisen und selbstzerstörerischen Ängste, die ursprünglich dafür verantwortlich waren, daß ich mich zur Teilnahme an der Trainingsgruppe entschied. Es war überhaupt nicht komisch, in dieser Weise konfrontiert zu werden, und ich bin jetzt verunsichert, weil einige Aspekte meines Selbstbildes in Frage gestellt sind. Mir wurde auch geraten, die Treffen der Anonymen Sexsüchtigen für mich zu erproben, und unmittelbar nach dem Regionaltreffen rief ich meinen A.-A.-Sponsor an. Er sagte mir, er kenne einige Leute bei den A.S., und wie sich herausstellte, macht er selbst auch bei den A.S. mit! Dafür sorgen, daß man bekommt, was man braucht – das lief nicht schlecht in diesem Fall, oder? Ich sagte ihm, daß ich einen Gesprächstermin wollte, und seither habe ich ihn nicht mehr angerufen. Das liegt jetzt fast drei Wochen zurück. Ich schwafele davon, das Masturbieren aufzugeben – also ist es wohl das beste, hier und jetzt zu sagen, daß ich meinen Sponsor anrufen und einen Interview-Termin ausmachen werde, bevor ich über Weihnachten nach Haus fahre. So! Jetzt habe ich mich verpflichtet! Ich habe erste Schritte unternommen, an meiner Sex-Sucht zu arbeiten, das heißt, ich merke, wie meine Energie sich verändert, wenn

meine Sucht in Aktion tritt. Ich merke, wie ich Situationen sexualisiere. Ich kaufte eine Zeitschrift der erwachsenen Kinder alkoholabhängiger Eltern, weil ein A.-S.-Artikel darin war, mit einem Einundzwanzig-Fragen-Test. Ich kreuzte bei etwa fünfzehn Fragen ›Ja‹ an. Ächz. Bei den Anonymen Alkoholikern habe ich mich jedenfalls nie ganz zu Haus gefühlt, also ist dies vielleicht eine Tür, die ich öffnen muß.
M. J.«

Wir sind uns während der Eincheck-Phasen der Gefahr, ins Interpretieren zu verfallen, sehr bewußt. Oft machen wir uns klar und geben zu, daß wir interpretierten oder zu interpretieren versucht waren, oder wir fordern andere in der Gruppe auf, bei sich selbst zu überprüfen, ob das, was sie sagten, eine Interpretation war. Ich bin zu der Überzeugung gekommen, daß für Interpretationen in dieser Arbeit einfach kein Raum ist. Die meisten Interpretationen sind entweder Projektionen oder so abstrakt, daß sie völlig nutzlos sind. In den meisten Fällen finde ich Interpretationen wirklich arrogant und respektlos. Sie bringen Leute fast immer dazu, in die Defensive zu gehen. Keine Theorie kann der Komplexität des Individuellen je gerecht werden. Die meisten – wenn nicht alle – Theorien bauen auf elaborierten Denkmustern auf, die ich mittlerweile als Denk-Sucht bezeichne, und die uns aktiv daran hindern, uns aus dem Suchtsystem zu befreien. Ein früheres Mitglied meiner Trainingsgruppen drückt das viel besser aus, als ich es könnte:

»Wir haben alle eine Mauer, und meine ist nicht da, wo deine ist. Seine ist nicht da, wo ihre ist. Niemand kann beurteilen, wer nicht genug tut oder was für einen anderen Menschen richtig ist. Ich weiß nichts über irgendeinen anderen. Ich weiß nicht das mindeste darüber, wer ein anderer Mensch ist, was er oder sie braucht. Jede Interpretation wäre in diesem Zusammenhang mehr als Vermessenheit, unerträgliche Arroganz. Interpretieren hieße, sich die Verantwortung eines Gottes anmaßen. Und doch – wie rasch ich urteile, obwohl ich weiß, daß ich nur einen äußerst begrenzten Einblick in die Seele des anderen habe! Die Herausforderung, der Kampf ist rein individuell, ganz und gar die innere Angelegenheit jedes einzelnen Geistes. Die äußeren Resultate sind offensichtlich, im Verhalten, in der Einstellung, im Handeln. Die Erkenntnis dieser Zusammenhänge ist eine Einladung, die Verantwortung für sich selbst zu übernehmen. Es liegt bei uns, das zu akzeptieren oder abzulehnen. Und das ist der Anfang.
J.«

Während der gesamten Eincheck-Phase können Leute, die zum ersten Mal an Workshops teilnehmen, uns, die Begleitpersonen und mich selbst, im Kampf mit unserer Krankheit beobachten. Sie können beobachten und teilnehmen, wenn wir unsere Tiefenprozeß-Arbeit machen (merken, was unsere Arbeit in ihnen selbst auslöst, dafür sorgen, daß genug Kissen da sind, und so fort). Wenn ich mit der »Input«-Sitzung beginne, kann ich also auf Material aus der laufenden Gruppe zurückgreifen, um die Aussagen, die ich mache, an Beispielen zu verdeutlichen. Ich folge in dem, was ich sage, keinem festen Ablauf; in der Regel vermittle ich die Inhalte, die ich hier wiedergebe.

Ich halte es für wichtig, immer wieder und in unterschiedlichster Form darauf hinzuweisen, daß die Tiefenprozeß-Arbeit nur ein Aspekt des Lebens im Prozeß ist. Ich lege besonderen Wert darauf, hervorzuheben, daß die Tiefenprozeß-Arbeit keine Technik ist, weil die meisten Leute so sehr an Therapie oder die psychologische »Patentlösung« gewöhnt sind. Tiefenprozeß-Arbeit kann sich wirklich nur in Verbindung mit der Konfrontation mit dem Suchtprozeß und dem Lernen, im Prozeß zu leben, ereignen. Diese Arbeit ist nicht linear.

Manchmal gehen wir, die Gruppe und ich, die Konfrontation mit dem Suchtprozeß sehr energisch an, und machen während des Workshops vielleicht sogar eine geplante oder ungeplante Intervention. Einmal intervenierten wir bei einer Frau, und als der Workshop beendet war, reisten wir ab, ohne zu wissen, ob die Intervention bei ihr eine Wirkung hinterlassen hatte oder nicht. Ein Jahr später erhielt ich von dieser Frau den folgenden Brief:

»Ich habe eine Weile gebraucht, um über die Ereignisse des letzten Jahres nachzudenken, und wollte mir genügend Zeit lassen, um Ihnen mitzuteilen, wie dankbar ich Ihnen bin, für Ihre Weisheit und für die Einsicht in meine Sucht. Als ich zu Ihrem Workshop kam, konnte ich nur die Probleme sehen, die mein früherer Mann in meinem Leben ›verursachte‹. Ich hatte keinen Begriff von meiner eigenen Sucht und übernahm keine Verantwortung für die ›entsetzlichen‹ Dinge, die mir immer wieder passierten. Während meines (späteren stationären) Aufenthalts in Sierra Tucson konnte ich schließlich sehen und dazu stehen, daß ich Alkoholikerin bin. Das war ein ›Hammer‹ für mich. Seither ist mir klargeworden, bis zu welchen Extremen ich ging, um meine Sucht vor meinen Freunden, meiner Familie, und – vor allem – vor mir selbst zu verbergen. Nachdem ich Sierra Tucson verlassen hatte, ging ich in ein Genesungsheim in Tustin in Kalifornien. Dort blieb ich drei Monate

als Patientin und dann einen weiteren Monat als Mitarbeiterin. Während dieser Zeit wurde ich wirklich fähig, die Verantwortung für das Chaos und die Unlenkbarkeit meines Lebens zu übernehmen. Ich hatte über Jahre hinaus gelernt, die Opferrolle zu perfektionieren. Welch ein Schock war es für mich, herauszufinden, daß andere mir nichts angetan hatten, wozu ich nicht auch selbst beigetragen hatte, indem ich es zuließ. Ich kam im Juni des letzten Jahres von Tucson zurück und entschloß mich, hier eine Weile zu leben. Gott hat mir zu Weihnachten ein neues Wunder geschenkt: Mein früherer Mann hat jetzt auch den Weg der Genesung eingeschlagen. Er ist nach Tucson gekommen, um Sierra aufzusuchen, und ist jetzt seit dreißig Tagen ›clean‹ und nüchtern. Es war wundervoll, zu beobachten, wie die Veränderungen eintreten und das Persönlichkeitswachstum beginnt. Nun, ich weiß, daß dies erst der Anfang ist, Anne, aber bisher war es einfach wundervoll. Manchmal trete ich einen Schritt zurück und erinnere mich, wie das alles für mich zusammenkam, und dann denke ich an Sie; ich wünschte, ich könnte auf Sie zugehen und Sie umarmen. Seien Sie gewiß, daß meine Liebe im Geist bei Ihnen ist. Danke, daß Sie mir geholfen haben, mein Leben zu retten.
S. J.«

Das, was diese Frau in der Gruppe berichtete, ließ keinen Zweifel daran, daß ihr früherer Mann ein Drogenproblem hatte und ihr alle erdenklichen Schwierigkeiten machte. Zugegeben, das war schlimm, aber darum ging es nicht. Sie war selbst alkoholabhängig und darüber hinaus zu jener Zeit in wirklicher Todesgefahr durch ihre Beziehungssucht. Sie mußte sich mit beiden Formen der Abhängigkeit konfrontieren. Die Leute in der Gruppe vermittelten ihr, was sie an Erfahrungen mit diesen Dingen hatten, und das half ihr, ihre Probleme anzugehen. Zweifellos war sie in einer Krisensituation, und in solchen Situationen fällt es uns sehr schwer, unsere Abhängigkeiten zu erkennen. Die Gruppe intervenierte.

Manchmal bekommen Leute nur einen flüchtigen Eindruck von der bedeutsamen Wechselwirkung zwischen Leben im Prozeß und der Konfrontation mit der Sucht und setzen ihren Weg von da aus fort. Ein Mitglied der Ausbildungsgruppe schrieb diesen Brief nach einem Training:

»Seit der Damm gebrochen ist, der meine Abhängigkeiten zurückhielt, sehe ich mich mit einer Flut von Möglichkeiten konfrontiert, was mei-

nen Suchtprozeß betrifft. Ich sehe meine Eßsucht, mein Suchtverhalten in Familienbeziehungen (und anderen Beziehungen – ich bin eine Beziehungssüchtige ... ah, eine Beichte!), und ich sehe mich als Musiksüchtige, insofern als ich Musik höre, um meine Stimmung zu verändern. Von hier aus betrachtet scheint mir, daß es eine endlose Kette von Verhaltensweisen gibt, die ich/wir praktizieren, um unseren Seinszustand zu verändern. Was ist es also, das jenseits von oder auch inmitten all dieser Erfahrungen liegt? Wieder habe ich keinen Namen dafür, aber ich spüre, daß all diese Dinge *dasselbe* sind. Wenn ich mein Gefühl der Lebendigkeit ausdrücke und der Freude darüber, Teil unserer ›Ausbildungs-Familie‹ zu sein, stelle ich fest, daß ich fast keine meiner Suchtverhalten praktiziere. Das Lebendigsein *ist* der Prozeß für mich, im Unterschied oder vielleicht im Gegensatz zum Suchtverhalten. Irgendwie fühle ich mich ›clean‹. Die Arbeit an jeder Sucht ist wichtig, und die Erkenntnisse aus jeder dieser Arbeiten sind wichtig, und ich spüre tief in meinem Inneren, daß alle diese Erfahrungen zu einem feinen Gespinst verwoben werden, das in gewisser Weise die eigentliche Essenz unseres Seins ist. Irgendwie ist die Arbeit an einer Sucht die Arbeit an einer anderen Sucht die Arbeit an einer anderen Sucht ... Wenn ich/wenn wir das Wort ›Prozeß‹ gebrauchen, meinen wir vielleicht einfach dieses Gespinst – und doch mühe ich mich offensichtlich damit ab, hinter diesen Worten den ›Herzschlag‹ zu fühlen.
H.«

Natürlich mühen wir uns alle damit ab, Worte für neue Vorstellungen und neue Erfahrungen zu finden. Ich kämpfe ständig darum, Worte zu finden. Es ist schwierig. Oft habe ich das Gefühl, daß ich versuche, ein neues System mit den Begriffen des alten Systems zu beschreiben, oder ich verfalle in einen neuen Jargon, was ich hasse. Zweifellos haben wir bei den Workshops oder in den Trainingsgruppen eine Sprache entwickelt, die unsere Erfahrungen auszudrücken und zu vermitteln versucht. Manchmal unterscheiden sich unsere Erfahrungen so sehr von denen, die wir innerhalb des alten Systems, in dem wir aufwuchsen, gemacht haben, daß es uns sehr wichtig ist, neue Begriffe dafür zu finden.

Diese Schwierigkeiten vorausgesetzt, setze ich meine Art der Einführung zu Beginn eines Workshops fort, und hoffe das Beste.

Die Praxis der Tiefenprozeß-Arbeit

Tiefenprozeß-Arbeit ist, wie ich bereits erwähnte, nur ein kleiner Teil des Lebens im Prozeß, und gleichzeitig ist sie ein wichtiger Teil. Da wir nicht in einer Kultur leben, die unsere Prozesse im Kindesalter respektiert und fördert, da die wenigsten von uns prozeßgemäß erzogen werden (wenn das überhaupt je vorkommt), da wir als Kinder nicht über die inneren oder äußeren Mittel verfügen, das, was mit uns geschieht, adäquat zu verarbeiten, da wir dazu erzogen werden, unseren inneren Prozeß zu kontrollieren oder zu verleugnen (durch Abhängigkeiten oder andere Kontrollmechanismen), und da wir uns anzupassen versuchen, tragen die meisten von uns unbeendete, unterbrochene, unterdrückte Prozesse in sich, die in uns rumoren und darauf warten, geheilt und integriert zu werden. Ich stelle immer wieder voller Verwunderung fest, mit welcher Liebe unser inneres Wesen diese manchmal enormen und manchmal winzigen Prozesse in uns am Leben erhält und uns damit die Möglichkeit gibt, sie zuzulassen und aus unseren Erfahrungen in diesem Leben zu lernen. Ich sage oft, daß es in einem Lebensprozeß-System keine Urteile gibt. Nichts ist nur gut oder nur schlecht. Auf einer tiefen Ebene ist es nicht von Bedeutung, ob wir vergewaltigt, geschlagen, allzu nachgiebig behandelt, verwöhnt oder verlassen wurden. Letzten Endes lautet die Frage immer: »Was sollen wir aus diesen Erfahrungen lernen und was müssen wir tun, um die Prozesse, die sich uns präsentieren, durchzuarbeiten, so daß wir ganz werden?« Unser innerer Prozeß hat diese Fragmente für uns bewahrt, so daß wir mit ihnen umgehen können, sobald wir dazu bereit sind.

Ich betrachte diese Tiefenprozesse oft als dasselbe Phänomen, das Freud umschrieb, als er vom »brodelnden Kessel des Unbewußten« sprach.[1] Natürlich glaube ich, daß Freud vor Tiefenprozessen Angst hatte (schließlich war er bekanntermaßen ein Süchtiger [ein extrem starker Raucher bis an sein Lebensende, A. d. L.]), und versuchte, sie unter Kontrolle zu halten. Ich glaube nicht, daß die rein verbale Auseinandersetzung für unseren Tiefenprozeß je genügen kann.

Unser Tiefenprozeß muß Gefühle einbeziehen, und er geht weit über Gefühle hinaus. Tiefenprozeß-Arbeit ist nicht einfach eine Katharsis oder das Ausdrücken von Gefühlen. Tiefenprozesse führen ein Eigenleben, und oft dauert es eine Weile, bis wir bereit sind, soweit loszulassen, daß wir tatsächlich durch einen Tiefenprozeß hindurchgehen können.

Die meisten von uns hatten in ihrem Leben spontane Tiefenprozesse; wenn diese Prozesse hochkommen, glauben wir gewöhnlich, wir seien einfach hysterisch oder hätten »nicht mehr alle Tassen im Schrank«. Man hat uns beigebracht, unsere Tiefenprozesse zu fürchten und ihnen zu mißtrauen, obwohl ihnen ein Heilungspotential innewohnt, das ich in keinem anderen Zusammenhang je beobachtet oder erfahren habe.

Türen

Viele Türen führen in unsere Tiefenprozesse hinein. Wissen Sie, wie es ist, wenn einem eine Melodie durch den Kopf geht, die man einfach nicht mehr loswerden kann? Das kann bedeuten, daß ein Tiefenprozeß darauf wartet, an die Oberfläche zu kommen. Bei einem Workshop hatte eine Frau einen sehr intensiven, sehr stillen Tiefenprozeß, der mit einem Lied begann. Dieser Workshop fand auf dem Gelände eines Jugend-Camps in Indiana statt, mitten in der Wildnis. Es war das reinste Tom-Sawyer-Land. An jeder Wegbiegung befand sich ein Baumhaus, eine Hängebrücke, ein altertümlicher Klettersteig. Es war wundervoll (trotz Insekten, Schlangen und Zikaden). Draußen vor dem Speisesaal, der auch als Versammlungsraum diente, hatte der Eigentümer des Geländes zwischen den Bäumen eine Reihe von Hängematten angebracht.

Während der Pause lag die Frau in einer dieser Hängematten und ließ sich sanft schaukeln. Als sie so dalag, kam ihr ein Lied in den Sinn. Zuerst war sie überrascht, entschloß sich aber dann, bei diesem Lied zu bleiben und zu sehen, wohin es sie führen würde. Während sie die Melodie vor sich hinsummte, erinnerte sie sich plötzlich an die Zeit, in der dieses Lied populär war und an das Lebensalter, in dem sie damals war. Fast sofort stellten sich Körpererinnerungen ein, und in einer sehr stillen Weise stieg in ihr plötzlich die Erinnerung auf, daß ihr Vater sie in dieser Zeit sexuell mißbraucht hatte. Sie war verblüfft über diese Erinnerung, denn bis zu diesem Zeitpunkt hatte sie sie völlig verdrängt. Während sie still dalag, strömten ihr Tränen der Erleichterung über das Gesicht, denn viele scheinbar unzusammenhängende Ereignisse in ihrem Leben setzten sich in diesem Augenblick zu einem klaren Bild zusammen. Sie blieb eine Weile ruhig liegen und wartete ab, ob noch andere Teile dieses Prozesses in ihr hochkämen. Aber es geschah nichts mehr; nur ein Gefühl des Friedens stellte sich ein. Also stand sie auf, kam in die Gruppe und erzählte von ihrem Tiefenprozeß. Ein Leuchten ging von ihr aus.

Dieses Erlebnis ist ein gutes Beispiel für viele Aspekte unseres Tiefenprozesses. Die Frau wurde durch eine Melodie in ihren Tiefenprozeß hineingeführt, was nicht ungewöhnlich ist, und der Prozeß, der zutage kam, hatte wenig oder nichts mit der Tür zu tun, die in ihn hineinführte. Oft ist die Tür zu einem Tiefenprozeß eben das und nichts weiter: ein Zugang. Mit dem, worum es in diesem Prozeß geht, hat das eröffnende Element nichts zu tun. Das kommt bei der Tiefenprozeß-Arbeit sehr häufig vor, und in meiner Sicht ist es einer der liebevollen »Tricks«, mit dem unser innerer Prozeß das logische Denken und den rationalen Verstand unterläuft und uns auf eine Ebene bringt, wo Heilung stattfinden kann. Wir sind gewöhnlich so sehr auf Kontrolle aus, daß wir alles tun würden, um unserem Prozeß auszuweichen, wenn wir wüßten, was auf uns zukommt. Von dem Teil unseres Geistes, den unser Prozeß unterläuft, wird angenommen, daß er keine Emotionen enthalte, aber das ist durchaus nicht der Fall. Er hat eine ursprüngliche, unentwickelte, unverfeinerte Emotion, und das ist die Panik – Panik über den vermeintlichen Kontrollverlust, wobei Kontrolle natürlich ohnehin eine Illusion ist.

Außerdem glaube ich, daß niemand je durch seinen – oder ihren – rationalen Verstand geheilt worden ist. Niemand wurde je dadurch geheilt, daß er oder sie etwas »verstand«. Und dennoch baut ein großer Teil unserer Psychotherapie auf der Überzeugung auf, daß es uns besser gehen wird, sobald wir das Problem nur »verstanden« haben.

Eine weitere universelle Lernerfahrung, die wir aus der Arbeit dieser Frau entnehmen können, ist die, daß nicht zwei Menschen auf dieselbe Erfahrung in gleicher Weise reagieren. Wir haben ganze Bereiche in der Psychologie, die auf dem Wenn-dann-Prinzip aufbauen: Wenn dies (zum Beispiel Inzest) geschehen ist, dann muß zwangsläufig das und jenes eintreten. In der Tiefenprozeß-Arbeit hat dieses Prinzip nach meinen Beobachtungen keine Gültigkeit. Wir haben diese übermäßig vereinfachenden, für den menschlichen Organismus nicht anwendbaren Wenn-dann-Theorien entwickelt, damit die Fachleute sich in dem Glauben wiegen können, sie verfügten über das Wissen, hätten die Macht und seien bedeutend. Die Art, mit Menschen zu arbeiten, die ich jetzt praktiziere, hat mich gelehrt, wie wenig ich weiß und wie wenig ich wissen muß. Alles, was ich tun muß, ist, für den Tiefenprozeß eines Menschen präsent und verfügbar zu sein, und dieser Prozeß wird die versprengten Teile so zusammensetzen, wie dieses spezielle Wesen es braucht. Niemand außer dieser Person kann wissen, welches diese Teile sind und wie sie zusammenpassen. Sogar die Person selbst weiß es nicht, bis sie ihren Tiefenprozeß beendet hat.

Der Tiefenprozeß dieser Frau war nicht so laut, tobend, qualvoll und spannungsgeladen, wie es sonst viele sind, insbesondere wenn es um Inzest-Erinnerungen geht. Er war still, schlicht und friedlich. Alle Tiefenprozesse sind unterschiedlich, oder, besser gesagt, jeder Tiefenprozeß ist einzigartig, und der Prozeß jedes Menschen ist einzigartig. Wenn man Leuten Schlagstöcke aus Schaumstoff in die Hand gibt und ihnen sagt, sie sollten ihre Wut herauslassen, oder wenn man sie einem leeren Stuhl gegenübersetzt und sie zu einem verstorbenen Elternteil sprechen läßt, gestattet das vielleicht vorübergehend etwas illusorische Erleichterung, aber das ist keine Tiefenprozeß-Arbeit. Tiefenprozeß-Arbeit muß ihren eigenen Lauf nehmen und kann nicht nach vorher festgelegten oder vorgeschriebenen Prozeduren programmiert werden.

Andere Türen in den Tiefenprozeß öffnen sich vielleicht, wenn wir einen Film sehen oder einfach jemanden sprechen hören, und uns plötzlich die Tränen kommen. Das kann ein Zeichen sein, daß ein Tiefenprozeß an die Oberfläche kommt. Manchmal nehmen wir nur Gefühle wahr: Traurigkeit, Ärger, Einsamkeit. Dann meldet sich wahrscheinlich ein Tiefenprozeß an.

Türen in den Tiefenprozeß treten auch in anderer Gestalt auf. Kennen Sie das, wenn man morgens schon mürrisch erwacht? Jemand sagt guten Morgen, und wir würden ihm am liebsten den Kopf abreißen. Das könnte ein Hinweis sein, daß ein Tiefenprozeß dicht unter der Oberfläche liegt und zum Auftauchen bereit ist. Eine weitere Tür in den Tiefenprozeß kann die Erinnerung an Menschen sein, von denen wir lange nichts gehört oder gesehen haben. Plötzlich kommen sie uns in den Sinn; wir erinnern uns, vergessen sie wieder, denken erneut an sie…, so geht es eine ganze Weile. Wie ich schon vorher sagte, hat die Tür in den Tiefenprozeß oft wenig oder nichts mit dem zu tun, worum es wirklich geht; wenn wir uns so weit öffnen, daß wir diese Türen wahrnehmen, und wenn wir unseren Prozeß abwarten, können wir häufig etwas zu Ende bringen, das schon lange für uns zum Durcharbeiten ansteht.

Ein großer Teil der traditionellen Psychotherapie baut auf der Überzeugung auf, daß zwischen diesen »Türen« und dem Problem, mit dem wir konfrontiert sind, eine logische Verbindung besteht. Meiner Beobachtung nach trifft das selten zu. Man bedenke nur, wieviel Zeit und Energie wir auf den Versuch verwenden, eine Freudsche Fehlleistung zu analysieren und zu deuten, wenn diese nur die Tür in einen Tiefenprozeß ist, der selbst mit dem Inhalt der Fehlleistung nichts zu tun hat.

Auch ein Traum kann in einen Tiefenprozeß hineinführen. Wie ich feststellen konnte, sind manche Träume sogar die Durcharbeitung eines Tiefenprozesses. Oft bleibt uns aus einem bedeutsamen Traum aber auch irgendein Rest im Tagesbewußtsein, ein Gefühl oder eine Wahrnehmung. Wenn wir uns einfach hinlegen, es uns bequem machen und bei diesem Gefühl oder der Wahrnehmung bleiben, führt uns das häufig in unseren Tiefenprozeß hinein. Der Traum war vielleicht nur ein Eingang zu einer anstehenden Tiefenarbeit. B.H., eine Absolventin meiner Trainingsgruppen, beschreibt das so:

»Traumzeit – ich empfange so gern Träume, was mir nur selten passiert, oder ich erinnere mich selten an Träume. Ich saß auf dem Rücksitz eines Autos und kam an die Kreuzung zweier Landstraßen. Das Auto bog nach rechts ab und fuhr einen Hügel hinauf. Währenddessen schaute ich über die Schulter zurück und sah ein Kind ganz allein auf der Kreuzung stehen. Ich schrie: ›Halt an, laß mich 'raus! Dieses Kind hat keinen Orientierungssinn!‹ Das Auto fuhr weg, als ich ausstieg; ich ging zur Kreuzung zurück und nahm das Kind bei der Hand. Das war das Ende des Traums. Der Traum hinterließ ein eigenartiges und intensives Gefühl. Natürlich gab ich der Versuchung, zu interpretieren, ein wenig nach, und gleichzeitig lerne ich, nicht zu interpretieren, wenn ich bei dem Gefühl bleibe, das dieser Traum auslöste. Was ich an meinem Verhalten bemerke, seit ich das träumte, spricht eine viel deutlichere Sprache als alle Spekulationen mit meiner linken Gehirnhälfte. Ich merke, daß ich sehr viel häufiger Nein zu Dingen sage, die ich nicht tun will. Es scheint so, daß ich täglich prüfe, was meine Wünsche und Bedürfnisse sind. Ich nehme mir jeden Tag Zeit, eine Weile zu spielen – und das bei einer Arbeitssüchtigen! Ich habe mir lila Socken und ein Paar lila Schuhe gekauft und trage sie mit dem größten Vergnügen. Ich gehe fast täglich in das Gefühl aus diesem Traum hinein. Ich weiß jetzt, daß dieses Kind ein Teil von mir ist, und ich beziehe es in mein Leben ein.«

Ich glaube nicht, daß Traumdeutung irgendeinen Wert hat; sie hält uns nur von unserer Tiefenprozeß-Arbeit ab und nährt unsere Denk- und Intellektualisierungssucht. Ich habe nie gesehen, daß jemand durch die Interpretation eines Traums wirklich Heilung erfuhr. Es kann jedoch hilfreich sein, uns auf unsere Träume zu konzentrieren und bei den Gefühlen zu bleiben, die sie auslösen. Auch hier wieder, wenn ich an Traumdeutung denke, kommt mir der Vergleich mit der Masturbation in den Sinn. Wie diese kann Traumdeutung Spaß machen und interessant sein, sie kann uns beschäftigt halten, sie kann eine Menge spekulativer Bücher hervorbringen, mit denen Leute gute Geschäfte machen, aber letztlich wirkt sie nicht heilsam und sie unterstützt einen Suchtprozeß.

Durch die Arbeit mit Prozessen, die bei Leuten durch Träume ausgelöst wurden oder in Träumen begannen, bin ich zu der Überzeugung gekommen, daß es in Wahrheit keine universale Symbolik in Träumen gibt, und daß wir unseren Träumen diese Konzeption aufgewungen haben, weil sie in Wirklichkeit der nächstliegende Zugang zu unserem Tiefenprozeß sind. Ebenso wie unser Tiefenprozeß unterlaufen auch unsere Träume das rationale Bewußtsein und versuchen, uns zur unmittelbaren Auseinandersetzung mit unserem inneren Prozeß zu bringen. Ich sehe Träume einfach als eines der Mittel, mit deren Hilfe unser innerer Prozeß uns den Durchbruch zu der Arbeit, die wir für unsere Heilung tun müssen, zu ermöglichen versucht.

Ich kann gar nicht oft genug sagen, wie sehr mich die Erfindungsgabe und die Kreativität unseres inneren Prozesses beeindruckt, und wie sehr es mich fasziniert, daß er uns trotz unserer zahllosen süchtigen Vertuschungsversuche jede Möglichkeit gibt, heil zu werden. Wie taub wir manchmal für unser inneres Wesen sind!

Es gibt zwei weitere Türen in den inneren Prozeß, die ich nur kurz erwähnen will. Ich habe mit meinem Tiefenprozeß die Erfahrung gemacht, daß mir manchmal vor meinem »inneren Auge« einfach ein Bild erscheint. Es kann ein Baum sein oder ein Zimmer aus meiner Kindheit. Es kann eine Situation oder Umgebung sein. Es ist immer die Versuchung da, *herauszufinden*, was dieses Bild bedeutet. Diese Herangehensweise ist aber im besten Fall kontraproduktiv. Wenn ich mir einfach etwas Zeit nehme, in das Bild hineingehe und abwarte, kommen Gefühle auf, und der Prozeß führt mich dahin, wohin ich gehen muß.

Die letzte Tür, die ich erwähnen will, ist die Depression. Sie ist oft der Zugang oder eine Einladung in unseren Tiefenprozeß. Wenn wir uns deutlich machen, daß die Depression nicht grundlos da ist, und wenn wir uns in sie hineingeben, führt sie uns häufig in einen Tiefenprozeß, der vielleicht mit Depression gar nichts zu tun hat. Zu den Dingen, die ich im Graduiertenstudium nicht lernte, gehört die Erkenntnis, daß Freude und Depression einander ähnlich sind. Beide sind Prozesse, und der Prozeß ist derselbe. Nur die Inhalte unterscheiden sich. Der Hauptunterschied liegt aber darin, wie wir mit diesen Prozessen umgehen.

Wir sehnen uns immer nach Freude, und wenn wir sie auf uns zukommen sehen, sagen wir: »Das ist es! Komm her zu mir! Ich will dich für immer festhalten!« Die Freude sagt: »Aha, sie hat mich gehört. Dann kann ich mich ja wieder auf den Weg machen.« Aber wenn wir die Depression auf uns zukommen sehen, sagen wir: »Oh nein, nicht schon wieder! Geh weg! Ich will nichts mit dir zu tun haben!« Also sagt die Depression: »(Seufz) Da haben wir's wieder. Ich muß größer und immer größer werden, damit sie mir endlich Aufmerksamkeit schenkt.« Sie schleicht um uns herum und sucht dauernd einen Eingang. Sie tippt uns auf die Schulter: »Hallo, hier bin ich!« Sie scheint weg zu sein, aber dann: »Achtung, hinter dir!« Und sie setzt diesen Prozeß fort, bis wir endlich die Lektion lernen.

Aus der Prozeß-Perspektive gesehen sind Freude und Depression dasselbe. Sie kommen und gehen. Beide haben uns etwas zu sagen, und sie kommen immer wieder. Nur wenn wir sie bekämpfen, werden sie so überwältigend. Viele Psychologen und Psychiater glauben, daß beides unter Kontrolle bleiben muß. Ihre Philosophie ist auf Kontrolle aufgebaut, und da sie weder den Mut noch die notwendigen Fertigkeiten mitbringen, bei einer Person und ihrer Tiefenprozeß-Arbeit präsent zu bleiben, greifen sie auf ihre (den Körper gewöhnlich schädigenden) Behandlungsmethoden zurück, um die Depression unter Kontrolle zu bringen. Seit ich meine Arbeit tue, konnte ich beobachten, wie Menschen durch schwere Depressionen gingen, aus ihnen lernten und Heilung fanden. Oft ist die Depression eine natürliche Reaktion auf verborgene Prozesse oder verdrängte Erfahrungen. Nehmen wir als Beispiel, was eine Frau aus der Trainingsgruppe schreibt:

»Für mich ist es interessant, daß es in meiner Regionalgruppe sieben Männer gibt. Ein großer Teil der Wutarbeit, die ich mit meiner Therapeutin machte, kreiste um Männer und um sexuellen Mißbrauch. Jetzt gibt es eine Menge Probleme, die sich auf meine Mutter beziehen – ein enormes Maß von Ärger und Wut –, und ausgerechnet ein Mann begleitet mich dabei, sehr sanft und sensibel; es ist ein Wunder, wie das funktioniert! Es wird klarer, wie stark meine Krankheit ist und wie sie mehr als alles andere mein Erinnerungsvermögen blockiert hat; ich bin sicher, die Elektroschockbehandlung trug auch ihren Teil dazu bei. Was mich immer wieder erstaunt, ist dies qualvolle Loslassen der Verschmelzung, die ich mit Leuten und Dingen habe, unter anderem mit meiner Therapeutin, meinem Sohn, meinem Stiefvater, dem Mann, mit dem ich lebte – und das letzte schwere Loslassen ereignete sich beim Treffen der Regionalgruppe, und es ging um meinen Großvater. Was jetzt hochkommt, ist das Gefühl der Verschmelzung mit meiner Mutter, und ich spüre, daß meine Verschmelzung mit ihr viel mit meinem Gedächtnisverlust zu tun hat. Jedesmal, wenn ich durch diese Ablösungsprozesse gehe, ist es wie ein Tod, als wenn ein kleines Kind gestorben ist; es ist so zerreißend und qualvoll. Der tägliche emotionale Mißbrauch durch meine Mutter scheint das Kernstück meiner Problematik zu sein – mehr noch als der sexuelle Mißbrauch! Ich glaube, das einzige, was hilft, ist Abwarten – meine Prozesse werden mir den Weg zeigen. Ich bin so dankbar für diese Prozeßarbeit, und ich kann mir vorstellen, warum ich als hysterisch abgestempelt wurde, als ich mit sechzehn ins Krankenhaus kam – wer wäre wohl bei all diesen traumatischen Ereignissen nicht hysterisch geworden? Mein Gott, wie primitiv wir in allen unseren ›Heilungs‹-Versuchen waren, nicht nur vor vierunddreißig Jahren, sondern auch noch vor zwei Jahren, als man mich in einem Genesungszentrum auf die geschlossene Abteilung verlegen wollte, um Wutarbeit zu machen!

Ich habe vor, im Frühjahr in den Osten der USA zurückzugehen und alle die Orte meiner Kindheit aufzusuchen – wo ich vergewaltigt wurde, wo der Inzest stattfand, wo ich meinen Selbstmordversuch machte, und das Krankenhaus, wo ich mit Elektroschocks behandelt wurde. Ich weiß, daß ich das tun muß, um mich zu heilen und vielleicht meine Erinnerungen wiederzufinden. Meine Mutter gab mir sehr wütend einige Adressen und weigerte sich dann, weiter mit mir über die Vergangenheit zu reden – also liegt es bei mir. Ich habe solche Angst und bin so aufgeregt bei der Aussicht, mit meinen Erinnerungen von vor langer Zeit in Verbindung zu treten – denn das Schöne daran ist alles in meinen Gedichten und in meiner Fotografie.
N. F.«

In meiner Sicht ist dieser Brief ein gutes Beispiel dafür, wie jemand in die Wut und die Depression hineingeht und auf der anderen Seite wieder herauskommt.

Es ist wichtig, im Auge zu behalten, daß diese Türen in den Tiefenprozeß das und nichts anderes sind – Türen –, und wir müssen bereit sein, dahin zu gehen, wohin unser Tiefenprozeß uns führt, denn es gibt keine Wegweiser und keine Garantien.

Bereitschaft für den Tiefenprozeß

Meiner Erfahrung nach stellt ein Tiefenprozeß sich erst dann ein, wenn wir für ihn bereit sind; ich habe nie einen Tiefenprozeß heraufkommen sehen, für den die Person nicht bereit war. Wir denken vielleicht, daß wir nicht bereit sind. Wir haben vielleicht nicht das Gefühl, daß wir bereit sind. Aber wir sind es doch.

Wenn wir zum Beispiel depressiv werden oder aufgeregt, oder wenn wir von Gefühlen überwältigt werden, dann ist das unser innerer Prozeß, der uns sagt, daß da tief in unserem Inneren etwas bereit ist, heraufzukommen und geheilt zu werden. Die bloße Tatsache, daß es an die Oberfläche kommt (früher dachten wir in solchen Situationen, daß »alles baden geht«), ist ein Zeichen dafür, daß wir den Grad von Reife, Kraft, Einsicht, Bewußtsein, Entwicklung und Integrationsfähigkeit erreicht haben, der uns befähigt, mit dem, was da auf uns zukommt, umzugehen und es zu integrieren.

Dieses Vertrauen in den Tiefenprozeß aufzubringen ist sehr schwierig, bis wir eine Zeitlang Erfahrungen mit unserer Tiefenprozeß-Arbeit gemacht haben, und ich glaube, es ist sehr wichtig, sich das vor Augen zu führen. Tiefenprozeß-Arbeit zu tun bedeutet jedoch nicht, sie wie eine Aufgabe zu behandeln, die erfüllt werden muß. Wenn wir das versuchen, fallen wir in das alte Kontrollmuster zurück. Wenn wir unserem Prozeß gegenüber Widerstand verspüren, sollten wir diesen Widerstand respektieren und warten, was sich zeigt. Wenn wir feststecken, sollten wir das ebenfalls respektieren, und abwarten, wohin dieses Feststecken uns führt. Wenn wir Angst empfinden, sollten wir die Angst respektieren.

Ich habe immer gesagt, daß das Blockieren unseres Prozesses und das Erzwingen unseres Prozesses nur gegenüberliegende Pole auf demselben Kontinuum sind. Beide beruhen auf Kontrolle. Es ist so verführerisch, unseren Prozeß kontrollieren zu wollen und, es zu »machen«, daß er geschieht oder nicht geschieht.

Wenn sich kein Tiefenprozeß einstellt, der zum Durcharbeiten bereit ist, werden wir eine neue Chance bekommen. Ich betrachte unseren Tiefenprozeß als sehr konservativ orientiert. Er recycelt unseren Müll, recycelt unseren Müll, recycelt unseren Müll. Wenn wir unsere Chance beim ersten Mal nicht wahrnehmen, bekommen wir eine neue Chance und wieder eine neue Chance, bis unser Tiefenprozeß zu uns durchdringt. Auch dieses »Recycling« sehe ich als etwas Liebevolles.

Leider kehrt unser Tiefenprozeß bei jeder neuen Umdrehung mit größerer Wucht wieder, bis er endlich unsere Aufmerksamkeit erregt. Ich bin zu der Überzeugung gekommen, daß die Intensität des »Fußtritts«, der uns zum Aufwachen bringt, direkt proportional zur Stärke unseres Trotzes, unserer Kontrollbedürfnisse und unserer Verleugnung zunimmt. Wir selbst erschaffen die Notwendigkeit für die Wucht des »Fußtritts«, und oft sind unsere Abhängigkeiten der Grund und das Vehikel für den »Tritt«.

Tiefenprozeß-Arbeit ist nicht programmierbar

Oft kommen Leute mit vorgefaßten Meinungen über Tiefenprozeß-Arbeit, die sie aus der Therapie mitbringen, zu Workshops. Anfangs tendieren diese Leute dahin, sich Aufgaben zu stellen und ihre Arbeit in eine Form zu pressen, die ihnen vertraut ist. Das ist jedoch nicht Tiefenprozeß-Arbeit, wie wir sie kennen.

Bei einem Workshop erschien zum Beispiel ein Mann mit einem Vorhaben, das ihm sein Therapeut mitgegeben hatte: »Wenn Sie bei diesem Workshop kein Rebirthing machen, werden wir es am Montag tun, wenn Sie wieder da sind.« Diese Art von Anweisung steht in grundsätzlichem Widerspruch zur Tiefenprozeß-Arbeit. Tiefenprozeß-Arbeit stellt sich ein, wenn die Person bereit ist, mit diesem ganz besonderen Stück Erinnerung oder Gewahrsein umzugehen, und wenn das innere Wesen soweit ist, daß es die Dinge, die an die Oberfläche kommen, integrieren kann. Die Tiefenprozeß-Arbeit kann sich nicht dem Programm der Person oder ihres Therapeuten anpassen. Therapeuten spielen in dieser Hinsicht oft eine dualistische Rolle. Sie blokkieren die Tiefenprozeß-Arbeit, oder sie forcieren sie.

Die Mittel und Wege, deren Therapeutinnen und Therapeuten sich bedienen, sind in meiner Sicht oft irreführend. Das Irreführende liegt darin, daß oft authentisches und wichtiges Material zutage gefördert wird, das bearbeitet werden muß – aber die therapeutischen Techniken, die benutzt werden, um dieses Material an die Oberfläche zu bringen, richten oft mehr Schaden als Nutzen an, und verstricken die Klientin oder den Klienten noch tiefer in die suchtgeprägte Therapeut-Klient-Beziehung. In erster Linie erwarten die Klienten von dem Therapeuten den schnellen »Fix«, wie ein Junkie (es gibt auch psychologische Junkies) ihn anstreben würde, und der Therapeut läßt sich bereitwillig darauf ein, da er es als seinen – oder sie es als ihren – Beruf ansieht, zu wissen, was die Klienten brauchen und es ihnen zu geben. Auf diese

Weise wird der Klient/die Klientin nicht nur nur von dem Therapeuten/der Therapeutin, sondern auch von der therapeutischen Technik abhängig. Auf subtile aber folgenschwere Weise übernimmt der Therapeut es, die Arbeit des Klienten für diesen zu tun.

Wichtiger noch: Wenn Material auf diese Weise »zutage gefördert« wird, ist es nicht in den inneren Prozeß der Klientin oder des Klienten integriert, also ist die Bewußtmachung dieses Materials nicht nur nutzlos – sie kann sogar gefährlich werden. Unser innerer Prozeß verfügt über feine Sensoren, die unser Bewußtsein, unsere Reife und unsere Kraft wie auf einem ständig eingeschalteten Monitor überwachen, und sendet uns Signale (Türen), damit wir merken, wann etwas zur Bearbeitung ansteht, und wann die Wahrscheinlichkeit am größten ist, daß es in heilender Weise integriert werden kann. Wenn wir diesen Prozeß vorwegnehmen, spielen wir nicht nur Gott – wir vergewaltigen die Klientin oder den Klienten auf psychologische Weise.

Je tiefer ich in diese Lebensprozeß-Arbeit eindringe, desto mehr Entsetzen erfüllt mich angesichts der furchtbaren Gewalt, die ich in der von liebevollen und wohlmeinenden Menschen praktizierten Psychotherapie sehe. Ich weiß, daß ich auch eine dieser Therapeutinnen war, und daß mir wie allen anderen in meiner Ausbildung vermittelt wurde, ich müsse die Dinge in der Hand haben und steuern; dieses Buch ist ein Akt der Wiedergutmachung an meinen früheren Klientinnen und Klienten.

Lassen Sie mich hier ein Beispiel aus meiner jüngsten Erfahrung anführen; es ist die Geschichte einer Frau, die durch eine von ihrem sehr wohlgesonnenen Therapeuten vorgeschlagene Technik vergewaltigt wurde. Diese Frau nahm an einem Workshop teil, den ich in Deutschland abhielt. Ich bemerkte sie sofort, als sie den Raum betrat. Sie sah aus wie eine geschlossene Auster, und in ihrer gesamten Körpersprache manifestierte sich Depression; trotzdem schossen ihre Blicke unruhig hin und her, ihre Bewegungen waren kurz und ruckartig, sie schien sich nicht entspannen zu können, und sie wirkte ständig aufgeregt. Früher, in meiner Zeit als klinische Psychologin, hätte ich an ihr so etwas »agierte Depression« diagnostiziert und über Mittel und Wege nachgedacht, sie zu »beruhigen« (aufgrund meiner Ausbildung hätte ich geglaubt, daß es das war, was sie brauchte). Ich beschloß, sie im Auge zu behalten und abzuwarten. Ihr Beitrag beim »Einchecken« war sehr kurz und oberflächlich, etwas in der Art von »Name, Rang und Dienstnummer«, ohne viel persönliche Information. Niemand fragte weiter nach, was meiner Meinung nach ganz klug war.

Während der ersten Tage des Workshops war sie sehr still und beobachtete aufmerksam, was in ihrer Umgebung vorging. Ich muß sagen, daß diese Frau auf mich wie ein verwundeter Vogel oder ein verschrecktes Tier wirkte, und da die Leute in der Gruppe sich ihr gegenüber sehr unterstützend verhielten, bekam sie genug Raum und Gelegenheit, ihren eigenen Weg der Teilnahme zu finden.

Am letzten Tag des Workshops legte sie los. Sie machte eine der konzentriertesten und intensivsten Wutarbeiten, die ich je gesehen habe. Diese Tiefenarbeit dauerte fast zwei Stunden lang. Ihre Begleitperson blieb bei ihr, und die anderen sprangen auf, um mit Kissen und Matratzen zur Stelle zu sein, wenn es notwendig war. Sie war wirklich ganz bei der Sache.

Als sie ihre Arbeit beendet hatte, ermutigte ihre Begleiterin sie, solange bei sich zu bleiben, wie sie es brauchte, und es dauerte lange, bis sie »zurückkam«.

Als sie bereit war, teilte sie der Gruppe ihre Erfahrungen mit. Diese Frau hatte mit einem Therapeuten gearbeitet, einem Mann, dem sie tief vertraute und der ihr sehr geholfen hatte. Mehr als ein Jahr zuvor hatte dieser Therapeut aus ihren Verhaltensmustern und Symptomen geschlossen, daß sie in einem sehr frühen Alter sexuell mißbraucht worden war. Sie hatte diese Dinge nicht wahrgenommen und besaß keine Erinnerung daran, und sie vertraute ihrem Therapeuten.

Er schlug vor, sie zu hypnotisieren, um dieses Material zugänglich zu machen. Aufgrund des Zutrauens, das sie zu ihm gefaßt hatte, war sie dazu bereit; also einigten sie sich, diese Technik zu verwenden. Wie wir alle wissen, wurde als Argument für die Hypnose immer ins Feld geführt, daß niemand gegen den eigenen Willen hypnotisiert werden könne. Es wurde auch immer versichert, daß eine hypnotisierte Person keine Handlungen ausführen würde, die mit ihren grundlegenden Wertvorstellungen nicht übereinstimmten (obwohl das unter Umständen beträchtliche Qualen verursachen kann). Er hypnotisierte sie, und siehe da, sie war tatsächlich von ihrem Vater oral mißbraucht worden. Der Therapeut hatte recht behalten. Unglücklicherweise war die Frau nicht soweit, daß sie das Material hätte anschauen, verarbeiten und integrieren können, also hatte es eine katastrophale Wirkung auf ihr Leben. Sie verfiel in eine schwere Depression. (Meiner Erfahrung nach ist Depression oft eine Schicht, die Wut überdeckt, aber das muß die Person selbst herausfinden, ohne daß ich interpretiere, denn es ist durchaus nicht immer so.) Sie war nicht mehr arbeitsfähig und mußte ihren Job aufgeben. Sie konnte ihre Familie nicht mehr angemessen versorgen, und ihre Beziehungen zu ihrem Mann und ihrer Familie verschlechterten sich rapide. Als sie zu dem Workshop kam, war sie ziemlich verzweifelt.

Als sie in der Gruppe über ihre Erfahrungen sprach, sagte sie, daß sie in ihrem Tiefenprozeß mit rasender Wut erfüllt war, und ihre Wut richtete sich gegen jene, die sie vergewaltigt hatten. In ihrer Tiefenprozeß-Arbeit war ihr bewußt geworden, daß sie das Gefühl hatte, zweimal vergewaltigt worden zu sein – einmal von ihrem Vater und dann von ihrem Therapeuten. Ihr Vater hatte sie physisch vergewaltigt. Ihr Therapeut hatte sie psychisch und spirituell vergewaltigt – und das mit den allerbesten Absichten. Es war verblüffend, wie die Erscheinung der Frau sich veränderte, als sie über ihre Selbsterfahrung sprach. Sie schien Frieden gefunden zu haben. Nicht nur, daß ihr Tiefenprozeß ihr geholfen hatte, die aktuell anstehenden Probleme zu lösen – die Gruppe hatte ihren Lebensprozeß akzeptiert. Das hieß in dieser Situation, daß sie ihren eigenen Zeitpunkt wählen konnte und daß ihr individueller Prozeß respektiert wurde. Wenn sie den Workshop verlassen hätte, ohne dieses Stück Tiefenarbeit zu tun, wäre das auch in Ordnung gewesen, denn auch dann hätte sie Achtung vor ihrem Prozeß und ihrer Wahl des richtigen Zeitpunkts erfahren. Ihr Prozeß wurde auf vielen Ebenen respektiert. Psychotherapeutinnen und Psychotherapeuten sind zu Opfern ihrer Weltsicht, ihres Überzeugungssystems und ihrer Krankheit geworden. Co-Abhängige/Beziehungssüchtige müssen immer unersetzlich sein. Zu unseren vorherrschenden Methoden, uns unersetzlich zu machen, gehört das Austüfteln von »Patentlösungen«. Unglücklicherweise können diese »Patentlösungen« Abhängigkeit erzeugen und die Person, die »in Ordnung gebracht« werden sollte, letztendlich töten.

Tiefenprozeß-Arbeit kann nicht programmiert werden und sollte auch nicht programmiert werden.

Es gibt keinen »richtigen Weg«, Tiefenprozeß-Arbeit zu machen

Tiefenprozeß-Arbeit ist immer einzigartig; ihre Form ist stets abhängig von der Person und dem speziellen Prozeß, der an die Oberfläche kommt. Es gibt keine festgelegte Form für Tiefenprozeß-Arbeit. Manche Leute glauben, solange sie sich im Gruppenraum nicht auf den Matten wälzen, mit den Armen fuchteln und laut brüllen, sei das, was sie tun, keine wirklich »gute« Tiefenprozeß-Arbeit. Der Tiefenprozeß nimmt viele Formen an, und keine Form ist authentischer oder besser als irgendeine andere. Wann immer wir versuchen, die Form zu bestimmen, die unser Tiefenprozeß (oder der einer anderen Person) annimmt, stellen wir eines der Hauptmerkmale (oder einen der Charakterdefekte) der Sucht, nämlich die Illusion der Kontrolle, zur Schau.

Zweifellos gehen viele Tiefenprozesse tatsächlich mit einer enormen Gefühlserregung einher, und die Person kann ziemlich aktiv werden; manchmal werden sogar »Helfer« gebraucht, die Kissen halten und für die Sicherheit der Person sorgen, so daß sie den Dingen, die hochkommen, freien Lauf lassen kann und sich nicht aufhalten muß, indem sie dem Lauf ihrer Tiefenprozeß-Arbeit folgt und gleichzeitig ihre eigene Sicherheit überwacht. Aber selbst wenn viel Aktivität da ist, können Tiefenprozesse sich sehr voneinander unterscheiden, und selbst ein einzelner Tiefenprozeß kann in seinem Verlauf mehrfach von einer Form zur anderen wechseln.

Ein Tiefenprozeß, den ich vor einigen Jahren hatte, illustriert das sehr gut. Ich habe jahrelang in den unterschiedlichsten Funktionen mit der Kirche zusammengearbeitet. Zu unterschiedlichen Zeitpunkten hatte ich mit allen großen und vielen der kleineren (vermeintlich weniger bedeutenden) Gruppierungen innerhalb der protestantischen Kirche zu tun. Ich hatte mit der katholischen Kirche zusammengearbeitet, mit Buddhisten und mit spirituellen Gruppen aus dem New-Age-Bereich. Ich hatte immer geglaubt, in Kirchen und religiösen Gruppierungen könne sich »Die Kirche« ausdrücken, und natürlich in meiner Arroganz auch gemeint, ich wüßte, was das ist, und könnte helfen, sie zum Leben zu erwecken. Nachdem ich mich unter diesem Banner jahrelang abgemüht hatte, erkannte ich allmählich, daß meine Beziehung zur Kirche genauso war wie meine Beziehung zu meinem Ex-Mann. Ich war eine »Möglich-Macherin« und eine Beziehungssüchtige, und mein Gegenüber war aktiv süchtig. Ich arbeitete mit einer Gruppe der Staatskirche, die mir bei dieser Bewußtwerdung zweifellos von großem Nutzen war. In diesem Stadium der Genesung von meiner Beziehungssucht war mir klar, daß ich nicht meine Nüchternheit aufrechterhalten und gleichzeitig weiterhin mit der Kirche zusammenarbeiten konnte. Ich entschloß mich, die Arbeit mit allen Arten von kirchlichen Gruppierungen für eine Weile aufzugeben, in dem vollen Bewußtsein, daß ich sie vielleicht nie wieder aufnehmen würde. Nachdem ich im Frühjahr diese Entscheidung getroffen hatte, bewegte ich mich in einen langsamen Trauerprozeß hinein. Ich hatte mich in vielfältiger Weise und über einen langen Zeitraum innerhalb der Kirche engagiert. Ich hatte in meiner eigenen Genesung jedoch nicht das Stadium erreicht, in dem ich von der Heuchelei, der Unehrlichkeit und der Vorurteilshaltung, die ich in der Kirche beobachtete, unbeeinträchtigt geblieben wäre. Allmählich machte ich die Erfahrung, was es bedeutete, für meine eigene Nüchternheit »bis zum Äußersten« zu gehen. Ich hatte erwartet, daß meine Entscheidung, die Beziehung zur Kirche aufzugeben, vielleicht einen intensiven Tiefenprozeß auslösen würde – nichts dergleichen geschah. Viele Monate lang spürte ich diese leise, unterschwellig rumorende Depression und Trauer. Es schien einfach nicht aufzuhören. In manchen Augenblicken war ich versucht, etwas »in Gang zu setzen«, um die Sache hinter mich zu bringen, oder diese Gefühle zu ignorieren. Glücklicherweise hatte ich bereits genug Erfahrung mit dieser Arbeit gesammelt, um weder das eine noch das andere zu tun. Ich nahm es einfach wahr und respektierte es.

Im folgenden Januar oder Februar, fast ein Jahr später, begleitete ich einen Neun-Tage-Workshop für Frauen. Als die Frauen dieser Gruppe beim »Einchecken« ihre Geschichten erzählten, hatte fast jede irgendeine Horrorgeschichte parat, die sich auf ihre Begegnung mit der Kirche bezog. Ich hörte eine Frau nach der anderen erzählen, wie sie ihre zarte, unschuldige Spiritualität in die Kirche eingebracht hatte, und wie sie dann von der Kirche spirituell mißhandelt und vergewaltigt worden war. Ich selbst fühlte mich durch diese Berichte geradezu erschlagen. Nachdem ich von fast jeder der anwesenden Frauen eine solche Geschichte gehört hatte und mir der wachsenden Spannung und aufsteigenden Wut in meinem Körper bewußt geworden war, legte ich los.

Die Anfangsphase meines Prozesses war Wut. Ich war einfach zornig. Wie konnte die Kirche ihr Verhalten rechtfertigen? Wie konnte sie es wagen, die Spiritualität von Menschen zu zerstören und zu beherrschen? Nachdem ich getobt und vor Schmerz und Frustration geschrien hatte, veränderte sich meine Tiefenprozeß-Arbeit. Unversehens saß ich ruhig da, schüttelte langsam den Kopf und sagte immer wieder: »Wie konntest du nur? Wie konntest du nur?« Ich war mir eines tiefen, erschütternden Gefühls von Verrat und ungläubigem Erstaunen bewußt. Wie einfach es gewesen wäre, dieses Gefühl zu analysieren und zu interpretieren, aber ich wußte genug, um bei mir zu bleiben und es geschehen zu lassen. Ich weinte und weinte. Nachdem ich eine Zeitlang vor Qual geweint und geschluchzt hatte, lag ich auf den Knien und vergrub den Kopf in den Händen. Als das Jammern und Weinen nachließ, hockte ich mich hin und legte mich dann auf den Rücken, um abzuwarten, ob mein Prozeß beendet war. Wie ich so dalag, spürte ich meine Hand, die über meiner Stirn lag, und merkte, daß ich mit dem Zeigefinger zwischen den Brauen einen Kreis beschrieb, an der Stelle, die von manchen Leuten »das dritte Auge« genannt wird. Ich weiß durch Erfahrung, daß ein Prozeß nicht beendet ist, wenn noch irgend etwas im Körper vorgeht; also nahm ich wahr, was meine Hand tat, und blieb bei dieser Wahrnehmung.

Plötzlich hatte ich ein Aha-Erlebnis: »Das ist meine Spiritualität. Hier sitzt sie, mitten in meiner Stirn, und sie war immer da. Sie war lange vor der Kirche da, und sie gehört zu mir. Die Kirche hat versucht, mich davon zu überzeugen, daß ich sie brauchte, um Zugang zu meiner Spiritualität zu bekommen und sich auf diese Weise unentbehrlich zu machen. Aber ich habe meine Spiritualität immer gehabt. Ich bin ein spirituelles Wesen.« Das »wußte« ich plötzlich in meinem tiefsten Wesenskern. Nie zuvor habe ich eine solche Befreiung gefühlt. Mein ganzes Wesen seufzte erleichtert auf, als ich mich auf das Kissen zurücksinken ließ. Als ich so dalag, war ich sicher, daß mein Prozeß beendet sei, und dann spürte ich etwas in meinem Körper. Ich lag auf dem Boden, hatte das linke Bein angezogen und das rechte Bein darübergelegt, indem ich den rechten Unterschenkel auf dem linken Knie abstützte. Mein rechtes Knie hing in der Luft und mein rechter Fuß wippte gereizt auf und ab. Ich nahm die Bewegung meines Fußes wahr, und plötzlich schoß mir durch den Kopf: »Diese Stellung ist nicht sehr damenhaft – und Prophetinnen müssen nicht damenhaft sein.« Ich brüllte vor Lachen. Für mich war diese Vorstellung das Komischste, was ich seit Jahren gehört hatte. Ich rollte mich buchstäblich auf dem Boden vor Lachen und konnte nicht aufhören. Bald lachte mein Begleiter mit, und dann brach fast die gesamte Gruppe in Gelächter aus, obwohl sie keine Ahnung hatten, worum es ging. Ich lachte, bis mein Körper damit fertig war (was sehr wichtig ist), und dann ruhte ich aus und blieb bei mir, um zu sehen, ob ich meinen Prozeß zu Ende gebracht hatte. Es schien so zu sein, also teilte ich meinem Begleiter mit, was ich erfahren hatte. Nach diesem Prozeß merkte ich, daß meine Trauer um den Verlust meiner Beziehung zur Kirche beendet war. Ich mußte nichts weiter tun, als meinem Prozeß vertrauen, und konnte sicher sein, daß er mir geben würde, was ich brauchte, in dem Augenblick, in dem ich es brauchte. Ich mußte nur »merken« und den Tiefenprozeß seine Arbeit tun lassen.

Dieser Tiefenprozeß zeigt, daß die Tür in die Tiefenarbeit in aller Regel nichts mit dem zu tun hat, worum es sich in der Arbeit dreht. Die Tür, die in diese Arbeit hineinführte, war meine Trauer um die Trennung von der Kirche, wie ich sie wahrnahm, und die Wut, die ich empfand, als ich sah, was die Kirche anderen angetan hatte. Was am Ende herauskam, war ein tiefes Gewahrsein meiner Spiritualität, und das Wissen, daß ich aus meiner eigenen Spiritualität heraus arbeiten mußte.

Außerdem glaube ich, daß dieser Tiefenprozeß ein gutes Beispiel dafür ist, daß ein Prozeß in seinem Verlauf viele Formen annehmen kann, und daß jede Phase dieses Ablaufs so wichtig ist wie irgendeine andere. Wir sollten uns nie in den Kopf setzen, daß eine bestimmte Art von Prozeß der »richtige« Prozeß ist, oder daß es eine »richtige« Art gibt, Tiefenprozeß-Arbeit zu machen. Unser Tiefenprozeß fordert uns ein hohes Maß an Vertrauen ab. Wir müssen dem Tiefenprozeß in diesem Vertrauen folgen, wohin immer er uns führt – oder, wenn wir nicht vertrauen können, schauen, was wir daraus zu lernen haben. Manchmal ist unser Tiefenprozeß vielleicht nicht in der Lage, unsere Tiefenprozeß-Arbeit zu machen. Auch das müssen wir voller Vertrauen annehmen und respektieren. Meine Erfahrung mit diesem Prozeß ist auch ein gutes Beispiel dafür, wie man mit einem Tiefenprozeß wartet, bis er bereit ist, an die Oberfläche zu kommen – ihn nicht zu blockieren und nicht zu forcieren, sondern ihn einfach zuzulassen.

Unser Tiefenprozeß hält Überraschungen bereit und hat Sinn für Humor

Der oben geschilderte Prozeß zeigt den Witz und den Sinn für Humor, den unser Tiefenprozeß in meiner Sicht hat. Oft gibt es selbst in ausgesprochen tragischen Tiefenprozessen kleine Abschnitte von Humor und Gelächter. Es kann vorkommen, daß eine Person in einen schwierigen Tiefenprozeß über Inzest-Erfahrungen hineingeht, und am Ende schallend darüber lacht, wie blöd der Täter war.

Bei den meisten meiner Tiefenprozesse konnte ich feststellen, daß es am Schluß einen kleinen »Dreh« gibt, eine Schlußpointe könnte man sagen, und oft ist diese Pointe sehr komisch. Ich bin dazu gekommen, diese »Pointen« in unserer Tiefenprozeß-Arbeit als eines der Mittel zu betrachten, mit deren Hilfe die Tiefenarbeit unseren logischen, rationalen Verstand unterläuft. In diesen Pointen liegt fast immer etwas, das wir auf intellektuellem Wege nie hätten herausfinden können. Sie ergeben Sinn und machen uns vieles klar, und gleichzeitig sind sie nicht logisch und rational.

Zum Beispiel war dieser plötzlich auftauchende Satz »Prophetinnen müssen nicht damenhaft sein« genau das, was ich brauchte, um meine Trauer über die Kirche zu beenden und meine Arbeit in Angriff zu nehmen, mit dem Wissen um meine eigene, intakte Spiritualität. Dieser Tiefenprozeß hatte für mich eine außerordentliche Bedeutung.

Einen Tiefenprozeß zu Ende bringen

Manchen Menschen fällt es schwer, die Selbstachtung und den Glauben aufzubringen, die das Zuende-Führen eines Tiefenprozesses verlangt. Viele Leute haben das Gefühl, sie seien den Zeitaufwand nicht wert, der nötig ist, um einen Prozeß zu Ende zu bringen, oder sie glauben, sie müßten sich um die Bedürfnisse ihrer Begleitperson kümmern, und dann brechen sie ihren Prozeß ab. Jeder Tiefenprozeß, der abgebrochen oder blockiert wird, muß noch einmal wiederholt werden. Jeder Tiefenprozeß ist in und aus sich selbst eine Ganzheit. Obwohl ich mit Gefühlen weniger Schwierigkeiten habe als viele andere Menschen, weiß ich sehr wohl, wie viele Tiefenprozesse ich blockiert und unterbrochen habe, als ich noch aus dem Psychotherapiemodell heraus handelte.

Kürzlich war ich Teilnehmerin einer Gruppe von hochangesehenen Leuten aus dem psychiatrischen und psychologischen Bereich. Während einer Phase des Erfahrungsaustauschs innerhalb der Gruppe fing ein Psychiater an, über einige extrem schmerzvolle Erlebnisse zu weinen. Mir war völlig klar, daß er dabei war, in einen Tiefenprozeß hineinzugehen, aber man hatte mich vorher gewarnt, daß ich nicht versuchen solle, die Gruppe zu »kontrollieren«. (Das bedeutete, daß ich nichts von den Dingen, von denen ich etwas verstehe, tun durfte.)

Ich saß da und beobachtete, wie die anderen Psychiater den Atem anhielten, bis er sich wieder »unter Kontrolle« hatte (wieder eine Chance verpaßt!). Mir war klar, daß sie aus ihrem Theorieverständnis heraus mit diesem Geschehen nur umgehen konnten, indem sie darin einen »Kontrollverlust« sahen. Als er sich wieder im Griff hatte, stießen fast alle einen Seufzer der Erleichterung aus und gratulierten einander lang und breit dazu, daß in der Gruppe eine Atmosphäre so großer Sicherheit herrschte, bewiesen durch die Tatsache, daß ihr Kollege »seine Gefühle zeigen konnte«. Kurz darauf verließ ich die Gruppe. Eines muß ich zugeben: Bevor ich die Tiefenprozeß-Arbeit kennenlernte, ließ ich die Leute ein paar Gefühle spüren, ein paar Tränen vergießen und ein bißchen Wut ausdrücken, und dann gratulierten wir einander zu dieser Errungenschaft und gingen weiter.

Psychologische, medizinische und psychiatrische Therapien versuchen nur, unsere Tiefenprozesse zu blockieren, abzubrechen oder zu kontrollieren, und unterdrücken damit die uns innewohnenden heilungsfördernden Mittel. Zu unserem Glück geht der Prozeß einfach wieder in den Untergrund und setzt sein Recycling fort; wenn er das nächste Mal heraufkommt, tut er das mit um so größerer Wucht.

Durch meine Arbeit mit Psychotikern und psychotischen Prozessen bin ich dazu gekommen, Psychosen einfach als beschleunigte, intensivierte Tiefenprozesse zu betrachten. Ich habe auch bemerkt, daß schizophrenes Denken und Suchtdenken auf demselben Kontinuum zu liegen scheinen. Die Praxis der Tiefenprozeß-Arbeit hat die Art, wie ich Menschen sehe, und die Form, in der ich arbeite, für immer verändert.

Tiefenprozesse kommen in Wellen

Ich sehe eine große Ähnlichkeit zwischen der Tiefenprozeß-Arbeit und dem natürlichen Vorgang des Gebärens. Wie der Gebärvorgang geschieht auch der Tiefenprozeß in Form von Wellen. Leute, die nichts von Tiefenprozeß-Arbeit verstehen, schneiden den Tiefenprozeß einer Person häufig nach ein paar Wellen ab. Wie ich bereits erwähnte, ist das eine den helfenden Berufen eigene berufsspezifische Deformation. Wenn wir den ersten Kontakt mit unseren Tiefenprozessen bekommen, lassen wir uns manchmal sehr sanft hineingleiten, und ein anderes Mal stürzen wir uns kopfüber hinein. In beiden Fällen kommt der Tiefenprozeß in Wellen. Vielleicht gibt es zuerst eine flache Welle, dann eine Ruhepause, dann wieder eine Welle und eine Pause, dann eine stärkere Welle und wieder eine Ruhepause.

Genau wie beim Gebärvorgang ist es wichtig, daß die »Hebamme« (die Begleitperson) nichts unternimmt, um den Prozeß zu beschleunigen oder zu steuern. Eine gute Begleitperson dient dem Prozeß. Bei jedem Tiefenprozeß bewegt sich die Person, die ihre Arbeit macht, tiefer und tiefer in den Prozeß hinein. Es wird in der Regel immer eine – oft von hoher Intensität erfüllte – Stelle geben, an der es so scheint, als ginge die Person ganz in ihrem Prozeß auf. Dann bewegt sie – oder er – sich wieder aus dem Prozeß heraus, in immer flacheren Wellen, mit Ruhepausen dazwischen.

Ich habe an Workshops von Leuten teilgenommen, die von sich behaupteten, »Prozeß«-Arbeit zu machen, und konnte dabei beobachten, daß viele Therapeutinnen und Therapeuten Prozesse abschnitten und unterbrachen, indem sie die Leute berührten, umarmten, eine Frage stellten, eine Interpretation lieferten oder in irgendeiner anderen Form intervenierten. Gewöhnlich geschieht das mit einem hohen Maß an »liebevoller Aufmerksamkeit«, und gleichzeitig nehme ich dabei wahr, daß die Therapeutin oder der Therapeut Angst vor dem Tiefenprozeß hat und das Gefühl braucht, die Dinge »im Griff« zu haben.

Die Phase des Herauskommens aus einem Prozeß ist genauso wichtig wie die Phase des Hineingehens, und die Ruhepausen zwischen den Wellen sind ein integraler Bestandteil des Prozesses. Der Prozeß selbst ist eine in sich geschlossene Ganzheit. Wenn diese Ganzheit nicht respektiert wird, muß das entsprechende »Stück Arbeit« noch einmal getan werden. Ich glaube, darin liegt der Grund für die Beobachtung, daß in der Psychotherapie Leute wieder und wieder dasselbe Material durcharbeiten. Vielleicht haben sie sogar eine gute Einsicht in das Problem, aber sie haben das Heilungsgeschehen des Tiefenprozesses nie zum Abschluß gebracht, und hier und nirgendwo anders findet wirkliche Heilung statt.

Ich bin all den guten Lehrern, die ich hatte, als ich auf dem Weg war, diese Arbeit zu lernen, wirklich dankbar – nicht zuletzt Fritz Perls. Die Gestalt-Arbeit und viele andere Arbeitsformen aus dem Bereich der humanistischen Psychologie hatten das richtige Gespür, aber sie gingen nie weit genug. Wenn Fritz Perls eine Person begleitete, kam es oft zu einem Geschehen, das einem Tiefenprozeß zumindest ähnelte. Häufig war es dann so, daß er eingriff, wenn die Person in das Stadium des völligen »Aufgehens im Prozeß« eintrat, indem er einen ungemein treffenden Kommentar abgab – und den Prozeß damit unterbrach. (Fritz Perls hätte diese »Kommentare« selbst nie als Interpretationen bezeichnet; ich würde den größten Teil davon jedoch aus meiner heutigen Sicht so nennen.) Daher bekamen die Leute in der Frühphase der Gestalt-Arbeit nie Gelegenheit, die Nachgeburt herauszubringen. Und sie konnten ihren Prozeß nie beenden. Manchmal kommt mir die Idee, daß unser innerer Heilungsprozeß alle verfügbaren Mittel einsetzt, um die Helfer, die wir uns wählten, zu umgehen.

Um unsere Prozesse zu Ende zu bringen, müssen wir unseren Prozeß abwarten, und insbesondere bereit sein, die Ruhephasen und Pausen abzuwarten, und wir dürfen uns selbst oder anderen nicht gestatten, unsere Prozesse vorzeitig abzubrechen. Natürlich kann es eine sehr wichtige Lernerfahrung für uns sein, zu sehen, wie wir selbst oder andere unsere Prozesse unterbrechen. Es ist wirklich wichtig, nicht in einen Richtig-Falsch-Dualismus zu verfallen, und uns für alle Lernerfahrungen und Optionen in der Lebensprozeß-Arbeit offenzuhalten.

Das folgende Beispiel ist ein Ausschnitt aus dem Brief einer Therapeutin, die bei mir in der Ausbildung war. Sie wollte die Arbeit eines bekannten Therapeuten kennenlernen, der die von Virginia Satir entwickelte »Family-Sculpting«-Technik benutzt. Ich denke, der letzte Abschnitt des Briefes schildert sehr anschaulich, was geschieht, wenn Tiefenprozesse unterdrückt werden:

»Ich überlege, ob Sculpting in Verbindung mit Prozeß-Arbeit verwendet werden kann, und ich spüre nach, wie es sich anfühlt. Die Reglementierung war immens, insofern als immer nur eine Person zur selben Zeit arbeiten durfte, und an dem Tag, an dem Psychodrama gemacht wurde, durfte kein ›Durcharbeiten‹ stattfinden; das gehörte in den nächsten Tag hinein, für den ›Gruppenarbeit‹ geplant war. Sie verstehen, was ich mit Reglementierung meine! Bevor ich zu dem Workshop ging, hatte ich für mich wirklich geklärt, daß ich nicht in meine Urteilshaltung und die Distanz, die ich dadurch schaffe, verfallen würde – also schaute ich nur: ›Was passiert hier? Welche Art von Heilung findet statt?‹ Was ich feststellte, war, daß irgendeine Art von Heilung stattfindet, und daß ich froh bin, die Prozeß-Arbeit gefunden zu haben. Ich war mir sehr bewußt, daß die innere Ruhe, die ich sowohl in bezug auf meine Genesung als auch auf meine Arbeit empfinde, für sich selbst spricht, was den Wert der Prozeß-Lebensweise angeht. Was ich auch zu spüren bekam, ist der ›Fallout‹, der sich einstellte, weil ich während des Workshops mehrmals gehindert war, meine Tiefenprozeß-Arbeit zu machen, als Tiefenmaterial heraufkommen wollte. Also fühlte ich mich während der letzten zweieinhalb Wochen physisch nicht besonders gut und wußte, daß ich zu meinen unbeendeten Prozessen zurückkehren mußte (was ich aber in dieser Zeit nicht konnte). Mittlerweile ist es passiert (gestern nachmittag, um genau zu sein), und ich fühle mich sehr viel besser. Ich dachte immer wieder über den Unterschied nach, wie ich mich fühlte, als ich im letzten Winter aus dem Co-Abhängigkeits-Workshop kam – klar und offen, als ob der Wind durch mich hindurchblasen und mich forttragen könnte, kurzum, absolut phantastisch – und wie blockiert und unbefriedigt ich aus dieser Erfahrung hervorging.«

Wenn wir unseren Tiefenprozessen nicht nachgeben können

Es kommt oft vor, daß wir unsere Tiefenprozeß-Arbeit zu dem Zeitpunkt, an dem sie sich einstellt, nicht machen können. Wenn ich nicht gut für mich gesorgt oder meine Tiefenprozesse nicht beachtet habe, wendet mein innerer Prozeß einen seiner »Lieblingstricks« an: Er versucht, zum ungelegensten Zeitpunkt, zum Beispiel, während ich gerade vor einem großen Auditorium spreche, einen Tiefenprozeß zum Durchbruch zu bringen. Ich bin mitten in meinem Vortrag über Themenbereiche, die mir wichtig sind, und unversehens kommen mir die Tränen. Gewöhnlich bleibe ich eine Weile bei meinen Tränen, und dann sage ich zu meinem Tiefenprozeß: »Ich höre dich, und ich werde auf dich zurückkommen, sobald ich kann. Das verspreche ich.«

Meiner Erfahrung nach zieht der Tiefenprozeß, der zum Durcharbeiten bereit ist, sich zurück und wartet einen späteren Zeitpunkt ab. Das heißt, wenn ich in mein Hotelzimmer zurückkomme, stelle ich nicht den Fernseher an, mache keine Anrufe und renne auch nicht hinaus, um etwas zu essen. Ich strecke mich auf dem Bett aus und warte meinen Prozeß ab. Wenn ich das nicht tue (mit anderen Worten: wenn ich ihn belüge), wird er mich am Kragen packen, und zwar meistens in einer Situation, die noch ungeeigneter ist. Mein Tiefenprozeß führt ein Eigenleben, und zugleich bin ich es.

Laute im Tiefenprozeß

Laute sind in der Tiefenprozeß-Arbeit sehr wichtig. Den meisten Menschen wurde ihr halbes Leben lang gesagt, daß sie still sein sollen. Nicht nur die Laute unserer Wut und Verletztheit, unseres Kummers und unserer Trauer wurden zum Schweigen gebracht – wir durften auch unsere Aufregung und Freude nicht laut äußern, nicht quietschen vor Vergnügen, mußten die Laute, die unsere Körperenergie begleiten und unsere Lebensgeräusche unterdrücken. Welches Kind, das zur Kirche mitgenommen wurde, hätte nicht die Botschaft erhalten, daß Gott äußerst geräuschempfindlich ist, daß er selbst laute Äußerungen von Freude nicht mag, und daß wir ganz still sein müssen.

Als Kinder lernten wir, unsere Eltern vor unserem Schmerz und den Klängen unseres Schmerzes zu schützen. Wir lernten, daß ein »großes Mädchen« oder ein »großer Junge« nicht einfach laut losbrüllt. Anders als in vielen Stammeskulturen gibt es in unserer Kultur keine allgemein akzeptierten oder ritualisierten Ventile für Kummer und Trauer, Freude und Erregung. Wir haben unsere Laute nie geäußert.

Ich habe die Laute in unserem Tiefenprozeß immer als unsere primitive Sprache betrachtet. Diese Sprache reicht sehr viel tiefer als alle kulturellen Unterschiede. Sie ist uns allen bekannt. Wenn eine Frau aus einem Workshop ihre Wut darüber herausbrüllt, was ihr passierte, weil sie eine Frau ist, weiß jede und jeder, was sie sagt. Wenn ein Mann sich zu einem kleinen Knäuel zusammenrollt, wimmert und sich offensichtlich zu schützen versucht, ist jeder und jedem klar, was er ausdrückt.

Ich war wirklich erstaunt, wie einfach es ist, in einem anderen Land, wo ich nicht einmal die Sprache verstehe, Prozeß-Arbeit zu begleiten – denn die Sprache unserer Tiefenprozesse ist universell. Vielleicht kann ich das, was ich höre, nicht einmal in Worte fassen, und doch *weiß* ich, was ich höre. Ich kann vielleicht nicht einmal artikulieren, was für Laute das waren, die ich in meinem eigenen Tiefenprozeß formte, und doch *weiß* ich, was sie mir sagten.

Im Lauf meiner wachsenden Vertrautheit mit der Tiefenprozeß-Arbeit habe ich mich auf eine neue Verständnisebene bewegt, was Laute angeht. Dadurch, daß ich Leute arbeiten sah, und sah, wie sie ihre Laute äußerten, kam ich dazu, mir unsere Laute als große Schleppnetze mit Fanghaken vorzustellen. Während wir uns durch unsere Laute bewegen, bewegen diese Schleppnetze sich durch unsere Körper, erfassen die Giftansammlungen und ziehen sie aus unseren Körpern heraus. Sehr viele Menschen sehen nach ihrer Tiefenprozeß-Arbeit klar, frisch und gereinigt aus. Ich frage mich manchmal, wie viele Krankheiten im Grunde nur blockierte, unterdrückte Tiefenprozesse sind.

Ein Mann, der an unseren Workshops teilnahm, kam von einer großen Ranch im Westen der USA, die Tausende Morgen Land umfaßte. Seinen Angaben nach war sein Vater Alkoholiker und seine Mutter das, was wir eine wütende Co-Abhängige oder Beziehungssüchtige nennen würden. Dieser Mann war ein Einzelkind. Seine einzigen vertrauten Gefährten waren Tiere, die oft unter den gewalttätigen Wutanfällen seines Vaters zu leiden hatten. Die wichtigste Überlebenstechnik, die dieser Mann als Kind entwickelt hatte, war, still zu sein. Er sprach leise, er versuchte, mit dem Hintergrund zu verschmelzen, und er machte nie Geräusche, nicht einmal in seiner Tiefenprozeß-Arbeit. Nachdem er eine Zeitlang Prozeß-Arbeit gemacht und den Tiefenprozessen anderer zugehört hatte, fing er an, *seine* Laute zu äußern. Immer wenn er in einen schmerzerfüllten Prozeß hineinging, kamen diese kleinen »Quieklaute« aus ihm heraus. Dann ließ er seine Laute wirklich heraus. Er quiekte im Schlaf, er quiekte, wenn er ruhig dasaß, und das Verblüffendste war, daß er sogar quiekte, wenn er sprach. Ich kann mir immer noch nicht vorstellen, wie er das machte, und könnte es auch nicht nachahmen. Meistens schien er diese kleinen Laute selbst gar nicht wahrzunehmen. Und dennoch, wenn seine Laute herauskommen wollten, kamen sie einfach.

Genau wie bei jedem anderen Aspekt der Tiefenprozeß-Arbeit ist es sehr wichtig, daß wir unsere Laute weder blockieren noch forcieren. Es gibt immer einige Übereifrige, die versuchen, verstärkt Laute hervorzubringen, wenn sie hören, daß Laute wichtig sind. Es gibt aber selbst dann kein Richtig oder Falsch. Wenn wir versuchen, unsere Lautäußerungen zu forcieren, bietet sich uns eine großartige Gelegenheit, etwas über unsere Kontrollprobleme zu lernen.

Der Atem in der Tiefenprozeß-Arbeit

Ich war mir der Bedeutung des Atems in der Tiefenprozeß-Arbeit immer bewußt, und gleichzeitig hat sich mein Verständnis meiner Rolle als Begleitperson und die Art, wie ich sie ausfülle, im Lauf der Jahre enorm verändert. Ich bin immer noch unangenehm berührt, wenn ich mir klarmache, wie reglementierend ich war, als ich in den sechziger Jahren mit dieser Arbeit anfing. Ich staune, wie weit ich mich davon wegentwickelt habe, und ich bin sicher, daß ich genauso unangenehm berührt sein werde, wenn ich in zehn Jahren auf das Stadium zurückblicke, in dem ich jetzt bin.

Als ich mit der Tiefenprozeß-Begleitung anfing, blieb ich immer in nächster Nähe der Person, die ihre Arbeit machte, und erinnerte sie oder ihn daran, das Atmen nicht zu vergessen. Irgendwie hatte ich die Vorstellung, daß die Tiefenatmung der Weg sei, auf dem Leute mit ihren Gefühlen »in Berührung« kämen. Aufgrund meiner Ausbildung glaubte ich natürlich, ich wüßte, was gut für die Leute war und wie ich dafür sorgen mußte, daß sie bekämen, was sie brauchten.

Anfangs machte ich mir auch Sorgen um Hyperventilation. Ich forderte die Begleitpersonen auf, die Leute bei ihrer Arbeit sorgfältig im Auge zu behalten und ihnen zu sagen, daß sie tief atmen sollten, wenn sie anfingen, zu hyperventilieren. Durch jahrelange Erfahrung mit der

Begleitung von Tiefenprozeß-Arbeit sind wir als Begleitpersonen mittlerweile sehr viel weniger aktiv, und, wie ich mit Freude sagen kann, auch sehr viel weniger steuernd. Immer wenn ich denke, nun wüßte ich genau, wie Tiefenprozeß-Arbeit gemacht werden sollte, tritt mir irgend jemand oder irgend etwas entgegen und hilft mir, zu erkennen, daß Nicht-Wissen für Prozeß-Begleitpersonen der vorzuziehende Geisteszustand ist.

Lassen Sie mich das am Beispiel eines Tiefenprozesses illustrieren, der meine Einschätzung der Risiken von Hyperventilation in Frage stellte. Bei einem Workshop für Männer begleitete ich den Tiefenprozeß eines jungen Arztes. Er war ein sehr starker und sehr sanfter Mann, der nie zuvor eine wirkliche Tiefenprozeß-Arbeit gemacht hatte. Während einer der ersten Sitzungen des Intensiv-Workshops fing er an zu weinen, und ich setzte mich schnell neben ihn. Er weinte und wimmerte lange Zeit, und dann ging er dazu über, in kurzen, schnaufenden Zügen zu atmen. Sofort schoß mir durch den Kopf, daß er in Gefahr sei, zu hyperventilieren, aber irgend etwas in meiner Intuition sagte mir: »Warte ab!«, also blieb ich einfach bei ihm. Seine Atemzüge wurden immer kürzer und schneller, bis sie große Ähnlichkeit mit dem Geräusch einer alten Dampflok hatten, die einen Hügel hinaufschnauft (ich muß zugeben, daß mir dabei die Kindergeschichte »Die kleine Dampflok« in den Sinn kam). Als er den Gipfel erreichte, stieß er im Ausatmen einen großen Schwall Luft aus und fiel dann wie ein lebloses Bündel rücklings auf die Matte. Lange Zeit lag er ganz still, und dann begann er leise zu wimmern und streckte suchend die Arme aus. Dann umschlang er sich selbst mit den Armen und weinte still vor sich hin, wobei er sich sanft hin und herwiegte. (Natürlich hatte ich keine Ahnung, was in ihm vorging.) Wenig später lag er einfach friedlich da.

Als er seine Augen öffnete, ging ein Leuchten von ihm aus, und er schien bei sich und gleichzeitig weit fort zu sein. Als er uns von seinem Prozeß erzählte, weinten wir alle und waren tief berührt. Es hatte damit angefangen, daß er plötzlich traurig wurde, und er hatte diese Traurigkeit einfach zugelassen. (Vorher hatte er über seine Frau gesprochen, die viele Jahre lang in einer psychiatrischen Klinik gewesen war – eine Tür?) Als ihm die Tränen kamen, übernahm sein Körper die Führung, und das war der Moment, in dem das seltsame Atemmuster sich »einfach einstellte«. Als dieses Atemmuster mit dem tiefen, heftigen Ausatmen endete (später sagte er, er habe von Hyperventilation nichts gespürt), fand er sich in einer anderen Konstellation von Zeit und Raum wieder. Es war Winter; er schaute aus einem Fenster und sah draußen im Schnee einen nackten Säugling liegen. Zuerst war er wie versteinert, und dann wurde ihm plötzlich klar, daß er dieses Baby war und daß es starb – daß *er* starb. Er sah sich hinausrennen und das Baby aufheben. Er hielt es in seinen Armen, wiegte es und sagte zu ihm, obwohl es fast tot sei, werde er nicht zulassen, daß es sterbe. Er und das Baby waren getrennte Personen und gleichzeitig eins. Er ging aus diesem Tiefenprozeß mit dem Wissen hervor, daß er leben würde – daß er sein eigenes Leben leben würde. Wir glaubten ihm alle, und er hat tatsächlich begonnen, sein eigenes Leben zu leben.

Ich ging aus diesem Prozeß mit dem Gefühl der Ehrfurcht vor dieser Arbeit hervor, und im Gewahrsein ihrer Heiligkeit, und in Dankbarkeit dafür, daß ich die Möglichkeit habe, Teil davon zu sein.

Außerdem vermittelte mir dieser Tiefenprozeß neue Vorstellungen über Hyperventilation und eine von meiner Ausbildung abweichende neue Einschätzung des notwendigen Maßes an Überwachung und Kontrolle. Ich glaube, wenn ich eingegriffen hätte, wäre der Tiefenprozeß dieses Mannes nicht so verlaufen, wie er verlief. Vielleicht hätte er einen anderen, ebenso wichtigen Prozeß gehabt – aber in meinem tiefsten Inneren bezweifle ich das. Natürlich werden wir das nie wissen.

Ich bin aber dennoch der Meinung, daß es wichtig ist, bei der Tiefenprozeß-Arbeit die Atmung wahrzunehmen oder zu beobachten, und es kann gelegentlich vorkommen, daß wir intervenieren müssen. Das folgende Beispiel wird das verdeutlichen: Einer unserer besten Tiefenprozeß-Begleiter war ein alter Hund, den ich Bubber genannt hatte. Er schaute bei Gruppen oft herein und kam mit zu Workshops. Zu unserem Haushalt hatte sich gerade eine Frau gesellt, die über Tiefenprozeß-Arbeit so gut wie nichts wußte. Eines Tages kam eine unserer Nachbarinnen, eine Frau aus meiner Trainingsgruppe (deshalb war sie auch zur Nachbarin geworden), in einem schrecklichen Zustand zu uns ins Haus und bat darum, daß jemand sie begleitete, während sie ihre Arbeit machte. Diese Frau war alkoholabhängig, magersüchtig, litt an Bulimie, war eine genesende Nikotin- und Beziehungssüchtige, neigte zu Selbstverletzungen und hatte Krebs. Unser neues Haushaltsmitglied hate eine Höllenangst davor, bei dieser Frau zu sitzen, aber da sonst niemand im Haus war, stimmte sie zu (begleiten Sie nie jemanden, wenn Sie sich nicht gut dabei fühlen – Begleitpersonen sind auch nur Menschen).

An einem bestimmten Punkt in ihrem Tiefenprozeß begann diese Frau, die Luft anzuhalten. Unsere Freundin, die sie begleitete, wagte nicht, in ihren Prozeß einzugreifen; sie saß einfach da und beobachtete, wie die Fingernägel der Frau sich schwarz verfärbten. Diese Frau war so selbstzerstörerisch und selbstverletzend, daß sie in ihrem Tiefenprozeß leicht hätte zu weit gehen können. Ich wäre als Begleitperson nicht bereit gewesen, dieses Risiko einzugehen, und Bubber war dazu auch nicht bereit. Er sprang auf, sprang der Frau mitten auf den Bauch und fing an, ihr Gesicht abzulecken. Sie schnappte nach Luft und kam zurück. Bubber begab sich wieder auf seinen Beobachterposten.

Wenn mir beim Tiefenprozeß einer Person unbehaglich zumute wird, greife ich ein. Ich weiß zum Glück, daß sie oder er eine neue Chance bekommen wird. Außerdem habe ich mit Tiefenprozeß-Begleitung soviel Erfahrung, daß mir selten unbehaglich zumute wird, und doch habe ich ein Auge auf die Atmung der Leute. Manchmal erinnere ich sie daran, weiterzuatmen. Allerdings würde ich keinesfalls versuchen, ihre Prozesse durch Atemtechniken zu forcieren. Das wäre in meiner Sicht respektlos und gewalttätig.

Das »Einchecken« nach einem Prozeß

Ich bin zu der Überzeugung gekommen, daß es sehr wichtig ist, nach einem Tiefenprozeß »einzuchecken«. Indem wir uns mitteilen, »fixieren« wir unsere Erfahrung und fassen sie in Worte und Begriffe, was Menschen nun einmal zu brauchen scheinen. In aller Regel teilt die Person, die ihre Tiefenprozeß-Arbeit gemacht hat, sich zuerst ihrer Begleiterin oder ihrem Begleiter mit. Ich habe festgestellt, daß Zuhören an diesem Punkt sehr wichtig ist. Vielleicht stelle ich einige Fragen zur Klärung, aber in erster Linie höre ich zu. Dann frage ich die Person gewöhnlich, ob sie meine Reaktionen hören möchte. Wenn sie – oder er – nein sagt, behalte ich meine Beobachtungen für mich. Wenn die Antwort ja lautet, teile ich mit, was ich während des Tiefenprozesses *bemerkt* habe, und spreche über meine persönlichen Reaktionen und Assoziationen.

Im wesentlichen spielt sich in der Gruppe derselbe Prozeß ab. Ich bin tatsächlich der Meinung, daß es von grundlegender Bedeutung ist, den Tiefenprozeß mit der Gruppe zu teilen, und gleichzeitig ist es auch in Ordnung, wenn die Person das nicht will oder braucht.

Bei den Reaktionen und Assoziationen, die aus der Gruppe kommen, achten die Gruppenmitglieder gewöhnlich selbst darauf, ob ein Beitrag sich wie eine Interpretation anhört, und sie fordern Leute, die solche Beiträge abgeben, auf, zu überprüfen, was in ihnen vorgeht. Reaktionen und Assoziationen sollten sein, was sie sind – Reaktionen und Assoziationen, und keine Deutungen. Meiner Auffassung nach darf die Erfahrung eines Menschen mit seinem – oder ihrem – Tiefenprozeß unter keinen Umständen beeinflußt werden. Über die eigenen Assoziationen und Reaktionen zu sprechen heißt, Informationen zu geben. Interpretationen und Projektionen sind ein anderes Paar Schuhe.

Tiefenprozeß-Begleitung

Tiefenprozeß-Begleitung ist eine Fertigkeit, die sich durch Übung und Erfahrung herausbildet. Gewöhnlich brauchen wir Anleitung, Übung und Erfahrung, um zu verlernen, was uns beigebracht wurde. Häufig haben Leute, die in helfenden Berufen tätig sind oder aus anderen Berufen mit hohem Ausbildungsniveau kommen, wie Mediziner/innen, Jurist/innen, Universitätsprofessor/innen, damit die größten Schwierigkeiten. Ich denke, es liegt vor allem daran, daß sie glauben, sie verfügten über Wissen und sollten über Wissen verfügen.

Die Idee, für Begleitpersonen ein Training einzurichten, ist nicht neu. Freud etablierte vor langer Zeit das Modell der Lehranalyse, das heißt, wer Analytiker/in werden wollte, mußte sich selbst einer Analyse unterziehen. Seine Idee war richtig, die Modalitäten aber leider falsch. Wie Jeffrey Masson in seinem Buch *Final Analysis*[2] so einleuchtend ausführt, ist das Modell erstens nicht stimmig, und zweitens richten die Leute, die innerhalb des psychoanalytischen Modells ausgebildet werden, sich nicht nach dem Modell.

Gute Prozeß-Begleitpersonen müssen bereit sein, ihren Suchtprozeß zu sehen und sich mit ihm zu konfrontieren, und, sofern sie in helfenden Berufen tätig sind, bereit sein, zu erkennen, daß die Handlungsweisen, die ihre Ausbildung ihnen vermittelte, die Suchtkrankheit aufrechterhalten und nähren. Ich halte gute Fortschritte in der Genesung unter anderem deshalb für so wichtig, weil die Rolle des Suchtprozesses in der Ausformung der helfenden Berufe subtil und ungemein prägend ist. Wie ich schon an anderer Stelle sagte, werden uns die heilenden Aspekte, die wir in uns tragen, oft regelrecht »abtrainiert«. Außerdem müssen gute Prozeß-Begleitpersonen *präsent* sein. Wenn wir jemanden begleiten, können wir uns nicht unseren eigenen Denkprozessen widmen, versuchen, herauszufinden, was vor sich geht, versuchen, die Situation zu kontrollieren, oder uns wünschen, wir wären woanders. Wir können in unserer Begleitung auch nicht klar sein, wenn in uns selbst ein Tiefenprozeß aufsteigt, der unsere Aufmerksamkeit verlangt. Ich betrachte die Fähigkeit, nein zu sagen, wenn man aufgefordert wird, jemanden zu begleiten, und weiß, daß man einfach nicht präsent sein kann, als einen Gradmesser für Genesung.

Gute Begleiterinnen und Begleiter sind nicht perfekt, und sie haben nicht alles im Griff. Sie machen ihre eigene Arbeit, sie wissen, daß es Zeiten gibt, in denen sie nicht präsent sein können, sie sind in der Lage, diese Momente zu identifizieren, und sie haben genügend Selbstachtung und Achtung vor anderen, um in solchen Momenten keine Begleitung zu machen.

Sicherheit Die Hauptaufgabe der Begleitperson ist, für die Sicherheit der oder des Arbeitenden zu sorgen und präsent zu sein. Oft wird ein Mensch, der seine Tiefenprozeß-Arbeit macht, ziemlich aktiv, wie zum Beispiel bei einem Wutprozeß. Es ist grundlegend wichtig, daß Menschen in Tiefenprozessen ihre Arbeit in Sicherheit tun können. Oft ist ein Prozeß so intensiv und die Person ist so tief in den Prozeß eingetaucht, daß sie ihre äußere Umgebung kaum noch wahrnimmt. Diese Art des Fokussiertseins ist in aller Regel notwendig, um die Arbeit zu tun, die getan werden muß. Es ist wichtig, daß jemand, der arbeitet, seine Aufmerksamkeit nicht aufspalten muß.

Dieses Sicherheitsproblem ist einer der Gründe dafür, daß ich aufhörte, Einzelarbeit zu machen. Ich konnte sehen, wie Tiefenprozesse sich ankündigten, und ich wußte, daß ich allein nicht für die Sicherheit sorgen konnte, die Leute brauchten, um ihre Arbeit zu machen. Mir wurde zunehmend bewußt, daß meine Behandlungsräume als solche für Tiefenprozeß-Arbeit nicht sicher genug waren. Die meisten Behandlungsräume, in denen »Therapie« stattfindet, sind für Tiefenprozeß-Arbeit nicht sicher genug. Außerdem erkannte ich, daß Einzelarbeit zum Leben im Prozeß im Widerspruch steht. Das Modell der individuellen Therapie gibt dem Therapeuten/der Therapeutin zuviel Macht und kann die Teilhabe und das Einebnen des Machtgefälles nicht in der Weise hervorbringen, wie eine Gruppe es kann.

Bevor ich aufhörte, mit Leuten individuell zu arbeiten, versuchte ich das Sicherheitsproblem unter anderem dadurch zu lösen, daß ich eine Gruppe von Menschen zusammenrief, die bereit waren, Klienten, die Tiefenarbeit brauchten, zu begleiten. Ich machte das mehrmals mit einem Vietnam-Veteran, der eine Unmenge Schmerz und Wut in sich trug. Gewöhnlich bat ich Leute dazu, die den Klienten oder die Klientin kannten und Interesse an der Person hatten. Im Fall des Vietnam-Veteranen lud ich einige Männer ein, die ihn bei einem Intensiv-Workshop für Männer kennengelernt hatten, einige andere Klienten, die ihn kannten, und meinen halbwüchsigen Sohn, der sich mit ihm angefreundet hatte. Es war für uns alle ein ungewöhnlich starkes Erlebnis.

Ich kann die Bedeutung des Sicherheitsaspekts in der Tiefenprozeß-Arbeit gar nicht genug betonen. Bei einem Workshop war eine Begleiterin bei ihrer Aufgabe nicht wirklich präsent, und wir hatten alle unsere Lektion zu lernen, was die Notwendigkeit von Sicherheitsvorkehrungen betrifft. Die Frau, die ihre Tiefenprozeß-Arbeit machte, ging mit viel Wut um, und sie war eine starke, kräftige Person. An einem bestimmten Punkt erhob sie sich und warf sich von einer Seite zur anderen. Die Leute, die Kissen und Matratzen hielten, taten, was sie konnten, um sie zu halten, aber sie hatte enorme Kräfte und war außerdem sehr schwer. Die Begleiterin brach diesen Prozeß nicht ab, sondern ließ ihn einfach weiterlaufen. Gerade als ich eingreifen wollte, warf die Frau sich mit einer wilden Bewegung zwischen zwei Matratzen hindurch und schlug mit dem Kopf auf dem Sockel eines gemauerten Kamins auf. Ich fürchtete, daß sie sich eine Gehirnerschütterung zugezogen hatte, und wir brachten sie sofort zur Untersuchung ins Krankenhaus. Glücklicherweise war ihr nichts passiert.

Als wir diesen Vorfall durcharbeiteten, sagte ihre Begleiterin, sie sei unsicher gewesen, habe den Prozeß der Frau jedoch nicht unterbrechen wollen. Ich wies sie darauf hin, daß die Frau vermutlich eine neue Chance bekommen hätte, ihre Tiefenprozeß-Arbeit zu machen, daß es aber furchtbar schwierig sei, den Prozeß einer Toten zu begleiten. Sicherheit ist das oberste Gebot.

Wir wissen aus Erfahrung – und auch das muß hier besonders betont werden –, daß Begleitpersonen unbedingt ihrer Intuition und ihrer Wahrnehmung vertrauen müssen. Die gerade erwähnte Begleiterin wurde unsicher, aber sie traute sich selbst nicht und hörte nicht auf sich. Statt dessen ließ sie sich von ihrem rationalen Denken und ihren Theorien leiten – mit fast katastrophalen Folgen.

Berühren Dieses Buch ist nicht der angemessen Rahmen, um Begleitpersonen auszubilden. Es geht mir an dieser Stelle nur darum, eine Einführung in die Tiefenprozeß-Arbeit zu geben und einige erläuternde Worte über Begleitung zu sagen. Über körperliche Berührungen während eines Tiefenprozesses möchte ich aber doch noch etwas anfügen.

Im allgemeinen fasse ich Leute während eines Tiefenprozesses nicht an. Wenn man jemanden berührt, der in einem Tiefenprozeß ist, wird der Prozeß dadurch oft unterbrochen. Wenn ich mich versucht fühle, jemanden während eines Tiefenprozesses zu berühren, muß ich anhalten, nach innen gehen und schauen, was bei mir ausgelöst wird. Gewöhnlich hängt mein *Bedürfnis*, jemanden anzufassen, mit irgendeinem Vorgang in mir zusammen, dem ich ausweichen will. Wenn ich diesem Bedürfnis nachgebe, breche ich nicht nur den Prozeß der anderen Person ab, der meinen Prozeß in Gang bringt – ich unterdrücke auch meinen eigenen Prozeß. Manchmal entdecke ich auch, daß ich Angst bekomme oder den Prozeß des oder der anderen aus irgendeinem Grund »unter Kontrolle« (meiner Illusion von Kontrolle) behalten möchte, und das ist ein Teil der Krankheit der beziehungssüchtigen Psychotherapeutin. Ich habe viele Therapeutinnen und Therapeuten ihrem Kontrollbedürfnis nachgeben sehen, unter dem Vorwand liebevoller Fürsorge oder einer mitfühlenden Umarmung. Meiner Wahrnehmung nach werden Berührungen oft als Kontrollmechanismen eingesetzt. Jetzt, da ich mehr Vertrauen in die Tiefenprozesse von Menschen habe und in meine Fähigkeit, dabeizubleiben, taucht das Bedürfnis, jemanden anzufassen, seltener auf.

Manchmal bittet die Person, die durch einen Tiefenprozeß geht, darum, angefaßt oder in die Arme genommen zu werden. Jede Situation ist einzigartig, und im allgemeinen fordere ich die Leute auf, bei ihren Gefühlen zu bleiben und zu schauen, was sich einstellt. Oft geht es mir dabei nicht um die Vermeidung des schnellen »Kicks«. Wenn die Leute bei ihren Gefühlen bleiben, ohne berührt zu werden, entdecken sie vielmehr, daß sie alles zur Verfügung haben, was sie brauchen, um mit den Dingen, die an die Oberfläche kommen – was immer es auch sein mag –, umgehen zu können. Diese Prozeß-Lernerfahrung kann sich als ebenso wichtig oder noch wichtiger erweisen als der Inhalt des jeweils konkreten Prozesses.

Natürlich ist das keine unumstößliche Regel. Solche Regeln gibt es in der Lebensprozeß-Arbeit kaum oder gar nicht. Ich begleitete eine Frau, die in einem bestimmten Moment an der Stelle, an der sie in ihrem Prozeß war, festzusitzen schien. Als ich sie beobachtete, hatte ich den starken Drang, sie zwischen dem linken Schulterblatt und der Wirbelsäule zu berühren. Ich prüfte mich selbst sorgfältig, und ich fühlte mich ziemlich klar, also berührte ich sie an dieser Stelle sanft mit den Fingerspitzen. Plötzlich ging sie tief in einen Schmerzprozeß hinein, der sehr intensiv war. Ich hoffte, daß ich nichts falsch gemacht hatte.

Später fragte sie mich: »Wie konnten Sie das wissen?« – »Wie konnte ich was wissen?«, fragte ich zurück. »Wie konnten Sie wissen, daß ich genau an dieser Stelle eine sehr traumatische, schmerzhafte Verletzung hatte?« Ich hatte es nicht gewußt. Gute Begleitung ist einfach, und gleichzeitig ist sehr viel mehr daran, als man auf den ersten Blick sieht. Jede und jeder kann einen Prozeß begleiten, und es gibt viele Fertigkeiten, die eine gute Begleitperson ausmachen.

Eine heilige Pflicht Ich fühle mich fast immer geehrt, wenn ich Gelegenheit habe, jemanden bei einem Tiefenprozeß zu begleiten. Ich lerne so viel, und es ist eine starke Erfahrung, Zeugin eines so intensiven Heilungsgeschehens zu sein. Ich sage den Leuten in meinen Trainingsgruppen oft, daß ich Tiefenprozeß-Begleitung als eine heilige Pflicht betrachte.

Tiefenprozeß-Begleitung ist kein Job, keine Fertigkeit, keine Technik und kein Beruf. Sie ist eine Ehre. Wenn ich das Privileg habe, jemanden zu begleiten, fühle ich mich meistens gesegnet. Ein früheres Mitglied meiner Trainingsgruppen sagte:

»Ich habe Sie oft über Prozeß-Arbeit als heilige Arbeit sprechen hören, und ich habe nie gewußt/verstanden, was Sie damit meinten. Heute glaube ich, daß ich weiß/verstehe, was es für mich bedeutet. Vor einigen Wochen war ich in einer Gruppe bei einer Frau, die ihre Tiefenprozeß-Arbeit machte, und mir wurde klar, daß ich eigentlich nur eines war: ein Wächter. Ich war nur da, um einen sicheren Rahmen zu schaffen, kaum mehr.

Während ihres Prozesses wurde es mir schließlich auch möglich, für mich in Worte zu fassen, warum ich mich mit dem ›Rebirthing‹ so unwohl fühlte. Es fühlt sich so an, als hätten sie etwas Heiliges (das heißt den Prozeß) genommen und eine Technik daraus gemacht. Ich weiß auch, daß ich aus demselben Grund als Kind so wütend war, wenn ich im Tempel saß und die ganze Heuchelei beobachtete. Sie nahmen etwas Heiliges (das heißt die Spiritualität) und machten eine Technik daraus (die Religion).«

Es ist eine bewegende und machtvolle Erfahrung, Zeugin oder Zeuge eines authentischen Heilungsgeschehens zu sein und zu erkennen, daß wir es nicht steuern können – und auch nicht steuern mussen.

Abschließende Gedanken über die Tiefenprozeß-Arbeit

Tiefenprozeß-Arbeit ist etwas Vertrautes Tiefenprozeß-Arbeit ist vermutlich für keinen und keine von uns neu. Die meisten von uns haben als Kleinkinder und Kinder Tiefenprozesse erlebt. Unglücklicherweise war es Teil unserer Erziehung, uns Tiefenprozesse »abzuerziehen«.

Viele unter uns wissen von Tiefenprozeß-Arbeit, weil wir sie getan haben, und dennoch wurde uns gewöhnlich nicht erlaubt, oder wir erlaubten uns selbst nicht, ganz durch einen Tiefenprozeß hindurchzugehen, so daß er zu Ende gebracht werden konnte. Wenn wir in der Vergangenheit in einen Tiefenprozeß hineingingen, erschreckten wir uns selbst und andere fast zu Tode. Auch wurde uns oft gesagt – oder wir sagten uns selbst –, wir seien hysterisch oder »hätten nicht mehr alle Tassen im Schrank«. Es versteht sich von selbst, daß nur wenige unter uns ermutigt wurden, ihre Tiefenprozeß-Arbeit zu machen.

Das Paradox von Wissen und Nicht-Wissen Einer der spannendsten und auch erschreckendsten Aspekte der Tiefenprozeß-Arbeit ist das Wissen und Nicht-Wissen. Wir beschreiben die Trainingsgruppen häufig als »Gruppen auf der Suche nach einer Regel«. Wenn Leute zu Workshops kommen, um Tiefenprozeß-Arbeit kennenzulernen, glauben viele unter ihnen, sie müßten nur lernen, was sie sagen und tun müssen, und dann würde sich schon alles richten. Ein Mann, der kürzlich an einem Workshop teilnahm, drückt das sehr viel besser aus, als ich es könnte:

»Ich erwartete von der Erfahrung (beim Workshop) einen Schock, und in gewisser Weise passierte auch genau das. In meinem Steuerungsbedürfnis plante ich voraus, was ich bei diesem Workshop erreichen wollte. Ich war sicher, ich würde in der Genesung von meiner Krankheit einen großen Sprung nach vorn machen, und ich könnte zu einem Verständnis der Vorgänge gelangen, indem ich einen Haufen kritischer Fragen stellte. Meine Verwirrung, die meiner Auffassung nach zum größten Teil das Resultat jahrelanger Fehldiagnosen und Fehlbehandlungen war, brachte mich dazu, alles zu hinterfragen. Ich war immer fähig, zu lernen, indem ich Fragen stellte, und das schien mir auch der logische Weg zu sein. Was mich jetzt unerwartet überfällt, ist das, was ich durch Stillsein, Warten und Merken lerne. Und in gewisser Weise mache ich das allein. Hinterfragen ist immer noch wichtig, obwohl ich jetzt sehen kann, wie mich das in meiner Krankheit festhielt, als ich bei meinem Psychoanalytiker auf der Couch lag. Ich bin froh, daß ich mich schließlich selbst fragte, was die Therapie mir eigentlich brachte. Noch Fragen?

Ich kämpfe mit der Erkenntnis, daß ich machtlos bin. Ich sehe, wie meine uralte Gewohnheit, die Dinge steuern zu wollen, mir Schmerz verursachte und mich daran hinderte, mein Leben zu genießen. Um damit fertigzuwerden, versuchte ich es mit Drogen, Isolation, Verleugnung und Psychoanalyse – um nur einiges zu nennen. Ich bin erschöpft davon, vor Angst davonzulaufen, Gefühle zu unterdrücken, meine Spuren durch Arbeit zu verwischen, durch Mitleid oder sonst irgendwas. Ich habe es satt, in der Vergangenheit zu leben und mich um die Zukunft zu sorgen und mich in beidem ständig auf die negativen Aspekte zu konzentrieren. Ich möchte lernen, mich nicht mehr selbst fertigzumachen.«

Eine der lustigen Geschichten, die wir im Lebensprozeß-Netzwerk erzählen, ist die über eine Trainingsgruppe, die verzweifelt auf der Suche nach einer Regel war. Ich kam zu einer der Gruppensitzungen ein bißchen zu spät, und als ich eintrat, teilten die Gruppenmitglieder mir aufgeregt mit, daß sie eine »Regel« entdeckt hätten. »Und wie lautet die?« fragte ich. »Nenne die Person, die du begleitest, beim richtigen Namen!« Es war das erste Treffen einer neuen Trainingsgruppe, und die Leute kannten einander wirklich noch nicht gut. Eine Frau in der Gruppe war in einen Tiefenprozeß hineingegangen, und einer der anderen Gruppenteilnehmer hatte das Wagnis auf sich genommen, sie zu begleiten; verzweifelt fragte er jeden, der in der Nähe war, nach dem Namen der Frau. Man nannte ihm einen falschen Namen, und er gebrauchte ihn. Während einer ruhigen Phase in ihrem Prozeß hatte sie ihn korrigiert. Er fühlte sich schrecklich, aber andererseits war er sicher, eine Regel entdeckt zu haben, die den Tag für ihn rettete.

Nachdem er der Gruppe seine Entdeckung über die »Regel« mitgeteilt hatte, ergriff die Frau, die er begleitet hatte, das Wort und sagte, sie sei nicht unbedingt derselben Meinung. Sie hatte immer das Gefühl gehabt, unsichtbar zu sein, und die Tatsache, daß er sie nicht bei ihrem richtigen Namen nannte, hatte ihren Prozeß enorm vorangetrieben.

In einem Lebensprozeß-System lernen wir immer in dieser paradoxen Weise über Wissen und Nicht-Wissen. Es ist nicht immer einfach, auf diese Art zu leben, aber lebendig ist es zweifellos.

In dem Brief einer Frau fand ich einige interessante Gedanken über Wissen:

»Ich lernte viel über das, was ich weiß und was ich nicht weiß. Ein Beispiel: Ich habe gedacht, daß ich weiß, was passieren wird, wenn ich das und das tue, und ich weiß es überhaupt nicht. Diese Illusion, etwas zu wissen, hat mich immer wieder in eine Sackgasse geführt. Als ich bei Lynn war, machte ich eine Tiefenprozeß-Arbeit über Inzest. Mein Widerstand, mich daran zu erinnern – zu wissen –, daß mein Vater mich sexuell mißbraucht hat, war zum Teil darin begründet, daß ich wußte (zu wissen glaubte), ich würde mich dann nicht mehr frei fühlen, Beziehungen mit Männern einzugehen, oder ich könnte meinen Vater dann nicht mehr lieben. Während dieser Tiefenprozeß-Arbeit konnte ich mich erinnern und mir aneignen, daß mein Vater mich mißbraucht hat, und tief in meinem Inneren weiß ich, das bedeutet nicht, daß ich meinen Vater nicht liebte/liebe. Ich fühle mich auch etwas offener für Beziehungen zu Männern. Andererseits habe ich verleugnet und verharmlost, was ich tief in meinem Inneren sehr wohl weiß. Für mich ist es sehr bedeutungsvoll, daß ich mir immer mehr gestatte, diese Dinge zu wissen. Ich erinnere mich, daß ich Leute in Gesprächen über Ihre Vorträge, Ihre Bücher, etc. oft sagen hörte, Sie artikulierten Dinge, die sie – die anderen – wußten, für die sie aber keine Worte hatten. Ich konnte damit nicht wirklich etwas anfangen. Ich führte meine unterschiedliche Wahrnehmung darauf zurück, daß ich Sie durch die Workshops und das Trainingsjahr besser kannte. Als ich Sie dieses Jahr hier (in meiner Heimatstadt) sprechen hörte, wußte ich mehr von dem, was Sie sagten, aus meiner eigenen Erfahrung – es war nicht mehr abstrakt. Ich fühle mich immer lebendiger, und obwohl es oft Zeiten gibt, in denen ich sehr traurig darüber bin, die Dinge so zu sehen, wie sie sind, bin ich voller Freude, weil ich mich lebendig fühle/am Leben bin! Dieses Wissen ist ein solches Paradox; auf einer Ebene weiß ich gar nichts und auf der anderen Ebene weiß ich so viel, wie ich bereit bin, von meinem Wissen anzunehmen.
M.G.«

Das Paradoxe ist nicht leicht anzunehmen, und doch ist es zweifellos mehr in Übereinstimmung mit dem Universum als unser vereinfachtes lineares oder Ursache-Wirkung-Denken. Es ist ein Teil des Lebens im Prozeß, zu sehen, was wir sehen, und zu wissen, was wir wissen – was nicht immer einfach ist. Mehrere Frauen haben mir geschrieben, wie sie ihre Tiefenprozeß-Arbeit in ihr Leben integrieren. Eine beschreibt es so:

»Ich bin mir auch der Einladung in meine Krankheit sehr bewußt, die in dieser letzten Inzest-Erinnerung lag. Am Samstagmorgen überfuhr ich ein Vorfahrtsschild und fuhr auf ein anderes Fahrzeug auf; der gesamte vordere Teil meines Wagens und das Heck des anderen Wagens sind Schrott. Ich kann nur sagen, daß ich nicht in meinem Körper war, und erst am späten Nachmittag stellte sich allmählich wieder ein Gefühl der Verbindung ein. Es fühlte sich an, als ob das alles in einem Traum geschehen sei – oder vielmehr einem Alptraum. Dieses neue Wissen darüber, daß mein Onkel mich vergewaltigte, ist so erdrückend; ich wechsele ständig zwischen Verleugnung, Klarsicht, Wut, Taubheit. Was mich zu mir selbst zurückbringt, ist das Gewahrsein, daß es ›Sinn ergibt‹. Als ich von Montana nach Haus zurückfuhr (ich fuhr allein und brauchte vier Tage), übernachtete ich bei der Tante, die meine zweite Mutter war. Nachdem ich mich stundenlang mit ihr über diesen Abschnitt meines Lebens unterhalten hatte, ihr Fragen gestellt hatte und dem Problem ausgewichen war, entschloß ich mich, ihr zu erzählen, was ihre beiden Brüder mir angetan haben. Sie war schockiert, und sie glaubte mir. Hätte ich es ihr damals erzählen sollen, statt erst jetzt, siebenundzwanzig Jahre später? Ich glaube, das macht keinen großen Unterschied. Andererseits – wer weiß, was aus meinem Leben geworden wäre, wenn ich die Erfahrung dieses langen Schweigens nicht gemacht hätte? Ich bin jetzt sicherlich besser dafür ausgestattet, mit dieser Vergewaltigung zu leben, als ich es vor siebenundzwanzig Jahren war. Ich will wirklich Heilung finden.«

Eine andere Frau schreibt über ihre Kämpfe mit ähnlichen Problemen:

»Ich kam vom ... Workshop mit unglaublich vielen neuen Erkenntnissen zurück. Manche waren sehr furchterregend und fast mehr als ich eigentlich wissen wollte; ich habe endlich angefangen, das, was wirklich passiert ist, mit offenen Augen zu betrachten. Das war sehr schwierig für mich, und über Strecken sogar sehr qualvoll. In manchen Momenten habe ich nur ganz kurz hingeschaut und mich dann schnell wieder abgewandt ... In letzter Zeit habe ich viel über den Ausspruch ›Wir sind so krank wie unsere Geheimnisse‹ nachgedacht und wußte irgendwo, daß ich anfangen muß, die Dinge, an die ich mich jetzt erinnere, laut auszusprechen. Das fiel mir bei dem Workshop schwer genug, und hier ist es sogar noch schwieriger. Manchmal muß ich es zuerst mit den Händen sagen, bevor ich die Worte hörbar herauslassen kann. Wieder und wieder hat mir mein Körper geholfen, indem er mir bei jedem Schritt den Weg zeigte. Ich stelle fest, daß ich mich völlig auf meinen Körper und auf den Prozeß verlasse. Ich bin sehr froh, wenn ich das erkenne und alles abgeben kann.

Als ich den Workshop verließ, hatte ich Angst, ich würde ›alles verlieren‹, die Gefühle der Ruhe, der Zufriedenheit und des Vertrauens, die Fähigkeit, auf meinen Körper zu hören, die Fähigkeit, loszulassen und die Probleme an meinen Prozeß abzugeben ... Eines der Dinge, die ich seither getan habe, ist, für mich selbst zu kochen – richtige, gute Mahlzeiten –, und mir ist klar, wie wichtig das für mich ist. Außerdem habe ich mich sehr bemüht, nicht alles zu verleugnen, was ich in meiner Tiefenprozeß-Arbeit gelernt habe. Ich weiß, daß Verleugnung mich krank macht. Und ich bete. Wenn nicht ›fortwährend‹, dann zumindest sehr oft! Ich habe immer und immer wieder Dankgebete gesprochen, manchmal, um mich selbst daran zu erinnern, für wie vieles ich dankbar sein muß, und oftmals, weil ich einfach Dankbarkeit *fühle*. Das ist jetzt mein Rettungsring. Diese innere Führung, dieses Ruhezentrum ist immer für mich da, und darüber bin ich wirklich froh, weil ich es zweifellos brauche.«

Manchmal ist das Wissen, das unser Tiefenprozeß uns vermittelt, wirklich qualvoll, und manchmal ist es schwierig, es in unser tägliches Leben zu integrieren, und dennoch fühle ich mich durch das, was Menschen aus ihren Erfahrungen berichten, oft an die Worte Jesu erinnert: »Du sollst die Wahrheit kennen, und die Wahrheit soll dich frei machen.«

Ich nehme den folgenden Brief hier auf, weil er ein gutes Beispiel dafür ist, daß wir unermeßlich schmerzhafte Erfahrungen haben und dennoch Heilung finden können:

»Ich habe das Bedürfnis, Ihnen zu erzählen, was mein Tiefenprozeß mir enthüllt hat – manchmal kann ich darauf vertrauen, daß es die Wahrheit ist, und manchmal erscheint es einfach unglaublich – zu verrückt. Es ist, als wären meine Schwester und mein Bruder in einer anderen Familie aufgewachsen; ihre Realität nähert sich der meinen nicht einmal an – und dann habe ich das Gefühl, verrückt zu sein – daß alles nur meiner Einbildung entstammt. Mein Prozeß enthüllte, daß der sexuelle Mißbrauch – gewalttätiger und sadistischer Mißbrauch – anfing, als ich ein Kleinkind war. Ich fühlte mich von meiner Mutter nie geliebt, also war das bißchen Aufmerksamkeit, Zuneigung – von meinem Vater – alles, was ich hatte. Unsere Mutter starb, als ich noch ein Kind war. Schon lange davor war sie krank und leidend gewesen, also war sie, so wie ich mich an sie erinnere, nicht verfügbar, für mich einfach nicht da. Mein Bruder wurde zwei Jahre nach mir geboren – das Christkind der Familie –, ein Sohn. Im September wurde bei mir ein Prozeß ausgelöst, als … (ein Mann aus der Trainingsgruppe) seine Arbeit machte. Die anderen waren so besorgt um ihn und sagten Sachen wie ›Es muß ja schrecklich für dich gewesen sein, dieses Kriegserlebnis als Geheimnis mit dir herumzutragen, – und daß niemand da war, der es hören wollte! Wie einsam mußt du dich damit gefühlt haben!‹ Und dann waren so viele Leute für ihn da, als er zu Boden ging. Ich mußte weg. Ich ging hinaus und weinte – ich schämte mich meiner Gefühle so sehr. Es fühlte sich so an, als wäre er mein Bruder im Schmerz – und ich beneidete ihn und war wütend auf die Leute, die sich für ihn und seinen Schmerz interessierten. Ich hatte das Gefühl, daß niemand je mein Geheimnis hören wollte – es klang einfach zu verrückt, wenn ich es erzählte. Ich habe erlebt, wie Therapeuten mich abblockten. Eine Therapeutin sagte mir: ›Sind Sie sicher, daß Sie sich damit nicht einfach selbst zu quälen versuchen?‹ Sie konnte es nicht aushalten, meine Geschichte zu hören. Ein anderer Therapeut versuchte mich mit kybernetischen Mitteln von dem Schmerz zu befreien, und mit anderen Techniken, die er auf einer Therapieschule an der Ostküste gelernt hatte. ›Ich werde Ihnen helfen, den Schmerz loszuwerden – aber bitte *fühlen* Sie ihn nicht, und ersparen Sie mir die Details‹, war die Botschaft, die er mir vermittelte. Aber das enthüllte mir mein Prozeß: Mein Vater war ein sadistischer Sexsüchtiger. Er brachte mir bei, daß ich ein Sex-Objekt war – dazu da, seinen Bedürfnissen zu dienen. Ich war das Objekt, das er brauchte und gleichzeitig verachtete. Er erregte sich an meinem Schmerz, meiner Machtlosigkeit, meiner Todesangst und meiner Demütigung. Ich wurde von dieser Realität völlig absorbiert, wurde seine Co-Abhängige, gefangen in seiner Krankheit. Mein Haß, meine Liebe und meine Sexualität waren total miteinander vermischt. In einem Augenblick fühlte ich mich sehr machtvoll, im nächsten völlig machtlos. Ich hatte das Gefühl, ihn schützen zu müssen und irgendwie einen Weg finden zu müssen, daß er damit aufhören konnte. Jetzt schütze ich ihn nicht mehr; er war sehr krank, und ich wurde sehr krank – und ich bin immer noch voller Zorn, daß dieses kleine Mädchen nie eine reale Chance hatte, zu kämpfen und der Verrücktheit dieses Vaters zu entkommen.«

Im weiteren Verlauf des Briefes schildert sie einige seiner sadistischen Praktiken, die ich hier nicht wiedergeben werde. Für sie sind diese Details jedoch wichtig und machtvoll, als Teil ihrer Vergangenheit, den sie sich aneignen muß. Dadurch, daß sie diese Erinnerung zuläßt und sie durcharbeitet, in dem Augenblick, in dem sie hochkommen, erobert sie sich paradoxerweise ihr Leben zurück. Wenn diese Erinnerungen unterdrückt oder forciert zutage gefördert werden, hat sie keinen Zugang dazu, ihr Leben zu leben.

Es ist von ausschlaggebender Bedeutung, daß eine Begleitperson für eine Person im Prozeß keine Ziele und Pläne hat, denn Erinnerungen, die so qualvoll sind wie diese, können nur integriert werden, wenn unser inneres Wesen bereit ist, mit ihnen umzugehen.

Der Tiefenprozeß transzendiert Zeit und Raum Ich habe oft Tiefenprozeß-Arbeit erlebt, die Zeit und Raum transzendierte. Wenn jemand mir das vor einigen Jahren gesagt hätte, wäre ich im günstigsten Fall skeptisch gewesen. Und doch habe ich Leute in Tiefenprozessen gesehen, die gleichzeitig ein fünfunddreißigjähriger Mann in einem Raum bei einem Workshop und ein Säugling in der Wiege waren. Beide Realitäten sind präsent und beide sind sehr real. Die Laute und Bewegungen sind die eines Säuglings, und der Körper ist der eines erwachsenen Mannes. Erfahrungen wie diese sind in der Tiefenprozeß-Arbeit nicht selten. Das Raum-Zeit-Kontinuum scheint in sich zusammenzufallen, und durch meine eigenen Erfahrungen mit der Tiefenprozeß-Arbeit bin ich mehr und mehr zu der Auffassung gekommen, daß die Zeit nichts Lineares ist, und daß es uns sehr wohl möglich sein kann, unsere Vergangenheit zu verändern. Diese Veränderung der Vergangenheit wird nicht eintreten, wenn wir versuchen, die Vergangenheit zu verändern – und wenn wir durch die Gefühle hindurchgehen, die präsent sind, hier und jetzt, ist es möglich, zu verändern, was wir für real hielten, die Art zu verändern, wie wir diese Dinge erlebten, und ihre Wirkung auf uns zu verändern. Wir können die Richtung dieser Veränderungen jedoch nicht vorausbestimmen. Wir müssen nur den Glaubens- und Vertrauenssprung in das Endresultat wagen. Ein weiteres Paradox: Nachdem wir all diese harte Arbeit gemacht haben und durch diese schwierigen Prozesse hindurchgegangen sind, scheint es, daß wir besser aussehen und uns besser fühlen. Tatsächlich scheinen manche Leute, während sie ihre Arbeit tun, immer jünger zu werden. An einem bestimmten Punkt in der Entwicklung dieser Arbeit diskutierte ich mein Bedürfnis, den Begriff »Therapie« fallen zu lassen, mit den Mitgliedern meiner deutschen Ausbildungsgruppe. »Aber wie sollen wir das, was wir machen, dann nennen?«, fragten sie. »Sie wissen, wie es in Deutschland ist. Wir brauchen für alles eine Kategorie.«

»Ah, ich weiß«, sagte einer. »Wir könnten es eine Schönheitsfarm nennen. Die Leute werden schöner, jünger und gesünder. Das ist es doch, was auf einer Schönheitsfarm passieren soll, oder?« Um ehrlich zu sein – ich habe es einmal mit einer Schönheitsfarm versucht, und ich muß sagen, daß Leben im Prozeß weitaus wirkungsvoller ist.

Der Prozeß des Prozesses Jede Diskussion über das Lebensprozeß-System und die Tiefenprozeß-Arbeit bleibt unvollständig, wenn wir nicht erwähnen, welche Bedeutung der Prozeß des Prozesses hat. Den meisten Psychotherapien und psychologischen Ansätzen – und folglich den meisten Leuten – geht es in erster Linie um den Inhalt. Wenn jemand zum Beispiel eine Inzesterinnerung berührt, wollen wir sofort den Inhalt wissen: Wer, wann, wie, warum? Wir sind auf die Inhalte fixiert, weil wir helfende Berufe entwickelt haben, die auf intellektuelles Verstehen fixiert sind.

In der Tiefenprozeß-Arbeit ist es oft der Prozeß des Prozesses, der von Bedeutung ist; darin findet das wirkliche Lernen statt. Wenn wir uns auf die Inhalte versteifen, kann uns das Prozeß-Lernen völlig entgehen. Lassen Sie mich dazu ein kurzes Beispiel geben: Vor einigen Jahren hatten wir einen Mann in der Trainingsgruppe, der an der Universität Harvard seinen Magister in Betriebswirtschaft gemacht hatte. Er war offensichtlich sehr intelligent, und außerdem trug er eine Menge unbeendeter Prozesse in sich, die in seinem Inneren rumorten. Er bemühte sich verzweifelt, sich selbst zu verstehen und herauszufinden, was er mit seinem Leben anfangen sollte. Die meiste Zeit war er damit beschäftigt, zu denken, zu intellektualisieren und generell sein sehr funktionsfähiges Gehirn zu gebrauchen. Seine Tiefenprozesse hatten gewöhnlich mit seinem intellektuellen Scharfsinn nicht das mindeste zu tun (ich sagte schon, daß unser Tiefenprozeß Sinn für Humor hat). Jedesmal, wenn ein Tiefenprozeß hochkam, »ging er auf die Matte« und agierte sich aus. Mehr als ein Jahr lang gab es in seinen Tiefenprozessen keine Inhalte. Er ging durch die Gefühle hindurch, und es stellten sich keine Bilder oder Phantasien ein. Man muß es ihm als Verdienst anrechnen, daß er seine Tiefenprozeß-Arbeit unverdrossen fortsetzte. Als er den Punkt erreichte, an dem er die Hoffnung, je zu einem Inhalt zu kommen, völlig aufgegeben hatte, und als er sein verzweifeltes Bedürfnis, zu *verstehen*, schließlich losließ, stellten sich in seiner

Tiefenprozeß-Arbeit plötzlich Bilder ein. Nur eines ist hartnäckiger als wir selbst: unser Lebensprozeß.

Ich möchte noch einmal wiederholen, daß Tiefenprozeß-Arbeit nur ein kleiner Teil des Lebens im Prozeß ist. Leben im Prozeß ist eine Art zu leben, und Tiefenprozeß-Arbeit ist ein Bestandteil des Wandlungsgeschehens, das uns in eine Seinsweise hineinführt, die sehr viel mehr lebenspendende und lebenserhaltende Aspekte hat als jedes andere System, das wir bisher entwickelt haben. Wenn wir in einem Lebensprozeß-System lebten, müßten wir vermutlich nicht soviel Tiefenprozeß-Arbeit machen.

Ohne Genesung können wir uns nicht transformieren, und Genesung kann nicht ohne Transformation geschehen.

Den folgenden Brief schrieb ein Mann von Mitte sechzig, nachdem er die Ausbildung in Deutschland abgeschlossen hatte:

»Seit 1975 war ich immer wieder in Therapie, weil ich mich nicht lebensfähig fühlte. Als letztes war ich bei R. K. in Therapie. Ich überwand einige meiner Schwierigkeiten, so daß ich zumindest in meinem Beruf arbeiten konnte. Ich funktionierte mehr oder weniger. Aber ich kam nicht zum Leben. Ich hatte kein Selbstwertgefühl. Ich wirtschaftete mich herunter, ich hatte ausgesprochene Selbstbestrafungsneigungen – oder ich war arrogant. Ich spürte mein eigenes Versagen, mühte mich vergeblich ab und machte unbewußt die Leute in meiner Umgebung für mein Versagen verantwortlich. Ich litt sehr unter dem Gefühl, nicht gemocht zu werden. Bald wußte ich, daß die Gründe dafür in mir selbst zu suchen waren. Also versuchte ich, mich selbst und andere zu kontrollieren. Das führte in einen Teufelskreis hinein. Ich war nicht präsent. Ich konnte nicht fühlen.

Dank der Tiefenprozeß-Arbeit und der Philosophie, die ich durch Sie kennenlernte, tauchten grundlegend neue Aspekte in meinem Leben auf. Das zeigte sich im ersten Trainingsjahr. Ich merkte, daß meine Beziehungen zu Menschen sich veränderten, und das lag ganz offensichtlich daran, daß sich in mir selbst Veränderungen vollzogen. Ich konnte meine Versuche aufgeben, mich selbst und meine Wirkung auf andere zu kontrollieren. Sie hatten mir geraten, die ersten drei ›Schritte‹ durchzuarbeiten; mit diesen Schritten fing ich immer wieder von vorn an. Im Februar 1988, beim Männer-Workshop in Boulder, erfuhr ich zum ersten Mal bewußt, daß die Leute mich einfach akzeptierten und liebten. Ich war tief berührt.

Sie, Anne, haben nicht versucht, mich durch Manipulation zu verändern. Sie akzeptierten mich liebevoll, so wie ich war, sogar mit meiner Krankheit. Sie ließen mich in meinem eigenen Saft schmoren, bis einmal dies und ein andermal jenes beendet war. Auf diese Weise fand ich immer selbst zu neuen Wegen. Ich erkannte, wie schädlich es ist, ein lieber, netter Junge zu sein. Nach und nach lernte ich, daß die Verantwortung für das, was ich bin und was ich fühle, nur in mir selbst liegt. Vor allem lernte ich, was Verantwortung überhaupt ist – daß Verantwortung für mein Leben übernehmen nicht bedeutet, mich für mein Leben, mein Wesen zu bestrafen, sondern daß ich mit dieser Verantwortung mich und mein Leben akzeptiere und es mir damit aneigne.«

Nicht alle Menschen nehmen denselben Weg zur Transformation und zur Genesung, und der folgende Brief eines jungen Mannes beeindruckte mich durch das Verständnis der Lebensprozeß-Arbeit, das sich darin ausdrückt:

»Einige Worte über mich: Ich fing an zu trinken, als ich zwölf Jahre alt war. Als ich das Alter von sechsunddreißig erreicht hatte, war ich unfähig, meinen Alkoholkonsum zu kontrollieren. Es ist die typische Geschichte, die Sie sicherlich oft und in vielen Varianten gehört haben.

Jetzt sind neunzehn Monate vergangen, seit ich mit dem Trinken aufgehört habe. Als ich aufhörte, ging ich nicht zu den Anonymen Alkoholikern oder in irgendeine andere konventionelle Therapie. Ich habe mich, seit ich neunzehn war, ernsthaft mit der buddhistischen Meditation und mit Krishnamurti befaßt. Als mir unwiderruflich klar wurde, daß ich mit dem Trinken aufhören muß, hatte ich zuviel Angst, mich in eine konventionelle Therapie zu begeben oder zu den Anonymen Alkoholikern zu gehen. Ich vertraute nicht einmal meinen buddhistischen Freunden und Lehrern. Die meisten meiner Saufkumpane waren Abtrünnige von A. A. und verschiedenen Behandlungszentren.

Ich tat zwei Dinge: Erstens begann ich, gut für meinen Körper zu sorgen, durch gute Ernährung und Körpertraining. Zweitens fing ich an, auf eine ganz andere Art zu meditieren, als man es mich gelehrt hatte. Statt die Aufmerksamkeit auf ein spezifisches Objekt wie zum Beispiel die Atmung zu lenken (Tunnelwahrnehmung), saß ich einfach still da und ließ die Aufmerksamkeit mit allem mitgehen, was mich im Augenblick ablenkte, ob es Gedanken waren, Gefühle oder Körperempfindungen. In alles, was kam, ging ich mit dem ganzen Gewahrsein hinein oder nahm es völlig an, mit jedem Atemzug, ohne zu reagieren.

Wenn ich zum Beispiel Verlangen nach Alkohol hatte, nahm ich dieses Verlangen an, ohne es zu unterdrücken (Kontrolle) und ohne es auszuagieren, indem ich trank (auch eine Form der Kontrolle).

Ich begann, diesem Prozeß völlig zu vertrauen, denn je länger ich das tat, desto freier und glücklicher fühlte ich mich, und desto mehr wurde mir klar, daß ich mich immer an diesen Prozeß (den ich insgeheim den Weisheit-des-Gewahrseins-Prozeß nannte) wenden konnte, wenn mich etwas störte oder belastete, statt mich dem Alkohol oder anderen Prozessen oder Substanzen zuzuwenden, die meine Gesundheit ruinieren – Meditationslehrer eingeschlossen.

Was mich am meisten begeistert: Das, was Sie gefunden haben, ist in meinen Augen nicht eine weitere Therapietechnik oder spirituelle Technik unter vielen anderen, sondern etwas Grundlegendes und sehr Einfaches. Wenn wir einfach aufhören, uns von unserem Lebensprozeß abzulenken, wenn wir anfangen, mit ihm in Berührung zu kommen und ihn einfach geschehen lassen, wird er uns leiten und uns schließlich alles enthüllen. Für mich ist dieser Prozeß das Authentische oder das wahre Selbst. Jede Therapietechnik oder Meditationstechnik ist ein Zwang, der dem Prozeß des wahren Selbst auferlegt wird, und daher Teil der Krankheit.

Ich wollte Ihnen diese Ideen und etwas von meinem Prozeß mitteilen und Ihnen sagen, daß Ihre Arbeit mich berührt hat.
W. M.«

Ich war sehr angerührt von diesem Brief und vom dem Gefühl, das dieser Mann für die Lebensprozeß-Arbeit entwickelt hat. Das Spannendste an dieser Arbeit ist, daß sie funktioniert. Die Leute werden nicht einfach an ein krankes System angepaßt. Sie werden geheilt, und geheilt sein bedeutet, daß sie die Möglichkeit haben, ihr Leben in seiner ganzen Fülle zu leben. Die Arbeit, die ich hier vorstelle, geht weit über Psychotherapie, wie wir sie kannten, hinaus und in eine »postmoderne«[3] Seinsweise hinein. Sie kommt aus einem neuen Paradigma. Ein neues wissenschaftliches Bewußtsein eröffnet der Spezies Mensch das Entwicklungspotential, das sie verwirklichen muß, um ihren rechtmäßigen Platz als Teil des Planeten und Teil des Universums einzunehmen, mit einer Weisheit, die uralt und doch neu ist. Wir müssen die Technologie nicht aufgeben, um ins einundzwanzigste Jahrhundert zu gelangen. Wir müssen erkennen, daß der Zugang zur Wahrheit, den die Technologie bisher repräsentierte, nicht mehr als der einzige Zugang zur Wahrheit gesehen werden kann. Tatsächlich kann dieser Zugang für keine andere als die mechanistische Wahrheit mehr Gültigkeit beanspruchen, und der Planet und die Menschen sind keine Maschinen.

Meiner Überzeugung nach geht diese Arbeit weit über Therapie und Genesung, wie wir sie bisher kannten, hinaus. Sie bietet die reale Möglichkeit, Heilung zu finden und einen echten Systemwechsel zu vollziehen.

Workshops und Trainingsgruppen: Ein kurzer Überblick

Die Workshops und das Trainingsjahr sind keine Psychotherapie; sie bauen auch nicht auf dem wissenschaftlichen Modell auf, aus dem die Psychotherapie kommt. Das Heilungsmodell – wenn es denn ein solches gibt – ist ein Gemeinschaftsmodell. Alle, die an einem Workshop oder einer Trainingsgruppe teilnehmen, nehmen unter gleichen Bedingungen teil; alle arbeiten an ihren eigenen Problemen und teilen sich der Gruppe mit. Machthierarchien werden nicht unterstützt, und wenn Leute anfangs versuchen, Teilnehmer/innen des Trainings oder andere Begleitpersonen auf ein Podest zu stellen, bricht diese illusionäre Hierarchie gewöhnlich zusammen, sobald wir alle unsere Tiefenprozeß-Arbeit machen und uns darüber austauschen. Da es sich um ein Gemeinschaftsmodell handelt, leben und arbeiten wir alle zusammen, und die Workshops und insbesondere das Training sind in unser Leben integriert. Dies ist kein Modell der Isolation vom Leben, in dem alles so gesteuert wird, daß eine »ideale« oder »perfekte« Situation entsteht. Jeder Workshop, jede Trainingssitzung ist anders; bei jedem Workshop, jeder Gruppensitzung geschieht das, was eben geschieht, und wir setzen uns mit dem, was geschieht, offen auseinander. Es gibt keine »geheimen« Mitarbeiterversammlungen, auf denen entschieden wird, wie mit einem Problem umzugehen sei. Alles wird innerhalb der Gruppe abgehandelt, und alle werden ermutigt, zu meckern, Beschwerden vorzutragen, Sympathien kundzutun, Beobachtungen mitzuteilen oder der Gruppe in irgendeiner anderen Form Rückmeldung zu geben. Die Macht liegt in der Gruppe, und die Macht liegt auch im Individuum selbst; wir betonen immer wieder, daß manche sehr wichtigen Lebenserfahrungen vielleicht nicht innerhalb der Gruppe stattfinden.

Die meisten Lernangebote kommen von den Leuten in der Gruppe, die ihre Tiefenprozeß-Arbeit, ihre Kämpfe mit ihren Abhängigkeiten, ihre Geschichten und ihre Erkenntnisse mitteilen, die auf die Mitteilungen anderer reagieren und sich untereinander austauschen. Jede und jeder in der Gruppe hat und nutzt das Recht, während der Sitzungen oder danach Kommentare abzugeben, und die Reaktionen auf die Mitteilungen anderer erweisen sich immer als wertvoll und wirkungsvoll. Alle in der Gruppe können auf Beispiele für den Suchtprozeß oder das Leben im Prozeß hinweisen, wenn sie während des Austauschs solche Beispiele wahrnehmen.

Die meisten Leute berichten, daß sie nirgendwo mehr Sicherheit und Respekt gefunden haben als bei unseren Workshops. Das liegt nicht daran, daß wir uns bemühen, diese Qualitäten zu schaffen. Es liegt daran, daß alle Anwesenden danach streben, so ehrlich wie möglich zu sein, daß alle teilnehmen und daß niemand versucht, die Gruppe, einzelne oder die Situation zu manipulieren. Die Workshops sind genau wie das Leben. Sie sind, was sie sind, und wir gehen mit dem um, was da ist. Wenn wir uns vornehmen, die Situation »abzusichern« oder die Teilnehmerinnen und Teilnehmer zu »schützen«, trauen wir uns im Endeffekt selbst nicht, und schließlich sind wir selbst alles, was wir haben.

Es ist nicht uninteressant, daß sich in diesen Prozeß-Gruppen selten die Gruppenprozesse abspielen, die, wie ich erfuhr, sonst in allen Gruppen vorkommen (Machtspiele, Koalitionen, Subgruppen, »den Leiter nerven« und so fort). Wenn sie auftauchen, wissen wir alle, daß wir es mit einem Suchtprozeß zu tun haben, und er wird als solcher aufgedeckt und benannt. Viele Leute haben gesagt: »Ich bin hier sicher. Meine Krankheit ist es nicht.«

Wie ich bereits erwähnte, werden bei Workshops und Trainingssitzungen alle dazu angehalten, sich in der Kunst des »Merkens« zu üben. Die Leute werden grundsätzlich darin unterstützt, das zu tun, was sie brauchen: ausruhen, spazierengehen, nicht zur Gruppensitzung kommen, nicht zum Zwölf-Schritte-Treffen gehen, den Workshop verlassen. Sie werden darin unterstützt, sich selbst als ihren Hauptbezugspunkt zu wählen. Die Gruppe kommt zusammen, wenn sie zusammenkommt. Wenn die Leute dabeisein wollen – herzlich willkommen. Wenn sie nicht dabeisein wollen, ist das auch in Ordnung. Sie haben die Möglichkeit, zu merken, was sie brauchen, und werden ermutigt, danach zu handeln. Es geht um Lernen und nicht um richtig oder falsch. Selbst wenn Leute sich entschließen, einen Workshop vorzeitig zu verlassen, ermutigen wir sie, aus dieser Erfahrung zu lernen, was sie lernen müssen (oder auch nicht – sie haben die Wahl).

Ich halte gewöhnlich nur eine »Input«-Sitzung ab, in der ich über den Suchtprozeß und die Tiefenprozeß-Arbeit spreche. Manchmal vermittle ich den größten Teil dieser Informationen in einem längeren Vortrag, und manchmal gebe ich nur eine kleine Einführung bei der Eröffnungssitzung und kommentiere, wenn in der Gruppe ein Problem auftaucht oder wenn Leute von ihrer Tiefenprozeß-Arbeit erzählen. Wie und wann ich meine Einführung in diese Arbeit gebe, hängt von der Gruppe ab, und davon, wie ich mich fühle, was in der Gruppe geschieht und was in jedem Stadium in der Gruppe notwendig erscheint. Statt dem Muster meiner Ausbildung zu folgen, das mich glauben ließ, ich könne planen und gestalten, was ich in der Gruppe geschehen lassen wollte und was ich die Leute lernen lassen wollte, bin ich jetzt einfach ich selbst, mache meine Arbeit, bleibe für mich und die Gruppe präsent und lebe im Augenblick. Ich bin weitaus weniger erschöpft, und mir ist bewußt, daß in meiner früheren Gewohnheit, die Verantwortung für andere zu übernehmen, weder Achtung vor den anderen noch Achtung vor mir selbst lag. Diese Arbeit ist wesentlich gesünder für mich, und ich glaube, daß sich in ihr auch mehr Respekt vor anderen Menschen ausdrückt als in jeder anderen therapeutischen Arbeit, die ich kenne. Diese Art, mit Menschen zu arbeiten, ist gut für mich und gut für andere. Die Gemeinschaftsorientierung läßt Isolationsgefühle verschwinden, und außerdem werden wir alle – ohne daß irgend etwas oder irgend jemand gesteuert wird, in die Teilhabe an einem Holomovement-Universum hineingeführt. Ohne daß wir uns bewußt darum bemühen, stellen wir alle an uns fest, daß wir anfangen, aus einem anderen Paradigma heraus zu agieren.

Im letzten Teil werde ich einige der theoretischen und wissenschaftlichen Fragen aufgreifen, mit denen wir uns auseinandersetzen müssen, um zu verstehen, wo wir waren, wo wir sind und welche Wege der Heilung sich uns in einem neuen wissenschaftlichen Paradigma eröffnen werden.

Dritter Teil

**Das wissenschaftliche Paradigma,
Psychotherapie
und das Lebensprozeß-Paradigma**

Im ersten Teil habe ich meinen Aufstieg und meine Abdankung als Psychotherapeutin geschildert, meinen Weg von der gespannten, hoffnungsvollen Vorfreude und den Erwartungen der Berufsanfängerin zum Ausgebranntsein und zur Verwirrung, zur Genesung und zum Glauben daran, daß Menschen wirklich Heilung finden können, aber nicht mit den Modellen, die wir aus einem mechanistischen wissenschaftlichen Weltbild heraus entwickelt haben.

Im zweiten Teil habe ich eine Alternative zu der Form von Psychotherapie, die wir kennen, beschrieben. Diese Alternative folgt einem Modell, das mit meinen Erfahrungen und Überzeugungen stärker übereinstimmt, und das, so sehe ich es, durch postmoderne wissenschaftliche Theorien und Entdeckungen gestützt wird. Ich habe eine detaillierte Beschreibung der Arbeit gegeben, die aus dem Mut einzelner erwuchs, sich ihrem Suchtprozeß zu stellen und ihrem eigenen Lebensprozeß treu zu sein, voll und ganz an ihrem eigenen Leben und am Leben überhaupt teilzunehmen. Ich habe dargelegt, daß, wenn man die eigenen Abhängigkeiten aufgibt und sich mit dem zugrundeliegenden Suchtprozeß konfrontiert, die Tiefenprozesse, die durch die Abhängigkeit überdeckt wurden, hervorzutreten beginnen, und ich habe erklärt, warum die von der Psychotherapie entwickelten Modelle der Arbeit mit Tiefenprozessen gewöhnlich nicht dienlich, sondern sogar schädlich sind.

Damit soll nicht geleugnet werden, daß manche Menschen durch die Psychotherapie Hilfe gefunden haben. Ich bin sogar sicher, daß ich selbst einigen Klientinnen und Klienten tatsächlich geholfen habe. Ich war aufrichtig an ihnen interessiert und benutzte alles, was ich gelernt hatte, um ihre Heilung zu fördern. Dennoch – wenn ich zurückblicke, war ich zwangsläufig den Frustrationen einer Sisyphusarbeit ausgeliefert, da das Modell, auf dem meine Ausbildung beruhte, es mir und meinen Klienten unmöglich machte, zu erreichen, was wir wollten und brauchten. Ich glaube, daß jede Therapeutin und jeder Therapeut dies auf einer tiefen, vielleicht vorbewußten Ebene weiß, und daß darum ständig nach neuen Techniken, neuen Ansätzen gesucht wird. Wir alle meinten und meinen es gut. Wir hatten lediglich nicht die Theorie und die Werkzeuge zur Verfügung, die uns erlaubt hätten, zu tun, was wir nach unserem eigenen Wissen notwendigerweise hätten tun müssen. Da die Weltauffassung, aus der heraus wir agierten, uns in unserer

Ausbildung als Realität dargestellt wurde, hatten wir wirklich keinen anderen Orientierungspunkt, abgesehen von unseren beharrlichen Gefühlen des Unbehagens und der Unsicherheit. Aus der Verzweiflung heraus und indem ich meine eigene Arbeit tat und meinen Wahrnehmungen vertraute, entwickelte ich die Art der Arbeit, die ich im zweiten Teil dargestellt habe.

Jetzt kommen wir zum schwierigsten Teil. Ich werde versuchen, die theoretischen Voraussetzungen, die der modernen Psychotherapie zugrundeliegen, und die wissenschaftliche Weltauffassung, auf der diese Voraussetzungen beruhen, darzulegen und zu klären. Ich bin fest davon überzeugt, daß wir uns zu Sklaven machen, wenn wir für Wahrheit und Realität halten, was nur ein Weltbild ist, und/oder wenn wir die Grundmaximen dieses Weltbildes nicht artikulieren und verstehen. Ich gebe nicht vor, eine Autorität in Fragen der Wissenschaftsphilosophie und -geschichte zu sein. Größere Geister, als ich es bin, schreiben über den gegenwärtigen Paradigmenwechsel innerhalb unseres wissenschaftlichen Weltbildes. Viele theoretische Physiker, Philosophen und Historiker veröffentlichen gelehrte Bücher, Essays und Artikel über die sogenannte »postmoderne wissenschaftliche Weltauffassung«.[1] Außerdem gibt es Autoren, die die Praxis der Psychotherapie kritisieren und Beispiele für die Schäden bringen, die sie verursachen kann.[2] Manche der Bücher über Wissenschaftsphilosophie und -geschichte sind in meiner Sicht jedoch sehr mühsam zu lesen (und ich begegne regelrechten Fronten der Ablehnung, wenn ich Leute, die bei mir im Training sind, bitte, sich damit zu befassen). Daher habe ich den Eindruck, daß diese Erkenntnisse einer breiteren Öffentlichkeit nicht so leicht zugänglich sind. Man muß sehr viel Interesse aufbringen, um auch nur den Versuch zu machen, diese Fragen zu verstehen, und die meisten Menschen haben nicht die Energie, sich so sehr zu engagieren.

In diesem dritten Teil werde ich versuchen, die wichtigsten Punkte verständlich zu machen. Zuallererst bin ich tief davon überzeugt, daß diejenigen, die Hilfe suchen, verstehen müssen, welche Voraussetzungen nicht nur dem Inhalt, sondern auch der Art des Denkens und Handelns der Experten, bei denen sie in Behandlung sind, zugrundeliegen. Solange diese Voraussetzungen nicht klar verstanden und artikuliert sind, können wir nicht hoffen, uns von ihnen zu befreien oder von ihnen geheilt zu werden, wenn wir es brauchen.

Viele der »New Age«- und/oder »holistischen« Therapeuten haben die Inhalte ihres Denkens verändert. Sie sprechen über Ganzheit, Spiritualität, die Umwelt und viele andere Themenbereiche, die ein postmodernes Paradigma zu repräsentieren scheinen. Wenn sie aber tatsächlich mit Menschen arbeiten, gehen ihre Verhaltensweisen und Techniken meiner Auffassung nach weiterhin auf das mechanistische Ursache-Wirkung-Paradigma zurück, das in subtiler Weise auf der Illusion der Kontrolle aufbaut.

Außerdem glaube ich, daß die Fachleute die wissenschaftlichen und theoretischen Voraussetzungen, aufgrund derer sie handeln, klar durchschauen müssen. Die meisten Leute, die in die klinische Arbeit gehen, haben wenig oder kein Interesse an den wissenschaftlichen und theoretischen Hintergründen dessen, was sie lernen. Sie verhalten sich wie Mechaniker: Sie wollen die Techniken lernen, mit deren Hilfe man »Schäden repariert«, ihr »Mechaniker-Diplom« bekommen und anfangen zu arbeiten. Das klingt vielleicht kälter und hartherziger, als ich es beabsichtige. Aus meiner eigenen Erfahrung und meinen Erfahrungen mit anderen Menschen aus helfenden Berufen weiß ich, daß wir alle großes Interesse an den Menschen haben, mit denen wir arbeiten. Dennoch hat das Berufsfeld der Psychotherapie ein System etabliert, das sich mehr und mehr zu Vorgehensweisen, Werkzeugen und Techniken hinbewegt, und zur Ausbildung von Technikern, die mit Zeugnissen über den Erwerb spezifischer Fertigkeiten ausgestattet werden können.

Wertvorstellungen, Engagement, Spiritualität, Liebe und Fürsorge kommen erst an zweiter Stelle hinter der Objektivitätsillusion und dem »Können«.

Obwohl es im Bereich der Wissenschaften der Moderne und der Postmoderne und ihrer Beziehung zu Psychologie und Psychotherapie vieles gibt, was ich nicht verstehe, will ich doch den Versuch machen, das weiterzugeben, was ich tatsächlich verstehe und weiß. Durch meine früheren Bücher habe ich gelernt, daß es Menschen gibt, die zuhören wollen, wenn ich meine Wahrheit darstelle, so wie sie sich mir gegenwärtig präsentiert. Ich habe die Wissenschaft geliebt und das Feld der Psychotherapie geliebt, und ich weiß, daß es meine Grundverpflichtung der Wissenschaft und dem Leben gegenüber ist, unvoreingenommen zu sein, Dogmatismus und Starrheit anzufechten, wenn ich sie bei mir selbst und bei anderen entdecke, und meiner Intuition zu vertrauen, wenn ich weiß, daß etwas nicht stimmt.

Durch die Arbeit der Psychotherapeuten ist so wenig echte Heilung zustandegekommen, daß wir daraus auf eine ernste Störung im Bereich der Psychologie und Psychotherapie und in den helfenden Berufen im allgemeinen schließen müssen. Ich glaube, ein wichtiges Stück im

Puzzle des »Was und Warum« gefunden zu haben, und ich möchte in diesem letzten Teil mein gegenwärtiges Verständnis der Dinge darstellen.

Wie hilfreich sind die Helfer?

Ich habe meiner eigenen Entwicklungsgeschichte als Psychotherapeutin einen ganzen Teil dieses Buches gewidmet und muß davon sicherlich nichts wiederholen. Ich möchte jedoch einen speziellen Aspekt hervorheben, der mich zwang, immer tiefer in die Geschichte und die Philosophie der Wissenschaft hineinzuschauen. Dieser Aspekt ist die Co-Abhängigkeit. Ursprünglich waren es die Familienmitglieder von Alkoholikern, die als Co-Abhängige bezeichnet wurden. Dann wurde die Definition ausgeweitet: Wir sahen dasselbe Syndrom in Familien, in denen es keine Alkoholabhängigen gab. Wir begannen, Co-Abhängige als Personen zu definieren, die mit Alkoholikern oder anderen Süchtigen zusammenlebten, mit ihnen arbeiteten oder kontinuierliche Beziehungen unterhielten. Da ich als Beraterin in Behandlungszentren tätig war und mit Drogen- und Alkoholberaterinnen und -beratern zusammenarbeitete, konnte ich sehen, daß diese Definition auch auf die Leute zutraf, die mit Alkoholikern oder anderen Süchtigen arbeiteten, und daß ich bei jenen, die ich beriet, auf Al-Anon- oder Co-Abhängigkeits-Probleme achten sollte. Ich beobachtete bei jenen, die mit Süchtigen arbeiteten, auch dieselben Verhaltensweisen, die ich bei Familienmitgliedern von Süchtigen wahrnahm, und ich konnte sehen, wie einige der Berater und Therapeuten der Krankheit in ihren Klienten »zufütterten«, wie ich es bei den gutwilligsten Familienmitgliedern gesehen hatte.

Parallel zu dieser Beobachtung entwickelte sich bei mir die Überzeugung, daß Sucht sehr viel weiter verbreitet ist, als ich mir vorher je vorgestellt hatte. Ich begann mehr und mehr darüber nachzudenken, daß die meisten (vielleicht alle) Berater/innen und Therapeut/innen dieser Definition nach als Co-Abhängige betrachtet werden könnten, weil sie vermutlich alle mit aktiv Süchtigen arbeiteten, und zwar mit sehr viel mehr Süchtigen, als ihnen bewußt war. Es überrascht nicht, daß diese Vorstellungen bei manchen Therapeutinnen und Therapeuten nicht auf Gegenliebe stießen, und dennoch fand ich eine erstaunlich große Zahl von Leuten, die dafür offen waren, diesen Ansatz zu erproben. Wenn ich zurückblicke, sehe ich einen weiteren wichtigen Aspekt, der sich in meinem Privatleben entwickelte, und der mein Berufsleben sehr stark beeinflußte.

In meinem Privatleben arbeitete ich sehr hart an meiner eigenen Genesung. Ich konnte sehen, daß die Zwölf-Schritte-Gruppen der Anonymen Alkoholiker wirkungsvoll waren, und ich akzeptierte die Informationen und Empfehlungen anderer, die zu den Gruppentreffen kamen und die, wie es schien, »das hatten, was ich wollte« (während unter den Psychotherapeutinnen und Psychotherapeuten, die ich mochte, nicht viele die Lebendigkeit und die Klarheit ausstrahlten, die ich mir für mich selbst wünschte). Ich fing an, Heilung zu erfahren. Als Folge meiner Heilung, oder trotz meiner Heilung, oder unabhängig von meiner Heilung (ich tendiere zur ersten Möglichkeit, aber vielleicht ist das mein Bedürfnis, mir einzubilden, daß ich die Dinge unter Kontrolle habe), begann sich auch in meiner Familie Heilung zu ereignen. Wir sind als Familie zweimal durch eine Co-Abhängigkeitsbehandlung gegangen und haben dort gearbeitet. Während dieser Zeit schrieben Diane Fassel und ich gemeinsam das Buch *The Addictive Organization*[3] (Die süchtige Organisation). Seit der Veröffentlichung dieser Arbeit haben Tausende von Menschen uns über ihre Genesung erzählt oder geschrieben und berichtet, was ihnen in ihrer süchtigen Institution oder Organisation widerfuhr, als Folge ihrer persönlichen Genesung. Mit unterschiedlichen Worten erzählen sie alle im wesentlichen dieselbe Geschichte. Die geht etwa so: »Ich bin süchtig (Alkoholiker/in, Workaholic – welche Sucht auch immer; es spielt keine Rolle). Ich befinde mich in Genesung und fühle mich gut damit. Ich mache gute Fortschritte. Mein Leben hat sich wirklich positiv verändert, und im wesentlichen bin ich glücklich. Aufgrund meiner Genesung und, wie ich glaube, der Veränderungen in mir selbst, verändert sich auch meine Familie. Es geht uns tatsächlich allen besser. Aber ich bin nicht sicher, ob ich meine Nüchternheit aufrechterhalten kann, wenn ich weiterhin an meinem suchtgeprägten Arbeitsplatz arbeite. Wenn ich meine Nüchternheit wirklich an erste Stelle setze, kann ich dort, wo ich jetzt bin, nicht mehr arbeiten.« Oft rate ich diesen Menschen, sich Al-Anon (Angehörigengruppen von Alkoholikern) anzuschließen, und ihren Arbeitsplatz als den Süchtigen in ihrem Leben zu betrachten.

Während ich mit Leuten über ihre Nüchternheit sprach, und darüber, was sie brauchten, um gesund zu bleiben, machte ich einige interessante Beobachtungen. Wenn Leute gesünder werden, sind sie nicht mehr in der Lage, das Pathologische, das sich an ihren Arbeitsplätzen manifestiert, zu ertragen. Gewöhnlich geschieht dann folgendes: Wenn die einzelnen gesünder werden als das System, in dem sie arbeiten, gehen sie entweder von sich aus und bauen ihre eigenen Unternehmungen auf, oder sie werden entlassen. Sie können nicht weitermachen wie zuvor und gleichzeitig nüchtern bleiben, und der Arbeitsplatz kann keine Leute dulden, die das Gestörte der Organisation oder Institution nicht mehr mittragen. Außerdem bringt die Genesung oft einen regelrechten Zusammenstoß der Systeme mit sich, in den Individuen selbst, in Familien, in Organisationen und in gesellschaftlichen Institutionen. Die genesende Person muß weitergehen und sich weiterentwickeln. Nicht-genesende Systeme streben danach, den Status quo als geschlossenes System aufrechtzuerhalten; sie sind statisch.

Zuerst betrachtete ich dieses Phänomen unter dem Aspekt der Pathologie des Arbeitsplatzes. In letzter Zeit habe ich begonnen, es auch unter dem Gesichtspunkt des in Genesung begriffenen Individuums zu betrachten. Wenn wir eine bestimmte Ebene der Genesung erreichen, müssen wir uns anschauen, *wie* wir unsere Arbeit tun, und prüfen, ob die Art, wie wir arbeiten, unsere Nüchternheit gefährdet.

Stellen Sie sich meine Überraschung vor, als ich feststellte, daß meine persönliche Genesung mich auf einen Weg geführt hatte, der auch berufliche Genesung erforderte; ich war nicht mehr fähig, mich mit der Berufsrolle der Psychotherapeutin zu identifizieren oder diese Rolle auszufüllen. Ich war an einen Punkt gekommen, an dem ich das Berufsfeld der Psychotherapie, wie ich es kannte, verlassen mußte. Von diesem Zeitpunkt an nannte ich mich eine genesende Psychotherapeutin (damit meine ich das Vom-Psychotherapeutin-Sein-Genesen, und nicht, als Psychotherapeutin in der Genesung sein). Mein persönlicher und mein beruflicher Weg liefen parallel und sind miteinander verknüpft.

Als ich zu der Erkenntnis kam, daß Therapeuten, die nicht selbst Süchtige sind, aufgrund der Tatsache, daß sie mit Süchtigen arbeiten (und zwar mit weitaus mehr, als sie ahnen), vermutlich Co-Abhängige sind (oder Co-Abhängige und Süchtige), begann ich das Berufsfeld der Psychotherapie als Ganzes anzuschauen. Ich war ziemlich entsetzt, als mir klar wurde, daß die gesamte Berufsgruppe in ihrer Ausbildung quasi zur Krankheit der Co-Abhängigkeit erzogen wird. Wir werden dazu angeleitet, zu glauben, daß es in unserer Verantwortung liegt, zu wissen, was mit unseren Klienten los ist, und was unternommen werden muß, um ihren Zustand zu verändern. Das ist genau die Einstellung und das Verhalten eines nicht-genesenden Co-Abhängigen.

Unsere Ausbildung hat uns die Überzeugung vermittelt, daß wir unsere Kenntnisse und Fähigkeiten dazu nutzen sollten, unsere Klienten zu kontrollieren und zu manipulieren, um sie so dahinzubringen, zu tun, zu sehen oder zu fühlen, was wir, unserem überlegenen Wissen und Verständnis gemäß, für sie für richtig halten. Genau das machen Co-Abhängige. Alles, was sie tun, ist »nur zu deinem Besten«.

Es wurde uns auch beigebracht, daß Klienten nicht die Wahrheit ertragen können, und daß wir ihnen nur soviel Informationen über sich selbst (Information, die uns natürlich zur Verfügung stand) geben sollten, wie ihnen zugemutet werden konnte. Die »Erkenntnisse«, die wir vor ihnen geheimhalten sollten, waren tatsächlich *unsere* Wahrnehmungen, *unsere* Interpretationen und *unsere* Theorien über sie. Wir wurden in systematischer Unehrlichkeit unterwiesen – ein charakteristischer Bestandteil des Suchtsystems. Man vermittelte uns, daß es in Ordnung sei, Techniken, Übungen oder kluge Führung einzusetzen, um den Leuten Informationen zu entlocken, von denen wir unserer Überzeugung nach wußten, daß sie hilfreich sein würden, und als Fachleute sollten wir wissen, wie und wann wir das zu tun hatten. Erst in letzter Zeit habe ich völlig verstanden, wie gewalttätig dieses Verhalten Klienten gegenüber ist: Es kommt tatsächlich einer Vergewaltigung ihrer Seelen, ihres Wesens und ihrer Prozesse gleich.

Es wurde uns beigebracht, daß *Abhängigkeit* von uns, den Therapeuten, (bis zu einem gewissen Grad natürlich) unvermeidlich und hilfreich sei und daß es in unserer Verantwortung liege, das Maß der Abhängigkeit zu kontrollieren. Natürlich wurden auch wir von unseren Klienten abhängig, finanziell (und, wie ich glaube, in den meisten Fällen auch emotional), aber das wurde anders gedeutet. Wie damit auch immer umgegangen wurde – die Therapie etablierte jedenfalls eine Situation wechselseitiger Abhängigkeit, aber nur eine Seite der Abhängigkeit wurde wahrgenommen.

Und schließlich waren wir angeblich im Besitz des erforderlichen Wissens, um die andere Person interpretieren zu können, natürlich auf der Basis unserer Kenntnisse und unserer Theorie, die unsere Position rechtfertigen. Jeder co-abhängigen (beziehungssüchtigen) Person wird dieser Aspekt sofort sehr bekannt vorkommen. Wir mußten eine Machtposition einnehmen, und sei es auch nur aus dem Grund, daß wir mehr über unsere Klienten wußten als sie über uns (und, wie wir glaubten, über sich selbst). Zu unserer Machtposition gehörte, daß wir perfekt sein und ein Muster von Gesundheit abgeben sollten. Ob wir unser Berufsfeld aufgrund unserer Krankheit auswählten (der verletzte Heiler), oder ob die Krankheit durch unsere Berufswahl ausgelöst wurde, ist eine rein akademische Streitfrage (und wir werden an einer späteren Stelle sehen, warum simples Ursache-Wirkung-Denken Teil des Problems ist). Es besteht vermutlich eine Wechselbeziehung zwischen beiden Positionen, mit sehr vielen weiteren relevanten Faktoren, wie zum Beispiel der religiösen Erziehung, die jemand genossen hat. Angesichts dieser Darstellung werden die meisten Therapeut/innen und ehemaligen Klient/innen sofort sagen: »Das ist zu extrem«, oder: »Das entspricht nicht meiner Erfahrung«. Bleiben Sie jedoch bitte unvoreingenommen und gehen Sie den Fragen, die ich hier aufwerfe, auf den Grund.

Von da aus hatte ich nur noch einen kleinen Schritt zu tun, um die Gesellschaft als den Süchtigen und die helfenden Berufe als den »Möglich-Macher« (Begünstigenden) oder Co-Abhängigen zu sehen. Es ist die Rolle des Begünstigenden/Co-Abhängigen, die Scherben soweit zu kitten, daß der Süchtige nicht den tiefsten Punkt erreicht, und sich folglich nicht mit seiner – oder ihrer – Sucht auseinandersetzen muß. Die Co-Abhängigen »sichern den Vorrat« der Süchtigen und schaffen sich damit eine wichtige Position der Unersetzlichkeit. Natürlich werden die Süchtigen dadurch der Genesungshoffnung beraubt, denn Genesung ist wirklich nicht möglich, solange man die Krankheit nicht eingesteht. Mindern die helfenden Berufe den Druck in gewisser Weise gerade so weit, daß die Gesellschaft sich mit ihrem Suchtprozeß nicht auseinandersetzen muß? Für mich macht das Sinn.

Während ich mich mit diesen Fragen befaßte, begann ich, wissenschaftliche Paradigmen zu betrachten, und insbesondere das wissenschaftliche Paradigma, in dem die Psychologie zu Hause ist und aus dem sie kommt.

Wie es so oft geschieht, fiel mir zu diesem Zeitpunkt gerade das Buch in die Hände, das ich lesen mußte: Morris Bermans *The Reenchantment of the World*[4] *(Wiederverzauberung der Welt)*. Berman verwendet die Begriffe »partizipatorische« und »nicht-partizipatorische« Wissenschaft. Er stellt die These auf, daß wir eine nicht-partizipatorische wissenschaftliche Weltauffassung entwickelt haben, die in Entropie übergegangen ist und den Planeten zerstört. Er hebt hervor, daß wir eine partizipatorische wissenschaftliche Weltauffassung entwickeln müssen. Einer der Hauptunterschiede, die ich zwischen Berufskollegen und genesenden Menschen wahrnahm, lag darin, daß die Fachleute versuchten, Distanz zu wahren (perfekt, fachlich kompetent zu sein), während die Genesenden wußten, daß sie sich mit voller Beteiligung in ein Geschehen hineinbegeben hatten. Berman sagt, daß man sich, um »nicht-partizipatorisch« zu bleiben, von sich selbst entfernen muß und das eigene Selbst zu einem beobachtbaren und manipulierbaren Objekt machen muß, daß man sich vom Gegenüber entfernen muß und »das Gegenüber« (andere Menschen, Tiere, die Natur, den Planeten, das Universum) zu einem beobachtbaren und manipulierbaren Objekt machen muß. Wir hatten uns vom Universum erntfernt (oder es versucht) und strebten daher danach, Gott zu spielen! Ich erkannte schnell, daß diese Entfernung des Selbst vom Selbst und vom Universum genau das war, was die Sucht ausmachte. Wir benutzen Abhängigkeiten, um uns von unseren Wahrnehmungen, unserem Wissen, von uns selbst und von allen anderen abzuschneiden. In Bermans Beschreibung einer nicht-partizipatorischen Wissenschaft wurde in meinen Augen ein Süchtiger beschrieben. Mir war auch deutlich bewußt, daß den Grundstein meiner psychologischen Ausbildung der »Mythos der Objektivität« bildete, wie ich ihn heute nenne. Gute Therapeutinnen und Therapeuten waren vollkommen und blieben vollkommen objektiv (immer in der Annahme, daß dies möglich sei). Gute Therapeutinnen und Therapeuten konnten immer distanziert und unbeteiligt bleiben und ihre Klienten so manipulieren wie der Versuchsleiter die Laborratte. Obwohl viele neue Ansätze in der Psychologie gegen diese Haltung antraten (Carl Rogers, die humanistische Psychologie, sogar die feministische Therapie), blieben die meisten dabei, daß es gut sei, Wissenschaftlichkeit im Sinne dieser Definition von Objektivität aufrechtzuerhalten.

Dann wurde mir allmählich klar, daß ich mich mit der Geschichte und der Philosophie der Wissenschaft, in der ich ausgebildet worden war, befassen mußte, um vollständig zu verstehen, was dieses wissenschaftliche Modell im privaten und im beruflichen Sinn für mich bedeutete. War es möglich, daß ich, wenn ich innerhalb des Modells, das meiner therapeutischen Arbeit zum Vorbild diente, in Höchstform war, meine eigene Krankheit und die meiner Klienten in der Realität verschlimmerte? Heute glaube ich, daß es sich so verhält.

Ich habe mehrere Jahre damit verbracht, wissenschaftliche Paradigmen zu studieren und dieses Material mit meiner Arbeit und meiner persönlichen Genesung in Beziehung zu setzen. Diese Suche war manchmal lohnend und manchmal schwierig. Konnte ich ein spezielles wissenschaftliches Paradigma rauswerfen, ohne damit zugleich die ganze Wissenschaft über Bord zu werfen? Da war ich nicht sicher. Ich hatte die Wissenschaft geliebt und Spaß daran gehabt. Die grundlegenden Dogmen der Wissenschaft, wie ich sie von meinem Vater gelernt hatte, waren jedoch forschende Neugier und Unvoreingenommenheit, und davon konnte ich in dem mechanistischen Empirismus, der die Psychologie und die helfenden Berufe beherrschte, nicht viel entdekken. Ich werde versuchen, mein Verständnis der mechanistischen, reduktionistischen, linearen empirischen Wissenschaft mitzuteilen, und ich hoffe, daß dieses Verständnis uns auf unserem Weg zumindest einen kleinen Schritt weiterführt.

Worum geht es?

In diesem Abschnitt werde ich einige der theoretischen Probleme erörtern, die sich auf die Grundannahmen beziehen, an denen wir uns in der Art unserer Arbeit mit Menschen orientieren. Wie ich schon an einer anderen Stelle sagte, bin ich zu der Überzeugung gekommen, daß es kaum etwas Gefährlicheres gibt als unausgesprochene Voraussetzungen, und in der Welt, wie wir sie heute kennen, gilt das in ganz besonderem Maße.

Wir leben in einer Zeit größter Expansion der westlich-wissenschaftlichen Weltauffassung der Moderne. Dies ist eine Zeit, in der (althergebrachtes) Stammeswissen und nicht-westliche Philosophien und Weltanschauungen vom Aussterben bedroht sind. Paradoxerweise ist dies gleichzeitig der Zeitpunkt, an dem die wissenschaftliche Weltauffassung in Entropie übergeht und dabei ist, sich gegen sich selbst zu wenden und sich selbst zu verschlingen. Ich entschied mich dafür, dieses spezielle wissenschaftliche System als Suchtsystem zu bezeichnen, weil es zu seiner Erhaltung Abhängigkeiten braucht und weil Sucht die Voraussetzung ist, in ihm zu überleben. Unglücklicherweise absorbiert dieses System, wie jede Sucht, positive Attribute, wie etwa Liebe, und stellt sie dann als etwas dar, das ihm eigen ist; es nährt sich von nicht-suchtgebundener Energie und strebt gleichzeitig danach, sich diese Energie einzuverleiben und sie zu zerstören. Ein weiteres Paradox: Da es offenbar eine göttliche Kraft oder ein Lebensprozeß-System gibt, das uns an der Selbstvernichtung zu hindern versucht, enthält dieses Suchtsystem in sich den Weg zu seiner Heilung oder die Kraft, uns zu einem Systemwechsel zu zwingen. Unabhängig davon, wie wir dieses Suchtsystem nennen – mechanistische Wissenschaft, Konsumideologie, westliche Religion, Kapitalismus, Sozialismus, Kommunismus, westliches Denken oder einfach Realität, wie sie von einem kleinen, aber wachsenden Teil dieser Welt gesehen wird –, wir müssen in jedem

Fall seine Grundannahmen deutlich aussprechen, damit wir frei sein können, Alternativen zu wählen.

Um uns zu verändern, müssen wir fähig sein, zu verstehen, was wir tun und warum wir es tun. Wir müssen sehen, daß die Psychotherapie sich zunehmend zu einem Einheitspartei-System der Heilung entwickelt. Wir müssen sehen, daß die Form der Heilung, die wir uns in den helfenden Berufen zu eigen gemacht haben, eine politische Funktion hat, und daß die damit verbundene Einstellung die Probleme dieses dominanten Systems aufrechterhält und verschlimmert.

In diesem Abschnitt werde ich versuchen, wissenschaftliche Grundannahmen verständlich zu machen, und zu zeigen, daß Alternativen im Sinn eines Paradigmas, das ein potentiell gesundes Universum widerspiegelt, nicht nur dringend gebraucht werden, sondern unausweichlich notwendig sind.

Das existierende Wissenschaftsparadigma

»Unsere Mythen und Legenden sagen uns, daß ihr Weißen euch vor Jahrhunderten entschieden habt, den Weg der Wissenschaft und der Technologie zu gehen. Dieser Weg wird den Planeten zerstören. Unsere Aufgabe ist es, den Planeten zu schützen. Wir hoffen nur, daß ihr erkennt, was geschieht, bevor es zu spät ist.«
Reuben Kelly, australischer Stammesältester

Um die Gesellschaft, in der wir leben, und die Anschauungen, die wir über das Leben haben, zu begreifen, müssen wir die wissenschaftliche Weltauffassung verstehen, die den westlichen Gesellschaften ihre Gestalt gegeben hat.

Die Wissenschaft, die gemeinhin als solche akzeptiert wird, basiert, wie der britische Physiker David Bohm sagt, auf »einer Weltauffassung, die vom sechzehnten bis ins neunzehnte Jahrhundert von der Physik geprägt wurde«.[5] »Dieser Ansatz ging davon aus, daß die Natur durch die systematische Entwicklung wissenschaftlicher Erkenntnisse mit den Mitteln der Beobachtung, des Experiments und des rationalen Denkens grundlegend verstanden und unter Kontrolle gebracht werden könnte.«[6] In gelehrten Zirkeln wird diese Wissenschaft »das wissenschaftliche Denken der Moderne« oder Newtonsche Physik genannt (obwohl es zu bezweifeln ist, daß wir Newton die Schuld an dem Zustand geben können, in dem wir heute sind). Griffin würde in diesem

Zusammenhang von einer mechanistischen, reduktionistischen Wissenschaft sprechen. Nach allem, was ich gelesen habe, würde ich die Attribute empirisch, linear, objektiv und rational hinzufügen.[7] Schlüsseln wir also nun diese Begriffe auf, so daß sie Sinn ergeben.

Empirismus

Empirismus bezieht sich auf Dinge, die man empirisch betrachten kann.[8] Realität wird durch das definiert, was beobachtet, gemessen, vorausgesagt, kontrolliert und wiederholt werden kann. Aus dem empirischen Blickwinkel heraus ist das Messen und Zählen der einzige Weg, sich der Wahrheit anzunähern. Wenn Empirismus bis zum Extrem getrieben wird, sind Phänomene, die nicht gemessen oder in Zahlen dokumentiert werden können, nicht-existent und folglich nicht »wahr«. Das Vertrauen auf die Gültigkeit des Empirismus führt auch dazu, den Beweis durch Messung und Kontrolle für die einzig legitime Definition von Wissenschaft zu halten. Erinnern Sie sich an das Beispiel meiner Erfahrung mit einem Bostoner Psychiater während einer Rundfunkdiskussion über mein Buch *Im Zeitalter der Sucht;* seine Hauptkritik an meinem Buch lautete, daß es »unwissenschaftlich« sei. Eigentlich war er lediglich nicht meiner Meinung, aber das wäre nicht stark genug gewesen, um das Buch zu verdammen. Außerdem haben persönliche Beobachtungen, Gefühle oder Meinungen in Kreisen von Empirikern keine Gültigkeit. Also glaubte er, wenn er einfach sagte, meine Arbeit sei – unter dem Gesichtspunkt seines Wissenschaftskonzepts, das auf dem Meßbaren und empirisch Erfaßbaren beruhte – unwissenschaftlich, würden die Zuhörerinnen und Zuhörer daraus schließen, daß das, was ich sagte, »logisch« ungültig sei. Natürlich wären die weitaus meisten Bücher, die veröffentlicht werden, und das weitaus meiste, was an höheren Ausbildungsinstitutionen gelehrt wird, nach diesem Kriterium »ungültig«.

Empirismus ist von der experimentellen Methode abhängig und sieht die experimentelle Methode als den einzigen Weg zur Wahrheit. Berman paraphrasiert einen Ausspruch Newtons: »Ich habe gemessen und das genügt.«[9] Da empirisches Wissen die allgemeine Bedeutung von Erkenntnissen angenommen hat, die von kontrollierten Laborbedingungen abhängig sind, ist das durch empirische Forschung gewonnene Wissen notwendigerweise beschränkt. Diesen Ansatz als den einzigen Weg zur »Wahrheit« zu akzeptieren, würde uns in erhebliche Verwirrung stürzen. Meiner Erfahrung nach wird der Nachweis der empirischen Wahrheit viel häufiger für politische als für wissenschaftliche Zwecke benutzt, insbesondere in den Sozialwissenschaften.[10] Wenn es um emotionale, politische oder ideologische Probleme geht, ist das Etikett »unwissenschaftlich« – gewöhnlich in der Bedeutung »nicht durch empirische Methoden gewonnen« – das stärkste Argument, um einen Standpunkt nicht gelten zu lassen. Griffin sagte dazu etwas sehr Treffendes: »Jede Aktivität, die Wissenschaft genannt wird, und alle Erkenntnisse, die zu Recht als wissenschaftlich bezeichnet werden können, müssen zuallererst auf dem vorrangigen Interesse beruhen, die Wahrheit zu entdecken.«[11] Auch andere Interessen werden natürlich eine Rolle spielen, aber das Interesse an der Wahrheit muß Vorrang haben, sonst täte man besser daran, die Resultate mit anderen Begriffen zu bezeichnen, wie zum Beispiel »Ideologie« oder »Propaganda« oder »Politik«.[12]

Vorausgesetzt, daß die Suche nach Wahrheit und Einsicht die Basis des Wissenschaftlichen bildet, könnte man sogar argumentieren, daß die Erkenntnisse, die ich in *Im Zeitalter der Sucht* wiedergebe, tatsächlich wissenschaftlich sind. Ich bezweifle jedoch, daß die Bezeichnung »wissenschaftlich« diesen Erkenntnissen einen höheren »Wahrheitsgehalt« verleiht.

Mechanistisches Denken

Eine mechanistische Wissenschaft sieht das Universum und alles, was darin existiert, als eine riesige Maschine, die vermutlich zur Zeit des Urknalls in Gang gesetzt wurde und seither als Maschine mit ihren mechanischen Teilen immer weiterfunktioniert. In einer mechanistischen wissenschaftlichen Weltauffassung wird alles als Maschine betrachtet und kann alles als Maschine verstanden werden. Pflanzen sind Maschinen, Tiere sind Maschinen, die Natur ist eine Maschine, Menschen sind Maschinen, das Universum ist eine Maschine. Wenn wir die Mechanik verstehen, verstehen wir alles. Diese Sicht des Universums läßt für alles andere als mechanisches Funktionieren keinen Raum. Im Grunde genommen werden Menschen genauso betrachtet wie Autos. Wenn eine Störung auftritt, findet man heraus, wo der Defekt liegt und repariert ihn. Die westliche Medizin ist aus der Theorie hervorgegangen, daß der Körper eine Maschine sei. Die moderne Psychologie wurde aus der Grundhaltung heraus entwickelt, daß der Körper am besten als Maschine zu verstehen sei. Medizin und Psychologie würden diese

Aussagen vermutlich zurückweisen, im günstigsten Fall mit dem Argument, daß sie übermäßig vereinfachend seien – und dennoch: Da liegt ja gerade das Problem. Es ist eine übermäßige Vereinfachung, die Welt als Maschine zu betrachten.

Das mechanistische Wissenschaftsmodell beschränkt uns auf ein übermäßig vereinfachtes Ursache-Wirkung-Denken in bezug auf uns selbst und auf das Universum. Auf die einfachste Formel gebracht, sieht die Grundauffassung so aus: Wenn wir hier Kraft einsetzen, zeigt sich dort die Wirkung der Kraft, auf wiederholbare und voraussagbare Weise. Wenn in Ihrer Genstruktur zum Beispiel bestimmte Gene vorhanden sind, werden Sie Alkoholiker. Die Gene sind die *Ursache* für den Alkoholismus. Wenn Sie als Kind sexuellem Mißbrauch ausgesetzt waren, werden Sie als erwachsene Person diese Symptome und jene Merkmale zeigen. Glücklicherweise (oder unglücklicherweise, je nachdem, wie der Fall liegt) geschieht das nicht immer so. Wir sind wirklich nicht so voraussagbar, und wir passen nicht gut in ein mechanistisches Modell hinein. Wenn etwas von diesen Grundannahmen abweicht, schließt man daraus nicht, daß das Modell Mängel aufweist, sondern, daß wir nicht genug Informationen haben.

Wenn man das mechanistische Modell zu Ende denkt, sollten die Experten (die Mechaniker), wenn die Ursachen bekannt und die Wirkungen beobachtet sind, wissen, was notwendig ist, um alles zu »reparieren«, was repariert werden muß. Ein vereinfachtes, lineares Ursache-Wirkung-Denken mag auf der materiellen Ebene gut funktionieren (obwohl durchaus nicht immer: Fragen Sie irgend jemanden, der sich ein Haus gebaut hat!), aber es ist auf ganz bestimmte Aspekte der materiellen Ebene begrenzt. Der Gedanke, mit Hilfe eines mechanistischen Modells zur universellen Wahrheit vorzudringen, erscheint völlig absurd, und dennoch haben wir eine ganze Zivilisation auf der Vorstellung aufgebaut, daß das Universum eine Maschine sei.

Interessant ist, daß Berman dazu anmerkt: »Newton festigte das cartesianische Weltbild, indem er alle seine Einzelheiten verfälschte. Mit anderen Worten: Obwohl Descartes' Fakten falsch und seine Theorien unhaltbar waren, wurde der zentrale cartesianische Standpunkt – daß die Welt eine riesige auf Materie und Bewegung beruhende Maschine sei, die mathematischen Gesetzen gehorchte – durch Newtons Arbeit gründlich abgesichert.«[13] Berman sagt in einem vorangehenden Abschnitt, daß Newton Descartes' Vorstellungen von der natürlichen Welt Schritt für Schritt analysiert und ihre Unrichtigkeit bewiesen hatte.[14] Das ist die Politik der Wissenschaft. Es ist in der Geschichte der

Wissenschaft nichts Ungewöhnliches, daß Wissenschaftler sich an eine Theorie klammern, selbst wenn die Fakten mit der Theorie nicht übereinstimmen.[15]

Der Planet und wir haben das große Glück, daß die Menschen und die materielle Welt, sogar Maschinen, nicht nur als Maschinen funktionieren.

Reduktionismus

Reduktionismus, wie ich ihn verstehe, bedeutet ganz einfach, Phänomene, die man verstehen will, auf die kleinstmöglichen Teile, den elementarsten Zustand, zu reduzieren, um sie so begreiflich zu machen. Frederick Ferr beschreibt es so: »Zu wissen, was ein Phänomen wirklich ist, würde im Sinn dieses Ideals (der Wissenschaft der Moderne) bedeuten, soviel wie möglich über die Teile zu wissen, aus denen es sich zusammensetzt.«[16] Mit anderen Worten: Wenn wir wissen, daß Wasser sich aus Wasserstoff und Sauerstoff zusammensetzt, und daß Wasserstoff und Sauerstoff aus Elektronen, Neutronen, Protonen etc. zusammengesetzt sind, verstehen wir, was Wasser ist. Reduktionismus geht, wie ich oft gesagt habe, davon aus, daß, wenn wir das Phänomen Katze verstehen wollen, wir die Katze töten und sezieren müssen. Dann wissen wir, was eine Katze ist. Dieser reduktionistische Wissenschaftsansatz will uns nahelegen, daß die Analyse der Teile ein ausreichendes Verständnis ermögliche, und daß die so gewonnenen Erkenntnisse genügten, um zu heilen oder die notwendigen Reparaturen vorzunehmen. Wir wissen, daß es selbst bei simplen mechanischen Maschinen sehr viele Möglichkeiten gibt, sich zu irren; um so erstaunlicher finde ich es, daß wir immer noch daran glauben, der Mensch könne auf seine grundlegenden Bestandteile reduziert und so verstanden werden. Das reduktionistische Überzeugungssystem sieht das Problem nicht in den Methoden des Reduktionismus. Das Problem, wenn man denn zugesteht, daß es ein solches gibt, liegt nicht im Konstrukt oder in der Methodologie; das Problem liegt darin, daß die Instrumente einfach noch nicht genügend verfeinert sind, um die Bestandteile des zu untersuchenden Phänomens präzise aufzuschlüsseln und zu messen. Gingen nicht viele Vertreter der Psychotherapie genau nach diesem Muster vor: auseinandernehmen, analysieren, und dann, den Wertvorstellungen des Therapeuten gemäß, wiederaufbauen?

Ich kenne zum Beispiel eine Frau, die sich mit Hilfe ihres Therapeuten auf vierzehn »innere Kinder« reduzierte, von denen jedes einen Teddybär besaß. Dann mußte sie, wieder mit Hilfe ihres Therapeuten, einige dieser »inneren Kinder« sterben lassen; also blieb sie mit überschüssigen Teddybären, und, soweit ich weiß, mit demselben Komplex von Problemen zurück, der sie in die Behandlung geführt hatte.[17]

Reduktionismus kann bei der Reparatur unserer Autos sicherlich von Nutzen sein, aber er hat sich nicht als sehr hilfreich erwiesen, wenn es darum geht, das Verständnis unseres eigenen Wesens, unserer Welt oder der darin existierenden Beziehungen zu fördern.

Lineare Wissenschaft und Logik

Eine lineare Wissenschaft geht davon aus, daß alle Formen von Bewegung in eine bestimmte Richtung verlaufen oder daß alle Bewegungen geradlinig verlaufen. Eine weitere ihrer Grundannahmen ist, daß Kausalbeziehungen lineare, einfache geometrische beziehungsweise mathematische Gesetzmäßigkeiten sind. In einer linearen Wissenschaft führt X zu Y und das wiederum zu Z und so fort. Die lineare Wissenschaft teilt die Erde in Hektar und Morgen, Quadrate und Rechtecke auf und meint, daß dies die beste Form der Aufteilung sei – auf einem kugelförmigen Planeten.[18]

Die Form der Logik, auf der die lineare Wissenschaft beruht, ist überaus vereinfachend und wird der Komplexität des Geistes und der Realität nicht gerecht. Mit Wirbeln, Spiralen und Mehrdimensionalität kann die lineare Wissenschaft nicht gut umgehen. Vielschichtige Denkprozesse oder nicht-lineare Realität versteht und unterstützt sie nicht. Lineares Denken eignet sich nicht dazu, Ganzheit zu verstehen.

Der Mythos der Objektivität

In einer nicht-partizipatorischen wissenschaftlichen Weltauffassung besteht die Notwendigkeit, sich von der vollen Teilhabe am eigenen Leben und dem Leben, das uns umgibt, fernzuhalten. Dieses Streben hat den »Mythos der Objektivität«, wie ich ihn nenne, zur Folge. Eine am Laborexperiment orientierte, wissenschaftliche Weltauffassung baut auf der Illusion auf, daß es möglich sei, sich von sich selbst und von der Situation zu distanzieren, oder zumindest »Kontrollen« zu etablieren, um den Einfluß der Person auf die Situation einzuschränken. Die westliche Kultur hängt dem Mythos der Objektivität mit großer Gläubigkeit an. Es herrscht die Überzeugung, daß die objektivste Person die korrektesten Ergebnisse erzielt. Diese Überzeugung stützt sich natürlich auf den Glauben, daß es möglich und wünschenswert sei, objektiv zu sein. Objektivität wird fast immer in dualistischer Weise in einen Gegensatz zu Empfindungen oder Emotionen gestellt, und Objektivität ist Subjektivität oder Gefühlen *immer* überlegen.[19] Objektivität hat in unserer Gesellschaft einen so hohen Stellenwert, daß sie nahezu als ein überlegener Seinszustand gilt.

Ich war besonders fasziniert von der Rolle, die der Mythos der Objektivität in der Entwicklung der westlich-wissenschaftlichen Kultur der Moderne gespielt hat, und von der Beziehung dieser Entwicklung zur zunehmenden Verbreitung von Sucht.

Jeder, der mit einer Vielzahl unterschiedlich Süchtiger gearbeitet hat, weiß, daß es das grundlegende Ziel und die Folge der Sucht ist, uns von uns selbst zu entfremden. Abhängigkeiten verhindern die Wahrnehmung von Gefühlen und sorgen generell dafür, daß die Süchtigen von ihren inneren Prozessen und ihrem inneren Wissen abgeschnitten bleiben (wobei inneres Wissen in der modernen wissenschaftlichen Welt im Grunde als nicht-existent betrachtet wird). Abhängigkeiten verschließen uns den Zugang zu unserem inneren Informationssystem. Zum Beispiel sind es unsere Körper und unsere körperlichen Wahrnehmungen, die uns darauf aufmerksam machen, daß wir belogen oder manipuliert werden. Diese Botschaften gehen nicht vom Gehirn aus. Sie beginnen in unseren Körpern, gewöhnlich im Solarplexus, und erreichen erst dann das Gehirn. Wenn wir nicht merken, wann wir belogen werden, sind wir leicht manipulierbar. Unsere Körper vermitteln uns das Wissen, daß etwas für uns falsch oder unethisch ist. Wenn wir den Kontakt mit diesem Informationssystem verloren haben, sind wir zu Handlungen fähig, die mit unseren grundlegenden Wertvorstellungen nicht übereinstimmen. Wenn wir den Mythos der Objektivität zur Grundlage unseres Schaffens machen, sind wir uns tatsächlich unseres Einsseins mit allen Dingen und unserer inneren Beziehung zum gesamten Leben auf diesem Planeten nicht bewußt. Wir haben an uns selbst und unserer Umwelt nicht teil und sind daher fähig und auch bereit, uns selbst und unsere Umwelt auszubeuten.

Abhängigkeiten werden von einem System, das auf einer nicht-partizipatorischen Weltauffassung beruht, nicht nur unterstützt, sondern sogar gefordert. Der Schmerz darüber, daß wir unserem eigentlichen Standort im Universum entfremdet sind, muß gelindert werden, und nichts lindert besser als die Sucht. Es ist kein Wunder, daß so viele Menschen im Zwölf-Schritte-Programm der Anonymen Alkoholiker den besten Weg zur Genesung sehen, denn die in diesem Programm enthaltene Unterstützung einer selbstdefinierten Spiritualität stellt die Verbindung eines Menschen zu seinem – oder ihrem – Universum wieder her. Wenn man dieses Programm wirklich ausführt, muß man sich alle Aspekte des eigenen Lebens zu eigen machen und mit dem eigenen Universum in eine Beziehung der Partizipation treten. Ich frage mich zum Beispiel, ob das, was Griffin als die »erkenntnistheoretische Bedeutung der Objektivität« (im positiven Sinn) bezeichnet, dem entspricht, was genesende Süchtige als »Nüchternheit« bezeichnen würden – das heißt klar sein und die charakteristische Realitätsverzerrung der Sucht nicht auf die Situation projizieren. Wurde also der Begriff der Objektivität in seiner eigentlichen Bedeutung von einer suchtgeprägten, mechanistischen Gesellschaft entstellt? Wenn man das als gegeben annimmt, ist es nicht verwunderlich, daß die »Wissenschaftler«, die an Sucht interessiert sind, dem Zwölf-Schritte-Programm der Anonymen Alkoholiker und allen aus ihm hervorgegangenen Genesungsformen kritisch gegenüberstehen und sie als Bedrohung betrachten. Mit ihrer eingeschworenen Haltung, nicht politisch zu sein, keine Werbung zu betreiben (Anziehung statt Werbung) und ihren Ansatz nicht öffentlich zur Diskussion zu stellen, sind die Anonymen Alkoholiker und die anderen Programme durch ihre bloße Existenz zu einer Bedrohung für jene geworden, die an einer nicht-partizipatorischen wissenschaftlichen Weltauffassung festhalten wollen. Gleichzeitig finde ich es faszinierend, daß eine Gruppe hochangesehener Physiker und Philosophen (die an der Spitze der kulturell einflußreichen Gruppe stehen) und eine Gruppe genesender Süchtiger (die oft am unteren Ende der gesellschaftlichen Einflußsphäre rangieren) bei einem grundlegenden Bewußtseinswandel, der sich gegenwärtig auf der globalen Ebene ereignet, die Führung übernehmen. Die Wissenschaftler und die Philosophen sprechen über den Paradigmenwechsel und die Süchtigen vollziehen ihn. Da ich mich selbst in beiden Lagern sehe, präsentiere ich dieses Buch als einen Weg, über das Praktizieren des Paradigmenwechsels zu sprechen.

Rationale Wissenschaft

Das Konzept einer rationalen Wissenschaft beinhaltet eine inhärente Geist-Körper-Spaltung, wobei das durch die Tätigkeit des Geistes gewonnene Wissen dem Wissen, das dem Körper innewohnt, unter allen Umständen als überlegen betrachtet wird. Eine rationale Wissenschaft orientiert sich an dem Satz »Ich denke, also bin ich«, und fügt ihm hinzu: »Ich messe, also kann ich voraussagen und kontrollieren.«

Rationale Wissenschaft und wissenschaftliche Befangenheit

Das Konzept einer rationalen Wissenschaft[20] ist fast immer mit den Begriffen »logisch« und »linear« verbunden. Ich habe festgestellt, daß viele Dinge in der wissenschaftlichen Welt der Moderne sehr logisch und rational sind, aber sie ergeben einfach keinen Sinn, insbesondere im Hinblick auf meine Erfahrungen. Natürlich – Erfahrung ist subjektiv und nicht objektiv und daher nicht meßbar oder den strikten Regeln der Wissenschaft der Moderne unterworfen, also ihrer Definition nach nicht wirklich existent.

Kürzlich las ich über drei Wissenschaftler, die ihre eigenen Erfahrungen nicht gelten ließen, bloß um an ihrer wissenschaftlichen Befangenheit festhalten zu können. Einer von ihnen war Newton, der, wie ich bereits erwähnte, Descartes' Thesen akzeptierte, obwohl er in seinem eigenen System ihre Unrichtigkeit nachgewiesen hatte.

Ein zweites Beispiel, das Griffin wiedergibt, ist das des Physikers John Taylor. Griffin berichtet: »Nachdem er (Taylor) mehrere Leute studiert hatte, die seiner Überzeugung nach über die psychokinetische Kraft verfügten, Metall zu verbiegen, ohne es zu berühren, veröffentlichte er ein Buch mit dem Titel ›Superminds‹ (Superhirne), das sogar fotografische Abbildungen zur Illustration der geschilderten Phänomene enthielt. Später jedoch, als er zu dem Schluß gekommen war, daß innerhalb der wissenschaftlichen Weltauffassung keine Erklärung für psychokinetische Kräfte gefunden werden konnte, schrieb er ein zweites Buch, ›Science and the Supernatural‹ (Die Wissenschaft und das Übernatürliche), in dem er erklärte, daß kein solches Phänomen sich ereignen könne. (...) Er vertrat nun die Auffassung, daß alle Berichte über diese Dinge auf Halluzinationen, Tricks, Leichtgläubigkeit, der Angst vor dem Tod und ähnlichem beruhen müßten.«[21]Griffin fährt fort: »Taylor schließt damit, daß er sich selbst und andere Wissenschaftler dafür geißelt, ernsthaft Phänomene untersucht zu haben, die nach ihrer wissenschaftlichen Ausbildung von vornherein dem Bereich des Unmöglichen angehören müßten.«[22] Soviel zur Frage der Unvoreingenommenheit.

Im Grunde hat sich diese Einstellung zu einem Zwang entwickelt, die eigene Erfahrung und die eigenen Wahrnehmungen zu verleugnen, um sich in eine Ideologie einzufügen. Es ist alles sehr logisch und rational. Es ergibt nur keinen Sinn. Beim dritten Beispiel geht es um Albert Einstein. Brian Swimme berichtet darüber, wie Einstein seine Feldgleichungen entwickelte. Swimme zufolge reagierte Einstein bestürzt, als seine Berechnungen darauf hinwiesen, daß das Universum sich ausdehnt (eine Theorie, die jetzt allgemein akzeptiert ist). In einem »statischen« Universum Newtonscher Prägung ergab diese Theorie keinen Sinn. Laut Swimme war Einstein so verblüfft, daß er »seine Gleichungen veränderte, um diese alarmierenden Implikationen zu vermeiden und ihre Aussagen zu eliminieren«[23]. Objektivität und rationales, logisches Denken scheinen sich Glaubensvorstellungen zu unterwerfen, selbst bei den größten Wissenschaftlern.

Da wir jetzt einige Begriffe geklärt haben, die das wissenschaftliche Weltbild der Moderne definieren, möchte ich auf einige Implikationen dieser Ideen näher eingehen.

Die Sprache der Wissenschaft

Der Gebrauch von Sprache ist einer der klassischen Wege, Macht und Herrschaft aufrechtzuerhalten. Je spezialisierter eine Sprache wird, desto kleiner wird der Kreis von Menschen, denen sie zugänglich ist. Es wäre wahrscheinlich nützlich, sich im Weltbild der Moderne die Verbindung zwischen der Zugänglichkeit von Informationen und dem Prinzip der Teilhabe einmal genauer anzusehen. Die meisten der großen Lehrer in der Geschichte der Menschheit (religiöse Lehrer eingeschlossen) haben versucht, ihre Lehren in einer möglichst einfachen Sprache abzufassen, so daß diejenigen, die sie hören wollten, sie auch verstehen konnten.

Als ich die Werke las, die ich brauchte, um die postmoderne Wissenschaft intellektuell zu verstehen (ich hatte das Gefühl, durch meine Erfahrungen bereits über ein intuitives Verständnis zu verfügen), bemerkte ich einen interessanten Unterschied zwischen dem mechanistischen Ansatz und dem postmodernen Ansatz. Die rationale, mechanistische Herangehensweise ist dadurch charakterisiert, daß man eine Vorstellung hat, die man dann (auf experimentellem Weg) zu verstehen versucht. Für die postmoderne Herangehensweise ist es typisch, daß man etwas versteht, und dann versucht, sich eine Vorstellung davon zu machen. Ich war auch entsetzt darüber, wie schwierig es ist, bestimmte Teile der Literatur über Wissenschaftsphilosophie zu lesen, die als populärwissenschaftliche Bücher veröffentlicht wurden. Es war eine gewaltige Aufgabe, sich durch den Wust an Informationen hindurchzuarbeiten. Manchmal hatte ich fast das Gefühl, einen Übersetzer zu brauchen, und dabei habe ich eine wissenschaftliche (sogar naturwissenschaftliche) Ausbildung genossen. Wenn es das Ziel der Wissenschaft der Moderne ist, die Natur zu verstehen, warum ist dieses Naturverständnis dann dem interessierten Laien so unzugänglich? Ursula Le Guin, eine meiner Lieblingsschriftstellerinnen, formulierte 1986 bei einem Vortrag in Bryn Mawr einige wichtige Kommentare zu diesem Problem: »Die Leute verlangen verzweifelt nach Objektivität, weil subjektiv zu sein bedeutet, verkörpert zu sein, ein Körper zu sein, verletzlich und angreifbar zu sein.«[24] Das klingt ähnlich wie meine Aussage über das Abschotten der Wahrnehmung bei dem Bemühen um Objektivität. In einem anderen Teil desselben Vortrags spricht sie über Sprache:

»Es begann, als die Erfindung des Buchdrucks vor etwa fünfhundert Jahren die geschriebene Sprache, die vorher etwas Seltenes war, zum Gemeingut machte, und mit Hilfe der elektronischen Textverarbeitungs- und Kopiermethoden entwickelt und verbreitet sich heute geschriebene Sprache immer mehr, und zwar in so dominierender Form, daß viele glauben, dieser Dialekt – der erklärende und insbesondere der wissenschaftliche Diskurs – sei die höchste Form von Sprache überhaupt, die wahre Sprache, der gegenüber alle anderen Formen des Umgangs mit dem Wort nur primitive Rudimente sind.

Und so ist es in der Tat. Newtons ›Principia‹ wurde in dieser Sprache geschrieben, in Latein, und Descartes schrieb diese Sprache in Latein und in Französisch und schuf dabei einen Teil ihres grundlegenden Vokabulars, und Kant schrieb sie in Deutsch, und Marx, Darwin, Freud, Boas, Foucault – alle großen Denker und Sozialphilosophen schrieben diese Sprache. Es ist die Sprache des nach Objektivität strebenden Denkens.

Ich sage nicht, es ist die Sprache des rationalen Denkens. Die Vernunft ist eine Fähigkeit, die über das bloße objektive Denken weit hinausgeht. Wenn der politische oder der wissenschaftliche Diskurs sich als Stimme der Vernunft ausgibt, spielt er Gott – und man sollte ihm den Hintern versohlen und ihn in die Ecke stellen. Der grundlegende Gestus der Vatersprache ist nicht vernünftige Erwägung, sondern Distanzierung – eine Kluft schaffen, einen Zwischenraum, zwischen dem Subjekt des Selbst und dem Objekt oder dem anderen. Enorme Energien werden freigesetzt durch diese Spaltung, dieses Erzwingen einer Kluft zwischen dem Menschen und der Welt. So erzeugt das kontinuierliche Wachstum der Technologie und der Wissenschaft seinen eigenen Treibstoff ...«[25]

Ursula Le Guin gibt nicht nur eine treffende Schilderung der kontrollierenden und verwirrenden Wirkung des Sprachgebrauchs; sie lotet die Frage tiefer aus und berührt das eigentliche Wesen der Sprache, der Sprache des westlich-wissenschaftlichen Weltbildes, und ihre Funktion, uns von unserer Verbundenheit mit uns selbst und mit dem anderen zu entfernen und zu trennen. Sie berührt auch ein anderes Problem. Jon Clark nennt es »Macho-Wissenschaft«. In seinem Essay über dieses Thema schreibt Clark: »Es hilft mir, mich an die Lehrsätze der traditionellen, mechanistischen Wissenschaft zu erinnern und sie zu begreifen, wenn ich sie mir als ›Macho-Wissenschaft‹ vorstelle. Macho-Wissenschaft ist methodenorientiert. Sie erforscht wissenschaftliche Gegenstände nur dann, wenn sie in eine erprobte Methodologie hineinpassen.«[26]

Clark vergleicht seine Beobachtungen über die Axiome der männlichen Geschlechtsrollenerziehung mit den »kognitiven Pathologien«, die Abraham Maslow beschreibt. »Sie beinhalten das Bedürfnis, die Dinge unter Kontrolle zu behalten, die Angst loszulassen, die Verleugnung von Zweifeln, das unflexible, neurotische Bedürfnis, hart, furchtlos, stark, mächtig und streng zu sein, die Unfähigkeit, ›ich weiß es nicht‹ oder ›ich hatte Unrecht‹ zu sagen, das Bedürfnis nach sofortiger Gewißheit und Entschiedenheit, das Bedürfnis, bestätigt zu werden und Teil einer Gruppe zu sein, das Bedürfnis, immer logisch, rational, analytisch und intellektuell zu sein, Arroganz, Megalomanie und Grandiosität.«[27]

Diese Schilderung ist in vielen Punkten mit meiner Beschreibung des Systems des Weißen Mannes in *Weibliche Wirklichkeit* identisch. Es ist interessant, das mechanistische Wissenschaftsmodell der Moderne zur männlichen Geschlechtsrollenkonditionierung und zum Suchtsystem in Beziehung zu setzen. Zweifellos existiert eine solche tiefe Beziehung, wie im Protest der Frauen und der Menschen aus Stammesgesellschaften gegen die Umweltzerstörung und in ihrer Forderung nach Respekt vor der Erde und einem echten Miteinanderleben auch immer wieder deutlich wird.

Brian Swimme bezeichnet das dominante Wissenschaftssystem der Moderne als »mechanistisch, wissenschaftlich, dualistisch, patriarchal, eurozentrisch, anthropozentrisch, militaristisch und reduktionistisch«[28]. Dem stimme ich zu.

Mir scheint, daß es für Feministinnen sehr schwierig ist, die Rolle der Wissenschaft der Moderne zu kritisieren, wenn sie das Patriarchat angreifen. In meiner Sicht ist dieses Problem für viele feministische Therapeutinnen besonders verunsichernd. Da sie das Bedürfnis haben, in die wissenschaftliche Bruderschaft der Psychologie und Psychotherapie aufgenommen zu werden und von ihr akzeptiert zu sein, wandeln sie auf dem schmalen Grat zwischen der Kritik am System des Weißen Mannes und dem Werben um Legitimierung durch ebendieses System. Darüber werde ich noch mehr sagen, wenn ich näher auf die Psychotherapie eingehe. Unbezweifelbar sind die Probleme der männlichen Dominanz und der westeuropäischen Dominanz eng mit dem Wissenschaftssystem der Moderne verbunden. Es erscheint also als angemessener Schritt, jetzt zur Auseinandersetzung mit dem Dualismus überzugehen, um die mechanistische Wissenschaft und die Rolle, die sie in unserem Alltagsleben spielt, zu verstehen.

Dualismus

Dualistisches Denken gehört zu den Grundvoraussetzungen der Weltauffassung der Moderne. Um rational, logisch und objektiv, insbesondere »objektiv« im Sinne dieser Weltauffassung zu sein, ist es notwendig, zwischen dem Selbst und dem anderen zu unterscheiden. Wenn wir eine Subjekt-Objekt-Realität errichten, ist damit ein Dualismus etabliert.

In ihrem Artikel »A Different Reality: Feminist Ontology« (Eine andere Wirklichkeit: Feministische Ontologie) sagt Caroline Whitbeck: »Dualistische Ontologien, die auf dem Gegensatz zwischen dem Selbst und dem anderen beruhen, erzeugen zwei miteinander verbundene Sichtweisen der Person und der Ethik: die patriarchale und die individualistische. Die Verfechter des Individualismus oder des Patriarchats verteidigen ihre Sichtweisen oft durch Angriffe gegen andere Sichtweisen, so als stellten diese beiden maskulinistischen Standpunkte und ihre Varianten die einzigen Möglichkeiten dar.«[29]

In einem meiner früheren Bücher beschrieb ich Dualismus als einen der Stützpfeiler des Suchtprozesses und des Suchtsystems.[30] Ich kam zu dieser Auffassung durch meine Arbeit mit genesenden Süchtigen und an meinem eigenen Suchtprozeß. Erst viel später entdeckte ich, daß einige Autorinnen und Autoren (Griffin, Berman, Whitbeck, Harman)[31] Dualismus als eines der Grundprobleme innerhalb der Wissenschaft der Moderne auffaßten.[32]

In meinem Buch *Im Zeitalter der Sucht* benannte ich die zwei Hauptgründe für dualistisches Denken: Erstens spaltet dualistisches Denken ein sehr komplexes Universum in schlichte Entweder-Oder-Positionen auf und nährt so unsere Herrschaftsillusion, und zweitens hält dualistisches Denken uns in der Sackgasse fest (Dualismus ist statisch), so daß wir zwischen beiden Polen keine Entscheidungen treffen müssen oder können; beides ergibt keinen Sinn, und beides ist übermäßig vereinfachend. Die Einteilung der Welt in dualistische Gegensätze macht uns statisch und nährt unsere Herrschaftsillusion, während sie uns gleichzeitig von der Partizipation an der uns umgebenden Welt fernhält. Alle diese Probleme haben bei der Sucht natürlich eine Schlüsselfunktion.

Als ich mich mit dem Dualismus befaßte, stellte ich die »Bausteintheorie« auf, um aufzuzeigen, daß dualistische Gegensätze die Bausteine unserer Gesellschaft sind, und übertrug dieses Konzept dann auf persönliche Zusammenhänge. Ich benutzte die »Bausteine«, um Komplexe von Gefühlshaltungen zu beschreiben, die zusammengehören und wechselseitig völlig voneinander abhängig sind. Man kann nicht eine Seite des dualistischen Gegensatzes aufgeben, ohne zugleich auch die andere aufzugeben. Sie hängen voneinander ab. Menschen pendeln permanent von einem Pol zum anderen, und der einzige Weg der Befreiung ist der Übergang zu einer dritten Option. Bei Beziehungssüchtigen sehen wir zum Beispiel oft den dualistischen Baustein »Nettigkeit-Unehrlichkeit«. Man kann die Unehrlichkeit nicht aufgeben, ohne die »Nettigkeit« aufzugeben, und man kann die Nettigkeit nicht loslassen, ohne zugleich auch ehrlicher zu werden. Beide Pole gehören zusammen. Die dritte Option, die notwendig ist, um aus der dualistischen Zwickmühle herauszukommen, liegt darin, aus dem eigenen Lebensprozeß heraus zu handeln.

Whitbeck sieht dualistisches Denken als ein Schlüsselproblem bei der Grundlegung einer »feministischen Ontologie«, wie sie es nennt. Sie sagt: »In der Subjekt-Objekt-Spaltung liegt der Ursprung aller weiteren dualistischen Gegensätze, wie Theorie – Praxis, Kultur – Natur,

Geist – Materie, Geist – Körper, menschlich – göttlich, politisch – persönlich, öffentlich – privat (oder produktiv – reproduktiv), wissende Person – das Gewußte, liebende Person – das Geliebte, und aller anderen Gegensatzpaare, die im wesentlichen Denken eine so herausragende Rolle spielen.«[33] Sie weist auf die Notwendigkeit hin, diese dualistischen Gegensätze zu überwinden, um zu einer »neuen Sichtweise des Menschen und der Ethik« zu gelangen.

Griffin greift das dualistische Denken scharf an, wenn er sagt: »Eine wiederverzauberte, befreiende Wissenschaft wird sich vollständig nur durch Menschen entwickeln, die sich einer postmodernen Spiritualität zuwenden, einer Spiritualität, in der die Dualismen, die die moderne Wissenschaft zu einem so ambivalenten Phänomen gemacht haben, überwunden sind, und in einer Gesellschaft, die in ihrer Organisation dem Wohl des gesamten Planeten dient.«[34] Griffin führt weiter aus, daß eines der soziologischen Motive der Kirche, die mechanistische Philosophie zu übernehmen, darin lag, daß diese Philosophie »einen extremen Gegensatz zwischen Seele und Natur und Gott und der Welt schuf«, und die Kirche so darin unterstützte, sich zur höchsten Autorität in spirituellen Dingen und in einer als hierarchisch aufgefaßten Gesellschaft aufzuwerfen. »Mit dem Eliminieren jeglichen Gefühls und auch der Göttlichkeit und des Schöpfertums aus der Natur war außerdem beabsichtigt (d.h. von Descartes, Boyle), *die uneingeschränkte Ausbeutung der Natur für menschliche Zwecke, wie zum Beispiel durch Bergbau und Vivisektion«* zu rechtfertigen.[35] (Hervorhebung von mir.) Wenn wir ein dualistisches Gegensatzpaar wie zum Beispiel Geist-Körper etablieren, leugnen wir die Möglichkeit ihres »Zusammenspiels«. Das wiederum verlangt die Verleugnung unserer eigenen Erfahrung. Wenn das Göttliche und das Menschliche also nicht interagieren können, wenn Natur und Erziehung als Gegensätze aufgefaßt werden, klar geschieden und ohne die Möglichkeit, in Beziehung zu treten, dann haben wir ein System etabliert, das es uns nahezu unmöglich macht, uns selbst zu verstehen, unseren Platz im Universum einzunehmen und mit dem Göttlichen in Berührung zu kommen.

Die Wissenschaft der Moderne und Gott, die Kirche, die Spiritualität

»Ich glaube an diese Erfahrungen (mit der Natur), weil ich sie hatte, aber meine Eltern versuchten, nicht daran zu glauben, weil sie Christen waren.« Das sagte ein alter Hawaiianischer Kapuna, während er über seine tiefen spirituellen Erfahrungen in der Natur berichtete. Während er sprach, schien er sich ständig mit dem Wissenschaft-Aberglauben-Dualismus herumzuquälen, den man ihm in der Kirche vermittelt hatte.

Laut Griffin ist es »bezeichnend für die ›moderne‹ Philosophie, Theologie und Kunst, daß sie eine Vielfalt von Strategien entwickeln, um moralische, religiöse und ästhetische Sensibilitäten zu bewahren, während sie gleichzeitig die entzauberte Weltsicht der Moderne als adäquate Form für die Wissenschaft akzeptieren. Zu diesen Strategien gehörte, entweder die moderne Wissenschaft abzulehnen, sie zu ignorieren oder durch das Gerede über menschliche Werte zu ergänzen, oder ihren Status auf den bloßen äußeren Schein zu reduzieren.«

Entzauberung heißt für Griffin, daß man der Natur »jegliche Subjektivität, jegliche Erfahrung und jegliches Gefühl« und damit zugleich Wert und Bedeutung abspricht. Wenn wir natürliche Dinge nicht internalisieren können, so Griffin, können wir auch Gott nicht internalisieren. Für die Begründer der modernen Wissenschaft war Gott außerhalb der Welt und »steuerte ihre Bewegung und ihre Gesetze von außen«[36].

Es ist interessant, daß Griffin die Begründer der modernen mechanistischen Wissenschaft als Menschen sieht, die vom Glauben an das Übernatürliche geprägt waren, sich aber gegen eine »magische« Weltauffassung zur Wehr setzten. Ihre Überzeugungen ließen Raum für Wunder, aber die Natur, die materielle Welt, war in ihrer Sicht mechanistisch und folgte den »Gesetzen« der Wissenschaft. Griffin kommt zu dem wichtigen Schluß, daß historisch betrachtet »die mechanistische Auffassung von der Natur weniger aus empirischen als aus theologischen, soziologischen und politischen Gründen übernommen wurde«[37]. Ich hatte aufgrund meiner Vorkenntnisse immer angenommen, daß die Kirche der mechanistischen Wissenschaft zum Opfer gefallen sei und im Grunde nur die Wahl hatte, diese entweder zu übernehmen oder von der Bühne abzutreten. Laut Griffin sahen Boyle, Newton, Descartes und Locke die mechanistische Wissenschaft jedoch als Gottesbeweis und Beweis der Transzendenz Gottes an. Tatsächlich hielt

Newton die Gottesvorstellung für notwendig, um die Gravitation zu erklären. Folglich wurde die mechanistische Denkweise benutzt, um die Autorität der Kirche und ihrer Doktrinen zu verteidigen. Belohnung und Strafe nach dem Tod und die Vorstellung von der unsterblichen Seele erforderten einen übernatürlichen Gott. »Diese Vorstellung war von grundlegender Bedeutung bei der Verteidigung der tradierten sozio-politischen Ordnung gegen jene, die eine gleichmäßigere Verteilung der materiellen Güter und politische Befreiung anstrebten.«[38] Die kirchliche Hierarchie berief sich mit Vorliebe auf jene Bibelstellen, die besagten, daß Herrscher von Gott eingesetzt seien und daß man ihnen gehorchen müsse (sie nicht stürzen dürfe). Es scheint, als sei die mechanistische Wissenschaft als Retterin der Menschheit propagiert worden, während sie gleichzeitig die Macht in die Hände weniger legte und eine Rechtfertigung für die Ausbeutung der Natur und der Machtlosen lieferte.

Griffin weist auch auf einen anderen Einfluß hin, der die Wissenschaft prägte, nämlich »das Bedürfnis, eine ›männliche‹ Wissenschaft von der Natur zu begründen, im Kontrast zu der ›weiblichen‹ oder hermaphroditischen Wissenschaft der Alchimisten.«[39] In der neuen, »männlichen« Wissenschaft war Herrschaft das Ziel. Die Wissenschaft der Moderne trieb die Dinge weiter bis zu einer Position, in der Wahrheit nur durch ihre Methoden gefunden werden konnte und Gott empirisch bewiesen werden mußte.

Es gibt nichts fanatischeres als einen wissenschaftlichen Fundamentalisten; verglichen mit einem wissenschaftlichen Fundamentalisten wirkt ein christlicher Fundamentalist geradezu verbindlich. Wirft man jedoch einen genaueren Blick auf den Fundamentalismus als allgemeines Phänomen, zeigt sich in beiden Lagern derselbe Dogmatismus, dieselbe Voreingenommenheit und dasselbe geschlossene System. Ein fundamentalistischer Wissenschaftler ist also kein Wissenschaftler im eigentlichen Sinn (denn das Hauptcharakteristikum eines echten Wissenschaftlers ist Unvoreingenommenheit), und doch gibt es viele Pseudowissenschaftler, die aus der Wissenschaft eine Religion gemacht haben.

Jeder Süchtige weiß, daß Sucht geistig tötet. Die institutionalisierten Religionen beweisen der Sucht gegenüber große Toleranz – vielleicht weil die Sucht Spiritualität abtötet. Aus diesem Grund sind die spirituelle und die partizipatorische Komponente im Zwölf-Schritte-Programm wichtig und notwendig. Das Zwölf-Schritte-Programm wird von den helfenden Berufen vielleicht deshalb so entschieden angegriffen, weil es eine Tür öffnet, die aus dem Wissenschaftsparadigma herausführt, das sie zu ihrer Religion gemacht haben und in das sie völlig verstrickt sind. Die neue säkulare Ordnung, der die Vereinigten Staaten sich verschrieben hatten, sah, wie Bohm sagt, vor, die Natur der Herrschaft der Wissenschaft zu unterwerfen.[40]

Diese Diskussion führt zu einer anderen besonders interessanten Frage. Sie bezieht sich auf das gegenwärtige Interesse an »der Göttin« und dem »Weiblichen« und die Forderung, diese Kräfte in unserer Welt wiederzubeleben. Für einige unter jenen, die sich dieser Aufgabe verschrieben haben, ist es sehr schwierig, zu erkennen, daß sie sich immer noch innerhalb des alten dualistischen Paradigmas befinden, und damit innerhalb einer wissenschaftlichen Weltauffassung, die das bestehende System weiterträgt. Whitbeck erklärt dazu: »Allzu oft wird das Vorhaben, eine feministische Weltsicht zu begründen, mit dem simplen Vorgang verwechselt, die Vorzüglichkeit oder den Primat dessen zu deklarieren, was das maskuline dualistische Denken als das ›weibliche Prinzip‹ oder das dem weiblichen Geschlecht Angemessene oder die Besonderheiten der weiblichen Biologie betrachtet.«[41]

Eine feministische Weltsicht kann nicht die Konstrukte, Grundannahmen und Prozesse der »männlichen« wissenschaftlichen Weltauffassung übernehmen und gleichzeitig hoffen, einen Paradigmenwechsel zu bewirken. Das Auswechseln der Inhalte und das gleichzeitige Festhalten an den Prozessen der »alten« Wissenschaft wird die Veränderungen, auf die Feministinnen hoffen, nicht hervorbringen. Ob Gott oder Göttin – das Konzept ist innerhalb eines mechanistischen, dualistischen Modells gefangen. Für das neue Paradigma ist eine aktive Spiritualität notwendig, und diese Spiritualität muß die Wahrnehmung vom Einssein aller Dinge wieder in uns lebendig machen. Innerhalb der institutionalisierten Religionen, wie wir sie kennen, ist das nicht möglich.

Politische und ökonomische Aspekte der Wissenschaft

Wie aus den vorangegangenen Überlegungen hervorgeht, ist die Wissenschaft, wie wir sie kennen, nicht wertfrei; sie wurde benutzt, um bestimmte politische und ökonomische Sichtweisen zu untermauern, und diese wiederum wurden eingesetzt, um die mechanistische Wissenschaft zu stützen. Auf einem Plakat, das für die London School of Economics wirbt, ist zu lesen: »Wirtschaft und Moral hängen zusammen«. Die Frage ist, wessen Wirtschaft und welche Moral? Die mechanistische Wissenschaft hat ein politisches und ökonomisches System hervorgebracht, das auf der Herrschaftsillusion basiert, das Sucht voraussetzt, das die Natur, die Tiere, den Planeten ausbeutet, das Männlichkeit erhöhte und verehrte und das Weibliche herabsetzte und verunglimpfte, und das uns von unserer Spiritualität trennte. Die mechanistische Wissenschaft hat sich dem Materialismus und einem Glaubenssystem verschrieben, das uns von der Natur und von uns selbst trennt. Das Wesentliche für uns ist nicht, die Technik aufzugeben, aber womit wir in der Tat aufhören müssen, ist, die Welt durch die Technologie zu definieren.

Die Folgen der mechanistischen Wissenschaft

Fast alle Autorinnen und Autoren, die sich mit der Rolle der mechanistischen Wissenschaft bei der Schaffung der sogenannten westlichen Zivilisation auseinandersetzen, äußern eindringliche Warnungen. Berman sagt: »Um in den westlichen Industriegesellschaften zu reüssieren, zahlt es sich aus, sich mechanisch zu verhalten, Gefühle zu ignorieren und sich auf Verhalten und Auftreten zu konzentrieren.« Und an einer anderen Stelle fährt er fort: »In letzter Konsequenz kann die Auffassung, daß die Natur mechanisch und die Welt tot sei, nur zwei mögliche Resultate zeitigen: den nuklearen Holocaust oder die ökologische Vernichtung des Planeten.«[42]

In *Wiederverzauberung der Welt* gibt Berman die folgende eindringliche Schilderung: »Das Gefühl der Entfremdung und der Sinnlosigkeit, das zu Beginn unseres Jahrhunderts die Wahrnehmungen einer kleinen Zahl von Intellektuellen prägte, charakterisiert jetzt, am Ende dieses Jahrhunderts, das Bewußtsein des Mannes auf der Straße (sic). Die Arbeitswelt ist verblödend, Beziehungen sind seicht und flüchtig, die Politik ist absurdes Theater. In das Vakuum, das durch den Kollaps der traditionellen Wertvorstellungen geschaffen wurde, strömen hysterische Erweckungsbewegungen ein.«[43] Berman fährt fort: »Damit will ich sagen, daß die wissenschaftliche Weltauffassung ein integraler Bestandteil der Moderne, der Massengesellschaft und der oben geschilderten Situation ist.«[44] Der Titel seines Buches, *Wiederverzauberung der Welt*, ist zugleich seine wichtigste Prämisse, »denn Entzauberung ist ein intrinsischer Aspekt der wissenschaftlichen Weltauffassung, und daher ist das Zeitalter der Moderne von Anbeginn an durch eine inhärente Instabilität charakterisiert, die seine Fähigkeit, sich mehr als ein paar Jahrhunderte lang selbst zu erhalten, strikt begrenzt.«[45]

Griffin sagt über die *neue* Wissenschaft: »Sie lehnt nicht das Wissenschaftliche als solches ab, sondern nur die Art von Wissenschaftlichkeit, die allein den Daten der modernen Naturwissenschaften erlaubt, zur Konstruktion unseres Weltbildes beizutragen.«[46] Laut Griffin sucht die Wissenschaft der Moderne eine bestimmte Art von Wahrheit, die in der Herrschaft über die Natur resultiert. Ich bezweifle, daß ernsthaft nach Wahrheit gesucht werden kann, wenn das Ziel bereits vorausbestimmt ist. An einem bestimmten Punkt werden wir alle gezwungen sein, uns mit den Folgen einer Wissenschaft zu konfrontieren, die den Menschen vom Kosmos trennt und die Realität von einer völlig egozentrischen Perspektive aus betrachtet. Brian Swimme erklärt: »Wir haben der massiven Akkumulation von Haß, Angst und Arroganz, die sich in Interkontinentalraketen, der Verschuldung der Dritten Welt und der Allgegenwart der chemischen Giftstoffe ausdrückt, nichts entgegenzusetzen.«[47]

Von Bohm hören wir: »Die Grundlagen des modernen Denkens (der Wissenschaft der Moderne) sind im Verlauf des zwanzigsten Jahrhunderts eindeutig in Zerfall übergegangen, obwohl dieses Denken auf der technologischen Ebene gleichzeitig seine größten Triumphe feierte. Während die gesamte Basis zerfällt, blüht und gedeiht die Sache wie eh und je. Der Zerfall drückt sich in einem allgemeinen Sinnverlust aus, im Verlust des Gefühls, daß das Leben als Ganzes sinnerfüllt ist.«[48] Er fährt fort: »Eine postmoderne Welt muß entstehen, bevor die moderne Welt sich selbst so gründlich zerstört, daß für lange Zeit nichts mehr getan werden kann.«[49]

Das sind unheilverkündende Worte, und sie wurden von den anerkanntesten theoretischen Physikern der Welt formuliert. Bohm erklärt, daß die mechanistische Auffassung von der Physik »auch heute noch die Grundlage ist, von der die meisten Physiker und anderen Wissenschaftler ausgehen. (...) Die Anhängerschaft an dieses Programm war von Erfolg gekrönt, so sehr, daß alle erdenklichen Gefahren erzeugt wurden und unsere gesamte Existenz bedroht ist, aber natürlich ist Erfolg noch kein Wahrheitsbeweis. Bis zu einem gewissen Grad ist die reduktionistische Einstellung immer noch ein Glaubensartikel, und der Glaube an das mechanistische, reduktionistische Programm liefert immer noch die Motivation für die meisten wissenschaftlichen Unternehmungen – der Glaube, daß mit dieser Herangehensweise alles erreicht werden kann. Diese Haltung ist ein Gegenstück zum religiösen Glauben früherer Tage, der Menschen ebenfalls in die Lage versetzte, große

Dinge zu tun.«[50] Wie bereits erwähnt wurde, sind religiöse Überzeugungen, die unter dem Deckmantel der Wissenschaftlichkeit operieren, mehr als verwirrend – sie sind gefährlich. Religiöse Überzeugungen können uns zwar in die Lage versetzen, große Dinge zu tun, aber unter ihrem Banner wurden auch immense Verheerungen angerichtet. Willis Harman, der Begründer des Zentrums für Sozialpolitische Studien am Stanford Research Institute und Präsident des Instituts für Noetische Wissenschaften kommt zu dem eindeutigen Schluß: »Die erfahrene Realität stimmt mit dem Bild von Realität, das man uns im wissenschaftlichen Studium vermittelte, nicht überein; die ›wissenschaftliche Weltauffassung‹ ist kein adäquates Orientierungsmodell, um das Leben zu leben oder um eine Gesellschaft zu lenken.«[51]

Diese inadäquate wissenschaftliche Weltauffassung muß nicht eigens gelehrt werden; sie durchdringt jeden Aspekt unserer Gesellschaft und unserer übernommenen Vorstellungen von »Realität«. Viele Stimmen erheben sich, um uns aus unserem Schlaf zu wecken, wie die Stimme des australischen Stammesältesten Reuben Kelly, der mir sagte, daß die Wissenschaft und die Technologie, für die die Weißen sich entschieden haben, die Erde zerstören werden. »Wir hoffen, daß ihr es erkennt, bevor es zu spät ist.« Viele Leute wollen einige Dinge ändern, aber die Segnungen und Bequemlichkeiten der akzeptierten Weltauffassung nicht aufgeben. Diese Beschreibung trifft, meine ich, auf die größten Teile der New-Age-Bewegung, der feministischen Therapie und der Suchtbekämpfungs- und Co-Abhängigkeitsgruppen zu.

Die oben zitierten Autoren stimmen darin überein, daß Veränderungen unausweichlich notwendig sind, und daß diese Veränderungen jeden Aspekt unseres Daseins und Denkens erfassen und auf den Planeten als Ganzheit ausgerichtet sein müssen. Harman sagt: »Ich glaube, wir sehen die Anzeichen eines neuen Ketzertums, das die moderne säkulare Autorität ebenso grundlegend in Frage stellt, wie die wissenschaftliche Häresie im siebzehnten Jahrhundert die kirchliche Autorität in Frage stellte. Wenn dem so ist, bedeutet das gleichzeitig, daß die postmoderne Welt sich von der Welt der Moderne ebensosehr unterscheiden wird, wie die Welt der Moderne sich von der Welt des Mittelalters unterschied.« An einer anderen Stelle fährt er fort: »Es ist nicht unmittelbar ersichtlich, wie fundamental die damit einhergehende Wandlung sein wird.«[52] Zweifellos ist diese Wandlung so fundamental, daß bereits eine massive Verschanzung innerhalb der alten Weltauffassung begonnen hat, trotz des offensichtlichen Zerfalls, der von der kleinsten bis zur globalen Ebene hin zu beobachten ist.

Um zu verstehen, welche Rolle die Psychologie innerhalb des alten Paradigmas spielte, müssen wir uns mit den Grundvoraussetzungen und Problemen der Psychologie in ihrer Gesamtheit befassen, und untersuchen, mit welchen Mitteln sie innerhalb der modernen wissenschaftlichen Weltauffassung Akzeptanz zu finden und sich ihr anzupassen suchte.

Das mechanistische Paradigma und die Psychologie

»Er benutzt Statistiken, wie ein Betrunkener einen Laternenpfahl benutzt – eher zum Stützen als zur Erhellung.«   Andrew Lang

Die moderne Psychologie hat sich sehr darum bemüht, wissenschaftlich zu sein und unter den Wissenschaften als eine solche anerkannt zu werden. Um als Wissenschaft akzeptiert zu werden, so wie die Wissenschaft der Moderne definiert ist, mußte das Berufsfeld die im vorangegangenen Abschnitt beschriebenen Überzeugungen und Grundvoraussetzungen übernehmen, das heißt, sie mußte akzeptieren, daß nur das empirisch Beweisbare als Realität gelten kann, sie mußte die Methoden übernehmen, mit deren Hilfe die mechanistische Wissenschaft experimentiert und Wahrheit definiert, und jedes Wissen, das in dieses wissenschaftliche Paradigma nicht hineinpaßt, verleugnen oder ignorieren.

Dane Rudhyar sagt dazu: »Was heute an Universitäten als Psychologie gelehrt wird, sind die vielfältigen, durch eine Reihe von Schulen klassifizierten Versuche, die wissenschaftlichen Methoden der Beobachtung, der Generalisierung, der Systematisierung, des Experimentierens und Testens zu benutzen, um einen bestimmten Typus von Phänomenen zu interpretieren.«[53] Selbst Psychologen wie Jung, Maslow und die humanistischen Forscher und Therapeuten, die bereit waren, Subjektivität und Introspektion gelten zu lassen, kämpften mit den Problemen der mechanistischen Wissenschaft. Sie hielten am Empirismus und an den Methoden der modernen Wissenschaft fest, wie nach ihnen auch die transpersonalen Psychologen. Laut Rudhyar »mußten sie das tun, um sich nicht völlig von dem abzusetzen, was gegenwärtig als Hauptströmung der westlichen Zivilisation gilt«[54].

Rudhyar gibt eine gute Zusammenfassung dessen, was das Bedürfnis nach Akzeptanz für die moderne Psychologie bedeutet:

»Objektivität bezieht sich auf das, was durch die Sinne und die modernen Instrumente, die den Bereich der Sinneswahrnehmungen erweitern, aufgenommen werden kann. Um für die Wissenschaft akzeptabel zu sein, müssen diese Wahrnehmungen außerdem unter strikt experimentellen Bedingungen gewonnen werden. Sie müssen durch jeden ausgebildeten Beobachter wiederholbar sein. Sie müssen meßbar und definierbar sein, im Sinne einer Aktivität, deren Veränderungen man beobachten und aufzeichnen kann. Durch seine eigenen Bedingungen ist das Feld der objektiven wissenschaftlichen Erkenntnisse also erheblichen Beschränkungen unterworfen. Die Erkenntnisse können so beschränkt sein, daß sie in gewisser Hinsicht jede Bedeutung verlieren. Wie Einstein einmal sagte, erfährt der Physiker immer mehr über immer weniger.«[55]

Es ist keine Frage, daß die Psychologie als illegitimes Kind der Wissenschaften, als Halbwissenschaft galt und sich auch selbst so gesehen hat. Alle Sozialwissenschaften haben unter diesem Minderwertigkeitskomplex gelitten, und wie alle co-abhängigen Heldenkinder (eine Rolle innerhalb der »Familie« der Wissenschaften, mit der die Psychologie sich leicht identifizieren könnte) bemühten sie sich immer eifriger um Akzeptanz. Wenn eine Person oder eine Disziplin nach Akzeptanz strebt, wird sie in ihrem Bemühen, das Richtige zu tun, immer rigider und rigoroser, während sie sich gleichzeitig ihrer Unzulänglichkeiten immer stärker bewußt wird. Wie Einstein in bezug auf die Physik bemerkt, zentriert sie ihre Aufmerksamkeit immer mehr auf die winzigen Details, die sie wissenschaftlich »beweisen« kann, und was die Psychologie angeht, ist sie von menschlichen und über das Menschliche hinausgehenden Fragen mehr und mehr geschieden. Durch ihr Bedürfnis, von der Wissenschaft akzeptiert zu werden, entfernte die Psychologie sich immer weiter von kreativem, innovativem Denken, um der Gefahr der Ablehnung aus dem Weg zu gehen. Wenn eine Person oder eine Disziplin so verzweifelt nach Anerkennung verlangt, wird sie buchstäblich ihre Seele verkaufen, um in den inneren Kreis hineingelassen zu werden. Ich glaube, daß die Psychologie im allgemeinen und das Berufsfeld der Psychotherapie im besonderen genau das getan haben.

Es gibt Gruppierungen innerhalb der Psychologie, die gegen jeden der vorher genannten Aspekte der Wissenschaft ankämpften, aber letztlich trug das Bedürfnis, von dieser Wissenschaft anerkannt zu werden, doch den Sieg davon. Die feministische Psychologie zum Beispiel stellte das patriarchale System in Frage und kämpfte für die Anerkennung und

Unterstützung des Rechts der Frauen, Frauen zu sein. Die Broverman-Studien[56] (die im wesentlichen zu dem Ergebnis kamen, daß Therapeuten Persönlichkeitsaspekte, die in gesellschaftlicher Sicht »männlich« sind, als gesund und solche, die in gesellschaftlicher Sicht »weiblich« sind, als krank deuteten, und dann versuchten, die Frauen zu einer – in den Augen der Forscherinnen – ungesunden Anpassung zu bewegen) verursachten einen ziemlichen Aufruhr. Dennoch blieben die feministischen Therapeutinnen, indem sie sich starr an die Voraussetzungen einer veralteten Wissenschaft hielten, den mechanistischen Vorstellungen von Wissenschaft verhaftet, und entschieden sich für die Art von Macht und Herrschaft, gegen die sie bei Männern rebellierten, während sie immer noch Wert darauf legten, »wissenschaftlich« zu sein.

Außerdem verurteilten Feministinnen die »Machtposition« der Psychotherapeuten, und insbesondere die Macht, die Therapeuten oder sogar Therapeutinnen über Frauen ausüben. Dennoch wurde die Annahme, daß ein Machtgefälle in der Psychotherapie unvermeidlich sei, von der Mehrzahl der in der Hauptströmung der Psychologie tätigen »Feministinnen« nie in Frage gestellt. Unvermeidlich ist dieses Machtgefälle zweifellos in der Art von Psychotherapie, die auf einem mechanistischen Modell basiert. Dennoch ist dies nicht das einzige Modell für die Arbeit mit Menschen, und obwohl feministische Therapeutinnen sich ernsthaft für ein alternatives kulturelles Modell einsetzten, waren sie weiterhin darum bemüht, innerhalb des mechanistischen Modells Anerkennung zu finden. Sie veränderten die Inhalte und nicht den Prozeß und trugen daher zur Aufrechterhaltung eben des Systems bei, das sie angeblich verändern wollten.

Derselbe Konflikt zeigt sich innerhalb der transpersonalen Psychologie, die der Welle der humanistischen Psychologie folgte. Die transpersonale Psychologie brachte den Mut auf, das Intuitive, das Spirituelle, die Kraft des Bewußtseins, das Parapsychologische und Paranormale einzubeziehen – alles wichtige Themen, die dringend der Erforschung bedürfen. Dann versuchte sie, sich dadurch zu »legitimieren«, daß sie die Mittel, Methoden und Voraussetzungen der mechanistischen Wissenschaft benutzte, um die Gültigkeit dieser Phänomene zu beweisen, die durch empirische Methoden nicht wirklich studiert werden können.

Allmählich beginnen jene, die sich mit wissenschaftlichen Paradigmen befassen, zu erkennen, daß selbst Wissenschaft relativ ist, daß, wie Griffin sagt, »unsere Interpretationen und sogar unsere Wahrnehmungen konditioniert sind, durch Sprache, durch die Kultur im allgemeinen, durch die dominierende Weltauffassung unserer Zeit, durch persönliche (auch unbewußte) Interessen und durch Interessen, die von der ethnischen Zugehörigkeit, dem Geschlecht und der sozialen Schicht abhängig sind; diese Erkenntnis hat viele zu dem Schluß geführt, daß eine Weltauffassung generell eine Konstruktion oder Projektion ist, und durchaus keine Reflexion oder Erkenntnis der Dinge, wie sie ›wirklich‹ sind.«[57]

Die Psychologie als Wissenschaft erkannte zeitweilig an, daß diese Einflüsse existieren, war aber fest davon überzeugt, sie mit Hilfe adäquater äußerer *Kontrollen* begründen und erklären zu können. Tatsächlich weigerte die Psychologie sich konsequent, zu erkennen, daß sie, wie jede Wissenschaft, »politisch« ist.

Griffin führt weiter aus: »Die Anerkennung der Tatsache, daß die wissenschaftliche Gemeinschaft Wahrheit sucht, ist sehr wohl mit der Erkenntnis vereinbar, daß Wahrheiten den jeweiligen Interessen und Vorurteilen gemäß selektiert werden.«[58] Wie wir sehen, hat die Psychologie sich also in eine wissenschaftliche Weltauffassung verstrickt, die dem Mythos der Objektivität mit gläubiger Verehrung anhängt, und bringt (verständlicherweise) nicht die Objektivität auf, über ihre eigenen Grundannahmen zu reflektieren. Sie lehrt weiterhin, daß die empirische Sichtweise der einzig gültige Zugang zur »Wahrheit« sei. Das rein empirische Vorgehen ist für die Psychologie eine besonders schwierige Aufgabe, weil viele Ihrer Forschungsgegenstände (Emotionen, Empfindungen, Interaktionen, Wertvorstellungen, die Sinne, Wahrnehmungen, Familienmuster) den Verfahrensweisen der mechanistischen Wissenschaft nicht wirklich zugänglich sind. Im Grunde kann die Psychologie auf diese Weise nicht sein, was sie sein will, und nicht tun, was sie tun will.

Eine mechanistische Wissenschaft kann mit äußeren Ursachen und Wirkungen auf den Organismus umgehen, weil diese beobachtet und manipuliert werden können, aber sie leugnet die Existenz von Selbstbestimmung oder »Finalität«, wie manche Autoren es ausdrücken.[59] In der Sicht einer rein mechanistischen Wissenschaft werden wir nur durch Kräfte bestimmt, die von außen auf uns einwirken. Wir sind ausschließlich durch unsere Umwelt determiniert, und auch nur durch jene Kräfte der Umwelt, die beobachtet und mit den Mitteln der Wissenschaft gemessen werden können. Dieser Verständnisansatz läßt sich relativ gut auf mechanische, leblose Materie anwenden (obwohl Menschen aus Stammesgesellschaften überall auf der Welt auch diese Annahme in Frage stellen würden), aber er versagt, wenn man zu komplexeren Organismen übergeht. Griffin sagt: »Dieses Paradigma war bei Ratten weniger erfolgreich als bei Bakterien (…) Schließlich zeigte sich, daß die Methode bei Menschen noch weniger erfolgreich war als bei Ratten. Die Erfolgsquote auf dieser Ebene ist so armselig, daß viele Wissenschaftler und Wissenschaftsphilosophen sich weigern, die sogenannten Sozial- und Humanwissenschaften wie Psychologie, Soziologie, Wirtschaftswissenschaften und Politologie überhaupt als Wissenschaften anzuerkennen.«[60]

Die Psychologie hat sich eine schwierige Aufgabe gewählt: Sie will, aus Gründen der Legitimation, eine Wissenschaft sein, und dennoch kann sie das, was sie studieren will, mit den Mitteln der Wissenschaft, nach der sie sich ausrichtet, nicht studieren. Oder sie studiert das, was sie mit den ihr verfügbaren Methoden und Grundvoraussetzungen studieren kann, aber das ist dann nur ein winziger Ausschnitt dessen, was sie heute für sich selbst als Psychologie definiert.

Reduktionismus

Sehen wir uns das Problem des Reduktionismus an. Die Wissenschaft Psychologie hat das Konzept des Reduktionismus eindeutig akzeptiert. Dieses Konzept geht davon aus, daß wir den Organismus nur immer weiter aufschlüsseln müssen, um zu seinen grundlegenden Komponenten vorzudringen, und daß wir dann den Organismus als ganzen rekonstruieren und verstehen können. Ratten, Tauben, Mäuse – glauben wir wirklich, klare Einsichten in die Funktionsweise komplexer Organismen gewinnen zu können, indem wir eine Maus studieren? Glauben wir wirklich, die Maus verstehen zu können, wenn wir sie im Labor studieren? Glauben wir wirklich, das Verständnis für die Funktionsweise von Organismen würde sich ganz automatisch ergeben, wenn wir die phylogenetische Stufenleiter hinauf- und hinuntergehen? Alle Organismen sind mehr als Maschinen, aber für diese Erkenntnis bietet die mechanistische Wissenschaft keinen Raum. Sie bietet keinen Raum für das Sich-Zu-Eigen-Machen des Selbst, für Verantwortung oder Selbstbestimmung. Im Labor können wir lernen, was Labormethoden an Lernerfahrungen bieten, aber ist die Physik wirklich ein adäquates Modell, um Gedanken, Gefühle, Wahrnehmungen und Motivationen zu verstehen? Ich glaube nicht. Wenn man den Dingen wirklich auf den Grund geht, haben wir die Basis-Prämissen, aus denen die Psychologie erwachsen ist, nie ernsthaft hinterfragt. Das reduktionistische Modell bietet nicht genug Spielraum, um über die mechanistische Vorstellung vom Menschen oder von der Welt hinauszugehen.

In der Psychologie bedeutete Reduktionismus, alle Formen von Verhalten auf ein einfaches Reiz-Reaktions-Schema zu reduzieren. Obwohl wir uns über den simplen Behaviorismus hinausbewegt haben, ist es doch erstaunlich, wie weit Psychologen sich in ihren Einstellungen und ihrem Handeln nach wie vor an schlichten behavioristischen Vorstellungen orientieren. Ein breites Ausufern dieses Denkens sehen wir zum Beispiel im Bereich des sexuellen Mißbrauchs. Immer wieder gingen Therapeuten in solchen Fällen nach einem simplen Ursache-Wirkung-Modell vor: Wenn dies mit der Person geschehen ist, muß jenes auf sie zutreffen. Ich habe mir die Geschichten einzelner angehört und dabei festgestellt, daß sie überaus unterschiedlich und oft überraschend auf frühen sexuellen Mißbrauch reagierten. Häufig war die Erfahrung der Person nicht das, was sie der therapeutischen Theorie nach sein sollte, und oft fühlten die Betroffenen sich subtil unter Druck gesetzt, die Theorie des Therapeuten zu bestätigen, statt der eigenen Erfahrung zu vertrauen. Es ist ein großer Sprung vom Laborexperiment zur Voraussage und Steuerung realer Lebenserfahrungen. Natürlich liegt dem die Prämisse zugrunde, wenn man nur alle Variablen kenne und kontrollieren könne, müsse auch Voraussage und Steuerung möglich sein. Sehen wir den menschlichen Organismus als Teil eines übergeordneten Ganzen, der individuell mit Willenskraft und Zielsetzung und gleichzeitig auch als Teil dieses Ganzen wirkt, erscheint Reduktionismus im besten Fall als irrelevant.

Logik, lineare Wissenschaft und Wissen

Die Psychologie hat Verstehen und Wissen verwechselt. Im Sinn der heutigen Psychologie bedeutet etwas verstehen, es als getrennt vom Selbst (in »objektiver« Weise) zu beobachten und zu analysieren, und wenn man als Experimentator/Beobachter »weiß, wie es funktioniert«, dann hat man das Objekt des Experiments »verstanden«. Wir tun das im Labor, und wir tun das in der Therapiesitzung. Die Basis des Verstehens ist immer lineares Denken und lineare Logik; wirkliches Wissen ist daran nicht beteiligt. Wissen ist nie nur logisch, rational und linear. Wissen erfordert sehr viel mehr an Hirnaktivitäten und ein Zusammenspiel mit der Erfahrung. Am Wissen ist das gesamte Wesen beteiligt, und erst dann schaltet das rationale Denken sich ein, das dem Gewußten Struktur und Sprache verleiht. Beim Verstehen kommt dem Gehirn die Führungsrolle zu. Wie ich schon an einer anderen Stelle sagte, kann rationales, lineares Denken sehr logisch sein, und dennoch keinen Sinn ergeben. Aristotelische Logik eignet sich gut als philosophische Übung, läßt sich aber schlecht auf erfahrene Realität anwenden. Der beste Beweis sind die zahlreichen psychologischen Theorien, die auf der Basis minimalen Datenmaterials »logisch« entwickelt wurden und absolut keine Beziehung zu dem haben, was wirklich vorgeht. Jeffrey Masson kommt in seinem Buch *Final Analysis* zu dem überzeugenden Schluß, daß Freud sein eigenes Erfahrungswissen unterdrückte, um seine Theorie aufrechtzuerhalten.[61] Wie sich in der Psychologie oft zeigt, ist der Mythos der Objektivität eben genau das, was er ist – nur ein Mythos.

Der Mythos der Objektivität

Ich habe schon dargelegt, daß es der Psychologie in bezug auf das Nicht-Objektive an Objektivität mangelt. In den sechziger Jahren gab es Klagen über die »Voreingenommenheit von Versuchsleitern«[62], die in den akademischen Hallen der Psychologie einen ziemlichen Aufruhr auslösten, und es war verblüffend, wie schnell dieser Aufruhr sich legte. Die Hauptsache der Psychologie galt jedoch dem Vorhandensein oder Nicht-Vorhandensein von Objektivität, und nicht der Frage, ob Objektivität überhaupt möglich sei, oder gar der Erwägung, ob sie wünschenswert sei.

Viele der großen Entdeckungen der »modernen Wissenschaft« (wie Penicillin oder Radium) kamen durch »Zufälle« oder durch »Intuitionen« zustande. Dennoch besteht nach wie vor ein fast kindlicher Glaube an die Erreichbarkeit und die Gültigkeit von Objektivität. Ich habe meine Bedenken, was den Einfluß dieses fast religiösen Glaubens an den Mythos der Objektivität auf die Massen von Menschen angeht, die von der Psychologie eine Definition ihrer selbst und der Welt, in der sie leben, erwarten. So sehr die Psychologie sich auch bemühte, wissenschaftlich zu sein und in ihrem Elfenbeinturm zu bleiben, strebte sie doch auch danach, populär und in jedem Winkel unserer westlichen, mechanistisch orientierten Welt unentbehrlich zu sein. Was wäre wohl geschehen, wenn sie sich an die Grundprämisse der Wissenschaft gehalten hätte, nämlich unvoreingenommen zu sein? Wenn die Öffentlichkeit wüßte, daß Objektivität nur ein Mythos und nicht wirklich möglich ist, hätten wir dann vielleicht eine Weltauffassung und eine Gesellschaft entwickelt, die von der Narkosewirkung der Sucht nicht so völlig abhängig wäre?

Die Sprache der Psychologie

Wie alle »Wissenschaften« hat die Psychologie versucht, eine elitäre, spezialisierte Fachsprache zu entwickeln. Spezialistenjargons erfüllten mich immer mit Mißtrauen, seit mir klargeworden war, daß die größten Weisheitslehrer der Welt sich immer in klaren, einfachen Begriffen ausdrückten. Ich habe den Eindruck, daß die Höhepunkte meiner eigenen Liebesaffäre mit dem Fachjargon der Psychologie sich in zwei Phasen ereigneten. Die erste erlebte ich während meines Graduiertenstudiums. Ich hatte ein medizinisches Vorstudium absolviert, mit eindeutig naturwissenschaftlichem Schwerpunkt. Die Graduiertenkurse in experimenteller Psychologie und verwandten Bereichen fielen mir leicht und machten mir Spaß. Es wurde Druck auf mich ausgeübt, in die »wirkliche« (experimentelle) Psychologie hineinzugehen und meine Talente nicht auf die klinische Psychologie zu verschwenden. Ich erzählte schon, daß mein Studienberater und mein Lieblingsprofessor in Embryologie und vergleichender Anatomie mir sogar ein Speziallabor im Zoologiegebäude zur Verfügung stellten, so daß ich an einem interdisziplinären Forschungsprojekt mitarbeiten konnte. Es ging um die Konditionierung von Hühnerembryos, bei denen ich in verschiedenen Stadien der Embryonalentwicklung künstlich »Hirnschäden« herbeigeführt hatte. Meine Aufgabe war, die Lernkurven anhand von Daten zu studieren, die mit Hilfe einer Skinner-Box gewonnen wurden. Ich war begeistert und arbeitete bis in die Nachtstunden hinein und an Wochenenden (schließlich muß man sich um seine Laborembryos kümmern), aber es war alles reine Spielerei. Ich wußte, daß ich ernsthaft nur an der Arbeit mit Menschen interessiert war.

Dennoch lernte ich den Fachjargon. Im ersten Jahr im Graduiertenstudium arbeitete ich im Labor mit zwei Männern zusammen, die schon lange Zeit als klinische Psychologen tätig waren. Der eine, ein Weißer, war ein ehemaliger Jazzmusiker. Er verbrachte den größten Teil seiner Zeit als Funkamateur an seinem Radiogerät und verdiente mit »Psychologie« seinen Lebensunterhalt. Der andere, ein Farbiger, war dabei, in Psychologie zu promovieren. Er war ein guter Kliniker, und die Promotion in Psychologie war die Eintrittskarte, die er brauchte, um in den fünfziger Jahren aus der rassistischen Welt des amerikanischen Südens herauszukommen. Keiner von beiden war an experimenteller Psychologie wirklich interessiert. Wir machten den Handel, daß ich die Experimente aufbaute und in Windeseile durchführte (sie waren im Vergleich zu dem, was ich in Physik und Chemie durchgemacht hatte, ziemlich einfach), während meine Mitarbeiter die Ergebnisse, die ich ausrief, notierten. Dann wertete ich die Daten aus und schrieb einen vorläufigen Bericht über das Experiment. Es war ihr Job, die Materialien zu besorgen und das Labor aufzuräumen. Damals hatte ich mit der Sprache der »Wissenschaft« keine Schwierigkeiten. Da ich mit Schulaufsätzen traumatische Erfahrungen gemacht hatte, war ich dankbar für die Gelegenheit, Laborberichte schreiben zu können, die mir so leicht von der Hand gingen.

Von Laborberichten schritt ich fort zu Berichten über die Durchführung diagnostischer Tests. Das ging mir noch leichter von der Hand. Ich brauchte nur – in der korrekten Sprache – meine Beobachtungen zu beschreiben. Niemand fragte mich, was diese Beobachtungen *bedeuteten*, denn wir bedienten uns alle desselben Fachjargons. (Natürlich ist der Gebrauch einer Fachsprache ein leichter Weg, die Illusion von Macht und Kontrolle aufrechtzuerhalten.)

Kürzlich bat eine Freundin mich, ihr eine Reihe von Testberichten über ihren Sohn zu »übersetzen«. Es wäre mir leichter gefallen, etwas aus einer Fremdsprache, dem Deutschen etwa, zu übersetzen. Ich konnte ihr immer noch erklären, was die Begriffe bedeuteten, aber mir wurde dabei auch klar, wieviele der in diesen Berichten enthaltenen Vorstellungen auf Grundvoraussetzungen beruhten, an die ich nicht mehr glaubte, und wie geschlossen das durch diesen Fachjargon etablierte System war. Oft scheint mir, daß wir vermutlich selbst nicht wissen, worüber wir sprechen, wenn wir uns über ein Thema nicht in »normaler« Sprache äußern können.

Ich bin auch überaus sensibel dafür geworden, wie Sprache spezielle Überzeugungssysteme unterstützt. Die Psychologie steht in dieser Hinsicht vor einem besonderen Problem. Ihre Sprache muß genügend spezialisiert sein, um als »wissenschaftlich« zu gelten, und andererseits muß sie populär genug sein, um eine breite Öffentlichkeit zu beeinflussen (oder sogar um als »Populär«-Psychologie wirtschaftlich erfolgreich zu sein, obwohl die »Puristen« über das Geldverdienen schrecklich die Stirn runzeln). Psycholog/innen, die an Kommunikation interessiert sind, stehen vor einem ähnlichen Dilemma wie Farbige oder wie

Feministinnen; sie müssen mindestens zwei grundverschiedene Sprachen beherrschen lernen.

Die Psychologie, die Philosopohie, die Soziologie und die Theologie kämpfen mit demselben Dilemma; sie wollen allgemein-menschliche Wahrheiten vermitteln, bedienen sich dazu aber nicht allgemeinverständlicher, sondern komplizierter Fachsprachen. Unter den genannten Disziplinen ist die Psychologie am meisten darum bemüht, als Wissenschaft anerkannt zu werden.

Zum Schluß eine Anekdote über die Sprache der Psychologie: Ich hatte einen lieben Freund, einen bekannten Künstler, der über einen trockenen, gewinnenden Humor und eine scharfe soziale Wahrnehmung verfügte. Das spiegelte sich immer in seiner Kunst, die auch stets eine wichtige gesellschaftliche Aussage enthielt. Einmal machte er eine Holzplastik, eine Figur mit ausgehöhltem Kopf und Körper, und gab ihr den Titel »Westchester-Mensch: kein Hirn, kein Herz, kein Bauch«. Auf einer seiner besten Ausstellungen präsentierte er Drucke, die ähnliche, außerirdisch wirkende Kreaturen zeigten. Die Titel dieser Bilder hatte er alle einem Journal der American Psychological Association entnommen. Man brauchte ein Wörterbuch, um sich durch die Titel seiner Bilder durchzuarbeiten. Die Ausstellung war ein Riesenerfolg.

Die macho-patriarchale Wissenschaft der Psychologie

Gefühle, Empfindungen, die Natur, Beziehungen, Interaktionen, Fürsorge, die Seele, Vorurteile, Heilen und sogar Bewußtsein – das alles wurde von einer patriarchalen Wissenschaft als »weiblich« aufgefaßt. Die Psychologie steht, was die Dominanz des Männlichen in der mechanistischen Wissenschaft angeht, von vornherein in einem Spannungsfeld, denn ihr Hauptstudiengebiet ist das, was man traditionell als »weiblich« definierte.

In der Psychologie wurden alle diese als »weiblich« erachteten (und durch die mechanistische Wissenschaft am wenigsten faßbaren) Attribute in den am wenigsten »wissenschaftlichen« Bereich, also die klinische Psychologie, verwiesen. Natürlich steht die klinische Psychologie zur »wirklichen« Psychologie in demselben Verhältnis wie die Psychologie zu den »wirklichen« Wissenschaften.

Das Problem geht aber über den Bereich der Psychologie als Wissenschaft weit hinaus. Wie die meisten Feministinnen wissen, wurde das, was die männlich dominierte wissenschaftliche Weltauffassung als

»weiblich« klassifizierte, immer entwertet. Merkwürdigerweise war dieses sogenannte »Weibliche« aber immer auch der Bereich, der sich dem Studium mittels der Techniken der mechanistischen Wissenschaft nahezu vollständig entzog. Ich muß auf diese Zusammenhänge hier nicht näher eingehen, da bereits viel darüber geschrieben wurde. Whitbeck weist nachdrücklich darauf hin, daß der Dualismus männlich-weiblich außer acht gelassen werden sollte, da er in bezug auf die grundlegenden Fragen irrelevant ist und einen Hauptaspekt des Problems darstellt.[63] Dennoch wird dieser Dualismus bei Bedarf eingeführt, um eine Macho-Wissenschaft zu unterstützen. Frauen werfen jedoch Fragen auf, die weit über die traditionellen männlich-weiblichen Wertvorstellungen hinausgehen, Fragen, die sich unmittelbar auf die wissenschaftliche Weltauffassung beziehen, die der Psychologie als Basis dient.

Für Frauen geht es im wesentlichen darum, ein System nicht nur unter dem Gesichtspunkt zu hinterfragen, was es Frauen antut. Das ist nur das Symptom. Die wirkliche Forderung liegt darin, uns von diesem System so weit zu distanzieren, daß wir die Grundprämissen verstehen, die zur Diskriminierung führen, und daß wir aufhören, diese Prämissen zu unterstützen. Wir können nicht der mechanistischen wissenschaftlichen Weltauffassung anhängen und gleichzeitig behaupten, daß wir uns für die Rechte der Frauen (die Menschenrechte) und für elementare Heilung einsetzen. Unglücklicherweise sind wenige »Feministinnen« so weit gekommen, diese Verbindung herzustellen, oder bereit, so weit zu gehen.

Diese irreführende Vorstellung vom Gegensatz des Männlichen und des Weiblichen führt uns zum nächsten Schritt: Untersuchen wir die Formen des Dualismus, die sich im Bereich der Psychologie manifestieren.

Dualismus und Gott in der Psychologie

Ein grundlegender Dualismus, den die mechanistische wissenschaftliche Weltauffassung etabliert hat, ist der von ihr postulierte Gegensatz von Geist und Materie. Zweifellos sind Geist, Geist-Körper und Geist-Materie legitime und wichtige Forschungsbereiche für die moderne Psychologie.

Griffin bringt das Problem auf den Begriff: »Vom philosophischen Standpunkt aus liegt der Hauptgrund, die mechanistische, leblose Auffassung von der Natur zurückzuweisen, darin, daß sie die Beziehung zwischen Geist und Materie problematisch macht.« Laut Griffin beruht diese Problematik auf »dem Zusammentreffen einer direkt erkennbaren Tatsache, einer augenscheinlichen Tatsache und eines Störfaktors. Es ist eine direkt erkennbare Tatsache, daß wir Geist oder Bewußtsein haben, beziehungsweise sind, im Sinn eines Stroms von Erfahrungen (wir wissen, daß wir erfahren). Augenscheinlich ist es so, daß Geist und Körper miteinander in Interaktion stehen. (...) Der Störfaktor liegt nun darin, daß der menschliche Körper sich aus *Dingen* zusammensetzt (Hervorhebung von mir), die bar jeder Erfahrung sind.«[64] Wenn man zwei verschiedene Realitätssysteme etabliert, gibt es keine Möglichkeit, ihre Interaktion philosophisch zu erklären. Da die Begründer dieser dualistischen Weltauffassung Theisten waren, die an das Übernatürliche glaubten, siedelten sie Gott einfach »dort droben« an, und schrieben alles, was sie nicht erklären konnten, dem Wirken Gottes zu.

Die moderne Psychologie gerät dadurch in ein schreckliches Dilemma. Nur das, was gemessen werden kann, ist real. »Gott« kann nicht gemessen werden und existiert daher nicht. Wenn die Psychologie die Existenz einer Macht leugnet, die größer ist als wir selbst, kann sie nicht erklären, warum nicht materielle Dinge wie Ideen, Wertvorstellungen, Denken und Entscheidungen in der materiellen Welt Veränderungen hervorrufen können.

Ein weiterer problematischer Dualismus, auf den Griffin hinweist, ist die unglaubwürdige Vorstellung, «daß alles im Universum – mit Ausnahme der menschlichen Erfahrung – in physikalischen Begriffen verstanden werden könne.«[65] Dennoch hat die Psychologie sich der Aufgabe verschrieben, menschliche Erfahrungen in naturwissenschaftlichen Begriffen zu verstehen. Zu Ende gedacht bedeutet das: Da die menschliche Erfahrung in dieser Sicht von allen anderen Phänomenen der mechanistischen Welt abgespalten ist, kann die Psychologie den menschlichen Organismus mit ihren Methoden nicht studieren, und darüber hinaus kann sie das Wissen, das sie durch ihre Studien an niederen Organismen gewonnen hat, nicht auf höhere, vor allem mit Bewußtsein ausgestattete Organismen (wie den Menschen) übertragen, da die dualistische Wissenschaft letztere in eine andere Kategorie verwiesen hat. Oder, wie Berman es ausdrückt: »Nicht-partizipatorisches Bewußtsein kann partizipatorisches Bewußtsein ebensowenig erkennen wie cartesianische Analyse ästhetische Schönheit erkennen kann.«[66] Dualismus an sich stellt die Psychologie vor eine unerfüllbare Aufgabe. Wenn der Gegenstand ihrer Forschung mit den Mitteln ihrer

Verfahrensweisen und Prämissen nicht studiert werden kann, ist die Psychologie als Wissenschaft nicht lebensfähig.

Harman merkt dazu an: »Viele empfanden das Unnatürliche, das einer Wissenschaft anhaftet, die das Bewußtsein als ursächliche Realität leugnet, obwohl die alltägliche Erfahrung immer wieder zu bestätigen scheint, daß jeder *Entschluß* zu handeln Handlungen auslöst.«[67] Wenn man die Geist-Körper-Spaltung als gegeben annimmt, ist dies in der Sicht einer dualistischen Wissenschaft nicht nur unmöglich – es ist auch unmöglich, diese Zusammenhänge zu studieren. Harman weist darauf hin, daß es tatsächlich Versuche gegeben hat, »Selbstzeugnisse subjektiver Erfahrungen als primäre Daten einzuführen (d. h. Selbstbeobachtung, phänomenologische Ansätze und Gestaltpsychologie)«, und daß sie »in aller Regel als Fehlschläge betrachtet wurden«.[68]

Das dualistische Denken erzeugt eine unhaltbare Auffassung vom Universum in einander ausschließenden Gegensätzen (gut – schlecht, richtig – falsch, wissenschaftlich – unwissenschaftlich, spirituell – unspirituell, Geist – Körper), die selbst wieder nur in einer dualistischen Richtig-Falsch-Weise betrachtet und beurteilt werden können. Eine Wissenschaft, die eine derartig statische Auffassung der Welt etabliert, kann nicht unvoreingenommen sein.

Wenn eine Wissenschaft das Gegensatzpaar menschlich – göttlich etabliert und wenn nur der Mensch durch ihre Methoden erfaßt werden kann, dann muß diese Wissenschaft jedes Phänomen oder jeden Prozeß leugnen, den sie nicht nachweisen kann. Magie, Bezauberung, ein lebendiges, zusammenhängendes Universum voller »unbeweisbarer« Kräfte sind für dieses Überzeugungssystem »Unsicherheitsfaktoren«.

Gelegentlich gibt es eine mutige Seele wie William James, der über »Typen der religiösen Erfahrung« schrieb, aber sogar seine Arbeit beruhte auf der Beobachtung von Erfahrungen. Die Psychologie bietet keinen Raum für Kräfte, die nicht empirisch nachgewiesen werden können. Das bedeutete, daß die Psychologie spirituelle Erfahrungen von Menschen ignorieren und eliminieren mußte, und aufgrund der engen Verbindung von mechanistischer Wissenschaft und Religion, wie sie sich in der christlichen Kirche ausdrückt, gab es sogar eine Art unausgesprochener Konspiration, alle anderen als die institutionalisierten Formen von Spiritualität als »primitiv« und/oder als Aberglauben zu brandmarken. Wenn sie ihre Existenz nicht völlig in Abrede stellte, studierte die Psychologie religiöse Erfahrung oder die Erfahrung des Spirituellen in derselben Weise, wie sie »Geisteskrankheiten«

studierte. Im allgemeinen zeigte sich bei Leuten, die sich mit den Bereichen des Spirituellen und Religiösen befaßten, eine unterschwellige Verleugnung der Tatsache, daß ihre bloße Existenz zur Psychologie als Wissenschaft im Widerspruch stand. Viele Leute, die im Bereich von Psychologie und Religion oder mit ähnlichen Schwerpunkten arbeiten, waren nicht fähig, zu erkennen, daß sie diese Verleugnung brauchten, um ihre Arbeit fortzusetzen, und das hat in diesen Bereichen zu einer Art Schizophrenie geführt.

Carl Rogers zum Beispiel schrieb einen wissenschaftlichen Essay mit dem Titel »Toward a More Human Science of the Person« (Auf dem Weg zu einer menschlicheren Wissenschaft vom Menschen). Als humanistischer Psychologe brachte er seine tiefe Unzufriedenheit mit dem psychologischen Establishment zum Ausdruck: »Die humanistische Psychologie hatte keinen tiefgreifenden oder merklichen Einfluß auf die Hauptströmung der Psychologie, wie sie an den Universitäten und Hochschulen der Vereinigten Staaten gelehrt wird. (…) Es war mir nicht möglich, ein humanistisch orientiertes Programm für das Graduiertenstudium oder Doktorandenprogramm zu finden, das von der American Psychological Association genehmigt worden wäre. (…) Ich konnte keine humanistisch orientierten Assistenzstellen entdecken, die von der APA anerkannt werden.«[69] Und das alles geschieht, wie er fortfährt, »trotz der Tatsache, daß die APA-Anerkennungskriterien für Forschungsvorhaben, die nicht unter Laborbedingungen in natürlichen Umgebungen stattfinden, und für nicht-experimentelle Forschung definitiv Raum bieten.«[70] Wenn die humanistische Psychologie wirklich in die Hauptströmung der Psychologie aufgenommen würde, müßte die Wissenschaft Psychologie sich verändern. Rogers wollte die Anerkennung jener erlangen, deren Weltauffassung die Ausbeutung von Frauen und Minderheiten, die Ausbeutung der Natur, der Tiere, des gesamten Planeten politisch unterstützt. Wie so viele von uns wollte Rogers Mitglied des alten wissenschaftlichen »Vereins« bleiben und gleichzeitig die Vorstellungen von Forschung erweitern. Er sagte allerdings: »Ich gehöre zu denjenigen, die im Lauf der letzten Jahrzehnte immer wieder auf die Notwendigkeit neuer, dem Menschen angemessener Wissenschaftsmodelle hingewiesen haben.«[71] Er konnte von den neuen Ideen, die in den letzten Jahren in der wissenschaftlichen Welt hervorgetreten sind, nicht mehr profitieren, *und* er war auf der richtigen Fährte, *und* wie so viele unter uns, die heute nach einem neuen wissenschaftlichen Paradigma rufen, fühlte er sich »wie David, der Goliath herausfordert – eine kleine Stimme des Protests gegen ein massives, festverankertes System«.[72] (Dabei sollten wir allerdings nicht vergessen, wer im Kampf zwischen David und Goliath schließlich den Sieg davontrug.)

Die Folgen der politischen und ökonomischen Einbindung der Psychologie

Wir haben gesehen, daß die Psychologie unter den Wissenschaften keine Anerkennung fand und sich bemühte, diese Anerkennung zu erlangen. Wir haben gesehen, welchen Stellenwert »Wissenschaftlichkeit« in der Gesellschaft hat, und in welcher Weise das »Wissenschaftliche« als Machtbasis benutzt werden kann. Wir haben gesehen, daß die Probleme, Prozesse und Interaktionen, die der eigentliche Forschungsgegenstand der Psychologie sind, mit den Mitteln der empirischen Wissenschaft nicht angemessen erforscht werden können.

Wir zeigten die Konfusion und die Frustrationen auf, die der Versuch zur Folge hat, Phänomene mit Hilfe von Mitteln zu erforschen, die zu ihrer Erforschung nicht geeignet sind, und wir zeigten, mit welcher Hartnäckigkeit die Psychologie an einem Wissenschaftsparadigma festhält, das in ihrem Forschungsfeld einfach keine sinnvollen Resultate erbringt.

Wir demonstrierten auch, daß die Wissenschaft selbst und die grundlegenden Prämissen, auf denen sie aufbaut, in sehr hohem Maß gesellschaftlichen Einflüssen unterliegen. Und wir kamen zu dem Schluß, daß es das eigentliche Ziel jeder Wissenschaft ist, Wahrheit zu suchen, selbst wenn das bedeutet, daß sie sich selbst in Frage stellen muß.

Warum also ist die Psychologie so fest an die empirischen Wissenschaften gebunden? Die Gründe müssen politischer und ökonomischer Natur sein. Die angespannte Intensität, mit der die Psychologie das alte Paradigma verteidigt, legt den Schluß nahe, daß wir es hier nicht mit einer unvoreingenommenen Wissenschaft zu tun haben.

Anhand der Geschichte können wir feststellen, daß sich innerhalb eines alten Paradigmas, das abstirbt und am Rand des Zusammenbruchs steht, immer eine Tendenz entwickelt, zunehmend strengere Kontrollen zu etablieren und neue Ideen und Andersdenkende mit Hilfe gesetzlicher Regelungen aus dem Feld zu schlagen. Heute beobachten wir diesen Vorgang in den Vereinigten Staaten (und in vielen anderen Teilen der westlichen Welt). Je mehr das alte Paradigma auf der professionellen, der politischen und der ökonomischen Ebene in Frage gestellt wird, desto umfangreicher und rigider wird der Komplex der regulierenden Vorschriften und Kontrollen.

Im Gegensatz zu allgemein verbreiteten Vorstellungen wird der Kampf um die Aufrechterhaltung des alten Wissenschaftsparadigmas und des westlichen Weltbildes überaus emotional geführt und ist ökonomisch und politisch motiviert. Wenn das gegenwärtig existierende Weltbild zusammenbricht, werden wir nicht mehr in der Lage sein, Dritte-Welt-Länder, Stammesgesellschaften, das Tierreich oder die Natur ökonomisch und politisch auszubeuten. Die existierende Weltauffassung erlaubte und billigte Vergewaltigung auf jeder Ebene, und unglücklicherweise trugen die Psychologie und die helfenden Berufe zu dieser Vergewaltigung bei. Das Festhalten an veralteten Ideen unter dem Deckmantel der Wissenschaftlichkeit erweist sich im Endeffekt immer als gewalttätig.

Die Medizin verwendet einen großen Teil ihrer Energie auf den Versuch, Krankheiten, die eine Folge ihres eigenen wissenschaftlichen Basisparadigmas sind, teils aufrechtzuerhalten, teils zu vertuschen und teils zu heilen. Zum Beispiel sind viele der Krankheiten, die von Ärzten behandelt werden, direkte Folgen des suchthaften Umgangs mit Essen, Alkohol, Drogen und Medikamenten, Arbeit oder mit der Medizin selbst. Dennoch nehmen Ärzte das Problem der Sucht selten wahr und gehen es selten direkt an. Sie versuchen die Leute soweit zusammenzuflicken, daß sie ihr Suchtverhalten fortsetzen können.

Bei anderen Krankheiten stoßen wir auf dasselbe Problem. Wieviele Krebserkrankungen stehen mit wissenschaftlich-ökonomischen Bedingungen in Zusammenhang, die dafür sorgen, daß die Luft, die wir atmen, das Wasser, das wir trinken, und die Nahrung, die wir zu uns nehmen, durch Karzinogene verseucht sind? Welche Anteile dieser Krankheiten gehen auf eine wissenschaftliche Weltauffassung zurück, die sich damit wohlfühlt, die Natur aus Gründen der Profitgier und des Herrschaftsanspruchs auszubeuten und zu vergiften?

Dasselbe trifft auf die Psychotherapie zu. Wieviel von dem, was im Berufsfeld der Psychotherapie getan wird, zielt darauf ab, Bedarf für Psychotherapie zu schaffen? Wenn die Psychotherapie eine entkörperlichte wissenschaftliche Weltauffassung unterstützt, die Menschen ausbeutet und benutzt, wenn sie die grundlegenden inneren Prozesse von Menschen ignoriert, weil sie es vorzieht, Menschen als Maschinen zu betrachten, die manipuliert und von außen gesteuert werden können, und wenn sie sich an dieser Manipulation beteiligt – ist Psychotherapie dann nicht selbst Teil des Problems? Meiner Ansicht nach ist sie es.

Die helfenden Berufe in der Suchtgesellschaft

Die helfenden Berufe sind für die Suchtgesellschaft tatsächlich das, was der »Möglich-Macher«/Co-Abhängige für den Süchtigen ist. Die helfenden Berufe flicken die Leute gerade soweit zusammen, daß sie sich weiterschleppen und zum Fortbestand einer kranken Gesellschaft beitragen können. Das ist genau die Rolle, die eine co-abhängige Person für eine alkoholsüchtige Person spielt. Co-Abhängige greifen gerade soweit ein und geben gerade soviel Unterstützung, daß Alkoholiker keine wirkliche Chance bekommen, sich mit den Konsequenzen ihres Suchtverhaltens zu konfrontieren, was ihnen erlauben würde, ihre Krankheit bewußt zu erfahren, sich zu verändern und Genesung zu erleben.

Die »helfenden Berufe« erfüllen gerade soviel aufrechterhaltende, instandsetzende und unterstützende Funktionen, daß das System keine Chance erhält, seine eigene Destruktivität zu erkennen und sich zu verändern. Wie alle Suchterkrankungen ist jedoch auch die Krankheit eines Suchtsystems progressiv und in letzter Konsequenz tödlich. Das Überleben dieses Systems zu sichern ist wahrlich kein Akt der Güte.

Das mechanistische Wissenschaftsparadigma und die Psychotherapie

»Ich glaube ernsthaft daran, daß die meisten Leute, die in die helfenden Berufe gehen, aufrichtig helfen und heilen wollen.«
Anne Wilson Schaef

»Sind Psychologen und andere in den helfenden Berufen offen für die Frage: Trägt die unausgesprochene Weltauffassung, auf der die Grundvoraussetzungen meiner Berufspraxis beruhen, vielleicht unbewußt zu eben den Problemen bei, für deren Lösung ich mich einsetzte? Wenn wir nicht offen dafür sind, uns mit dieser Frage auseinanderzusetzen und unsere Grundprämissen zu artikulieren, dann sind wir in der Tat Teil des Problems.« Anne Wilson Schaef

In diesem Abschnitt werde ich das mechanistische, reduktionistische empirische Modell in seiner Beziehung zur Praxis der Psychotherapie untersuchen. Innerhalb der Psychotherapie gibt es viele unterschiedliche Ansätze, viele Schulen und übergeordnete Kategorien, aus denen

Schulen wie die Psychoanalyse, der Behaviorismus, die humanistische Psychologie und die transpersonale Psychologie erwachsen sind. Dennoch hat keine dieser großen psychologischen Bewegungen die gegenwärtig existierende Weltauffassung in Frage gestellt. Alle diese Bewegungen innerhalb der Psychotherapie (vielleicht mit Ausnahme des Behaviorismus) bemühten sich, Teile der mechanistischen Weltauffassung einer grundlegenden Kritik zu unterziehen, während sie gleichzeitig in diese Weltauffassung eingebettet bleiben und von ihr anerkannt werden wollten. In gewisser Weise erinnert das an die Haltung von Jugendlichen, die sich von ihren Eltern und deren Wertvorstellungen abgrenzen wollen, aber nicht bereit sind, auf deren Lebensstil und auf finanzielle Unterstützung durch die Eltern zu verzichten.

Wenn die Anpassung an die reduktionistische, mechanistische, empirische wissenschaftliche Weltauffassung die Psychologie insgesamt vor große Schwierigkeiten stellt, so ist diese Anpassung für das Berufsfeld der Psychotherapie vollends unmöglich, aber dennoch gibt die Psychotherapie diesen Versuch nicht auf. Dadurch bringt sie sich in die Lage, ihre eigenen Zielvorstellungen durch ihre Praxis zu unterminieren.

Das mechanistische Modell der Psychotherapie

Das Modell der Psychotherapie basiert auf dem empirisch ausgerichteten wissenschaftlichen Laborexperiment, auch wenn viele Psychotherapeutinnen und Psychotherapeuten davon zweifellos nichts wissen wollen. Ob wir ihm anhängen oder nicht – das psychoanalytische Modell war der Beginn der modernen Psychologie und der Vorläufer der modernen Psychotherapien. Im Lauf ihrer Bemühungen um »wissenschaftliche« Anerkennung bewegte die Psychotherapie sich immer weiter davon weg, eine »Kunst« zu sein, und versuchte, eine »Wissenschaft« zu werden.

Interessanterweise fand ich unter europäischen (und auch einigen amerikanischen) Psychoanalytikern sehr viel mehr Aufnahmebereitschaft für meine Ideen als unter Psychologen. In Europa wird die Medizin immer noch als eine Kunst betrachtet, und die Psychiatrie ist nicht so mechanistisch orientiert wie in den Vereinigten Staaten, obwohl sich das durch die zunehmende Rigidität der Medizin und der Psychologie rapide verändert.

Objektivität

Im Laborexperiment ist Objektivität ein sehr wichtiger Faktor. Der Versuchsleiter soll eine unbeteiligte Haltung einnehmen, was den Ausgang des Experiments betrifft, und soll fähig sein, während des gesamten Vorgangs Subjektivität aus dem Spiel zu lassen (Subjektivität und Objektivität werden immer als einander ausschließende Gegensätze aufgefaßt). Das Berufsfeld der Psychotherapie entwickelte viele unterschiedliche Umgangsweisen mit dem Bedürfnis nach und dem Glauben an Objektivität. Freud versuchte, das ideal gedachte Modell des Unbeteiligtseins zu etablieren. Er vermied die Interaktion mit seinen Patienten, und seine Interpretationen waren hauptsächlich durch seine Theorie bestimmt. Daraus ergab sich die permanente Forderung, daß der Patient in die Theorie hineinpasse, und es gibt Anzeichen dafür, daß Freud die von Patienten gegebenen Informationen manchmal entstellte, um Übereinstimmung mit der Theorie zu erreichen. Er war weise genug, den Patientinnen und Patienten das freie Assoziieren zu erlauben. Die gesamte Arbeit blieb jedoch stets auf der mentalen, analytischen Ebene, und der Analytiker hatte die Situation immer in der Hand.

In den modernen Psychotherapien nahm Objektivität manchmal die Form einer wohlwollenden, unbeteiligten »Neutralität« an. Von einigen wurde dieser Objektivitätsansatz als »die stoische Pflicht eines Wächters« gesehen, »der den Patienten bei seinem einsamen Aufstieg zur Autonomie sorgsam im Auge behält«.[73] Oder, wie Lerner sagt:

»Um als ›legitim‹ und als ›wissenschaftliche‹ Unternehmung behandelt zu werden, mußte die Psychotherapie auf dem Weg zu ihrer Anerkennung einen langen Kampf ausfechten. In diesem Kampf mußten Psychotherapeuten ihren Beruf als Ansatz darstellen, der sich fundamental von religiösen, politischen oder anderen, ethisch bestimmten Wegen der Lösung menschlicher Probleme unterschied. So entwickelten sie eine Ideologie der ›Neutralität‹ (…), nach der Therapeuten vor allem strikt vermeiden müssen, Klientinnen und Klienten ihre eigenen Sichtweisen aufzudrängen. Obwohl dies im Grunde völlig unmöglich ist – jede Interpretation, jede Intervention kommt von einer Theorie her, die letztlich auf Meinungen darüber beruht, was gesundes Verhalten sei und was nicht –, liefert es Therapeuten eine gute Rechtfertigung dafür, sich der Überprüfung der Art und Weise, in der sie die dominante Weltauffassung tatsächlich unterstützen, zu entziehen.«[74]

Das Festhalten am Mythos der Objektivität und der Versuch, eine menschliche Interaktion zu etablieren, an der nur eine Seite wirklich beteiligt ist, haben die Psychotherapie in eine unhaltbare Situation gebracht. Der Therapeut muß interessiert und einfühlsam sein und das Modell einer »gesunden Beziehung« entwickeln, und gleichzeitig muß er der Wissenschaftler sein, der ein Laborexperiment durchführt; je unbeteiligter, neutraler und objektiver er dabei sein kann, desto besser für den Klienten.

Wie Feministinnen und andere Frauen seit langem wissen, hat dieser »wissenschaftliche« Therapieansatz eine Form der Interaktion etabliert, die die »weibliche«, auf Beziehungen ausgerichtete Erfahrung und Entwicklung völlig ignoriert. Jon Clark sagt: »Macho-Wissenschaft, insbesondere im Bereich der Psychologie, hört nie zu, erfährt das ›Subjekt‹ nie vollständig, öffnet sich nie für eine Austauschbeziehung mit dem ›Subjekt‹, gibt nie zu, daß Interaktion in jedem Fall geschieht und die Resultate beeinflußt. In der Macho-Wissenschaft soll das Subjekt manipuliert werden.« Und an einer anderen Stelle fährt er fort: »Macho-Wissenschaft räumt dem psychischen Zustand des Wissenschaftlers nie Bedeutung ein, überprüft nie den Prozeß der Wissenschaft, hinterfragt nie die Ziele der Wissenschaft. *Voraussagbarkeit* und *Kontrollierbarkeit* sind die Ziele. Und damit basta.«[75] (Hervorhebung von mir.) Unglücklicherweise haben viele »feministischen Therapeutinnen« diese Macho-Wissenschaft völlig kritiklos übernommen, während sie sich gleichzeitig für die Anliegen von Frauen einsetzen; sie haben, wie ich schon sagte, die Inhalte verändert, aber nicht den Prozeß.

Objektivität ist ohnehin ein Mythos, und wie alle anderen Mythen ist er in der Psychotherapie völlig fehl am Platz. Es ist kein Wunder, daß Therapeutinnen und Therapeuten manchmal das Gefühl haben, schizophren zu sein, und sich oft allmählich auf den mehr oder minder mechanischen Gebrauch von Techniken beschränken, meist begleitet vom Gefühl des Ausgebranntseins. Der Fairneß halber muß ich hinzufügen: Manche Psychotherapeutinnen und Psychotherapeuten wissen sehr wohl, daß sie versuchen, ihren eigenen Weg innerhalb eines Modells zu finden, das nicht funktionieren kann.

Das Laborexperiment

In seiner simpelsten Konzeption geht das Laborexperiment von einer Hypothese aus, die mit Hilfe von Testverfahren verifiziert (oder widerlegt) wird, indem man die abhängigen und die unabhängigen Variablen feststellt, diese Variablen manipuliert, das Resultat voraussagt und diese Voraussagen zur Steuerung von Versuchen benutzt.

Da die Psychotherapie der mechanistischen Wissenschaft nacheifern wollte, versuchte sie, Anerkennung zu finden, indem sie sich am Labormodell orientierte, was auf eine Therapiesituation bezogen natürlich einfach grotesk ist. Zweifellos kamen die behavioristischen Therapiemodelle der Verhaltensmodifikation dem Modell des wissenschaftlichen Experiments am nächsten, aber selbst sie zeigten nicht die Wirkung auf Individuen und auf die Gesellschaft, die man sich erhofft hatte.

Im wissenschaftlichen Labormodell muß das Lebewesen Mensch auf einfachste Muster reduziert werden, um den Verfahrensweisen der Wissenschaft zu entsprechen. Ich halte diesen Grundsatz für absurd und absolut undurchführbar. Außerdem ist da noch das Problem, daß geglaubt wird, es sei möglich, die Variablen zu isolieren, die auf die Person einwirken, und diese Variablen teils zu kontrollieren und teils zu manipulieren, um das gewünschte Resultat zu erzielen. Wir vertrauten auf die Diagnose und ordneten den Klienten in die Kategorien des Diagnostischen Handbuchs Nr. 3 ein, um diese Variablen für uns zu definieren. (Psychologische Testverfahren, standardisierte Interviews, Stichproben und so fort wurden als »Sample« von Verhaltensweisen benutzt, aus denen wir Voraussagen abzuleiten versuchten. Sie waren die »Materialien« für das Laborexperiment mit dem Klienten.) Sobald die Diagnose erstellt ist, rastet ein wissenschaftlich-medizinisches Modell ein, und es ist nur noch eine Frage der Manipulation gewisser Variablen und des Konstanthaltens anderer Variablen, ein sehr vereinfachtes Ursache-Wirkung-Resultat zu erzielen.

All das steht natürlich mit einer Wissenschaft in Zusammenhang, die den Menschen als ein von äußeren Kräften gesteuertes Objekt sieht. Die mechanistische Wissenschaft bietet keinen Raum für Entschlußkraft, Gefühle, Überzeugungen, Wertvorstellungen, freien Willen, Selbstbestimmung oder Spiritualität – Qualitäten, die aus dem inneren Selbst der Person stammen oder hervorgehen.[76]

Im Verlauf der Psychotherapiegeschichte haben Praktiker aus verschiedenen anderen Berufszweigen sich mit speziellen Aspekten der Psychotherapie und ihrem Heilungspotential beschäftigt, aber erst seit kurzem haben die Psychotherapeuten selbst begonnen, das wissenschaftliche Weltbild, von dem ihre Disziplin abstammt, zu überprüfen und in Frage zu stellen und nach radikalen Veränderungen zu verlangen. Menschen sind keine Maschinen, Therapeuten können nicht »objektiv« sein, und die Therapiesitzung kann sich nicht an der Laborsituation orientieren. Diese fehlgeleitete Orientierung an einer mechanistischen wissenschaftlichen Methode schränkt die Wirksamkeit der bestehenden Therapieformen erheblich ein. Tatsächlich haben wir Therapie in einer Weise gestaltet, die sowohl vom Klienten als auch vom Therapeuten verlangt, ihre eigene Realität zu verleugnen, um in das Modell hineinzupassen.

Ein weiterer Aspekt der Ausgangsvoraussetzung, daß Therapie ein Laborexperiment sein könne und solle, ist die Vorstellung, daß der Therapeut als »Wissenschaftler« zur Voraussage und Kontrolle fähig und somit letztendlich für die Klientinnen und Klienten und für die Resultate der Therapie verantwortlich sei. Ebenso wie die Medizin hat das Berufsfeld der Psychotherapie ein System etabliert, in dem die »Experten« die gesamte Verantwortung für die »Patienten« übernehmen. Natürlich beruht diese Vorstellung auf der Annahme, daß der Experimentator tatsächlich Voraussagen treffen und kontrollieren könne. Dadurch wird eine unhaltbare Situation geschaffen, die für Klient/innen und Therapeut/innen gleichermaßen destruktiv ist. Ich werde später erläutern, wie diese Annahmen dazu führen, daß Klient/innen in Abhängigkeit und in der »Opfer«-Rolle festgehalten werden.

Interessant ist in diesem Zusammenhang ein Artikel im »Journal of Psychotherapy«, den Cherry und Gold verfaßten, und der ganz und gar auf der Freudianischen Vorstellung von der Rolle des Therapeuten beruht, in der das Modell des Laborexperiments offensichtlich ist. Cherry und Gold schreiben: »Die therapeutischen Regeln der Abstinenz, der Anonymität und der Neutralität waren dazu bestimmt, einen offenen Kontext zu schaffen, in den ein Klient Phantasien und Gefühle hineinprojizieren konnte, und dienten gleichzeitig dazu, dem *Verhalten und den Erfahrungen des Klienten* Beschränkungen aufzuerlegen.«[77] (Hervorhebungen von mir.)

Die Unklarheit in ihrem Artikel ist typisch für die Unklarheit im Berufsfeld. Sie legen großen Wert auf das Interesse an den Klienten und ihren Bedürfnissen, erkennen aber nicht, wie sich das in ihrem Modell äußert: nämlich darin, daß der Therapeut ein Experimentator/Gott sein muß, der, der tatsächlich abstinent, anonym und neutral bleiben kann. Sie konzentrieren sich auf die Bedürfnisse der Klienten, gehen aber davon aus, daß diese Bedürfnisse durch sorgfältig ausgeklügelte Regeln und Kontrollen befriedigt werden können. Sie sind nicht in der Lage zu sehen, daß ein Kontrollsystem ein Suchtsystem ist, und daß die Vorstellung der Kontrolle durch den Therapeuten sich destruktiv auf beide Seiten – den Therapeuten selbst und auch den Klienten – auswirkt. In ihrem gesamten Arikel weichen Cherry und Gold nicht von der Vorstellung ab, daß der gute Therapeut die Situation durch Techniken und Interpretationen tatsächlich steuern könne. Außerdem drückt sich in ihrem Text die Grundannahme aus, daß die Heilung vom Therapeuten ausgehe und von ihm oder ihr gesteuert werde.

Frederick Franck hat eine wundervolle kleine Monographie mit dem Titel »On the Criteria of Being Human« (Über die Merkmale des Menschseins) verfaßt. Er stützt sich darin auf die Arbeit von Paul D. MacLean, dem Leiter der Forschungsabteilung für Gehirnevolution an den National Institutes of Health. Franck entwickelt seine Vorstellungen darüber, was es bedeutet, wahrhaft menschlich zu sein, unter anderem anhand einer Darstellung des Reptiliengehirns (wichtig und notwendig), das die erforderlichen Informationen für »Paarung, Fortpflanzung, Herdenbildung, Nahrungssuche, Jagd, Vorratshaltung, Körperpflege, Gebietswechsel und Kampf« enthält.[78] Das Reptiliengehirn versteht sich auch auf »Begrüßungsrituale und das Zeremoniell der Herausforderung, Aggression und Unterwerfung. (…) Das Reptiliengehirn etablierte sogar Gewohnheiten und Zeiteinteilungen für die Aktivitäten des täglichen Lebens: Frühstück um acht, Lunch um zwölf, danach eine Siesta … Dieses Eidechsen-Schlangen-Krokodil-Gehirn ist immer noch ein integraler Bestandteil unserer genetischen Codierung, so daß der Patient auf der Couch durchaus von seinem inneren Reptil beeinträchtigt oder sogar dominiert werden kann, und der Therapeut nicht weniger.«[79]

Mit dem In-Erscheinung-Treten des Säugetiergehirns vollzieht die Spezies einen Quantensprung. Franck merkt an, daß an neuen Fähigkeiten nun die Versorgung der Nachkommen, Spiel, Kommunikation, sogar Gruppenloyalität hinzukommen. Franck und MacLean spekulieren, daß die frühesten Vorläufer einiger Verhaltensweisen des modernen Menschen vielleicht tatsächlich in primitiveren Gehirnfunktionen liegen. Laut Franck ist es durchaus möglich, daß »die Rechtsprechung unserer gesetzlichen Systeme ihren frühesten Vorläufer in der Treue des Reptiliengehirns zu Vorerfahrung und Ritual hat«.[80] Können wir vielleicht auch das konservative Beharrungsvermögen, mit dem Psychologie, Psychiatrie und Medizin neuen Erkenntnissen über die Struktur von Sucht widerstehen, auf das Wirken primitiver Gehirnfunktionen zurückführen?

Als nächstes entwickelte die Spezies den Neokortex, und damit »das deduktive Denken und die Sprache«.[81] Franck beschreibt den Neokortex als »unbarmherzig logisch und unbeirrbar rational in seinen Funktionen. Er ist jedoch auch bar jeder Intuition und jeden Gefühls; man kann also annehmen, daß der neokortikale Computer es fertiggebracht hat, all diese bemerkenswert klugen und dämonisch grausamen Methoden zu entwickeln, mit denen Menschen ihre eigene Spezies ausbeuten, manipulieren, mißhandeln, verstümmeln und töten.«[82]

Als ich diese Beschreibung las, drängte sich mir der Gedanke auf, daß die Art, in der wir Psychotherapie etabliert haben, trotz unserer besten Absichten dieses Niveau der Hirnfunktionen widerspiegelt. Franck erklärt, daß wir diese Funktionen mit einem »vollentwickelten menschlichen Gehirn verwechseln, denn es ist noch nicht wirklich menschlich – es ist bestenfalls prämenschlich, protomenschlich.«[83] Dann stellt er die Frage: »Könnte es sein, daß dieses prämenschliche Gehirn mit seiner gefühllosen Arroganz unser Raumschiff Titanic steuert, auf seinem Kollisionskurs mit dem unnachgiebigen Eisberg Realität?«[84]

In einem ganz und gar menschlichen Gehirn wie Franck es versteht, herrscht »die Dominanz der genetisch codierten Oberen-Stirnlappen-Fähigkeiten über die – ebenso genetisch codierten – Reptilien- und Säugetier-Impulse. Kurzum: Ich wage es, diese Dominanz der spezifisch menschlichen Fähigkeiten der Empathie, des Mitgefühls und der auf Einsicht beruhenden Voraussicht über die Reptilien- und Säugetier-Impulse als den *menschlichen Imperativ* zu bezeichnen.«[85]

Hält die Auffassung von Wissenschaft, die wir vertreten, und die Psychotherapie, die wir aus dieser Sichtweise heraus entwickelt haben, uns auf einer subhumanen Ebene des Handelns fest? Ich glaube ja. Versucht die Psychotherapie in der Form, wie wir sie gestaltet haben, im wesentlichen die Probleme zu mildern, die sie durch ihre Anhängerschaft an die mechanistische wissenschaftliche Weltauffassung miterzeugt und aufrechterhält? Ich glaube ja.

Dient die Psychotherapie durch das Modell, aus dem heraus sie operiert, dem Zweck, dem die meisten Süchte dienen, nämlich unsere Duldsamkeit für Wahnsinn in der Gesellschaft und in uns selbst zu erhöhen? Ich glaube ja.

Die Medikalisierung der Psychotherapie

Während die Psychologie generell versuchte, im Kreis der Wissenschaften Anerkennung zu finden, strebte die Psychotherapie danach, sich nach dem Modell der Medizin auszurichten und vom medizinischen Establishment akzeptiert zu werden. Wir benutzten Begriffe wie »Patienten« und »Klienten«. Wir gestalteten die Therapiesitzung nach dem Muster der Sprechstunde. Wir diagnostizierten und verordneten. Wir bemühten uns, dieselbe Art von Zulassungsvoraussetzungen zu etablieren und das Berufsfeld durch ein immer rigideres »Einheitspartei«-System zu kontrollieren wie die Medizin (die tatsächlich weniger rigide ist, da sie zumindest Chiropraktik, Osteopathie und Akupunktur anerkennt, wenn auch nicht die Fähigkeiten von Geistheilern, Kahunas oder Herboristen). Wir bemühten uns um die Anerkennung durch die Krankenversicherungen und versuchten, uns als Teil des psychiatrischen Gesundheitswesens zu etablieren – aber um welchen Preis? Genau wie die Psychologie sich immer eifriger darum bemüht, die Anerkennung innerhalb der Wissenschaften zu erlangen, streben Psychiatrie, Psychotherapie, Sozialarbeit und Beratung, ja sogar die Religion nach der Billigung und Anerkennung durch die einzige »echte« Wissenschaft innerhalb der helfenden Berufe, die Medizin (die ironischerweise in ihren besten Momenten eher eine Kunst als eine Wissenschaft ist). Arthur L. Kovacs veröffentlichte im »Psychotherapy Bulletin« einen recht deprimierenden Artikel darüber, welche Folgen die Einbindung in das Gesundheitswesen für die Psychologie und die Psychotherapie hat. Auch er gebraucht das Bild der Titanic, aber bei ihm bezieht die Analogie sich auf die klinische Psychologie und ihren Drang, als Institution innerhalb des Gesundheitswesens anerkannt zu werden. (Wenn man diese Materialien liest, kommt man nicht umhin, sich zu fragen, welche Rolle die simple, alte menschliche Gier bei all diesen Bestrebungen spielt). Kovacs beschreibt drei historische »Unfälle«, die der »Disziplin« zustießen. Der erste geschah, wie Kovacs sagt, »als unsere Gesellschaft der Priesterschaft die Verantwortung abnahm, in das Leben jener einzugreifen, die abweichende Verhaltensweisen zeigten, und diese Verantwortung in die Hände der Ärzte legte.«[86] (Das ist die wissenschaftliche Revolution der Moderne.) Der zweite Unfall geschah während des Zweiten Weltkriegs als »Tausende von jungen Psychologen zum Militärdienst gepreßt wurden und sich im Bereich der Medizin wiederfanden, als Truppenangehörige, als psychiatrische Gutachter, als Psychiater, die sich mit den emotionalen Träumen und dem Zerstörungswerk befaßten, das die Schrecken des Krieges im Leben von Soldaten angerichtet hatten. Die erste Generation unserer Pioniere wurde von Medizinern ausgebildet und angeleitet, und die *Heuristik, die benutzt wurde, um Verhaltensstörungen, die der Behandlung bedurften, zu ›erklären‹, war naturwissenschaftlicher und reduktionistischer Prä*-

gung.« (Hervorhebung von mir.) Der dritte Unfall geschah laut Kovacs »in den fünfziger Jahren, als unsere Gründer sich entschlossen, Zulassungsbedingungen festzulegen, und dann – erfolgreich – um die Anerkennung als qualifizierte Kräfte der Gesundheitsfürsorge zu kämpfen, mit dem Ziel der Erstattung von Geldern durch die Krankenversicherung.« Kovacs fährt fort: »Wir erklärten vor uns selbst, vor den Politikern und vor der ganzen Nation, daß auch wir, wie wir uns der Praxis der Psychotherapie widmeten (und man bedenke den Begriff ›Psychotherapie‹ als solchen), Teil des ›Gesundheitsgeschäfts‹ seien.«[87] Und nun fordern wir lautstark Krankenhausprivilegien und die begrenzte Berechtigung, Medikamente zu verschreiben. Wenn wir Ärzte sein wollten, warum sind wir dann in die Psychologie gegangen? Wenn wir Leuten helfen wollten, Heilung zu finden, warum sind wir dann in einen Beruf hineingegangen, der sich auf Krankheit und auf wissenschaftliche Forschung und Manipulation konzentriert?

Kovacs weist mit Recht darauf hin, daß die immer strengeren Richtlinien der Krankenversicherungen dazu führen, daß Therapeuten immer weitere Beschränkungen auferlegt werden, im Hinblick darauf, welcher Art von Patienten unter welchen Bedingungen welche Art von »Behandlung« angeboten werden kann. Wir werden in Zukunft denselben unsinnigen professionellen Kontrollen, die die Mediziner für sich etabliert haben, unterworfen sein.

Wir wollten der Medizin gleichen, und die Medizin wollte immer mehr Macht und Herrschaft über alles ausüben, was mit dem menschlichen Organismus zu tun hat. All das beruht auf dem mechanistischen Modell der Kontrolle. Und nun werden die Situationen, in die wir geraten, immer absurder.

In Boulder in Colorado gab es eine alte Frau, die von vielen Leuten als Geistheilerin betrachtet wurde. Sie betrieb einen Naturkostladen, beriet Leute kostenlos in Gesundheitsfragen und empfahl oft Kräuter als Heilmittel. Wenn ich krank war, was selten vorkam, konsultierte ich sie, neben meinem Hausarzt, meinem Akupunkteur und vielleicht sogar einem indianischen Medizinmann und einem Arzt, den ich kannte, der gleichzeitig Geistheiler war – für Fälle, in denen ich mich ernsthaft krank fühlte. Ich wog die verschiedenen Meinungen und Standpunkte gegeneinander ab, verglich sie und nahm den Rat an, der mir angesichts dessen, was ich empfand und erlebte, am sinnvollsten erschien.

Vor kurzem erstattete ein örtlicher Arzt Anzeige gegen diese Frau, mit der Begründung, daß sie »ohne Zulassung Medizin praktiziere«. Er verklagte sie, weil ein Patient von den Kräutern, die sie empfohlen hatte, »krank« geworden war. Erstens praktizierte diese Frau nicht Medizin, sondern natürliche Heilkunde. Zweitens war die »Krankheit« des Patienten vielleicht eine Heilungskrise, wie sie nicht selten vorkommt, wenn der Körper sich mit Hilfe natürlicher Mittel von Toxinen (allopathische Medikamente eingeschlossen) reinigt. Drittens wäre zu fragen, wieviele der von diesem Arzt verschriebenen Medikamente dem Patienten Schädigungen zufügten.

Wenn die Berufsgruppe der Mediziner in Hawaii je den Versuch unternähme, diese Art von medizinischem Einheitspartei-Faschismus durchzusetzen, würde die gesamte pluralistische Gesellschaft dort zu den Waffen greifen. Jede ethnische Gruppe hängt ihren eigenen Heilern und Praktikern ebenso an wie der westlichen Medizin.

Die Psychotherapie war nicht fähig, zu erkennen, daß sie für ihre Anerkennung auf den Zug eines wissenschaftlichen Einheitspartei-Systems aufgesprungen ist, eines Systems, das sie nicht wirklich in sich aufnimmt. Sie versucht, der beschränkten Ideologie der Reglementierung der Medizin nachzueifern, aber in diese Position der Medizin ist sie letztlich nicht einbezogen. Tatsächlich bezieht die Medizin sich nicht einmal selbst in adäquater Weise ein. Es ist wie bei dem Kind, das seine Seele verkaufen würde, um dazuzugehören, aber niemand, der bereit ist, seine Seele zu verkaufen, kann aufgenommen werden. Das medikozentrische Weltbild hat keinen Raum für ein holographisches Wissenschaftsparadigma oder für das Wesentliche des Menschseins, wie Franck sagen würde. (Ich möchte an dieser Stelle ausdrücklich betonen, daß ich nicht einfach über das medizinische Modell spreche. Ich spreche über das gegenwärtige wissenschaftliche Überzeugungssystem, auf dem dieses medizinische Modell beruht.)

Das medizinische Modell basiert auf Technologien, Techniken und Verfahrensweisen und auf dem Glauben, daß wirkliche Heilung auf der Fähigkeit beruht, diese Mechanismen zu immer höherer Präzision zu entwickeln und sie an Menschen auszuüben. Dadurch daß die Psychotherapie dieses Modell akzeptiert hat, ist sie – soweit sie es akzeptiert hat – in einer unhaltbaren Situation. Vor einigen Jahren hatte ich die Ehre, als Referentin zu einem Kongreß über Sucht nach Moskau eingeladen zu sein. Es stimmte mich traurig, zu sehen, daß nur zwei Frauen unter den Vortragenden waren, und noch trauriger, daß der Kongreß sich in erster Linie mit Gehirnphysiologie und Biologie befaßte. Die andere Frau war jedoch sowohl eine Genesende als auch Psychiaterin und Direktorin eines großen städtischen Suchtbehandlungszentrums. Ich war gespannt darauf, ihren Vortrag zu hören, und ging mit positiver

Erwartung in die Veranstaltung hinein. Nachdem ich ihr kurze Zeit zugehört hatte, wurde mir unbehaglich zumute, und ich bekam Kopfschmerzen. Dann ließ ich beim Zuhören meine positive Voreingenommenheit beiseite. Alles, was in ihrem Vortrag zur Sprache kam, war in medizinischen Begriffen definiert. Menschen hatten keine emotionalen, psychischen oder spirituellen Probleme. Ich war mit einer medikozentrischen Auffassung des Universums konfrontiert. Wie jeder selbstbezogene Süchtige versucht die Medizin, die Welt ausschließlich aus ihrem begrenzten Vorstellungsrahmen heraus zu definieren, aus dem, was sie geleistet hat und was sie leisten kann. (Wenn wir nicht sehen, in welcher Wechselwirkung unsere Suchtkrankheit mit unserem Beruf steht, neigen wir dazu, die Krankheit in unserem professionellen Handeln zu praktizieren und unseren Beruf zur Blockierung der Möglichkeiten vollständiger Genesung zu benutzen.)

In ihrem Bemühen, innerhalb der medikozentrischen Auffassung vom Universum Anerkennung zu erlangen, liefern Psychotherapeuten sich der Willkür eines faschistischen Diktators aus – nicht gerade ein erfolgversprechendes Unterfangen. Die Psychotherapie hat sich in stillschweigender Ergebung einem Modell unterworfen, das den Zielen, die sie zu erreichen hoffte, diametral entgegengesetzt ist. Aus diesem Grund kann ich mich schon seit geraumer Zeit nicht mehr mit der Psychologie oder der Psychotherapie identifizieren.

Verwundete Heiler und Co-Abhängigkeit in der Psychotherapie

Die Vorstellung vom »verwundeten Heiler« ist in den letzten Jahren auf großes Interesse gestoßen.[88] Die Erkenntnis setzte sich durch, daß dem Wunsch, anderen Menschen zu »helfen«, vielleicht nicht immer die gesündesten Motivationen zugrundeliegen. Bei allem, was über dieses Thema geschrieben wurde, liegt das Absurde in der Vorstellung, daß Psychotherapie je ein Job wie jeder andere sein könne.

»Für solche Menschen ist der Beruf, den sie ausüben, nicht einfach eine Art, sich den Lebensunterhalt zu verdienen: Er ist das essentielle Element ihres Lebens.«[89] Eine suchtgeprägte, mechanistisch orientierte Gesellschaft hat wenig Sinn für den Unterschied zwischen Beruf und Berufung und wenig Verständnis für das Ausleben des eigenen Prozesses in einem Holomovement-Universum.[90] In einem mechanistischen Universum ist alles isoliert und statisch. Daher herrscht auch der Glaube, daß man einen Beruf als »Job« ausüben kann, ohne innerlich beteiligt oder mit ihm in Beziehung zu sein. Diese Annahme paßt jedoch einfach nicht auf unsere erlebte Realität.

Viele der Beobachtungen in Maeders Artikel über die alles andere als perfekten »Helfer« (daß sie autoritär sind, von anderen abhängig sind, sich als gütige Menschen betrachten, daß sie hoffen, stellvertretend mittels anderer sich selbst zu helfen und daß sie ständig Lob erwarten)[91] sind vermutlich zutreffend, insbesondere innerhalb des mechanistischen Wissenschaftsmodells, das wir beschrieben haben. Es sollte aber auch nicht vergessen werden, daß diese »Helfer«, die Maeder vermutlich treffend als bedürftig beschreibt, auch Menschen sind, von denen man Vollkommenheit erwartet. Tatsächlich kommen sie von einem Modell her, das besagt, die perfekteste Person könne auch am besten helfen. Dieses Paradigma geht davon aus, daß die gut ausgebildete, gescheite, objektive und vollkommene Person zum Helfen am besten geeignet sei. Die besten »Helfer« haben keine eigenen Bedürfnisse. Cherry und Gold versichern, die »therapeutische Begegnung« unterscheide sich von allen anderen Beziehungen »durch die nahezu ausschließliche Beschäftigung mit den Bedürfnissen nur eines Bestandteils der Dyade, des Klienten.«[92] Ich stimme zu, daß Leute einander nicht helfen können, wenn sie so sehr in ihre eigenen Probleme verstrickt sind, daß es ihnen nicht mehr möglich ist, sich auf eine andere Person zu konzentrieren. Aber haben wir nicht eine Situation geschaffen, in der Verleugnung, Kontrolle, Repression, Regeln und Strafandrohung – alles Merkmale eines Suchtsystems – die Mittel und Wege sind, durch die wir mit den Problemen fertigzuwerden versuchen?

Cherry und Gold fahren fort: »Vor allem unterstützt der Rahmen (der Psychotherapie) den Therapeuten darin, die Interessen des Klienten permanent allen anderen Erwägungen voranzustellen.«[93] Dies ist bestenfalls eine unhaltbare Situation und schlimmstenfalls eine aktiv co-abhängige Position. Cherry und Gold sind jedoch der Meinung, diese Haltung des Psychotherapeuten sei gut. Wie soll es möglich sein, anderen zur Heilung zu »verhelfen«, wenn die Heiler nicht für sich selbst sorgen?

In »Der verwundete Heiler« gelingt Maeder eine ausgezeichnete Analyse (und Kritik) der Dynamiken, die zur Wahl eines helfenden oder Heilberufs führen. Was der Autor übersieht, ist, daß eine solche Berufsrolle in enger Beziehung zur Sucht steht und die institutionalisierte Form der süchtig/co-abhängigen Rolle in unserer Suchtgesellschaft ist. Maeder erkennt an, daß »Probleme haben« an sich noch nicht notwendigerweise etwas »Schlechtes« ist. »Gefährlich wird es dann, wenn der verwundete Heiler seine eigene Verletzung nicht überwunden hat oder nicht *kontrollieren* kann.«[94] (Hervorhebung von mir.) Es herrscht keine Klarheit darüber, daß die etablierte Rolle des Psychotherapeuten die Krankheit der Beziehungssucht und Co-Abhängigkeit immer weiter nährt und verschlimmert und nach Kontrolle verlangt. Das Modell selbst bildet den Therapeuten zu systematisierter Co-Abhängigkeit aus. Wenn man sich nur darauf konzentriert, die individuelle Rolle der Therapeutin/des Therapeuten zu analysieren, verliert man die Tatsache aus den Augen, daß selbst ein Individuum, das sich um Genesung bemüht, innerhalb dieser institutionalisierten Rolle vermutlich nicht genesen kann.[95] Joe Reid zitiert einen Ausspruch von Carol Farina, der besagt, daß die Verwundung (des professionellen Heilers) ein Synonym des Begriffs Co-Abhängigkeit sei. Reid definiert Co-Abhängigkeit als »einen Zustand, in dem Menschen die Bedürfnisse anderer ihren eigenen Bedürfnissen voranstellen, zu ihrem eigenen Schaden«.[96] Laut Farina konzentrieren diese unerfüllten Bedürfnisse sich in einer grundlegenden Ausdrucksform: dem Kontrollbedürfnis – dem Bedürfnis, Beziehungen zu kontrollieren. Auf die psychotherapeutische Situation trifft dieses Kriterium zweifellos zu. Reid gibt Farinas Überzeugung mit den Worten wieder: »Für manche Therapeuten ist Kontrolle so wichtig, daß jeder Kontakt mit anderen außerhalb der Therapiesitzung vermieden wird. Ihre Unsicherheit hat eine abkühlende Wirkung auf alle anderen persönlichen Beziehungen.«[97] Könnte dies für das Ausgebranntheits- und Überarbeitungssyndrom bei Psychotherapeuten mitverantwortlich sein? Wenn wir den Drang nach Kontrolle und das Bedürfnis, die volle Verantwortung für das Leben anderer zu übernehmen, hinzufügen, ergibt sich daraus zwangsläufig Erschöpfung und Ausgebranntsein.

Wenn wir die Psychotherapie als systematisierte Ausbildung zur und Praxis der Krankheit der Co-Abhängigkeit betrachten, müssen wir das Phänomen von verschiedenen Ebenen aus untersuchen. Wie schon erwähnt, kommen Psychotherapeutinnen und Psychotherapeuten oft aus suchtgeprägten, dysfunktionalen Familien. Sie neigen dazu, Berufe zu wählen, in denen sie die in der Kindheit und Jugend erlernten Fertigkeiten nutzen können und in denen diese Fertigkeiten geschätzt werden. Aber es kommt noch etwas hinzu: Da Psychotherapeutinnen und Psychotherapeuten oft aus Suchtfamilien/dysfunktionalen Familien kommen (und oft findet in diesen Familien keine Genesung statt), können sie die Unterschiede zwischen süchtig-dysfunktionalem Verhalten und gesundem Verhalten häufig nicht erkennen und verstehen. Das Dysfunktionale erscheint als normal; wenn sie sich in einem Beruf vorfinden, der co-abhängiges Verhalten systematisiert, erscheint das daher als das Normale. Wir betrachten gewöhnlich das Dysfunktionale in Individuen, aber wir übersehen die innige Verbindung mit einem dysfunktionalen Berufsfeld. Co-Abhängige können zum Beispiel nicht zwischen Liebe und Kontrolle unterscheiden, also wählen sie Berufe, in denen beides miteinander verschmolzen ist. Co-Abhängige neigen dazu, sich auf andere zu konzentrieren und ihre Daseinsberechtigung aus der Fürsorge für andere abzuleiten, also wählen sie einen Beruf, in dem sie genau dafür bezahlt werden. Co-Abhängige leben auf, wenn andere von ihnen abhängig sind. Therapeutinnen und Therapeuten lernen in ihrer Ausbildung, daß es ihre Aufgabe sei, die Situation in der Hand zu haben, zu wissen, was andere brauchen, zu wissen und zu interpretieren, was für andere gut ist, besser zu wissen, was in Klienten vorgeht als die Klienten selbst, und was getan werden muß, um das Problem zu »lösen«, andere »zu ihrem Besten« zu manipulieren und für andere verantwortlich zu sein. Die Struktur und die Ausrichtung des Berufs als solche verewigen diesen Krankheitsprozeß.

Unglücklicherweise neigen Co-Abhängige dazu, anderen gegenüber die Position »Gottes« oder einer höheren Macht einzunehmen, oft in dem Glauben, daß die Kraft ihrer Liebe andere gesund machen könne.

Es ist verblüffend, wie oft die Behandlung der Co-Abhängigkeit selbst co-abhängige Formen annimmt. In einer Broschüre las ich kürzlich: »Die Leitung wird die Teilnehmenden darin unterstützen:

- die entwicklungsbedingten Ursachen ihrer Krankheit zu verstehen,
- die Hindernisse, die zu Entwicklungshemmungen führten, zu beseitigen,
- sich ihrer selbst und des Suchtverhaltens, mit dem sie auf Situationen und Menschen reagieren, stärker bewußt zu werden, so daß sie bessere Alternativen wählen können,
- effiziente *Kontrolle* (Hervorhebung von mir) über ihr eigenes Leben auszuüben und
- gleichberechtigte zwischenmenschliche Beziehungen entwickeln zu lernen.«[98]

Diese Beraterinnen und Berater wissen zweifellos genau, was die Gruppenteilnehmer brauchen und wie sie es bekommen werden.[99] Ich frage mich nur, wieviel Heilung daraus erwachsen wird.

Cermak stellt folgende Kriterien zur Erkennung von Co-Abhängigkeit auf:

- Permanentes Abhängigmachen der eigenen Selbstachtung von der Fähigkeit, Gefühle und Verhaltensweisen bei sich selbst und bei anderen zu beeinflussen oder zu kontrollieren, trotz offensichtlich nachteiliger Folgen,
- Übernahme der Verantwortung für die Erfüllung der Bedürfnisse anderer, bei gleichzeitiger Weigerung, die eigenen Bedürfnisse wahrzunehmen und anzuerkennen,
- Ängste und Grenzverzerrungen in Situationen der Intimität und der Trennung,
- Verstrickung in Beziehungen mit persönlichkeitsgestörten, drogenabhängigen und affektiv gestörten Menschen,
- Auftreten von mindestens drei oder mehr der folgenden Verhaltensweisen oder Merkmale: Zurückhaltung von Emotionen, begleitet oder nicht begleitet von gelegentlichen dramatischen Ausbrüchen, Depressionen, übermäßig erhöhte Reaktionsbereitschaft, Zwanghaftigkeit, Ängste, exzessives Festhalten an Verleugnung, Drogenmißbrauch, Erfahrung wiederholter Mißhandlung oder wiederholten sexuellen Mißbrauchs, streßbedingte Krankheiten oder eine seit mindestens zwei Jahren bestehende Primärbeziehung mit einer/einem aktiv Drogenabhängigen, ohne daß die Person Hilfe von außen sucht.[100]

Aus meiner Sicht treffen diese Kriterien zweifellos auf viele Psychotherapeutinnen und Psychotherapeuten zu. Zum Beispiel wurde in einem Artikel in der »Kauai Times« kürzlich ein in Kauai ansässiger Arzt zitiert, der »Dr. Love« genannt wird. Er sagt: »Als Arzt habe ich gelernt, wie man den Körper mit Medikamenten, Strahlen und anderen Methoden manipulieren kann, wie man die biophysische Ganzheit, die wir darstellen, beeinflussen kann, und dennoch – obwohl ich mich dieser Methoden bediente und die Resultate beobachtete, war ich immer wieder davon beeindruckt, daß die Macht der Liebe soviel größer ist als die Macht der Wissenschaft. Wenn ich der Wissenschaft die Kraft der Liebe hinzufüge, eröffnet sich eine völlig neue Dimension in den Reaktionen des Menschen, mit dem ich es zu tun habe, und in meinem eigenen Selbstverständnis. So wurde mir klar, daß das Wichtigste, was ich Menschen geben kann, Liebe ist.«[101]

Als ich diesen Artikel las, dachte ich an Cermaks Kriterien für Co-Abhängigkeit (»Permanentes Abhängigmachen der Selbstachtung von der Fähigkeit, Gefühle und Verhaltensweisen bei sich selbst und bei anderen zu beeinflussen oder zu kontrollieren«).[102] Mir fiel auf, daß der New-Age-Therapeut der wissenschaftlichen Trickkiste einfach Liebe hinzugefügt hatte. Wenn man das Lieben gesteuert einzusetzen versucht, handelt es sich leider nicht um Liebe. Viele New-Age-Formen der Therapie haben autoritäre Techniken durch »Techniken« der Liebe ersetzt, aber auch bei den letzteren handelt es sich immer noch um Manipulation. Ich meine, es ist leicht zu erkennen, daß die unterschwellige Erziehung zur Co-Abhängigkeit in der Ausbildung von Psychotherapeuten viele Facetten hat. Selbst beim höchsten Engagement, anderen zu helfen, müssen wir erkennen, daß die Helferrolle als solche Teil einer fortschreitenden Krankheit ist, die in letzter Konsequenz für den Therapeuten und den Klienten tödlich ausgehen kann. Darüber später mehr.

Kann Psychotherapie als Modell wirksam sein?

Obwohl ich anerkenne, daß vielen Menschen durch die Psychotherapie geholfen wird, und daß ich als ehemalige Psychotherapeutin selbst vielen Menschen half, glaube ich nicht, daß das Psychotherapiemodell, das auf der mechanistischen Wissenschaft aufbaut, letztlich hilfreich sein kann.

Mittlerweile denke ich, daß es in jenen raren Fällen, in denen Psychotherapie wirklich zur Heilung führt, dem Lebensprozeß-System gelingt, ein letztlich destruktives Paradigma zu durchbrechen.

Wenn ich Vorträge halte, demonstriere ich es oft auf folgende Art: Ich balle meine linke Hand zur Faust und bedecke sie mit meiner rechten Hand. Die Faust ist versteckt, aber hie und da doch zu sehen, weil die rechte Hand sie natürlich nicht vollständig bedecken kann.

Die zur Faust geballte linke Hand ist das Lebensprozeß-System, das vom Suchtsystem völlig überdeckt ist. Aber hin und wieder bricht das Lebensprozeß-System durch (ich strecke einen Finger meiner linken Hand zwischen den Fingern der rechten Hand durch). Dieser Durchbruch kann wirkliche Heilung bewirken. Zu den typischen Prozessen des Suchtsystems gehört dann, sich dieser Erfahrungen zur Sicherung seines eigenen Fortbestehens zu bedienen. Da das Suchtsystem von der Existenz des Lebensprozeß-Systems nichts weiß, benutzt es jeden dieser Durchbrüche, um sich selbst zu rechtfertigen und zu erhalten.

In ähnlicher Weise wertet das System des Weißen Mannes die Merkmale und Qualitäten ab, die es als »weiblich« definiert, und benutzt sie dann, um sich selbst am Leben zu erhalten. Ähnlich verhalten sich Beziehungssüchtige; sie leiden unter der Suchtbeziehung, aber dann, wenn man sie fragt, warum sie die Beziehung nicht beenden, sagen sie: »Ja, es ist wirklich furchtbar. Aber ich erinnere mich, daß es vor zwei Jahren einen Augenblick gab, in dem wir wirklich miteinander in Kontakt waren, vielleicht kann das wieder geschehen.« Wir benutzen den »Durchbruch«, um die Sucht aufrechtzuerhalten.

Wenn die Heilkraft des Lebensprozeß-Systems in der Therapie durchbricht, wird sie benutzt, um ein Modell zu unterstützen, das auf eben der Weltauffassung beruht, die echte Heilung unmöglich macht.

Spezielle Probleme innerhalb der Psychotherapie

Erklären und Verstehen Die Psychotherapie verläßt sich oft auf das Erklären und Verstehen als Heilmethode. Es herrscht die Vorstellung, daß Menschen ihre eigene Dynamik und die ihrer Familie nur zu verstehen brauchen, um wieder in Ordnung zu kommen. Wie ich schon vorher sagte, habe ich nie erlebt, daß jemand durch Verstehen geheilt wurde. Da die meisten Therapeutinnen und Therapeuten ein so beschränktes Wissen über Abhängigkeiten haben, werden Fragen nach dem »Warum« zu einem der üblichen Mittel, mit deren Hilfe die Psychotherapie das Suchtsystem aufrechterhält. Die Konzentration auf das psychologische Verständnis der Vorgänge dient dazu, dort zu bleiben, wo man ist, und sich nicht wirklich mit den eigenen Abhängigkeiten oder den unterschwelligen Tiefenprozessen konfrontieren zu müssen. »Verstehen« gibt oft die Rechtfertigung dafür ab, das Suchtverhalten fortzusetzen. Genesung von der Sucht erfordert dagegen, daß wir volle Verantwortung für alles übernehmen (uns zu eigen machen), was wir getan haben, während wir in unserer Krankheit waren. Es ist ein verbreitetes Mißverständnis unter Psychotherapeuten, die sich mit Sucht und Genesung nicht wirklich auskennen, zu meinen, es befreie bereits von der Sucht, wenn man sagt, daß man eine Krankheit hat, über die man machtlos ist. Nichts könnte der Wahrheit ferner liegen. Das Zwölf-Schritte-Programm der Genesung fordert, daß Genesende sich für alles verantwortlich erklären, was sie während der Zeit ihrer Krankheit taten, sogar wenn sie »Filmrisse« hatten, und daß sie Wiedergutmachung leisten, wo immer es möglich ist. Eine angemessene Wiedergutmachung kann bedeuten, daß wir uns zu einer vollständigen Umgestaltung unseres gesamten Lebens entschließen. Ich konnte feststellen, daß psychologische Erklärungen sich viel leichter als Genesungsprogramme zum Konstruieren von »Ausreden« mißbrauchen lassen.

Machtprobleme Aufgrund der Art, wie Psychotherapie strukturiert ist, mit dem »Experten«, der »perfekt« ist, und dem Klienten, der in Ordnung gebracht werden muß, besteht innerhalb dieses Modells zwangsläufig ein Machtgefälle. Außerdem ist Machtungleichgewicht innerhalb eines Systems, das besagt, der Experte müsse die Dinge stets unter Kontrolle haben, immer von vornherein gegeben. Feministinnen und Farbige haben lange gegen diese Art von Machtgefälle gekämpft, aber wenn sie selbst in das Berufsfeld eintraten, unterwarfen Mitglieder beider Gruppen sich unglücklicherweise ebenfalls den »Gegebenheiten« des Modells.

Dieses Modell nährt Abhängigkeit, und Abhängigkeit kann letzten Endes nie zur Heilung führen. Natürlich gibt es die Vorstellung, daß aus der Abhängigkeit Unabhängigkeit erwächst; ich denke, das muß innerhalb des Modells und in der Realität hinterfragt werden.

Die Unmöglichkeit, Psychotherapie zu betreiben Masson trägt in *Die Abschaffung der Therapie* überzeugend und in wütendem Ton vor, daß es unmöglich sei, Psychotherapie zu betreiben. Er greift das wissenschaftliche Modell, auf dem sie beruht, jedoch nicht an, sondern nimmt sich die verschiedenen psychotherapeutischen »Schulen« vor und demonstriert brillant, daß sie von unhaltbaren Voraussetzungen ausgehen und daß sie oft gefährlich sind.

Meine erste Lektüre des Buches war so etwas wie eine Wanderung durch meine eigene Entwicklungsgeschichte als Psychotherapeutin. Bei vielen der Leute, die er erwähnt, hatte ich studiert (oder mich, wie bei Rosen, geweigert, von ihnen zu lernen), aber es war eine eindrucksvolle Erfahrung, meine eigene »Gehirnwäsche« und meine Weigerung, mich der Gehirnwäsche zu unterziehen, mit Massons Augen zu sehen.

Masson bringt in seiner Diskussion der psychotherapeutischen Schulen ein Zitat von Hans Strupp, das mir besonders ins Auge fiel: »Der Therapeut behandelt keine Krankheit oder Störung, sondern einen Menschen, der bei seiner Anpassung ans Leben mehr oder minder spezifische Schwierigkeiten erfährt«.[103] In psychotherapeutischen Kreisen hörten wir oft, daß es die *Beziehung* zwischen dem Therapeuten und dem Klienten sei, von der wirklichen Heilung ausgehe, aber ein »Wissenschaftler« hat keine »Beziehungen«. Dennoch basiert die Psychotherapie auf einer »Wissenschaft«, und diese Einstellung hat Therapieformen (wie das »Reparenting«) aus dem Boden schießen lassen, die davon ausgehen, der Therapeut könne »reparieren«, was beim ersten Mal nicht »richtig« gemacht wurde, indem er es einfach wiederholt und nunmehr »richtig« macht. Wieder ein mechanistischer Ansatz, der auch nicht funktioniert.

Feministische Therapie Masson wirft einige wichtige Fragen auf, was die Tendenz der feministischen Therapie angeht, in dieselben Fallen zu laufen wie andere Therapieformen.[104] Es reicht zweifellos nicht aus, den Fokus von Männern auf Frauen zu verschieben, und dann mit denselben, auf der mechanistischen Weltauffassung basierenden Methoden weiterzuarbeiten. Feminismus ist in meiner Sicht im tiefsten Kern ein Versuch der Auseinandersetzung mit der mechanistischen Weltauffassung und ihren Folgen für die gesamte Menschheit, die Natur, die Erde und das Universum.

Feministische Therapeutinnen waren – aus welchen Gründen auch immer – nicht bereit, sich auf den Kampf mit dem wissenschaftlichen »Club« einzulassen, der die Psychotherapie trägt, und zu ihren eigenen Überzeugungen zu stehen. Wie ich bereits erwähnte, kamen die bösartigsten Attacken gegen mich von elitären feministischen Therapeutinnen, die mich unter ihre Kontrolle und »auf Linie« (oder, in erster Linie, zum Schweigen und Aufgeben) bringen wollten. Ihr Hauptinteresse lag meiner Meinung nach darin, die feministische Therapie »hoffähig« zu machen und vom therapeutischen Establishment anerkannt zu werden. Es gab wenig oder keine echten Bemühungen, das Modell zu hinterfragen, auf dem die Therapie beruht. Ich stimme Masson vollkommen zu, wenn er sagt, daß »alle Defekte, die den (...) verschiedenen psychotherapeutischen Ansätzen innewohnen, auf mehr oder minder subtile Weise auch in die feministische Therapie einsickern werden.«[105]

Mary Daly schreibt: »Hinter den offenen misogynen Voraussetzungen für die patriarchale Psychotherapie (d.h. ›Penisneid‹ und Schuldzuweisungen an die Mutter) steht ein subtilerer Komplex von Zielvorstellungen, der schwer aufzudecken ist, und in seinen vielfältigen Formen die psychotherapeutische Situation wie eine Seuche zu durchdringen scheint.«[106] Ich stimme auch mit Daly überein, wenn sie sagt, daß der Begriff »feministische Therapie« einen Widerspruch in sich darstellt.[107]

Prävention und Potential 1982 schrieb George Albee einen wichtigen Essay: »Preventing Psychopathology and Promoting Human Potential« (Über die Prävention von Psychopathologie und die Förderung des menschlichen Potentials).[108] Darin nahm Albee meiner Ansicht nach vorweg, was wir heute über die Einflüsse der Suchtgesellschaft und über die Unfähigkeit der Psychotherapie, den Bedürfnissen der Gesellschaft gerechtzuwerden, lernen. Wie viele Autoren dieser Zeit hinterfragte er weder die mechanistische Wissenschaft noch auch nur die Grundprämissen der Psychotherapie, aber er beschrieb die Probleme der Psychologie und wies darauf hin, daß diese in der Form, in der sie existierte, im Hinblick auf die Bedürfnisse der Gesellschaft ineffektiv war.

In seiner Zusammenfassung sagt er: »Bei der primären Prävention mentaler und emotionaler Störungen liegt die Betonung auf der Reduktion von unnötigem Streß, einschließlich Machtlosigkeit, und auf der Verstärkung der sozialen Kompetenz, der Selbstachtung und der unterstützenden Netzwerke.«[109] Ich finde es interessant, daß die Charakteristika, die er aufzählt, alle auf die Genesung von Sucht zutreffen (im Zwölf-Schritte-Programm der Anonymen Alkoholiker wird die persönliche Macht zum Beispiel verstärkt, wenn man seine Machtlosigkeit in bezug auf eine Sucht eingesteht), und daß sich in einer kanadischen Stammesgemeinschaft Gruppengenesung manifestierte, als die Mitglieder sich mit all den genannten Problemen konfrontierten, und eine Wandlung von hundert Prozent Süchtigen zu fünfundneunzig Prozent Genesenden erreichten.[110]

Weiter sagt Albee, das von ihm vertretene Modell gehe davon aus, »daß die Einzeltherapie ein hoffnungsloser Ansatz ist, aufgrund der unüberbrückbaren Kluft zwischen der großen Zahl der Bedürftigen und der kleinen Zahl der Helfer.«[111] (Darüber hinaus verschlimmert die Einzeltherapie in der uns bekannten Form die Probleme auf der gesellschaftlichen Ebene und kann die existierenden Bedürfnisse unmöglich erfüllen.) Ich finde es faszinierend, daß Psychologen und andere »Helfer« nicht davon ablassen, immer striktere Zulassungsbedingungen zu fordern, was die Bevölkerung schließlich zwingen würde, sich an eine einzige politisch und theoretisch festgelegte »Helfer«-Institution zu wenden, obwohl diese Art von Institution schon jetzt den existierenden Bedürfnissen nicht gerecht werden kann. Für mich ist es offensichtlich, daß wir es beim gegenwärtigen Stand der Dinge in der Psychologie mit wirtschaftlichen Fragen und Machtfragen (oder Fragen der Machtillusion) zu tun haben, und daß es nicht um das Interesse an den Bedürfnissen der Bevölkerung geht. Es besteht eindeutig Bedarf für ein Gemeinschaftsmodell.

Albee meint: »Es gibt zwei vernünftige Strategien, um unsere Defizite auszugleichen: Bei der ersten geht es darum, Alternativen zu der

Art von Einzelinterventionen zu finden, die von einem Experten mit hoher Qualifikation geleistet werden muß.«[112] Ich finde das aus mehreren Gründen interessant. Erstens sehe ich, daß sich diese Gemeinschaftsentwicklung nur in einer einzigen Gruppe ereignet, nämlich unter den eben erwähnten amerikanischen Ureinwohnern. Sie haben ihre eigenen Kräfte mobilisiert, um mit Suchtproblemen fertigzuwerden, oft ohne die Anwesenheit von »Experten«, und sie haben erkannt, daß sie der Frage auf den Grund gehen müssen, mit welchen Mitteln die mechanistische westliche Gesellschaft sie ihres Erbes beraubt hat und daß sie sich mit ihren Suchtproblemen konfrontieren, ihre Selbstachtung wiedergewinnen und neue (alte) Paradigmen entwickeln müssen.

Zweitens erinnere ich mich in diesem Zusammenhang an ein Frauenhaus, eine Zufluchtsstätte für mißhandelte Frauen, die erste ihrer Art in der fraglichen Gemeinde. Das Frauenhaus wurde von den mißhandelten Frauen selbst ins Leben gerufen und verwaltet, und die einzigen »Referenzen« dieser Frauen bestanden darin, daß sie selbst Betroffene waren. Die »feministischen Psychologinnen« am Ort erreichten die Schließung des Frauenhauses. Ihrer Meinung nach sollte es von ausgebildeten Fachkräften geleitet werden, weil dann »Beratung« stattfinden würde. Einige Zeit später wurde das Frauenhaus dann wieder geöffnet; die bewußten »Fachkräfte« saßen im Vorstand und bekamen Beratungshonorare. In solchen Fällen geht es offensichtlich eher um Macht und Geld als um das soziale Engagement oder um Hilfsangebote.

Albee fährt fort: »Wir müssen Selbsthilfeinitiativen und Gruppen zur wechselseitigen Hilfeleistung unterstützen und Laien fördern, die den Wunsch haben, in die Gemeinschaft zu gehen und bestehende Netzwerke und Unterstützungssysteme zu nutzen.«[113] Während ich dies niederschreibe, ist mir bewußt, daß die Selbsthilfegruppen gegenwärtig für erheblichen Aufruhr in Fachkreisen sorgen. Jacobs und Goodman verfaßten einen eindringlichen Aufruf an die psychologische Fachwelt, sich in der immer stärker anwachsenden Selbsthilfeszene einen Platz zu sichern: »Psychologen sind gefordert, die Bedeutung des Berufsfeldes zu stärken, indem sie in dieser Entwicklung frühzeitig eine Führungsrolle übernehmen. Wenn wir Psychologen in dieser Entwicklung keine wesentliche Rolle übernehmen, werden andere Fachkräfte es tun, was vielleicht dazu führt, daß unsere nationale Bedeutung um eine Stufe sinkt.«[114] Warum müssen wir unbedingt die Führung in einem Bereich übernehmen, über den wir schlecht informiert sind und in dem wir nicht gebraucht werden? Um was geht es hier eigentlich? Es scheint, daß Gier, Machtillusionen und Rivalität eine große Rolle spielen – alles Merkmale von Süchtigen.

Albees zweite Strategie besteht darin, »mehr Gewicht auf die primäre Prävention zu legen. Wir müssen die Tatsache anerkennen, daß keine massenhaft auftretende Störung, die große Zahlen von Menschen affiziert, je durch Versuche, jedes einzelne betroffene Individuum zu behandeln oder genügend Fachkräfte als Intervenierende auszubilden, unter Kontrolle gebracht oder beseitigt wurde.«[115] Albee schlägt Ansätze vor, »die von der Entwicklung persönlicher Verantwortung für die Gesundheit, für Lebensstilveränderungen und für eine weniger streßbeladene und humanere Umwelt ausgehen.«[116] Mit anderen Worten: Er schlägt vor, daß wir einen Paradigmenwechsel vollziehen und anfangen, auf eine andere Art zu denken und zu leben. Genau das geschieht, wenn wir uns mit unseren Abhängigkeiten konfrontieren und lernen, im Prozeß zu leben. Seit ich begann, mich um die Entwicklung neuer Modelle zu bemühen, war ich mehr als zu jeder anderen Zeit in meinem Leben Angriffen von »Fachleuten« ausgesetzt, die meine Arbeit lahmzulegen versuchten. Die Notwendigkeit, Veränderungen zu vollziehen, besteht, aber im allgemeinen versuchen die Leute eher, innerhalb des alten Paradigmas Modifikationen vorzunehmen, als es ganz und gar zu verändern, selbst wenn es sich als unwirksam erwiesen hat.

Unter jenen, die sich ernsthaft mit der Effizienz des psychotherapeutischen Modells befassen, herrscht offenbar Übereinstimmung darüber, daß es nicht wirksam sein kann. Aber wie immer, wenn ein System radikale Veränderungen durchläuft, bringt diese Bewegung manche dazu, um so konsequenter am alten Modell festzuhalten. Wie ich schon oft wiederholt habe, liegt auch hier die Ironie darin, daß die wahre Grundlage jeder Art von Wissenschaft Offenheit und Unvoreingenommenheit ist. Wenn man nicht unvoreingenommen ist, selbst was die Prämissen der eigenen Wissenschaft angeht, führt das zu Dogmatismus.

Einige unhaltbare Grundpositionen der Psychotherapie

Es gibt eine große Zahl erklärter und unausgesprochener Grundvoraussetzungen, die dazu beitragen, daß die Psychotherapie als Instrument der Heilung nicht mehr vertretbar ist:
- Daß die zum Helfen am besten geeignete Person Experte und perfekt ist.

- Daß Menschen die Summe der Kräfte sind, die auf sie eingewirkt haben.
- Daß Abwehrmechanismen notwendig sind.
- Daß die Doppeldiagnose grundlegend wichtig ist.
- Daß wir negative Gefühle loswerden und sie durch positive Gefühle ersetzen müssen.
- Daß Theorie in der Psychotherapie hilfreich ist.
- Daß Übertragung und Gegenübertragung notwendige Elemente der Heilung sind.

Im folgenden Abschnitt werde ich jede dieser Positionen im einzelnen erörtern.

Daß die zum Helfen am besten geeignete Person Experte und perfekt ist Ich habe die Annahme, daß die zum Helfen am besten qualifizierte Person Experte und perfekt sein solle, bereits mehrfach erwähnt, und an dieser Stelle möchte ich darauf hinweisen, welche Folgen sich daraus für Therapeut/innen und Klient/innen ergeben.

Für die Person in der Therapeutenrolle schafft das eine Situation, in der es in erster Linie um »Eindruckschinden« und Verleugnung geht. Das ist einer der Gründe dafür, warum es so schwierig ist, geschädigte psychologische Fachkräfte dahinzubringen, Hilfe für ihre Suchtprobleme zu suchen. Die Fachkraft muß nicht nur mit dem persönlichen Stigma fertigwerden, sondern auch mit der im Berufsfeld herrschenden Vorstellung, daß sie – oder er –, um als Fachkraft zu fungieren, ein Muster an Gesundheit sein müsse. Dazu kommt, daß die Berufsgruppe Krankheiten und insbesondere Suchtproblemen gegenüber eine Vorurteilshaltung einnimmt, und daß sie (trotz beharrlicher Behauptungen des Gegenteils) Leute mit Problemen als »schlecht« oder beschädigt ansieht und ihnen wirkliche Gesundheit nicht zutraut. Das macht es Fachkräften fast unmöglich, einzugestehen, daß sie Hilfe brauchen.

Im psychologisch-psychiatrischen Modell ist die Person, die am besten helfen kann, ein Muster an Gesundheit auf jeder Ebene, und selbst, wenn dem nicht so ist, kämpft das Modell dagegen an, daß diese Tatsache aufgedeckt wird.

Im Sucht-Genesungs-Modell dagegen ist die Person, der am meisten vertraut wird, diejenige, die aufrichtig sagen kann »Das kenne ich«, die den Kampf um die Rückkehr zur Gesundheit aus eigener Erfahrung kennt und nicht nur in der Theorie. Es ist ein partizipatorisches Wissenschaftsmodell.

Daß Menschen die Summe der Kräfte sind, die auf sie eingewirkt haben Aufgrund der Vorstellung vom unvermeidlichen Machtgefälle in der Psychotherapie, verbunden mit der mechanistischen wissenschaftlichen Annahme, daß Objekte nur äußerlich aufeinander einwirken (es gilt nur, was beobachtet und gemessen werden kann), nimmt man an, daß Menschen die Gesamtsumme der Kräfte sind, die auf sie einwirkten. Diese Vorstellung läßt keinen Raum für Selbstbestimmung, Willen, Motivation, Wahlfreiheit, Gefühle, Intuition und den Stellenwert, den diese Qualitäten im Leben des Individuums einnehmen.

Da die wissenschaftliche Auffassung, auf der Therapie beruht, in dualistischen Gegensätzen denkt, und davon ausgeht, daß ein Mensch entweder Opfer oder schuldiger Teil ist, bleibt kein Raum dafür, verantwortlich zu den eigenen Entscheidungen zu stehen und trotzdem frei von Schuld zu sein. Daher hat die Psychotherapie ein Modell etabliert, in dem Menschen Opfer sind – Opfer ihrer Eltern, ihrer Kindheit, Opfer ihrer Freunde, ihrer Therapeuten, ihrer Lehrer. Sie sind für ihr Leben nicht verantwortlich (wir verstehen verantwortlich sein im Sinne des »Sich-zu-eigen-Machens«, nicht im Sinne des Verursachens und der daraus sich ergebenden Schuldzuweisungen). Auf sehr subtile Weise arbeitet die etablierte Psychotherapie daraufhin, Menschen in der Opferrolle und daher in Abhängigkeit zu halten. Unglücklicherweise findet ein Mensch, der in der Opferrolle bleibt, niemals Heilung. Ein Opfer kann seine Selbstachtung nicht wiedergewinnen. Ein Opfer kann sich nie voll entfalten.

Es ist wichtig, zu erkennen und im Auge zu behalten, daß Frauen Opfer einer Kultur sind, die das Weibliche abwertet. Und dennoch – wenn eine Frau an dieser Stelle steckenbleibt und nicht weitergeht und ihre Fixierung an die Kultur aufgibt – in dem Wissen, daß nur sie selbst heilen kann, was in ihr ist –, wenn sie nicht anfängt, sich die Entscheidungen anzueignen, die sie getroffen hat, und nicht tut, was sie tun muß, um Heilung zu finden, wird sie nie Selbstachtung entwickeln. Selbstachtung kann nicht von anderen gegeben werden. Selbstachtung entsteht, wenn wir uns der Realität unseres eigenen Lebens stellen und uns mit dieser Realität auseinandersetzen. Meiner Erfahrung nach ist das Zwölf-Schritte-Programm der Anonymen Alkoholiker viel besser geeignet, diese Entwicklung zur Selbstachtung und das Hinauswachsen über die Opferrolle zu fördern als die Psychotherapie.

Daß Abwehrmechanismen notwendig sind Freud nahm an, Abwehrmechanismen seien ein normaler und notwendiger Bestandteil der psychischen Struktur des Menschen. In meiner Arbeit innerhalb des neuen Wissenschaftsparadigmas (des Lebensprozeß-Systems) und in der Genesung von Abhängigkeiten fand ich diese Annahme nicht bestätigt. Das Vorhandensein von Abwehrmechanismen zeigt oft an, daß Menschen aus ihrem Suchtprozeß heraus operieren. Abwehrmechanismen sind nur in einem Suchtsystem normal und notwendig. In diesen wie in vielen anderen Fällen definiert die Psychotherapie »Normalität« nach dem, was in einem auf dem mechanistischen Wissenschaftsmodell basierenden Suchtsystem normal ist. Es ist durchaus denkbar, daß Abwehrmechanismen entwickelt wurden, um die Situation in einem abnormen, illusionären Gesellschaftssystem zu bewältigen.

Daß die Doppeldiagnose grundlegend wichtig ist In jüngster Zeit kam die Vorstellung auf, daß Sucht und psychische Störungen unterschiedlich zu diagnostizieren seien; Sucht gilt unter den Verfechtern dieser Auffassung als Reaktion auf tieferliegende psychische Störungen. Natürlich schließt diese Auffassung gesellschaftliche Einflüsse aus, verweist die Behandlung von Süchten in den Bereich der psychiatrischen Gesundheitsdienste und verhindert das Gewahrsein der psychischen Abhängigkeiten, die mit den Abhängigkeiten von Substanzen einhergehen. Es ist wichtig, anzumerken, daß die Tagessätze der Krankenhäuser für Psychiatriepatienten sehr viel höher liegen als die für Patienten mit einer bloßen Suchtdiagnose. Unter dem Deckmantel der Forderung nach klaren Diagnosen sind hier diverse politische Fragen im Spiel. Es gibt immer noch eine (kaum oder gar nicht faktisch belegte) schweigende Übereinkunft, daß psychische Störungen oder psychiatrische Erkrankungen leichter oder besser zu behandeln seien, oder daß wir uns auf ihre Behandlung verstünden und darin erfolgreich seien. Durch die Doppeldiagnose wird eine althergebrachte Machtbasis aufrechterhalten (die besonders eifrig verteidigt wird, da die üblichen medizinischen oder psychologischen Ansätze bei Suchtproblemen nicht gut greifen). Man fühlt sich wohler dabei, psychiatrische Erkrankungen zu behandeln (denn das erfordert einen Experten), als Sucht zu behandeln. Das ist ein weiteres Beispiel dafür, wie man Klienten auf das Know-how der Fachleute hin zurechtbiegt.

Daß wir negative Gefühle loswerden und sie durch positive Gefühle ersetzen müssen Die Vorstellung, negative Gefühle loszuwerden und sie durch positive Gefühle zu ersetzen, geht zunächst einmal davon aus, daß der Therapeut wisse, was für den Klienten »gut« ist. Zweitens wird vorausgesetzt, daß »schlechte« Gefühle nicht gut seien und weggehen sollten.

Nun gibt es so etwas wie »schlechte« oder negative Gefühle überhaupt nicht. Gefühle sind, was sie sind. Sie sind da, damit wir aus ihnen lernen und ihnen Informationen entnehmen. Wenn wir versuchen, sie unter Kontrolle zu bringen, leiden wir. Wenn wir sie bewerten, leiden wir. McMahon und Campbell sagen: »Durch Verleugnung wird jeder Aspekt verschärft und konserviert, während Akzeptanz dazu führt, daß er sich transformiert und in den Gesamtprozeß hineingenommen wird.«[117]

Daß Theorie in der Psychotherapie hilfreich ist Im Graduiertenstudium brachte man mir bei, daß Theorie absolut notwendig sei, und daß Eklektiker die schlimmste Sorte Psychologen seien. Eklektizismus ist, wie ich mittlerweile verstanden habe, deshalb so »schlecht«, weil es die wissenschaftliche Rolle der Psychologie ist, Theorien zu testen; wenn keine Theorie da ist, gibt es auch kein Testlabor für Theorien. Ich habe jedoch beobachtet, daß die Theorie in der Psychotherapie oft eine schädigende Rolle spielt, und daß dieser Aspekt der Psychotherapie selten hinterfragt wird. Ich meine, daß Theorien die Wahrnehmung von Therapeuten oft einschränken und beherrschen, was bewirkt, daß sie Informationen, die der Theorie nicht entsprechen, nicht hören oder als unwesentlich abtun. (Dabei muß ich wieder an Massons Schilderung denken, wie Freud Berichte über sexuellen Mißbrauch in der frühen Kindheit als Phantasieprodukte abzutun bemüht war, um seine Theorien nicht zu gefährden.)[118] Dieses Ignorieren von Informationen ist in Fachkreisen leider nur allzu weit verbreitet.

Psychotherapeuten versuchen tatsächlich, ihre Klienten auf ihre Theorien hin zurechtzubiegen. Unglücklicherweise ist es der Klient, der verliert, wenn er – oder sie – nicht in die Theorie hineinpaßt. Wenn der Therapeut an die Theorie denkt und versucht, die Klientin oder den Klienten in die Theorie einzupassen, ist es außerdem so, daß der Therapeut den Klienten verlassen hat. Der Therapeut ist so sehr mit seinen Gedanken beschäftigt, daß Präsent-sein nicht mehr möglich ist.

Allzu oft sind unsere Theorien schlicht falsch. Sie sind logisch und rational, aber manchmal passen sie einfach nicht. Warum zum Beispiel nehmen wir immer an, daß der Mutterleib ein Ort der Sicherheit war? Die Tiefenprozeßarbeit bestätigt diese Annahme nicht. Dennoch setzen viele Theorien die Sehnsucht nach der Rückkehr in die »Sicherheit« des Mutterleibs als etwas Gegebenes voraus. Theorien sind immer nur das, was dem Theoretiker – aus welchen Gründen auch immer – als sinnvoll und einleuchtend erscheint.

Ich hörte einmal zwei bekannten Therapeuten zu, die über den Geburtsprozeß sprachen und zu dem Schluß kamen, das gesamte Leben sei in Wahrheit ein wiederholendes Ausgestalten des Geburtsprozesses (was ich aus meiner eigenen Erfahrung heraus bezweifle). Sie waren zum Beispiel überzeugt, daß Kinder, die durch Kaiserschnitt zur Welt gebracht wurden, sich dem Geburtsprozeß nie stellen mußten, und daher zur Passivität neigen und es auch als Erwachsene nie wirklich wagen, sich mit dem Leben zu konfrontieren. Ich war entsetzt über die geistige Masturbation, die sich in der Entwicklung dieses Gesprächs manifestierte. Ich ließ sie wissen, daß ich durch Kaiserschnitt auf die Welt gekommen bin und daß ich die konfrontationsfreudigste Person bin, die ich kenne. Es versteht sich von selbst, daß die beiden Experten das gar nicht komisch fanden, und sie waren rasch mit der Erklärung bei der Hand, daß es schließlich immer Ausnahmen gäbe. Wie zum Beweis für das destruktive Potential von Theorien konnte ich beobachten, daß die Zuhörerschaft von diesem theoretischen Diskurs begeistert war; die Leute leiteten das Gehörte auf direktem Wege zum Gehirn weiter, ohne auch nur zu prüfen, was für sie selbst zutraf. Eugene Gendlin merkt dazu an: »Solche theoretischen Konzepte richten alle Arten von Unheil an, weil wir versuchen, uns ihnen anzupassen, ohne uns zuvor den sehr andersartigen Prozeß zu gestatten, durch den wir dorthin kommen.«[119]

Ich habe immer gesagt, daß Theorie für uns ein Hintergrund sein sollte, der uns hilft, weniger zu übersehen und weniger unwissend zu sein, als wir ohne diesen Hintergrund wären. Theorien sind gut für die Wissenschaft. Ich weiß nicht, wie gut sie für die Heilung sind. Sie bieten dem Praktiker tatsächlich Sicherheit. Ein Ausspruch von Gerald May bringt das sehr treffend zum Ausdruck: »Ich versuchte, aus der Wissenschaft einen Gott zu machen; Wissenschaft erschien lernbar, beherrschbar und kontrollierbar.«[120] Für mich selbst bin ich zu dem Schluß gekommen, daß Theorie in den meisten Fällen Gewahrsein und Heilung behindert.

Daß Übertragung und Gegenübertragung notwendige Elemente der Heilung sind Obwohl viele Therapeutinnen und Therapeuten sich nicht mehr bewußt an der psychodynamischen Therapie Freudscher Prägung orientieren, gibt es viele Grundprämissen der Freudschen Analyse, die sich immer noch halten. Eine der vermutlich zählebigsten ist die Konzeption von Übertragung und Gegenübertragung und der Bedeutung dieser Aspekte für die Heilung. In der traditionellen Analyse bezieht der Begriff »Übertragung« sich laut Masson »auf die Gefühle, die ein Patient von einer früheren wichtigen Bezugsperson (vorwiegend in der Kindheit und in aller Regel ein Elternteil) auf die Person des Therapeuten überträgt. Das Verhalten des Therapeuten wird als irrelevant betrachtet, was den Ursprung dieser Gefühle angeht. Sie gehören zu der früheren Figur und gelten daher als Projektionen.«[121] Gegenübertragung bezeichnet den Umkehrprozeß, wenn der Therapeut Gefühle aus alten Beziehungen auf den Klienten projiziert.

In der psychoanalytisch orientierten Psychotherapie muß Übertragung eintreten (der Klient muß den Therapeuten als überlegen erleben), damit Therapie stattfinden kann. Der kompetente Therapeut stellt die Übertragung beziehungsweise das Machtgefälle dann in den Dienst der Therapie.

In meiner Arbeit mit Genesenden auf dem Lebensprozeß-Weg habe ich die Erfahrung gemacht, daß Übertragung und Gegenübertragung immer Anzeichen für das Abrutschen in den Suchtkrankheitsprozeß sind. Ich fand es später viel einfacher, mit diesen Prozessen in einer Gruppe umzugehen (wo eine eher egalitäre Atmosphäre herrscht) als in der Einzeltherapiesituation, als ich selbst noch »Psychotherapeutin« war. Wenn ich es mit Projektionen zu tun habe, setze ich mich damit immer selbst und gemeinsam mit der Gruppe auseinander. Wenn ich einen Anteil an den Projektionen anderer auf mich habe und wenn ich für ihre Existenz eine gewisse Verantwortung trage, mache ich meine eigene Arbeit, um mit der Person, von der die Projektionen ausgehen, zur Klarheit zu kommen. Wenn die Überprüfung durch die Gruppe und meine eigenen Reflektionen darauf hindeuten, daß ich keinen Anteil an den Projektionen habe, dann ist klar, daß die Person, von der die Projektionen ausgehen, das Hier und Jetzt verlassen hat und in den Suchtprozeß hineingegangen ist. Oft treten Projektionen oder Übertragung dann auf, wenn jemand versucht, einem Tiefenprozeß auszuweichen, der bereit ist, an die Oberfläche zu kommen. Da zumindest der Versuch gemacht wird, kein Machtgefälle aufkommen zu lassen, und da ich auch als Gruppenmitglied an der Sitzung teilnehme, ist Gegenübertragung wirklich nur ein hypothetisches Problem. Wenn ich auf eine andere Person projiziere, ist es Übertragung oder ein Abrutschen in meinen Suchtprozeß, und die Gruppe ist dafür verantwortlich, mich darauf aufmerksam zu machen. Es ist auch *meine* Verantwortung, mir, sobald ich dessen fähig bin, dessen gewahr zu werden, daß ich in einem Suchtprozeß bin, und mich aus dem Suchtprozeß hinaus-zubewegen, indem ich meine Genesungsarbeit mache.

Meine Hauptsorge in der ganzen Übertragungs-Gegenübertragungs-Frage gilt dem Machtgefälle, das dadurch etabliert wird, und dem Glauben, man könne einen Suchtkrankheitsprozeß in den Dienst der Heilung stellen.

In meiner Arbeit mit Abhängigkeiten und Genesung sind das Wissen, daß wir uns in den Suchtprozeß hineinbewegt haben, und die Nutzung der Mittel der Genesung, um wieder herauszukommen, der Weg, mit dem Suchtprozeß umzugehen. Mit der Übertragung zu arbeiten ist als würde man Gift nehmen, um gesund zu werden. Freud, der selbst ein Süchtiger war, etablierte ein System, in dem der Suchtkrankheitsprozeß erhalten wird und zur Heilung genutzt werden soll. Meiner Auffassung nach lag das zumindest teilweise daran, daß er nicht mehr wußte. Die Psychotherapie versuchte weiterhin, den Suchtkrankheitsprozeß zu nutzen, um Heilung zu erreichen, und das funktioniert einfach nicht. Übertragung kann nicht »genutzt« werden. Sie kann und sollte aufgedeckt werden, weil das der Person die Chance gibt, zu sehen, daß sie – oder er – die Gegenwart verlassen hat, projiziert und in den Suchtprozeß zurückgefallen ist. Das einzig Hilfreiche ist, die Projektionen zurückzuweisen oder nicht darauf zu reagieren (wie es in Zwölf-Schritte-Gruppen geschieht). Diese Konfrontation gibt Menschen Gelegenheit, sich selbst zu betrachten und zu beobachten, auf welche Art sie ihre Krankheit »praktizieren«.

Der Versuch, Übertragung als Instrument der Heilung zu »nutzen«, und die Annahme, daß Übertragung notwendig sei, führt nur dazu, daß alle Beteiligten im Sumpf des Suchtsystems steckenbleiben. Suchtverhalten kann manchmal die Tür zu einem möglichen Heilungsgeschehen öffnen. Aber der Versuch, es zu nutzen und damit zu arbeiten, kann nur zur Verwirrung und zum Steckenbleiben im Suchtsystem führen, was, wie ich meine, dem Berufsfeld der Psychotherapie widerfahren ist. Die Psychotherapie hat versucht, Mittel zu verwenden, die sie zwangsläufig zu einer ungesunden und unvertretbaren Arbeitsform machen.

Ist Psychotherapie letztlich schädlich?

Nach den vorangegangenen Erörterungen scheint die Frage, ob Psychotherapie letztlich schädlich sei, beinahe rhetorisch; dennoch meine ich, daß sie direkt gestellt werden muß. Zwischen ungeeignet und schädlich besteht immerhin ein Unterschied. Es sind nicht die Besonderheiten der einzelnen psychotherapeutischen Schulen, auf die wir uns konzentrieren müssen. Es ist die Weltauffassung, von der die Psychotherapie herkommt, die den Ansatz in letzter Konsequenz unvertretbar macht. In diesem Absatz werde ich fünf damit zusammenhängende Fragen stellen: Ist Therapie schädlich für Therapeut/innen? Ist Therapie schädlich für Klient/innen? Schafft Therapie Abhängigkeit und erhält sie Abhängigkeit aufrecht? Basiert Psychotherapie auf Kontrolle und Manipulation? Eifern New-Age-Heilungstechniken dem Modell der Psychotherapie nach, und werden sie dadurch schädlich?

Ist Therapie schädlich für Therapeut/innen? Die therapeutische Rolle ist in der Art, wie sie etabliert wurde, letztlich nicht durchführbar. Therapeut/innen werden zum Beispiel in rechtlicher und beruflicher Hinsicht in eine gottähnliche Position versetzt. Der Therapeut soll genau wissen, was der Klient braucht, und fähig sein, den Klienten zu kontrollieren und zu schützen. Der Therapeut ist nicht einfach der Fürsprecher des Klienten; in letzter Instanz ist er – oder sie – für das Leben des Klienten verantwortlich.

Wir haben ein auf der Kontrollillusion basierendes System etabliert, in dem gewöhnliche Menschen eine gottähnliche Rolle spielen sollen, und wir haben die Therapeut/in-Klient/in-Beziehung nach dem Modell einer kranken, co-abhängigen Beziehung gestaltet. In einem Artikel, der kürzlich in der »Medical Tribune« erschien, diskutiert Ari Kiev die »Tarasoff-Entscheidung«.[122] In diesem Fall wurde ein Psychiater, der sich an die Schweigepflicht gebunden fühlte, für schuldig befunden, ein potentielles Opfer nicht gewarnt zu haben, bevor sein Klient einen Mord beging. Dies ist ein besonders klares Beispiel für die systematisierte und offiziell akzeptierte Praxis einer Krankheit, die progressiv und tödlich verläuft.

Es ist kein Wunder, daß wir in den helfenden Berufen soviel Erschöpfung und Ausgebranntsein finden. Es gibt Anzeichen dafür, daß Co-Abhängige, die mit aktiv Süchtigen leben, eine kürzere Lebenserwartung haben als die Süchtigen. Wenn unsere Berufe die institutionalisierte Praxis der Co-Abhängigkeit sind, überrascht es nicht, daß bei Helfern das Ausgebranntsein so überaus häufig auftritt.

Ist Therapie schädlich für Klient/innen? Wie ich schon vorher andeutete, gehen Therapeutinnen und Therapeuten unter anderem deshalb so oft zu Workshops und Trainingsseminaren, weil sie wirklich helfen wollen, und weil sie tief in ihrem Inneren glauben, daß ihr Wissen und ihre Arbeitsformen einfach nicht wirksam sind. Psychotherapeut/innen sind zu einer Gruppe auf der Suche nach einer Technik geworden; sie versuchen, sich jede neue Technik einzuverleiben, die am Horizont auftaucht.

Ich betrachte Techniken, Übungen und Interpretationen mittlerweile als den »Stoff« der co-abhängigen, beziehungssüchtigen Therapeuten. Wenn ich sie als »Stoff« bezeichne, will ich damit ausdrücken, daß wir Techniken, Übungen und Interpretationen genauso benutzen, wie der Alkoholiker seine versteckte Schnapsflasche benutzt – nämlich, um unsere Krankheit aufrechtzuerhalten.

Therapeuten benutzen diese drei »Instrumente«, um ihre Machtbasis abzusichern, um sich ihre Machtillusionen zu erhalten, um den Prozeß des Klienten zu manipulieren und um Abhängigkeit zu erzeugen. Wenn Klienten durch den Gebrauch dieser drei Instrumente an Wissen herankommen, lernen sie lediglich, dem Handwerkszeug des Therapeuten und diesem selbst, nicht aber ihrem eigenen Prozeß zu vertrauen. Diese Instrumente machen Therapeut/innen unersetzlich und notwendig für das Verständnis des eigenen Selbst. Jacquelyn Small drückt das so aus: »Unsere innere Stimme sagt uns, wie wir jetzt glücklich sein können. Aus ihr spricht die Weisheit des Organismus. Aber manchmal sind wir vielleicht nicht in der Lage, diese Stimme zu hören. *Also brauchen wir Instrumente und Methoden, die uns nach innen leiten.*«[123] (Hervorhebung von mir.)

Ich habe festgestellt, daß es die Therapeut/innen sind, die Instrumente und Methoden brauchen, und nicht die Klient/innen oder Teilnehmer/innen. Teilnehmerinnen und Teilnehmer brauchen eine sichere Atmosphäre, was für mich ein Klima der Offenheit und des Sich-Selbst-Zeigens beinhaltet, das bewirkt, daß alle Anwesenden in einer Weise partizipieren, mit der sie sich wohlfühlen. Sie brauchen einige Informationen über Tiefenprozesse, und sie brauchen eine Person, die bei ihnen bleibt, wenn ihre Tiefenprozesse heraufkommen. Sie brauchen es absolut nicht, daß man ihre Tiefenprozesse aus ihnen herauszerrt oder daß man ihnen diese Prozesse interpretiert.

Mittlerweile erscheint mir die Benutzung von Techniken, Handwerkszeug, Methoden – wie immer man es nennen will – ähnlich wie der Gebrauch der Zange bei einer normalen Geburt. Zweifellos bekommt man auch ein Baby, wenn die Zange benutzt wird, und meistens sind auch die Prozesse, die »per Zangengeburt« aus Leuten hervorgeholt werden, authentisch. Dennoch werden wie bei der Zangengeburt oft Mutter und Säugling verletzt und der Geburtsprozeß wird entstellt. Es ist schwierig, etwas zurückzuweisen, wenn die Information »wahr« ist. Aber wenn die Wahl des Zeitpunkts mit dem inneren Prozeß der Person nicht übereinstimmt, ist sie – oder er – vielleicht nicht bereit, sich mit dem Inhalt des erzwungenen Prozesses auseinanderzusetzen. Und selbst wenn die Wahl des Zeitpunkts stimmt, lernen Leute nicht, ihrem eigenen Prozeß zu vertrauen, wenn Tiefenprozesse aus ihnen herausgerissen werden. Auf lange Sicht tritt Heilung ein, wenn wir lernen, unserem eigenen Prozeß zu vertrauen und mit unseren Tiefenprozessen umzugehen, ob ein »Experte« dabei ist oder nicht.

Wenn ich an die Schäden denke, die durch den Gebrauch von Techniken, Handwerkszeug und Methoden angerichtet werden, fällt mir wieder die junge Frau aus Deutschland ein, deren Geschichte ich unter der Kapitelüberschrift »Tiefenprozeßarbeit kann nicht programmiert werden« wiedergab. Das Handwerkszeug (die Hypnose) wurde von einem Therapeuten verwendet, der nur das Beste für seine Klientin wollte. Die Klientin vertraute ihrem Therapeuten und wollte Heilung finden. Der Therapeut stellte die Erwägungen an und traf die Entscheidung über den »richtigen Zeitpunkt«, die Klientin bewußt mit ihrer Inzestproblematik zu konfrontieren. Trotz der allerbesten Absichten auf beiden Seiten wirkte das durch Hypnose forcierte Wissen sich zerstörerisch auf die Klientin aus, und sie rutschte für Monate in einen dysfunktionalen Zustand ab. Als sie in der Sicherheit des Intensiv-Workshops ihre Tiefenprozeß-Arbeit machte, konnte sie die Schädigungen durcharbeiten, die ihr von ihrem Vater und von ihrem technikorientierten Therapeuten zugefügt worden waren. Ich kann fast hören, wie einige Leserinnen und Leser dagegenhalten werden: »Das ist ein Ausnahmefall. Gewöhnlich wird Menschen durch dieses Handwerkszeug geholfen.« Selbst wenn man zugesteht, daß dies ein recht dramatischer Fall ist, sind Techniken meiner Erfahrung nach nur dazu da, Klienten unter der Kontrolle von Therapeuten zu halten; unbewußte Probleme werden dem Bewußtsein auf natürliche Weise zugänglich, wenn die Person bereit und an einem Ort ist, an dem sie sich sicher fühlt. Ich halte Techniken für sehr respektlos und finde, daß sie tatsächlich schädlich sind. Selbst wenn sie als »Abkürzung« eines sonst vielleicht sehr langen Weges benutzt werden, bringen sie Leute letzten Endes nur von ihrem eigenen Prozeß ab, und nur wenn wir unseren eigenen Prozeß respektieren, lernen wir wirklich zu leben. Die Überzeugung, daß wir Techniken und Praktiken brauchen, um Einsicht in uns selbst oder Zugang zum Göttlichen zu erlangen, ist tatsächlich das Hindernis, das uns von uns selbst und vom Göttlichen fernhält.

»Techniken wurden aus dem Bestreben geboren, andere zu verändern«, schreibt Michael Kerr in einem Artikel im »Atlantic Monthly«.[124] Und weiter: »Vieles von dem, was im Namen der Hilfe für andere getan wird – andere dazu bringen, ihre ›Gefühle auszudrücken‹ zum Beispiel –, spiegelt die Unfähigkeit der ›Helfer‹, ihre eigenen Ängste zu ertragen.«[125] Ich kann dem nur zustimmen. Therapeuten ziehen ihre Techniken oft aus der Trickkiste hervor, um den Klienten bei Laune zu halten, um zu beweisen, daß sie an Material herankommen können, das dem Klienten selbst nicht zugänglich ist, um den Klienten seinen »Kick« zu geben, so daß er oder sie immer wieder zurückkommt. Als co-abhängige Beziehungssüchtige können sie es nicht ertragen zu warten; sie müssen »etwas tun« und/oder sie brauchen die Abhängigkeit der Klienten und/oder sie benutzen die »Technik« als Flucht vor der Aufgabe, ganz präsent zu sein. Über den Abbau von Ängsten sagt Kerr: »Eine Reihe von Techniken wurde entwickelt, um chronische Ängste zu reduzieren – Biofeedback, transzendentale Meditation, Yoga, Jogging und andere ›Streßmanagement‹-Aktivitäten. Diese Ansätze dienen nicht dazu, das Niveau der Differenzierung des Selbst zu erhöhen, sondern zielen hauptsächlich darauf ab, Leuten zu helfen, sich der physiologischen Manifestationen von Angst stärker bewußt zu werden und Techniken der Selbstkontrolle und der Entspannung zu erlernen.«[126] Das ermöglicht es den Klienten natürlich, sich ihren »Kick« über die Techniken zu holen, und die destruktiven Verhaltensweisen einer Gesellschaft, die für den »Kick« lebt und sich mit den tieferliegenden Problemen nicht befaßt, beizubehalten. Durch ihre Techniken werden Therapeutinnen und Therapeuten so zum begünstigenden Faktor par excellence. Oder, wie Efran und Lukens sagen: »Klienten wollen konfrontiert, zurechtgewiesen, mit Demonstrationen verblüfft, in kühne neue Denkweisen und Vorstellungen eingeführt werden. Sonst könnten sie genausogut zu Haus bleiben und mit ihren alten Freunden reden.«[127]

Was meinen eigenen Gebrauch von »Handwerkszeug« oder des »Stoffs« der Psychotherapeutin angeht, fiel es mir am schwersten, das Interpretieren aufzugeben. Der wichtigste Grund dafür war vermutlich, daß ich sehr präsent sein kann und über eine gute Intuition verfüge und daher im Interpretieren sehr gut war. Die Klientinnen und Klienten hatten das wirklich gern. Ich tat immer ihre Arbeit für sie, und was mir einfiel, erschien immer so einleuchtend. Dennoch – um es in

Kerrs Worten zu sagen: »Mutmaßungen darüber, warum ein Mensch etwas Bestimmtes sagt oder tut, nehmen den Beobachter sofort aus einem systemischen Bezugsrahmen heraus.«[128] Nicht nur das; obwohl die Interpretation vielleicht völlig logisch, rational und vernünftig ist und mit der Therapie übereinstimmt, hat sie möglicherweise nicht das mindeste mit dem zu tun, was in der Person vorgeht, was vielleicht gar nicht logisch ist, und dennoch seinen eigenen Sinn hat. Interpretation hält Menschen oft davon ab, ihre eigene Tiefenprozeß-Arbeit zu machen, ihrem eigenen Prozeß zu vertrauen und an das wirkliche Problem heranzukommen, das fast nie einem logischen, rationalen Muster folgt. Wir haben nicht erkannt, welche Gewalttätigkeit darin liegt, einer anderen Person zu sagen, was *wirklich* in ihr vorgeht. Viele Therapiestunden werden darauf verwendet, mit einer bestimmten Kategorie von Kindheitserfahrungen fertigzuwerden: Das Kind sagte zum Beispiel: »Ich bin traurig«, und Vater oder Mutter sagte: »O nein, das bist du nicht.« Es ist gewalttätig, jemandem zu sagen, was er oder sie denkt oder fühlt. Wir sind einfach so sehr daran gewöhnt, das zu tun, daß es uns normal erscheint.

Ich betrachte Interpretation mittlerweile als respektlos und wirklich brutal. Ich erinnere mich wieder an eine kurz zurückliegende Erfahrung auf einem Workshop, mit einer Gruppe, die sich vorwiegend aus Analytikern und analytischen Denkern zusammensetzte. Ich konnte es kaum fassen, wie sehr das Klima dort von Entwürdigung und Gewalttätigkeit geprägt war. Die Interpretationen gingen über die Respektlosigkeit hinaus bis zum Gewalttätigen. Die Teilnehmerinnen und Teilnehmer waren individuell alle gute Leute, aber die Gruppennorm der Interpretation war eine der gewalttätigsten Erfahrungen, die ich seit Jahren gemacht hatte. Es ist wichtig zu sehen, daß auch ein wohlwollender Diktator immer noch ein Diktator ist.

Ein großer Teil meiner Genesung als Psychotherapeutin war der langsame, zeitweilig schwierige Prozeß, meine sehr guten Interpretationen loszulassen. Ich weiß jetzt, daß ich mit ihrem Gebrauch am Fortbestehen eines Systems mitwirkte, das ich für nicht mehr praktikabel halte. Interessant erscheint mir in diesem Zusammenhang auch, daß ich den Gebrauch von Interpretationen bei Menschen aus Stammeskulturen nie erlebt habe.

Schafft Therapie Abhängigkeit und erhält sie Abhängigkeit aufrecht? Jedes System, das auf Abhängigkeit beruht, ist ein Suchtsystem. Ob man sich mit Abhängigkeit, Unabhängigkeit oder wechselseitiger Abhängigkeit befaßt – der zentrale Fokus ist immer noch Abhängigkeit. Therapie ist ein System, das auf Abhängigkeit aufbaut. Es ist interessant, anzumerken, daß viele Therapeutinnen und Therapeuten nur abhängige Beziehungen aufrechterhalten können. Sie können nur abhängig sein oder Abhängigkeit auf sich ziehen. Ein großer Teil der Verhaltensweisen, die wir an Therapeut/innen und Co-Abhängigen beobachten, kann als Gegenabhängigkeit bezeichnet werden, das heißt, sich unabhängig verhalten und die Abhängigkeit anderer ermutigen, um die eigenen Abhängigkeitsbedürfnisse zu verleugnen. Das ist im Berufsfeld der Psychotherapie zum System geworden.

Niemand kann je darüber entscheiden, was eine andere Person lernen muß und tun muß. Viele Therapieansätze beruhen darauf, daß auf immer subtileren Ebenen darüber entschieden wird, was der andere braucht. Niemand kann für uns entscheiden, daß wir das innere Kind heilen, unseren Eltern vergeben, uns unserer Erfahrungen bewußt werden müssen, oder was auch immer. Wirkliche Heilung kann nur aus einem organischen Prozeß hervorgehen. Manipulation ist in letzter Konsequenz immer schädlich.

Eine weitere unvermeidliche Konsequenz der Abhängigkeit ist, daß Menschen in der Opferrolle festgehalten werden. Jacquelyn Small drückt das nett aus, wenn sie sagt: »Wir sind nie Opfer, wir sind Mitgestaltende.«[129] Opfer sind dem Handeln anderer unterworfen. Sie sind nie Mitgestaltende ihres eigenen Lebens. Opfer werden nie gesund. Abhängigkeit schafft Opfer. Auch hier wieder macht eine wissenschaftliche Weltauffassung, die Selbstbestimmung negiert, Menschen unweigerlich zu Opfern. Was uns in unserem Leben geschah, ist nicht immer unsere Schuld, und nur wenn wir die Verantwortung für *unsere* Gefühle, *unsere* Gedanken und *unsere* Prozesse übernehmen – dann, und nur dann kann sich Heilung ereignen.

Basiert Psychotherapie auf Kontrolle und Manipulation? Ein großer Teil der Psychotherapie baut auf dem Bedürfnis zu kontrollieren und zu manipulieren auf. Ich bin zu der Überzeugung gekommen, daß Kontrolle und Manipulation häufig im Interesse des Therapeuten oder der Therapeutin eingesetzt werden (aufgrund seiner oder ihrer ungelösten Probleme). Drake und Sederer machen zum Beispiel die folgende Aussage über schizophrene Patienten: »Schizophrene Patienten können durch individuelle, Gruppen- oder Milieutherapien, die zur Selbstenthüllung, zur emotionalen Konfrontation oder zum offenen Ausdruck von Wut einladen, geschädigt werden. Statt dessen sollte ein Therapeut bei solchen Patienten die Fähigkeit zur Realitätsprüfung fördern, ihr Selbstwertgefühl stärken und auf der pragmatischen Ebene als Ratgeber fungieren.«[130]

Eine einfache Aussage wie diese kann unter verschiedenen Gesichtspunkten betrachtet werden. In ihr zeigt sich die Auffassung, daß der »Experte« weiß, was eine in sich überaus vielgestaltige Gruppe von Patienten braucht. Seit ich mich im Rahmen der Lebensprozeß-Arbeit mit Schizophrenen befasse (und ich hatte ausgiebige Vorerfahrungen), konnte ich beobachten, daß eine schizophrene Episode in aller Regel nichts anderes ist als ein beschleunigter, Raum-Zeit-intensivierter Tiefenprozeß. Wenn der Prozeß »ausgesessen« und nicht durch Medikamente unter Kontrolle gebracht wird, zieht die Person daraus gewöhnlich dieselbe Art von Lernerfahrungen, wie andere sie aus dem Gehen durch ihre Tiefenprozesse ziehen. Die Behandlung von Psychosen geht meistens mit dem Versuch einher, die Störung zu kontrollieren und »in den Griff zu bekommen«. Meine Erfahrungen legen den Schluß nahe, daß eine Psychose vielleicht nichts anderes ist als eine besonders intensive oder spannungsgeladene Form des Tiefenprozesses.

Eifern New-Age-Heilungstechniken dem Modell der Psychotherapie nach und werden sie dadurch schädlich? Im wesentlichen haben die meisten New-Age-Ansätze das Handwerkszeug, die Techniken und die Interpretationsmodelle der Psychotherapie übernommen oder in diesem Rahmen neue Techniken mitgestaltet und versucht, Veränderungen zu erreichen, indem sie die Inhalte auswechselten.

Viele Autoren in diesem Feld, die wertvolle Erkenntnisse und Ideen vorstellten, fühlen sich einfach nicht sicher genug, auf deren Wirksamkeit zu vertrauen und zuzulassen, daß die Leute sie nach ihrem eigenen Gusto verdauen. Daher gehen sie in die Co-Abhängigkeits-Falle, fügen Übungen und Techniken hinzu und geraten damit in das typisch therapeutische Dilemma, »Patentlösungen« anbieten zu wollen.

Es ist wichtig, im Auge zu behalten, daß Spiritualität nicht einfach ein »tolles Gefühl« ist. Es ist zweifellos nicht sehr sinnvoll, den Drogenrausch durch einen von irgendeiner Therapie oder New-Age-Philosophie ausgelösten Rausch zu ersetzen.

Dies sind nur einige der Probleme, die ans Licht kommen, wenn wir die Frage stellen »Ist Psychotherapie schädlich?« Ich weiß, daß vielen Menschen durch die Psychotherapie vorübergehend und manchen auch für lange Zeiträume geholfen wurde, aber wenn Psychotherapie uns auf lange Sicht lediglich hilft, uns einem System anzupassen, das zerstörerisch und aktiv zerstörend ist – handelt es sich dann um wirkliche Hilfe?

Hält Therapie Menschen davon ab, ihre Tiefenprozeß-Arbeit zu machen?

Ob Therapie Menschen davon abhält, ihre Tiefenprozeß-Arbeit zu machen, erscheint fast wie eine rhetorische Frage. Ein Ansatz, der so stark gesteuert ist und so sehr darauf abzielt, daß Menschen im Kopf bleiben, auf der Suche nach Bedeutung und Verstehen, kann das Wagnis nicht eingehen, sie ihre Tiefenprozesse erleben zu lassen. Zwei Briefe, die ich kürzlich erhielt, sind hervorragende Beispiele, um diesen Punkt zu verdeutlichen:

»Es ist auch schwierig, wenn Leute mit demselben Inzesthintergrund, die nirgendwo ihre Arbeit machen können, mich anrufen. Die regulären Institutionen – Therapeuten, Gruppen, Sponsoren, Zwölf-Schritte-Gruppen oder andere Inzestgruppen – bieten wirklich so wenig an, was diesem speziellen emotionalen Bedürfnis entgegenkommt. Was tun? Oft verweise ich Leute an Sie, wenn ich gefragt werde, wie ich zur Genesung kam, und was geholfen hat. Daneben schlage ich den Leuten vor, ihre Gefühle zu respektieren – für viele eine völlig fremde Vorstellung, selbst für diejenigen, die in Therapie sind. Finden Sie das komisch? Vermutlich haben Sie das schon oft gehört, oder? Kann ich mehr tun, um zu helfen? Ich fühle mich nicht wohl mit dem Gedanken, hier selbst eine Prozeß-Gruppe in Gang zu bringen, obwohl ich zwei Leuten, die Mühe haben, einen Platz zu finden, an dem sie ihre Arbeit tun können, angeboten habe, sie zu begleiten. Ich kann mit ihnen mitfühlen. Wie hätte ich wohl den Mut aufbringen sollen, bei meinem Prozeß zu bleiben, wenn ich es nicht bei anderen gesehen hätte, wenn ich nicht erlebt hätte, wie sie danach aufstanden und weggingen, und welche unglaubliche Heilung stattgefunden hatte. Ich glaubte, ich würde diese Abgründe nicht überleben und brauchte irgendeine Glaubensbasis, die mir erlaubte, weiterzugehen. Ich fühle mich frustriert. Ich möchte, daß die anderen auch die Chance bekommen, die ich hatte. Haben Sie irgendwelche Vorschläge?
Judy«

»Ich praktiziere Leben im Prozeß jetzt seit fast zwei Jahren. Im vergangenen Sommer nahm ich an einem Seminar über Karriereplanung teil. Ich hatte mich seit Jahren wegen meines Mangels an beruflicher Orientierung geschämt, und ich dachte, dieser kleine Wochenendkurs würde mir die Antworten auf alle meine Fragen liefern. Nun, das tat er auch, allerdings nicht im Sinn der Planer. Im Lauf dieser beiden Tage wurde uns wiederholt gesagt, so etwas wie ›bereit sein‹ gäbe es nicht, und man müsse die Dinge einfach anpacken, ganz gleich, wie man sich fühle. Man forderte uns auf, eine Erklärung zu unterzeichnen, daß wir nicht zu spät kommen und, solange wir dort waren, ›völlig präsent‹ sein würden. Dann stellte man uns die Aufgabe, eine ›Schatzsucherkarte‹ über unsere Zukunft zu zeichnen. Mir wurde gesagt, meine Karte zeige nicht genug Ehrgeiz. Ich war sehr wütend, als ich den Workshop verließ. Ich fand die Beraterinnen und Berater extrem dominierend und vorurteilsbehaftet. *Sie* sagten *mir*, was mein Problem sei, nämlich ›Angst, Verpflichtungen einzugehen‹. Während des Workshops sagten die Berater uns, wenn Gefühle hochkämen, sei es ›okay, zu weinen‹, aber wir müßten ›weiterreden‹. Sie sagten uns, Gefühle seien im Grunde Blockierungen, die man durchbrechen müsse. Trotzdem, und aufgrund meiner Erfahrungen mit Leben im Prozeß, ermutigte ich die anderen Gruppenmitglieder, bei ihren Gefühlen zu bleiben und sie zu respektieren. Das machte ich spontan; es kam unmittelbar aus meinem Herzen. Für mich ist es der wichtigste Aspekt jeder Arbeit, bei den eigenen Gefühlen zu bleiben, und viele Leute dort bei dem Workshop, ich selbst eingeschlossen, empfanden eine Menge Traurigkeit und Wut über das langgehegte Selbstbild, nichts zu können und es nicht wert zu sein, im Wohlstand zu leben. Ich wünschte mir so sehr, Begleitung zu haben und Begleitung anzubieten, aber wieder wurde uns gesagt, wir sollten ›weiterreden‹, und wenn wir damit fertig seien, ›den anderen zuhören‹.

Zwei Wochen später kamen wir wieder zusammen. Wir wurden aufgefordert, eine Darstellung unserer Fortschritte zu geben, und während dieser Präsentationen gab die Beraterin wieder ihre Meinungen über unsere Arbeit ab. Während ich dort saß, wurde mir regelrecht übel. Schließlich stand ich auf und sagte, mir sei schlecht und ich müsse gehen. Als ich die Straße hinunterging, war mir deutlicher bewußt als je zuvor, wie wichtig die Prozeß-Arbeit für mich ist, wie sehr ich die Unterstützung und die Gemeinschaft von Menschen schätze, die zusammenkommen, um voreinander über ihre Krankheit und ihre Genesung nüchtern Rechenschaft abzulegen. Und mir war klar, daß das

Blockieren unserer Gefühle in jedem Prozeß bedeutet, unsere Kraft zu blockieren, und ohne unsere Kraft ist jede Technik einfach nur ein Pfläsenterchen (vielleicht mit einem Muppets-Bildchen drauf).
H.B.«

Wir wurden in der Therapie nicht nur gewalttätig behandelt; man verweigerte uns auch die Möglichkeit, unsere Tiefenprozeß-Arbeit zu machen und unsere Genesung zu praktizieren – was tödlich ist.

Die Rolle der Berufsethik

Im Zusammenhang mit den hier aufgeworfenen Problemen spielt die Berufsethik eine verwirrende Rolle, die unbedingt überprüft werden muß. Ich hatte mich während meines Graduiertenstudiums mit den ethischen Grundsätzen der Psychologie auseinandergesetzt und glaubte sie, so wie sie formuliert waren, gut begriffen zu haben. Im wesentlichen fand ich, daß sie Vernunft, Reife, menschliche Würde und Urteilsfähigkeit ausdrückten. Als ich den Aufruhr und die »Befreiungsbewegungen« in der Berufswelt in den sechziger Jahren durchlebte, kritisierte ich das Verhalten einiger meiner Mentoren und Kollegen (fast alle meine Mentoren, mit einer einzigen Ausnahme, schliefen mit Klientinnen). Ich nahm an der sexuellen Befreiungswelle der sechziger Jahre nicht teil; während dieser Zeit versuchte ich, einen »inneren Kompaß« für ethisches Verhalten zu entwickeln. Dann wurde ich aufgerüttelt durch den Aufschrei der Feministinnen gegen männliche Therapeuten, die das gesellschaftliche Machtgefälle zwischen Männern und Frauen ausnutzten, um mit ihren Klientinnen sexuelle Verhältnisse einzugehen. Mich störten aber auch die gewalttätigen, blutrünstigen Reaktionen einiger feministischer Therapeutinnen, die diese Therapeuten nur bestrafen, kontrollieren und ruinieren wollten. Ich glaubte nicht, daß Bestrafung und Kontrolle Lösungen seien. Das Berufsfeld schien nicht in Übereinstimmung mit seinem eigenen Überzeugungssystem zu sein, das schließlich besagte, daß man Menschen helfen könne.

Psycholog/innen stimmen in Fragen der Ethik nicht überein Im »American Psychologist« erschien ein interessanter Artikel mit dem Titel »Ethics of Practice: The Beliefs and Behaviors of Psychologists as Therapists« (Die Ethik der Praxis: Überzeugungen und Verhaltensweisen von Psychologen in der Therapeutenrolle). Zunächst kommen die Autoren beim Bericht über ihre Studie zu der Aussage: »Es gibt keine umfassenden, systematisch zusammengetragenen Daten, was die Einstellung von Psychologen zu und ihre Orientierung an ethischen Prinzipien betrifft.«[131] Im Grunde wissen wir nicht, ob Psychologen die ethischen Grundsätze ihrer Berufsorganisation als ethisch einschätzen und ob sie sich daran halten.

Natürlich konzentriert die Studie sich nur auf das »Verhalten« von Therapeutinnen und Therapeuten und zieht die wissenschaftliche Weltauffassung, aus der die Psychotherapie hervorgegangen ist, nicht einmal in Betracht. Außerdem gibt es keine verläßlichen Informationen darüber, wie weit Psychologen von den ethischen Grundsätzen auf dem gegenwärtigen Stand überzeugt sind und wie weit sie sich daran halten und somit weiß man auch nicht, wie relevant diese ethischen Grundsätze sind.

Zum Beispiel sagten mehr als neunzig Prozent der Befragten aus, daß es Teil ihres professionellen Verhaltens sei, im Kontakt mit Klient/innen gelegentlich persönliche Dinge zu erwähnen. Das widerspricht eindeutig dem Prinzip der Objektivität und dem der professionellen Distanz des »Wissenschaftlers«. Interessant ist, daß es sich bei den Fragestellungen, die von den Autoren der Studie als »ethisches Problem« betrachtet wurden (wo mindestens zwanzig Prozent der Befragten mit »ich weiß es nicht« oder »ich bin nicht sicher« antworteten), zu einem Drittel um Fragen des Geldes und zu einem Viertel um Fragen der Sexualität handelte. Im wesentlichen kam die Studie zu dem Ergebnis, daß Psycholog/innen keine »adäquaten Richtlinien haben, an denen sie sich in ihren Entscheidungen orientieren«.[132]

Die Unvertretbarkeit der gegenwärtigen Berufsethik Die ethischen Richtlinien der APA beruhen auf einem Überzeugunssystem, das Klienten zu Abhängigen/Opfern macht und Therapeuten mit Allmacht ausstattet. Ich glaube, wir haben auf den vorangegangenen Seiten gesehen, daß dieses Modell nicht heilsam ist. Unglücklicherweise basiert die Berufsethik jedoch auf dem Mythos der Objektivität und auf der Vorstellung, die Person in der Therapeutenrolle könne in einer fürsorglichen, empathischen, vielleicht sogar liebevollen Beziehung der Intimität mit dem Klienten oder der Klientin sein, und gleichzeitig objektiv sein und diese Beziehung vollständig kontrollieren.

In der oben zitierten Studie äußerte die Mehrzahl der Befragten die Überzeugung, daß selbst sexuelle *Gefühle* für eine Klientin oder einen

Klienten unethisch seien. Die Ethik der APA baut auf der Objektivitäts-illusion, der Illusion der Kontrolle, der Drohung der Ächtung und der Strafandrohung auf. Therapeuten wird nicht wirklich geholfen, sich über die unvertretbare Zwangslage klarzuwerden, die entsteht, wenn in der intimen Situation der individuellen Therapie professionelles Verhalten gefordert wird. In einer solchen Situation der Intimität ist es nicht verwunderlich, daß die »kontrollierten« Gefühle ihr Ventil schließlich im Ausagieren finden. Strafandrohung ist keine adäquate Art, jemanden zu »kontrollieren«, der aus dem Suchtprozeß heraus agiert, und Therapie selbst – in der Art, wie sie etabliert wurde – ist ein Suchtprozeß. Unsere Berufsethik verlangt von uns mechanisches Ver-halten (Objektivität) und gleichzeitig Empathie, Fürsorge, Verständnis und liebevolles Interesse. Das ist im günstigsten Fall verwirrend und im schlimmsten Fall katastrophal. Viele der »ethischen Richtlinien« wurden etabliert, um die Probleme unter Kontrolle zu bringen, die die Theorie selbst geschaffen hat.

Die Situation ähnelt der, die wir in der Kirche beobachten: Je repres-siver eine Kirche mit Sexualität umgeht, desto größer ist ihre Besessenheit in bezug auf Sexualität, und desto mehr sexuelles Ausagieren treffen wir an.

Die von der APA formulierte Berufsethik hat ein System etabliert, das Therapeuten und Klienten nicht wirklich hilft, die Intimitätssitua-tion der Therapie zu bewältigen.

Das Einheitspartei-System Die schwersten Bedenken, die ich im Hin-blick auf staatliche Kontrollorgane im Bereich der Psychologie, der So-zialarbeit und der Medizin hege, beziehen sich auf die unausgesproche-nen politischen Probleme, die als ethische Probleme ausgegeben wer-den.

Ich habe bereits die Geschichten der Heilerin, die angeklagt wurde, »Medizin ohne Zulassung zu praktizieren«, und des Frauenhauses, das geschlossen wurde, weil es nicht von »Fachkräften« geleitet wurde, er-wähnt. Ich sah mit Entsetzen die faschistoide Entwicklung einer, so scheint es mir, Gestapo-ähnlichen Kontrollmacht, die alle Methoden der Arbeit mit Menschen, die nicht in den engen Rahmen des mecha-nistischen Wissenschaftsmodells hineinpassen, auszulöschen versucht. Wir sagen, wir leben in einer pluralistischen Gesellschaft, aber Zulas-sungs- und Kontrollorgane üben eine immer striktere Herrschaft über Ansätze aus, die sich in irgendeiner Weise vom mechanistisch-wissen-schaftlichen Modell unterscheiden. Ich weiß von mindestens einem

US-Bundesstaat, in dem die Kontroll- und Zulassungsbehörden so diktatorisch, »hitlermäßig« geworden sind, daß die Vertreter alternativer Heilungsmodelle ein öffentliches Hearing verlangt und durchgesetzt haben. Man muß sich fragen, ob sich der Schwerpunkt vom Schutz der Bevölkerung auf den Schutz der Fachleute verschoben hat, und ob die Bevölkerung nicht das Recht haben sollte, selbst eine Wahl zu treffen. Außerdem – wer schützt die Bevölkerung vor den Spätfolgen der mechanistischen Wissenschaft?

Auf einer tieferen Ebene bin ich mir darüber im klaren, daß dieses Handeln von seiten der Kontrollorgane historisch als Teil der Todeszuckungen eines Systems verstanden werden kann, das seiner Abdankung entgegensieht. Da ich aber den Zweiten Weltkrieg noch bewußt erlebt habe, erfüllt mich Faschismus, wo immer ich ihn sehe, mit Furcht und Sorge, und im Augenblick sehe ich ihn in einem Berufsfeld in Aktion, das mir einmal wichtig war, und das ich um meines eigenen Überlebens und um meiner körperlichen und geistigen Gesundheit willen verlassen mußte.

Duale Beziehungen Wie ich bereits erwähnte, ist das Problem der dualen Beziehungen zur Zeit eine der verwirrendsten und »heißesten« Streitfragen innerhalb der Berufsethik. Von dualen Beziehungen sprechen wir, wenn der Therapeut außerhalb der Therapiestunde irgendeine Art von Kontakt zum Klienten hat.

Ein US-Bundesstaat definiert es als »duale Beziehung«, wenn die Kinder der Therapeutin und die Kinder der Klientin dieselbe Schule besuchen, oder wenn Therapeut und Klient derselben Kirchengemeinde angehören. Das Absurde liegt darin, daß dies ein ländlicher Bundesstaat ist, und wenn die dort ansässigen Therapeutinnen und Therapeuten diesen Regeln folgen, können sie mit niemandem an ihrem Wohnort soziale Kontakte pflegen.

In einer Situation wurde ein Therapeut offiziell verwarnt, weil er an einem Gitarrenkurs teilnahm, für den sich auch ein Klient eingeschrieben hatte. In einem anderen Fall nahmen ein Therapeut und ein Klient an demselben Workshop teil, und das wurde als »unethisches Verhalten« von seiten des Therapeuten interpretiert. In seinem Versuch, schädliche Interaktionen zu unterbinden, die aus dem vermeintlich unumgänglichen Machtgefälle in der Therapiesituation resultieren, hat das Berufsfeld sich immer tiefer in die Kontrollillusion verstrickt. In Europa sind duale Beziehungen an der Tagesordnung. In den Vereinigten Staaten kommen sie ebenso häufig vor. Unter den zahllosen

Therapeutinnen und Therapeuten, die ich treffe und zu diesem Punkt befrage, berichten die meisten von irgendeiner Art von dualen Beziehungen mit Klientinnen und Klienten. Die ganze Auseinandersetzung um das Problem der dualen Beziehungen treibt die Vorstellung vom »reinen«, unbeteiligten, distanzierten, objektiven Experimentator zu ihrer letzten absurden Konsequenz. Die meisten Heilungsmodelle der Welt sind ohne duale Beziehungen nicht denkbar – so beim Medizinmann, Naturheiler, der Curandera, dem Kahuna –, aber da duale Beziehungen in den USA verboten sind und da ihr Vorkommen massiv verleugnet wird, gibt es keine offizielle Anerkennung ihrer Existenz und keine Hilfe für den Umgang mit ihnen. Wenn Therapeutinnen und Therapeuten mit dualen Beziehungen in Schwierigkeiten kommen, können sie sich aus Angst vor Zensur und Strafe nirgendwohin um Hilfe wenden.

Obwohl duale Beziehungen in therapeutischen Kreisen so allgemein verbreitet sind, werden die meisten Leute, deren Fälle vor die Kontrollkommissionen kommen, meiner Erfahrung nach nicht aus ethischen, sondern aus politischen Gründen angeklagt. Duale Beziehungen werden zum Vehikel für den Versuch, über jemanden Macht auszuüben, mit dem man nicht übereinstimmt. Ich habe mehrere Fälle erlebt, in denen die Anklage wegen dualer Beziehungen als Form professioneller Diskriminierung benutzt wurde. In allen diesen Fällen wurden die beschuldigten Personen später vollständig entlastet.

Ich habe auch erlebt, daß Therapeutinnen und Therapeuten ihre eigenen Zwölf-Schritte-Gruppen begründeten, aus Angst, bei Treffen bestehender Gruppen Klientinnen oder Klienten zu begegnen und dann wegen dualer Beziehungen angezeigt zu werden. Auch dies ist in ländlichen Gemeinden unmöglich. Außerdem beraubt die homogene Natur dieser exklusiven Gruppen die Mitglieder der Art von Wissen, die von langerfahrener Nüchternheit kommt, und der vielfältigen Erkenntnisse, die aus der partizipatorischen Erfahrung der Gleichheit in der Suchtkrankheit hervorgehen – unabhängig von unserem jeweiligen Hintergrund oder von den unterschiedlichen Wegen, die uns zur Genesung führten.

Wenn Georg Albee recht hat (daß wir neue Modelle der Prävention, der Heilung und der Gesundheit entwickeln müssen),[133] dann werden wir immer breitere Gemeinschaftsebenen anstreben müssen. Das Modell des wissenschaftlichen Experiments hilft uns nicht weiter, und wir werden Fertigkeiten entwickeln müssen, mit vielen Typen von Beziehungen umzugehen, die sich gleichzeitig ereignen.

Die Psychotherapie hat sozialpolitische, gesellschaftliche und globale Fragen ignoriert

Es ist an der Zeit, Psychotherapie aus einem weiteren Blickwinkel heraus zu betrachten. Philip Norman sagt: »Psychische Störungen, in ihren am stärksten verbreiteten Formen, erwachsen aus unseren eigenen Erfahrungen, unseren eigenen Glaubenssystemen und insbesondere aus unseren eigenen Entscheidungen.«[134] In demselben Artikel merkt er an einer anderen Stelle an: »Einige Sozialwissenschaftler sind sogar zu dem Schluß gekommen, daß die Selbstwertproblematik möglicherweise die Wurzel des größten Teils unserer Sozialpathologie bildet, über das gesamte Spektrum von der Delinquenz bis zu den Scheidungsraten. Eine so weitverbreitete und allgegenwärtige Dysfunktion muß tief in der Kultur verwurzelt sein.«[135]

Paul Taylor verweist uns auf das Wissenschaftsmodell zurück, aus dem Therapie hervorgegangen ist:

»Während der Entstehungsphase der Psychiatrie und Psychotherapie erfreute sich das vom Denken Descartes' und Newtons geprägte Modell des Universums großer Erfolge. In diesem Wissenschaftsmodell wurde das Universum als Ansammlung unveränderlicher Teile betrachtet, deren Interaktion durch zeitlose Gesetze geregelt ist. Leben entsteht aus dieser Perspektive durch gewisse zufällige (gleichwohl nach festen Gesetzen verlaufende) Kombinationen von Materie, und Bewußtsein tritt auf geheimnisvolle Weise nur dann in Erscheinung, wenn die Gehirnentwicklung höherer Organismen bis zu ausreichender Komplexität fortgeschritten ist. Alle entstehenden Wissenschaftszweige waren eifrig darauf bedacht, auf dieser Grundlage aufzubauen, ohne zu bemerken, daß sie auf einen sehr engen Ausschnitt von Realität hin konstruiert war, und daß sie unter dem weiteren Blickwinkel der modernen Physik sehr bald völlig zerbröckeln sollte.

Ein intrinsischer Bestandteil des cartesianisch-newtonschen Paradigmas ist die fehlgeleitete Vorstellung, es könne uns ein definitives Bild davon liefern, was Realität sei und was nicht, statt einfach ein nützliches Denkmodell zu sein. Freud eiferte ganz bewußt dem newtonschen Denken nach, als er die Grundprinzipien der Psychoanalyse niederlegte. Die Psychiatrie definierte geistige Gesundheit als perzeptive, kognitive und emotionale Übereinstimmung mit der Beschreibung des Universums durch die mechanistische Wissenschaft und mit dem Sozialverhalten, das diese Epoche als angemessen betrachtete. Erfahrungen, die über diesen Rahmen hinausgingen, zeigten an, daß eine psychisch-mentale Störung oder Krankheit vorlag. Das Beharren auf der Übereinstimmung mit einer paradigmengebundenen Realität zwang die Psychiatrie, die offensichtliche Tatsache zu ignorieren, daß es in der Einschätzung dessen, was ›normal‹ und was ›pathologisch‹ ist, eine kulturelle und historische Relativität gibt.«[136]

Wir haben uns systematisch geweigert zu sehen, daß das, was wir für die Wahrheit hielten, kulturell determiniert und sehr begrenzt ist. Michael Lerner ruft uns auf, kulturelle Faktoren in unsere Überlegungen einzubeziehen, und zweifellos müssen wir das tun, um zu erkennen, in welcher Weise Sexismus, Rassismus, Homophobie und viele weitere Vorurteilshaltungen an das mechanistische Wissenschaftsparadigma gebunden sind.[137] Es ist Zeit, über das Individuum und die Familie hinauszuschauen. Es ist Zeit, über die auf dem mechanistischen Weltbild basierende westliche Kultur hinauszuschauen.

Für mich hat die Kombination von Genesung von der Sucht und Lernen, im Prozeß zu leben, die Tür geöffnet, das alte Paradigma klar zu sehen und mich in ein Leben hineinzubewegen, das auf einem neuen Paradigma beruht.

Auseinandersetzung mit dem Suchtprozeß und Heilung vom Suchtprozeß

»Ich behaupte, daß die Mehrheit ein wegloses Land ist, und daß man sich der Wahrheit auf keinem wie immer gearteten Weg nähern kann – nicht durch Religion oder durch irgendeine Sekte (...) Wenn man zu diesem Zweck eine Institution schafft, wird sie zu einer Krücke, einer Schwäche, einem Zwang; sie wird das Individuum zwangsläufig verkrüppeln und daran hindern, zu wachsen und seine Einzigartigkeit zu verwirklichen, die darin liegt, daß es für sich selbst diese absolute, bedingungslose Wahrheit entdeckt (...) Ich will keine Anhänger (...) In dem Augenblick, in dem man jemandem folgt, hört man auf, der Wahrheit zu folgen. Ich befasse mich nur mit einer einzigen, grundlegenden Aufgabe: den Menschen zu befreien.«   J. Krishnamurti

In diesem Teil werde ich mich auf die Auseinandersetzung mit dem Suchtprozeß und die Heilung vom Suchtprozeß konzentrieren. Während ich über diesen Krankheitsprozeß referierte, Menschen begleitete, die seit längerer Zeit aktiv an ihrer Genesung arbeiten und selbst aktiv an meiner eigenen Genesung arbeitete, wurden mir drei wichtige Dinge klar: 1) Daß wir eine verbindliche Theorie über den Genesungsprozeß brauchen; 2) daß meine Kolleg/innen und ich viel über die Heilung vom Suchtprozeß wissen und seit vielen Jahren erfolgreich in diesem Bereich arbeiten, und 3) daß es bisher keine relevante Literatur über die Heilung vom Suchtprozeß als Gesamtphänomen und über die möglichen Auswirkungen dieses Geschehens auf die helfenden Berufe gibt.

Wie ich in der Einleitung sagte, hatte ich ursprünglich vor, ein Buch über die Konfrontation mit dem Suchtprozeß und die Heilung vom Suchtprozeß zu schreiben. Später wurde mir klar, daß dies zwar immer noch ein immens wichtiges Thema ist, aber nur ein kleiner Teil dessen, was ich hier zur Sprache bringen wollte. Im Lauf der Zeit haben wir ein Modell entwickelt, das sich bei der Arbeit mit dem Suchtprozeß als außerordentlich erfolgreich erwiesen hat, als Alternative zu den etablierten Behandlungsformen. Ich möchte an dieser Stelle einige der zentralen Aspekte des Modells hervorheben, das wir im Lebensprozeß-Netzwerk verwenden, und einige Theorien und Konzeptionen vorstellen, die aus diesem Modell hervorgegangen sind.

Die Bedeutung der Entwicklung des Co-Abhängigkeitskonzepts

Wie ich bereits mehrfach erwähnte, ist die Ausbildung für die helfenden Berufe eine systematisierte Erziehung zur Krankheit der Co-Abhängigkeit. Es ist sinnvoll, die Entwicklungsgeschichte des Co-Abhängigkeitskonzepts genauer zu betrachten, weil uns das die Möglichkeit gibt, Sucht und das Arbeiten mit ihr besser zu verstehen.

Der Alkoholiker Zu Anfang unserer Auseinandersetzung mit Abhängigkeiten untersuchten wir Alkoholismus als die am besten bekannte und dokumentierte Form der Sucht. In dieser Phase der Auseinandersetzung stand der Alkoholiker mit seiner Krankheit allein da. Alkoholiker wurden als willensschwache, schlechte Menschen betrachtet, die ihr Trinken im Grunde nicht unter Kontrolle halten konnten und wollten. Es gab weder Erkenntnisse über eine familiäre Beteiligung an der Krankheit, noch wurde Alkoholismus überhaupt als Krankheit erkannt.

Alkoholikerinnen und Alkoholiker waren in ihrer Krankheit enorm isoliert, und ihre gesamte Umwelt versuchte, die Krankheit so weit als irgend möglich zu ignorieren.

Das nächste Stadium war die zunehmende Einsicht, daß die Krankheit der alkoholabhängigen Person nicht unabhängig von allen anderen Einflüssen existierte. Es entstand die Vorstellung, daß Alkoholabhängige von Familienmitgliedern beeinflußt würden, und manche (gewöhnlich Berater, die selbst Alkoholiker waren) nahmen an, der oder die Alkoholabhängige trinke aufgrund von Beziehungsproblemen, in erster Linie mit dem Ehepartner oder der Ehepartnerin. In diesem Entwicklungsstadium der Behandlung von Alkoholismus wurden Familienmitglieder als »der Feind« betrachtet, und wenn sie überhaupt in die Behandlung einbezogen wurden, dann meistens, weil man sie als potentielle Saboteure des Genesungsprozesses ansah.

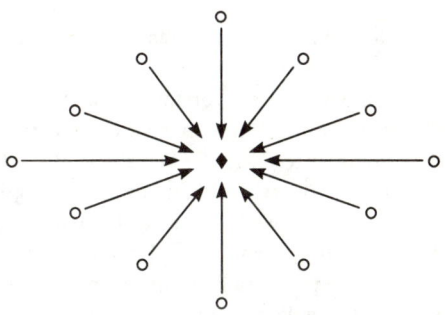

♦ = Alkoholiker   o = Familienmitglieder

Ihre Hilfe wurde gewonnen, um die Genesung der alkoholabhängigen Person zu unterstützen oder zumindest nicht zu sabotieren. Zu diesem Zeitpunkt war die Behandlung eine offenkundige Spiegelung der Krankheit, indem sie den Alkoholiker weiterhin zum Zentrum der Aufmerksamkeit machte und Familienmitglieder dazu ermutigte, sich auf die Genesung der alkoholabhängigen Person zu konzentrieren. Das war natürlich genau die Situation, die ohnehin vorlag, und es erschien damals als vernünftig. Es ist auch wichtig, hier anzumerken, daß die meisten Drogen- und Alkoholberater zu jener Zeit genesende Alkoholiker, aber nicht-genesende Co-Abhängige und Beziehungssüchtige waren (was leider auch heute noch oft der Fall ist). Oft trugen sie eine Menge ungelöster Haßgefühle ihren eigenen Familienmitgliedern gegenüber mit sich herum, die dann in der Behandlung den Familienmitgliedern der Alkoholabhängigen aufgeladen wurden. Kurz nach dieser Phase kam die Erkenntnis und die Überzeugung, daß Familienmitglieder durch die Krankheit des oder der Alkoholabhängigen geschädigt würden, und das Diagramm wandelte sich zu dieser Form:

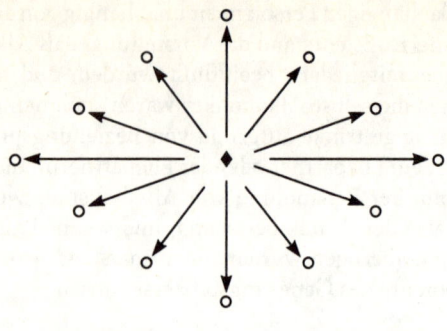

♦ = Alkoholiker   o = Familienmitglieder

Das war das »Opferstadium« im Verständnis der Auswirkungen der Krankheit auf Familienmitglieder. In dieser Phase wurde die Krankheit fast als ansteckend betrachtet, und die Familienmitglieder wurden als Infizierte, durch den oder die Alkoholabhängige/n Vergiftete beschrieben. An diesem Punkt der Entwicklung erschienen die Familienmitglieder als heroische, wenn auch armselige Opfer der oder des Alkoholkranken. Dies ist übrigens die typische Haltung der psychologisch-psychiatrischen »Experten« ihren Patienten gegenüber, und viele Fachleute halten unbewußt noch an dieser Einstellung fest. In diesem Überzeugungssystem sind Familienmitglieder Ausgelieferte und Opfer ihrer Lebensumstände. Zumindest gab es aber ein keimhaftes Bewußtsein der Interaktion zwischen dem Süchtigen und den Familienmitgliedern.

Co   Alkoholiker

Das nächste Stadium in der Entwicklung unseres Verständnisses war das »Co«-Stadium. Wir begannen mit dem Begriff Co-Alkoholiker, und auf subtile Weise verstärkte diese Konzeption immer noch die Opfervorstellung, obwohl allmählich die Erkenntnis keimte, daß »Co«-Personen ihre eigenen Probleme hatten und nicht ausschließlich Opfer der Süchtigen waren. Es wurde auch zunehmend erkannt, daß Co-Abhängige und Alkoholiker gleichermaßen unter ihrer Situation litten und daß sie viele Merkmale und Eigenschaften gemeinsam hatten. Wir begannen zu sehen, daß beide, der »Co« und der Süchtige, eine Krankheit hatten, und daß sie in dieser Krankheit als Gegenpole aufeinander bezogen waren. Langsam setzte sich die Erkenntnis durch, daß Co-Abhängige in aller Regel selbst Hilfe und Unterstützung brauchten, nicht nur im Hinblick auf den Süchtigen, und daß die Charakteristika, die sich an Co-Abhängigen zeigten, nicht nur mit Alkohol und Drogen in Beziehung standen. Es wurde auch deutlich, daß viele Menschen die typischen Merkmale der Co-Abhängigen zeigten, auch wenn sie in keiner engen Beziehung zu einer alkohol- oder drogenabhängigen Person standen. An diesem Punkt begannen wir alle Menschen, die mit einer süchtigen Person zusammenlebten oder zusammenarbeiteten, als Co-Abhängige zu betrachten, und das schloß Therapeutinnen und Therapeuten natürlich mit ein.

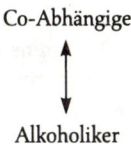

Co-Abhängige

Alkoholiker

Im nächsten Stadium unserer Betrachtungen beobachteten wir bei Leuten, die im Genesungsprozeß von substanzgebundenen Süchten waren, dieselben Merkmale, die wir an Co-Abhängigen wahrnahmen. Einige Behandlungszentren begannen die Forderung aufzustellen, daß Leute ein halbes Jahr oder ein Jahr nach dem Abschluß der Behandlung wegen einer substanzgebundenen Sucht zurückkehren und sich als Nachsorgemaßnahme einem vierwöchigen Co-Abhängigkeits-Behandlungsprogramm unterziehen sollten. Es wurde allmählich in den Grundzügen deutlich, daß der als Co-Abhängigkeit definierte Zustand vielleicht eine tiefergehende Erkrankung war als die spezifische Sucht, und daß diese Erkrankung hinter allen spezifischen Suchtformen lauerte.

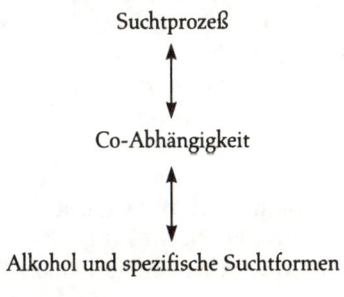

Suchtprozeß

Co-Abhängigkeit

Alkohol und spezifische Suchtformen

An diesem Punkt begann mein Denken in andere Richtungen zu gehen. Ich begann die Vorstellung von einem tieferliegenden Suchtprozeß zu entwickeln, der allen spezifischen Süchten zugrundelag und in einer Suchtgesellschaft erlernt wurde, und ich fing an zu hinterfragen, ob Co-Abhängigkeit überhaupt existierte. Wenn wir aus der Co-Abhängigkeit herausnähmen, was einerseits zum Suchtprozeß und andererseits zu den spezifischen Formen der Sucht gehörte – würde dann überhaupt noch etwas übrigbleiben, das man berechtigterweise als Co-Abhängigkeit bezeichnen könnte?

Die Arbeit an meinem Buch *Die Flucht vor der Nähe* half mir bei diesem Dilemma. Als ich das Buch konzipierte, begann ich, all die »Co«-Begriffe in Frage zu stellen, und ich erkannte, daß ich meine Krankheit in zweierlei Hinsicht verschlimmerte, wenn ich mich selbst als Co-Abhängige etikettierte: Erstens erlaubte es mir, mich den Süchtigen ein wenig überlegen zu fühlen, und zweitens definierte ich mich dadurch von außen. Außerdem hielt es mich davon ab, Verantwortung für meine wahren Abhängigkeiten zu übernehmen, nämlich meine Beziehungssucht und meine Romanzensucht. Wenn wir uns unseren spezifischen Süchten nicht stellen, erleben wir keine Genesung. Ich überprüfte diese Ideen gemeinsam mit anderen Co-Abhängigen und stellte fest, daß ihre Erfahrungen dieselben waren. Die meisten stagnierten in ihrer Genesung, wenn sie sich darauf konzentrierten, »Co« zu sein. Diese Liste der »Festgefahrenen« schloß Co-Abhängige, Co-Alkoholiker oder Co-Sexsüchtige, Al-Anons und Erwachsene Kinder alkoholabhängiger Eltern ein. Die Hoffnungen, die wir in die Genesung setzen, erfüllen sich nicht, solange wir unsere Süchte nicht aufrichtig eingestehen. Meine Genesung ging in großen Sprüngen voran, als ich zugab, daß ich eine Süchtige wie alle anderen Süchtigen war. Allmählich wurde mir klar, daß Co-Abhängigkeit, wie alle anderen »Co«-Begriffe, ein nützlicher Anfang war, Hilfe zu suchen. Die »Co«s, Erwachsene Kinder von Alkoholikern eingeschlossen, stellten Rahmenbegriffe dar, aber wirkliche Hilfe war nur möglich, wenn man Verantwortung für den tieferliegenden Suchtprozeß übernahm. Und in diesem Prozeß sind wir als Süchtige alle gleich.

Darauf bewegte ich mich (bildlich) zu meinem nächsten Diagramm, das meine Erfahrungen und die anderer genesender Süchtiger präziser wiedergibt:

Es gibt einen grundlegenden Suchtprozeß, der in der Gesellschaft selbst liegt und in ihr erlernt wird. Wir werden zu Süchtigen erzogen. Die »Entscheidung«, zu welcher Sucht wir greifen, ist vielleicht durch die Gene oder durch die Körperchemie determiniert. Sucht selbst ist ein

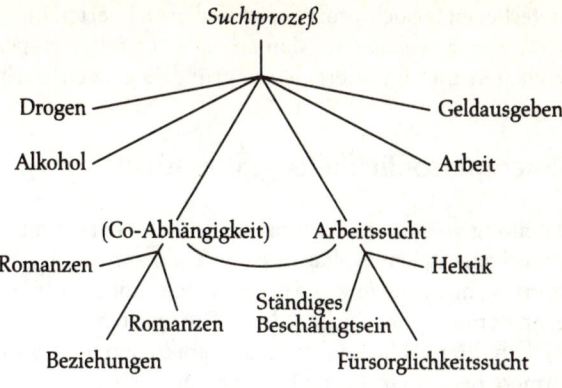

Suchtprozeß

Drogen — Geldausgeben
Alkohol — Arbeit
(Co-Abhängigkeit) — Arbeitssucht
Romanzen — Hektik
Romanzen / Ständiges Beschäftigtsein
Beziehungen — Fürsorglichkeitssucht

Prozeß, der durch die Gesellschaft *gelehrt* und *erlernt* wird. Weil Sucht ein Prozeß ist und kein Phänomen, das mechanistisch im Sinn von Ursache und Wirkung verstanden werden kann, sind die mechanistischen Modelle der Psychologie, Psychiatrie und Medizin bei der Behandlung von Sucht nicht wirksam. Süchte haben in aller Regel physische Nebenwirkungen, und gleichzeitig sind die Medizin und die medizinischen und/oder psychologischen Ansätze bei den Abhängigkeiten als solchen nicht wirksam.

Meiner Auffassung nach gibt es mehrere andere zentrale Gründe dafür, daß die traditionellen psychologisch-psychiatrischen Ansätze sich bei Abhängigkeiten als ineffektiv erwiesen haben: 1) Der Suchtprozeß paßt in die mechanistische Wissenschaft oder die Weltauffassung dieser Wissenschaft nicht hinein. 2) Wenn man von der Existenz eines tieferliegenden Suchtprozesses ausgeht, muß man über das Individuum und die Familie hinausschauen und die Gesellschaft und ihre Institutionen und letztlich auch die Weltauffassung, die hinter beiden steht, berücksichtigen. 3) Da die Suchtbehandlung mehr und mehr von der Medizin und den psychologisch-psychiatrischen Institutionen übernommen wird, wirken deren Techniken und die hinter diesen Techniken stehende Philosophie sich verschlimmernd auf den Suchtprozeß aus. 4) Die meisten Stellen, die sich der Suchtbehandlung widmen, sind als Institutionen selbst stark suchtgeprägt und unternehmen nicht einmal den Versuch einer institutionellen Genesung. (Meiner Auffassung nach ist dies einer der Gründe dafür, daß Leute sich in Behandlungszentren so oft »zu Hause« fühlen. Als Institutionen kopieren sie meiner Erfahrung nach gewöhnlich einfach das familiäre Suchtsystem.)

5) Der tieferliegende Suchtprozeß wird in den etablierten Institutionen in aller Regel nicht behandelt. Man arbeitet nur mit den spezifischen Abhängigkeiten und ignoriert den zugrundeliegenden Suchtprozeß.

Eine »Suchtpersönlichkeit« gibt es nicht

Die Vorstellung von einer »Suchtpersönlichkeit« entspricht einer statischen, mechanistischen Weltauffassung und kann die Art, wie Sucht strukturiert ist, nicht angemessen erklären. Ich habe nie jemanden kennengelernt, der nur einer Sucht anhing. Die meisten Menschen wechseln zwischen ihren Abhängigkeiten und praktizieren Sucht in vielfältigen Formen. Bei der Genesung beginnen die meisten Leute mit ihrer »Lieblings«-Sucht, der Sucht, die sie am schnellsten tötet (häufig die Abhängigkeit von einer chemischen Substanz). Dann gehen sie zu der Sucht über, die an zweiter Stelle steht, zu der, die sie am zweitschnellsten tötet. Ich stelle mir den Suchtprozeß wie einen unterirdischen Fluß vor. Wenn ein Austrittsweg blockiert ist, sucht er sich eine andere Austrittsstelle. Ich stelle es graphisch folgendermaßen dar:

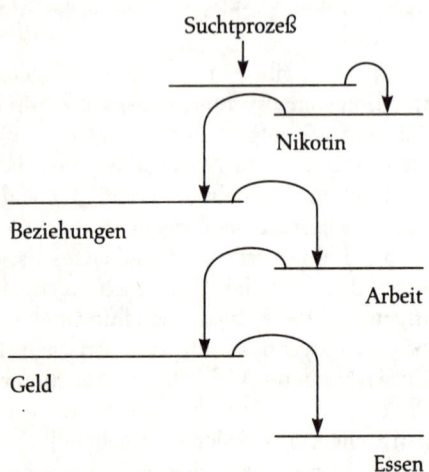

Natürlich kann man jede Sucht in diesem Diagramm durch eine beliebige andere ersetzen; alle sind nichts anderes als Manifestationen des zugrundeliegenden Suchtprozesses, der erlernt wird. Jeder, der mit

Süchtigen arbeitet, weiß, daß das Aufgeben der Suchtsubstanz nur die Spitze des Eisbergs ist, und daß dies nur »trocken« sein, aber nicht Nüchternheit bedeutet. Nüchternheit unterscheidet sich als Lebensprozeß fundamental vom Suchtprozeß, und man muß diesen Lebensprozeß neu lernen oder wiedererlernen, um völlig in die Genesung einzutreten. Der Suchtprozeß ist mörderisch für Körper, Seele und Geist, und jede Form des Suchtprozesses ist tödlich.

Da der Suchtprozeß ein Prozeß ist und erlernt wird, braucht es Zeit, ihn wieder zu verlernen, und er läßt sich durch Techniken und »Patentlösungen« nicht beeinflussen. Wissen ist bei der Genesung notwendig und hilfreich, und gleichzeitig führen Wissen, Verstehen und Einsicht allein nie zur Genesung. Genesung ist ein Prozeß, in den Menschen aus eigener Kraft eintreten müssen. Kein Aufwand an wohlmeinender Co-Abhängigkeit oder Begünstigung von seiten der »Helfer« kann je zu Erfolg führen. Das bedeutet natürlich auch, daß Medikamente den Suchtprozeß nicht heilen können und daß sie in den meisten Fällen kontraindiziert sind. Ich habe schwere Bedenken, was den nahezu unbegrenzten Gebrauch von Medikamenten wie Prozac in Behandlungszentren angeht, weil sie die Tiefenprozesse, die für die Genesung notwendig sind, oft unterdrücken. Wenn ein »Heilungs«-Modell so strukturiert ist, daß es das, was es zu verändern sucht, unterstützt, verschlimmert es auf subtile Weise den Krankheitsprozeß.

Wir haben im Lauf der Jahre ein Modell entwickelt, das sich als sehr effektiv erwiesen hat und das bei vielen Menschen überall auf der Welt zu kreativen Genesungsprozessen und dauerhafter Genesung führte. Es ist kein Therapiemodell. Es ist ein Genesungsmodell, ein Modell des Lebens im Prozeß. Menschen, die daran interessiert sind, sich mit ihrem Suchtprozeß zu konfrontieren und Leben im Prozeß zu lernen, melden sich für einen Workshop an. Diese Workshops stehen allen offen; es gibt kein Auswahlverfahren. Wir erklären ausdrücklich, daß sie keine Therapie oder Behandlung darstellen.

Bei den Workshops sind alle Anwesenden (die Begleitpersonen und ich selbst eingeschlossen) Teilnehmer der Gruppe. Das heißt, wir alle führen uns beim »Einchecken« in die Gruppe ein, berichten von unseren Kämpfen mit unserem Suchtprozeß und arbeiten die Dinge durch, die für uns jeweils aktuell werden.

Nach der Teilnahme an einem Workshop haben Interessierte die Möglichkeit, sich für ein Trainingsjahr einzuschreiben. Wichtig ist dabei, daß diejenigen, die an einem Trainingsjahr interessiert sind, nach dem Workshop durch eigene Erfahrung eine Vorstellung davon haben, wer wir sind und wie wir arbeiten, und um ihre Verantwortung in bezug auf ihre eigene Arbeit und ihre Genesung wissen. Als Rückmeldung nach Workshops hörte ich oft die Sätze wie: »Hier herrscht die größte Offenheit, die ich je erlebt habe«, »Ich habe mich noch nie so sicher gefühlt«, »Wenn alle offen sind und teilnehmen, stellt sich ein Gefühl der Sicherheit ein«, »Ich weiß, daß ich hier meine eigene Arbeit machen muß, und niemand versucht, mich dazu zu drängen oder mir meine Arbeit abzunehmen«, »Es gibt knallharte Konfrontation, aber keine Werturteile«. (Meiner Ansicht nach führen Analyse und Interpretation immer zu einer Urteilshaltung.)

Im wesentlichen herrscht bei den Workshops ein heiteres Klima. Wir arbeiten intensiv, und manchmal sehen die Anwesenden sich mit unglaublich schwierigen Prozessen (wie zum Beispiel Folter und/oder sexuellem Mißbrauch) konfrontiert. Und gleichzeitig haben wir viel Spaß. Wir lachen viel, machen Witze und haben Gelegenheit zu sehen, wie komisch unsere Krankheit ist.

Wenn Leute sich mit dem Genesungsprozeß und dem Leben im Prozeß wohlfühlen, haben sie die Möglichkeit, sich für ein Trainingsjahr anzumelden. Ich sehe das als ein Jahr des Engagements für sich selbst, mit der größtmöglichen Unterstützung. Die Lernerfahrungen eines solchen Trainingsjahres liegen in der Auseinandersetzung mit dem eigenen Suchtprozeß und dem Experimentieren mit Leben im Prozeß, mit der Unterstützung der Gruppe.

Die Leute in den Trainingsgruppen werden dazu angeregt, mit dem Zwölf-Schritte-Programm der Anonymen Alkoholiker zu arbeiten; das ist ein wesentlicher Bestandteil unseres Programms. Wir ermutigen sie, verschiedene Programme für sich zu erproben, sich in verschiedenen Zwölf-Schritte-Gruppen umzusehen, um herauszufinden, was ihren Bedürfnissen am besten entspricht. Wenn sie dann ein Programm gefunden haben, das sie für sich als angemessen empfinden, empfehlen wir ihnen, sich diesem einen Basisprogramm verbindlich zu widmen. Die Gruppenmitglieder können mit ihrer Arbeit an einem Zwölf-Schritte-Programm soviel herumspielen, wie sie wollen, und die Gruppe hat keine Hemmungen, sie auf ihrem Weg auch mit hartem Feedback zu begleiten. Die Leute in der Gruppe bekommen oft zu hören, daß zu Meetings gehen noch nicht bedeutet, wirklich im Programm zu arbeiten. Im Programm arbeiten heißt, zu Versammlungen zu gehen, intensiv mit einem Sponsor zu arbeiten, das »Blaue Buch« (der Anonymen Alkoholiker) und andere Literatur zu lesen, und die Schritte des Programms *durchzuarbeiten*. Manchmal bieten Leute aus der Gruppe sich als zeitweilige Sponsoren an, wenn sie das für sinnvoll halten. Aber auch hier liegt die Entscheidung wieder bei jeder und jedem einzelnen; jede/r kann sich als Sponsor anbieten, und die Person, die das Angebot erhält, kann es annehmen oder ablehnen. In der Gruppe gibt es immer Leute (Begleitpersonen eingeschlossen), die über ihre Kämpfe mit dem Zwölf-Schritte-Programm und ihre Fortschritte berichten. Gleichzeitig machen Leute in der Gruppe (Begleitpersonen wieder eingeschlossen) ihre Tiefenprozeß-Arbeit, wenn sie ansteht, und berichten über ihre Schwierigkeiten, das Leben im Prozeß wiederzuerlernen.

Die Trainingsgruppe kommt als Gesamtgruppe dreimal im Jahr zusammen. Die Mitglieder werden aufgefordert, im Lauf ihres Trainingsjahres an mindestens einem Workshop teilzunehmen (und haben die Möglichkeit, an mehreren teilzunehmen). Sie können auch an Trainingsgruppen teilnehmen, die ich in anderen Teilen der Welt abhalte, in Europa oder Neuseeland. Tatsächlich ermutige ich die Leute in den Trainingsgruppen zum Reisen, so daß sie diese Arbeit und die Genesungsarbeit in verschiedenen Sprachen und Kulturen erfahren, weil das die Genesung und das Wiedererlernen unseres Lebensprozesses zu fördern scheint. Für manche bedeutet das ein sehr intensives Jahr der Teilnahme an Sitzungen von Trainingsgruppen überall auf der Welt. Für andere sind die drei Gruppentreffen in den USA und einige Workshops völlig ausreichend. Es ist sehr viel Flexibilität möglich, und die meisten können ihre Wahl ihren Bedürfnissen entsprechend treffen und tun es auch.

Zusätzlich zu den drei Treffen der Gesamtgruppe haben die Teilnehmerinnen und Teilnehmer die Möglichkeit, Regionalgruppen zu gründen und zu besuchen. Die Gruppe bestimmt darüber, wer sich welcher Regionalgruppe anschließt und wann die Leute zusammenkommen. Diese Regionalgruppen sind Peer-Gruppen. Die meisten entscheiden sich dafür, einmal im Monat an einem Wochenende zusammenzukommen. Diese Gruppen sorgen für die sehr wichtige Kontinuität, bieten einen Ort, um Tiefenprozeß-Arbeit zu machen und sich untereinander auszutauschen, und geben den Leuten Gelegenheit, innerhalb der großen Gemeinschaft der gesamten Trainingsgruppe eine kleinere, intimere Gemeinschaft zu begründen. Ich nehme es so wahr, daß diese Gruppen für jene, die sich zur Teilnahme entscheiden, sehr wichtig sind. Manche Mitglieder der Trainingsgruppe nehmen auch nicht an Regionalgruppen teil. Das ist ihre eigene Entscheidung und, wie ich glaube, ihr eigenes Manko.

Im Lauf der Zeit haben wir festgestellt, daß ein Jahr für die meisten

Menschen nicht ausreicht, um sich mit dem Suchtprozeß auseinanderzusetzen und das Leben im Prozeß wiederzuerlernen, und inzwischen schlagen wir den Teilnehmerinnen und Teilnehmern vor, zwei Jahre als Basisprogramm in Erwägung zu ziehen. Viele sind auch dazu gekommen, diese Arbeit als Alternative zu Therapie und Behandlung zu betrachten. Mit dem Geld, das man vielerorts für eine vierwöchige Behandlung bezahlt, kann man bis zu fünf Jahre in unserem Ausbildungsprogramm finanzieren. Ich habe dieses Modell nicht »entworfen« oder »erdacht«. Es entstand (und ist immer noch in Entstehung begriffen), während ich an meiner Genesung arbeitete, versuchte, zu meinen Überzeugungen zu stehen, und in meinem Leben und meiner Arbeit einen Paradigmenwechsel vollzog. Ich bin sicher, daß alles, was ich tue, sich auch weiterhin verändern wird, während ich in meinem eigenen Prozeß lebe und mein Genesungsprogramm befolge. Wenn ich darüber nachdenke, was wir bisher getan haben, treten einige zentrale Elemente hervor:

1. Alle Beteiligten sind in der Genesung, oder wollen es sein, und alle tun ihre eigene Arbeit. Wir haben uns dazu verpflichtet, als Organisation und auch jede/r für sich in der Genesung zu sein. Alle werden dazu ermutigt, sich offen zu äußern, wenn sie in der Gruppe oder der Organisation etwas als unklar empfinden, und wir gehen diese Probleme direkt an.

2. Die Herausbildung einer Machthierarchie wird im Keim erstickt, wenn die »Gruppenleiter« während ihrer Tiefenprozeß-Arbeit »zu Boden gehen« oder von ihren »Ausrutschern« und Rückfällen in den Suchtprozeß erzählen. Die »Gruppenleiter« (Begleitpersonen) nehmen regelmäßig in dieser Art an der Gruppe teil.

3. Es gibt keine Geheimnisse. Wenn wir in bezug auf etwas oder jemanden in der Gruppe Bedenken haben, wird das nicht zum Gegenstand einer »Mitarbeiterbesprechung« hinter verschlossenen Türen. Es wird alles unmittelbar in der Gruppe abgehandelt und ausgetragen. Wir gehen davon aus, das alles, was geschieht, uns Gelegenheit bietet zu lernen, und wir lernen aus allem, was geschieht, soviel wir können. Nichts ist zu bedeutungsvoll, zu geringfügig oder zu verrückt, um nicht in der Gruppe diskutiert zu werden.

4. Anders als in vielen Behandlungszentren ruht das Zentrum der Aufmerksamkeit nicht auf mir, auf dem Ort oder auf der Gruppe. Wir betonen durch unser Verhalten, daß der Schwerpunkt auf der Genesung liegt, als Eigenverantwortung der Person in Verbindung mit ihrer höheren Macht, und daß dieser Prozeß jeder und jedem einzelnen je-

derzeit zugänglich ist. Da der zeitliche und inhaltliche Schwerpunkt darauf liegt, was die Leute in ihrer heimatlichen Umgebung in ihren örtlichen Zwölf-Schritte-Gruppen und in ihren Regionalgruppen tun, werden die größeren Treffen der Trainingsgruppen weniger bedeutungsschwanger. Sie bieten in erster Linie Gelegenheit, Kontakte aufrechtzuerhalten und miteinander in Austausch zu treten.

5. Manchmal halte ich in den Trainingsgruppen »Lehrstunden« ab oder weise auf einige entscheidende Punkte hin, aber das geschieht immer spontan und ist in den Gruppenprozeß integriert; dadurch vermeide ich es, eine Sonderrolle einzunehmen. Wenn es sich so ergibt, tun andere dasselbe.

6. Wenn meine Kontrollprobleme oder die einer anderen Person in Erscheinung treten, gibt es immer jemanden in der Gruppe, der darauf aufmerksam macht.

7. Für die Auseinandersetzung mit dem Suchtprozeß bietet dieses Modell mehr Zeit bei geringeren Kosten; die einzelne Person ist gefordert und für den eigenen Prozeß verantwortlich, und nur darum geht es bei der Genesung.

8. Dies ist ein holographisches (Holomovement-)Modell, insofern als es eine Erfahrung ermöglicht, die individuell und global ist, und insofern als es ein Prozeß-Modell ist.

9. Der Prozeß jeder und jedes einzelnen wird respektiert, und es gibt keine festgelegten Ziele, die innerhalb eines bestimmten Zeitraums erreicht werden müssen.

10. Es ist ein partizipatorisches Modell, bei dem alle präsent sind, sich als Teilnehmende verstehen und sich in diesem Sinn engagieren.

11. Es gibt keine »Experten«, sondern nur Leute, die in demselben Prozeß weiter fortgeschritten sind.

12. Das Modell spiegelt ein neues Wissenschaftsparadigma, ohne daß dies bewußt geplant worden wäre, was in sich einem Prozeß-Ansatz entspricht.

13. Unser Modell hält Menschen nicht in der Opferrolle fest. Es geht davon aus, daß Menschen in ihrem Leben in vielfältiger Weise zu Opfern gemacht werden, und daß sie als Reaktion auf diese Erfahrungen mit Wut, Verletztheit, Todesangst und allen erdenklichen anderen Gefühlen reagieren, daß sie durcharbeiten müssen, was immer an Prozessen in ihnen hochkommt, daß sie sich aber ihr eigenes Leben nie vollständig aneignen und in seiner Fülle leben können, wenn sie in der Opferrolle steckenbleiben. Auf einer tieferen Ebene geht es im Lebensprozeß-System darum, unser Leben anzunehmen, wie immer es auch

gewesen ist, uns die Lernerfahrungen daraus anzueignen, sie zu integrieren und zu leben.

14. In diesem Modell geht es um den Prozeß des Selbstvertrauens und der Aneignung des eigenen Lebens und darum, dieses Leben zu leben, was immer das für die einzelne Person bedeuten mag. Das heißt, daß der oder die einzelne nicht meine Zielvorstellungen, die Zielvorstellungen seiner oder ihrer Eltern, ja, nicht einmal seine oder ihre eigenen Zielvorstellungen ausleben muß. Jede und jeder wird darin unterstützt, das eigene Leben zu leben und herauszufinden, was das bedeutet. Da die Mitglieder der Trainingsgruppen den größten Teil ihres Lebens in diesem Jahr außerhalb der Gruppe verbringen, haben sie viele Gelegenheiten, Alternativen für sich zu erproben.

15. Da die ständigen Mitarbeiterinnen und Mitarbeiter und ich selbst nicht für alle einzelnen Gruppenmitglieder und deren Fortschritte verantwortlich sind, haben wir kein Ausgebranntheitssyndrom und kehren gewöhnlich ausgeruht und entspannt von den Gruppentreffen zurück.

Ich muß hier sagen, daß ich diese Arbeit liebe. Ich bin viel gesünder als zu der Zeit, in der ich als Therapeutin arbeitete und versuchte, aus einem mechanistischen Wissenschaftsmodell heraus zu operieren. Die größte Freude ist aber, zu erleben, wie Menschen wirklich Heilung finden, sogar von Erfahrungen, über die man mir in meiner Ausbildung sagte, daß sie nicht heilbar seien, und daß man im günstigsten Fall Anpassung erreichen könne. Ich habe das Gefühl, überall auf der Welt von Wundern umgeben zu sein. Ich bin erst kürzlich vom dritten Gruppentreffen der Trainingsgruppe in Europa zurückgekehrt, und die Veränderungen, die sich im Lauf dieses Jahres bei den Gruppenmitgliedern vollzogen haben, sind phänomenal. Es ist unendlich befriedigend, statt bloßer Anpassung echte Heilung zu erleben, an mir selbst und an anderen.

Als nächstes möchte ich einiges von dem mitteilen, was ich im Lauf der Jahre in der Arbeit mit dem Suchtprozeß gelernt habe.

Das frühe Genesungsstadium

Das frühe Genesungsstadium ist ein langwieriger, langsamer Prozeß. Man kann seine Dauer auf zwei bis fünf Jahre ansetzen. Es kann zwei bis fünf Jahre dauern, bis ein Mensch, der aktiv an seiner Genesung arbeitet, die erste Erfahrung von Nüchternheit macht. Für mich ist es ein Wunder, daß so viele Menschen sich auf den Weg machen, obwohl sie kein Erfahrungswissen darüber haben, was es bedeutet, auf dem Genesungsweg zu sein.

Im frühen Genesungsstadium verbringen wir den größten Teil unserer Zeit im Suchtprozeß. Erstaunlicherweise ist der Lebensprozeß immer da, aber oft ist er so verschüttet und vergessen, daß sich nicht viel von ihm zeigt.

Im frühen Genesungsstadium erleben wir Abstecher in das verrückte, paranoide Denken des Süchtigen, Anfälle von illusionärem Streben nach Macht und Kontrolle, von Unehrlichkeit, dualistischem Denken, Perfektionismus und ähnlichen »Charakterfehlern«, wie sie im Zwölf-Schritte-Programm genannt werden. Es ist sehr hilfreich, in partizipatorischer Weise von anderen in der Gruppe zu hören, wie sie sich mit ähnlichen Problemen herumschlagen, und nicht von »Experten« abhängig zu sein, die alle Antworten parat haben. Im frühen Genesungsstadium ist es schwierig, Erfolge zu sehen (außer bei anderen), und es wird viel darüber geredet und geklagt, wie hart der Weg der Genesung ist. Eines der typischen Merkmale der frühen Genesung ist der Mangel an Orientierung, der oft zu einer Art von Amnesie darüber führt, wie hart der Suchtprozeß war.

Wir nennen den Suchtprozeß oft »tückisch, verwirrend, machtvoll und geduldig« und vergessen manchmal, daß auch der Lebensprozeß schlau, verwirrend, machtvoll und geduldig ist. Wenn er das nicht wäre, dann wäre er nicht immer noch präsent.

Im frühen Genesungsstadium ist es wichtig, sich klarzumachen, daß Süchtige ein schlechtes oder gar kein Gedächtnis haben. Es wird oft gesagt, daß wir Süchtigen nicht aus unseren Fehlern lernen können, weil wir uns nicht erinnern. Außerdem bringen Süchtige im frühen Genesungsstadium eine große Duldsamkeit für Wahnsinn auf. Das ist eines der zentralen Merkmale der Krankheit: eine erhöhte Duldsamkeit für Wahnsinn.

Meiner Auffassung nach ist es einer der wichtigsten Aspekte der Workshops und des Trainingsjahres, daß Leute in verschiedenen Stadien der Genesung und des Lebens im Prozeß zusammentreffen. Es sind immer genügend Leute da, die in ihrer Genesung so weit fortgeschritten sind, daß Klarheit und Anleitung nicht allein von der »Gruppenleitung« kommen müssen. Die Mitarbeiterinnen und Mitarbeiter sind lediglich dazu da, die Gruppe zu begleiten und bei Leuten zu sitzen, die ihre Tiefenprozeß-Arbeit machen. Die Abhängigkeit von »Experten« ist, wie ich meine, eines der größten Handicaps des gegenwärtig existierenden Behandlungsmodells. Es ist auf homogene Gruppen hin ausgerichtet, und die Gruppenleiter sollen Experten sein und Vorbildfunktion erfüllen. Das bedeutet, daß andere Quellen der Genesung in der Gruppe nicht genutzt werden. Außerdem ist die Gruppenleitung oft durch ihre Verstrickung in eine suchtgeprägte Organisation und durch ihr Verhaftetsein an Techniken, die aus dem Suchtsystem kommen, in ihrer Handlungsfähigkeit behindert. In unseren Ausbildungsgruppen helfen die »Anfänger« den »alten Hasen«, sich plastisch vor Augen zu führen, wie sie selbst in ihrem frühen Genesungsstadium waren; somit sind auch die Leute im frühen Genesungsstadium wichtig für jene, die in der Genesung weiter fortgeschritten sind. Diese Vielfalt ist in der Gruppe von großer Bedeutung.

Bevor ich zu einem anderen Thema übergehe, möchte ich noch eine der gefährlichsten Fallen des frühen Genesungsstadiums erwähnen, nämlich die Großspurigkeit. Diese Krankheit ist so tückisch. Ich staune immer wieder darüber, wie kreativ sie ist, und wie wir dazu fähig sind, uns die unmöglichsten Dinge einzureden, um unseren Vorrat an »Stoff« zu sichern. Das manifestiert sich im frühen Genesungsstadium unter anderem darin, daß wir die Genesung und die Mittel der Genesung dazu einsetzen, unsere Krankheit weiter zu praktizieren. Ich habe zum Beispiel oft erlebt, wie Leute das Eingeständnis »Ich bin in meiner Krankheit« als Mittel nutzten, in der Krankheit zu bleiben. Und ich habe erlebt, wie Leute die Genesung nutzten, um sich die Möglichkeit offenzuhalten, wieder aktiv süchtig zu werden. Meiner Erfahrung nach haben nur wenige im frühen Genesungsstadium auch nur eine vage Vorstellung davon, was Nüchternheit ist, geschweige denn, was es bedeutet, für die eigene Nüchternheit bis zum äußersten zu gehen. Und doch ist es sehr wichtig, immer wieder zu hören, wie die »alten Hasen« diesen Satz sagen und erklären, daß sie ihre Nüchternheit an die erste Stelle setzen.

Es gibt nur eine Frage, die man sich stellen muß – in allen Dingen: Gefährdet es meine Nüchternheit? Wenn dem so ist, können wir es – was immer es auch ist – nicht tun. So einfach ist das.

Dualistische Gegensatzpaare

Dualismen erkennen und mit dualistischem Denken umgehen ist für die Genesung von ausschlaggebender Bedeutung. Dualistisches Denken ist Suchtdenken, und es entstammt einer mechanistischen Wissenschaft. Menschen aus Stammesgesellschaften überall auf der Welt wundern sich über die Angewohnheit des westlichen Denkens, die Welt in dualistische Gegensätze aufzuteilen. Wie ich schon an einer anderen Stelle sagte, sind dualistische Gegensätze die Bausteine einer Suchtgesellschaft. Ich stelle sie mir als ineinander verzapfte Blöcke vor.

Im Suchtprozeß dient dualistisches Denken zwei Hauptzwecken: 1) Es reduziert eine sehr komplexe Welt auf zwei Optionen und nährt dadurch unsere Kontrollillusion. 2) Es hält uns in der Sackgasse fest, weil es uns immer nur die Wahl zwischen zwei Optionen läßt, von denen wir vielleicht keine wollen, weil wir wissen, daß beide unsere Nüchternheit gefährden.

Alle, die sich mit Genesung befassen, müssen fähig sein, Dualismen zu erkennen, zu benennen und damit zu arbeiten. Wir Süchtigen neigen dazu, unsere Leben an dualistischen Gegensätzen auszurichten: Gut – Schlecht, Richtig – Falsch, Innen – Außen, Kann ich – Kann ich nicht.

Wir etablieren ein komplexes Gewebe von Dualismen, das die Krankheit unterstützt, und in dem ein Pol immer so eng mit dem anderen verzapft ist, daß er ohne den anderen nicht existieren kann:
In der Ehe bleiben – Sich scheiden lassen
Nettigkeit – Unehrlichkeit
Machtlosigkeit – Macht haben
Opfer – Täter
Es ist wichtig, bei uns selbst und aneinander dualistisches Denken zu erkennen und zu benennen. Wir alle brauchen Hilfe dabei und müssen uns darin unterstützen; es ist eine sehr wichtige Art der Auseinandersetzung mit dem Suchtprozeß. Auch das Gegensatzpaar krank – gesund gehört dem dualistischen Denken an, und oft wird eine »gute« Lösung irgendwo in der Mitte zwischen den Extremen gesehen. Das stimmt nicht. Solange wir an den dualistischen Blöcken festhalten, sind wir in der Krankheit. Wir müssen von diesen Blöcken herunterspringen und die dritte Option finden. Diese dritte Option liegt fast immer darin, daß wir uns in unseren Lebensprozeß hineinbewegen und schauen, was wir um unserer eigenen Nüchternheit willen tun müssen, statt unser Leben von dem einen oder anderen Pol des dualistischen Blocks her zu definieren.

Dualismus ist ein sehr raffinierter Teil der Krankheit, und es ist wichtig, dualistisches Denken erkennen zu lernen, während wir uns in die Genesung hineinbewegen.

Das Dilemma der Opferrolle

Ein Dualismus, den ich in letzter Zeit häufig bei Nicht-Genesenden oder bei Leuten im frühen Genesungsstadium beobachten konnte, ist das Gegensatzpaar Opfer – Täter. Im allgemeinen betrachten wir diese beiden Pole als einander ausschließende Gegensätze, aber bei Leuten, die ihre Genesung ernsthaft betreiben, beobachte ich immer häufiger, daß sie sich in diesem dualistischen Block gefangen sehen.

Süchtige wollen in aller Regel nicht die Verantwortung (im Sinne der Aneignung, nicht der Schuldzuweisung) für ihr Leben übernehmen; sie haben stets eine Reihe von Erklärungen parat, warum irgendeine andere Person verantwortlich dafür ist, wer und was sie sind und wie sie ihr Leben leben oder nicht leben. Süchtige sehen sich oft selbst als Opfer, während sie von anderen als Täter wahrgenommen werden. Ich habe es bei Leuten, die längere Zeit in der Genesung sind, oft erlebt, daß sie als Opfer anfingen und sich mit ihrer Verletztheit und Wut auseinandersetzten, und daß sie dann, als sie allmählich ihren eigenen Anteil an der Krankheit akzeptierten, einen Standort erreichten, an dem sie sehen konnten, daß sie tatsächlich selbst Täter sind, die andere auf irgendeine Art zu Opfern machen. Erst wenn Menschen sich beide Rollen aneignen, beide Rollen durcharbeiten und aus diesem Dualismus herausspringen, lernen sie Nüchternheit kennen und fangen an, ihren eigenen Prozeß zu leben.

Das bedeutet nicht, daß wir Leute, die sich als Opfer fühlen, dazu drängen, sich als Täter zu sehen. Es bedeutet vielmehr, daß wir sie ihrem Genesungsprozeß überlassen müssen, der seine eigenen Wege geht.

Ich habe ernste Bedenken in bezug auf das psychologisch-psychiatrische Establishment und die Frauenbewegung, dort, wo sie sich auf das mechanistische System einlassen, indem sie den Opferstatus von Menschen verewigen, und sich dann unwissentlich in die Täterrolle hineinbewegen. Die Gewalttätigkeit, die wir in der Frauenbewegung gesehen haben, spiegelt oft die Prozesse eben der Täter, gegen die sie, die Frauenbewegung, sich wendet. (Und hier liegt natürlich das Grundproblem: gegen etwas zu sein.) Erst wenn wir uns in die dritte Option hineinbewegen, in unseren Lebensprozeß hineingehen und schauen, was wir brauchen, werden wir ganz und gar wir selbst.

Jedes System, das Menschen darin unterstützt, Opfer zu bleiben, ist selbst ein opferschaffendes, ein Tätersystem. Wie ich schon an einer anderen Stelle sagte: Opfer werden nicht gesund, sie werden nur verbittert.

Merken und Benennen

Da Süchtige selten präsent und selten in ihren Körpern sind, müssen sie lernen, zu merken und zu benennen; das sind wichtige Prozesse. Süchtige müssen sehr einfache Dinge neu lernen, wie zu merken, wann sie hungrig, müde, einsam oder wütend sind. Merken und Benennen sind für die Genesung von zentraler Bedeutung.

Unter den Nicht-Genesenden, vor allem in den helfenden Berufen, reagieren manche sehr negativ darauf, daß Süchtige sich selbst als Süchtige bezeichnen und ihre Abhängigkeiten benennen. Das ist ein sehr interessanter Zusammenstoß der Systeme. Wenn dieses benennende Verhalten von der Urteilsposition des Suchtsystems her gesehen wird (in dem Krankheit, psychische Probleme und so fort als »schlecht« betrachtet werden), dann wird das Merken und Benennen natürlich negativ wahrgenommen und als »schlecht« beurteilt.

Aus dem Blickwinkel der Genesung und des Lebensprozesses sieht das Bild jedoch anders aus; hier gilt der Satz »Die Wahrheit soll dich frei machen«, und das Bemerken und Benennen spezifischer Abhängigkeiten öffnet die Tür zu den Hoffnungen der Genesung. Ich habe Genesende oft über die tiefe Erleichterung und die Hoffnung sprechen hören, die sie spürten, als sie ihre eigenen Abhängigkeiten benannten (es hilft jedoch oft wenig, wenn andere Süchtigen sagen, daß sie süchtig sind).

Fertige Urteile

Süchtige sind groß darin, »Urteile gegen…« zu fällen, haben jedoch kein gutes Urteilsvermögen. Es ist wichtig, das in Genesungsgruppen im Auge zu behalten. Durch eine rigide Urteilshaltung sichert man den Fortbestand der Krankheit. Im frühen Genesungsstadium ist es oft wichtig, dem Rat eines alten Hasen oder Sponsors zu folgen, auch wenn unser Suchtprozeß eine Million Gründe findet, Widerstand zu leisten. Wir müssen uns immer wieder die Frage stellen: Wenn unsere Urteilsfähigkeit so gut ist – warum stecken wir dann in einem solchen Schlamassel? Diese Überlegung hilft uns gewöhnlich, für Hilfsangebote offener zu sein. In den Trainingsgruppen praktizieren wir tatsächlich manchmal die »verschärfte Ermutigung«, wie wir sie liebevoll nennen (harte Konfrontation durch die Gruppe), um die Verleugnung durchbrechen zu helfen. Es ist oft wundervoll zu erleben, daß man dabei ganz ohne Werturteile auskommen kann.

Isolation

Abhängigkeiten sind Krankheiten der Isolation. Wir isolieren uns von uns selbst, von anderen und von unserer spirituellen Basis. Das Gute des Modells, das ich hier präsentiere, liegt unter anderem darin, daß es eine große Vielfalt ständiger unterstützender Kontakte bietet und daß die Eigenverantwortung, diese Kontakte zu nutzen, nicht wie bei so vielen anderen Gruppen in die »Nachsorgephase« verlegt wird. Zwölf-Schritte-Gruppen setzen sich weltweit durch. Es gibt ein internationales Netzwerk von Menschen, die angefangen haben, im Prozeß zu leben, und gute Leute gibt es überall, wenn wir nur hinschauen.

Ganzheit und Gesundheit

Jeder Genesungsprozeß muß die Ganzheit der Person einbeziehen und Wege zum Heilwerden eröffnen. Ich selbst mag gesundes Essen, gute Luft, Ruhe und besonders die Natur und heiße Quellen. Wir versuchen, unsere Workshops an Orten abzuhalten, die bezahlbar sind und diese Voraussetzungen bieten. Wir sagen den Leuten nicht, was sie essen sollen. Wir essen gut. Menschen lernen durch Erfahrung, und es braucht Zeit, den Suchtprozeß und seine Auswirkungen wieder zu verlernen. Durch Erproben lernt man am besten. Um zu begreifen, was Nüchternheit bedeutet, ist es meiner Ansicht nach wichtig, die »Alltäglichkeit der Nüchternheit« zu erfahren. Wir kannten sie, bevor wir die Sucht kannten.

Chemische Substanzen

Wenn jemand von einer chemischen Substanz abhängig ist, sollte dieses Problem meiner Erfahrung nach idealerweise vor den prozeßgebundenen Abhängigkeiten angegangen werden. Man kann zum Beispiel nicht wirklich an der Beziehungssucht arbeiten, wenn noch Alkoholsucht oder auch Eßsucht im Körper tobt. Solange Leute nicht bereit sind, in eine Phase der Abstinenz oder Nüchternheit hineinzugehen, ist es für die Gruppe oft Zeit- und Energieverschwendung, sich mit ihnen zu befassen.

Wir *verlangen* jedoch keine Abstinenz als Voraussetzung für die Teilnahme an einer Trainingsgruppe. Bei Gruppenmitgliedern, die sich nicht zur Abstinenz entschließen konnten, ist die Gruppe allerdings sehr wachsam. Oft sind Leute sich ihrer substanzgebundenen oder prozeßgebundenen Süchte jedoch gar nicht bewußt, wenn sie sich dem Training und der Trainingsgruppe anschließen. Häufig machen die Gruppenmitglieder selbst Witze darüber, daß sie offenbar immer kränker werden, weil sie plötzlich soviel mehr Süchte haben als zu der Zeit, da sie sich der Gruppe anschlossen.

Spiritualität

Ich glaube nicht, daß Genesung möglich ist, ohne daß wir in irgendeiner Form mit unserer Spiritualität ins reine kommen. Sucht selbst ist eine Form der Entfremdung von der Ganzheit des Prozesses und des Universums, und Genesung muß in irgendeiner Form unsere Beziehung zu allen Dingen wieder etablieren. Der Prozeß dieser Beziehung kann nicht erzwungen werden. Er muß von selbst kommen. Gegner des Zwölf-Schritte-Programms machen ihre Kritik häufig an der »Spiritualität« des Programms fest. So war es auch bei mir; ich biß mich an diesem Aspekt des Programms fest und benutzte meine »objektive Kritik«, um meine Genesung zu vermeiden. Als ich die Wahrnehmung zuließ, daß meine höhere Macht wirklich jede Form annehmen konnte, die ich wollte, mußte ich mich mit mir selbst und mit meinem Widerstand befassen. Ein Zitat, das ich bei einem Zwölf-Schritte-Treffen hörte, war mir eine große Hilfe: »Selbst wenn du nicht an eine höhere Kraft glaubst – bist du sicher, daß du dich nicht selbst für Gott hältst?« Wie oft hatte ich theologische Argumente benutzt, um dem Begreifen meiner eigenen Spiritualität aus dem Weg zu gehen!

Herauszufinden, wohin wir gehören, im Prozeß des Universums, ist Spiritualität. Dieses Wissen kommt zu jeder und jedem von uns in sehr unterschiedlicher Weise, und das Gewahrsein unseres Platzes ist für die Genesung von ausschlaggebender Bedeutung.

Begleitpersonen

Wer ist dazu qualifiziert, die Genesungsprozesse anderer zu fördern und die Tiefenprozeß-Arbeit anderer zu begleiten? Meiner Auffassung nach sind unsere besten Lehrerinnen und Lehrer in Sachen Genesung die genesenden Süchtigen selbst und im günstigsten Fall jene, die über ihre spezifischen Süchte hinaus sind und sich mit dem tieferliegenden Suchtprozeß befassen. Außerdem sind jene am besten zum Fördern und Begleiten qualifiziert, die teilnehmen – die in ihrer eigenen Genesung sind und ihre eigene Tiefenprozeß-Arbeit machen.

Rigide äußere Grenzziehungen sind für genesende Menschen nicht notwendig, denn Genesung erfordert sorgfältigere Grenzdefinitionen, als eine andere Person oder eine Organisation je von außen vorgeben könnte. Die Grenzen, von denen hier die Rede ist, liegen innen.

Eine gute Begleitperson ist ganz und gar in ihren eigenen Genesungs- und Lebensprozeß involviert, schluckt nicht die Haken, die andere für sie auslegen, und läßt sich nicht auf die Spiele der Suchtkrankheit ein. Das verlangt natürlich ein bestimmtes Niveau von Genesung und die Fortsetzung des eigenen Persönlichkeitswachstums und der Heilung, die Arbeit an spontan auftretenden Tiefenprozessen eingeschlossen.

Ich konnte beobachten, daß Menschen, die in den helfenden Berufen ausgebildet sind, oft die größten Schwierigkeiten haben, andere zu begleiten, ohne steuernd und kontrollierend in ihre Prozesse einzugreifen. Leute, die aus helfenden Berufen kommen, sind fest davon überzeugt, daß sie »helfen« müssen.

Humor

Genesung macht Spaß, und der Suchtprozeß hat sehr komische Seiten. Es gibt nichts Komischeres, als zu beobachten, wie wir uns selbst und andere mit unseren »Pros und Kontras« zum Narren zu halten versuchen – oder wie wir glauben, unsere Gefühle vor anderen verbergen zu können, wenn wir in unserem Suchtprozeß sind. Betrügen und Zum-Narren-Halten können wir immer nur uns selbst.

Über unsere eigene Krankheit lachen zu können, ist ein wichtiger Teil des Genesungsprozesses. Manche Leute haben Schwierigkeiten mit der Art von Humor, mit der Süchtige sich über sich selbst lustig machen, aber wir genesenden Süchtigen wissen, daß wir in unserer Krankheit oft sehr komisch sind.

Das psychologisch-psychiatrische Establishment geht mit unserem Mist so geheimnistuerisch um und nimmt ihn so überaus wichtig, daß es fast einen Gegenstand der Anbetung daraus macht. Es ist erleichternd zu wissen, daß unser Mist einfach unser Mist ist und daß wir darüber lachen können, statt ihn in einen Schrein zu stellen und mit ehrfürchtiger Scheu zu betrachten.

Zusammenfassung

Das hier vorgelegte Modell hat meiner Auffassung nach große Vorteile gegenüber den Mitteln und Wegen, durch die wir in der Vergangenheit mit Abhängigkeiten und psychischen Störungen fertigzuwerden versuchten. Der offen zutage liegende Vorteil ist die Tatsache, daß es wirkungsvoll ist und daß es von seiner Anlage her keine hohen Kosten verursacht. Die Arbeit mit dem Suchtprozeß hat gleichzeitig die Tür zu einem Paradigmenwechsel geöffnet und gibt uns, wie ich meine, den Schlüssel zu einer grundlegenden, umfassenden Veränderung in die Hand.

Das Zwölf-Schritte-Programm der Anonymen Alkoholiker ist für meine Begriffe das effektivste Mittel im Umgang mit dem Suchtprozeß, und in Verbindung mit dem Lebensprozeß und der Tiefenprozeß-Arbeit ist es am wirkungsvollsten. »Wenn du mit einer Sucht kämpfst, geht es unmittelbar um die Rettung deiner Seele. Es geht um den eigentlichen Grundstoff deines Lebens.«[138]

Die Schnittstelle von Lebensprozeß-System und Genesung

An dieser Stelle möchte ich zu dem Diagramm zurückkehren, das ich bereits (auf S. 167) zeigte; es ist ein Schlüssel zu den Ideen und der Arbeit, die ich in diesem Buch präsentiere. Die Schnittstelle von Genesungsprozeß und Lebensprozeß-Arbeit ist in diesem Diagramm deutlich zu sehen.

Wie ich an einer anderen Stelle schon betonte, ist Transformation ohne Genesung nicht möglich. Psychologie und Psychiatrie, Medizin, Religion und alle helfenden Berufe haben den Versuch unternommen, Transformation (in irgendeiner Art) zustande zu bringen, ohne sich der Drecksarbeit der Auseinandersetzung mit dem Suchtprozeß zu stellen und insbesondere ohne die Unannehmlichkeit auf sich zu nehmen, sich mit den Wurzeln ihres wissenschaftlichen Weltbildes zu befassen und zu sehen, daß diese Wurzeln aus dem Boden des Suchtprozesses wachsen. So viele Veränderungsansätze in unserer Gesellschaft, die New-Age-Arbeit eingeschlossen, versuchten bei ihren Bemühungen um Transformation ohne Genesung auszukommen und verließen sich statt dessen auf Suchtprozesse. Selbst Marion Woodman, eine Frau, die ich

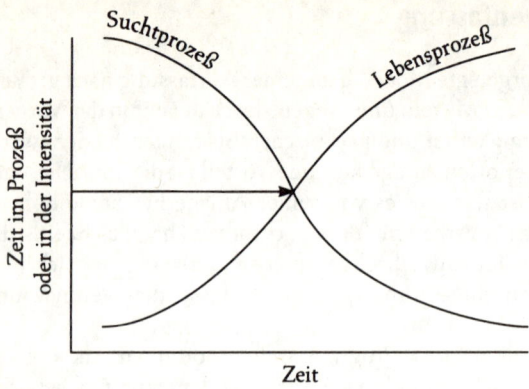

sehr bewundere und respektiere, sagte kürzlich in einem Interview: »Man muß herausfinden, was die Suchtsubstanz auf der symbolischen Ebene bedeutet.«[139] Diese Art von Denken und seine Mittel der Interpretation und der Kontrolle sind beispielhaft für den Versuch, den Suchtprozeß zu benutzen, um Sucht zu heilen. Wir können ohne Genesung keine Transformation erreichen.

Und umgekehrt können wir ohne Transformation nicht genesen. Menschen, die versuchen, zu genesen, ohne sich zu transformieren, sind »trocken«, aber nicht nüchtern, oder abstinent, aber nicht in der Genesung. Um nüchtern zu werden, müssen wir einen Paradigmenwechsel riskieren. Wenn wir unsere Abhängigkeiten Schicht für Schicht ablösen und dem Kern unseres Suchtprozesses näherkommen, werden wir uns allmählich der Tiefenprozesse bewußt, die vorher durch die Abhängigkeiten in Schach gehalten wurden.

Wieder bietet Woodman ein gutes Beispiel für den Unterschied zwischen traditioneller Suchtarbeit und Lebensprozeß-Arbeit. In dem obenzitierten Interview sagt sie: »Die Realität ist zu schmerzhaft, wenn ich als Lebenslinie für mich sehe, daß ich nicht liebenswert bin.«[140] Das entspricht nicht meiner Erfahrung mit der Tiefenprozeß-Arbeit. Unser inneres Wesen konfrontiert uns nicht mit Tiefenprozessen, die wir nicht bewältigen können, und gleichzeitig können wir sehr viel mehr bewältigen, als wir uns gemeinhin vorstellen. Meiner Erfahrung nach sind es viel häufiger die Therapeuten, die Dinge nicht bewältigen können, als die Klienten. Ich habe herausgefunden, daß Menschen die Wahrheit ganz gut ertragen können, selbst wenn diese Wahrheit lautet, daß wir nicht liebenswert sind. Unsere eigene Realität nicht zu kennen ist viel schmerzhafter, als mit einer schmerzhaften Realität konfrontiert zu sein. Das Bibelwort »Du sollst die Wahrheit kennen, und die Wahrheit soll dich frei machen« hat sich für mich als ein Motto herausgestellt, das den Kern trifft. Die meisten Menschen können die Wahrheit durchaus ertragen. Schwer zu ertragen sind die Illusionen. Tiefenprozeß-Arbeit heilt Wunden, die in der Vergangenheit als unheilbar betrachtet wurden. Tiefenprozeß-Arbeit ist die Brücke, die uns mit dem Göttlichen verbindet, innen und außen. Tiefenprozeß-Arbeit beginnt mit dem Sein und dem Prozeß und führt erst dann zu begrifflichem Denken. Konzeptionen und Vorstellungen, die nicht aus unserem Sein hervorgehen, sind entkörperlicht und letztlich von geringem Nutzen.

Im Lebensprozeß-System sind Theorie und Praxis untrennbar miteinander verbunden. Sie sind von vornherein integriert. Lebensprozeß-Arbeit behauptet von sich auch nicht, daß sie das Schiefgelaufene reparieren oder das Unerfüllte nachliefern könne. Es geht nicht wirklich darum, was einer Person in der Vergangenheit versagt blieb. Es geht darum, was Menschen angesichts dieser Lücken oder Mängel für sich selbst tun müssen. Lebensprozeß-Arbeit begleitet die Person, die sich mit ihren Tiefenprozessen auseinandersetzt; sie – diese Arbeit – versucht nicht, die Führung zu übernehmen. Daher war es so leicht, diese Arbeit in unterschiedlichen Sprachen und Kulturen zu tun. Da die Begleitperson nicht wissen muß, was in der Teilnehmerin oder dem Teilnehmer der Gruppe vorgeht, ist es möglich, für den Tiefenprozeß der Person präsent zu sein, selbst wenn die Person im Prozeß und die Begleitperson nicht dieselbe Sprache sprechen oder aus unterschiedlichen Kulturen kommen. Lebensprozeß-Arbeit bringt Vertrauen und Respekt für die Arbeit der Teilnehmerin oder des Teilnehmers auf und muß diese Arbeit nicht manipulieren oder kontrollieren.

Bill W., der Mitbegründer der Anonymen Alkoholiker, macht in seinem Artikel »The Next Frontier, Emotional Sobriety« (Die nächste Grenze: Emotionale Nüchternheit) deutlich, daß es nicht ausreicht, das Trinken oder die Droge aufzugeben. Es ist ein ausgezeichneter Text, und ich wünschte, ich könnte ihn hier in seiner ganzen Länge wiedergeben. Da dies nicht möglich ist, möchte ich zumindest einige Zitate anführen, die zeigen, daß Genesung und Paradigmenwechsel Hand in Hand gehen müssen. Bill W. sagt: »Ich glaube, daß viele alte Hasen, die unsere A.A.-Säuferkur auf die harte Tour an sich erprobten und als erfolgreich befanden, immer noch oft feststellen, daß ihnen die emotionale Nüchternheit fehlt.«[141] – Keine Genesung ohne Transformation.

Man hört noch die Einmischung der häßlichen Stimme der Illusion der Kontrolle, wenn er sagt: »Wie können wir unser Unbewußtes – aus dem immer noch so viele Ängste, Zwänge und verlogene Ambitionen auf uns einströmen – mit dem in Übereinstimmung bringen, was wir tatsächlich glauben, wissen und wollen?!«[142] Zu dieser Übereinstimmung kommt es gewöhnlich von selbst, wenn wir unsere Tiefenprozeß-Arbeit machen und uns bemühen, unseren Prozeß zu leben – und gleichzeitig können wir diesen Prozeß nicht kontrollieren.

Der Rest des Artikels ist leider nur die Suche nach einer Technik, aber zum Schluß sagt Bill W. den bemerkenswerten Satz: »An der Wurzel jeder kleineren oder größeren Störung, die bei uns auftritt, finden wir irgendeine ungesunde Abhängigkeit und das daraus resultierende ungesunde Verlangen.«[143] Im wesentlichen müssen wir uns aktiv unserer Genesung widmen, und Genesung und unsere Prozeß-Arbeit sind nicht einfach »gute Tricks«. Sie erfordern, wie Bill W. schreibt, »aktive Transformation«.[144]

Leben im Prozeß ist etwas viel Aktiveres als Hingabe. Es ist die aktive Entscheidung, unserem Lebensprozeß zu vertrauen und an ihm zu partizipieren. Es geht nicht nur darum, einem Prozeß oder einer Kraft die Führung zu überlassen; so einfach ist es nicht. Es erfordert unsere volle Mitwirkung. Ein großer Teil der spirituellen Literatur etabliert in der Frage, wie man leben soll, einen Aktiv-Passiv-Dualismus. Leben im Prozeß ist die dritte Option – vollständig an unserem Leben beteiligt zu sein und gleichzeitig dem Weg zu vertrauen, auf den es uns führt. Aktive Partizipation an unserem Leben führt zu Veränderungen, die organischer Natur sind. In der Genesung ist es zum Beispiel wichtig, daß Leute bemerken, womit sie sich nicht wohlfühlen, und daß sie dieses Unbehagen respektieren. Als Folge davon hören wir allmählich auf, Dinge zu tun, die uns Unbehagen verursachen. Auf diese Weise habe ich die Arbeit entwickelt, die ich jetzt tue. Es war eine kontinuierliche Interaktion zwischen meiner Genesung und meinem Lebensprozeß, verbunden mit sehr viel Tiefenprozeß-Arbeit.

Während ich in meiner Nüchternheit eindeutiger wurde, entdeckte ich, daß meine Tiefenprozesse und meine Partizipation am Lebensprozeß mir alles Wissen geben, das ich benötige. Das heißt nicht, daß ich auf äußere Wissensquellen verzichte oder daß ich mein Gehirn und meinen Intellekt nicht mehr benutze. Ganz im Gegenteil! Ich stelle allerdings fest, daß ich äußere Wissensquellen und meinen Intellekt auf eine andere, neue Weise benutze – ich folge meinem inneren Wissen mit meinem Denken und meinen Informationen von außen. Oft ist die

Idee bereits durch meine persönliche Arbeit in mir entstanden, und dann finde ich sie in Worte gefaßt in der Literatur wieder, so wie es bei der vorher zitierten Literatur über das neue Paradigma der Fall war. Ich *lebte* schon in einem neuen Paradigma, und es half mir zu lesen, was andere darüber zu sagen hatten. Es war nicht so, daß ich die Literatur las und dann versuchte, mich auf ein von anderen vermitteltes, neues Denken »umzustellen«.

Ich habe für mich festgestellt, daß es versöhnlich ist, auf diese Weise zu leben und zu denken. Versöhnung kann nicht geschehen – auf keiner Ebene–, wenn die beteiligten Parteien noch in ihrer Krankheit sind, unehrlich sind und versuchen, sich gegenseitig zu manipulieren. Es ist pure Zeitverschwendung, mit einem betrunkenen »Säufer« zu reden, und dennoch sind viele unserer Versöhnungsversuche auf der zwischenmenschlichen Ebene oder auf der internationalen Ebene nichts anderes als dieser Versuch. Als eine Form der Verleugnung in diesen Situationen ist die Weigerung zu sehen, daß die eine oder die andere Seite aus dem Suchtprozeß heraus operiert.

Ich hörte vor langer Zeit damit auf, Paar- oder Familienarbeit nach dem systemischen Ansatz zu machen, obwohl dieser Ansatz hilfreich war. Ich entdeckte, daß Paar- und Familienbeziehungen sich mühelos klärten, wenn die einzelnen sich ihrem Genesungsprozeß widmeten und ihre Tiefenprozeß-Arbeit machten. Vielleicht würde das sogar auf der internationalen Ebene geschehen, wenn alle ihre Arbeit machten. Ich kann zum Beispiel sehen, daß Menschen, die sich in aktiver Genesung befinden, irgendwann die Dimension einer kritischen Masse annehmen werden. Wenn sie ihre Genesungsarbeit machen, werden sie aus der Notwendigkeit heraus, einen Paradigmenwechsel in ihrem Leben und in der Art, wie sie es leben, vollziehen. Dann, wenn sie lernen, ihr Leben in einer partizipatorischen Weise zu leben, entwickeln sie vielleicht allmählich eine Weltauffassung, die nüchtern und lebensspendend ist.

Ich muß sagen, daß ich angesichts der Genesung und der Transformation, die ich geschehen sah, wenn Leute sich mit ihren Abhängigkeiten konfrontierten und lernten, im Prozeß zu leben, glaube, daß alles möglich ist und daß ich die Verbindung dieser beiden Prozesse für die größte Hoffnung halte, auf die unsere heutige Welt setzen kann.

Das neue Paradigma

»Man kann nicht für die Umwelt kämpfen, ohne schließlich mit
Politikern in Konflikt zu geraten.« Wangari Maathai (in »Time«)

Es könnte – und wird für mich wahrscheinlich auch – eine Lebensaufgabe sein, über das neue Paradigma zu schreiben. Ich plane seit Jahren
ein umfassendes Buch über Leben im Prozeß und werde diesen Plan
auch bald in die Tat umsetzen. Hier möchte ich dennoch einige über das
neue Paradigma geäußerte Vorstellungen wiedergeben und etwas über
meine eigenen Erfahrungen mit dem neuen Paradigma vermitteln.

Ich sehe zwei Hauptgruppen, die sich aktiv mit den weitreichenden
Implikationen eines neuen Paradigmas auseinandersetzen. Diese beiden Gruppen sind theoretische Wissenschaftler (in erster Linie Physiker) und Menschen, die sich in der Genesung befinden. (Willis Harman
teilte mir mit, daß die Zahl dieser Wissenschaftler, die sich mit einem
neuen Paradigma befassen, in seiner Sicht sehr klein ist.) Ich erlebe es
so, daß die Wissenschaftler die Theorienbildung und das Denken verändern und daß die in Genesung befindlichen Menschen Einstellungen, Gefühle und Verhaltensweisen in sich selbst verändern. Überall
verstreut gibt es außerdem einzelne, die über ein neues Paradigma
sprechen und schreiben; darunter sind Therapeuten, Leute, die Workshops leiten, spirituellen Gruppierungen vorstehen, und Leute aus dem
New-Age-Bereich.

Meiner Erfahrung nach kann man an das neue Paradigma nicht
theoretisch herangehen. Das Partizipatorische liegt in der Natur dieses
Paradigmas. Man kann Theorien bilden und Vorstellungen darüber
entwickeln, wie es sich auswirken *sollte*. Das ist jedoch etwas völlig
anderes, als es zu leben, und es zu leben ist der einzige Weg, es wirklich
zu erfahren.

Ich glaube, daß es eine in der Sache selbst liegende Schwierigkeit
gibt, dieses neue Paradigma auf dem Weg über das Gehirn zu erfassen.
Wir müssen uns von unseren Körpern und unserem Sein leiten lassen
und nicht von unserem Gehirn. Das Problem zeigt sich deutlich bei der
Genesung von Abhängigkeiten. Niemand ist je durch das *Verstehen* des
Zwölf-Schritte-Programms oder das Verstehen von Sucht genesen. In
Genesungsgruppen hören wir oft über den Unterschied von »drüber
reden« und »sich auf den Weg machen«. »Drüber reden« ist der Versuch, auf dem Weg über das Denken und Verstehen zu genesen. Das
fördert die Heilung nicht, sondern behindert sie sogar. »Sich auf den

Weg machen« heißt, Genesung leben, bis sie ein Prozeß ist, aus dem unser Sein hervorgeht.

So wie ich es erlebe, sind viele Wissenschaftler, Futurologen, New-Age-Leute und vor allem Therapeuten am »Drüber-Reden« interessiert, aber nicht am »Sich-auf-den-Weg-Machen«. Die Botschaft und die Methode sind oft nicht miteinander in Übereinstimmung. Im Lebensprozeß-Netzwerk ist es uns gelungen, Botschaft und Praxis zusammenzubringen, um das neue Paradigma zu erfahren. Einen der Prozesse, der in meiner Sicht für das alte Paradigma oder den Suchtprozeß typisch ist, nenne ich gern das Korsett-Syndrom. Das Korsett-Syndrom ist dadurch gekennzeichnet, daß wir vorausbestimmen, was oder wie etwas oder jemand sein sollte, und dann versuchen, uns diesem vorbestimmten Muster anzupassen. Leider ist die vorher festgelegte Form fast immer einige Nummern kleiner als die Realität und paßt nie wirklich. Oft sind die Vorstellungen über ein neues Paradigma nicht durch die Realität, ja, nicht einmal durch die Wissenschaft relativiert. Es ist wichtig, daß wir die politischen und emotionalen Fehler des alten mechanistischen Paradigmas nicht wiederholen, daß wir nicht versuchen, uns aus einer emotionalen, ideologischen oder theoretischen Bindung heraus zur Anerkennung eines neuen Paradigmas zu zwingen, wenn es mit unserer Erfahrung nicht übereinzustimmen scheint. Dieser Prozeß der abstrakten oder nicht erfahrungsbestimmten theoretischen Annäherung als solcher *ist* das alte Paradigma. Jene, die aus alten Paradigmen heraus operierten, haben oft die Inhalte ihrer Aussagen verändert und dennoch an Prozessen und Verfahrensweisen festgehalten, die mit den neuen Inhalten nicht in Übereinstimmung waren. Das ist eine der subtilen Taktiken, die wir verwenden, um uns einzureden, daß Veränderungen geschehen, während wir das alte Paradigma und sein politisches Überzeugungssystem in keiner Weise angreifen. In Zwölf-Schritte-Kreisen hören wir oft, daß Halbheiten uns nichts einbringen, oder, um ein anderes Beispiel zu wählen: Jesus verlangte von seinen Jüngern, alles aufzugeben und ihm nachzufolgen. Paradigmenwechsel sind radikal. Genesung ist radikal. Ich habe bei Leuten in helfenden Berufen, die durch ihre Krankheit zwangsläufig auf den Weg der Genesung kamen, oft den traurigen Vorgang beobachtet, daß sie verzweifelt versuchten, auf zwei Hochzeiten zu tanzen; sie waren bereit, ihre Genesung aufs Spiel zu setzen, um die Anerkennung in ihrem Berufsfeld nicht zu verlieren. Ich habe auch beobachtet, daß manche ein gewisses Maß an persönlicher Genesung erreichten und dann, wenn der Genesungsprozeß von ihnen verlangte, über die individuelle und familiäre Genesung hinaus zur institutionellen Genesung überzugehen, auf dieser Ebene in ihrer Krankheit verharrten. Wenn wir im Prozeß leben, sind wir offen dafür, den Weg zu nehmen, auf den der Prozeß uns führt. Oft entspricht dieser Weg nicht unseren bewußten Zielvorstellungen oder Planungen. Es ist interessant, daß alle großen Religionslehrer sich in diesem Sinn äußerten, aber die mechanistische wissenschaftliche Weltauffassung führte die Illusion der Beherrschbarkeit ein, und in ihrer Raffinesse durchdringt diese Illusion sogar unser Denken über das neue Paradigma. Wenn das neue Paradigma aus der Genesung und der Erfahrung hervorgeht, heißt das, daß wir uns von Anbeginn an (und immer wieder) mit der Illusion der Beherrschbarkeit befassen müssen.

Obwohl ich mich mit diesen Aussagen gegen eine Führungsrolle der Theorie wende, möchte ich an dieser Stelle doch einige zentrale Überlegungen von Autoren wiedergeben, die sich mit diesem Bereich befaßten, und im Anschluß daran einige Ideen vorstellen, die aus meiner eigenen Genesungsarbeit und meiner Arbeit mit Leben im Prozeß hervorgegangen sind.

Theorien und Reflexionen über das neue Paradigma

Beim Nachdenken über das neue Paradigma fand ich einige Bücher aufschlußreich und inspirierend: *Wiederverzauberung der Welt* von Morris Berman, *The Reenchantment of Science: Postmodern Proposals* (Die Wiederverzauberung der Wissenschaft; Postmoderne Entwürfe), herausgegeben von David Ray Griffin, und *The Holographic Paradigm and Other Paradoxes* (Das Holographische Paradigma und andere Paradoxe), herausgegeben von Ken Wilber. Ich bin glücklich, daß diese Bücher in mein Leben traten, nachdem ich mehr als zwanzig Jahre lang allein gearbeitet hatte, im Vertrauen auf die Veränderungen, die ich in der Psychologie und der Psychotherapie als notwendig ansah, und nach fast zehn Jahren Arbeit an meiner eigenen Genesung.

Aufgrund dieser vorangegangenen Suche und vieler großer Veränderungen in mir selbst war ich offen für Ideen, die mir helfen konnten, meine Erfahrungen zu artikulieren. Ich hatte viele Jahre lang Abstand davon genommen, wissenschaftliche Bücher zu lesen, um in dem Versuch der Ideenbildung und der begrifflichen Klärung meiner Erfahrungen bei eben diesen Erfahrungen selbst anzusetzen. Als ich schließlich auf diese Bücher stieß und begann, sie in Angriff zu nehmen, war ich bereits fest im Lebensprozeß und in der Genesung verankert. Ich habe den Ausdruck »in Angriff nehmen« gewählt, weil ich es generell nicht einfach finde, Autoren zu lesen, die auf der theoretischen Ebene arbeiten. Meine Motivation war so stark, daß ich mich begeistert durch eine Zahl von Fußnoten hindurchkämpfte, die mir in die Millionen zu gehen schien, und mich mit einer Begrifflichkeit auseinandersetzte, die mein Gehirn und meine Geduld ermüdete. Wie ich schon erwähnte, wurde das Verständnisproblem mir nur um so deutlicher, als ich einige Leute aus meinen Trainingsgruppen bat, diese Literatur zu lesen, und sie mit offener Rebellion reagierten. Obwohl diese Menschen intelligent sind und hochqualifizierte Ausbildungen genossen haben, lief es schließlich darauf hinaus, daß ich einen der Essays für sie »übersetzte«, weil ich den Inhalt wichtig fand und meinte, daß sie diese Informationen haben sollten. Sie waren einfach nicht bereit, den Essay in seiner ursprünglichen Form zu lesen.

Ich bedaure es außerordentlich, daß diese Literatur so schwer zu lesen ist, denn in meinem tiefsten Kern bin ich davon überzeugt, daß dieses »neue« Paradigma in die DNS der menschlichen Spezies eingeschrieben ist. Wir alle wissen darum. Im tiefsten Kern unseres Wesens »erinnern« wir uns an das, was wir zu vergessen versuchten, um uns einer Welt anzupassen, die von der mechanistischen wissenschaftlichen Weltauffassung beherrscht wird.

Ich habe oft gesagt, daß dieses Suchtsystem ein illusionäres System ist. Es basiert auf der Illusion der Kontrolle, des Perfektionismus, der Objektivität, auf Unehrlichkeit, Verwirrung, verdrehtem Denken und auf Abstraktionen und Vorstellungen, die völlig entkörperlicht und in keiner Weise durch unsere Erfahrungen oder unser Sein relativiert sind. Wir haben diese Welt auf theoretischen Konstrukten aufgebaut, die zur Realität, wie sie tatsächlich existiert, keine Beziehung haben, und wir haben diese Konstrukte »Realität« genannt. Wenn wir *unsere* Realität leben und zeigen, sagt man uns, daß wir keinen Sinn für »Realität« haben und daß wir verrückt sind. Man hat uns gesagt, daß die Realität Illusion ist und die Illusion Realität. Wen wundert es da, daß wir bereit sind, das Etikett der »Verrücktheit« zu akzeptieren? Wen wundert es da, daß wir das Gefühl haben, die Realität aufgeben zu müssen, um dazuzugehören? Und wen wundert es, daß wir den Schmerz über unseren Selbstverlust, über den Verlust unserer Verbindung zum gesamten lebenden Universum und unseren Platz darin betäuben müssen?

Das Wissen über das neue (alte?) Paradigma ist nicht nur Gelehrten vorbehalten. Menschen, die das neue Paradigma in ihrem Leben erfahren haben, müssen sich den Gelehrten mitteilen, und die Gelehrten müssen ihre Erkenntnisse in einer Form mitteilen, die auch gewöhnlichen Sterblichen erlaubt, sich und ihre Erfahrungen darin wiederzuerkennen.

Ich werde hier einige Gedanken über das neue Paradigma wiedergeben, die mir wichtig waren, und vielleicht wird das manche meiner Leserinnen und Leser zur ernsthaften Auseinandersetzung mit dieser Literatur ermutigen. Ich betone ausdrücklich, daß ich nicht meine, den Autoren mit dieser kurzen Wiedergabe gerecht werden zu können.

Morris Berman: Partizipation und Verkörperung

Wie ich schon sagte, war Morris Bermans Buch *Wiederverzauberung der Welt* eine große Entdeckung für mich. Die wichtigsten Vorstellungen, die ich seiner Arbeit entnahm, waren die einer partizipatorischen Wissenschaft und/oder Weltauffassung und die eines entkörperlichten Wissens.

Ich hatte seit einiger Zeit mit dem »Mythos der Objektivität«, wie ich ihn nenne, in der Psychologie und der Psychotherapie gekämpft. Ich hatte erkannt, daß Objektivität ein Mythos ist und daß dieser Mythos die eigentliche Basis der Psychologie (und aller Wissenschaften) und der Psychotherapie darstellt. Ich sah, daß die Ethik der Psychotherapie auf dem Glauben aufbaute, Objektivität sei möglich und sei etwas Gutes. Ich brachte das mit meiner wachsenden Überzeugung in Verbindung, daß die helfenden Berufe die systematisierte Praxis der Co-Abhängigkeit und der Beziehungssucht sind, und mit meinem Gewahrsein, daß es die Funktion der Sucht ist, uns vom Kontakt mit unserem eigenen Selbst fernzuhalten, und plötzlich wurde mir klar, warum eine nicht-partizipatorische wissenschaftliche Weltauffassung zu einer Suchtgesellschaft führt. Wir haben eine Gesellschaft etabliert, die wir nur dann ertragen können, wenn wir nicht mit uns selbst in Berührung sind.

Zur selben Zeit arbeitete ich an meiner Genesung, und ich erkannte, daß Genesung Partizipation verlangt. Ich konnte nicht andere zu Meetings schicken, Zwölf-Schritte-Arbeit »beobachten« oder Sucht »verstehen« und mich selbst verändern oder auch nur begreifen, was Genesung bedeutet. Ich versuchte es. Der einzige Weg, Genesung wirklich zu begreifen, war tatsächlich, selbst in die Genesung hineinzugehen.

Ich geriet in einen heftigen Konflikt zwischen meiner Ausbildung, die mir diktierte, in einer distanzierten Beobachterposition zu bleiben, und meiner Art zu leben, die darin besteht, mich in die Dinge hineinzuwerfen und zu handeln.

Da das Zwölf-Schritte-Programm Partizipation verlangte, wurde es, wie ich bemerkte, auch zu einem großen Gleichmacher. Es gab keine Führungsgestalten, keine Experten, keine Autoritäten. Die besten Lehrerinnen und Lehrer waren oft diejenigen, die sich vor der Genesung am schlimmsten aufgeführt hatten. In dieser Krankheit waren wir alle Teilnehmer. Die Zwölf-Schritte-Gruppen waren die besten Beispiele, die ich für eine praktizierte partizipatorische Weltauffassung fand.

Berman sagt, daß wir eine partizipatorische wissenschaftliche Weltauffassung entwickeln müssen. Spielt Wissenschaft wirklich die Schlüsselrolle? Muß Wissenschaft wirklich die zentrale Leitlinie für die notwendigen Veränderungen sein? Berman nimmt, seinem Hintergrund entsprechend, zweifellos diesen Standpunkt ein. Oder: Ist Wissenschaft überhaupt fähig, eine Weltauffassung hervorzubringen?

Ich hatte beobachtet, daß die Lebensfähigkeit von Kulturen, die in ihrem Kern von der Ökonomie bestimmt sind, eingeschränkt ist, und ich war fasziniert von Kulturen, deren Herzstück die Spiritualität und das Nähren dieser Spiritualität sind.[145] Die Probleme der eurozentrischen Gesellschaften stammen unter anderem daher, daß sie ihre Kulturen auf dem Glauben aufbauen, der eng begrenzte Blickwinkel der mechanistischen Wissenschaft sei der einzig gültige Zugang zur Wahrheit. Ist Wissenschaft für den Weg, den wir von hier aus nehmen müssen, wirklich von zentraler Bedeutung? Während ich diese Frage niederschreibe, bin ich durchaus der Meinung, daß Wissenschaft und die Entwicklung einer neuen Wissenschaft wichtig sein werden, und gleichzeitig glaube ich nicht, daß Wissenschaft selbst das Zentrum sein wird, aus dem das neue Paradigma hervorgeht. Wissenschaftler waren die Anführer, die Priester, die Politiker und die Krieger, die uns in die Weltauffassung der Moderne hineinführten. Ich bin nicht sicher, ob sie auch diejenigen sein werden, die uns aus dieser Weltauffassung wieder hinausführen, und gleichzeitig bin ich sicher, daß ihre Partizipation und Kooperation von ausschlaggebender Bedeutung sein wird.

Was bringt eine partizipatorische wissenschaftliche Weltauffassung mit sich? Zunächst einmal befreit sie uns vom Mythos der Objektivität. Laut Berman war die letzte wirklich partizipatorische Wissenschaft die Alchimie, aber er empfiehlt uns nicht, zur Alchimie zurückzukehren.

Wir müssen weitergehen. Um dazu fähig zu sein, müssen wir uns vom Entkörperlichten lösen.[146]

Diese Idee fesselte mich, weil ich im Lauf der Jahre eine rückhaltlose Bewunderung für die Fähigkeit unserer Körper, Informationen zu speichern, entwickelt hatte. Ich erinnere mich, daß mir einige Jahre nach dem Abschluß meines Graduiertenstudiums plötzlich auffiel, daß niemand mir je etwas über den Körper gesagt hatte (von Perfields Arbeit über die Stimulation bestimmter Erinnerungszentren im Gehirn einmal abgesehen). Ich lernte Physiologie und Anatomie, aber niemand vermittelte mir je, daß Depressionen, Erinnerungen, Wahrnehmungen, Bilder und spezielle Empfindungen *im Körper* gespeichert sind. Mir wurde bewußt, daß ich in meiner Doktorandenausbildung sehr wenig über den Körper gelernt hatte, außer ihn als eine Maschine zu sehen. Als ich darüber nachdachte, wurde mir klar, daß sich irgendwann im Lauf meines Ausbildungsprozesses unbewußt in mir das Bild gefestigt hatte, Depressionen, Erinnerungen, Wahrnehmungen und so fort lägen irgendwo in meinem Hinterkopf auf der Lauer. Ich muß lachen, wenn ich jetzt daran denke, aber niemand brachte mich je auf die Idee, daß der Körper Erinnerungen hat, die dem Gehirn nicht einmal zugänglich sind.

Jetzt ist mir klar, daß meine Ausbildung mir – wenn auch nicht in diesen Worten – nahelegte, das Gehirn sei das wichtigste Element meines physischen Seins, es kontrolliere den Körper und es müsse auch die Herrschaft über den Körper haben. Es wurde nicht wirklich anerkannt, daß auch der Körper fähig ist, sich zu erinnern, daß Gefühle für das Gehirn notwendig sind, daß das Gehirn den Körper braucht, um vollständige Informationen zu erhalten, und daß die im Körper gespeicherten Erinnerungen und Gefühle in den meisten Fällen genauer sind als die im Gehirn gespeicherten. Welch eine Offenbarung war es in dieser Arbeit, zu sehen, daß der Körper oft der Sitz der am sorgfältigsten bewahrten Informationen ist und daß die Vertrautheit mit unseren Körpern, Gehirnen, Gefühlen, Intuitionen, Wahrnehmungen und Gedanken der einzige Weg ist, unser Leben vollständig zu leben!

Ich sah auch, daß die Überbetonung des Denkens und der Führungsrolle des Gehirns tatsächlich zu einer Entkörperlichung und daraus resultierenden Verzerrung unseres Wissens geführt hatte, zu einer Unfähigkeit, einen großen Teil der Informationen, die uns eigentlich zugänglich sind, zu empfangen und zu verstehen. Es geht um mehr als das Problem, daß wir nicht »auf allen Zylindern laufen«. Schließlich sind wir keine Verbrennungsmotoren. Aber als Spezies und als Gattung nutzen wir nicht einmal ein Zehntel der Erkenntnisse und des Wissens, zu denen wir eigentlich fähig sind. In der Tiefenprozeß-Arbeit sah ich, daß wir fähig sind, sehr viel mehr zu wissen, als wir von uns selbst glauben, und daß wir außerdem mit diesem Wissen umgehen können. Um voll an unserem Leben und unserer Welt zu partizipieren, müssen wir in unseren Körpern sein, und für die Erkenntnisse offen sein, die im Körper gespeichert sind. Diese beiden Vorstellungen der Verkörperung und der Partizipation stehen der mechanistischen wissenschaftlichen Weltauffassung antithetisch gegenüber. Um in Partizipation zu leben, müssen wir die Illusion der Objektivität (außen stehen und beobachten) aufgeben. Ich konnte nicht von meinen Abhängigkeiten genesen, als ich Genesung *beobachten* wollte. Erst als ich mich mit voller Beteiligung in den Prozeß hineinwarf, konnte ich anfangen zu genesen. Um voll beteiligt zu sein, mußte ich mit meinem Körper in Kontakt sein und die Botschaften wahrnehmen, die er mir gab. Ich konnte es mir nicht leisten, mich der Illusion der Sicherheit hinzugeben, indem ich nur über meine Krankheit und über Genesung nachdachte. Als ich mit voller Beteiligung in die Genesung hineinging, veränderte ich mich natürlich.

Wenn ich an eine vollkommen partizipatorische Wissenschaft denke und versuche, sie mir vorzustellen, schwirrt mir oft der Kopf (was vermutlich gar kein schlechtes Zeichen ist, wie mir gerade klar wird). Als Beispiel möchte ich hier von einer kurz zurückliegenden Erfahrung berichten, die mich auf eine neue Bewußtseinsebene brachte, im Nachdenken über die immense Wandlung, die erforderlich sein wird, um eine partizipatorische Wissenschaft zu entwickeln.

Kürzlich war ich zum ersten Mal für einige Zeit in Irland. Diese Reise war sehr wichtig für mich, denn es gehört zu meinen Kindheitserinnerungen, daß meine Mutter als Erklärung für viele Verhaltensweisen zu sagen pflegte: »Wir sind Iren.« Meine Mutter ist seit vielen Jahren tot, aber ich habe ihr aufbrausendes, heftiges Temperament und ihre häufigen Wutausbrüche nicht vergessen. Das Schöne am Temperament meiner Mutter war, daß nach ihren Wutausbrüchen »die Luft rein« war und kein unterschwellig gärender Ärger zurückblieb. Es war heraus, und sie war damit fertig. Als ich Therapeutin war, stellte ich fest, daß ich meine Fähigkeit, mit der Wutarbeit meiner Klientinnen und Klienten gut umzugehen, zum großen Teil meiner Mutter verdankte. Wut war für mich einfach nichts Gefährliches. Sie war nur gefährlich, wenn sie nicht ausgedrückt wurde oder wenn sie sich *gegen andere* richtete.

Diese Art von Temperament wurde immer damit erklärt, »daß wir Iren sind«. Wir hatten ein flottes Mundwerk, »weil wir Iren sind«. So vieles in unserem Leben wurde dem Irischsein zugeschrieben. Wir hatten Witz und Schlagfertigkeit, »weil wir Iren sind«. Wir wuchsen mit dem Gefühl auf, nie einem Fremden begegnet zu sein; es gab nur Freunde, die man noch nicht kennengelernt hatte – und auch das war so, »weil wir Iren sind«.

In den letzten Jahren las ich mich in die Werke irischer Schriftsteller ein und war überrascht, wie viele vertraute Saiten sie in mir zum Schwingen brachten. Mein Aufenthalt in Irland verstärkte dieses Vertrautheitsgefühl nur noch mehr. Ich glaube, daß ein Gespräch, das ich kürzlich mit einer Stammesältesten in Australien führte, meinen Entschluß, diese Reise zu unternehmen, beschleunigte. Ich sprach über die erstaunlichen Ähnlichkeiten zwischen ihrem Überzeugungssystem und dem meinen. Sie fragte mich nach meinem familiären Hintergrund, und ich sagte, meine Vorfahren seien Engländer und Iren. Sie sagte: »Das erklärt vieles. Die Iren sind dem Wissen und der Wahrnehmung von Stammesgesellschaften näher als jede andere westliche Volksgruppe.« Natürlich mußte ich Irland besuchen, um herauszufinden, was das bedeutete.

Als ich nach Irland kam, war ich wirklich erstaunt, wie irisch ich bin. Viele Gefühle, Gedanken und Erkenntnisse strömten auf mich ein. Ich fühlte mich unbewußt zu Gegenden hingezogen, die noch sehr von der vorchristlichen Tradition durchtränkt sind, und zu den Orten, wo Gälisch gesprochen wird; dort fühlte ich mich zu Haus. Woher kam das? Sicherlich von den Worten meiner Mutter. Und dennoch – während ich durch das Land fuhr, dachte ich an sie, und mein Gewahrsein, nicht mein Denken, spielte mit meinen Wahrnehmungen.

Zweifellos war meine Mutter in ihrem tiefsten Inneren sehr irisch. Ihr Vater war Ire und ihre Mutter Engländerin. Aber ihre Mutter starb im Kindbett, und sie wurde von ihrer Großmutter mütterlicherseits aufgezogen, die sehr englisch und sehr korrekt war. Diese Urgroßmutter ließ mich weiße Handschuhe anziehen, wenn wir zum Dorfkrämer einkaufen gingen. In ihrer Kindheit bekam meine Mutter ihren Vater kaum zu Gesicht. Trotzdem war sie sehr irisch. Meine strenge, rigide, korrekte englische Urgroßmutter und meine stolze, feurige, temperamentvolle irische Mutter lagen ständig miteinander im Kampf. Viele Jahre nach dem Tod beider Frauen hatte ich, ausgelöst durch eine Rolfing-Sitzung, einen Tiefenprozeß, in dem ich erkannte, daß ich die Brücke zwischen diesen beiden starken Frauen gewesen war, die einander nie wirklich verstehen konnten. Ich liebte und verstand sie beide und integrierte beide in mein Inneres, wofür ich sehr dankbar bin.

Aber woher kam meine starke Verbindung zu Irland? Meine Mutter hatte wenig Kontakt zu ihrem Vater oder zu dieser Seite der Familie. Woher wußte sie, was es hieß, irisch zu sein? Bevor ich nach Irland reiste, sprach ich mit meiner Tante, die sich mit der Familiengeschichte beschäftigt, und stellte fest, daß meine irischen Vorfahren 1640 nach Amerika gekommen waren, vor sehr langer Zeit also. In Irland haben wir nur noch wenige entfernte Verwandte. Und meine Vorfahren waren, wie sich herausstellte, ein Clan von Dichtern und Schreibern. Meine Mutter war eine Dichterin und Schriftstellerin; meine Kinder haben schriftstellerisches Talent. Ich kämpfte gegen das Bedürfnis zu schreiben an und habe den Widerstand schließlich aufgegeben. Was bedeutet das alles? Es war wunderschön, die Zeit und die Muße für diese Gedanken- und Erinnerungsspiele zu haben, während ich durch die irische Landschaft fuhr.

Dann begann ich über die uralte Streitfrage Natur versus Erziehung in der Psychologie nachzudenken. Sind wir im wesentlichen durch unsere Gene determiniert oder durch die Einflüsse unserer Umwelt? Mein Eintritt in das Berufsfeld der Psychologie lag rund vierzig Jahre zurück, genug Zeit, um das Pendel mehrfach zwischen diesen beiden Positionen hin- und herschwingen zu sehen.

Die Erfahrung mit meiner Mutter sprach zweifellos für die Gene. Aber konnte die Neigung, schriftstellerisch tätig zu sein, in den Genen liegen? Das erschien mir dann doch etwas zu weit hergeholt. Dann wurde mir klar, daß Natur – Erziehung ein Dualismus war. Ich bin zu der Überzeugung gekommen, daß dualistisches Denken Suchtdenken ist, und selbst wenn man sagt, es ist ein wenig von beidem darin, ist das immer noch dualistisches Denken.

Ich dachte erneut über die Pole Natur – Erziehung nach. Beide sind Teile der mechanistischen Weltauffassung, und diese Weltauffassung beschreibt Menschen im wesentlichen als Opfer. Es ist eine schuldzuweisende, von fertigen Urteilen geprägte Weltauffassung, die Menschen als von außen gesteuert und als Opfer dieser Steuerung sieht. Plötzlich wurde mir bewußt, wie die Streitfrage Natur – Erziehung zu dieser opferschaffenden Mentalität beitrug. Wir sind entweder Opfer unserer Gene, oder wir sind Opfer unserer Umwelt. Ich konnte sehen, in welcher Form die Psychotherapie sich an dieser dualistischen Vorurteilshaltung und an der Schaffung von Opfern beteiligt hatte, und, ehrlich gesagt, ich war erschüttert und entsetzt.

Meine Mutter war ganz eindeutig weder ein Opfer ihrer Gene noch ihrer Erziehung. Obwohl viele Ereignisse in ihrem Leben dazu angetan waren, sie zu einem Opfer zu machen, weigerte sie sich standhaft, sich selbst in dieser Weise zu sehen.

Wenn keine dieser Alternativen wirklich relevant war, wenn weder in der einen noch in der anderen »die Antwort« lag – wo lag die Antwort dann? Der einzige Weg, dem für das Suchtsystem charakteristischen dualistischen Denken zu entkommen, ist der Sprung über den Gegensatz hinaus, hin zur dritten Option, und das bedeutet, daß wir bei unserem eigenen Prozeß unserer Partizipation ansetzen müssen.

In diesem Augenblick hatte ich das Gefühl, in einen anderen Seinszustand versetzt zu sein und mich in der Leere zu befinden – in einer Leere, die nicht nichts, sondern etwas Seiendes war. Ich konnte meine Mutter in Partizipation mit dem Holomovement sehen, das die Schöpfung ist, und sah sie in dieser Partizipation alles für sich herausholen, was sie brauchte, um ihr Leben zu leben. Plötzlich entstand in mir das tiefe Gewahrsein, daß es möglich ist, das gesamte Universum aus einem völlig anderen Blickwinkel heraus zu betrachten. Ich weiß, daß diese Perspektive bereits existiert, aber wir können nicht wissen, wie sie geartet ist, solange wir nicht daran partizipieren. Ich spürte meine Angst und mein Erstaunen und sah, wie die Sicherheit des alten mechanistischen psychologischen Paradigmas mir entglitt, ehe ich Worte oder Begriffe hatte, das Neue zu beschreiben. Plötzlich wurde mir klar, warum Willis Harman gesagt hatte: »Die Psychologie wird natürlich völlig anders sein.«[147] In diesem Augenblick war mir bewußt, daß die Psychologie in der Form, wie wir sie kennen, nicht weiterexistieren kann. Ich fragte mich, ob sie überhaupt weiterexistieren kann.

Ich erinnerte mich an die jüngste Forschung über die Plastizität der Gene[148], und fragte mich, was ein Leben in Partizipation, was die Durcharbeitung aller unserer Tiefenprozesse und dysfunktionalen Verhaltensmuster, was die volle Partizipation am Holomovement des Universums für das Individuum, für den Planeten und für das Universum bedeuten würden. Könnte die volle Partizipation an unserem Prozeß die dritte Option sein, die Auflösung des Dualismus natürliche Anlage-Kultur? Was wäre, wenn beide, Gene und Umwelt, unendlich plastisch und veränderbar wären, wenn wir in voller Partizipation mit uns selbst lebten? (Ich hatte Andeutungen davon in der Tiefenprozeß-Arbeit gesehen.) Welche ungeahnten Möglichkeiten würden sich der Gattung Mensch eröffnen, wenn wir alle vollkommen an jedem Aspekt unseres eigenen Lebens partizipierten und der real existierenden Evolution des Planeten durchgearbeitete persönliche Erfahrungen hinzufügten? Was würde es bedeuten, wenn diese mechanistische Weltauffassung und alle zu ihrer Unterstützung erdachten Systeme – Erziehung, Politik, Religion, Psychologie und Medizin eingeschlossen – die Blockierung des normalen Partizipations- und Wachstumprozesses, der das Universum ist, zur Folge hatten? Und wenn der einzig mögliche Weg, diesen Prozeß zu erfahren, darin liegt, vollständig an ihm zu partifizieren, was würde daraus folgen?

Ich war mir bewußt, welche Unsicherheit, Furcht und Erregung ich angesichts des Unbekannten spürte und welche scheinbare Sicherheit von dem dualistischen, statischen, mechanistischen, nicht-partizipatorischen wissenschaftlichen Weltbild ausging, und trotz dieser scheinbaren Sicherheit konnte ich nicht umhin, mich dem Unbekannten zu stellen. Dieses System kümmerte sich nicht um das Unbekannte und nahm mir auch nicht mein Bedürfnis, an diesem Unbekannten zu partizipieren. Es hatte mir lediglich keine Mittel für diese Partizipation an die Hand gegeben oder mir das Vertrauen vermittelt, den Versuch zu wagen.

Während ich auf den engen irischen Landstraßen dahinfuhr, hatte ich einen Geistesblitz, wie eine vollkommen partizipatorische Wissenschaft aussehen könnte, und spürte eine ernüchternde Frustration darüber, wie schwer es ist, dieses Wissen zu artikulieren.

Meine Mutter war eine Partizipierende. Ein großer Teil ihres »Irischseins« lag, wie ich glaube, in ihrer Bereitschaft, an ihrem Leben zu partizipieren und für die Kräfte, Prozesse, Energien, Verbindungen und ganzheitlichen Erfahrungen offen zu sein, für die es innerhalb einer nicht-partizipatorischen Weltauffassung bisher keine Worte gibt. Sie ergriff die Möglichkeit, offen zu sein und aus dem Holomovement herauszuziehen, was sie brauchte, um ganz sie selbst zu sein, und sie gab in das Holomovement zurück, was sie beitragen konnte – nicht vollständig, weil sie damit belastet war, in einem illusionären System um Sinnfindung und um Anpassung zu kämpfen.

Ich mühte mich mit dem Versuch ab, klare, präzise Begriffe zu finden – so eindeutig wie das Gegensatzpaar Natur – Erziehung –, um dieses neue Gewahrsein zu artikulieren, aber die Begriffe wollten sich nicht einstellen und haben sich bis heute nicht eingestellt.

Ich war von diesen neuen Ideen und Erkenntnissen so erfüllt, daß ich den spontanen Impuls hatte, den Wagen anzuhalten und sie sofort niederzuschreiben, aber dann am Abend, als ich allein war und Zeit zum Schreiben hatte, konnte ich mich nicht dazu entschließen. Mir ist seit langem bewußt, daß Schreiben und jede andere Form echter Kreativität Ähnlichkeit mit einem Orgasmus haben. Ich weiß, daß es nicht möglich ist, wirklich zu schreiben oder kreativ zu sein, solange man nicht bereit ist, loszulassen und sich völlig dem Prozeß zu überlassen. Manchmal wirken mein Zögern und Ausweichen wie eine Schreibhemmung, aber in Wahrheit ist es einfach die Angst vor diesem Loslassen, diesem Ins-Wasser-Springen, dieser Hingabe. Diesmal erschien es mir noch gewaltiger. Ich spürte, wenn ich in diesen Bewußtseinsprozeß wirklich eintauchte, würde er eine enorme Intensität annehmen. Ich sah Ideen vor meinem inneren Auge aufleuchten, die der Keim eines neuen Denkens über die Psychologie, über uns selbst, über das Universum sein könnten. Ich war innerlich nicht bereit, mich diesem Prozeß völlig zu überlassen.

Im Augenblick habe ich das Gefühl, daß ein Wissen um die Fragen, die ich hier aufgeworfen habe (die Plastizität von Genen, Tiefenprozeß-Arbeit, partizipatorische Wissenschaft, Wege des Wissens, das Holomovement des Universums und unser Platz darin), sich ganz oben an der Spitze meines Gehirns kristallisiert, und ich bin nicht bereit zu wissen, wie eine vollkommen partizipatorische Wissenschaft und eine lebendige Weltauffassung aussehen könnten. Dennoch hatte ich einen faszinierenden und merkwürdigen kurzen Einblick, dank meiner Mutter und ihres Irischseins, und ich weiß, daß es Teil meines Irischseins ist, offen dafür zu sein, wo diese Partizipation mich hinführen wird, wenn es soweit ist.

Der Prozeß, den ich eben geschildert habe, entspricht selbst ganz klar einer partizipatorischen Art zu leben und zu denken. Ich vertraute meiner Intuition, daß ich nach Irland reisen und das Irischsein erkunden müsse. Als mein Geist mit diesem Gewahrsein umzugehen begann, dachte ich nicht über diese Ideen nach – ich ließ *sie* mich denken. Als ich meine Furcht und mein Zögern spürte, brachte ich diesen Gefühlen Achtung entgegen, im Vertrauen darauf, daß sie aus gutem Grund da waren; wenn es so sein soll, daß ich diesen Fragen weiter nachgehe, und wenn ich besser fähig bin, zu beschreiben, was diese partizipatorische Weltauffassung mit meiner Mutter zu tun hat, werde ich spüren, wann die Zeit dafür gekommen ist. Alles, was ich tun muß, ist, offen zu bleiben und an meinem Leben zu partizipieren.

Statt unser Leben und die Einflüsse, die darauf einwirken, auf den Natur-Erziehung-Dualismus zu reduzieren, begann ich, in Begriffen der Partizipation und der Möglichkeiten und Optionen für Partizipation zu denken. Kann Partizipation die Zukunft verändern? Kann sie die Vergangenheit verändern? Was würde geschehen, wenn wir im Puzzle des Universums wirklich unseren Platz einnähmen? Würde sich das gesamte Universum dadurch verändern? Was bedeutet das alles in bezug auf das Übernehmen der Verantwortung für unser eigenes Leben, und die Macht, die uns dadurch zuwächst? Was wäre, wenn die einzelnen Verantwortung für ihr Leben übernähmen, und diese Verantwortung nicht anderen überließen, die nicht ihre Gene und ihre Erfahrungen haben und haben können (wie plastisch Gene und wie veränderlich Erfahrungen auch immer sein mögen), und die daher von ihrer Perspektive aus auch nicht wissen können, welche Art von Partizipation in der Welt gebraucht wird?

Was wäre, wenn ein neues Wissenschaftsparadigma die Entwicklung einer Wissenschaft, Politik, Erziehung, Religion, ja, sogar einer Psychologie (in Ermangelung eines besseren Wortes) vorantriebe, die volle Partizipation am Leben des Universums für alle, gemäß ihren eigenen Erfahrungen und Wahrheiten, unterstützte, ermutigte, erlaubte und förderte? Die Möglichkeiten sind elektrisierend. Wie würde eine Wissenschaft aussehen, die nicht mechanistisch, reduktionistisch und kontrollierend ist? Es ist nicht das Bemühen, die Natur zu verstehen, das so destruktiv ist. Es ist die Art, wie wir unser Naturverständnis benutzen, um die Natur zu beherrschen und auszubeuten, die Zerstörung anrichtet. Nehmen wir an, daß wir die Natur und die Kräfte des Universums nicht dadurch zu verstehen versuchten, daß wir sie auseinanderrissen, sie statisch machen und sie auf ihre einfachsten Bestandteile reduzieren. Nehmen wir an, wir versuchten, sie mit allen Aspekten unseres Wesens zu verstehen, indem wir an ihnen partizipieren, und stellen wir uns vor, wir könnten eine Wissenschaft entwickeln, die dazu fähig ist. Die Möglichkeiten, die sich dadurch eröffneten, wären grenzenlos.

Ich erinnere mich, daß ich in einem meiner Bücher (ich glaube, es war *Weibliche Wirklichkeit*) ein Beispiel anführte, über eine Erkenntnis, die ich vor vielen Jahren hatte, während ich die Nachrichten hörte. Der Reporter berichtete über Wissenschaftler in Washington, die sagten, wenn sie nur eine Million (oder Billion, ich weiß es jetzt nicht mehr) Forschungsgelder mehr zur Verfügung hätten, würden sie bald fähig sein, das Wetter vollständig zu kontrollieren. Ich war verblüfft. Wer würde das wollen? Ich benutzte dieses Beispiel zur Verdeutlichung des Unterschieds zwischen dem System des Weißen Mannes, wie ich es damals nannte, und dem Entstehenden Weiblichen System. Ich erinnere mich, daß ich dachte, in einem Entstehenden Weiblichen System könnten wir einen Teil dieses Geldes dazu nutzen, mit dem Wetter, wie es ist, leben zu lernen (da wir es vermutlich ohnehin nicht kontrollieren könnten), was ein partizipatorischer Ansatz wäre. Dann hätten wir noch eine Menge Geld übrig, um uns mit dem Welthunger, der Umweltverschmutzung und anderen wichtigen Problemen zu befassen. Was ich in *Weibliche Wirklichkeit* beschrieb, war ein partizipatorisches System. Was das beinhaltet, war mir damals bei weitem nicht so deutlich, wie es heute der Fall ist.

In einem früheren Kapitel zitierte ich eine Arbeit von Carl Rogers, »Toward a More Human Science of the Person«. Er betont darin, eine mechanistische Wissenschaft sei »für das Studium der Conditio humana nicht geeignet oder kongenial«[149]. Dennoch neigte er, wie die meisten von uns, dazu, an den konventionelleren Vorstellungen von Wissenschaft festzuhalten. Er zitiert Patton, Polkinghorn und Miles und Huberman, wenn er über phänomenologische Forschung, Hermeneutik und qualitative Forschung spricht.[150] Manche dieser Ansätze verweisen auf die Möglichkeit einer Wissenschaft von eher partizipatorischem Charakter, ohne, wie ich meine, die revolutionären Implikationen einer vollständig partizipatorischen Wissenschaft wirklich zu sehen. Die meisten dieser Autoren wollten den Rahmen der humanistischen Forschung erweitern, ohne zu einem neuen Wissenschaftsparadigma überzugehen. Dennoch haben sie den Weg für diesen Übergang geebnet. In dieser Welt der plastischen Gene und des unscharfen Denkens ist alles möglich. Ich glaube jedoch, es wird noch geraume Zeit vergehen, bis wir eine adäquate Sprache zur Beschreibung einer vollkommen partizipatorischen Wissenschaft zur Verfügung haben. Tatsächlich haben wir einige Anhaltspunkte, die uns über Vorstellungen wie Teilnehmer-Beobachter, Voreingenommenheit von Experimentatoren und phänomenologische Konzepte hinausführen, die jedoch immer noch nicht ausreichen, um zu erkunden, was eine vollkommen partizipatorische Wissenschaft sein könnte. Wenn wir vollständig partizipieren, verändern wir, was wir beobachten. Wenn wir vollständig partizipieren, verändern wir uns selbst. Die mechanistische Wissenschaft ist uns bei der Reflexion über diese neuen Wege keine Hilfe.

Holographische oder Holomovement-Wissenschaft

Dem von Ken Wilber herausgegebenen Buch *The Holographic Paradigm and Other Paradoxes*[151], einer Sammlung von Artikeln und Interviews, entnahm ich die ersten detaillierten Informationen über das holographische Paradigma. Ich war von der Idee des Hologramms total fasziniert und von David Bohms Konzeption des Holomovement tief beeindruckt. Was ich hier fand, kam den Erfahrungen, die ich in meiner Arbeit gemacht hatte, und dem, was ich über das Lebensprozeß-System geschrieben hatte, am nächsten. Richard Leviton hebt einige Schlüssel-aspekte des Hologramms klar hervor: 1) es hat »eine enorme Speicher-fähigkeit auf kleinstem Raum, rund zehn Millionen Bits, die in Umriß-linien auf einer Filmplatte von etwa einem Kubikzentimeter Größe codiert sind; 2) die Informationen sind innerhalb des Systems so ver-teilt, daß, wenn die Platte zertrümmert wird, ein einziges Fragment das ursprüngliche Bild wiederherstellen kann, mit nur geringem Verlust an Tiefenschärfe und Auflösung«; und 3), »wenn man den Winkel verän-dert, in dem der Laserstrahl auf die Platte trifft, können zahlreiche Bilder auf derselben Oberfläche übereinandergeschichtet werden, wie ineinandergreifende oder einander überschneidende Realitäten.«[152]

Was ich da über das holographische Paradigma las, ergab nicht nur Sinn im Hinblick auf den Lebensprozeß und die Tiefenprozeß-Arbeit – das holographische Paradigma war genau das, was ich in meinen Stu-dien über das alte Ägypten, die Kulturen der Maya, die Stammeskul-turen der amerikanischen Ureinwohner entdeckte, in denen die Tempel zum Beispiel eine symbolische Repräsentation des Universums sind und das Universum der Tempel *ist*. Es war das, was ich hörte, wenn ich in mich selbst hineinlauschte, und was ich erfuhr, als ich diese Plätze besuchte, mit Menschen sprach, die aus diesen Kulturen kamen, und mich nicht auf Anthropologen oder andere in den mechanistischen Wissenschaften ausgebildeten Experten verließ.

Konnte die Idee des Hologramms mir helfen, meine Erfahrungen des »Irischseins« meiner Mutter zu verstehen? Sind wir alle Teil des Hologramms, in dem alle Teile das Ganze *sind* und in dem jeder Teil das Ganze repräsentiert?

Richard Levitons Beschreibung der Bohmschen Vorstellung vom Holomovement gefiel mir besonders gut, weil sie meiner Vorstellung von einem Universum im Prozeß entspricht, in dem alles Existierende ein Prozeß ist: »Bohm lehnte die Willkürlichkeit der Quantenmechanik ab und schlug die Vorstellung eines holographischen Universums vor, das er die ›verbindende Ordnung‹ nannte. Die verbindende Ordnung war für ihn das Reich der Schwingungen oder die nebelhaften Wellen-muster, die alles in sich einschlossen – Zeit, Raum, Vergangenheit, Zu-kunft und Gegenwart, und alle Gegensätze.«[153] Ich hatte Schwierigkei-ten mit der Sprache und wußte dennoch, daß meine Erfahrung in der

Arbeit mit Menschen, so wie ich sie tat, weit über die Newtonsche Physik, die Relativitätstheorie und die Quantenphysik hinausging, während die Psychologie, die ich gelernt hatte, in der Vergangenheit feststeckte, mehrere wissenschaftliche Weltbilder hinter dem zurücklag, wohin meine Erfahrungen mich führten. Es ist nicht ungewöhnlich, daß die Sozialwissenschaften den Naturwissenschaften hinterherhinken, aber diese Rückständigkeit war für mich nicht mehr akzeptabel, als ich in meinem neuen Lernen voranschritt.

Leviton fährt fort: »Die Welt, wie wir sie sehen, ist laut Bohm eine holographische Neuschaffung oder einbeschlossene explizite Form dieses primären Schwingungsfeldes. Die dynamischen Beziehungen zwischen beiden nennt Bohm das Holomovement.«[154] Obwohl ich mit Begriffen wie »einbeschlossen«, »explizit« und »implizit« meine Schwierigkeiten hatte, wußte ich aus meiner eigenen Erfahrung und aus meiner Arbeit mit Menschen heraus, was diese Vorstellungen bedeuteten. Ich wußte, daß jede/r einzelne von uns das Ganze widerspiegelt und daß das Ganze jede/r von uns ist, daß das Individuum die Gesellschaft und die Gesellschaft das Individuum widerspiegelt. Wir sind dasselbe, und wir alle spiegeln das, was wir Gott genannt haben, und partizipieren daran; Gott ist ein Prozeß. Wenn Menschen von den Abhängigkeiten, die dazu dienten, sie vom Holomovement fernzuhalten, genesen, und wenn sie anfangen, aus ihrem Lebensprozeß heraus zu handeln, kehren sie zu ihrem normalen Seinszustand zurück, der darin besteht, wieder Teil des Holomovement zu sein, und eins zu sein mit dem, was wir Gott nennen.

Ich sah diesen Prozeß immer wieder geschehen, in einem Menschen nach dem anderen, aber meine Wissenschaft gab mir keine Begrifflichkeit oder keine Sprache, die mir erlaubt hätte, mir die Zusammenhänge selbst zu verdeutlichen oder mit anderen darüber zu sprechen. Als ich über Karl H. Pribrams Vorstellung vom Gehirn als einem Hologramm[155] und über Bohms Vorstellung vom Holomovement las, wußte ich, daß ich eine Wissenschaft erlernte, die meinen Erfahrungen entsprach. Oder, wie John Battista in *The Holographic Paradigm* sagt: »Also wird ein neues holographisches Modell entwickelt, das die Interdependenz, die Parallelen und die simultanen Verläufe von Vorgängen betont.«[156]

Was wir hier sehen, ist, wie ich meine, nicht nur ein neues Modell, sondern eine Weltauffassung, die eine neue Wissenschaft verlangt. Im Grunde bedeuten diese Vorstellungen, daß jeder spezielle Aspekt des Hologramms mit jedem anderen seiner Aspekte intim vertraut sein könnte. Das könnte im Hinblick auf meine Mutter und ihr »Irischsein« Sinn ergeben, und auch im Hinblick auf die Phänomene, die ich in der Tiefenprozeß-Arbeit erfuhr und beobachtete. Könnte es sein, daß die Heilungsarbeit, die wir entwickelt haben, die Tür zu den Phänomenen ist, über die die Theoretiker schreiben? Oder tatsächlich ihre Praxis? Wenn Träume und Tiefenprozeß-Arbeit die beiden Hauptwege wären, aktiv in das Holomovement einzutreten – was würde daraus folgen? Vielleicht ist es das, was die australischen Ureinwohner meinen, wenn sie von der »Traumzeit« sprechen. Was wäre, wenn wir tatsächlich Zugang zu Wissensquellen und Bereichen hätten, die der mechanistischen Wissenschaft völlig unzugänglich sind? In einem Holomovement-Universum ist das Einssein akzeptiert, und Spiritualität ist etwas Gegebenes. Wenn wir mit der gesamten Schöpfung eins sind und an diesem Einssein partizipieren, dann können wir nicht anders, als Beziehungen der Kooperation mit der Natur, mit den Tieren und mit allen anderen Menschen zu etablieren, weil wir dasselbe und eins sind. Sobald wir aus der Entfremdung heraustreten und das Gewahrsein unserer Realität als Teil des Ganzen oder Holomovement wiedererlangen, und sobald wir anfangen, an diesem Einssein zu partizipieren, werden unser Leben und die Art, wie wir dieses Leben wahrnehmen, sich drastisch verändern. Wir werden die Natur oder andere Menschen zum Beispiel nicht mehr so behandeln, wie wir es unter der Herrschaft der mechanistischen Weltauffassung getan haben. Wie in Stammesgesellschaften seit langem bekannt ist, werden wir mit der Natur und miteinander leben müssen.

Das folgende Zitat ist ein Schlüssel zu Bohms Vorstellungen: »Es ist ein wesentlicher Aspekt dieser Konzeption, daß das gesamte Universum bis zu einem gewissen Grad in jedem seiner Teile aktiv enthalten ist. Da das Ganze in jedem Teil enthalten ist, sind so in gewisser Weise und bis zu einem bestimmten Grad in jedem Teil alle Teile enthalten.«[157] Was die mechanistische Wissenschaft Realität nannte, ist laut Bohm nur die zweite Ordnung der Dinge oder das, was ich als die illusionäre Welt bezeichnete.

Die postmoderne Wissenschaft beginnt mit dem Ganzen und nicht in reduktionistischer Weise mit den Teilen. Ein wichtiger Schlüssel zu dieser Ganzheit, über die Bohm spricht, liegt vielleicht im Unterlaufen des Reduktionismus in unseren Denkprozessen. Vielleicht sind unsere Tiefenprozesse, die das rationale, logische Bewußtsein unterlaufen, die wahren Vehikel zur Erkenntnis des Ganzen und des einbeschlossenen Universums. Wenn Leute ihre Tiefenprozeß-Arbeit machen und anfangen, ihren eigenen Prozeß zu respektieren, dann fangen sie unweigerlich auch an, die Prozesse anderer und den Prozeß des Universums zu respektieren. Bohm drückt das treffend aus, wenn er sagt: »Daraus folgt, daß, wenn wir uns der Welt annähern, indem wir ihre Ganzheit in unser Bewußtsein einbeschließen und so mit Liebe handeln, die Welt, die unser eigenes Sein in sich einbeschließt, in entsprechender Weise reagieren wird.«[158] Kann es sein, daß das, was wir Gott nennen, im Austausch mit uns ist, um allumfassende Liebe oder die Liebe Gottes zu erschaffen, und daß Gott, wie es im Alten Testament gesagt wird, nach seinem – oder ihrem – Volk sucht? Wenn wir uns in unseren Abhängigkeiten einigeln, wird das, was wir Gott nennen, dann auch abhängiger? Dies sind wichtige Fragen, und wir können in Gedanken damit spielen, aber beantworten können wir sie letztlich nur durch Partizipation.

Ökologie und Umwelt

Es ist klar, daß das neue Wissenschaftsparadigma ein umfassenderes Interesse für Ökologie und Umwelt beinhalten wird. Wenn wir sehen, wie in Fernsehreportagen demonstriert wird, daß zum Beispiel fünfundsiebzig bis hundert Jahre Bergbau in Colorado den Grundwasserspiegel verändert und das Wasser so stark verschmutzt haben, daß die zur Behebung dieser Verschmutzung notwendigen Maßnahmen so lange fortgesetzt werden müssen, wie menschliches Leben auf dieser Erde existiert, oder wenn wir Crack-Babys und AIDS-Babys sehen und auch erkennen, daß unser Gebrauch suchterzeugender Substanzen wie Nikotin, Alkohol, Koffein, pharmazeutischer Mittel und anderer Substanzen den Gen-Bestand verändert und das mentale und physische Potential kommender Generationen von sogenannten »normalen« Menschen allmählich herabsetzt, dann haben wir Grund, uns Sorgen zu machen. Oder, wie Brian Swimme sagt: »Kathedralen sind nichts im Vergleich zu der Eleganz der DNS. Vom Standpunkt der architektonischen Schönheit und Kraft aus gesehen, nehmen sich die Kathedralen im Vergleich zur Struktur der DNS wie Wellblechhütten aus. Und dennoch lassen wir zu, daß die DNS ruiniert, zerschlagen, zerstört wird.«[159] Unsere Verleugnung in bezug auf die Rolle der Abhängigkeit bei der Zerstörung des Gen-Bestands und in bezug auf die unterstützende Wirkung der Sucht bei der Zerstörung der DNS muß uns alle mit Sorge erfüllen. Wir müssen sehen, daß die innere und die äußere Umwelt eins sind, daß beide von Umweltverschmutzung betroffen sind, und daß dies die gesamte Schöpfung und den Schöpfungsprozeß selbst beeinträchtigt. Wenn wir uns aus der vollen Partizipation an der Umwelt herausnehmen, und wenn wir nicht fähig sind, zu sehen, daß das, was wir tun, die gesamte Schöpfung beeinträchtigt, dann werden wir die gesamte Schöpfung zerstören.

Menschen in Stammesgesellschaften sind sich ihrer Beziehung zur Umwelt klar bewußt. Es geht um mehr als darum, daß eine Gruppe von Menschen versucht, die Umwelt zu retten. Menschen in Stammesgesellschaften erkennen, daß Großmutter Erde und Großvater Himmel und Wakan Tonka (Gott, Schöpfer, letzter Seinsgrund) nicht von uns getrennt sind, und daß eine lebendige Beziehung zu allen drei Kräften sowohl für unser Überleben auf diesem Planeten notwendig als auch eine der größten Gaben des Menschseins ist. Das Interesse an der Umwelt muß in einen größeren Bewußtseinswandel eingebettet werden. Swimme sagt: »Nichts Geringeres als eine fundamentale Transformation unserer Situation ist gefordert; über alles andere lohnt es sich nicht zu reden.«[160]

David Griffin drückt klar aus, wie wir zu einer nicht-ökologischen Sichtweise des Universums gekommen sind:

»Die Neigung zum Laborexperiment in der Haltung der Wissenschaft ist eine philosophische Spiegelung der materalistischen, nicht-ökologischen Prämisse, daß die Dinge im Grunde von ihrer Umwelt unabhängig sind, so daß der Wissenschaftler nicht in Wesentliches eingreift, wenn er, sagen wir, Zellen aus dem menschlichen Körper oder Tiere aus dem Dschungel entfernt, um sie im Labor zu studieren. Darin drückt sich die reduktionistische Auffassung aus, daß alle komplexen Phänomene in Wahrheit nicht stärker selbstdeterminierend sind als ihre elementaren Teile in Isolation und daß sie folglich unter denselben Laborbedingungen untersucht werden sollten.«[161] Wir haben eine Weltordnung entwickelt, die darin versagt und sich systematisch weigert, das Ganze zu sehen und zu erkennen, daß das Überleben des Ganzen für das Überleben des Individuums von absolut grundlegender Bedeutung sein wird. Stellen wir uns zum Beispiel vor, daß Entscheidungen über Städtebau, Bergbau oder die Zahl der Verkehrsflüge nicht nach wirtschaftlichen Profit-Erwägungen, sondern nach Umweltnotwendigkeiten getroffen würden, und daß jedes Unternehmen den Erfordernissen der Umwelt Vorrang vor Profitinteressen einräumte!

Stellen wir uns vor, jeder Kongreß, der auf der Welt stattfindet, würde – wie der Kongreß der American Indian Science and Engineering Society – jede Sitzung mit der Gebetsformel eröffnen, daß wir bei allen unseren Überlegungen und Planungen die Übereinstimmung mit den Bedürfnissen von Großmutter Erde und Großvater Himmel beachten!

Stellen wir uns vor, wie unser Leben aussehen würde, wenn wir uns der Heiligkeit unserer inneren und äußeren Umwelt bewußt wären und uns standhaft weigerten, irgend etwas in diese beiden Formen der Umwelt hineinzunehmen, das nicht in Übereinstimmung mit unserer wie immer gearteten Gottesvorstellung wäre!

Ein Autor, der sich eindeutig für die Notwendigkeit einer postmodernen Ökologie ausspricht, ist John B. Cobb jr. Er sagt: »Sobald wir gezwungen sind, uns mit den destruktiven Konsequenzen unserer Ausbeutung der Umwelt zu befassen, sind die Fakten unwiderlegbar. Da die Zerstörung durch die industrielle Revolution so immens beschleunigt wurde, fragen wir uns in jüngster Zeit immer häufiger, wie wir so blind sein konnten. Die Antwort ist, daß wir nur das sehen, was unsere Weltauffassung uns zu sehen erlaubt.«[162]

Cobb bezeichnet die Entwicklung einer ökologischen Weltauffassung als eine absolute Notwendigkeit in unserer heutigen Welt. Dem stimme ich entschieden zu. Es genügt nicht, daß wir uns um Ökologie und Umwelt Sorgen machen. Wir müssen mit einer Weltauffassung beginnen, die auf einer sehr komplexen Teilhabe an der Umwelt beruht. Auch hier gilt merkwürdigerweise, daß wir, wenn wir vollständig an unserem eigenen Leben partizipieren und uns der Partizipation mit unserer Umwelt und allem Leben bewußt sind, in Austauschbeziehungen mit unseren Welten eintreten, und daß wir uns wandeln, wir selbst und auch unsere Welten.

In der Zeit, die ich unter australischen Ureinwohnern verbrachte, wurde mir gesagt, daß sie, die Ureinwohner, vierzigtausend Jahre lang in vollkommener Übereinstimmung mit ihrer Umwelt gelebt und darin so gut wie keine (zerstörerischen) Spuren ihrer Existenz hinterlassen hatten. Von allen Stammesgesellschaften haben sie ihre Umwelt am wenigsten beeinträchtigt und sich ihr am wenigsten aufgezwungen; sie haben die gesamte Natur mehr respektiert als jede andere Bevölkerungsgruppe auf diesem Planeten.[163] Von ihnen, wie von den meisten Stammesgesellschaften haben wir viel zu lernen, wenn es um das Leben in und mit unserer Umwelt geht.

Daraus wird deutlich, daß ein neues Paradigma notwendigerweise auf Kooperation basieren muß. Diese Kooperation ist jedoch nicht Folge der intellektuellen Entscheidung, zu kooperieren. Diese Kooperation erwächst aus dem Prozeß der Achtung vor uns selbst und vor unserem Prozeß, der dann zur Achtung vor anderen Menschen, vor der Umwelt und vor der gesamten Schöpfung führt. Für den mechanistisch ausgebildeten Intellekt ist es schwer zu verstehen, daß Respekt vor uns selbst, Fürsorge für uns selbst, auf uns selbst und unseren Prozeß zu hören, nicht zur Selbstbezogenheit führt. Merkwürdigerweise zeigt die Arbeit, die ich tue, daß eher das Gegenteil zutrifft. Wenn Leute selbstbezogen sind (in ihrer Sucht), sind sie tatsächlich aus dem Kontakt mit sich selbst und mit anderen herausgetreten. Erst wenn genesende Menschen anfangen, sich selbst zu respektieren, werden sie sich ihrer Verbundenheit mit allen Dingen und – interessanterweise – mit ihrem Gott wirklich bewußt. John Cobb drückt es treffend aus: »Die ökologische Weltauffassung sagt uns, daß unser ursprünglicher Fehler in der Annahme lag, wir könnten einige Elemente aus dem Ganzen isolieren und in dieser Abstraktion die Wahrheit über sie erfahren.«[164]

Wir sind nur Teil eines Ganzen. Die Entscheidung, an diesem Ganzen zu partizipieren, liegt bei uns. Eines der Grundmerkmale der Sucht ist die Isolierung: Isolierung von uns selbst, von anderen, von der Umwelt und von unserer Spiritualität. Genesung und das neue Paradigma bieten uns die Möglichkeit, diese Isolierung zu durchbrechen. Wenn wir teilhaben, mit Respekt für uns selbst und für unsere Umwelt, dann und nur dann fangen wir an, die Bedeutung des neuen Paradigmas zu verstehen.

Spiritualität

Vor vielen Jahren sprachen Theologen über die Sünde als Entfremdung von Gott. Entfremdung von unserer Spiritualität macht uns fähig, an uns selbst, an anderen Menschen und an der Umwelt alle erdenklichen Formen von Zerstörung anzurichten. Entfremdung von Gott ist Entfremdung von uns selbst. Wir brauchen Abhängigkeiten, um mit dem Schmerz fertigzuwerden und um ein gewisses Niveau an Pseudo-Handlungsfähigkeit aufrechtzuerhalten, wenn wir unserer eigenen Spiritualität entfremdet sind.

Ein neues Paradigma muß notwendigerweise so geartet sein, daß es die Wiederherstellung des Kontakts zu unserer Spiritualität fördert. Das neue Paradigma beinhaltet die Erkenntnis und die Grundannahme, daß wir spirituelle Wesen sind. Diese Grundannahme drückt die Akzeptanz der Realität aus, daß wir von Natur aus mit der gesamten

Schöpfung und mit dem, was wir Gott genannt haben, verbunden sind. Durch unsere Abhängigkeiten schneiden wir uns von diesem Gewahrsein ab und entfremden uns dieses natürlichen Einsseins. Es ist nicht nötig, daß diese Verbindung durch irgend jemanden oder irgend etwas außerhalb von uns selbst kontrolliert wird. Sie existiert. So einfach ist das. Wir und unsere Akzeptanz der entfremdenden Kräfte und außerhalb von uns selbst liegenden Überzeugungssysteme sind es, die uns von unserer spirituellen Verbindung entfernen. Die Verbindung selbst existiert von vornherein.

Ich bin oft schockiert und entsetzt darüber, wie einige christliche Gruppierungen auf dieses neue wissenschaftliche Denken reagieren. Ich habe einen guten Freund, einen sehr lieben Menschen, der einer fundamentalistischen charismatischen christlichen Gruppe angehört. Wir aßen oft zusammen, tauschten Geschichten über die Kinder aus, die zusammen aufwuchsen, und unterhielten uns über das Leben und die Zeitläufe. Eines Abends aßen wir gemeinsam in meinem Haus, und meine Familie und ich waren ganz aufgeregt, daß ich es mit meinem letzten Buch geschafft hatte, auf die Titelseite der Zeitschrift »New Age« zu kommen. Er war tief schockiert, und seither habe ich ihn nicht wiedergesehen. Seine Kirche lehrte, daß alle New-Age-Vorstellungen des Teufels sind und daß man ihnen um jeden Preis aus dem Wege gehen müsse.

Die Haltung der katholischen Kirche ist noch interessanter. Nicht nur, daß sie einen bemerkenswerten Theologen wie Matthew Fox wegen seiner Aussagen über eine positive Schöpfungstheologie zeitweilig mit einem Redeverbot belegte – sie betrachtet auch weiterhin jeden Ausdruck von individueller Spiritualität als Bedrohung des Christentums (womit sie sich selbst gleichgesetzt hat). Tatsächlich wird eine Gruppe früherer Therapeutinnen und Therapeuten, die bei mir im Training waren und mit Leuten im Bereich der Genesung und des Lebens im Prozeß arbeiten, gerade jetzt einer Überprüfung durch ihren katholischen Bischof unterzogen. Wenn wir die historische Beteiligung der Kirche an der Einführung und Propagierung des mechanistischen Wissenschaftsparadigmas der Moderne betrachten, ist eine solche Reaktion kaum überraschend. Das Problem, das sich hier stellt, bezieht sich nicht auf Theologie, Spiritualität, Gott oder die Beziehung der Gläubigen zu Gott. Es geht hier um Manipulation und Kontrolle. Das Problem, das sich hier stellt, wurde schon vor langer Zeit von Martin Luther angesprochen. Es geht um das Problem der spirituellen Abhängigkeit. Die Kirche braucht die spirituelle Abhängigkeit der Menschen von ihren Dogmen, um ihr eigenes Überleben zu sichern.

Ich habe bei vielen großen Theologen unserer Zeit studiert (Niebuhr, Tillich, Buber, Brown, Casteel). Ich habe mich mit dem Alten und dem Neuen Testament beschäftigt, und ich finde im neuen Wissenschaftsparadigma nichts, was den Lehren des Alten oder des Neuen Testaments widerspricht. Was ich tatsächlich finde, sind Ideen und Vorstellungen, die die politische Macht der Kirche bedrohen.

Wenn ich die Geschichte der mechanistischen wissenschaftlichen Weltauffassung studiere, sehe ich, wieviel die Kirche in politischer Hinsicht in diese Weltauffassung investiert hat. Ein Lebensprozeß-Paradigma bietet uns die Möglichkeit, die Hoffnungen zu verwirklichen, die Jesus und all die anderen großen spirituellen Lehrer uns in ihren Worten vermittelt haben. Kann die Kirche es sich leisten, wie alle anderen Süchtigen zu handeln und ihre Herrschaftsillusion, ihre Selbstbezogenheit, ihre Dualismen, ihre Unehrlichkeit und ihr verzerrtes Denken über die Spiritualität zu stellen? Hoffentlich nicht.

Bei näherer Betrachtung sollte ich vielleicht über die Reaktion der Kirche nicht so überrascht (und verletzt) sein. Ich habe dasselbe im Berufsfeld der Psychotherapie gesehen. Ich bin bestürzt über die Art und Weise, in der einige Therapeuten an einem mechanistischen Überzeugungssystem und an der Illusion der Kontrolle festhalten, aber mir wurde im Lauf der Zeit klar, daß diese mechanistische wissenschaftliche Weltauffassung für einige Leute nicht nur eine Wissenschaft oder Technologie ist. Sie ist ein religiöses Überzeugungssystem, und um Anhängerschaft an religiöse Überzeugungssysteme hat es auf diesem Planeten mehr Gewalttätigkeit gegeben als um jede andere Sache. In einem Suchtsystem machen auch religiöse Überzeugungssysteme wie Krankheiten eine Progression durch: Man bewegt sich von der Erfahrung zum Glauben, vom Glauben zur Theorie (Erklärung), von der Theorie zum Dogma und vom Dogma zum Fanatismus. Ich sehe diese Bewegung in vielen Bereichen der Gesellschaft. Natürlich führt diese Progression zu einem geschlossenen System und einer Unfähigkeit, jene Aspekte des menschlichen Gehirns zu nutzen, die nach Francks Auffassung im eigentlichen Sinn menschlich sind.

Das gegenwärtige, auf der Kontrollillusion basierende System wird ernsthaft herausgefordert, und es wehrt sich mit allen Kräften gegen seinen bevorstehenden Zerfall. Ich finde es traurig, daß wir als Kollektiv offenbar nicht fähig sind, eine positive, lebenspendende Spiritualität, die sich uns jetzt präsentiert, mit offenen Armen zu begrüßen – eine Spiritualität, die mit allen großen spirituellen Lehren in Übereinstimmung steht und der das Potential innewohnt, uns über die vom

Suchtdenken konstruierten Religionen hinauszuführen. So wirkt sich das Erbe einer statischen, mechanistischen, reduktionistischen, kontrollierten Weltauffassung leider aus. Wenn wir vollständig an unserem Leben partizipieren, erwacht unsere Spiritualität wieder zum Leben.

Bewußtsein

Das neue Paradigma verlangt auch einen Bewußtseinswandel. Es ist notwendig, daß wir uns über ein Bewußtsein, das den Menschen als Zentrum des Universums sieht, hinausbewegen, hin zu einem Bewußtsein, das uns erlaubt, im eigentlichen Sinn menschlich zu sein. Wie paradox, daß unsere auf den Menschen zentrierte Interpretation des Universums uns Menschen der Sinnerfüllung und der Orientierung an gültigen Werten beraubt hat!

Diese Fokussiertheit auf den Menschen in unserem Weltbild ist dasselbe wie Selbstbezogenheit, wie wir, die wir im Suchtfeld tätig sind, es nennen, und Selbstbezogenheit ist eines der Schlüsselmerkmale der Sucht. Wenn Leute selbstzentriert sind, äußert sich das nicht nur in Selbstsucht – sie definieren die Welt, indem sie sich selbst als Maßstab setzen. Jeder und alles ist entweder für oder gegen sie (ein Merkmal der meisten großen Religionen dieser Welt). Jeder, der nicht ist wie sie, muß zerstört werden, weil sie sich in ihrem Selbst so unsicher fühlen, daß alle Unterschiede bedrohlich erscheinen (auch ein Charakteristikum der meisten Religionen). Wenn Leute selbstzentriert sind, haben sie keine klaren Persönlichkeitsgrenzen und wissen nicht, wo sie aufhören und wo andere anfangen. Tatsächlich wissen sie überhaupt nicht, daß sie irgendwo aufhören und andere irgendwo anfangen; darum ist es für sie unbedingt notwendig, alles zu kontrollieren. Süchtige etablieren eine Welt, die auf der Illusion der Kontrolle basiert. Dies ist eine Art von Welt, die wir aus dem mechanistischen Paradigma heraus etabliert haben.

In der Genesung sehen wir, daß Menschen, wenn sie mehr mit sich selbst in Kontakt kommen, ihre Selbstbezogenheit aufgeben, und wenn sie ihre Selbstbezogenheit aufgeben, sind sie mehr sie selbst, und wenn sie mehr sie selbst sind, müssen sie nicht so selbstzentriert sein, so rigide, undurchdringliche Mauern um sich errichten oder die Grenzen anderer verletzen. Wenn wir die selbstzentrierte, auf Menschen zentrierte Form des Bewußtseins verlassen, erlangen wir mehr Bewußtsein über das Selbst und den anderen, und wir fühlen uns mit dem

Einssein wohl. Frederick Franck wies darauf hin, daß man Menschen in eine Kategorie des Untermenschen verweist, wenn man sie auf das Reiz-Reaktions-Muster und auf Machtprobleme reduziert.[165] Kann es sein, daß wir, wenn wir aufhören, uns selbst als Maßstab für das Universum zu setzen, mehr wir selbst werden und größere Chancen haben, zu werden, was wir werden können? Ich denke ja.

Psychotherapie und Heilung

Es ist nicht möglich, die Techniken und Philosophien des mechanistischen Paradigmas zu benutzen, um die negativen Auswirkungen und Zerstörungen, die dieses Paradigma verursachte, zu heilen. Zuallererst müssen Therapeutinnen und Therapeuten, die Arbeit an sich selbst leisten, die notwendig ist, damit sie sich über das Paradigma hinausbewegen können, das zu individuellem Ausgebranntsein, zu institutionalisiertem co-abhängigem Verhalten und zur Weiterführung eines Systems geführt hat, das Klienten im Opferstatus hält und auch sie – die Therapeuten – zu Opfern macht. Wenn Therapeutinnen und Therapeuten ihre eigene Arbeit machen, bewegen sie sich vielleicht zu einem Paradigma hin, in dem Heilung (und nicht bloße Anpassung) wirklich möglich ist.

Psychotherapeutinnen und Psychotherapeuten können nicht einfach eine neue Technik, Methode oder Philosophie lernen. Sie müssen ihre eigene Genesung vom Suchtprozeß initiieren und selbst einen Paradigmenwechsel vornehmen, um zu kreativer, heilsamer Arbeit mit anderen fähig zu sein – und diese Arbeit wird vermutlich nicht Psychotherapie sein, in der Art, wie wir sie kennen. Ich glaube wirklich, daß wir an einer Stelle in der Geschichte und in der Entwicklung des psychotherapeutischen Berufsfeldes sind, an der die meisten Leute in diesem Berufsfeld die Art von Wandlung im Bewußtsein, in den Überzeugungen und im Verhalten, die notwendig sein werden, wenn die helfenden Berufe in irgendeiner Form überleben sollen, an sich vollziehen können. Ich habe festgestellt, daß es, wenn ich meine Nüchternheit an die erste Stelle setze, mehr und mehr Dinge gibt, die ich nicht tun kann – zum Beispiel Techniken, Interpretationen, Übungen benutzen und Kontrolle ausüben –, und dennoch ist mein Berufsleben vielseitiger, einfacher und streßfreier geworden. Eben die Ansätze, die mein Leben eigentlich einfacher machen sollten, sorgten tatsächlich dafür, daß es schwieriger wurde.

Die folgende Tabelle (s. S. 382/383) gibt einen interessanten Einblick in verschiedene Traditionen des Heilens. Ich bin überzeugt, daß das Lebensprozeß-Paradigma über alle diese Traditionen hinausgeht. Zur Zeit arbeite ich an einem Programm für genesende Psychotherapeutinnen und Psychotherapeuten. Es würde zu weit führen, das hier ausführlich darzulegen; das wird zu einem späteren Zeitpunkt und in einem anderen Zusammenhang geschehen. Hier soll nur so viel gesagt sein, daß wir Psychotherapeutinnen und Psychotherapeuten meiner Überzeugung nach von unserer Verstrickung in ein Paradigma, mit dem zu arbeiten unmöglich ist, genesen können und daß unsere Arbeit, wenn wir das tun, völlig anders sein wird.

Psychotherapie ist schädlich, insofern als die Wissenschaft, auf der sie basiert, Menschen als Objekte betrachtet, die nur von außen gesteuert werden, wobei die Bedeutung des freien Willens und selbstbestimmten Handelns verleugnet wird. Dadurch wird eine Opfermentalität geschaffen, und Opfer werden nie gesund. Sie werden nur verbittert. Dieses Überzeugungssystem beraubt Menschen der Möglichkeit, sich ihr Leben anzueignen, und es verhindert volle Partizipation. Sobald wir erkennen, daß wir Opfer geworden sind, müssen wir weitergehen, zu dem, was wir in uns selbst tun müssen, um Heilung zu finden. Wir können uns nie unsere eigene Kraft aneignen, so lange wir in einer schuldzuweisenden Haltung steckenbleiben und uns hauptsächlich als »ausgeliefert« betrachten. Die etablierte Psychotherapie hat die Tendenz, Abhängigkeit und Opferhaltung zu untermauern.

Wie ich bereits sagte, ist Psychotherapie auch schädlich durch ihre Konzentration auf das »Verstehen« und »Herausfinden«. Dadurch wird ein System geschaffen, in dem Gefühle und Tiefenprozesse durch den Versuch, Probleme intellektuell anzugehen und zu verstehen, vermieden werden. Das Schädlichste an der Psychotherapie ist jedoch vermutlich, daß sie »Lösungen« anbietet und Leute von ihrer Tiefenprozeß-Arbeit fernhält. Es ist ähnlich wie in der Medizin, wenn Medikamente verabreicht werden, die das Immunsystem unterdrücken; wenn das Immunsystem gebraucht wird, ist es nicht da. Es ist, als nähme man ein Aspirin, um den Schmerz zu beseitigen, nur um nachher festzustellen, daß der Schmerz eine warnende Botschaft des Körpers war. Wenn der Schmerz unterdrückt, die Ursache des Schmerzes aber sogar ignoriert wird, verringert man die Möglichkeiten, eine potentiell lebensbedrohende Krankheit zu heilen. Das Aspirin hilft bei der Bekämpfung der Symptome, bietet also für den Augenblick eine »Lösung« an, aber letztlich verschlimmert es das Problem und verhindert Heilung.

In unserer Co-Abhängigkeit haben wir uns mit dem »Reparieren« begnügt und sind nicht zum wirklichen Heilen fortgeschritten, weil uns das letztlich weniger unersetzlich machen würde, als wenn wir nur immer weitere »Reparaturen« vornehmen.

Wie wird das neue Paradigma im Hinblick auf das Heilen aussehen? Ich weiß es nicht. Ich bin in dieser Arbeit lediglich weit genug gekommen, um zu wissen, daß Heilen sich von dem, was wir innerhalb des mechanistischen Paradigmas darüber lernen, grundlegend unterscheiden wird.

In der »Associated Press« war zum Beispiel kürzlich unter der Überschrift »Paniksyndrom oft fehldiagnostiziert« zu lesen: »Eine Kommission von Experten vertritt die Meinung, daß diese Anfälle plötzlicher, unerklärlicher Todesangst, die mit starkem Herzklopfen, rebellierendem Magen, Blutandrang zum Kopf und beschleunigter Atmung einhergehen, *kontrolliert* werden können, wenn Ärzte und Patienten das Syndrom erkennen.« (Hervorhebung von mir.) Weiter erklärten die »Experten«, diese *unangemessene* Angst trete bei einem von fünfundsiebzig Amerikanern auf. Die Leute fürchten diese Panikanfälle und glauben, »sie hätten einen Herzinfarkt, müßten sterben, würden den Verstand verlieren oder eine unkontrollierte Handlung begehen«.

Ein Mitglied der Kommission, ein New Yorker Psychologe, sagte, daß Panikanfälle »oft mit belastenden Lebensereignissen wie einer Operation oder Schwangerschaft oder sogar Dingen wie erhöhter Koffeinaufnahme« in Verbindung stünden. Natürlich sind Frauen von dieser »Störung«, die in aller Regel in der Adoleszenz oder im jungen Erwachsenenalter zum ersten Mal auftritt, stärker betroffen.

Den nächsten Absatz fand ich im Hinblick darauf, wie das mechanistische Paradigma funktioniert, besonders interessant: »Medikamente können bei etwa fünfzig Prozent der Patientinnen und Patienten die Panikanfälle in Schach halten, obwohl die Gefahr besteht, daß die Störung in heftigerer Form wieder auftritt, wenn die Medikamente abgesetzt werden.

Einen erfolgreichen Behandlungsansatz bietet die Psychotherapie; Patientinnen und Patienten lernen in der Therapie, sich mit ihren unrealistischen Ängsten und panischen Gedanken zu konfrontieren und sie unter Kontrolle zu bringen.

Untersuchungen werden durchgeführt, um die beste Kombination von Medikamenten und Psychotherapie zu ermitteln, die diese Störung unter Kontrolle bringen kann.«[166]

So sehen Panikattacken im Blickfeld des mechanistischen Wissenschaftsparadigmas aus. Zunächst einmal entscheiden die »Experten«

Drei Traditionen des Heilens

	Wissenschaftliche Tradition
Symbol	Linie/Monolith
Zeitspanne	1500 n. C. bis heute
Generelle Haltung	homöostatisch
Krankheit/Tod	der Feind
Heilmethode	reparieren/kämpfen
Körperbild	Maschine
Heiler als	Mechaniker
Kranke/r sagt:	Es liegt nicht in meiner Macht; der Experte soll sich darum kümmern
Heiler sagt:	Vertraue den Testergebnissen
Bevorzugte Behandlungsmethoden	Medikamente/Chirurgie
Gesundheit/Leben	junger, voll funktionsfähiger männlicher Weißer
Gesundheitsfürsorge	elitär
Merkmal	sichtbar
Voraussetzungen	meßbar/wiederholbar
Weltbild	atomistisch
Herkunft	Newton/Descartes
Überbau	Das Ganze ist dasselbe wie seine Teile
Ort der Macht	Maschine/Test/Drogen
Frauen/Mutterleib	instabil
Schlangen	Äskulapstab
Mond/Blut	belanglos
Die Leere	vermeiden
Geburt	unerträglich
Bevorzugte Pflanzen	Tabak, Kaffee, Drogen
Wertvolle Pflanzen	Alkaloide, aktive Bestandteile
Ideales Heilmittel	wirksam, geruchlos, geschmacklos

Visionen von: (Frauen/Mutterleib, Schlangen, Mond/Blut, Die Leere, Geburt)

Pflanzenheilkunde (Bevorzugte Pflanzen, Wertvolle Pflanzen, Ideales Heilmittel)

Heroische Tradition	Tradition der Weisen Frauen
Kreis	Spirale
1000 v. C. bis heute	50 000 v. C. bis heute
dualistisch	holographisch
Folge von Toxinen	natürliche Verbündete der Transformation
reinigen/strafen	ernähren
(verunreinigter) Tempel des Geistes	perfekte Manifestation des ganzen Seins
Heiland/Herrscher	mitfühlende, selbstliebende Person
Ich war schlecht und brauche jemanden, der mich straft	Ich suche Unterstützung, so daß ich mich meinen Tiefen hingeben kann
Ich werde dich retten	Ich spiele mit dir im heiligen Garten
Stimulantien, Abführmittel, Klistiere	bedingungsloses Lieben und Nähren
voll funktionsfähige Weiße	ungeahnte Transformationen
populär	gemeinschaftlich
alternativ	unsichtbar
unendliche Zyklen	einzigartige Variationen
gut/schlecht	Netz von Wechselwirkungen
Paulus, Hippokrates, Galen	Weise Frau, Hebamme
Das Ganze ist die Summe seiner Teile	Das Ganze ist mehr als die Summe seiner Teile
Heiler	das Selbst
unrein	zentral
Uroboros	Schlange und Ei/ die Leere
gefährlich	fruchtbar
wird dich packen	Quelle allen Seins
Trauma	kraftspendend
Lobelie, Cayenne, Goldsiegel	verbreitete lokale Gewächse
Medizinpflanzen, starke Pflanzen	Vitamine, Mineralien, Chlorophyll
komplex, schwierig, rar	vertraut, einfach, unordentlich, lustig

(© 1988 by Susun Weed)

darüber, wo das Problem liegt, diagnostizieren es und schlagen aus ihrem Paradigma heraus Lösungen vor. Die Experten entscheiden auch darüber, daß diese Gefühle unangemessen sind, auch wenn sie mit belastenden Lebensereignissen in Zusammenhang stehen. Das ist ein gutes Beispiel für die Respektlosigkeit, Gewalttätigkeit und Arroganz dieses Paradigmas, auf die ich immer wieder hingewiesen habe. In einem Lebensprozeß-Paradigma lautet die Grundprämisse, daß Gefühle gültig und wertvoll sind und nicht ohne Grund auftreten. Wenn die Gefühle intensiver sind, als man es in der aktuellen Situation erwarten würde, ist das oft der Hinweis darauf, daß ein Tiefenprozeß sich ankündigt – einer, der mit der gegenwärtigen »Tür«, die in ihn hineinführt, vermutlich wenig oder nichts zu tun hat. Was würde wohl geschehen, wenn breite Bevölkerungsschichten diese Dynamik ihres inneren Heilungsprozesses verstünden und so etwas wie Panikattacken als Chance zur Heilung betrachteten?

Außerdem wurde auch erwähnt, daß diese Anfälle mit einer erhöhten Koffeinaufnahme (einer Droge also) in Verbindung stehen könnten, aber es gibt keine Anzeichen dafür, daß die Forscher der Beziehung dieser »Anfälle« zu Abhängigkeiten oder zum Aufwachsen in einer suchtgeprägten Familie nachgegangen wären. Meine Vermutung geht dahin, daß sie wahrscheinlich eine hohe Korrelation mit beiden Faktoren finden würden.

Am Anfang des Artikels wird erwähnt, daß Ärzte – da das Syndrom oft nicht richtig diagnostiziert werde – dahin tendierten, die Symptome, aber nicht die Ursache zu behandeln. Aber dann wird im wesentlichen dasselbe vorgeschlagen: eine stark vereinfachte mechanistische Ursache-Wirkung-Herangehensweise (an die Symptome), mit Hilfe von Medikamenten und einer Form von Therapie, die auf der Kontrollillusion basiert.

Von einem Lebensprozeß-Paradigma aus gesehen ist der Panikanfall ein Symbol, eine Tür, die vermutlich den Zugang zu alten Problemen eröffnet, die zur Integration und Heilung bereit sind. Die Person, die Panik fühlt, braucht Unterstützung, um bei ihren Gefühlen zu bleiben und zu sehen, was an die Oberfläche kommt. Was die »Experten« über Medikamente sagen – daß sie einigen Patienten helfen, aber nach dem Absetzen ein heftigeres Wiederauftreten der Panikanfälle auslösen –, ist ein klarer Beweis für das, was ich über Tiefenprozesse gesagt habe. Wenn wir sie bei ihrem ersten Heraufkommen nicht zulassen, gehen sie in den inneren »Recyclingprozeß« zurück und kehren bei jedem weiteren Mal mit größerer Wucht wieder.

Weiterhin basiert die vorgeschlagene Form von Therapie ganz eindeutig auf der Kontrollillusion; sie verlangt von den Leuten, ihre Gefühle negativ zu beurteilen und sie unter Kontrolle zu bringen. Die gesamte Konzentration ruht auf dem Ziel, die »Störung unter Kontrolle zu bringen«, was vermutlich bedeutet, daß die Problematik, die durch den Panikanfall angezeigt wird, in anderer Form hervorbrechen wird.

Wie anders ist es doch, wenn wir diese Gefühle respektieren und den Tiefenprozeß seinen Lauf nehmen lassen, wenn wir lernen, unserem Tiefenprozeß zu vertrauen, und damit auch lernen, uns selbst zu vertrauen und uns zu heilen.

Ich bin seit fast dreißig Jahren aktiv daran beteiligt, ein neues Paradigma für emotionale, psychische und spirituelle Heilung zu entwickeln, und erst jetzt erkenne ich die wahre Bedeutung eines Paradigmenwechsels. Durch die Bürgerrechtsbewegung und die Frauenbewegung lernte ich neue Systeme kennen, aber beide sind immer noch in die alte mechanistische Wissenschaft verstrickt. Ich lernte jedoch, daß ich mit der Art, wie mein Verstand funktioniert, nicht jeden verstehen kann, und vor allem, daß ich andere nicht auf der Grundlage eines Systems, das sie nicht versteht, interpretieren kann.

Ich erkannte auch die Bedeutung der selbstdefinierten Basis- und Selbsthilfegruppen der Co-Abhängigen und Süchtigen. Um Heilung zu erreichen, müssen die Gruppen vom Definiert-werden oder Kontrolliert-werden durch die »Experten« wegkommen. Meiner Beobachtung nach kommen Selbsthilfegruppen, die eine starke Triebkraft für Veränderungen darstellen, in erster Linie aus dem Mittelwesten und nicht von der Ost- oder Westküste der USA, die gewöhnlich die Zentren der Ideenbildung sind. Zentren der Ideen- und Theorienbildung sind in aller Regel tiefer in der Wissenschaft der Moderne verwurzelt als »einfache«, bodenständige Orte. (Vielleicht ist das eine zu starke Vereinfachung, und ich glaube, es könnte von Bedeutung sein, den Regionalismus in der Kultur der Vereinigten Staaten einmal näher in Augenschein zu nehmen.) Wir müssen anfangen, denjenigen zuzuhören, die am Leben partizipieren, und uns weniger an jenen zu orientieren, die über das Leben nachdenken. Das kann sehr wohl bedeuten, daß wir von den ethnischen Gruppen auf dieser Erde lernen, die durch die mechanistische wissenschaftliche Weltauffassung entrechtet wurden.

Natürlich kann diese ganze Arbeit nichts anderes sein als ein Prozeß. Wenn ich mich in diese Arbeit hineinbegebe, muß ich immer bereit sein, loszulassen, was gestern (oder vor zehn Minuten) für mich noch die Wahrheit war. Wenn ich im Prozeß lebe, lerne ich, darauf zu vertrauen, daß der Prozeß mich dahinführen wird, wohin ich gehen muß. Dieses Paradigma erfordert tatsächlich ein Leben im Glauben.

Das neue Paradigma kommt aus einem vollständigeren Menschsein, als wir es je zuvor realisiert haben, aus der Anerkennung des Körpers und dem Ganz-im-Körper-Sein, mit dem gleichzeitigen Gewahrsein, daß wir Teil der Schöpfung sind und an der gesamten Schöpfung teilhaben. Es ist ein partizipatorisches System, das volle Partizipation erfordert. In dieser Teilhabe stehen uns Wissen und Erfahrung über die gesamte Schöpfung zur Verfügung. Im Leben im Prozeß sind wir Teil des Universums, das ein Hologramm ist, und das Holomovement ist unsere Realität. Im Lebensprozeß-System ist auf einer bestimmten Ebene nichts ausschließlich gut oder ausschließlich schlecht. Es *ist* einfach, und für uns geht es darum, aus der Erfahrung zu lernen und sie in unser Sein und in den Kosmos zu integrieren, was zu einem Evolutionsprozeß der gesamten Schöpfung führt.

Wir können nicht unseren Prozeß leben ohne Engagement und Interesse für und Partizipation an Ökologie und Umwelt. Wir sind die Umwelt, und was wir mit unserer inneren und äußeren Umwelt tun, beeinflußt die gesamte Schöpfung.

Das neue Paradigma erkennt und unterstützt Spiritualität als etwas Gegebenes. Es wird einen Bewußtseinswandel geben müssen, der uns aus unserer auf den Menschen zentrierten Wahrnehmung der Welt befreit. Dies wiederum wird unsere Religionen und unser Bewußtsein verändern. Versöhnung mit der gesamten Schöpfung wird möglich sein.

Und schließlich wird die Psychotherapie, wie wir sie kennen, nicht mehr existieren. Die Art von Heilung, die durch Tiefenprozeß-Arbeit zustande kommt, ist durch das Verständnis und die Techniken der modernen Psychologie nicht zu erreichen. Was immer es sein wird, das die Psychotherapie ersetzt – es wird in das gesamte Leben des Individuums, des Planeten und des Kosmos integriert sein müssen; es kann nicht vom Leben isoliert sein, und es wird wahrscheinlich gemeinschaftliche Formen annehmen. Tiefenprozeß-Arbeit wird nur einen kleinen Teil ausmachen, wenn es darum geht, das neue Paradigma zu leben. Die einfachen Fertigkeiten des Merkens und Benennens werden eine neue Bedeutung gewinnen, denn um das neue Paradigma zu leben, werden sie sehr wichtig sein.

Ich habe von vielen Leuten gehört, es sei kein Wunder, daß Leben im Prozeß und Tiefenprozeß-Arbeit von einer Frau entwickelt worden seien, da es Zeit sei, daß das weibliche Prinzip wieder hervortrete. Ich stimmte damit nicht vollkommen überein. Ich habe festgestellt, daß

Tiefenprozeß-Arbeit wie ein Geburtsprozeß ist, aber Männer können das ebensogut wie Frauen. Vielleicht fällt es Frauen leichter, diese Dinge zu bemerken. In jedem Fall bin ich der Meinung, daß die Aufspaltung der Welt in einen Männlich-Weiblich-Dualismus Teil des Problems ist. Stärke ist nicht maskulin, und Weichheit ist nicht feminin. Viele Männer aus Stammeskulturen sind auf den Prozeß eingestimmt, oft mehr als westliche Frauen. Wenn wir hier wirklich über ein Holomovement sprechen, dann nehmen wir auch alle daran teil. Was wir als männlich oder weiblich bezeichnet haben, sind nur Etiketten für Prozesse, die existieren. Auf einer tiefen Ebene, die über unseren bewußten Verstand hinausgeht, haben wir alle Zugang zu allen Prozessen, und wir wählen, was wir brauchen, lernen, was wir lernen müssen, um an der kontinuierlichen Schöpfung des Universums zu partizipieren.

Probleme und Fragen, Implikationen und Visionen

»Das Geheimnisvolle – mein ganzes eingeengtes Leben lang habe ich mich danach verzehrt; Leben im Prozeß *ist* das Geheimnisvolle.«   Gail G.

Während ich die letzten Worte dieses Buches schreibe, bin ich aufgeregt und erleichtert (und vielleicht auch ein bißchen ängstlich). Wie wunderbar es ist, die Arbeit eines Lebens (die sich immer noch weiterentwickelt) vorstellen zu können, mit einem guten Gefühl! Sehen Sie – das ist eine Untertreibung! Ich war buchstäblich mit Ehrfurcht und Staunen erfüllt, als ich die einzelnen Teile zusammenfügte und die Ideen in ihrer ganzen Fülle hervortreten sah. Diese Erfahrung der Ehrfurcht war mir eine Freude und ein Vergnügen, und sie gab mir Halt bei dem, was zu bestimmten Zeiten leicht eine angsteinflößende und überwältigende Aufgabe hätte werden können.

Zum Schluß möchte ich erneut einige wunde Punkte und Probleme aufgreifen und auch einige Fragen, Folgerungen und Visionen präsentieren, die aus dieser Arbeit hervorgegangen sind. Jede Arbeit, die der Mühe wert ist, sollte vermutlich mehr Fragen aufwerfen als Antworten geben, und auf mich und meine Arbeit trifft das zweifellos zu.

Wunde Punkte und Probleme

Es erscheint an dieser Stelle fast überflüssig, zu sagen, daß es mich mit Sorge erfüllt, was in den helfenden Berufen, insbesondere in der Psychologie und der Psychotherapie passiert, und doch habe ich das Gefühl, daß ein Weckruf ertönen muß. Dieses Buch ist ein solcher Weckruf. Und es ist mehr als das. Es reicht nicht aus, zu sagen, daß diese Berufe die Art von Heilung, die für Individuen, für das ganze Land und für den gesamten Planeten notwendig ist, nicht sein und nicht leisten können, wie George Albee so treffend aufgezeigt hat.[167]

Es reicht nicht aus, zu demonstrieren, daß dieser psychotherapeutische Ansatz selbst auf einem wissenschaftlichen Paradigma aufbaut, das im Widerspruch zu seinen eigenen Zielvorstellungen steht, und daß aus diesem Grund die tatsächlich mögliche Heilung erstickt, unterdrückt und durch Kontrolle völlig eliminiert wird.

Es reicht nicht aus, darauf hinzuweisen, daß die helfenden Berufe in vielen Fällen eher politisch (insofern als sie eine bestimmte Weltauffassung unterstützen) als therapeutisch sind, und daß sie bereit waren, der Macht- und Herrschaftsillusion die Heilung zu opfern.

Es reicht nicht aus, zu sehen, daß die Praxis des psychotherapeutischen Berufsfeldes ein Mittel für nicht-genesende Süchtige geworden ist, ihre Suchtkrankheit zu praktizieren, dafür bezahlt zu werden und über ihre Klienten und ihre professionellen Organisationen eine immense, destruktive politische Macht auszuüben.

Wir müssen eine Bewegung in unserem Land im Auge behalten, die dabei ist, sich über die gesamte westliche Welt auszubreiten, und die darauf angelegt ist, Psychotherapeuten noch mehr Macht und Herrschaft an die Hand zu geben. Das Symptom dieser Bewegung ist das Problem der dualen Beziehungen. Ich habe bereits mehrfach auf dieses Problem hingewiesen, und nun möchte ich es zum Schluß in seiner ganzen Konsequenz erörtern, weil es meiner Meinung nach eine Metapher für den Zustand des psychotherapeutischen Berufsfeldes ist. Ich war eine der ersten Feministinnen, die zur Entstehung eines Problembewußtseins in der Frage von Therapeuten beitrugen, die mit ihren Klientinnen schliefen, und einen schlimmen Vorteil aus der Verletzlichkeit dieser Frauen zogen, Frauen, die dazu neigten, sich in der Beziehung zum Therapeuten (und vermutlich zu vielen anderen Personen in ihrem Leben) in eine Position der Unterlegenheit zu begeben. Das kam aus den sechziger Jahren und der sexuellen Revolution und war ein Problem, das angesprochen werden mußte. Was damals ein legitimes Anliegen war, ist jedoch mittlerweile derartig verzerrt und verdreht, daß es tatsächlich völlig absurd erscheint. Ich kann mir nicht vorstellen, daß die breite Öffentlichkeit das Ausmaß des Wahnhaften und seine Implikationen für uns und für unsere Kultur realisiert; also möchte ich etwas mehr darüber sagen, was in bezug auf diese Frage in unserem Land vorgeht.

Es gibt Versuche, jede Beziehung zwischen einem »Psychotherapeuten« und einem »Klienten«, die außerhalb der Therapiestunde liegt, als »duale Beziehung« zu definieren. Ich habe bereits demonstriert, daß dieses Prinzip auf der Vorstellung beruht, die Therapiesitzung sei das Äquivalent eines wissenschaftlichen Experiments und der Therapeut erfülle die Funktion eines neutralen Experimentators/Wissenschaftlers, der mit uneingeschränkter Macht ausgestattet ist. Die Versuche, therapeutische Beziehungen in dieser Art zu definieren, führten zu Gesetzen oder Gesetzesentwürfen, die völlig normale menschliche Kontakte für ungesetzlich erklären. Wie steht es eigentlich mit der Therapie für Therapeuten? Hier wird die Frage der dualen Beziehungen zur Quadratur des Kreises, denn alle, Therapierende und Therapie-Empfangende, gehören derselben Berufsgemeinschaft an. Wohin sollen Therapeutinnen und Therapeuten sich wenden, wenn sie Hilfe brauchen?

Dann gibt es noch die Forderung, daß Therapeutinnen und Therapeuten keinen Kontakt mit früheren Klientinnen und Klienten haben sollen. Als ich in der Ausbildung war, gab es die Regel, daß wir mit einem Supervisor sprechen sollten, wenn wir das Gefühl hatten, mit einer Klientin oder einem Klienten nicht zurechtzukommen, und wenn wir im Unklaren waren, wurde uns geraten, die Person an einen Kollegen zu überweisen oder die Behandlung zu beenden. Es gab jedoch keine Regeln über weiteren Kontakt außerhalb der Therapie. Jetzt wird in einigen US-Bundesstaaten versucht, Gesetze durchzubringen, die Kontakte nach der Beendigung der Behandlung strikt einschränken. Es wurden Gesetzesvorschläge unterbreitet, die den Kontakt während eines Monats nach der Behandlung untersagten; dann wurde dieser Zeitraum auf sechs Monate ausgeweitet, dann auf ein Jahr. Nun versuchen einige, völlige Kontaktsperre für die gesamte Lebenszeit durchzusetzen. Was soll das alles? Ähnliche Trends zeigen sich im Bereich der College- und Universitäts-Erziehung, wie ein kürzlich erschienener Artikel in der Zeitschrift der Harvard-Ehemaligen demonstrierte.[168]

Gleichzeitig hat es Versuche gegeben, fast jede Form von menschlichem Kontakt als Psychotherapie zu definieren und den rechtlichen Regelungen der psychologischen Kontrollbehörden zu unterwerfen. In einem Bundesstaat wurde zum Beispiel der Versuch unternommen, Tarot-Kartenlegerinnen, Geistheiler, Zwölf-Schritte-Sponsoren, ja, sogar Unternehmensberater unter der Rubrik »Psychotherapie« einzuordnen, und die gesetzlichen Regelungen der psychologisch-psychotherapeutischen Zulassungsbehörden, die »duale Beziehungen« verbieten, für sie zur Verpflichtung zu machen. Glücklicherweise schlug dieser Versuch fehl.

Ich war entsetzt über die immense Energie, die sich um diese Frage zentriert, und besorgt über beinahe gewalttätige Spannung, die dadurch geschaffen wurde. Ich wies darauf hin, daß im Zusammenhang mit dieser Frage ein Opfer-Täter-Dualismus geschaffen und aufrechterhalten wird, und daß Therapeuten und Rechtsanwälte vermutlich die einzigen sind, die von diesem Dualismus profitieren. Und dennoch hatte ich das Gefühl, daß mir irgendein Stück Verständnis zum Durchschauen des ganzen Problems fehlte.

Ich konnte sehen, daß die gesamte Art, wie Psychotherapie strukturiert ist und praktiziert wird, eine Flucht vor der Nähe ist, wie die mechanistische Wissenschaft selbst, und daß die Regeln, Kontrollen und Strafandrohungen dem Umgang mit einer im besten Fall (nicht in einem mechanistischen Wissenschaftsmodell) sehr intimen Beziehung nicht gerade förderlich sind. Ich konnte sehen, daß Psychotherapie, so, wie sie gestaltet ist, sich ganz klar als Flucht vor der Nähe etabliert hatte – für den Therapeuten und den Klienten. Ich sah, daß die Therapeuten die Nähe zu sich selbst vermieden (Objektivität), daß sie ihre Klienten lehrten, die Nähe zu sich selbst zu vermeiden (durch Analyse, Verstehen, Interpretation, Reden *über* Gefühle), und daß beide Seiten Nähe zueinander vermieden. Ich hatte auch schon lange erkannt, daß Nähe zum eigenen Selbst, zu anderen, zur Natur und zur Erde die schlimmste denkbare Bedrohung für ein suchtgeprägtes mechanistisches System ist. Ich möchte nicht den Eindruck erwecken, daß ich es verzeihlich fände, wenn Therapeuten aus der Intimität, die sich zwischen ihnen und ihren Klienten in der therapeutischen Situation entwickelt, ihre Vorteile ziehen. Ich glaube, daß die Verunsicherung über diese Intimität nicht nur der typischen Situation der Psychotherapie innewohnt, sie ist auch ein prinzipieller Bestandteil der Co-Abhängigkeit und der Beziehungssucht, dem Modell der Psychotherapie. Das Modell erzeugt das Problem und enthält in sich selbst keine Lösung dafür.

Wir haben nichts dafür getan, dem Therapeuten oder der Therapeutin in dieser Verunsicherung Hilfe anzubieten. Wir müssen nicht mehr vor der Nähe flüchten. Wir müssen vernünftige Wege finden, mit Intimität umzugehen. Ich gaube, daß gemeinschaftliche Modelle und Beziehungen zwischen Ebenbürtigen die Lösung sind. Aber ich hatte immer noch das Gefühl, daß mir ein Stück zum Verständnis fehlte. Kürzlich fügte es sich ein. Plötzlich fragte ich mich: Statt immer mehr und immer detailliertere Kontrollen einzuführen – warum wird nicht einmal die Grundprämisse hinterfragt, daß es in Arbeitsbeziehungen ein Machtgefälle geben *müsse*? Ich weiß, wenn ich zwischen mir und einer anderen Person ein Machtgefälle spüre (Überlegenheit/Unterlegenheit), daß es in mir selbst liegt und nichts mit der anderen Person zu tun hat. Es ist keine Lösung, wenn ich in dieser Situation versuche, die andere Person zu kontrollieren. Ein solches Herangehen wäre nur ein Rückfall in meine Co-Abhängigkeit; es ist typisch für co-abhängiges Verhalten, wenn ich Dinge, die in mir vorgehen, zu lösen versuche, indem ich andere kontrolliere.

Natürlich hatte ich als Frau ständig mit dem gesellschaftlich als gegeben vorausgesetzten Machtgefälle zwischen Männern und Frauen zu tun, *und* ich bin die einzige, die bewirken kann, daß ich mich unterlegen *fühle*. Wie Eleanor Roosevelt sagte: »Niemand kann Ihnen das Gefühl der Unterlegenheit geben – ohne Ihre Zustimmung.« Das *Gefühl* ist in mir. Das bedeutet nicht, daß dieses Gefühl nicht respektiert und durchgearbeitet werden sollte, aber es bedeutet, daß ich mir meine noch nicht erkannte persönliche Kraft niemals aneignen kann, indem ich anderen die Schuld zuweise und versuche, andere zu kontrollieren.

Warum stellten Therapeuten und insbesondere Therapeutinnen die Grundprämisse, daß in Arbeitsbeziehungen ein Machtgefälle existieren *müsse*, nicht in Frage? War dieses In-Frage-stellen nicht-ebenbürtiger Beziehungen nicht die eigentliche Basis des Feminismus? Für mich war es die Basis. Für mich ist es eine Lebensaufgabe, gegen dieses vorausgesetzte Machtgefälle anzugehen, Wege zu finden, alle Menschen, die Natur, die Erde und den Planeten zu beachten, zu respektieren und zu ehren und zu erkennen, daß Herrschaft und Unterdrückung uns alle zerstören.

Mir wurde allmählich klar, daß die Leute, die nicht hinterfragten, warum ein Machtgefälle in jeder Arbeitsbeziehung (und vermutlich in jeder zwischenmenschlichen Beziehung) notwendig sein sollte, das Machtungleichgewicht tatsächlich aufrechterhalten *wollten*. Sie stellten es nicht in Frage, weil sie es beibehalten wollten. Sie wollten die Illusion aufrechterhalten, daß sie andere unter Kontrolle hätten. Das gewollte Machtungleichgewicht und die damit einhergehende Unterdrückung sind für die Illusionen der Co-Abhängigen von zentraler Bedeutung.

Ich erinnerte mich daran, daß ich in *Weibliche Wirklichkeit* über Beziehungen gesprochen hatte, und darüber, daß Beziehungen im System des Weißen Mannes von vornherein als Überlegenheits-Unterlegenheits-Polarität gedacht waren. Im System des Weißen Mannes herrschte die Vorstellung, daß Beziehungen nur so und nicht anders sein könnten. Ich hatte auch angemerkt, daß diese Vorstellungen im System des Weißen Mannes so tief verwurzelt sind, daß Leute, wenn sie die Gelegenheit haben, jemandem als ebenbürtig gegenüberzutreten, sich eher in eine Position der Unterlegenheit begeben, als das Risiko der Ebenbürtigkeit auf sich nehmen (später sind sie dann wütend über ihre Unterlegenheit).

In dem System, das ich damals (*Weibliche Wirklichkeit* erschien 1981) das Entstehende Weibliche System nannte und jetzt das Lebensprozeß-System nenne, sind Beziehungen als ebenbürtig gedacht. Ich habe vielleicht in irgendeinem Bereich etwas mehr Wissen als du (oder du hast in einem Bereich etwas mehr Wissen als ich), *und* als Personen sind wir einander ebenbürtig.

Machtgefälle und Ungleichheit existieren in einem Lebensprozeß-System nicht. Wenn das Gefühl der Nicht-Ebenbürtigkeit in mir existiert, muß ich mich damit auseinandersetzen. Niemand sonst kann das für mich tun. Der Versuch, den Glauben an ein notwendiges Machtgefälle aufrechtzuerhalten, ist wie der Versuch des Süchtigen und/oder Co-Abhängigen, die »Versorgung mit Stoff« (die Illusion der Kontrolle) zu sichern. Das Feld der Psychotherapie zeigt in seinen verzweifelten Versuchen, das Machtgefälle aufrechtzuerhalten, das typische Verhalten eines Süchtigen kurz vor dem Zusammenbruch.

Schließlich konnte ich diesen ganzen Wahnsinn durchschauen. In einem holographischen Modell wird es wahrscheinlich darum gehen, eine Form von Heilung zu finden, die im wirklichen Leben verwurzelt ist, und die nicht der falschen Sicherheit und der Kontrollillusion des isolierenden Heilens, wie es im mechanistischen, reduktionistischen Modell praktiziert wird, erliegt. Die Lebensprozeß-Arbeit integriert Heilen ins Leben, und Heilen ist ein Teil allen Lebens, in dem wir als Teil der Schöpfung alle ebenbürtig sind. Diese Integration ist tatsächlich die spirituelle Basis der Genesung und des Lebens im Prozeß. Wir haben versucht, Heilung aus dem Leben herauszunehmen, und jetzt müssen wir Heilung ins Leben integrieren und das ganze Leben zu einer großen Möglichkeit des Heilwerdens machen. Heilung kann nicht und sollte nicht in den Händen von wenigen liegen. Heilung ist die Aufgabe der Schöpfung und alles Schöpferischen.

Ich trauere um das Berufsfeld der Psychologie. Ich trauere um jene, die so verzweifelt versuchen, an einem Modell festzuhalten, das so krank ist und das nur immer wieder Krankheit erzeugen kann. Ich trauere um jene unter uns, die in die Genesung von der Praxis ihrer Suchtkrankheit und ihrer Co-Abhängigkeit hineingegangen sind, die nach neuen Modellen gesucht haben und die von Leuten aus dem Berufsfeld so attackiert und geschlagen wurden, daß sie es schließlich verlassen mußten. Ich trauere darum, daß ein Berufsfeld, dessen Aufgabe die Heilung und die Fürsorge ist, seine Gewalttätigkeit und seinen Zorn, wie es Süchtige tun, so oft gegen jene richtet, die ihm am nächsten stehen und die es am meisten lieben.

Ich bin traurig darüber, daß die Psychologie und die Psychotherapie die Herausforderung der wahren Wissenschaft, unvoreingenommen zu sein, neue Wege zu suchen, sich ins Unbekannte vorzuwagen, der ganzen Menschheit, der Natur und dem Planeten wahrhaft zu dienen, nicht angenommen haben. Da wir versuchten, Mechaniker zu werden, statt Wächter zu sein, haben wir unsere individuellen Seelen und unsere kollektive Seele als Profession verloren. Ich betraure diesen Verlust und weiß, daß wir unsere Seelen und unsere Spiritualität wiedererlangen können, wenn wir nur bereit sind, unsere Widerstände aufzugeben und uns die Frage vorzulegen, die ich bereits formulierte: Steht die Weltauffassung, von der wir herkommen, in antithetischem Widerspruch zu dem, was wir zu erreichen versuchen?

Ich bin auch besorgt über die Vorgänge im Suchtbereich und die Form der Interaktion zwischen dem psychologisch-psychiatrischen Feld und dem Suchtbereich. Wenn ich mir ansehe, was die helfenden Berufe tun, um den Status quo aufrechtzuerhalten, um Genesung von der Sucht zu bekämpfen und zu kontrollieren und das Angebot von Möglichkeiten unter der Fuchtel der Einheitspartei der mechanistischen wissenschaftlichen Weltauffassung zu halten, werde ich wütend und traurig.

Die helfenden Berufe begeben sich in einen Todeskampf gegen die Veränderungen, die notwendig sind, um den Planeten und alles Leben auf dem Planeten zu retten. Wir könnten statt dessen die Avantgarde sein, die diese Veränderungen in jedem Stadium fördert und unterstützt.

Kürzlich erhielt ich über eine Bostoner Presseagentur einen Artikel mit dem Titel »Menschen in sozialen und helfenden Berufen leiden unter Erschöpfung«. Es ging darin um einen Workshop, den Dr. Edward Poliandro anläßlich des Kongresses der nationalen Berufsvereinigung der Sozialarbeiterinnen und Sozialarbeiter abhielt. Das Thema war Streß-Management, und das Syndrom, das zur Diskussion stand, wurde »Mitgefühls-Erschöpfung« genannt. Ich war durch verschiedene Aussagen in diesem Artikel beeindruckt. Zunächst einmal handelt es sich bei dem, was das beschrieben wird, um Co-Abhängigkeit und Beziehungssucht, aber jede/r Co-Abhängige und Beziehungssüchtige würde sich lieber sagen lassen, daß er/sie an »Mitgefühls-Erschöpfung« leide, statt zu hören, daß er/sie süchtig ist und aus einem Suchtprozeß heraus operiert. Der Begriff als solcher – »Mitgefühls-Erschöpfung« – nährt die Krankheit.

Zweitens: Derjenige, der dem Suchtprozeß einen anderen Namen gibt, wird darin sehr unterstützt, während er – oder sie – Menschen, die an Äußerungsformen des Suchtprozesses leiden, damit gleichzeitig der Möglichkeiten zur Heilung beraubt. Drittens: Die vorgeschlagene Lösung verschlimmert das Problem und sichert, wie wir im Suchtbereich sagen würden, den Süchtigen den »Nachschub«. Streßmanagement-Techniken werden oft dazu benutzt, Leute wieder soweit »fit« zu machen, daß sie mit dem Praktizieren ihrer Krankheit fortfahren können, was sie schließlich umbringt. Es ist, als wenn man den harten Alkohol aufgibt und statt dessen Bier trinkt, um das Verlangen zu stillen. Das ist eine zeitweilige »Reparatur«, aber keine Lösung. Reparaturen sprechen den tieferliegenden Suchtprozeß nicht an. »Ich mache ein paar Tage Urlaub«, sagt er – so kann er die Energie wieder aufbauen, die er braucht, um seine Arbeitssucht fortzusetzen. Es ist, als wenn Workaholics Körpertraining und gesunde Ernährung benutzen, um sich für weitere Überarbeitung »fit« zu halten und sich schließlich umzubringen.

Ich trauere darum, daß die helfenden Berufe in die Falle gegangen sind. Es ist, als hätten wir alle Diabetes mit einem Medikament behandelt, das »auf dem neuesten Stand der Forschung« ist. Alle benutzen es und es ist überall anerkannt. Viele von uns sind sogar an dem Pharmakonzern beteiligt, der es herstellt. Dann stellt sich in Untersuchungen heraus, daß das Medikament nicht hilft (obwohl anfangs die Symptome zurückgehen), ja, schlimmer noch, daß es durch sehr subtile körperchemische Reaktionen die Krankheit verschlimmert, die Patienten langsam tötet und schädigende Effekte hat, die über das Individuum hinausgehen. Wenn ich jetzt nicht Alarm schlage, gehe ich dann noch in verantwortungsvoller Weise mit meinem Wissen und meinen Informationen um? Ich spreche die Wahrheit aus, so, wie ich sie kenne, und bekenne mich dazu, daß ich das Medikament benutzt habe. Wenn ich die Ergebnisse meiner Untersuchungen und meine Erfahrungen nicht öffentlich bekannt machte, würde ich eine kriminelle Handlung begehen. Wenn wir ein Prozeß sind, müssen wir uns weiterentwickeln. Keine von *unseren* Schöpfungen ist unantastbar.

Wir können die Mentalität nicht akzeptieren, die davon ausgeht, wenn jede/r süchtig sei, verliere der Begriff Sucht seine Bedeutung. Diese Haltung basiert auf der Vorstellung, wenn etwas statistisch gesehen »normal« sei, sei es auch in Ordnung. In der Kultur, die wir etabliert haben, ist es »normal«, süchtig zu sein und aus dem Suchtprozeß heraus zu leben. Gesund ist es jedoch nicht. Die Tatsache, daß dieser Suchtprozeß so weit verbreitet ist, sollte ein Weckruf für Veränderungen sein. Hier steht nicht nur ein Weltbild auf dem Spiel, sondern die Existenz einer Welt. Die Organisation der Anonymen Alkoholiker ist nicht politisch. Aber Therapeuten, die sich in der Genesung befinden, sind in der Tat mit einer politischen Frage konfrontiert, in bezug auf ihre Ausbildung innerhalb der mechanistischen wissenschaftlichen Weltauffassung der Moderne. Vielleicht ist die politische und emotionale Gewalttätigkeit, die ich in der Auseinandersetzung um diese Frage erlebe, der Todeskampf eines alten Paradigmas. Keine Weltanschauung stirbt ohne Kampf. Die gegenwärtige Weltauffassung trat zweifellos nicht ohne Konflikte und Kämpfe auf die Bühne, und die Machtsysteme der prämodernen Welt waren weniger organisiert als die heutigen Machtsysteme es sind.

Vielleicht sind mein Kummer und meine Trauer darüber, daß die helfenden Berufe bei den jetzt notwendigen Veränderungen nicht die Avantgarderolle übernehmen, auch nur ein Indikator, daß ich mich immer noch an einen Beruf klammere, den ich liebte, aus dem ich herausgewachsen bin und den ich nun hinter mir lassen muß. Ich identifiziere mich mit der Traurigkeit von Carl Rogers, als er sagte, daß die humanistische Psychologie trotz ihrer enormen Wirkungen an der Basis kaum Eingang in die Hochschulen und Universitäten gefunden hat, und daß diese von den Vorstellungen und Ideen der humanistischen Psychologie kaum beeinflußt wurden. Bis zu einem gewissen Grad hat sich das mittlerweile geändert, und dennoch sehen wir, wie mühsam und schwierig dieser Prozeß der Akzeptanz war, obwohl die humanistische Psychologie versuchte, innerhalb des Rahmens der wissenschaftlichen Weltauffassung der Moderne zu bleiben; daran können wir ermessen, wie immens die Probleme sind, denen wir jetzt gegenüberstehen. Man stelle sich nur vor, was ein wirklicher Paradigmenwechsel alles mit sich bringen wird!

Wir, die wir die Alarmglocke läuten – sei es in bezug auf die etablierte Psychotherapie oder das Überleben des Planeten –, gehen diesen Weg, weil wir von tiefer Sorge erfüllt sind und weil wir deutlich wahrnehmen, daß wir uns in ernsten Schwierigkeiten befinden. Ich bin von der Leidenschaft erfüllt, andere Menschen, die Natur, die Tiere, die Erde zu lieben und mit ihnen zu leben. Das Holomovent-Wissenschaft/Lebensprozeß-Paradigma bietet so vielfältige Möglichkeiten, nicht nur zum Überleben, sondern zum vollen Lebendigsein, daß ich mit all meiner Kraft hoffe, wir, als Gattung Mensch und als Planet, werden uns ihm zuwenden.

Fragen, Folgerungen, Visionen

Wie ich bereits sagte, habe ich, indem ich diese Arbeit entwickelte, sehr viel mehr Fragen aufgeworfen als Antworten gegeben. Bei einem Vortrag wurde ich von einem Mann gefragt, ob Gott zu einem Suchtphänomen werde. Ich war über diese Frage verblüfft und hielt inne, um zu überlegen. Ich hatte gerade ein Diagramm des Lebensprozeß-Systems gezeichnet, und während ich das tat, hatte ich gesagt: »Der Prozeß des Universums (Gott) beeinflußt uns, und wir beeinflussen den Prozeß des Universums.« (Später lernte ich, daß ich damit ausdrückte, was David Bohm »einbeschließen« nennt.) Die Frage, die der Mann mir stellte, lautete: »Wenn wir alle zunehmend süchtiger werden, wird dann auch Gott zunehmend zu einem Suchtphänomen?« Eine gute Frage. Und ein furchterregender Gedanke.

Wir leben in einer Welt, auf einem Planeten, der ächzt und stöhnt und nach einer Atempause, nach Heilung verlangt. Haben wir uns weit genug an den Rand getrieben, daß wir der Notwendigkeit der Heilung nicht länger Widerstand entgegensetzen können? Das ist es, was Süchtige tun. R. D. Laing sagt: »Wir leben in einer Kultur, die völlig zerfiele, wenn die Wahrheit gesagt würde.«[169] Um zu genesen, müssen Süchtige ehrlich werden. Mehr und mehr Leute treten in die Genesung von vielfältigen Süchten ein. Ebenso, wie wir individuell Mechanismen und Prozesse in uns tragen, die wir für unsere Heilung brauchen, wird vielleicht die massive Bewegung der Genesung von Abhängigkeiten zum Heilungsprozeß für die Kultur werden, die wir geschaffen haben. Dennoch müssen wir uns auch mit anderen Problemen befassen, wenn sie sich stellen. Wir müssen uns zum Beispiel fragen: Ist die Zeit eigentlich wirklich etwas Lineares? Ist Raum eigentlich wirklich so strukturiert, wie wir es uns vorstellen? Ist es möglich, gleichzeitig in zwei Raum-Zeitgefügen zu sein? Ich glaube, daß es so ist. Ich habe diese Phänomene in der Tiefenprozeß-Arbeit beobachtet. Medizinleute der australischen Ureinwohner und die Heilerinnen und Heiler der amerikanischen Indianer haben Zeit und Raum transzendiert. Haben wir von der Wissenschaft der Stammeskulturen auf dieser Welt etwas zu lernen? Ich glaube ja. Können wir die Vergangenheit verändern? Wenn wir unsere Arbeit tun, verändern wir dann nicht nur die Gegenwart, sondern auch die Vergangenheit? Ich glaube ja. Ich habe es geschehen sehen. Wenn wir unsere Tiefenprozeß-Arbeit machen und vollständig in unserem Prozeß leben, können wir dann auf einer universellen Ebene am Heilungsgeschehen teilnehmen? Repräsentiert jede einzelne Person ein plastisches Gen, das für ein sich veränderndes Universum umstellungsfähig ist, ähnlich wie das einzelne Gen in unseren Chromosomen? Ich glaube, das ist eine Möglichkeit. Ich bin mit großer Spannung darauf bedacht, dieser Frage weiter nachzugehen.

Sind die Möglichkeiten wirklich grenzenlos, gehen sie weit über unsere wildesten Phantasien hinaus? Ich glaube tatsächlich, daß es sich so verhält. In der Tiefenprozeß-Arbeit, wenn Menschen durch Tiefenprozesse gehen, die aus einem früheren Leben zu stammen scheinen, und Erfahrungen machen, die für sie sehr real sind, wie zum Beispiel mit den Schrecken des Krieges oder dem Grauen der Konzentrationslager konfrontiert zu werden – sind dies Möglichkeiten, das kollektive Unbewußte oder das Holomovement anzuzapfen und auf einer ganz realistischen Ebene zu erfahren, welch ein grauenhaftes Zerstörungswerk wir als Gattung Mensch angerichtet haben? Wenn wir über unsere Abhängigkeiten und Kontrollmechanismen hinauswachsen, so daß wir diese Erfahrungen sehen und fühlen können – ist das ein Versuch des Hologramms oder Universums, diese Erinnerungen an die Oberfläche durchbrechen zu lassen, so daß Heilung auf einer erdumfassenden Ebene stattfinden kann? Können wir auch in das Holomovement hineingreifen, nicht nur um die Schrecken und Zerstörungen aller Zeitalter zu erfahren, sondern auch die Liebe, die Spiritualität, die Schönheit aller Zeitalter? Ich glaube das. Ich habe es erfahren.

Können wir eine wahrhaft globale Gemeinschaft aufbauen und als Ebenbürtige mit der gesamten Schöpfung als Holomovement handeln? Ich glaube ja. Können wir uns vom Reduktionismus lösen, das Ganze aufbauen, ausdehnen und umfassen und aus liebendem Interesse für alles Lebende heraus handeln? Ich glaube, das können wir, und das müssen wir.

Ist es nicht bemerkenswert, daß wir einen Heilungsprozeß in uns tragen, für alle psychischen, emotionalen und spirituellen Traumen, die wir als Folge unserer Beteiligung an einer Gesellschaft und einer Weltauffassung erfahren, die eben die Traumen schaffen, von denen wir geheilt werden müssen?!

Ist es nicht ein Wunder, daß zur gleichen Zeit, in der wir einen zunehmend distanzierten, isolierten, süchtigen, rational dominierten Lebensstil etablierten, unser inneres Wesen eifrig damit beschäftigt war, Möglichkeiten zum Umgang mit eben den Problemen auszuhecken, die wir selbst erfunden haben? Unsere plastischen Gene erlauben uns nicht nur, uns einem selbsterschaffenen System anzupassen, das zunehmend letale Folgen hat (was nicht so positiv ist, wie es vielleicht einmal erschien), dieselben Gene geben uns auch die Möglichkeit, mit dem, was wir unwissentlich hervorgebracht haben, fertigzuwerden und Heilung davon zu finden. Vielleicht gibt es einen Grund dafür, daß Leute in Stammesgesellschaften überall auf der Welt den Nebenwirkungen dieses Suchtsystems so leicht verfallen. Sie werden mit ihm konfrontiert, bevor sie in sich selbst einen Prozeß aufbauen konnten, der ihnen erlaubt, damit umzugehen – denn es ist eigentlich der normale Zustand des menschlichen Organismus, sich mit den von der westlichen Kultur erzeugten Problemen nicht befassen zu müssen. Natürlich greift die mechanistische Kultur, die wir geschaffen haben, das physische, psychische, emotionale und spirituelle »Immunsystem« immer stärker und mit immer größerer Grausamkeit an.

Dennoch ist es vielleicht gerade unsere Abwehrreaktion gegen dieses System – unsere Abhängigkeiten –, die uns auf den Weg der Genesung und des Paradigmenwechsels führen wird. Und gleichzeitig würden wir diesen Wandel nicht brauchen, wenn wir dieses System nicht geschaffen hätten. Menschen in Stammesgesellschaften haben es offenbar nicht nötig, diese Wandlung zu vollziehen, so lange sie nicht durch die westliche Kultur infiziert sind. Die Theorie der Homöopathie geht davon aus, daß wir physisch alle Substanzen in uns tragen, die wir zu unserer Heilung brauchen. Das Lebensprozeß-System hat gezeigt, daß dies auch auf der emotionalen, psychischen und spirituellen Ebene zutrifft (die natürlich das körperliche Sein auch beeinflussen). Was wäre, wenn wir einen inneren Prozeß entwickelt hätten, der uns befähigt, mit den selbsterschaffenen Problemen fertigzuwerden, und wenn wir durch unsere Heilung von den Auswirkungen einer von der mechanistischen Wissenschaft beherrschten Welt auch das System heilen würden? Ich muß an dieser Stelle wiederholen, daß ich dem Heilungsprozeß, der uns zur Verfügung steht, mit staunender Ehrfurcht gegenüberstehe. Ich war an der Schaffung einer Basisbewegung des Heilens beteiligt und erlebte die Heilung von Traumen, die ich selbst in meinen wildesten Phantasien nicht für heilbar gehalten hätte. Ich habe nicht vollkommen partizipiert. Ich habe einen kleinen Einblick darin, wie wichtig es ist, an der Evolution eines Systems zu partizipieren, in dem Menschen sich ihr eigenes Leben aneignen, mit ihrer Spiritualität in Verbindung treten und *mit* dem Universum leben können.

Ich konnte feststellen, daß wir oft von »Objektivität« sprechen, wenn wir eigentlich die Freiheit von der Vergiftung durch unbearbeitetes individuelles psychisches Material meinen. Oft werden Ausbrüche von heftig emotionalem Charakter als »Objektivität« präsentiert. So, wie es praktiziert wird, besteht ein großer Unterschied zwischen »objektiv« oder »rational« sein und klar sein. Klarheit kommt aus der Auseinandersetzung mit unserem Suchtprozeß und aus dem Durcharbeiten unserer Tiefenprozesse. Wenn wir beides tun, ist ein Paradigmenwechsel unausweichlich.

Leben im Prozeß verlangt keinen einschätzbaren Gott und keine lösbare, ordentliche, lineare Realität. Es verlangt auch kein Chaos. Der Ordnung-Chaos-Dualismus ist irrelevant. Wenn wir einfach dem Prozeß vertrauen und voll an unserem Leben partizipieren, leben wir das Universum. Wir brauchen kein System, das auf der Kontrollillusion aufbaut. Gott ist die Leere. Gott ist das Chaos. Gott ist Ordnung. Gott ist Prozeß. Fragen über Fragen. Worüber ich hier rede, ist bei weitem nicht so simpel wie das »Erschaffen« unserer eigenen Realität. Unseren Prozeß zu leben erfordert in jedem Augenblick Glauben und Abweichen vom Glauben. Wir brauchen nicht naiv zu sein. R. D. Laing sagt: »Wenn du jemanden liebst, der lügt oder betrügerisch ist, dann ist es kein Akt der Liebe, wenn du ihm vertraust.«[170] Wir müssen in einer illusionären Welt realistisch werden, und wir müssen unseren Platz in der Welt einfordern.

Ich frage mich mit Sorge, ob ein offenes System überleben kann, wenn es die Existenz anderer offener und geschlossener Systeme mitträgt, insbesondere da es in der Natur geschlossener Systeme liegt, außer sich selbst nichts zu dulden und alles Andersgeartete zu zerstören. Wir sehen Menschen in Stammesgesellschaften überall auf der Welt mit diesem Problem kämpfen. Dennoch – wenn wir versuchen, ein geschlossenes System zu zerstören, werden wir selbst zu einem geschlossenen System. Überall auf der Welt kämpfen Friedensbewegungen, Umweltschützer, Heilkundige und Menschen, die dem Lebendigen zugeneigt sind, mit diesem Problem. Ich weiß die Antwort nicht. Ich weiß nur, daß das volle Teilhaben und Teilnehmen aus meinem Lebensprozeß heraus die einzige echte Möglichkeit ist.

Für mich ist die Tiefenprozeß-Arbeit ein Wunder. Ich habe Heilungsgeschehen von einer Tiefe miterlebt, die ich nie für möglich gehalten hätte. Tiefenprozeß-Arbeit transzendiert Zeit und Raum. Sie hat mich dahingeführt, meine früheren Vorstellungen von Raum und Zeit zu hinterfragen, da ich in ihr eine Transzendenz erfuhr, die mir vorher unvorstellbar war. Wenn das Hologramm (Holomovement) auf allen Ebenen einbeschlossen ist, bedeutet das dann, daß das gesamte Raum-Zeit-Spektrum uns hier und jetzt zur Verfügung steht? Ich hatte während meiner Tiefenprozeß-Arbeit Erlebnisse, die diese Möglichkeit nahelegen. Wenn wir über einen psychischen, spirituellen »Immunsystem«-Prozeß verfügen, der nicht nur aus Gefühlen besteht und zu dem Gefühle die Tür öffnen können – haben wir dann auch Ebenen der Entwicklung, der Heilung und des Gewahrseins zu unserer Verfügung, die wir noch nicht erreicht haben und die dennoch da und greifbar sind? Ich glaube das, und ich habe diese Möglichkeiten erfahren.

Was bedeutet es, daß Massen von Menschen Erinnerungen an Inzest und frühen sexuellen Mißbrauch offenbaren? Was wäre, wenn das weltweite Hervortreten von Inzest-Erinnerungen aus einer in uns allen einbeschlossenen Realität käme und der Weg wäre, den der Kosmos nimmt, um diese Geschehnisse aus der Welt zu schaffen?

Ich weiß, daß ich Menschen, die diese Arbeit tun, in einer Art lebendig werden sehe, die ich nie zuvor erlebt habe. Ich weiß, daß ich mit Menschen aus verschiedenen ethnischen Gruppen und Kulturen und mit unterschiedlichen Hintergrunderfahrungen, die sich weltweit mit denselben Problemen auseinandersetzen, in einem Partizipationsprozeß stehe, und daß diese Menschen Heilung finden. Treibt der Kosmos uns dazu, eine kritische Masse von Menschen in der Genesung zu werden, von Menschen, die lernen, ihren Prozeß zu leben, weil wir uns nicht mehr den Luxus erlauben können, leblos zu sein? Ich glaube ja.

Wir haben die Möglichkeit. Wir haben die Gelegenheit. Ich weiß nur, daß in dem Maß, in dem ich vollständiger an meinem Leben partizipiere, das Leben vollständiger an mir partizipiert. Wir haben eine Möglichkeit. Eine heilige Möglichkeit.

Anmerkungen

Einleitung

1 Brian Swimme verglich die Form meiner Arbeit mit der von Barbara McClintock, einer Wissenschaftlerin, die den Nobelpreis für Genforschung erhielt. Sie theoretisiert nicht über das neue Paradigma. Sie macht ihre Arbeit so, wie sie sich entwickelt, und demonstriert damit ein neues Paradigma. S. dazu Evelyn Fox Keller: *A Feeling for the Organism;* New York, W. H. Freeman and Co., 1983.

2 Dies ist das Thema meines ersten Buches: *Weibliche Wirklichkeit,* Wildberg, Mona Bögner-Kaufmann, 1985.

3 David Griffin (Hg.): *The Reenchantment of Science; Postmodern Proposals;* Albany, NY, State University of New York Press, 1988. Ich verwende Griffins Definition einer postmodernen Wissenschaft: »Der Postmodernismus dieser Aufsatzsammlung (...) strebt danach, die Weltanschauung der Moderne zu überwinden, nicht indem er die Möglichkeit von Weltanschauungen überhaupt negiert, sondern indem er durch eine Revision der Prämissen der Moderne und der traditionellen Konzeptionen eine postmoderne Weltauffassung konstruiert. Dieser konstruktive oder revisionistische Postmodernismus beinhaltet eine neue Vereinigung der wissenschaftlichen, ethischen, ästhetischen und religiösen Intuitionen. Er lehnt nicht die Wissenschaft als solche ab, sondern nur den Szientismus, der nur die Daten der modernen Naturwissenschaften als Beitrag zur Konstruktion unserer Weltauffassung gelten läßt.«

4 S. dazu *The Big Book* (»Blaue Buch«) der Anonymen Alkoholiker: *Alcoholics Anonymous: The Story of How Many Thousands of Men and Women Have Recovered from Alcoholism;* New York, Alcoholics Anonymous World Services Inc., 1976.

5 Martin Buber: *Ich und Du* (1957); Heidelberg, Verlag Lambert Schneider, 1979.

6 Michael Lerner: »Public-Interest Psychotherapy: A Cure for the Pain of Powerlessness«; Utne Reader March/April 1987, S. 41.

7 Michael Vincent Miller sagt in seiner Rezension von *Acts of Will,* als er über die Reaktion von Otto Ranks geschätzten Kollegen auf dessen Arbeit spricht: »Was veranlaßte diese hervorragenden Gelehrten und Erforscher der menschlichen Natur zu einem so feindseligen Verhalten? Zunächst einmal erscheint es so, als bildete der Rufmord einen beliebten Zeitvertreib unter Psychoanalytikern. Indem [der Biograph] Lieberman den Weg Ranks von Wien und Freuds frühem Schülerkreis bis zu seinen späteren Jahren des Pendelns zwischen Paris und New York und dem Exil vom Hauptstrom der Psychoanalyse nachzeichnet, deckt er die Verleumdungen, den Klatsch, die Lügen, die Plagiate, die ausgesprochenen Gemeinheiten und machiavellistischen politischen Schachzüge auf, die von den Begründern der Psychoanalyse praktiziert wurden.« (E. James Lieberman: *Acts of Will: The Life and Work of Otto Rank;* rezensiert in der »New York Times Book Review«, 24. März 1985).

8 »Meine eigene Integrität wahren« ist eine Redewendung, die in Kreisen Genesender oft gebraucht wird.

9 Die Arbeit von Barbara McClintock ist ein ausgezeichnetes Beispiel.

10 Griffin: *The Reenchantment of Science,* a. a. O.

11 David Bohm: »Postmodernist Science and a Postmodern World«, in: Griffin, a. a. O. S. 57–68. S. dazu auch Ken Wilber (Hg.): *The Holographic Paradigm and Other Paradoxes: Exploring the Leading Edge of Science;* Boulder, Co.: Shambala, 1982.

Erster Teil: Aufstieg und Abdankung einer Psychotherapeutin

1 S. Morris Berman: *Wiederverzauberung der Welt*; Reinbek bei Hamburg, Rowohlt-TB 7941, 1985.

2 Schaef: *Weibliche Wirklichkeit*, a.a.O., S.1.

3 S. Joreen: »Trashing: The Dark Side of Sisterhood«, in: »Ms.«, April 1976, S.49.

4 Ich kann mich nur wundern, daß manche Leute es für moralisch vertretbar oder überhaupt legal halten, unzutreffende Gerüchte über eine Kollegin auszustreuen und Rufmord zu betreiben. Ich lebe seit Jahren zölibatär und habe seit Jahren keine privaten Klienten mehr, und dennoch wurde mir erst vor wenigen Monaten von einer Sozialarbeiterin zugetragen, eine Psychologin am Ort habe ihr »vertraulich« mitgeteilt, ich schliefe mit meinen Klienten!

5 In einem anderen Fall, der sich vor fünf Jahren ereignete, sollte ich an einer großen Universität im Westen des Landes sprechen. Wieder erklärte die Anruferin, eine zugelassene »feministische« Psychologin, dem Veranstalter (dem Fachbereich für Sozialarbeit), man solle mir nicht erlauben, den Vortrag zu halten, und betete dieselbe Liste von Gründen herunter. Selbst wenn ich in allen Punkten der Anklage schuldig gewesen wäre (was nicht der Fall war), sollte man denken, zehn Jahre hätten ausgereicht, um meine Schuld gegenüber der Gesellschaft, den Psychologen, den Feministinnen oder wem auch immer abzubüßen. Die Veranstalter beachteten den Anruf nicht weiter und erzählten mir erst vor dem Abendessen, unmittelbar vor meinem Vortrag, davon. »Was haben Sie gedacht, als Sie das alles hörten?« fragte ich. »Gar nichts«, sagte meine Gesprächspartnerin. »Hier im Fachbereich sind ohnehin fast alle der Meinung, daß diese Frau einen kleinen Sprung in der Schüssel hat.« Ich fragte, ob die Frau zu dem Vortrag kommen würde, und alle sagten: »Ja, natürlich. Sie wird zur Stelle sein und sich ihre Notizen machen.« »Gut«, sagte ich, »bitte zeigen Sie mir, wer sie ist. Die meisten Leute, die mich attackieren, habe ich nie kennengelernt, und sie haben fast alle keine Ahnung, wer ich bin und was ich tue.«

Als ich den Vortragssaal betrat, saß die Frau da, in der Mitte der ersten Reihe. Nach fast zehn Jahren Dauerbeschuß hatte ich etwas mehr Chuzpe entwickelt, und ich ging auf sie zu, streckte ihr meine Hand entgegen, und sagte: »Hi, ich bin Anne Wilson Schaef. Wie ich hörte, haben sie einige Bedenken in bezug auf mich.« »Oh ja, die habe ich zweifellos«, sagte sie und begann ihre schier endlose Liste von Vorwürfen herunterzurattern. »Würden Sie ihre Meinung ändern, wenn Sie wüßten, daß ich vom Kontrollausschuß in allen diesen Punkten überprüft und vollständig entlastet wurde?« fragte ich. Dann kam eines der außerordentlichsten Erlebnisse meines Lebens. »Nein«, fauchte sie, »ich vertraue den Frauen, die mir diese Dinge erzählt haben, und wenn die sagen, daß Sie das getan haben, dann haben Sie es auch getan!« Sie hatte fast Schaum vor dem Mund, als sie das sagte.

6 S. Carol Pearson and Katherine Pope: *The female Hero in American and British Literature*; New York, R. R. Bowker, 1981.

7 Grok: »Wissen mit allem, was das eigene Wesen ausmacht«, aus: Robert Heinlein: *Stranger in a Strange Land*; New York, Putnam, 1961.

8 Anne Wilson Schaef: *Im Zeitalter der Sucht*; Hamburg, Hoffmann u. Campe, 1989.

9 S. Berman: *Wiederverzauberung der Welt*, a.aO.

10 American Psychiatric Association; *Diagnostic Manual III-R; Diagnostic and Statistical Manual of mental Disorders*, 3. Auflage, Washington D.C., American Psychiatric Association, 1987.

Zweiter Teil: Einführung in die Lebensprozeß- und die Tiefenprozeß-Arbeit

1 Sigmund Freud: *Die Traumdeutung* (1900); Studienausgabe Bd. II, Frankfurt a. M., S. Fischer, 1969.

2 Jeffrey Moussaieff Masson: *Final Analysis: The Making and Unmaking of a Psychoanalyst*; Reading, MA: Addison-Wesley, 1990.

3 Als »postmodern« bezeichne ich hier eine Weltauffassung, die über die gegenwärtigen wissenschaftlichen Überzeugungen und Methoden hinausgeht.

Dritter Teil: Das wissenschaftliche Paradigma, Psychotherapie und das Lebensprozeß-Paradigma

1 Griffin: *The Reenchantment of Science*, a. a. O.

2 Jeffrey Mossaieff Masson: *Die Abschaffung der Psychotherapie*; München, Bertelsmann, 1991.

3 Anne Wilson Schaef und Diane Fassel: *The Addictive Organization*; San Francisco, Harper & Row, 1988 (dt.: Suchtsystem Arbeitsplatz. München 1994).

4 Berman: *Wiederverzauberung der Welt*, a. a. O.

5 Bohm: »Postmodern Science«, a. a. O., S. 59.

6 A. a. O., S. 57.

7 Ich bin David Griffin zu großem Dank dafür verpflichtet, daß er dieses Manuskript durchlas und Kommentare dazu formulierte, die hier in Form von Anmerkungen zur weiteren Klärung eingefügt sind. In einem Brief an mich schrieb er: »Kurzum, ich würde Begriffe wie empirisch, linear, objektiv und rational nicht in negativem Sinn benutzen. Nur gewisse Verzerrungen dieser Begriffe sind kritikwürdig und sind für das Denken der Moderne charakteristisch.«

8 Griffin und ich sehen dies nicht in unterschiedlicher Weise; in der Philosophie und der Metaphysik orientiert er sich zweifellos mehr an Techniken als ich. Zur Klärung füge ich seinen Kommentar hier an:
»Ich bin sehr für den Empirismus, soweit das bedeutet, daß man seine Theorien auf allen relevanten Fakten der Erfahrung begründet, oder diesen zumindest gerecht zu werden versucht. Das Problem mit der modernen Wissenschaft und Philosophie liegt darin, daß sie sich auf einen *oberflächlichen* Empirismus gründen, der sich (weitgehend) auf die Fakten des sinnlich Wahrnehmbaren beschränkt. Gebraucht wird ein radikaler Empirismus (William James), in den auch die nicht durch die Körpersinne vermittelten Wahrnehmungen einbezogen sind. Nur durch nicht-sinnliche Erfahrung (Whiteheads ›prehension‹ – Erfassen) gelangen wir zu Wissen über Werte, Kausalität, Zeit, und sogar zu dem Wissen, daß wir in einer Welt anderer Gegebenheiten sind (vgl. Solipsismus).
Nun zu Ihren Definitionen: Ihr erster Satz ist in Ordnung (…). Aber keine ihrer sonstigen Charakterisierungen liegen *notwendigerweise* im Emprirismus. Sie müssen klarmachen, ob Sie über eine Methode sprechen (was ›Empirismus‹ eigentlich ist) oder über Metaphysik (d. h. das Verwandeln einer Methode in Metaphysik – was tatsächlich vorkommt, dem Empirismus jedoch nicht inhärent ist). Auch muß Empirismus nicht notwendigerweise auf meßbare Dinge beschränkt sein, Parapsychologen und Elementarteilchen-Forscher streben zum Beispiel danach, empirisch vorzugehen, in dem Sinn, daß sie Beweise ernstnehmen, aber sie haben es mit Typen von Erfahrung zu tun, die nicht meßbar und quantifizierbar sind. Sie sollten vielleicht ein Adjektiv hinzufügen, um deutlich zu machen, daß Sie von einer bestimmten Form des Empirismus sprechen, dem ›modernen Empirismus‹ zum Beispiel; so würden sie dar-

auf hinweisen, daß Empirismus, der an sich etwas außerordentlich Bemerkenswertes ist, durch bestimmte A-priori-Vorstellungen in bezug darauf, welche Art von ›empirischen Fakten‹ es geben könne, eingeengt worden ist.«

9 Berman: *Wiederverzauberung der Welt*, a.a.O.

10 Ich glaube, Griffin und ich weisen hier auf dasselbe hin. Griffins Aussage: »Was Berman auch sagen mag – Newton selbst beschränkte sich zweifellos nicht auf ›Empirismus‹ in der Form, wie er hier diskutiert wird. Er wurde nur positivistisch, wenn man ihm vorwarf, er spreche im Hinblick auf die Gravitation von ›okkulten‹ Kräften. Huston Smith und andere sagen vielleicht, ›empirisches Wissen sei im wesentlichen von kontrollierten Laborbedingungen abhängig‹, aber das ist eine extrem reduktionistische Auffassung von Empirismus. Historiker gehen empirisch vor, desgleichen Geologen, Astrophysiker und alle erdenklichen anderen Wissenschaftler, für die das Labor keine ausschlaggebende oder überhaupt keine Rolle spielt.«

11 Griffin: »The Reenchantment of Science«, a.a.O., S.26. Griffins Kommentar zu diesem Abschnitt: »Das Zitat aus meinem Buch am Schluß des Absatzes unterstützt Ihre Auffassung nicht. Ich argumentiere gegen jene, die nicht bereit sind, zwischen ›Wissenschaft‹ und ›Ideologie‹ oder ›Propaganda‹ einen Unterschied zu sehen. Ich spreche mich dafür aus, daß wir allgemein als ›wissenschaftlich‹ akzeptierte Literatur und Forschung, die ideologische oder manchmal propagandistische Elemente enthält, solange nicht als wissenschaftlich gelten lassen sollten, wie das Streben nach Wahrheit nicht an oberster Stelle steht. Die Frage, ob dieses Streben nach Wahrheit sich in der ›empirischen Arbeit‹ (im begrenzten Sinn der Meßbarkeit) ausdrückt, spreche ich gar nicht an.«

12 Griffin: *The Reenchantment of Science*, a.a.O., S.26.

13 Berman: *Wiederverzauberung der Welt*, a.a.O.

14 Ebenda; Griffins Kommentar: »Newtons ›Mechanismus‹ unterschied sich von dem Descartes'. Descartes' Mechanismus ging davon aus, daß alle Verursachung auf Kontakt beruhe. In Newtons ›dynamischem Mechanismus‹ ist auch Aktion aus der Distanz erlaubt. S. Richard Westfall: *Never at Rest*; New York, Cambridge Univ. Press, 1981.«

15 Masson: *Die Abschaffung der Psychotherapie*, a.a.O.

16 Frederick Ferré: »Religious World Modeling and Postmodern Science«, in: Griffin: *The Reenchantment of Science*, a.a.O., S.89.

17 Laut Griffin sagt William Uttal, ein biologistischer Psychologe der Gegenwart, daß Reduktionismus, nach dem alle Aktivitäten des Geistes auf das elementarste Niveau der Organisation von Materie zurückzuführen sind, »die Grundlage« sei, »auf der die gesamte Wissenschaft der Psychobiologie aufbaut«. (*Reenchantment of Science*, S.4).

18 Griffins Kommentar: »Linear: das ist ein überaus verwirrender, ambivalenter Begriff. In einem Essay, den ich kürzlich schrieb (über Whitehead und die Parapsychologie), verwies ich darauf, daß postmodernes Denken (so wie ich es verstehe) in verschiedener Hinsicht nicht linear, in einem zentralen Aspekt aber sehr wohl linear ist. Es ist linear in seiner Aussage, daß jede effektive Verursachung von der Vergangenheit in die Gegenwart, von der Gegenwart in die Zukunft geht. (Wir können Descartes nicht ändern, obwohl wir natürlich seine Bedeutung für unser Denken verändern können.) Das bedeutet, es gibt keine ›wahre‹ Präkognition. (Dazu habe ich dreizehn alternative Erklärungen, die zum größten Teil parapsychologisch sind, aber alle davon ausgehen, daß zukünftige Ereignisse keine gegenwärtigen Wahrnehmungen verursachen können.) Das postmoderne Denken ist nicht linear, insofern als linear bedeutet: 1) Die Gegenwart ist total durch die Vergangenheit determiniert (was bedeuten würde, daß es in der Gegenwart keine Selbstbestimmung gibt). 2) Eine gegenwärtige ›Wirkung‹ ist das Produkt einer einzigen Kausalkette aus der Vergangenheit (die Wahrheit ist, daß jedes gegenwärtige Ereignis Produkt aller vergangenen Ereignisse ist, worin die Buddhisten, Einstein und Whitehead übereinstimmen). 3) Verursachung unter fort-

dauernden Objekten vollzieht sich nicht nur in einer Richtung, wie von niedrigeren zu höheren Formen, was dem Reduktionismus entspräche. (Vielmehr gibt es auch Verursachung in Gegenrichtung oder auf Seitenzweigen, so daß jede Art von Phänomen mit jeder anderen Art von Phänomen in kausaler Weise interagiert. Zweifellos sind DNS-Moleküle in diese Art der universellen Interaktion einbezogen; vgl. das ›zentrale Dogma‹ des Neo-Darwinismus.)«

Das ist Griffins Mitteilung zu diesen Ideen. In der Tiefenprozeß-Arbeit habe ich jedoch beobachtet, wie die Gegenwart die Vergangenheit veränderte, und wir haben mehr und mehr Anhaltspunkte dafür, daß die Zeit nicht notwendigerweise linear ist.

19 Griffins Kommentar: »Objektiv: Die Wissenschaft der Moderne war ›objektivistisch‹ in einem ontologischen Sinn, indem sie davon ausging, daß alle Dinge, oder zumindest alle ›wirklich realen‹ Dinge bloße Objekte sind, bar jeder Subjektivität, wie zum Beispiel Gefühl oder zielgerichteter Aktivität. Im epistemologischen Sinn sollte jede gute Wissenschaft jedoch durchaus ›objektiv‹ sein, insofern als man die eigenen Schlußfolgerungen so weit als möglich auf die ›objektiven Tatsachen‹ gründen sollte und nicht auf die eigenen subjektiven Voreingenommenheiten, Vorlieben oder Vorurteile. Diese Frage ist unter anderem deswegen so unklar und so verwirrend, weil Jacques Monod in seiner Erklärung, daß Wissenschaft objektiv sei und sein müsse, zwischen den beiden Bedeutungen (Zufall und Notwendigkeit) hin und her schwankte. Das heißt, er begann mit dem letzteren, unbezweifelbaren Sinn und glitt dann ohne Kommentar in den ersten, bezweifelbaren Sinn hinüber, indem er behauptete, Wissenschaft müsse die Welt ohne jede Bezugnahme auf Sinngehalt oder Ziele innerhalb der Natur beschreiben. S. dazu Jaques Monod: *Chance and Necessity: An Essay on the Natural Philosophy of Modern Biology*; New York, Vintage, 1971.«

20 Griffins Kommentar: »Rational: Wissenschaft muß ›rational‹ sein, im Sinn der Wahrung ihrer Folgerichtigkeit. Anzuzweifeln ist ein Typus des ›rationalistischen‹ Denkens, das mit dem Empirischen in einem Spannungsverhältnis steht, das heißt, wenn man zum Beispiel gewisse Beweise nicht gelten läßt (etwa für außersinnliche Wahrnehmung), aufgrund der a priori gesetzten Annahme, solche Phänomene könnten nicht vorkommen. Ein weiterer Typus des Rationalismus (im negativen Sinn) geht davon aus, der menschliche Geist (insbesondere der Geist des Wissenschaftlers oder Philosophen) sei primär und essentiell rational, statt zu sehen, daß Rationalität ein sehr seltener Typus von Erfahrung ist, daß wir in erster Linie emotionale, willensgesteuerte Wesen sind, für die nicht nur die der Selbsterhaltung dienenden Motivationen, sondern auch mythische, archaische Bilder und Vorstellungen sehr viel grundlegender sind als das rationale Denken.«

21 Griffin: *The Reenchantment of Science*, a.a.O., S. 4.

22 Ebenda S. 5.

23 Brian Swimme: »The Cosmic Creation Story«, in: Griffin, a.a.O., S. 50.

24 Ursula Le Guin: *Dancing at the Edge of the World*; New York, Grove Press, 1989, S. 151.

25 Ebenda S. 148.

26 Jon Clark: »Macho Science, or the Science of the Patriarchal System«; unveröff. Manuskript, der Autorin in persönlicher Korrespondenz im September 1984 übermittelt.

27 Ebenda.

28 Swimme: »The Cosmic Creation Story«, a.a.O., S. 47.

29 Caroline Whitbeck. »A Different Reality: Feminist Ontology«, in: *Beyond Domination*, (hg. v. Carol Gould); MD: Rowman & Allenheld, 1983, S. 64.

30 Schaef: *Im Zeitalter der Sucht*, a.a.O.

31 David Griffin und Willis Harman, in: Griffin: *The Reenchantment...*, a.a.O.; Whitbeck: »A Different Reality«, a.a.O.; Berman: *Wiederverzauberung der Welt*, a.a.O.

32 Griffins Kommentar: »›Dualism‹ ist vermutlich der ambivalenteste Begriff der engli-

schen Sprache; er hat mindestens neun verschiedene Bedeutungen. Ich habe den Begriff ›dualism‹ hier nur in einer einzigen Bedeutung verwendet, nämlich zur Bezeichnung der cartesianischen Idee, der Geist unterscheide sich in ontologischer Hinsicht vom Körper (oder seinen Komponenten). Manche Leute (Materialisten) nennen jeden Standpunkt dualistisch, der zwischen dem Gehirn und dem Geist auch nur Unterschiede macht, indem sie sagen, die Unterschiede seien nur numerischer Natur. Ich bestätige diese Unterscheidung, argumentiere aber, daß sie nicht ›Dualismus‹ genannt werden sollte, es sei denn, man fügt den weiteren Punkt hinzu, daß sie nicht nur numerisch (zwei verschiedene Dinge), sondern auch ontologisch (zwei verschiedene Arten von Dingen) unterschieden sind. (Als Panexperientalist bin ich der Meinung, daß der Geist sich nur graduell, wenn auch in hohem Grad, sagen wir von einer Gehirnzelle unterscheidet.)«

33 Whitbeck: »A Different Reality«, a.a.O.
34 Griffin: *The Reenchantment of Science*, a.a.O.
35 Ebenda S. 11.
36 Ebenda S. 1–2.
37 Ebenda S. 12.
38 Ebenda S. 11.
39 Ebenda S. 11.
40 Bohm: »Postmodern Science«, a.a.O., S. 57.
41 Whitbeck: »A Different Reality«, a.a.O., S. 68.
42 Morris Berman: »Nature is Not a Paradigm«; in: »Whole Earth Review«, Sommer 1987, S. 31.
43 Berman: *Wiederverzauberung der Welt*, a.a.O.
44 Ebenda.
45 Ebenda.
46 Griffin: *The Reenchantment of Science*, a.a.O., S. 9.
47 Swimme: »The Cosmic Creation Story«, a.a.O., S. 53.
48 Bohm: »Postmodern Science«, a.a.O., S. 58.
49 Ebenda S. 59.
50 Ebenda S. 60–61.
51 Willis Harman: »The Postmodern Heresy: Consciousness as Causal«, in: Griffin: *The Reenchantment of Science*, a.a.O., S. 122.
52 Ebenda S. 116.
53 Dane Rudhyar: »The Need for a Multi-Level, Process-Oriented Psychology«, in: »The American Theosophist 68«, Nr. 5, Mai 1980, S. 156–161.
54 Ebenda S. 156.
55 Ebenda S. 156.
56 I. K. Broverman, D. M. Broverman, F. E. Clarkson, P. S. Rosencrantz und S. R. Vogel: »Sex-Role Stereotyping and Clinical Judgements of Mental Health«, in: »Journal of Consulting and Clinical Psychology 34/1970, S. 1–7; F. E. Clarkson, S. R. Vogel, I. K. Broverman, D. M. Broverman und P. S. Rosencrantz: »Family Size and Sex-Role Stereotypes«, in: »Science« 167/1970, S. 390–392; P. S. Rosencrantz, S. R. Vogel, H. Bee, I. K. Broverman, D. M. Broverman: »Sex-Role Stereotypes and Self-Concept in College Students«, in: »Journal of Consulting and Clinical Psychology« 32/1968, S. 287–295; Irene P. Stiver: »The Meaning of Care; Reframing Treatment Models«, in: *Women's Growth in Connection*; New York, Guilford, 1991, S. 250–267.
57 Griffin: *The Reenchantment ...*, a.a.O.; Griffin sieht darin jedoch nur teilweise Projektion, selbst wenn deren Anteil sehr groß ist.
58 Ebenda; Griffin kommentiert: »Ich pflichte dieser Auffassung, die von ›vielen‹ vertreten wird, nicht bei. Auch hier nehme ich eine Sowohl-als-auch-Position ein, keine Nicht-dies-sondern-das-Position.«

59 Ebenda.

60 Ebenda.

61 Masson: *Final Analysis*, a.a.O., S.177.

62 Irene P. Stiver: »The Meaning of Care«, a.a.O.; Wendy Holloway: *Gender, Meaning and Science*; London, Sage Publications, 1989; Daniel N. Robinson: *Systems of Modern Psychology: A Critical Sketch*; New York, Columbia Univ. Press, 1979; Murray Sidman: *Scientific Research: Evaluating Experimental Data in Psychology*; New York, Basic Books, 1960.

63 Whitbeck: »A Different Reality«, a.a.O.

64 Griffin: *The Reenchantment...*, a.a.O.

65 Ebenda S.18.

66 Berman: *Wiederverzauberung...*, a.a.O.

67 Harman: »Postmodern Heresy«, a.a.O., S.119.

68 Ebenda S.123.

69 Carl Rogers: *Toward a More Human Science of the Person*; La Jolla, CA: Center for the Studies of the Person, n.d., S.1–2.

70 Ebenda S.2: »Ich frage mich, ob das Problem einem Phänomen ähnelt, das ich in der Kirche beobachtet habe. Die Führungsschicht der Kirche ist traditionell männlich. Dennoch haftet der Rolle des Geistlichen oder Priesters etwas traditionell weibliches an. Er trägt ein ›Priesterkleid‹, er serviert das Mahl (die Sakramente), er kümmert sich um die Kranken und Sterbenden, er ist ein professioneller Zuhörer und Fürsorger. Viele der Funktionen der Kirche entsprechen dem, was in dieser Kultur als ›weiblich‹ betrachtet wird. Die Kirche ist jedoch auch stark politisch, und wenn Politik und Spiritualität kollidieren, trägt die Politik gewöhnlich den Sieg davon. Ich frage mich, ob die Weigerung der Kirchen, Frauen zu ordinieren und ihnen innerhalb der Kirche Führungsrollen zu geben, nicht nur ein Ausdruck dafür ist, daß das Hauptanliegen der Kirche nicht wirklich im Engagement für die Spiritualität und die Heilung liegt. Sie kann auch ein Ausdruck für den fortdauernden Haß und die Verachtung gegenüber allem sein, was als ›weiblich‹ betrachtet wird, oder als nicht-mechanistische Wissenschaft in der Kultur, und ein Ausdruck der Überzeugung, daß die Kirche sich nicht nur verändern, sondern auch gesamtgesellschaftlich an Macht und Prestige verlieren würde, wenn sie Frauen wirkliche Führungsrollen zugestände.«

71 Rogers, ebenda S.4.

72 Ebenda S.5.

73 Aus einer Rezension über Stiver: »The Meaning of Care«.

74 Michael Lerner: *Public-Interest Psychotherapy*, S.41.

75 Jon Clark: »Macho Science«, a.a.O., S.3.

76 Rank überwarf sich mit Freud in dieser Frage schon sehr früh. Er »kam schließlich dazu, all das (sublimierte Triebkonflikte) als eine Form des reduktiven Determinismus zu betrachten«. Dieses Zitat entstammt Michael Vincent Millers Rezension von *Acts of Will: The Life and Work of Otto Rank*, a.a.O. Miller fährt fort: »Rank versicherte oft, der kreative Impuls sei elementarer und weitreichender als der Sexualtrieb.«

77 Elaine F. Cherry und Steven N. Gold: »The Therapeutic Frame Revisited: A Contemporary Perspective«, in: »Journal of Psychotherapy« 26:2, 1989, S.163.

78 Frederick Franck: »On the Criteria of Being Human«; »The Eastern Buddhist« 23:1, 1990, S.12/.

79 Ebenda S.127.

80 Ebenda S.128.

81 Ebenda S.128.

82 Ebenda S.129.

83 Ebenda S.129.

84 Ebenda S.129.

85 Ebenda S.131.

86 Arthur L. Kovacs: »Here Comes the Iceberg«, in: »Psychotherapy Bulletin« 24:1, 1989, S.11.

87 Ebenda.

88 Thomas Maeder: »Wounded Healers«, in: »Atlantic Monthly«, Jan. 1989.

89 Ebenda S.37.

90 Ein Holomovement-Universum ist ein Universum, in dem alle Phänomene miteinander verbunden sind, in dem der Teil das Ganze widerspiegelt und das Ganze der Teil ist, und alles im Prozeß ist.

91 Maeder: »Wounded Healers«, a.a.O., S.37.

92 Cherry und Gold: »The Therapeutic Frame Revisited«, a.a.O., S.164.

93 Ebenda S.167.

94 Maeder: »Wounded Healers«, a.a.O., S.40.

95 Das Problem geht weit über den »Gotteskomplex«, wie Maeder ihn beschreibt, hinaus. Obwohl Maeder den verwundeten Heiler in Begriffen beschreibt, die genau auf den Co-Abhängigen passen, sieht er die Verbindung zwischen diesem Phänomen und der Art, wie die Helferrolle etabliert und definiert wurde, nicht wirklich. Das trifft glücklicherweise nicht auf alle Autoren zu, die über dieses Thema schreiben.

96 Joe Reid: »Wounded Healer: Helping the Helping Professional«, in: »Care Network« 2:5, 1989, S.7.

97 Ebenda S.9.

98 Ein Flugblatt von »Nancy's Farm«, RFD 1, Box 1010, Thorndike, ME04986.

99 Das ist bemerkenswert im Sinn der Ursache-Wirkung-Wissenschaft. Ich bezweifle, daß es viel Heilung bringt. Vor fast zwanzig Jahren versuchte eine Gruppe von Frauen – Psychologinnen und Laien – hier in Colorado eine Ausbildungsstätte für Graduierte ins Leben zu rufen, die eine Alternative zur Therapie bot und die damals Männern und Frauen zugänglich war. Wir nannten sie »The Women's Institute of Alternative Psychotherapy« (WIAP). Unsere Prämisse war, daß die existierende psychotherapeutische Ausbildung den Leuten die Aspekte ihrer Persönlichkeit, die das größte Heilungspotential hatten, tatsächlich aberzog. Wir glaubten auch, daß es zwischen dem Grad der Ausbildung und der Fähigkeit zu heilen, die letztlich übrigblieb, eine entgegengesetzte Beziehung gab. Damals wußten wir nicht, daß wir mit Problemen der wissenschaftlichen Weltauffassung und der Co-Abhängigkeit umgingen, und dennoch hatten wir den Finger am Puls von etwas Wichtigem. Glücklicherweise kam es zur Schließung unseres Instituts – erzwungen durch konservative Psychologinnen, die glaubten, jede Institution von der Art des WIAP müsse der Kontrolle zugelassener Psychologinnen unterstehen. Ich sage »glücklicherweise«, weil ich heute sehe, daß wir nur versucht hätten, eine Alternative innerhalb der mechanistischen wissenschaftlichen Weltauffassung zu entwickeln, daß wir die Anerkennung durch die traditionellen Ansätze gesucht hätten, und daß wir vermutlich selbst darauf verfallen wären, Leute zur Co-Abhängigkeit auszubilden. Damals hatten wir nicht das Bewußtsein über Abhängigkeiten und den Genesungsprozeß, das inzwischen für viele von uns zu einer Wandlung in unseren Wahrnehmungen und unserer Weltauffassung geführt hat.

100 Timmen L. Cermak: »Diagnostic Criteria for Codependency«, in: »Journal of Psychoactive Drugs« 18 (1983), wiederabgedruckt in: »Patient Care«, 15. Aug. 1989, S.133.

101 Dr. Neal Sutherland, zitiert in: »Kauai Times«, 8. Feb. 1991.

102 Cermak: »Diagnostic Criteria…«, a.a.O., S.133.

103 Masson: Die Abschaffung…, a.a.O.

104 Ebenda.

105 Ebenda.

106 Mary Daly: *Gyn/Ecology: The Metaethics of Radical Feminism*; Boston, Beacon Press, 1978, S. 281.

107 Ebenda S. 282.

108 George Albee: »Preventing Psychopathology and Promoting Human Potential«, in: »American Psychotherapy« 37:9, 1982, S. 1043–1050.

109 Ebenda S. 1044.

110 Das war im Alkali Lake-Reservat in Kanada. Weitere Informationen durch: Four World Project, University of Lethbridge, Alberta, Canada T1K 3M4.

111 Albee: »Preventing Psychopathology…«, a.a.O., S. 1043.

112 Ebenda S. 1044.

113 Ebenda S. 1044–1045.

114 Marion K. Jacobs und Gerald Goodman: »Psychology and Self-Help-Groups: Predictions on a Partnershiph« in: »American Psychologist« 44:3, 1989, S. 536.

115 Albee: »Preventing Psychopathology…«, a.a.O., S. 1045.

116 Ebenda.

117 Lancelot Law Whyte: *The Next Development in Man*; New York, New American Library, 1948, S. 254, zitiert nach; Edwin McMahon und Peter A. Campbell: *Process-Skipping: A Mechanism that Locks In Addictive Patterns and Blocks the Experience of Grace*; Institute for Bio-Spiritual Research, 6305 Greeley Hill Road, Coulterville, CA 95311–9501, S. 7.

118 Masson: *Final Analysis*, a.a.O., S. 177.

119 Eugene T. Gendlin: »A Theory of Personality Change«, in: Philip Worchel und Don Byrne (Hg.): *Personality Change*; New York, John Wiley & Sons, 1964, S. 134.

120 Gerald G. May: *Addiction and Grace*; San Francisco, Harper & Row, 1988.

121 Masson: *Die Abschaffung*, a.a.O.

122 Ari Kiev: »The Tarasoff Decision: The Psychiatrist's Duty to Warn«, in: »Medical Tribune«, 29. Dez. 1988, S. 24.

123 Jacquelyn Small, *Transformers Notebook* 1:6, 1984, S. 2.

124 Michael Kerr: »Chronic Anxiety and Defining a Self«, in: »Atlantic Monthly«, Sept. 1988, S. 46.

125 Ebenda S. 51.

126 Ebenda S. 52.

127 Jay Efran und Michael D. Lukens: »The World According to Humberto Maturana«, in: »Networker«, Mai/Juni 1985, S. 72.

128 Kerr: »Chronic Anxiety…«, a.a.O., S. 52.

129 Jacquelyn Small, *Transformers Notebook*, a.a.O., S. 6.

130 Robert E. Drake und Lloyd I. Sederer: »Inpatient Psychosocial Treatment of Chronic Schizophrenia: Negative Effects of the Current Guidelines«, in: »Hospital and Community Psychiatry« 37, 1986, S. 897–901.

131 Kenneth S. Pope, Barbara G. Tabachnik und Patricia Keith-Spiegel: »Ethics of Practice: The Beliefs and Behaviors of Psychologists as Therapists«, in: »American Psychologist«, Nov. 1987, S. 993.

132 Pope u.a.: »Ethics of Practice«, a.a.O., S. 999.

133 Albee: »Preventing Psychopathology…«, a.a.O., S. 1045.

134 Philip Norman: »Why People Are Screwed Up«, in: »Earthmate«, Sommer 1987, S. 21.

135 Ebenda S. 22.

136 Paul Taylor: »Science and Transformation«, in: »Transformers Notebook« 1:6, März/April 1984, S. 5.

137 Lerner: »Public-Interest Psychotherapy«, a.a.O., S. 39–47.

138 Gary Zukav: *Seat of the Soul*; New York, Simon & Schuster, 1989.

139 Marion Woodman: »Worshipping Illusions«, in: »Parabola: The Magazine of Myth and Tradition« XII, Nr. 2, 1987, S. 59.

140 Ebenda S. 60.
141 Bill Wilson: »The Next Frontier: Emotional Sobriety«, in: »The AA Grapevine«, Jan. 1958, S. 3.
142 Ebenda S. 3–4.
143 Ebenda S. 5.
144 Ebenda.
145 Wie ich durch meine Kontakte mit Menschen aus Stammesgesellschaften und durch Lektüre in Erfahrung brachte, u. a.: John Anthony West: *Serpent in the Sky: The High Wisdom of Ancient Egypt*; New York, Harper & Row, 1929; Burnham Burnham: *Aboriginal Australia: A Traveller's Guide*; North Ryde, NSW Australia, Angus and Robertson, 1988; Ursula Le Guin: *The Word for World is Forest*; New York, Putnam, 1972.
146 Morris Berman: *Coming to Our Senses: Body and Spirit in the Hidden History of the West*; New York, Bantam Books, 1990.
147 Harman: »Postmodern Heresy«, a. a. O., S. 125.
148 Evelyn Fox Keller: *A Feeling for the Organism: The Life and Work of Barbara McClintock*; New York, W. H. Freeman; 1983 Evelyn Fox Keller: *Reflections on Gender and Science*; New Haven, Yale Univ. Press, 1985.
149 Rogers: *Toward a More Human Science of the Person*, a. a. O., S. 3.
150 Ebenda S. 6–7.
151 Wilber: *The Holographic Paradigm*, a. a. O.
152 Richard Leviton: »The Holographic Body«, in: »East-West Journal«, Aug. 1988, S. 38.
153 Ebenda.
154 Ebenda S. 39.
155 Karl H. Pribram: »What the Fuss Is All About«, in: Wilber: *The Holographic Paradigm*, a. a. O., S. 27–34.
156 John Battista: »The Holographic Model, Holistic Paradigm, Information Theory and Consciousness«, in: Wilber, a. a. O., S. 143.
157 Bohm: »Postmodern Science«, a. a. O., S. 66.
158 Ebenda S. 67.
159 Brian Swimme: »Cosmocentric Consciousness in an Addicted Society«; Vortrag 1986 bei der First National Conference on Addictions and Consciousness, Brookridge Institute, 1209 Palm Ave., San Mateo, CA 94402 (415) 349–9675; Leitung: Shirley Burton und Leo Kiley.
160 Swimme: »Cosmic Creation Story«, a. a. O., S. 47.
161 Griffin: *Reenchantment…*, a. a. O., S. 27.
162 John B. Cobb, Jr: »Ecology, Science and Religion: Toward a Postmodern Worldview«, in: Griffin, a. a. O., S. 105.
163 Burnham: *Aboriginal Australia*, a. a. O.
164 Cobb: »Ecology, Science and Religion«, a. a. O., S. 111.
165 Franck: »On The Criteria of Being Human«, a. a. O., S. 132–133.
166 Alle Zitate aus: »Panic Disorder Often Misdiagnosed«, in: »Garden Island News«, 6. Feb. 1992.
167 Albee: »Preventing Psychopathology«, a. a. O.
168 Edward L. Patullo: »Sex and Secrecy at Harvard College«, in: »Harvard Magazine« 94:3, 1992, S. 68.
169 R. D. Laing: »The Lies of Love«, in: »East/West Journal«, Sept. 1987, S. 37–42.
170 Ebenda S. 42.

Literaturverzeichnis

Alcoholics Anonymous: The Story of How many Thousands of Men and Women Have Recovered from Alcoholism. New York, Alcoholics Anonymous World Services Inc., 1976.

Allbee, George: Preventing Psychopathology and Promoting Human Potential. In: American Psychotherapy 37:9. 1982.

American Psychiatric Association: Diagnostic Manual III-R. Diagnostic and Statistical Manual of mental Disorders. Washington D.C., American Psychiatric Association, 1987.

Berman, Morris: Coming to Our Senses. Body and Spirit in the Hidden History of the West. New York, Bantam Books, 1990.

Berman, Morris: Nature is not a Paradigm. In: Whole Earth Review. Sommer 1987.

Berman, Morris: Wiederverzauberung der Welt. Reinbek 1985.

Broverman, I. K.; Broverman, D. M.; Clarkson, F. E.; Rosencrantz, P. S.; Vogel, S. R.: Sex-Role Stereotyping and Clinical Judgements of Mental Health. In: Journal of Consulting and Clinical Psychology 34. 1970.

Buber, Martin: Ich und Du. Heidelberg 1979.

Burnham, Burnham: Aboriginal Australia. A Traveller's Guide. North Ryde, NSW Australia, Angus and Robertson, 1988.

Cermak, Timmen L.: Diagnostic Criteria for Codependency. In: Journal of Psychoactive Drugs 18. 1983.

Cherry, Elaine F.; Gold, Steven N.: The Therapeutic Frame Revisited. A Contemporary Perspective. In: Journal of Psychotherapy 26:2. 1989.

Clarkson, F. E.; Vogel, S. R.; Broverman, I. K.; Broverman, D. M.; Rosencrantz, P. S.: Family Size and Sex-Role Stereotypes. In: Science 167. 1970.

Daly, Mary: Gyn/Ecology. The Metaethics of Radical Feminism. Boston, Beacon Press, 1978.

Drake, Robert E.; Sederer, Lloyd I.: Inpatient Psychosocial Treatment of Chronic Schizophrenia. Negative Effects of the Current Guidelines. In: Hospital and Community Psychiatry 37. 1986.

Efran, Jay; Lukens, Michael D.: The Word According to Humberto Maturana. In: Networker. Mai/Juni 1985.

Franck, Frederick: On the Criteria of Being Human. In: The Eastern Buddhist 23:1. 1990.

Freud, Sigmund: Die Traumdeutung. Frankfurt a. M. 1969.

Gendlin, Eugene T.: A Theory of Personality Change. In: Philipp Worchel und Don Byrne (Hrsg.): Personality Chance. New York, John Wiley & Sons, 1964.

Griffin, David (Hrsg.): The Reenchantement of Science. Postmodern Proposals. Albany, N. Y., State University of New York Press, 1988.

Grok: Wissen mit allem, was das eigene Wesen ausmacht. In: Robert Heinlein: Stranger in a Strange Land. New York, Putnam, 1961.

Guin, Ursula Le: Dancing at the Edge of the World. New York, Grove Press, 1989.

Guin, Ursula Le: The World for World in Forest. New York, Putnam, 1972.

Holloway, Wendy: Gender, Meaning and Science. London, Sage Publications, 1989.

Jacobs, Marion K.; Goodman, Gerald: Psychology and Self-Help-Groups. Predictions on a Partnership. In: American Psychologist 44:3. 1989.

Joreen, S.: Trashing. The Dark Side of Sisterhood. In: Ms. April 1976.

Keller, Evelyn Fox: A Feeling for the Organism. The Life and Work of Barbara McClintock. New York, W. H. Freeman, 1983.

Keller, Evelyn Fox: Reflections on Gender and Science. New Haven, Yale University Press, 1985.

Kerr, Michael: Chronic Anxiety and Defining a Self. In: Atlantic Monthly, September 1988.

Kiev, Ari: The Tarasoff Decision. The Psychiatrist's Duty to Warn. In: Medical Tribune. 29. Dezember 1988.

Kovacs, Arthur L.: Here Comes the Iceberg. In: Psychotherapy Bulletin 24:1. 1989.

Laing, Ronald D.: The Lies of Love. In: East/West Journal. September 1987.

Lerner, Michael: Public-Interest Psychotherapy. A Cure for the Pain of Powerlessness. Utne Reader. März/April 1987.

Leviton, Richard: The Holographic Body. In: East-West Journal. August 1988.

Maeder, Thomas: Wounded Healers. In: Atlantic Monthly. Januar 1989.

Masson, Jeffrey Moussaieff: Die Abschaffung der Psychotherapie. München 1991.

Masson, Jeffrey Moussaieff: Final Analysis. The Making and Unmaking of a Psychoanalyst. Reading, Addison-Wesley, 1990.

May, Gerald G.: Addiction and Grace. San Francisco, Harper & Row, 1988.

Monod, Jacques: Chance and Necessity. An Essay on the Natural Philosophy of Modern Biology. New York, Vintage, 1971.

Norman, Philip: Why People Are Screwed Up. In: Earthmade. Sommer 1987.

Patullo, Edward L.: Sex and Secrecy at Harvard College. In: Harvard Magazine 94:3. 1992.

Pearson, S. Carol; Pope, Katherine: The female Hero in American and British Literature. New York, R. R. Bowker, 1981.

Pope, Kenneth S.; Tabachnik Barbara G.; Keith-Spiegel, Patricia: Ethics of Practice. The Beliefs and Behaviors of Psychologists as Therapists. In: American Psychologist. November 1987.

Reid, Joe: Wounded Healer. Helping the Helping Professional. In: Care Network 2:5. 1989.

Robinson, Daniel N.: Systems of Modern Psychology. A Critical Sketch. New York, Columbia Univ. Press, 1979.

Rogers, Carl: Toward a More Human Science of the Person. La Jolla, Center for the Studies of the Person, o. J.

Rosencrantz, P. S.; Vogel, S. R.; Bee, H.; Broverman, I. K.; Broverman, D. M.: Sex-Role Stereotypes and Self-Concept in College Students. In: Journal of Consulting and Clinical Psychology 32. 1968.

Rudhyar, Dane: The Need for a Multi-Level, Process-Oriented Psychology. In: The American Theosophist 68. Mai 1980.

Schaef, Ann Wilson: Weibliche Wirklichkeit. Wildberg 1985.

Schaef, Ann Wilson: Im Zeitalter der Sucht. München 1993.

Schaef, Ann Wilson; Fassel, Diane: Suchtsystem Arbeitsplatz. München 1994.

Sidman, Murray: Scientific Research. Evaluating Experimental Data in Psychology. New York, Basic Books, 1960.

Small, Jacquelyn: Transformers Notebook 1:6, 1984.

Stiver, Irene P.: The Meaning of Care. Reframing Treatment Models. In: Women's Growth in Connection. New York, Guilford, 1991.

Taylor, Paul: Science and Transformation. In: Transformers Notebook 1:6. März/April 1984.

West, John Anthony: Serpent in the Sky. The High Wisdom of Ancient Egypt. New York, Harper & Row, 1929.

Westfall, S. Richard: Never at Rest. New York, Cambridge Univ. Press, 1981.

Whitbeck, Caroline: A Different Reality. Feminist Ontology. In: Carol Gould (Hrsg.): Beyond Domination. Rowman & Allenheld, 1983.